中央党史和文献
研究宣传专项引
导资金重点项目

大别山革命历史回忆资料丛编

土地革命战争时期卷　中

主编：田青刚

本卷主编：田青刚

中原出版传媒集团
中原传媒股份公司

大象出版社
·郑州·

目 录

统一战线是立夏节起义胜利的法宝	台运行	001
英山"三二"起义	陈克非 汪滔	006
红安七里坪列宁学校	黄重桥	011
鄂豫皖革命根据地财经工作梗概	周质澄	016
我的家庭	曾莎萍	023
立煌县设立背景	李宏新	028
皖西麻埠"肃反"的两种形式	朱世德	031
鄂豫皖根据地第四次反"围剿"失利原因	蔡家帜	033
忆鄂东南武装工作团的对敌斗争	阮贤榜	037
罗陂孝便衣五队	黄锦思	041
忘不了的军政委	李鸿斌 黄群	048
智取"野猪队"	蒋体仁	053
江北游击记	陈金生	055
艰难的历程	陈祥	072
长山冲突围战	朱国栋	089
中共皖西特委的斗争始末	朱国栋	095
皖西第一支便衣队	汪少川	100
"木城"里的斗争	汪忠晏	105
红军的统战故事	周坤	111

活跃的农民小组	郝光生	116
"堡垒户"	余玉明	123
忆赤城县委领导的斗争	石裕田	127
赤南特务队	徐其昌	134
洪家大山战斗营	葛明龙	139
龙门烽火	林维先	146
皖西北白区的游击战争	张如屏	154
我在皖西北独立游击师时的片段回忆	陈郁发	166
六霍起义与皖西革命根据地的创立	《皖西革命斗争史》编写组	174
随红一军第一次东征	朱云	187
回师皖西	张经安	194
记六安河西农民起义	黄岩	201
霍邱城血战记	李华丰 张绍安 龚承安 王应书	209
妇女救护队	梁继娥	219
保卫红色土地	徐海东	224
竹根河上	雷伟和	233
忆二路游击师二三事	詹广华	243
三路游击师	刘忠华	250
打毛排	高祖宪	258
奔袭太湖县	蔡家帜	263
红二十五军奔袭太湖城	杨远谋 石飙	268
大石岭农民暴动	周勃 余维和 熊旌旗	270
红十五军攻克太湖城	余维和 石飙	277
我在红军年代里	祝有发	279
金刚台上的妇女排	史玉清	281
艰苦卓绝的红军游击战争 ——皖西北特委和游击师坚持在巢、无、庐、舒等县的斗争	张如屏	289
攻打宋家岗	俦少华	301

英山暴动前夕党的活动（1927年至1930年初）	汪伯昆	304
潘忠汝血染黄安城	吴世安	314
战斗在木兰山	程启光	318
商南起义	王玉田	323
六霍起义	蒋全忻	332
从童子团到红色战士	王政柱	342
徐师长批准我当红军	游正刚	347
英勇善战的红一师	杜义德	353
红一军第一次会合	王宏坤	362
红十五军在鄂东南	陈金玉	369
第三次打新集	郑国仲	378
滠水之战：回忆双桥镇战斗	徐深吉	384
夜袭宝安寨	潘焱	391
黄安大捷	秦基伟	395
苏家埠战役	徐深吉	405
苏家埠战役散记	詹才芳	416
潢光战役片段	董宏	424
电台工作的日日夜夜	宋侃夫	428
血战柳林河	汪乃贵	439
我参加红十五军的一段战斗生活	陈康	443
红军的第一架飞机	韩英民	447
鄂豫皖苏区红军历史	戴季英	453
回忆鄂豫皖红军的产生	詹以锦	475
从黄麻起义到鄂豫边割据	王树声 陈再道 詹才芳	479
麻城的火焰	王树声	491
黄麻起义前后	戴季英	498
访问黄麻起义参加者谈话摘录		512
大别山上的"被服厂"	庞炳瑞	517

白区打粮	李申恒	520
盐	胡　征	524
千家饭	吴先恩	534
回忆苏区的土改斗争	华昌圣　操和福　余良荣	538
苏区的经济合作社	肖福田　陈法锐　何聚成	545
30年代初期在安庆一中的学习生活片段	戴哲人	550
红军小学	查瑞林　李金凤	557
红军浇灌黄梅花		
——记请水寨暴动时期岳西的黄梅戏活动	王　湛	560
放牛娃当医官	王恩厚	564
歌声显威力	徐光友　徐兴华	569
我们的红色医院	林之翰	575
大别山上的红日印刷厂	黄泽夫	579
列宁小学	芦万和　朱树权	581

统一战线是立夏节起义胜利的法宝

◎ 台运行

六十三年前,"统一战线、武装斗争、党的建设,是中国共产党在中国革命中战胜敌人的三个法宝"的结论,特别是"统一战线"一大法宝尚未明确提出之际,商南党组织在进行武装起义斗争的实践中,能自觉地掌握"谁是我们的敌人,谁是我们的朋友"的原则,团结了广泛的同盟者,打击了共同的敌人,取得了武装起义的胜利。本文试图通过一些史实,着重谈谈商南党组织运用"统一战线"这一法宝,团结各方面力量,孤立敌人,战胜敌人的经验,以便以史为鉴,团结一切可以团结的力量,进行社会主义现代化建设。

1929年5月6日,中共商罗麻特别区委领导了以民团起义为主,结合农民暴动的武装起义。因起义发生在河南商城南部地区(即今安徽省金寨南溪斑竹园境内),时在立夏节晚上,故称"商南立夏节起义"。武装起义胜利后,建立了中国工农红军第十一军三十二师。这支红军在巩固和发展鄂东黄麻起义成果,创建鄂东南根据地,支援六霍起义胜利和创建鄂豫皖根据地,都立有卓著功勋。他们取得胜利的主要经验有四个方面。

一是在党组织的创建和发展中意识到"没有知识分子的参加,革命的胜利是不可能的",并注意到党在思想上、政治上的团结和统一是团结各方面一切革命力量的根本保证。商南党组织建立前,首先在知识界成立马克思主义学习宣传组织。到1924年,这些学习组织有了相当的发展,仅陈绍禹(王明)在金寨组织的"豫皖边区青年学会"会员就有 100 多人，跨越豫皖边区两省三县，为党组织的建立打下了思想基础。1924 年冬，先在笔架山农校建立党小组，1925 年南溪党支部成立，年底扩大为特支，到 1926 年秋，商南地区的蹇家坳建立了党支部、特支等组织。同年 10 月，与麻城、罗田党组织取得了联系，共同组建了中共商罗麻特别支部，并在北伐军攻克武汉后，派出一批共产党员到武汉黄埔军校和农讲所学习军事和农运知识。1928 年初，又与商城县委取得了联系，成立商城南邑区委，统一领导商城南乡党组织，学习贯彻党的八七会议精神。在总结大革命失败教训、批判陈独秀右倾机会主义的同时，在党内也进行了积极的思想斗争，清除右倾思想，揭露国民党右派的反革命面目。特别是一些帮助国民党建立县党部的同志，立即扭转了思想弯子，丢掉了依靠国民党反动派进行革命斗争的幻想，转向与他们进行坚决的斗争。会议决定联合其他同盟阶级和阶层，准备举行武装起义，以革命的武装，反对国民党反革命的武装，夺取革命的胜利。南邑区委的建立和八七会议精神的贯彻，使商南党组织活动有了统一领导的核心，明确了斗争目标，有力地推动了统一战线和武装斗争的顺利开展。1929 年春，豫南和鄂东特委为了加强对起义的领导举行了联席会议，成立了商（城）罗（田）麻（城）特别区委，并从鄂东特委抽调两名骨干充实特委领导。为便于领导，联席会议决定特别区委由鄂东特委就地指挥。党组织的团结、统一、协调，为团结和调动各方面力量，进行武装起义，奠定了胜利的基础。

二是紧紧抓住农民这支"中国革命队伍的主力军"。商南党组织建立后，就十分重视农民问题。（1）团结他们，使他们认识到自己是革命队伍的主力军；（2）教育他们，使他们认识到必须有高度的共产主义觉悟，才能担当起主力军的责任，并逐步把他们中间的骨干锻炼成为无产阶级先进分子；（3）组织领导他们，使他们有组织、有纪律、有目的地进行革命活动。通过办农民夜校、识字班，讲解贫穷根源和革命道理，启发农民的阶级觉悟，动员他们组织起来参加解放自己的斗争。1926 年在斑竹园、南溪一带已建立起来了一些乡、村农民协会，进行了反帝、反封建斗争的宣传。同年 6 月 22 日，南溪火神庙会期，在共产党员詹谷堂、王凤池等领导下，组织 2000 多农民，手拿镰刀、斧头、铁锹、土铳等在火神庙集会，进行反帝、反封建和减租减息的宣传，会后游行示威，高呼"打倒帝国主义""打倒封建主义""铲除苛捐杂税""实行减租减息"等口号,大长了农民的革命斗志。10月,北伐军一部途经金寨地区,部队中很多政治干部都是共产党员,他们深入群众,组织农民集会,宣传北伐和打倒军阀、打倒帝国主义的意义,领导农民协会开展减租减息斗争。广大农民群众参加农民协会的积极性越来越高。到1927年初,商南地区大部分乡、村均建立了农协组织。《民国日报》报道:"商城之南乡与鄂东接壤,县农民协会筹备处设立于距县城140里的斑竹园,……农民们从大梦中惊醒起来,……看清他们所受的痛苦,完全是军阀官僚劣绅土豪制造给他们的,于是都知道起来找出路……北伐军攻克武汉后,大有一日千里之发展。"为了统一农民协会的领导,于1927年4月9日,在斑竹园成立了商城县农民协会筹备处,下设8个区97个乡(多在现金寨县境斑竹园和南溪等地一带),农民协会会员11015人。在10名执行委员和候补委员中,中共党员占5名,其余都是农运中涌现出来的积极分子和社会进步人士。各区、乡农协组织负责人,也大多是中共党员。汉口《民国日报》6月2日报道了商南农协会活动情况:"各区近来甚为活跃,都能切实工作,勇敢奋斗……一、清算劣绅以前借公吞吃的捐款,把一切庙产公产清算提出,作教育、党务、农会基本金;二、向富农借款,组织公共贩卖社,作将来消费合作社的预备;三、自卫军最近编成三团三大队;四、平民学校、读书会、通俗讲演所、公共图书馆、流通阅报社、新剧团等组织,各区都已成立。"农民协会广泛建立,党组织的强有力的领导,减租减息的普遍开展,加之其他各种各样的革命活动,使整个商南农村出现了"一切权力归农会"的革命景象。

《民国日报》1927年6月27日报道:"农民协会为了保卫自己的胜利果实,在党组织的领导下,县、区、乡均成立了自卫军(队),一面镇压土豪劣绅的反抗,一面抵御地主武装和军阀入侵。曾多次在挥旗山、门坎山、段辟岭等险关隘口,打击入侵的河南'建国豫军'(即河南军阀任应岐部)。1927年5月19日,任军(任应岐部)康旅派出200余人,向有农会组织的地方进攻,沿途奸抢烧杀,无所不为。第七区农协(现金寨沙河乡)一面急报筹备处,一面集众抵抗,双方遇于关王庙,……射击约4小时之久,直至农军来援……始将匪击退……县农会为应付时局起见,加强农军,招50人,并派代表罗世宁到武汉购买枪弹,同时向武汉革命政府报告情况。"

农民协会的大发展，农民自卫军的组建和反击敌人的入侵，增强了广大农民主人翁的观念，提高了广大农民的革命积极性，为后来的武装起义奠定了组织和思想基础。1927年"四一二"政变和"七一五"蒋汪合流后，商南农民运动虽然遭到了疯狂镇压，转入地下活动，但在八七会议，特别是"六大"会议以后，农民这个"无产阶级的天然的和最可靠的同盟军"在党组织的领导下，很快又被发动起来，农民协会也如雨后春笋般地建立起来，成为商南革命武装起义的强有力的主力军。

三是团结士兵和社会上层人士。商南立夏节起义的胜利，除党组织的坚强领导和广泛的农运兴起外，与党在敌人营垒中做了大量的士兵工作，团结、利用社会进步人士并取得其帮助是分不开的。

丁家埠民团是当时商南民团中势力最强的一股，该民团起义成功与否，关系整个商南起义的成败。为了做好士兵工作，共产党员周维炯打入民团后，利用教练身份和训练机会，和士兵交朋友、拜把兄弟，向士兵宣传穷人贫困根源和革命道理，团结了民团大部分士兵。不久，在士兵中发展了一批共产党员，成立了党支部。并发动党员一面做其他士兵工作，一面揭露团总杨晋阶克扣粮饷、虐待士兵等罪行，从感情上与士兵缩短距离，很快对团总杨晋阶以及其亲信的不满情绪扩散到整个民团；在社会上也广为流传团总杨晋阶克扣军饷、鱼肉百姓、聚赌、抽鸦片等劣迹，其上级对杨晋阶也多有责备，致使杨晋阶上失恩宠，下失群信，十分孤立。因此，丁家埠民团起义，一枪未发，顺利成功。起义胜利后，商城绅董还向国民党河南省府告杨晋阶"克饷则士兵离心，苛派而乡邻侧目，更复营私集赌，违禁抽烟，卒致……一致暴动，全体倒戈……"这些均与周维炯在民团中建立党组织，进行深入细致的士兵工作分不开。

商南漆树仁等大绅士对商南的革命活动给予很大帮助。鄂东特委委员徐其虚、徐子清等利用与大绅士徐朗山的宗家关系，来商南进行革命活动，很多重要的会议都在他家召开；商南区委就设在大绅士漆树仁、漆先涛家里。周维炯、漆德玮等很多党的骨干打入民团内部，并掌握了一部分权力，都与漆树仁、漆先涛的极力引荐有关。1929年春，国民党南京政府获悉商南积极准备武装暴动，令河南省府查办。河南省政府派省府委员钟渔柯来商城逮捕了十多名共产党骨干，这时漆树仁利用他负责的"国民党商城县党部整理党务委员会（清查共产党的组织）"名义，假意召开"欢迎省府委员大会"，并经多方周旋，终于将这部分被捕的同志保释，使商城党组织免遭重大损失。所以立夏节起义胜利后，很多官绅在向蒋介石要求派精兵来"清剿"红军的报告中，把本来不是共产党员的漆树仁，也列为"共产党员"，不是没有原因的。

四是有了前车之鉴。商南党组织能够团结各方面力量，取得了立夏节起义的完全胜利，与吸取毗邻的商（城）固（始）边区1928年3月18日"大荒坡起义"失败的教训不无关系。当时，商固边区党组织建立不久，尚未形成坚强统一的领导核心，领导力量较薄弱；农运还未广泛兴起，群众尚未发动起来，缺乏社会力量支持，连红枪会也站在敌人一边来反对共产党；更未去做化敌为友的工作。在上级"左"倾盲动的命令主义者一再催促下，豫南特委不得已而发动"大荒坡起义"。集中特书、县书等30名党的骨干和积极分子，拼命冒险，仓促上阵，孤军作战，特委书记等28名骨干壮烈牺牲，以失败而告终。商南党组织吸取了这一教训，尽最大努力做好各方面工作，团结一切可以团结的力量，同时将鄂东和商罗麻党组织联合起来，统一指挥，一致行动，因而才顺利地领导了立夏节武装起义的完全胜利。

党的统一战线理论是在革命历史实践中逐步总结、丰富、发展起来的，我们革命斗争胜利的历史，也是一部团结真正的朋友，以攻击真正的敌人的统一战线史。历史的经验，值得注意。全国新中国成立后，我国社会主义革命和建设事业的胜利，也是团结了全国人民共同奋斗而取得的。现在，党正领导全国人民进行四化建设，除要打击极少数敌人的破坏活动外，大量的工作是团结一切可以团结的力量，高举爱国主义、社会主义旗帜，同心同德，为推进社会主义现代化而努力奋斗。

原载中国人民政治协商会议安徽省金寨县委员会编：《金寨文史》（第七辑），内部出版，1992年，第56～63页。

英山"三二"起义

◎ 陈克非　汪　滔

湖北省英山县（原属安徽），位于大别山南麓。1930年3月31日（农历三月初二），在中共英山县委的领导下，举行了武装起义（以下简称"三二"起义）。从此，英山走上工农武装割据的道路。

一、"三二"起义前中共英山党组织状况

自五四运动以来，英山县在武汉、安庆、北京、广州求学的陈卫东、方洛舟、彭士臣、傅维钰、蒋经开、金仁宣、姜镜堂、肖伯唐等同志接受了马列主义，先后加入中国共产党，积极向英山传播革命思想。1926年下半年就有共产党员在英山从事农民运动。1927年"四一二"后，在外地的知识分子党员姜镜堂（黄埔三期毕业）、金仁宣（黄埔一期毕业）、肖伯唐（广州中山大学毕业）等同志，由党派遣回乡，以教书为掩护，通过办平民学校，向农民宣传革命思想，开始秘密组建党组织。10月在英山建立党的通讯处。肖伯唐和谢思忠（医生）在蔡家畈开设"山头药店"为联络处所。到1928年3月后，建立东河蔡家畈、杨家坊，西河闻家冲三个党支部，支部书记分别由肖绳武、谢思忠、金仁宣担任；并建立了中共英山特别区委，领导各支部工作。1929年夏，全县共产党员发展到80余人，有6个支部，两个区委。西河地区为1个区委，驻金家铺，区委书记金仁宣；东河地区为一个区委，驻地蔡家畈，

区委书记谢思忠。这时组建的中共英山县委，姜镜堂任书记，肖伯唐、陈碧山为县委委员。各级党的领导和党员深入群众，进一步物色和培养积极分子，扩大党的队伍，组织贫农协会，加速了武装起义的步伐。

二、"三二"起义的准备阶段

1927年10月25日，中共安徽省临委召开第二次执委会，根据八七会议决议精神，具体研究武装暴动、夺取政权、建立苏维埃的问题。会议决定以六安为中心，划英山、霍山、霍丘、寿县为第一暴动区。其中心任务是：1.夺取六安300支枪；2.秘密组织工农武装；3.即刻发动零星暴动，在3个月内发动大暴动；4.切实执行改造党的工作，利用反动军队之移动、撤退，或政权动摇空虚地方，领导工农夺取武装，扩大农民暴动并发展党的组织。同时成立皖中特别委员会，由周范文（后叛变）任书记，指导暴动区的工作。姜镜堂、金仁宣、肖伯唐根据这次会议精神，分别在蔡家畈、闻家冲、杨家坊召开了贫协骨干会议，传达了省临委的指示。要求大家保持革命气节，开始秘密组织农民武装。

1929年7月，在霍山豪猪岭召开了六安、英山、霍山、霍丘、寿县、合肥6县党的联席会议，集中研究了发动全面起义的问题，做出了两项决议：一、成立六霍暴动总指挥部，由舒传贤任总指挥；二、建议成立中共六安中心县委，以加强对6县的统一领导，报请中央批示。会后，英山为了准备起义，肖伯唐即负责请来3个铁匠在家中秘密制造刀矛。接着10月6日，在六安县郝家集召开党的6县代表会议，传达党的六大决议。会上宣布党中央的批示，成立中共六安中心县委，舒传贤任书记。会后中心县委成员分赴各地组织起义。英山县委根据这次会议精神，一方面派遣秘密中共党员傅昆言、姚家芳、王和甫分别打入敌人内部做策反工作；另一方面组织农村党员利用荒年发动农民向财主借粮，进而抗债、抗租，提高农民斗争勇气。

12月末，英山县委在万峰寺召开县委扩大会议，除研究除夕宣传工作外，着重研究了起义的准备工作。要求各地加紧准备武器，或是自己制造，或是找关系购买。

正当革命形势发展很快，全县已有党员100人，农协会员1000余人，积极准备起义的时候，县委书记姜镜堂遭到反动民团捕缉，并被迅速转移到六安。英山县委书记,由金仁宣接任,傅忠任县委副书记。不久,东河区委书记谢思忠被敌人抓进县监狱,还有些党员被敌人盯梢,随时有被捕的危险。金仁宣、傅忠鉴于形势紧迫,决定先发制人,加快起义步伐。1930年2月3日,集中全县党员在羊角尖白鹤仙人庙开紧急会议,检查各地武器准备情况,整顿党的作风,并要求每个党员发动几个贫雇农参加起义。

3月17日至25日,六安中心县委在七邻湾召开了六安、霍山、霍丘、英山、合肥、寿县(缺席)六县和红军三十三师联席会议。分析了6县的政治现状及趋势,指出6县地处皖北、皖西战略要地,要积极争取群众,迎接革命高潮。要求各县加紧领导群众的日常斗争,并更进一步汇合各种斗争,深入进行土地革命和武装暴动,加强领导游击斗争,扩大苏维埃区域和红军。据此,英山县委及时在金仁宣家中召开了全县党员会议。县委听取了各地关于起义准备工作情况汇报后,决定全县按地区编成7个队,由金仁宣统一指挥,听候起义通知。各队的负责人是:蔡家畈队肖绪英、肖绳武;金家铺、土门潭队傅慎初;余家湾、李家河队傅忠;孔家坊、新铺队汪伯延;闻家冲、林家冲队方士林;朱家山、程家咀队姜海山;板船山、岩头河、杨家坊队姜克东、姜小梅。在统一编队的基础上,各地即以打猎为名,积极进行军事训练。

三、"三二"起义的经过

1930年春,英山县委加紧了与六安中心县委和红三十三师取得联系,便于做好起义部署,国民党英山县当局命石头咀自卫团在天主堂设关卡,阻隔英山与霍山交通。县委为了拔掉这个钉子,3月上旬派赤卫队队长江天友与霍山赤卫队大队长程宝珍取得联系,在程宝珍的协同下,与事先打入该自卫团内部的黄守信、马大勋等取得联系,里应外合,摸掉门岗,将鞭炮装在油桶内充作机枪,壮大声势,组织围攻。团匪不知底细,乱作一团。教练沈志和以下20余人被活捉。这次战斗,缴获长枪16支,盒子枪1支,子弹数百发。这股自卫团被歼后,英山县国民政府县长赵世荣闻讯,即带县自卫团100余人到石头咀、张家咀一带对革命群众进行疯狂屠杀,并向英山、霍山交界之西界岭和金寨的长山冲等赤区进犯。县委很快派交通员汪逢贞到霍山董家河把以上情况报告了红三十三师政治部主任（代管军事）姜镜堂，说明这是英山起义的极好机会，要求派红军配合，消灭赵世荣部。姜镜堂得到情报后，通知英山于3月31日晚举行起义，4月1日拂晓，配合由霍山出来的红军围歼赵部。因交通被阻隔，英山县委当天才接到命令，时间紧迫，原计划参加的起义人员有些来不及通知。当天接到通知的只有由金仁宣带领来自闻家冲、黄林冲、新铺、林家冲、孔家坊、团练冲、龙潭河等地（在黄林冲坪集中）的73人，由傅忠带领来自江家冲、余家湾、李家河等地（在扫帚尖仰天锅集中）的96人，由肖绳武带领来自蔡家畈、岩头河、杨家坊、茶园河、板船山、朱家山、程家咀等地（在蔡家畈岳家湾集中）的70余人以及由董仪奎带领南河、县城关、贺家桥等地的33人。共四支队伍280余人，连夜赶到指定地点西河大枫树集中。4月1日拂晓前，县委又接到霍山通知，红军因围攻流波磕，不能按时开赴英山。因当时起义队伍只有很少的钢枪，其余全是长矛、大刀，无力歼敌。县委根据临时情况变化，遂决定，队伍在天亮前，走张家咀进霍山寻找红三十三师。后因天已大亮，赵世荣带领的自卫团在石头咀一线布防，难以穿越，遂寻小道过东河蔡家畈。在蔡家畈对队伍进行了统一改编：城关、南河为一大队，队长董仪奎，队副方士林；西河为二大队，队长傅孝儒，队副金德先；东河为三大队，队长肖绳武，队副谢思忠（在县监狱，未到职）。3个大队由金仁宣、傅忠带领走东河上剪石岭。当天上午与霍山县夏太和自卫团300余人遭遇，起义部队趁其不备，进行抄袭，毙敌2名，缴获快枪2支，子弹300余发，我方无一伤亡。当日傍晚到达上天狮与红三十三师接上关系。

　　4月4日红三十三师师长徐伯川、政治部主任姜镜堂，带领一〇七团及潜山农民军配合英山起义队伍向英山进发。到西界岭时，打入石头咀自卫团的傅昆言率29人参加起义队伍，自卫团长逃跑，队伍到达张家咀以及饼子铺以后，沿途参加起义的人员很多。在张家咀，江天友带领农民40余人参加了队伍。4月5日晚，派金德先带队伍佯攻驻在月明铁炉冲冷家湾的地主武装七甲团防。做内应的姚家芳带10余人和13支钢枪参加起义。其余溃散。4月6日（初八），起义队伍向县城行进，到达孔家坊时，遭到团防袭击。起义队伍沉着应战。待敌人靠近阵地，击毙敌人2名，其余撤退。接着会合红军一〇七团、潜山起义军和英山起义队伍的一、二大队围攻县城。三大队负责阻击东河的团防。4月7日拂晓，经激战，夺取县城，烧毁了国民党县政府的监狱,救出了共产党员谢思忠和无辜群众。没收来的财产一部分分给群众,一部分运进霍山支援红军。

原载政协黄冈市委员会文史资料委员会编:《黄冈文史资料》(第六辑),内部出版,2003年,第38～42页。

红安七里坪列宁学校

◎ 黄重桥

一、在战火硝烟中诞生

遐迩闻名的历史名镇七里坪，位于鄂豫两省交界处，这里曾是著名的黄麻起义的策源地，中国工农红军第四方面军的诞生地，鄂豫皖革命根据地的红色首都，被誉为革命的摇篮。在这个镇内，有一所全国名校——红安县列宁小学，她是以伟大的革命导师列宁的名字命名的学校。

1930年初，鄂豫皖边区革命形势迅猛发展，以黄安（今红安）县七里坪、紫云为中心的鄂豫皖革命根据地初步形成。2月18日，边区苏维埃政府将七里坪改名为列宁市。中共鄂豫皖边区特委、苏维埃政府及黄安县党政领导机关相继迁驻列宁市。在列宁市杨殷街创办了鄂豫皖苏维埃银行、革命法庭、经济合作社、中西药局等机构，同时创办了一所红色小学，命名为列宁小学。学校招收贫雇农子弟120人，配有正式教师邹香山、梁盛友、邹应珠等三人，鄂豫皖边区特委对该校非常重视，派共产党员戴雪舫（著名革命烈士戴克敏之父）任校长，派苏维埃政府负责人徐宝珊、沈泽民到校指导工作。特委主要领导人徐朋人、徐宝珊、郑位三、戴季英、吴焕先、成仿吾都亲自到学校讲课，成为兼职教师。

在那艰苦的革命斗争环境中，为了适应革命斗争的需要，为党和红军培养新生力量，学校采取了一系列措施，对封建式的陈旧教育实行了改革，更新了教学内容，开设了国语、算术、政治、常识、体育、唱歌等课程；改革了教学方法，注重学校教育与社会活动相联系，强调教育与生产相结合，加强军事知识和技能的学习与训练，学生一边学习，一边站岗放哨。当年的列宁小学，为中国革命培养了200多名优秀人才。1931年11月7日，在中国工农红军第四方面军成立大会上，列宁小学鼓号队表演了文艺节目，会后，鼓号队14人集体参加了红军，成为红四方面军二师政治部的一支重要宣传力量。有数十名毕业生被选拔到县、区担任领导工作，1931年高级班13名毕业生，全部被分配到各乡防务会任主任。这些参加革命的学生，在残酷的对敌斗争中，大多都为革命献出了宝贵的生命。学生江传立不幸被捕，在国民党的严刑拷打面前，坚贞不屈，敌人将他的双手、双脚、头部和胸口钉在城墙上，他仍两眼不闭，怒视敌人，直至英勇牺牲。幸存下来的学生，有的成长为共和国的将军。中国人民解放军海军副司令员郑国仲将军就是当年列宁小学的学生。

1932年7月，第四次反"围剿"失败，国民党的军队进驻七里坪，列宁小学被迫停办。

二、恢复列宁小学的名字

列宁小学被迫停办后，直到1940年，进步人士陈祺生组织复校事宜，定校名为黄安第四高小。1942年又改校名为七里区中心小学。新中国成立后，1950年学校被人民政府接收，改名为黄安县立第十二小学，1952年再改校名为七里坪小学。

1976年春，时任七里坪小学校长何德海带领师生参观七里坪革命遗址，开展社会调查，请革命老人做传统教育报告。在调查中得知1930年七里坪曾被命名为列宁市，七里坪小学曾被命名为列宁小学。当年的列宁小学曾为中国革命做出过重要贡献，于是何校长便萌发了恢复列宁小学校名的念头，他的想法得到了学校的一致赞同。1976年9月，何德海校长代表学校向红安县委提交了《关于恢复列宁小学校名的报告》。报告原文如下：

红安县委：

我校于1930年2月由鄂豫皖苏维埃政府创办，当时命名为"列宁小学"。学校创办后，为革命做出了巨大贡献，培养了一批军地两用人才。1932年国民党反动派对苏区进行"围剿"，列宁小学被迫停办。在国民党统治时期，学校校名先后改为黄安第四高小、七里区中心小学。解放初期，学校改名为七里坪小学，以后学校也一直沿用七里坪小学这个校名。为了发扬革命传统，继承先烈遗志，学校特申请恢复"列宁小学"校名。

　　此致
革命敬礼！

红安县七里坪小学
1976年9月

1977年3月，七里坪小学正式接到红安县委批复：
七里坪小学：

　　经研究，同意你校恢复"红安县列宁小学"校名。
至此，列宁小学校名才得以恢复。

三、在改革开放中发展

"列宁小学"这个响亮的校名，给学校的发展增加了强劲的动力。全校师生继承和发扬革命光荣传统，同心同德，艰苦奋斗，在教育、教学上取得了优良的成绩，引起了各级教育主管部门的高度重视。1978年，学校被湖北省教育厅确定为湖北省农村重点小学。各级教育主管部门对学校在人力、物力、财力上均给予了大力支持，先后拨款上百万元建起了教学大楼、科研综合大楼、教职工宿舍楼、勤工俭学服务楼，添置了较为齐备的现代化教育教学设施，为学校的发展提供了良好的物质条件。全校师生都以学校为荣，全面贯彻教育方针，不断进行教育教学改革，特别是支持开展以革命传统教育为主要特色的德育工作，其经验先后被《人民日报》《光明日报》《解放军报》《中国教育报》《湖北日报》《中国少年报》和中央电视台、湖北电视台等新闻单位报道和推广。学校各项工作均跻身于全省教育的先进行列。1984、1985、1989年被省委、省政府联合授予"文明单位"称号，1986年被省教委授予"湖北省先进集体"称号，1987年中共湖北省委授予列宁小学党支部为"先进党支部"，

1988年学校被国家教委评为全国"德育工作先进学校",1991年学校少先队大队部被全国少工委授予"红旗大队"称号,1992年学校被列入"中国名校",1999年学校少先队被团中央授予"大别山英雄中队"。学校的不断发展,使学校知名度不断提高,许多国际友人慕名而来,从1987年开始,先后有联合国反饥饿组织荷马·稻迪先生、奥地利教育家诺特夫人、美籍华人李玲瑶女士等来校观光考察,对学校所取得的成绩给予了高度的赞誉。

四、在亲切关怀中走向辉煌

在硝烟弥漫的战火中诞生的列宁小学,曾受到老一辈无产阶级革命家的关怀。1958年3月12日,董必武同志在省长张体学、地委书记姜一的陪同下视察七里坪,他特地来到七里坪小学,同师生进行了亲切的交谈。1986年10月,徐向前元帅亲笔为列宁小学题写了校名。1988年4月19日,李先念主席偕夫人林佳楣视察了该校,与学校师生亲切交谈,合影留念。作了"教育是立国之本,没有文化是搞不了四个现代化的。老区更要重视发展教育,提高教师的社会地位,鼓励他们搞好教育工作,帮助他们提高业务能力"的重要指示。并亲笔题词:"发扬光荣传统,培养四有人才。"1989年5月,国防部长秦基伟上将视察了该校,在参观了列宁小学旧址后,他深情地对学校校长说:"无数革命先烈,为了今天的幸福生活,献出了宝贵的生命,我们要让子子孙孙都记住他们!"当校长告诉他,学校正在编写革命传统教育乡土教材时,他高声朗朗地说:"要得,这项工作做得好,要多写一些革命烈士的故事!"1990年,由列宁小学思想品德课教师黄重桥主持编写的《红安县传统教育读本》成书后,函请秦部长题字,秦基伟同志虽然生病住在医院,但还是抱病为这本书题写了书名。1999年4月28日,刘华清同志来到列宁小学,亲切接见了全校师生,勉励全校师生要牢记过去,开拓未来。临行前,他将自己和家人省吃俭用节省下来的5000元钱,捐赠给学校。此外,全国人民代表大会委员长常务委员会原委员长乔石、中顾委常委王恩茂、中国人民大学原校长成仿吾都先后光临学校,视察指导工作。

老一辈无产阶级革命家的亲切关怀,给新一代列小人以无穷的力量,他们格外珍惜在列宁小学这所光荣学校工作的机会,创造出了辉煌的业绩:1978年以来,学校教师在省级以上报刊发表教学论文97篇,教师参加各级教学评优活动,有196人次获奖,其中国家级9人次,省级68人次。辅导学生参加各种竞赛,有145人次获奖,其中国家级42人次,省级64人次。学生在省级以上报刊发表习作49篇。

原载政协黄冈市委员会文史资料委员会编:《黄冈文史资料》(第六辑),内部出版,2003年,第265~269页。

鄂豫皖革命根据地财经工作梗概

◎ 周质澄

鄂豫皖革命根据地是第二次国内革命战争时期的重要根据地之一。它包括湖北省东北部的黄安、麻城、孝感、黄冈（含新洲）、罗田、英山、浠水、蕲春、黄梅、广济，河南省东南部的信阳、光山、罗山、商城、固始、潢川、息县，安徽省西部的六安、霍山、霍丘、潜山、寿县、太湖、宿松等二十几个县的广大区域。这个地区南襟长江，北带淮水，西扼京汉铁路，威逼九省通衢武汉，东控江淮平原，震慑国民党反动政府的心脏南京。大别山脉雄峙其间，山川交错，湖泊棋布，为历代兵家逐鹿中原必争之地，其战略地位十分重要。加之南与中央根据地瑞金隔江相望，西与湘鄂西根据地紧密相连，鼎足三立，对蒋家王朝构成了严重的威胁。因此，在第二次国内革命战争时期，这块根据地就成为国民党反动政府投入重兵反复"围剿"的主要目标之一。

这个地区是自然经济占绝对优势的农业区。据1930年统计，鄂豫边区除黄冈、黄陂南部外，500户以上的城镇不满20个，既没有大的商埠，也没有大的工业生产单位，工业产品极少，商业也不发达。农业品以谷麦、棉花为大宗，其余为杂粮（豆子、高粱）、蚕丝、茶叶以及竹、木等。当时，鄂东北的麻城、黄冈、黄陂南部虽然有些带资本主义性质的工商业，但都十分脆弱；豫南的商城出煤，由于手工开采，产量微乎其微；皖西的六安、霍丘等县算是一个出产比较丰富的地方，输出的也只是一些大米、棉花、茶、麻、茯苓、竹木、纸、黄丝、木梓油等农副土特产品。在贸易方面，安徽边境的麻埠虽然比较活跃，但是，由于交通不发达，单靠肩挑背驮，交易也极其有限。

同旧中国其他地方一样，鄂豫皖边区经济十分贫困，加之帝国主义、封建主义的残酷剥削和压榨，人民生活极其艰苦。农村约占人口百分之十的地主、富农，一般占百分之七十的土地；英山县蔡家畈村的地主、富农所占有的土地竟高达百分之九十八点八，而占人口百分之八九十的贫雇农和中农，却只占有百分之二三十的土地。农民交给地主的地租往往占全部收成的一半或一半以上。有些地主为了索取更多的地租，采取"泡田交佃"的办法，将一石田作为一石五斗交给佃户耕种，然后按此收租。麻城的地租，"名义是对分，实际上田主硬得三分之二"。豪绅地主还乘机进行高利盘剥，"以每元每月三分或四分的利息借给农民，以后又复利计算"。其中最厉害的是"猴子蹦"，即月初借一元，月底还二元；当月还不了，第二月还四元。国民党反动政府的苛捐杂税，更是名目繁多。据不完全统计，有田亩捐、人头捐、门牌捐、灶头捐、民团捐、"剿共"捐、买枪捐、草鞋捐、入会捐、烟酒税、屠宰税等共数十种，加上军阀混战，土匪到处奸淫掳掠，以致民不聊生。更有水旱虫灾，连年为害。1928年，皖省大水，而鄂豫两省又遭大旱。豫省"旱灾亘古未有，自春至秋，滴水未降，豫南所属，秋收全无"。1929年，豫皖两省大旱，鄂豫皖又同遭虫害。1930年，豫遭水灾，"豫东二十余县，尽成泽国"。1931年，鄂豫皖三省遭受百年未有的特大洪灾，沿江平原一片汪洋。天灾人祸，使鄂豫皖边区的农村经济濒临破产，广大人民日益处在水深火热之中。

面对帝国主义、官僚资本主义、封建主义残酷的剥削和压迫，鄂豫皖边区人民强烈要求改变现状，以求生存。在俄国十月革命的影响下，马克思列宁主义在中国得到广泛的传播，董必武、陈潭秋在中国共产党第一次代表大会后，即派人到鄂东建立了党的组织。到1927年，先后建立党组织的有：湖北的黄安、麻城、黄陂、黄冈、黄梅等县；河南的商城、光山、固始、潢川、罗山等县；安徽的寿县、六安、霍山、霍丘等县。这些地方党组织建立起来以后，就积极领导广大农民开展反对帝国主义和封建主义的斗争，使农民革命运动进入新的发展阶段。

中共八七会议精神，极大地鼓舞了鄂豫皖边区人民。1927年11月，鄂东北黄（安）麻（城）地区人民在党的领导下举行武装起义，揭开了鄂豫皖边区土地革命的伟大序幕。接着,豫东南人民举行了商(城)南起义(又称立夏节起义),皖西人民举行了六(安)霍(山)起义,先后开辟了鄂豫边、豫东南、皖西三块革命根据地。1930年春,中央根据形势发展的需要,指示将这三块革命根据地合并,建立中共鄂豫皖边特别区委员会,统一领导这个地区的革命斗争。同年6月,鄂豫皖边区在光山县王家大湾召开了第一次苏维埃代表大会,成立了鄂豫皖边特别区苏维埃政府。从此,鄂豫皖革命根据地的武装斗争就更加如火如荼地开展起来。

随着武装斗争的展开和工农民主政权的建立,军需、民食问题日益迫切地提到了鄂豫皖革命根据地的党和政府面前。特别是如何动员一切可以动员的物力、财力,支援革命战争,更是根据地财政工作的一项头等重要任务。围绕这个中心任务,根据地党和政府在不同时期,根据不同情况,用不同的方法敛财聚物,以适应革命形势发展的需要。

在根据地创建初期,鄂豫皖边区主要是组织农民开展抗租、抗债、抗税、抗粮、抗捐的"五抗"斗争,动摇国民党的反动统治,摧毁旧的捐税制度,为建立新的税收制度奠定基础。军政人员的供给,除战争缴获外,全靠红军、赤卫队"向豪绅大小反动派最殷实之家罚款筹(集)",做到取之于敌,用之于己。

根据地巩固、发展起来以后,单靠打土豪筹款已经不能满足军民日益增长的物质需要。面对这一新的形势,党和政府开始注意运用财政、税收杠杆,调节各阶层的收入,按照土地革命总路线的要求,把负担的大头放在剥削阶级身上,对不同阶级,分别采取没收、征发、捐款、征税等办法,获取财政收入,并把重点放在税收方面。于是在1930年9月17日,鄂豫皖边特委发布了《关于征收农业税问题的通告》,1931年8月1日,鄂豫皖区苏维埃政府财政经济委员会发布第二号通令,宣布各级税务机关正式成立。同年10月,鄂豫皖区苏维埃政府颁布了《商业累进税之规定》,明确税收基本原则是:"对于工人、贫民和城市贫民不抽税,对于有钱的却是资产愈大所抽的税愈重。"这同国民党政府和旧的封建王朝的赋税制度有着本质的区别。各级税务机关的建立和税收的原则规定,不仅保证了税收对游击战的供给,而且适应了运动战的需要,有力地支持了武装斗争和土地革命胜利发展。

1931年5月,根据中共中央的决定,中共中央鄂豫皖分局宣布成立。不久,中国工农红军第四方面军又胜利诞生。在徐向前等同志的指挥下,1931年11月至

1932年6月，连续发起了黄安、商（城）潢（川）、苏家埠、潢（川）光（山）四大战役，歼敌近6万人，粉碎了国民党第三次反革命"围剿"，使根据地进一步巩固和扩大，进入全盛时期，总面积达四万平方公里，人口约350万，有26个县，即黄安、麻城、黄冈、陂安南、河口、陂孝北、罗山、光山、潢川、赤城（商城北面地区）、赤南、固始、信阳、六安、霍山、霍丘、红山（英山）、罗田、浠水、黄梅、广济、五星（霍山西部燕子河地区）、太湖、宿松、潜山、舒城等建立了苏维埃政权。其中还拥有黄安、商城、英山、罗田、霍丘、广济（当时在枚川镇）等6座县城。

由于张国焘推行"左"倾冒险主义，在国民党发动的第四次反革命"围剿"中，鄂豫皖革命根据地遭到了暂时的挫折，进入了两年保卫、三年游击战争时期。这时，红四方面军主力已经向西转移，红二十五军又奉命北上抗日。红军主力退出根据地不久，国民党反动军队乘虚而入，不断地对根据地进行"追剿""围剿""驻剿""清剿"，形势十分严峻。在这样的情况下，红二十八军奉命重新建立，同敌人进行针锋相对的斗争；与此同时，各地财政税务人员也同其他工作人员一样，不得不化整为零，参加到党、政、军三位一体的便衣队中去，配合红二十八军，在鄂东北、豫东南、皖西一带开展游击战争，并负责筹粮筹款工作。群众称便衣队是"不挂牌的苏维埃政府"工作人员。他们不仅在极其困难的条件下，千方百计筹粮筹款，保障了军政人员的物资供给，而且胜利地坚持了三年游击战争，使大别山革命红旗一直飘扬在千山万壑之中。

纵观鄂豫皖革命根据地的财政工作，尽管当时条件十分艰苦，由于有了党和苏维埃政府的坚强领导，以及财政战线上全体同志的辛勤努力，在工作中充分发挥了自己的积极性、主动性和创造性，因而取得了很大成绩，胜利地完成了自己的历史任务。其中虽然也有一些错误，但更重要的是积累了经验。在整个第二次国内革命战争期间，根据地的财经工作随着战争的胜利、政权的建立、生产的发展、经济的振兴，不断地得到加强和提高，在根据地全盛时期尤为明显。

一、围绕中心任务，开展财经工作。1927年，党的八七会议明确地提出了土地革命和武装反抗国民党反动派的总方针。长江局给黄麻特委的指示信中也指出："中国革命已进入到土地革命阶段，本党的任务就是把土地革命的责任担负起来，我们的主要斗争方法为游击战争。"1927年11月至1932年10月，鄂豫皖边区人民在党的领导下全面地开展了轰轰烈烈的土地革命斗争。如何围绕土地革命这场伟大斗争，充分发挥财经工作的职能作用，为巩固新的生产关系，促进生产力发展服务，是摆在根据地人民面前的一个新课题。1928年，根据地的党组织根据省委常委通过的《乡村苏维埃组织决议案》，把打土豪分配土地和筹粮、筹款紧紧地结合在一起。一方面，采用暴力手段，把负担加在封建剥削者身上，把没收土豪劣绅的浮财和粮食作为军需民用的重要来源。另一方面，在实行农业累进税政策上，对雇农、贫农和牺牲的红军家属给予照顾，完全免税；对中农除去全年生活必需的供给以外，有剩余的即照章纳税；对富农除掉全家每人3石粮食外，其余按税则加5%征收。这就不仅激励了广大农民的生产积极性，使1931年获得了大大的丰收，并在以后几年连续赢得了好收成，而且使边区人民进一步认识到，要想保卫翻身果实，就要继续跟着共产党闹革命，维护苏维埃政权，巩固和发展革命根据地。从此，一个踊跃纳税支援革命战争，积极参军参战的热潮，就在鄂豫皖革命根据地广泛掀起来了。正是在这样的情况下，财政工作才有了扎实的根基。

二、大力发展经济，积极培养财源。根据地的党和政府，即使是在战争环境中，仍然注意把发展农村经济作为理财的根本。1931年2月，鄂豫皖特委做出了"生产要切实发展"的决议；特区第二次苏维埃代表大会，又向全区人民发出了"不荒芜一寸土地"的号召，发动妇女、儿童用尽可能的力量参加种田，进行生产比赛，开展生产运动。各级苏维埃政府拨出一批又一批的农业贷款，帮助农民兴修水利，植树护林，设立种子、耕牛调剂站，使农业生活不仅迅速得到恢复，而且在大部分地区有了长足的发展。在扶持发展农业生产的同时，根据地党和政府还注意大力发展工业。既发展以生产军需品为主的工业，又积极恢复和兴办各种形式的集体工业和个体手工业，为根据地人民的生产和生活服务。为了开展贸易和物资交流，促进工农业的发展，打破敌人的封锁，保障军民的物资供给，根据地还创办了数以百计的经济公社和合作社。经济公社属于公营，合作社由农民联合经营。同时，对私营商业采取了保护政策，鄂豫皖区苏维埃政府规定，每日营业额不到150元者完全免税，凡粮、棉、布、药材等类物资输入苏维埃地区一律免税，从而使根据地经济逐渐恢复和繁荣起来，财源相应扩大，财政收入情况良好。1931年5月，皖西北特区苏维埃政府给鄂豫皖特区苏维埃政府的报告说："我们的累进税已普遍实行了，共收大洋1200元，收下地可收3000元之谱。"在根据地的经济发展过程中，由于"左"倾政策的干扰，也曾走过一段弯路，主要是盲目实行"土地国有"，大办集体农场，加之对中小商业也进行限制打击，致使人心浮动，农业一度减产，商业日渐萧条。1931年，鄂豫皖特委发现这些问题，立即予以纠正，这样才使根据地的经济得以复苏，财政经济状况也逐步好转。

三、制定预决算制度，实行统一管理。土地革命初期，鄂豫边、豫东南、皖西这三块革命根据地基本上是各自为政，各自为战，反映在财政收支上，自然也不例外。1930年，中共鄂豫皖边特别区委员会和鄂豫皖边特区苏维埃政府先后建立起来以后，很快就着手解决这个问题，实行财政统一管理。1931年7月，各级苏维埃政府遵照鄂豫皖区第二次苏维埃代表大会决议，先后建立了财政经济委员会，负责管理所属地区的财政工作。同年8月，鄂豫皖区财政经济委员会还为整顿财政问题发出了通令，要求各地实行统一和集中的原则，把财政上的权力集中到特苏财委会，一切国家税收，概由国家财政机关依照政府颁布的税则征收，按时上解，统一分配；清算以前的账目，县、区、乡由上级派员协同群众选举的清算委员会分别进行清算；考查实际需要，制定新的预算，逐级上报审批，培养工农干部并改进簿记方式。贯彻落实这些决议和通令，根据地的财政工作逐步走上了正轨，对促进发展边区经济，保障军政人员供给，发挥了巨大作用。

四、厉行增产节约，严肃财经纪律。根据地党和政府为了保障革命战争的需要，始终十分注意厉行节约。1929年，鄂豫边各县联席会议就号召各级苏维埃开展节约运动，节省资金和粮食，接济群众，供给前线革命战士。当时，红军实行的是最低标准供给制，"一般每人（每月）3吊钱，最高时发过2枚银圆"，县、区、乡村税收工作人员的供给标准还要低于红军，尽量节省钱粮，以保障革命战争的需要。如果发现贪污、腐化、舞弊、肥私等行为，则视情节轻重，坚决按照《惩治贪污浪费行为的训令》处理，并由工农监察委员会监督执行。因此，各级政府工作人员和红军、赤卫队每次外出打土豪筹的款和缴获的物资，全部交给专人管理，登记造册上报，任何人都不准随便乱拿乱动。这就严肃执行了财经纪律。

回顾历史，缅怀先烈。在为创建鄂豫皖革命根据地而光荣献身的群英谱上，有许多是当时战斗在财政税收战线上的优秀战士，他们前赴后继、可歌可泣的英雄业绩,将同其他革命先烈一样,永远受到人们的尊敬和怀念。

原载政协黄冈市委员会文史资料委员会编:《黄冈文史资料》(第五辑),内部出版,2002年,第254～261页。

我的家庭

◎ 曾莎萍

一、家庭概况

我家祖祖辈辈务农，父亲曾个庭，母亲曾徐氏，无文化。父亲务农，母亲操持家务和纺纱织布。在父亲的经营下，逐步买田置地，家当日见富裕，干活还请帮手。他们曾有11个孩子，我最小。我有两个哥哥，大哥曾耿星，字延寿，我称他耿兄；二哥曾朴诚，字鲁，我称他朴兄；8个姐姐，有4个早亡。母亲因积劳成疾，于1925年病逝，终年55岁。

1921年我和哥哥离家去武汉上学。此后耿兄毕业于武昌政法大学。朴兄毕业于当时董必武同志任校董的武汉中学，该校是我们党控制的，曾培养了大批共产党员和进步学生。

1926年至1927年，大革命的风暴席卷湖北各地，纷纷成立农民协会、妇女协会、儿童团等革命群众组织。在大革命浪潮的推动和鼓舞下，大哥和二哥说服了父亲，于1926年年底把家迁往武昌，将乡下的土地献给了农民协会，同时将家中的积蓄带到武汉作为接办楚材中学的教育经费。1927年，国民党叛变革命后，家乡农民协会遭到破坏，原来献出的土地又归个人所有，这时，父亲又回乡下种地。

由于大哥、二哥参加革命，所以1933年5月，红四军路过我的家乡，捉去地主、豪绅，却在我家留下慰问信。红军走后，反动派又到处杀人，在反动当局眼里，我的一家是他们的叛逆。因而，对我家以各种苛捐杂税进行敲诈勒索。衙门走狗经常上门刁难，轻则威胁谩骂，重则打我父亲，就是在这样黑暗统治条件下，我父亲于1933年恹恹病故在家。

二、楚材中学

1927年初，为了适应革命工作的需要，组织上支持耿星筹备接办楚材中学，并委任他为楚材中学校长。他以楚材中学校长的身份，往返活动于武汉和麻城乡村之间。朴兄当时在省立图书馆工作，同时在楚材中学兼语文教员。

楚材中学对家庭困难的学员实行免费入学，因而解决了一些进步学生读书难的问题。学校以爱国、爱人民、反帝、反封建为教育宗旨。有的进步教员还在课堂上公开抨击国民党反动派叛变革命的罪恶，为青年指明奋斗方向。因此，引起国民党反动军警的秘密注意。他们说，这个学校是共产党的大本营，是所赤化学校，多次派军警来校查抄、捉拿共产党人。耿星的宿舍已被搜查过，该校学生在校外也常有便衣跟踪。

1929年，国民党反动当局利用耿星去家乡出卖土地为楚材中学筹备经费，朴兄为工作已去上海，学校空虚这个机会，挑动学校的反动教职员和落后学生，内应外合，在楚材中学大肆搜捕共产党人和进步学生。武汉警备司令部发出通缉令，通缉曾耿星、曾朴诚二同志。此后，这个学校即落入反动派手中，进步学生中，有的失学，有的转学；进步教员中，没有被抓走的，也陆续离开了这个学校。

三、耿星兄革命活动片段

曾耿星同志是1926年参加革命的。于同年4月12日在武汉由蔡绍和同志介绍加入中国共产党。1927年3月24日在麻城党代会上，耿星当选为中共麻城县特别支部常委，分工任中共麻城第七分区支部书记，支部当时建在红石咀，由四人组成。任务是组织贫农团、妇女会、儿童团，实行打土豪、分田地。

1927年,国民党叛变革命后,到处屠杀革命党人,这个支部同样遭到破坏。因此,党组织决定调曾耿星同志到麻城县十二区龟山云雾一带活动。1929年2月,又调他到武汉做地下工作。7月以后,组织又决定他回家乡进行地下活动。

全民族抗日战争爆发后,曾耿星同志和其他党员一道坚持抗日活动。1938年8月6日,他曾带领一支游击分队在龟山袁家畈地区和日寇作战,在战斗中负伤,回家养息。1939年伤势好转,又投身抗日活动。曾组织群众抢购紧俏的皮油、桐子等实物,引起日寇和汉奸的仇恨。于1940年4月25日在麻城县东松云楼水塘边被国民党特务徐坤用短枪暗杀,时年四十。

四、朴诚兄英勇就义前后

1929年组织下派曾朴诚同志深入农村进行革命活动。同年秋天,在麻城阎家河组织群众反对国民党勒索钱粮,被国民党区长郑端甫逮捕,送麻城县监狱关押。由于武昌往来的书信落入敌手,同时,因为武汉警备司令部通缉在案,敌人认定朴兄是共产党。国民党县长对几个乡的群众递保状要求释放曾朴诚的请求毫不理睬,反而急急忙忙将其送往武昌监狱。在狱中,朴诚兄坚持和敌人作斗争。我去探监时,看到敌人百般折磨朴兄等革命志士,殴打谩骂,给他们吃糜烂的饭菜,我心痛得流泪。朴诚兄总是以他大无畏的革命精神影响我,鼓励我要坚强,要敢于斗争。1930年8月28日,是我朴诚兄惨遭杀害的日子。那天,天色阴沉,我因两周不能去监狱看望朴兄,便邀同学欧阳斌一起去探听消息,我还带了一罐醉蟹、榨菜来到监狱。只见几辆囚车停放在监狱门前,在广场上黑压压的人群中,国民党宪兵对囚犯们鬼哭狼嚎地吼叫着。我的心怦怦直跳。仿佛看到那些强盗将共产党人和革命志士押上囚车,背插斩签,押解到杀人场一样。我和欧阳斌赶到江汉关码头,那里拥挤着许多人,纷纷议论着国民党要枪杀共产党人,我的心如刀绞一般地疼痛。见墙上贴着布告,我欲看不忍,但还是鼓起勇气抬头看下去,发现在被枪杀的"共匪"当中有曾鲁的名字,我全身发颤,眼睛发黑,幸亏有同学欧阳斌架着我,她扶我走出人群。在往回走的路上会见两位朋友,他们正为朴兄遭反革命残杀事找我。在那白色恐怖的日子里,组织上只能委托我为其收尸。同学欧阳斌陪着我来到刑场,反动警察曾几次阻挡我进入刑场。那天惨遭屠杀的革命志士有30多人，我无目标地向前走去，竟一直走到我惨死的朴兄身边，我失声痛哭，警察恶毒地冲我大叫："你知道他是共匪不？你与他是什么关系？"我真气极了，当时只希望自己也死掉，与朴兄做伴。但转念一想，我决不能轻易死去，一定要与他们斗争到底。于是，我对他们破口大骂："你们这些混蛋，狗东西，死者是我的哥哥。你们的哥哥要是被杀了，看你哭不哭？"敌人对我进行威胁，他们把宪兵叫来，骂我是"共匪"，将我逮捕审讯。就这样，我与欧阳斌被带到警察所，在那里待了二三个小时。天近黄昏时，我们被带到一个小屋审讯，敌人问我，"死者曾鲁是什么人？""与你们是什么关系？"等等。还要我找一家铺子作保，用钱买回曾朴诚的尸首。后来，我听目睹行刑现场的群众说，曾朴诚同志死得英勇壮烈，临难时他高喊："中国共产党万岁！""打倒蒋介石！"敌人用枪托把他的左手和嘴都打烂了，朴兄牺牲时，年仅28岁。

五、我的简历

我1912年出生，五六岁时就跟着母亲学纺纱、绣花，梢大就能织布。1927年，随家迁到武昌后，我即进湖北省第六小学读三年级。1928年春我进入楚材中学读一年级。此间，大哥偶尔叫我和刘某一道出去散发传单。楚材中学被国民党反动派占领后，我即转到私立武昌艺术专科学校附中学习。朴兄牺牲后，我被迫辍学回家。1933年又返回武昌艺专附中就学。1935年年底，"一二·九"学生运动爆发，全国性的反蒋抗日救亡运动高潮到来，我从小跟随耿兄、朴兄一起生活，经常受到他们革命思想的熏陶，加上我对蒋介石为首的国民党反动派有杀亲之仇，所以当时就勇敢地投入到抗日救亡学生运动的浪潮之中。参加集会，示威游行，到江边静坐，散发传单。还参加读书会，深入工厂和铁路工人生活区，宣传抗日救国主张。1937年春，我和几个同学就酝酿去延安，由于同行者徘徊，加上自己也想多筹集点路费，再多动员几个朋友一道去，致使当时未成行。卢沟桥事变发生后，我去延安的愿望越发强烈，我和同学中年龄最小思想也最单纯的张某一道，背着家庭离开武汉，搭上阎锡山民族革命大学在武汉招生的列车到达山西临汾。以后我们步行，于1938年3月终于走到了延安。到延安后，立即被分配到延安抗日军政大学第四期四大队八队学习。1938年8月，我加入了共产党。9月毕业，调鲁迅艺术学校工作，1939年在延安女子大学学习。1940年调绥远军分区搞群众工作，后又分配到绥德地委工作。1941年同苏进同志结婚。同年调入八路军三五九旅工作，1942年我随部队参与南泥湾军民大生产，一方面自给，一方面支援抗日。1945年8月，根据东北情况，参加解放东北。在东北延边护路军政治部和铁道司令部任协理员、总支书记和党委委员。1948年参加解放北京、天津战役。1949年武汉解放前夕，我随接管武汉的何伟同志的列车开往武汉，由于国民党军队撤退，和平进入武汉。我被分配在武汉市委直属机关党委工作。1950年调全国妇联工作。1954年调轻工部工作，1982年离休。

原载政协湖北省麻城市委员会文史资料委员会编：《麻城文史资料》(第3辑)，内部出版，1990年，第15～25页。

立煌县设立背景

◎ 李宏新

一、设立立煌县的政治背景

30年代初,鄂豫皖革命根据地不断巩固扩大,蒋介石认为这是对他的统治中心——南京的极大威胁,曾多次调兵遣将,加以"围剿",结果都以失败告终。1931年12月,驻湖北的蒋军六十九师赵冠英部,被红军包围于黄安,突围逃跑,溃不成军,赵被活捉。翌年初,红四军向东到达皖西,渡过淠河,包围了皖西重镇苏家埠。蒋军第七师师长厉式鼎,率两万余人从合肥大举西援。红军在戚家桥附近设伏,厉式鼎被俘,苏家埠守军投降。蒋嫡系汤恩伯率两个师,有奔袭苏区重镇之势,在潢川豆腐店地区与红军遭遇,汤部大败溃散,红军缴获大量弹药武器、通信器材,军威大震。这时鄂豫皖革命根据地迅速扩大,拥有霍邱、霍山、罗田、黄安、河口、宣化店等重要城镇。

1932年5月中旬,蒋介石在武汉筹组豫鄂皖三省"剿匪"总司令部,自任总司令。"剿匪"总部所调的各部队,分为左、中、右三路。中路第六纵队指挥官为卫立煌,辖第十师、第八十三师。

8月,蒋介石为了完成"围剿"鄂豫皖革命根据地红军的计划,用重赏的办法,明令各纵队谁先占领金寨,此镇即改为县治,并用先占领者的名字命名。9月20日,六纵队到达了金寨，豫鄂皖三省"剿匪"总司令部令："以金寨设治，定名立煌县，饬即派员会勘，并先委严尔艾为该县县长，积极筹备，以速成立。"

二、确立立煌县县界的背景

1932年8月，皖公民廖薇圃等呈请设立新治，并由六安、霍邱、霍山各县县长妥议办法呈送安徽省政府。10月，省政府根据总部令，饬由民政厅拟具（立煌）设治应行筹备事项，并委派刘筠青前往，会同总部委员及鄂豫两省府所派委员，暨有关各县县长于11月12日在金寨立煌县治办公处举行会议，按图查勘，决定以山脉、河流天然形势为界。计由安徽省划出者，有六安县十七保：为麻埠保、十八道上保、十八道下保、大小孟上保、大小孟下保、磋上保、磋下保、苏上保、苏下保、八大斛保、茅坪保、新店保、槐树湾保、古碑冲保、南庄畈保、七上保、七下保，霍山县八保：为前畈保、后畈保、黄石河保、渔父潭保、桐桃源保、响山寺保（插花区地在槐树湾、古碑冲附近）、彩霞岭保、青山冲保，霍邱县三保：为八里滩保、开顺街保、白塔畈保。河南省划出者有固始县二保半：为金寨保、李桥保、长江河半保；商城县十四保半：为佛上保、佛中保、佛下保、竹上保、竹下保、溪上保、溪中保、溪下保、土镇寨保、双河保、清上保、清下保、蒙上保、蒙下保、宣上保半保。合计全境为四十五保。

三、立煌县隶属背景

关于立煌县之管辖，总部原拟划归河南省。各勘界委员认为：该地距安徽省治较近，物资供给，防务布置，照顾到历史与地理关系，均以隶属安徽为便。前皖西七邑灾区协会委员吴性元等亦呈请将立煌县划归安徽管辖，列举四例：一、就行政方面言，该处人民风土纯与皖同，东抵六安，北连霍邱，交通既灵，统驭亦易；二、就民生方面言，该处山高田少，每岁产粮丰收时仅敷半载，全赖六安、霍邱两县运输接济；三、就教育方面言，该处距河南省城800余里，距安徽省城500余里，求学省会之青年，劳费较少，水土适宜；四、就军事方面言，该处为皖西七邑门户，与豫接壤，如固始、罗山、确山、南阳等县凤易"积匪"，向为"皖患"，均赖皖军赴机迅速，未致蔓延。安徽省政府将上述情况，多次呈请总部核示。

1933年3月，总部令：划归安徽省管辖。略谓："立煌县管辖一案，在该县设县治之始，本部以金寨距安徽省会过远，且该区行政督察专员，是时尚未设置，乃暂划归河南省管辖；一面饬令各勘界委员切实察看具复，再行核夺。近据各方委员陈述，多以依照实际情形，以属皖为宜。又查安徽所呈修筑公路线图，皖西公路进展迅速，立煌全县包含合、舒、六、霍诸县汽车网之内，交通方面实较便利。审情度势，自应将立煌县改属安徽，并隶该省第三区行政督察专员管辖。所有河南省政府对于应行移交各事项，即应函知照案接收，并颁发立煌县疆域图，饬即遵照办理。"由于管辖问题正式确定，安徽省政府便呈报行政院备案，咨请内政部、河南省政府查照，并委严尔艾为立煌县县长。

参考材料：

民国32年5月《一年来安徽政治》

民国25年《安徽民政工作纪要》

民国33年《安徽概览》

卫道然著《卫立煌将军》

原载政协安徽省金寨县委员会编：《金寨文史》（第三辑），内部出版，1986年，第1～4页。

皖西麻埠"肃反"的两种形式

◎ 朱世德

1931年8月1日,红四军收复了英山。9月间,我们十二师三十四团从太湖、岳西等地返回到皖西麻埠(现被金寨响洪甸水库淹没),部队就进行全面"肃反"了。当时我在三十四团二营四连当战士。记得那时"肃反"委员会对我团干部战士采取的是两种"肃反"形式:一是对干部采取"钓鱼"的形式进行"肃反";二是对战士采取以连为单位召开大会,人人过关的形式进行"肃反"。

所谓"钓鱼",就是由"肃反"委员会按照事先搞好的名单,今天把这个营长调去谈话,明天把那个连长、排长调去谈话,表面上调去谈话,实际上都被送到皖西北道委保卫局关押起来。要不多久,执法队就把关起来的红军干部拉到月牙畈(即飞机场)枪毙了。另外,"肃反"委员会还利用通知开会的机会扣留干部。开始,我们团是从营的干部抓、杀起的,后来又抓、杀到连排干部。营长被杀害了,把连长提当营长,连长被杀害了,又把排长提当连长,就这样杀一个提一个,提一个又杀一个。对干部"肃反",就好像割韭菜一样,出了一茬割一茬,任意迫害无辜,草菅人命,结果使我们团的军事干部大大减少,使大批的有一定对敌作战经验和指挥能力的营、连、排长,没有战死在敌人的枪林弹雨里,反而死在"肃反"委员会的手里。被杀害的营、连、排干部,都是被"肃反"委员会认定为反革命分子,参加了"改组派""AB团""第三党"等反革命组织的。

对战士采取人人过关的形式,就是每个连都把战士集合起来召开军人大会,由

"肃反"委员会的人拿着花名册子点名,喊到谁,谁就站起来。接着就问大家:"你们看他能不能当红军,像不像反革命呀?"如果有人说他不能当红军,那就马上拉去枪毙;要是大家举手说,他不像反革命,能当红军,那就算通过了。那时,对战士"肃反"就是这样人人过关的。

在麻埠"肃反"的20来天,"肃反"委员会几乎每天都要抓人,道委保卫局执法队几乎每天早晨都要在月牙畈枪毙红军干部战士及地方苏维埃的一些干部。那时候的"肃反",弄得人人自危,搞得干部与战士之间不敢来往,战士与战士之间不敢说话,互相猜疑和仇视。如部队在休整的时候,同志之间互相说说话,要是被"肃反"委员会的人知道了,他就来问你:"你们俩谈些什么,是不是参加了改组派、第三党啦?"又如有的同志粮食吃完了,饿得路都走不动,要是谁把自己的粮食给他吃或者给他一点水喝,马上又有人来质问你:"你为什么给他吃喝呀,是不是加入了吃喝委员会?"这就是"肃反"的做法,说是肃清革命队伍的反革命分子,不知有多少优秀的红军干部战士被杀害了!当时,什么是"改组派""AB团""第三党""吃喝委员会"组织,我们一点都不明白。因此说被迫害的同志真是蒙受奇冤啊!

(汪明松 整理)

原载安徽省军区党史资料征集办公室:《革命回忆录选编》,内部出版,1983年,第59~60页。

鄂豫皖根据地第四次反"围剿"失利原因

◎ 蔡家帜

1929—1932年，是鄂豫皖苏区空前发展的时期，在我党的领导下，粉碎了敌人第一、二、三次"围剿"，红军和根据地迅猛扩大，主力部队已组建六个师，达到五万人。根据地东起淠河，西讫京汉线，北达黄（潢）川、固始，南至黄梅、广济，总面积约四万平方公里，人口达350万。我党控制有黄安、商城、英山、罗田、霍山五座县城。建立起2000多个县的革命政权。我红军威震江淮、信阳、安庆、合肥等地，敌人惶惶不可终日。1932年6月间，蒋介石调动了24个师并5个旅的部队，疯狂地向鄂豫皖苏区发动了规模更大的第四次"围剿"。蒋介石坐镇武汉，亲自指挥，分左中右三路对大别山区形成包围态势。以陈继承、卫立煌、徐庭瑶三个纵队为其主力，采取稳扎稳打，逐步压缩包围圈的战术，企图聚歼我军于长江北岸。

由于当时担任中共鄂豫皖中央分局书记兼军事委员会主席的张国焘，在鄂豫皖苏区和红军中推行了一条极端错误的路线，使得我红四方面军的第四次反"围剿"遭到了失败。现在回想起来，我认为当时失败的原因主要有以下几点：

一、客观上敌强我弱，敌人的力量大于我军数倍。

二、张国焘被第三次反"围剿"的胜利冲昏了头脑，对形势做出了完全错误的估计。我那时在红四方面军政治部组织科当干事，我记得当时曾提出反立三"左"倾错误路线，但是张国焘仍然执行立三"左"倾错误路线，提出了"打到武汉过中秋，夺取一省和数省首先胜利"的错误口号。由于张国焘的麻痹轻敌，过早地暴露了我们的力量。敌人听说我军要打武汉，他们停止了内部混战，集中力量来对付我们。当时，我红军主力正在围攻麻城，打下了仓子部，敌人突然调动20多万兵力向我根据地进攻，我军措手不及。8月上旬，陈继承、卫立煌两个纵队全力向黄安七里坪猛扑，在此胜败存亡的紧急关头，张国焘虽然被迫决定撤麻城之围，仓促应战，但是，由于他采取了分兵把口的战术，导致我军被动挨打，节节败退。虽然当时的方针是"扩大三十万红军，集中三十万人吃的粮食，才能粉碎敌人的第四次'围剿'"，但是，时间已经来不及了。

三、张国焘推行错误的"肃反"政策，在军内外造成巨大损失和不良影响。

1931年8月初，蒋介石的特务头子曾扩情派特务分子钟梅桥、任廉洁送了封离间信到英山，交给二十师师长许继慎，诡称许如果投靠蒋介石，将得到蒋的欢迎等。许见信中闪烁其词，意在离间，便将蒋匪的人、枪、信送交四军军部。此事被张国焘渲染利用，开始在军内"肃反"，继而在地方蔓延。1931年9月13日，红四军回师至麻埠，陈昌浩先期到达，当即宣布了命令：撤销曾中生的四军政治委员职务，由陈昌浩接任四军政治委员，并在部队开始"肃反"。9月下旬，红四军集中在光山县白雀园，张国焘亲自主持"全力肃清四军中反革命和整顿四军"的工作，推行了"残酷斗争，无情打击"的宗派主义错误路线。至11月中旬，以"改组派""第三党""AB团"等"莫须有"的罪名，疯狂逮捕、杀害革命干部和战士，其中有师级以上干部许继慎、周维炯、姜镜堂、熊受暄、肖方、王培吾、廖业祺等，被杀害的同志们临死前愤慨地说，我们提着脑袋干革命，今天落得了反革命的下场，感到非常痛心。但是，他们还是高喊"共产党万岁"的口号走上了刑场。自从白雀园"肃反"以后，鄂豫皖苏区党内外、军内外的人们心中都被恐怖情绪笼罩着。那时候，部队里不敢相互讲话和谈心，下级看到上级首长，不敢提出问题，反映情况。首长讲话时，问下面"对不对？""有没有困难？"谁也不敢吭声。人与人之间也不能交往，如果三人在一起抽烟，其中有一个被"肃反"逮捕，他们就说你是好吃委员会成员。有时连党小组会议也不敢参加，因为搞不清是真是假，稍有不慎，即遭横祸。甚至于有不少人不愿加入党的组织。我记得政治部有一个王司务长，工作认真负责，而且吃苦耐劳，组织上派人去和他谈话，想介绍他入党，他说："旁的事情可以，这个事情我不愿意，在不在党内，都是干革命工作。我看每次保卫局杀的都是党员、干部，我谢谢你的好意，让我多活几天，哪一年我考虑成熟了再入党。"

那时，红军家属一旦听到自己前方的亲人被害，非常痛心。不但亲人含冤而且连家庭也很快受株连惨遭横祸。本来是革命家庭，转瞬间就变成反革命家庭。其他的红军家属们也都提心吊胆，纷纷写信给在部队的亲人，叫他们少讲话，多做事，不要和周围的同志接触。

本来，我军与人民是鱼水相依的关系，人民群众对军队非常关心与爱护，将自己的亲人送到部队，他们把部队的每一个同志都当作自己的亲人一样看待。自从"肃反"以后，人民群众同我们党和军队的感情一时疏远了，我党我军在人民群众中的威信受到了很大的影响，给革命带来了严重的损失。

四、打击面过宽。

在苏区，打土豪、分田地搞得热火朝天，广大人民有了田地耕种，敲锣打鼓地拥护土地改革政策，苏区人民的生活得到了改善。但是我们对地主、反革命的家属、子女，不给生活出路，将他们的财产没收后，统统扫地出门，使他们出去讨米要饭，激起了这些人对我党我军的刻骨仇恨。当时，红四方面军政治部主任吴焕先同志家中是大地主。有一次，他的母亲来部队探望他，吴主任说："不见她，叫她回去！"他还说："我是领导，不带头执行党的政策，阶级界限划不清，叫我怎么去教育下面呢！"后来还是厨房的同志悄悄地安排了她的吃住。但是吴主任始终没有与自己的母亲见面，过了几天就被送回老家。当时，我们还称赞吴主任这么大的干部都不与家庭来往，我们更要分清敌、我、友，决不能上敌人的当。现在回想起来，那时的一些做法实在太"左"了。这样做的结果，是把一些地富反坏家庭的家属及其子女推到敌人一边去了，增加了敌人的力量。由于对待地主、土顽和一些反动势力打击面过宽，采取了一刀切的办法，没有做争取、分化瓦解工作，致使许多人死心塌地地投靠了敌人。这一部分人在敌人大举进攻苏区时，危害很大，因为他们人熟地熟，对我们部队的情况也很了解，加之他们对党和军队怀有刻骨的仇恨。所以，敌人经常利用这些地方反动势力做反动宣传工具，打起仗来，让他们打先锋，住下以后，又以这些人为主组建反动政权。这些人为数不多，但反革命能量很大，对我苏区的破坏性十分严重,敌人主力部队做不到的事,他们都能做到,他们每到一地都杀得村子里鸡犬不留,制造了许多"无人区"。

(安庆军分区党史资料征集办公室　整理)

原载安徽省军区党史资料征集办公室:《革命回忆录选编》,内部出版,1983年,第61～65页。

忆鄂东南武装工作团的对敌斗争

◎ 阮贤榜

1934年秋,我由政治部回到道委时,整个鄂东南苏区正笼罩在一片白色恐怖之中。白匪军、恶霸地主大兵压境,烧、杀、抢、掠,企图扑灭革命火焰。道委为了坚持敌后斗争,开辟新区工作,决定组织精干的武装工作团,我也被留下参加武装工作团。

武装工作团由14人组成,成员是营以上干部,由中共道委副书记(名字记不清了)任团长。武装工作团的任务是深入到崇阳、通城两县,开展游击战争,宣传发动与组织群众进行土地革命,为开辟新区而奋斗。

我们在中共道委副书记带领下,通过三界尖,挺进到崇阳县金塘地区,一面开展游击战争,一面深入农村做群众工作。开始就遭到敌人"围剿""追剿""堵剿",迫使我们天天行军打仗,立足不下,整天整夜吃不上饭,睡不上觉。这天下午3时左右,我们从金塘地区向金边行动,走到中途山冲路上和敌人遭遇。敌人后退,我们就跟踪追击,追到山口时,敌人的大部队蜂拥而上,并拼命抢占两边的山头,逼着我们只好调转头向金塘方向撤退。而金塘又被地主武装抢占,后面敌人又紧追不放,情况很紧急。这时,我们就向地主民团猛打猛冲,将民团打垮,才算冲到山顶上。在山顶上休息的时候,听一个农民说,金塘周围来了共产党,红军对老百姓好得很,要老百姓起来革命,分田分地,崇阳县的大军(指国民党)和地主、财主老爷的民团正在布置消灭他们……因后面的敌人快要跟上来了,我们不能停留,就请农民指点去太原方向的路。

到达太原附近时，已深夜了。只见太原四周的村庄道路、要口灯火通明，到处都是火把、手电筒光。我们就向没有灯火的黑暗方向摸去。还好，摸到一个村庄的后山坡，敌人还没有住下，都集中在村前大场坪上。一个国民党军官正在那里训话，说什么"共匪只有十几个人"，"不要小看他们人少，他们在金塘周围闹了二十几天了，地方民团拿他们没有办法。今天在金塘打了半天，还没有把他们消灭。现在，他们已朝我们这个方向来了。我们要他们有来无回……"本来，我们可以安全通过敌人的包围区，只因听了敌人军官骂我们是"共匪"，又吹牛要我们"有来无回"，气就上来了，非揍他们一顿不可。于是趁敌人训话队形还没有散开，我们悄悄摸到村前，十四支整齐的排子枪向敌人狠狠地射击！只听敌人喊爹叫娘乱成一团，敌人的队伍被我们打乱了，四周围的敌人也向我们这里围攻上来了，枪声喊声连成一片。我们摸黑向三界尖方向跑去，才算冲出敌人的包围圈。这时，我们已经累得筋疲力尽，肚子饿极了，子弹也打光了。真正是粮尽弹绝，只好回到道委……

我们向道委汇报了这次行动的经过。道委听了我们汇报后，决定武装工作团进行休整：一、武装工作团重新调整和充实人员。改由肖桂先同志任团长，我和另一个人任副团长。工作团成员充实到18人。二、总结经验教训。根据第一次工作团的行动，主要有以下三条经验教训：（1）大家一致认为在敌强我弱的情况下，开展游击战争、开辟新区工作的斗争任务是十分艰巨的，我们公开与敌人战斗是斗不过的，要与敌人斗智，才能战胜敌人。（2）要坚决依靠工农群众，正确执行党的指示和政策，做好群众工作。我们这次做深入扎实的群众工作不够，开展游击战争的目的性不够明确。（3）坚决依靠崇山峻岭，广泛开展和灵活运用游击战争的战略战术，把军事与政治、公开与秘密的斗争结合起来，求得生存与发展，战胜敌人。以上三条成为我们第二次深入崇阳、通城两县开展游击战争和开辟新区工作的基本方针。

通过休整，我们第二次挺进崇阳、通城两县地区，用游击战争联系工农群众，做深入扎实的群众工作。敌人对我们进行"清剿"，我们利用崇山峻岭，灵活机动，避免第一次同敌人硬打硬拼的办法。大游小击，行踪不定，敌人进山我们就出山，大胆深入敌后，放手宣传发动广大工农群众，扩大党和红军的政治影响。敌人来了，我们打不赢就走，打得赢就狠狠地打他一顿，用声东击西、避实就虚的办法，粉碎了敌人多次"清剿""追剿""堵剿"。

　　武装工作团第二次深入敌占区，在金塘一带开展游击战争中，改变了同敌人做斗争的策略，紧紧依靠工农群众，坚决保护群众利益，宣传党的土地革命政策，做好群众工作。我们从三界尖脚下，在沿金塘一带几条山冲的农村，能长期坚持斗争，粉碎敌人无数次的"清剿""追剿""堵剿"，克服各种难以置信的困难，主要是依靠工农群众的积极支持和帮助。有一次我到××村去开会和买粮，当地群众告诉我们说："你们要小心啊！有一些不认识的人，在我们周围串来串去好几天了。"过了两天，我们再去进一步了解情况，前面村子的群众赶紧跑来报告："你们快走，国民党军队已经来了，地主队伍也回来了。"这时我们准备上北山，有个国民党残疾军人（这个残疾军人是被国民党拉去的，在修水同红军打仗时因动作慢，国民党军官说他怕死，开枪把他打残的）对我们说："你们上北山很危险，快跟我来。"他带领我们向村东走了几百米，然后顺着南山沟一直走到一个大瀑布附近停了下来，对我们说：为什么你们不能上北山？国民党便衣带了干粮在我们村子附近和北山转了好几天了，北山一定是他们"围剿"的重点。其次北山直通三界尖，国民党一定在三界尖附近布置兵力堵拦你们的，所以你们不能去。这个南山比较荒凉，山大有周转余地，向西可以到金塘，向东可以到太原。你们上次不就是从金塘到太原的吗？我们觉得他讲得有理，再察看南山，不仅高大，而且险要，很感激他的帮助。他走后我们就在山上观察敌情，还不到一个小时，就听见北山枪声四起，到处乱喊"捉共匪"！

　　对敌斗争形势越来越紧张了，我们改变了斗争策略，敌人也改变了同我们斗争的反动策略。反动地主武装怕我们各个歼灭他们，就把各地的地主武装联合起来，集中住到大的城镇里去，千方百计地对我们进行"清剿"，梦想把我们一网打尽。他们不断派出特务、叛徒、便衣人员带着干粮潜入山村、老林刺探我们的情况。敌人层层封锁，重重包围，步步为营，分割"围剿"。我们吃的、穿的全靠打土豪缴获的物资，当地主的财物、粮食、衣服都埋藏起来以后，我们经常没饭吃，有时完全靠吃野菜充饥。

　　1935年春，红十六师在崇阳、太原、高垴等地打了几个胜仗。崇阳、通城地区的工作局面打开了，推动了革命运动深入发展，我们以金塘为中心成立了工委（我为工委副书记兼团工委书记）建立了苏维埃政权。全区建立了十几个苏维埃政权，开展了打土豪分田地的斗争，以满足贫苦农民的土地要求，彻底消灭农村中的封建土地制度。接着我们武装工农群众，建立游击队、赤卫队、少先队、贫农队、贫农协会、妇女协会、互济会、儿童团等组织，在党的统一领导下开展了轰轰烈烈的土地革命运动。

红十六师反"围剿"的胜利，苏维埃政权的建立，轰轰烈烈的土地革命运动，吓坏了地主豪绅，震惊了国民党反动派，敌人惊慌失措，增派大军前来"清剿"镇压，妄图扑灭革命烈火。一天，我们在金塘以北的一个村子里，没收了反动地主的浮财，粮、衣、布匹等。正当我们在村前打谷场上将这些财物分给工农群众时，不料敌人已经进了村，只因敌人前卫部队拼命抢夺打谷场上的财物，我们才趁机脱离了危险。为防止敌人夜袭，我们工作团白天在乡里进行工作，晚上则露宿在山上。一天，敌人设下埋伏，把村子包围起来。第二天早上我们刚走到村头，敌人就像疯狗一样猛扑上来。我们当即开枪还击，把冲在最前面的几个亡命之徒干掉，敌人才停止向我们冲击。战斗中，我鄂东南苏维埃主席的爱人徐大姐牺牲了。这次敌人对我们的突然袭击没有捞到什么，只是抬着几具尸体滚了回去。

原载安徽省军区党史资料征集办公室：《革命回忆录选编》，内部出版，1983年，第66～70页。

罗陂孝便衣五队

◎ 黄锦思

高敬亭指示鄂东道委,要在平汉铁路两旁灵山、鸡公山一带成立一支红军便衣队。1934年10月,鄂东独立团到平汉铁路活动,团政委陈守信根据道委会特务营长王耀松介绍,决定从独立团抽调徐国顺当队长,我当指导员,詹子成、张炳祥、徐路军、杨定芝、胡少卿、吴战行、何小克、严成武等十人组成灵山便衣队,由罗陂孝特委领导。罗陂孝特委书记郑定国把灵山便衣队编为罗陂孝新苏区便衣五队。徐国顺、张大耀、丁应厚三人先后任过五队队长,我一直任指导员,队员有进有出,但总是保持十个人。

便衣五队活动在平汉铁路两旁,罗山、信阳、应山三县之间的灵山、鸡公山、大青山、大观寺、四望山、茶山、花山等山区,平原地区有罗山县朱堂店、杜集,信阳县的新集、李家寨,应山县的杨家岗、小河马鞍石,活动范围方圆约300里。从1934年冬到1936年秋,我们一直在灵山一带活动,后来根据形势发展的需要,除留下我们发展起来的地方小便衣队和小游击队坚持原地斗争外,我们便衣五队转移到路西应山县小河一带开展活动。三年中,我们这支便衣队一直活动在敌人心脏地带,先后为主力红军输送400多名新战士,收缴反动派长短枪480多支,筹款五万多元,筹集粮食、布匹、医药等物资,供应主力部队,为革命做出了应有的贡献。

灵山便衣队与其他便衣队比较,有四个显著特点:一是这一地区没有建立苏维埃,是没有分田地的白区;二是有蒋介石一个机械化的师驻扎,保护鸡公山上几十个国家的洋人休养;三是北平至武汉铁路的交通要道,是蒋介石的战略要地,反共活动中心;四是从灵山至桐柏山有一万多"小马子"(即股匪)活动。

由于苏区与白区的不同特点,便衣队工作也有不同的做法。三年中,我们紧紧依靠党和群众,从实际情况出发,首先在这一带山区站住了脚,然后秘密发动群众,武装群众,扩充红军,搜集情报,掩护伤员,提供物资装备,配合主力红军作战,突出地做了以下几方面的工作:

一、宣传群众,把群众组织起来斗争。便衣队一般是昼伏夜行,白天在深山里隐蔽,晚上到群众家里做工作。运用唱歌、贴标语、忆苦思甜、揭露地主反攻倒算的罪恶等多种方式,启发群众的阶级觉悟。在这个基础上,我们逐步把他们组织起来。首先成立的是秘密农民小组,逐步发展成为小便衣队;在小便衣队的基础上,成立十几人、几十人的游击队。三年内,我们在灵山、应山地区建立的农民小组、组、手工业小组、儿童小组有500多个,还有5个小便衣队:第一小队在柳林镇周围,8人,队长胡包皮;第二小队在周塘埂,5人,队长潘老大;第三小队在灵山冲,12人,队长夏云清;第四小队在上山,4人,队长周麻子;第五小队在应山地区史鼻子沟,5人,队长张永清。小便衣队员白天生产,夜晚活动,跟随我们担任侦察敌情、弹压案子、看管物资等任务,成为我们最可靠的耳目,最得力的助手。

特委指示我们,在条件成熟的时候,为主力红军扩充兵员。我们开了一个党小组会进行讨论,决定成立在便衣队领导下的红军游击队,等主力红军来了再交给他们带走。第一支红军游击队由叶太清、徐明万、黄道军、黄书田、黄毛头等二十几个青年农民组成,编成两个班,由便衣队员任班长。每班除发两条枪以外,其他队员有的领到一把大刀,有的领到一支梭镖。我要求他们学会唱"三大纪律八项注意"歌,并要体现在行动上。游击队是当地人,熟悉地情、人情、敌情,便衣队有了游击队的配合,真是如虎添翼,瓦解红枪会,夜打磨盘寨,都干得得心应手。游击队自己也夜袭了朱塘店,打得相当出色。游击队还在短时间内搞到了大量的枪支。哪个地主有几支枪,他们都清清楚楚,今天收缴几条,明天收缴几条,没有多久,他们就全部装备起来了。那些看家护院的狗腿子害怕游击队,为非作歹的事也减少了。游击队还起了牵制敌人的作用,他们到处活动,寻机袭击敌人,把敌人搞得晕头转向,减少了便衣队的压力,更利于我们开展群众工作。后来,由我们发展和组织的第一批游击队员正式加入了独立团。在灵山和应山地区，我们先后成立了十几批游击队，为主力红军扩充了400多名优秀战士。

二、侦察敌情，给红军提供情报。如平汉铁路大小站有多少敌人，铁路两旁据点、小镇有多少敌人，是国民党正规军还是民团、保安团、壮丁队等地方武装，对红枪会、白枪会、反动豪绅、联保主任、保长的情况也搞得一清二楚。这样，我们就掌握了行动的主动权，主力部队从我们活动地区经过时，走什么路线，住在什么地方，哪个据点可以打，我们便衣队都能提出看法，使主力部队行动自如。1936年农历腊月二十六七日，雪下得正紧。道委的九路游击师师长张凯带领部队来到四望山一带，准备打个寨子好过年，我向他介绍了磨盘寨的情况：磨盘寨位于大庙畈镇西十余里，离我们脚下的四望山有40多里，它的周围是平畈，孤立地坐落在一座磨盘形的小山头上。寨子里住着1000多户穷苦农民，白天下寨劳动，夜晚回寨还要打更放哨。寨上的土豪修筑了4座炮楼，置有30多条长枪和十几条短枪，由50多个地痞流氓组成守寨队，300多名青壮年农民被迫组成红枪会、黄枪会，人手一支长矛或一把大刀，把守寨垛。最后我说，有利条件是寨子孤立无援，没有水围子，容易接近寨墙。困难条件是没有内应。张师长听了我的介绍后，决定马上集合各连长、指导员开会，先由我向大家介绍情况，接着他说："说打就打，今夜就干。8点钟出发，12点攻寨。"并命令手枪队和便衣队组成突击队，准备3架梯子，各连回去立即进行战斗动员。当晚攻寨时3架梯子靠上寨子，队员们勇猛地向上爬。杨定芝第一个登上寨子，徐路军跟着进去打开寨门，七八个突击队员很快解决了4个炮楼里的敌人，总共只用了1小时12钟就打掉了这个寨子，我们无一伤亡。敌人伤亡30多个，寨子上50多条长短枪全部缴获，我们200多人高歌，凯旋。

三、接应主力，掩护红军伤病员。红二十八军特务营、鄂东独立团、九路游击师等部队常到便衣五队活动的地区来，为了便于主力部队行动，他们的伤病员都交给我们便衣队，由我们安置在群众家里休养和治疗，费用由便衣队支付。我们先后接受了50几个伤病员，没有一个被敌人发现的，除伤好归队的以外，去七里坪整编时，我们还抬着20多名伤病员。接应特务营，掩护余正喜，至今还留下深刻印象。一天上午，我们便衣队员们正在聚精会神地听张"道委"（张炳祥的绰号）讲故事。突然听到东北方向传来枪声。当时凡是听到枪声十有八九是红军同敌人发生了战斗。

我和队长马上分两路去接应。我带着杨定芝和徐路军把缀着红星的八角帽藏起来，打开包袱，戴上礼帽，罩上长袍，掖起手枪，急忙下山了。在山下一条小溪边，我们遇到了林维先带领的红二十八军特务营。他们气喘吁吁，汗如雨下，后面的白匪正在追来。林维先见到我们非常高兴。我马上带他们上山隐蔽。当我们登上林木茂密的灵山时，西面新集、北面杜集方面的敌人也包围上来，情况十分紧急。林维先同志坚定地说："我们在这里目标太大，得赶快转移。现在你们赶快把余正喜副营长隐蔽起来，他是前几天在麻城大界岭负伤的，军政委特别交代要把他安置个安全的地方，让他养伤。"我把敌情、地形向林维先介绍了，他们便很快地隐没在灵山主峰的天然帷幕里。我们正担心敌人搜山，忽然东南方的山头响起了激烈的枪声，这是特务营为了掩护我们，主动把敌人吸引了过去。等匪军追赶特务营去了，我们迅速地把余副营长安全地隐蔽在密林里。以后余副营长被我们安全地护送到离柳林六里的杜家冲东山沟农民小组成员张老汉家里，休养了两个月就归队了。

四、牵制敌人，配合主力军行动。便衣队经常破坏铁路，砍电线杆子，散发标语传单，袭击敌人据点。1935年春，柳林附近联络员送来了一个情报说，驻在柳林黄家湾车站的国民党新五军一个营换防到信阳，接防的白军明天才能到。眼下柳林民团都进驻黄家湾车站附近的碉堡，替白军守车站去了。我们决定抓住这个机会，烧掉柳林民团的碉堡，打击一下敌人的气焰。晚上，我和队长带着两个队员到预定的集合地点，来了100多农民，每人都背了一捆干柴，到达柳林的时候，已是半夜了。果然五六个碉堡里，都没有灯火，以往总是灯火通宵达旦。我们便衣队放出警戒哨，监视着车站民团。农民小组的人，抱着柴火，举着火把，见碉堡就烧，一转眼工夫，柳林四周大火冲天。守在黄家湾车站碉堡里的民团，虽离柳林只有一二里路，但不敢出来，只是向外面胡乱放枪。在柳林街上，我们还缴获了四支步枪、一部油印机和一部电话机，两箱子弹，然后撒下大批传单，撤离阵地。天亮后，柳林附近老百姓纷纷传说，"红军四五百人，打了柳林黄家湾车站啦！"

一次，特务营长伍坤山对我说："鸡公山下李家寨车站街里有个反动资本家刘文松，你们便衣队地形熟，配合特务营去捉拿他。"我说："那里有一个营的白军，怎么捉拿呢？"他说："准备六个人，到晚上假装联保主任周干贵去叫门，就说研究打红军，他一定会开门。"后来，伍营长带六个人进了李家寨果然捉到了刘文松。

听铁路工人讲，红军是在敌人心脏里捉去了刘文松。由于我们的争取和宣传，黄家湾车站的东北军新五师一个排长，带着全排30多名白军和武器，跑到灵山老庙找老和尚，说是哗变出来找红军的。和尚立即给我们送了信，我们配合特务队，把这排人接了过来。那位排长还拿出传单交给我。我看了褪了色的传单，上面写着："国军兄弟们，你们把枪背过来吧。愿干红军的就干，不愿干的，红军发路费可以回家和你们的父母妻儿团聚。"是呀，这些传单是我们撒的。我向那位排长点点头，心里暗想，对敌的政治攻势是多么重要呀！

五、打击土顽，保护群众利益。我们便衣队活动的地区，土豪劣绅威风扫地，但也有少数死硬分子，凭借手里有枪，坚持与我们为敌。对于这些反动分子，我们坚决打击不留情。打周干贵就是一个例子。周干贵是周塘埂的大地主，又是联保主任。此人极其反动，群众恨之入骨。一天农民小组林老二送信说，周干贵要请正规军一个营到周塘埂给他保家，他派人把村边的破庙修刷一新，准备给"国军"驻防。林老二还说：我们打了朱塘店地主的粮店以后，周干贵夸口说，我的粮食决不让红军抢走一粒，一定要红军知道我周某的厉害。我们立即做了研究，决定先下手，先把修好的庙烧掉，让白军来不成。当天晚上，我们只去了几个人，一把火就把周干贵修的白军"营房"烧掉了。并在周家门缝里投进一封警告信，叫他少作恶。再作恶便衣队就要干掉他。周干贵没有接受我们的警告，反而要和我们较量。当时正是春荒的时节，我们决定先打周干贵的粮食。一天晚上，我们组织了百把个可靠的农民来运粮。便衣队打进周家一看，周家的人都搬到柳林去了。我们把他家十几个仓门打开，然后一担一担往外挑。狡猾的周干贵像狐狸一样，两次逃脱了人民的惩罚。第三次徐国顺队长带上詹子成和杨定芝，化装到柳林赶集，结果打死了周干贵的弟弟，这也是个地头蛇，周干贵又逃脱了。后来抗日时期，周干贵被新四军五师宰掉了。

智降"小马子"，是我们为民除害的又一重大行动。在灵山一带深山里，隐藏着一股凶残的土匪，他们白天拦路抢劫，杀人放火，夜晚冒充红军便衣队，打家劫舍，强奸民女，无恶不作，行动像野马，所以老百姓称他们叫"小马子"。如何对待"小马子"，我赶到道委向陈守信做了汇报。根据道委指示，先从政治上孤立，然后再瓦解他们，使他们不打自散。当时我们散发传单，张贴标语，深受其害的人民群众闻风而动，积极协助我们查清匪情。同时，我们动员"小马子"家属劝说他们弃暗投明，重新做人。一次，我和胡少卿、杨定芝和徐路军三人，在山上活捉了两个"小马子"，缴了两支长枪，并对他们说："我们红军便衣队不杀你们，今天放你们回去，回去后，转告你们何队长，今后不得胡来，要再冒充红军便衣队，碰在我们手里可不客气了。再转告你们弟兄们，早日改邪归正，红军会给你们出路。"两个土匪不停地鞠躬哈腰，然后窜进山去了。以后相继遇到一些零星土匪，我们都教育释放，使他们感到红军的政策是宽大的。我们又通过关系，几次捎话带信给土匪头子何光武，还做通了何的姘妇的工作，何本人也动摇了。这时，便衣队便给何光武写了两封劝降信送去。不久，何光武遣人送来回信，表示愿意投降，并提出双方派代表接头商谈具体问题，谈判地点在小王庄。我们同意谈判并决定派张炳祥和胡少卿两人为谈判代表。谈判那天，他们俩红军装束，头戴红五星的八角帽，腰插乌亮的盒子枪。谈判时，我们首先介绍了共产党的政策，并向土匪提出三个条件，要他们在受降以前做到：一、不准再坑害老百姓，二、不准走漏红军的消息，三、不准破坏或私藏武器。又向土匪提出受降的三条出路：一、不愿回家的，经我们批准，可以参加便衣队一起打土豪、打白军；二、愿意回家的，发给路费，遣送回家；三、家住苏区的，我们写证明，保证回去后受到宽待。对方一一应允。谈判以后，双方确定在许家大湾召开"会合"大会。那天特务队协助我们便衣队，红军战士100多人，持枪列队，威风凛凛地站在四周，100多名"小马子"下山了，何光武走在最前头。头头投降了，有的"小马子"解散回家了，有的跑到桐柏山去了。就这样，灵山一带的"小马子"土崩瓦解了。

六、筹集粮款，为红军购买物资。开始，我们使用打粮的办法为红军筹粮，后来，这一带的土豪劣绅纷纷搬到城镇据点附近住下来，粮食也运走了。这样一来，打粮就困难了。特委指示我们要为苏区主力红军筹备一批粮食准备越冬，并解决贫苦人民的生活。便衣队开会讨论如何完成筹粮任务，创造了打粮的新办法，佃户应交的租稻一半交地主，一半交红军，我们先找农民小组长蔡德新用这个办法试试。把事先写好的字条交给蔡德新，字条上写着："杨善清先生，我军需用大批粮食，今在你家佃户蔡德新名下征用你租稻500斤，不得再向佃户索取，如若老老实实，我军保证你们安全，如若不老实，我军的政策，想来你是知道的。落款：中国工农红军游击队。"过了几天，蔡德新高兴地说："黄指导员，成啦，这办法真管！"用这办法我们弄到了两万多斤粮食，一半上交，一半分给贫苦农民。从此，我们出外工作也不要带粮食了，到处都可以吃到白米饭。筹款的办法是捉大地主，又叫捉经济案子。1935年夏天，在九里关捉一个姓李的地主的案子，李家用3000银圆才让赎回去。我们三个人背银圆上山，天气又热，累得几乎瘫倒了。此后，我们要纸币，再以后，我们就叫案主买些钢笔、手表、盐、毛巾、西药和布匹等物品。主力部队到这里休整时，就把这些东西交给他们，很受欢迎。一天，罗陂孝特委指示我们设法购买药品，还附了一张40多种药名的单子。当时苏区被敌人封锁，最缺的一是盐，二是药。我和张大耀队长研究后，决定派农民小组长周麻子、杨定芝和我三个人化装上鸡公山，完成了买药任务。后来这批药品送到苏区，特委负责同志说："这些药品对苏区、对战斗的红军来说，比金子还贵重啊！"

我们这支红军武装便衣队，在灵山、鸡公山下，平汉铁路两边坚持三年游击战争。在军事上打击瓦解敌人，摧毁了敌人政治、经济、文化中心和封建堡垒。牵制敌人，配合我主力红军行动。在政治上揭露了蒋介石卖国殃民，横征暴敛，涂炭生灵，使人民心向共产党、拥护红军。

1937年8月底，林维先同志亲自到灵山通知我们便衣五队以及伤病员、游击队到黄安七里坪集中整编新四军四支队开赴前线抗日。

原载安徽省军区党史资料征集办公室：《革命回忆录选编》，内部出版，1983年，第71～80页。

忘不了的军政委

◎ 李鸿斌　黄　群

红二十五军的创建者、领导者之一，我们敬爱的军政委——吴焕先同志，离开我们已经47年了。然而，每当人们提起军政委的名字，他那英武的形象就会立刻浮现在我们的眼前：魁伟的身躯，白净而严峻的长方脸，跨一匹乌黑战骡，驰骋在鄂豫皖陕的辽阔大地上，威震敌胆，所向披靡。军政委的一生，是革命的一生，战斗的一生。他是中国共产党一名优秀党员，他是红军的一位卓越指挥员。他为中华民族的解放，做出了杰出的贡献。我们怀着十分沉痛而又崇敬的心情，追忆往事，缅怀先烈那感人的事迹，激励自己革命到底，永不停顿。

一、同甘共苦

1932年秋，蒋介石对鄂豫皖苏区发动了第四次"围剿"。在红四方面军主力撤离鄂豫皖根据地以后，敌人乘机疯狂反扑过来，烧杀抢掠，把苏区又推向苦难的深渊。人民又遭受国民党反动派的残害。

为了保卫苏区，1932年年底，吴焕先等同志在最困难的条件下，把红四方面军留下的一部分红军汇合了地方游击队，收容大批伤病员，又组织起一支队伍——红二十五军。吴焕先任军长。他率领我们在鄂豫皖革命根据地坚持着不屈不挠的反"围剿"斗争，使苏区逐步恢复起来。同时，红二十五军也得到了充实、壮大。

1933年5月,鄂豫皖省委决定围攻七里坪。当时,吴焕先同志坚决反对。但是还是服从了省委的决定。七里坪是敌人安在黄安以北的一个坚固据点,敌众我寡,加上我军刚组建不久,又有不少伤病员,枪弹粮草又不足,围攻七里坪于我军不利。

七里坪三面环山,一面临水。我军驻守在三面山上,整天构筑工事,围困敌人。此时,正是青黄不接的季节。时间一天接一天地过去,带的粮食吃完了。大家将米袋翻了又翻,抖了又抖,连一粒米也抖不出。部队开始靠山上的野菜充饥。幸亏是夏天,山间、田野到处长着花草、野菜。我们一面持枪守在阵地,一面轮换着到山上、山下和田沟里挖野荠菜(还有一些叫不出名字的野菜),用以充饥度日。天长日久,山上、山下的野菜慢慢少了,我们就捋树叶子当饭吃。军长吴焕先同志和大家一样吃着苦涩的野菜、树叶。很多人得了重病,不少人伤口化脓,还有的人脚被草鞋磨破,一块块溃烂得很厉害,腿肿得多粗。药品也没有。后来,野菜、树叶也吃完了。每天,不知有多少人被饿倒。但是,车子不断往七里坪运送米面、弹药和援兵,敌人有吃有喝,毫无惊恐之状。

四十多天过去了,吴焕先军长眼睁睁地看着部队在一天天地减员,战斗力在一天天地削弱,再这样围下去,不但围不住敌人,反而围垮自己。为了保存红二十五军这支革命的有生力量,吴焕先军长不怕省委的责令,不怕砍掉脑袋,果断命令部队全部撤围,避免了更大的损失。

二、"共产党员跟我来"

鄂豫皖苏区的红二十五军新编后,在政委吴焕先、军长程子华和副军长徐海东的领导下,挥师西征,北上抗日。

1934年冬,我军突破信阳、桐柏、枣阳等地封锁线,跳出敌人前后夹击圈,朝西北方向急行军。有一天,我们二二五团担任前卫团,走在全军的最前列。这天,下着雨雪,寒风刮到脸上,像猫抓一样地疼痛。我们忍饥挨冻,迈着艰难的步子前进。小半晌,鬼天气更加冷了,雨雪落到地上很快结起冰层。我们湿透的衣裳边、裤脚口和路旁的树枝一样,挂满了亮晶晶的细小冰凌,走起路来哗啦哗啦地响。有时前面的同志摔倒了,后面的人拉起来就走。部队进入一块平原地,听说平原地前头就是独树镇。我们在泥泞的黄土路上滑滑溜溜地继续走着。忽然间，迎面村子、路口冲出一个多旅的敌人，两边还有不少骑兵，一起朝我们猛扑过来。一刹那，枪声、喊叫声响彻平原地的上空。我们前卫团同敌人展开了激烈战斗。

连日急行军，部队非常疲劳。寒冷冻僵了我们的手指，连枪栓都拉不开。强敌的猛攻，前卫团未能顶住，退了回来。部队有些慌乱。就在这生死存亡的危急关头，吴焕先政委挥起雪亮的大刀，用洪钟般的声音，高呼："共产党员跟我来！"我们听到军政委的呼喊，奋不顾身地跟着他冲上去，同敌人白刃格斗，左拼右刺，浴血奋战。敌人被这迅猛的反攻击怔住了，只有招架之功，没有还手之力。战局向有利于我军的方向急剧发展。

战斗持续到晚上。吴焕先政委出生入死，不管自己的一切，越战越勇。我们打得敌人人仰马翻，丢盔弃甲，狼狈溃逃。

三、行军途中

每次行军，吴焕先政委总是习惯地跟在队伍的末尾。这是为什么呢？起初对我们还是个谜。

1935年2月4日，在陕南一个名叫九间房的山村，伏击歼灭了杨虎城的独立二旅，活捉旅长张汉明。战斗以后，我（李鸿斌）就得病了。每天晚上发高烧，咳嗽得厉害，身体逐渐消瘦，行军都是撑着走。

3月的一天，部队借着朦胧的月色行走在崎岖的山间小径上。下半夜的时候，我又发高烧，浑身有气无力，两腿打闪行走不稳。我渐渐掉队了，和七八个伤病员一起倒在路旁。没多会，从后面传来骡子叫声。大家一听，知道是军政委走上来了。顿时，身上好像无形中增长了力气。我们慢慢爬起来，又坚持往前走。但实在虚弱得走不动，没走几步，我又倒了下去。朦胧中，隐隐约约觉得有人把我扶了起来："你是谁呀？"我睁开眼睛一看是军政委，吃力地回答："我是小李，政委。"

"累了吧？"

"政委，我有点发烧。"

"来，让小李骑骡子走。"政委对马夫说。

"不,"我连忙说,"政委,哪能骑你的骡子。我还能走。"

军政委见我不肯骑他的牲口,又叫特务员(警卫员)扶着我,一起向前走。刚走一段路,又发现一个人倒在路旁。军政委上去问:"你怎么啦?"只见那位躺在地上的同志说:"政委,我腿上的伤口化脓了,疼得很。"军政委马上叫特务员把他扶上骡背,对马夫说:"你牵着骡子,朝前送送。"他停顿了一下接着说:"我们不能丢下一个伤病员。"马夫听了,牵着骡子往前走。军政委和部队一起走在山区的坎坷小道上。

哦,我心里这才明白:军政委是为了不让每一个伤病员被丢掉,才走在行军队伍的后边。三月的夜晚,山风吹到身上凉飕飕的,我们却感到心里热乎乎的。

四、泪流泾河

红二十五军到达甘肃东部,打下秦安、隆德、平凉等地以后,缴获国民党的大批洋布和麦面。军政委指示:全军每人都要扛一匹布到陕北去,作为和陕北红军会师的见面礼。

1935年8月间,我军日夜兼程东进。一天上午,前卫二二五团来到泾河西岸。雨下个不停。水淋淋的衣裳扒在身上,河面上吹来了风,使人感到阵阵凉意。里把路宽的河滩,流着混浊的河水。部队沿着河岸"之"字形的盘旋小路,走向河滩,开始过河。

前卫营过完,河水齐小腿肚深,二营过时,一下子涨到屁股头深。河水越流越急。等团直过时,水已涨到腰部,水势更加急了,大家相互拉着手、挽着胳膊过河。不久,河水又涨到胸部。滚滚流水,如奔腾的野马,一泻千里。有的同志由于身体虚弱,一脚没走稳,就被河水冲走。吴焕先政委见此情景,命令我们把布匹解开,拧结成绳子。河两岸六七十人将绳子紧紧拉住,大家扶着绳子继续过河。军政委站在河坎子上,喊道:"间隔距离要稀一点,以免河中间阻力太大,绳子被水冲断。"就这样,我们二二五团过了河。

这时,军直部队已赶到河滩,河水仍在涨。大家正准备过河,突然,河上游冲过来很多敌人。枪声顿时大作。

军政委一看情况不妙，立刻组织、指挥军直人员向敌人反击。边打边抢占河坎。我们二二五团在河东岸架起机枪，向敌人进行扫射。但距离太远，够不着敌人。团长又命令说："机枪连，把机枪架到河滩去，给我狠狠地打！"我们跑到河滩，有的站在水里架起机枪，还是打不到敌人。大家急得捶胸顿足。

军直上了河坎，敌人也爬上了河坎。战斗越来越紧张，情况十分危急。吴焕先政委身先士卒，和战士们一起在河坎上与敌厮杀，不幸身负重伤。

担负后卫的二二三团，打退了马回子骑兵的围攻，迅速赶到河边。大家一听说军政委身负重伤，一个个怒不可遏，挥舞刀枪冲向敌阵，穷追猛打，把敌人一下子赶到一条干沟里。仇恨的子弹像暴风骤雨一样朝敌人射去，打得敌人像热锅里的蚂蚁，晕头转向，乱成一团。不管敌人是死还是活，战士们上去不是一刀，就是一枪，恨不得把敌人剁成肉泥。下午，战斗结束了，敌人一个团全被歼灭，团长当场被击毙。晚间，部队过了河，宿营在东岸。

这天晚上，仿佛不比往常。战斗的胜利没有给大家带来欢乐，人人的脸上像布上了一层阴云。

第二天早晨，部队来到集合场。大家不知军政委伤势怎样，都想看看政委。于是，相互询问着："政委在哪？"可谁也没能回答。只见军部的同志暗暗流下了眼泪。我们这才知道军政委已经牺牲了。全军上下悲恸欲绝，有的战士失声痛哭。谁不为同甘共苦的政委伤心！谁不为相依为命的政委落泪！

全军挥泪向北继续长征。大家不时深情地回望。队伍似乎停止了前进，大地陷入了寂静。只有泾河的水，哗哗作响，好像在把军政委的名字呼唤，好像在为这位卓越的战士哀悼！

（汪明松　整理）

原载安徽省军区党史资料征集办公室：《革命回忆录选编》，内部出版，1983年，第81～87页。

智取"野猪队"

◎ 蒋体仁

1935年3月,我在家乡潜山县后北乡六行堂(现属岳西县五河区茅山公社)参加了潜山红军战斗营。

潜山战斗营营长叫易元鳌,营政委叫熊大傻子(绰号)。该营当时只有100多人,编为营部和一个连队,这个连队的连长叫余培洲。当时,我们的武器很差,全连三个排各有一挺捷克式轻机枪,各种杂式步枪(湖北条子、套筒子、马拐子等)、土枪约占一半,其余都是大刀、红缨枪。我们穿的是一些杂色土布衣,有的衣服是打土豪缴来的,自己利用战斗间隙改缝的。当时也有自己缝的八角帽,有的同志还在帽前缝上了布红五星。

潜山战斗营属于高敬亭的红二十八军领导,营里经常派人与军部取得联系。该营不是正规红军部队,带有游击队的性质,但比游击队又要正规一些。它没有固定的根据地,主要是在潜山、太湖、霍山、舒城县境内的山区打土豪、土顽和国民党小股部队。

我记得潜山战斗营最成功的一次战斗是智取"太湖野猪队"(此名先是群众称呼的,后来成了他们自己也承认的名字)。

"野猪队"原是一支百余人的土匪队伍,它的主要活动地区在太湖、潜山县。武器多是土枪,步枪很少。但是他们对这一带的地形熟悉,枪法娴熟,使用土枪,跑三步可以打两枪。开始,他们是盗、抢,后来与国民党部队勾结起来,经常袭击我们战斗营。我们曾经吃了它的不少苦头,个个都恨透了他们,几次想把他们吃掉,但因势均力敌,无法取胜。

1936年秋天，我们侦察到"野猪队"住在太湖的铁炉沟。营长、政委经过反复研究，决定利用"野猪队"崇拜国民党军队的心理状态，化装智取，消灭"野猪队"。首先，我们请地下党组织搞到了国民党驻汤池的十二路军官防印模，仿刻了一枚。随后，以十二路军的口气写了一封信，盖上"大印"，派人送到了"野猪队"。这封信的主要内容是：十二路军军长即日要到"野猪队"视察训话，要把"野猪队"改编成国民党正规军等等。战斗营营长易元鳌装扮成国民党的军长。易营长身材魁梧，穿上国民党的军服很有"军长"的气派。我们全体干部战士也都穿上了缴获来的国民党军服，跟着"军长"出发了。当我们派去送信的人员到达铁炉沟找到"野猪队"不久，我们这支"国军"也到了。我们一到，"军长"就要"野猪队"队长集合队伍训话。为了讨好"上司"，"野猪队"队长很快就把队伍集合起来了。我们趁机在四周设下了埋伏，以防万一。

"野猪队"集合好以后，"军长"开始训话。易营长以敌军长特有的傲慢态度说："我们今天来，是要把你们改编为国民党正规军，你们队长提升为营长。改编以后，要给你们装备好的武器、关饷、衣服。看你们今天这个稀拉样子，站队高矮不一，很不正规，哪里像国军？我命令你们重新编班整队，武器可以暂时放在一边。"这帮土匪，上从队长，下至队员，受到"军长"一番恩宠，早已得意忘形，哪里还有半点戒备，一个个地都把武器分类放在操场边上，按高矮个子排队，这样一来，打乱了"野猪队"的建制。我们这些"军长"的随从，趁乱一齐行动，立刻把敌人的武器看管起来，枪口对着"野猪队"，高喊："我们是红军！不准动，谁动就打死谁！""野猪队"这才如梦方醒，但手中没有武器，只好乖乖当了红军的俘虏。这一仗，潜山战斗营一枪未发，俘虏了100多名土顽，缴获了几十支步枪。更重要的，是为这一带的人民群众除了大害。对被俘的敌人，拣其中最坏的头头在队前当众杀了几个，用以警告"野猪队"其他被俘人员。随后，易营长宣布：其余的人员只要保证不再为非作歹，可以释放他们回家。愿意当红军的也可以留下。"野猪队"都知道红军队伍里纪律严，又特别艰苦，多数人都回家去了，只有几个人参加了我们的战斗营。

（安庆军分区党史资料征集办公室　整理）

原载安徽省军区党史资料办公室：《革命回忆录选编》，内部出版，1983年，第118～120页。

江北游击记[1]

◎ 陈金生

一、过江到无为

1940年，我新四军在皖南，当时，名义上是国共合作，我新四军的部队由国民党顾祝同部负责给饷。但是，国民党对外不抗日，对内掀起反共高潮，常常以各种借口在经济上卡我们，新四军的经济条件十分困难。为此，上级命令新四军三支队五团三营从江南偷渡到江北打游击。主要任务有两条：一是扩军，扩大新四军的政治影响；二是打"资敌"，即汉奸，搞点钱和物资补充新四军的供给。

三支队五团三营当时编有营部（一个通信班），两个步兵连。营长傅绍甫，教导员赖正冈。我在八连当连长，指导员杨友旺，下属三个排。1940年8月18日夜间，三营除七连留在江南以外，其余人员全部从江南乘民船偷渡，到了江北无为县六洲附近。

无为县当时有三股反共军队：一是无为县城驻有日本鬼子；二是国民党广西军一七六师五二八团（团长周雄），俗称"广西佬"，数量较多，出没无常，专门围追堵截新四军和我党领导的地方游击队；三是无为县反共团。这些反动武装多是一些

---

[1] 本文有关挺进团的一些情况，已请安徽省军区合肥干休一所彭胜标同志核实。

地痞、流氓纠集在一起的。他们充当日本汉奸，对日本鬼子奴颜媚骨，对自己的同胞血腥镇压，常常为日本鬼子"扫荡"带路。反共团团长杜少青（一说是县公安局长兼反共团团长）是一个烧杀奸淫、无恶不作的坏家伙。无为的老百姓都说："杜少青的嘴往哪边一歪，哪边群众的命就没有了。"群众真是恨透了他。

我连过江以后，营部就和我们在一起。我们在非常复杂的艰苦环境里辗转游击，主要的活动地点是六洲、姚沟一带，也曾到过枞阳东乡水圩。通过几个月的游击，打击汉奸等反动势力，为江南新四军部队搞到了不少的钱、物。在游击活动中，我们十分重视发动群众，影响群众，处处为群众着想。无为姚沟不远的娘娘庙（叶家庙）有几家小店，是桐城、枞阳到芜湖做生意的小商贩过往食宿的地方。娘娘庙边有一条小河通向无为县城。有一次，无为反共团三连到娘娘庙把小商店和过路的小商贩的东西一抢而光，装满了三条小船，往无为县城划去。群众急得没有办法，就找到我们。我们连一听到这个情况，立即赶到娘娘庙。此时，反共团已经撤离，我们往县城方向追了一程，没有追上敌人的部队。但是，三条小船在河里划不快，没有逃掉，被我们夺了回来，船上的匪军被我们抓住。我们将船上装的脸盆、盐等小商品全部分给了小商贩，群众非常感激。我们到无为游击作战几个月之后，政治影响不断扩大，群众都把我们新四军当作是穷人自己的军队。我们连在江北群众中扎下了根。此时，营部组织地方一些游击队成立了九连。

二、击毙杜少青

1940年11月间，我三营营部、八连连部带两个排住在三板桥，一个排住在姚沟，两者相距不远。一天早晨，天刚蒙蒙亮，"广西佬"五二八团分成两路：一路向姚沟，一路从李庄向三板桥，形成对我连包围态势。因敌我兵力对比悬殊，我连就边打边往东撤。"广西佬"一直尾追不放，我们经过娘娘庙、兴隆庵往东撤了几十里路，"广西佬"追到兴隆庵以后，惧怕离兴隆庵不远的无为县城里的日本鬼子出动，就停止了追击。时已下午两点多钟，我们才在新塘河（音）停了下来，吃了一餐饭。吃饭之后，我们继续往东走，准备当晚到六洲宿营。

当我们沿江堤走了不远，迎面走来了一个三十几岁的中年妇女，她见我们是新四军,就大声对我们说:"新四军同志,你们千万不能再往东走了!我是下午从城里出来的,杜少青已带人占领了前面的土公祠。"原来,当我们上午在姚沟、娘娘庙与"广西佬"打仗时,杜少青估计我们必然要经过土公祠往六洲方向撤,就带队伍预先占领了土公祠,企图配合"广西佬"后追前堵,把我们一口吃掉。我们非常感激这位妇女为我们提供了情报。为避免从江堤上走目标暴露,迅速将队伍隐蔽到江堤临江一侧,边侦察边行进。当我们沿江岸向东走了一段路,担任侦察的战士报告说:"前面发现敌人。"我爬上江堤一看,只见反共团大约一个营的队伍,都穿着黄衣服,扛着日本鬼子的"膏药旗"(日本鬼子没有出动),若无其事地从江堤上向我方走过来。我迅即命令全连隐蔽地做好一切战斗准备,当敌人的队伍接近我连时,我突然高喊一声:"打!"全连的步枪、机枪一齐向敌人开了火。因为反共团事先没有发现我们,突然遭到袭击后,队伍立即乱了套,慌忙向圩心里逃窜。我命令全连:"追!"战士们早就恨透了反共团。仇人相遇,分外眼红,个个像猛虎一样纵上江堤,一面打枪一面往圩心里追。全连两挺俄式轻机枪在江堤上占领了发射阵地拼命地射击。时已天黑,跳弹的泄光清晰可见。反共团完全暴露在一片开阔地里,被我们打死了不少。当我们追到范家湾之后,我见天已很黑了,如果追得太远,县城里的日本鬼子如果来增援,我们难以对付,就命令全连停止追击,未被打死的敌人拼命往无为县城逃去。

战斗刚停,我们站在范家湾的一片坟地里,看到了几具敌人的尸体。我们连的一个战士看了以后指着一具穿着高皮靴的尸体对我说:"连长,反共团团长杜少青被我们打死了!"我们都非常高兴。当时我想,反共团长身上一定有手表,就在杜少青的尸体上查找,缴获了一只手表。因为天色已经很晚了,我们没有细致地打扫战场,继续行军到了六洲。当天晚上,本团二营(营长马长炎)在范家湾收缴了不少枪支、弹药。

第二天,群众听说我们打死了杜少青,无不拍手称快。老百姓把杜少青的尸体抬到无为东乡去游街示众。杜少青就出生在无为东乡,是这一带的一大祸害。老百姓为了感激我们击毙了杜少青,纷纷用水桶挑着白酒、抬着整头宰好的肥猪送到六洲,慰问我们连。嗣后,我们连就在无为东乡一带打游击。

1940年12月底,国民党反共高潮愈演愈烈,逼新四军北撤。起初,新四军军部准备过江。组成了渡江指挥部，其成员有曾希圣、林维先、彭胜标、傅绍甫、马长炎。在指挥部的领导下，位于江北的三支队五团二、三营和地方武装负责搞船，准备军部过江用。搞的船大多数放在姚沟、六洲附近。上级给我们连的任务是控制渡口，看护船只。1941年1月初，皖南事变发生了。开头一两天，我们曾接到上级指示，准备到江南去支援作战。本团二营先过江到了江南。我三营刚准备启程，又接到上级指示，说江南的部队已经与敌人打起来了，你们不要过江了，就在无为打游击。于是，我营就一直留在江北，没有过江。

三、成立挺进团

皖南事变后不几天，我们游击活动到了无为西乡的尚礼岗、严家桥一带。1月15日左右，我营排以上干部到距离严家桥不远的巢县任家山一户开明地主任道极（名字谐音）家里作客。任道极同志原是一位开明地主，后来参加了我军。当天，曾希圣同志也来到了任道极家里。吃完饭，曾希圣同志召集我们开会，他向我们介绍了皖南事变的大概情况和当时的形势，宣布成立挺进团。任命林维先为团长，彭胜标为政委，傅绍甫为参谋长。挺进团编第一、第三两个营。其第一营即原三支队五团三营，任命赖正冈为营政委，还有一个姓陈的营长，原三营八连编为一营一连，我仍为该连连长；其第三营由枞阳水圩、青山地方游击队组成，营长蒋喜伯（后因投敌叛变被枪毙）。

曾希圣同志在会上说："你们挺进团要深入大别山去打游击去。"

为什么要到大别山去？曾希圣同志当时曾对彭胜标同志说，根据当时的形势，中央准备夺取大别山。八路军准备南下；新四军五师（师长李先念）准备东进；四师（师长彭雪枫）、二师（师长罗炳辉）准备西进，要挺进团作为开路先锋，我们的口号是"打进大别山，保卫红军家属"。

当时还确定林维先带挺进团三营仍在水圩、青山一带打游击；彭胜标同志带挺进团团部和第一营开往大别山。挺进团成立后不久，新四军七师成立了，挺进团编入七师序列。

四、开往大别山

1941年2月1日（农历正月十五），是传统的元宵佳节。这天夜间，挺进团（欠第三营）在彭胜标、傅绍甫的率领下，带着一部电台从任家山出发，到散兵上船。随挺进团一起行动的还有准备到湖北新四军五师去的陆学赋、单元等六名地方干部，舒桐地方党特支书记桂林栖同志领导的一个40余人的游击队。

当天晚上，北风怒号，寒气袭人。因地方党筹集的木帆船不能靠岸，停泊在距岸较远的湖水中间。我们只好脱掉棉裤，蹚着齐腰深的湖水去上船，冷水刺骨，冻得牙齿直打战，手也冻僵了，爬不上船，被船上的同志一个一个地拉了上去。帆船在巢湖里航行了一整夜，第二天抵达庐江县境靠岸。下船后，天突然下起大雪，我们冒雪行军，在庐江县东汤池住了一夜。次日，经舒桐交界的小关进入了舒城县境。此时桂林栖领导的游击队与我们分手，他们留在舒城打游击，发展地方武装。我挺进团继续往岳西行进。

一天晚上，挺进团在舒城县孔家（东孔、西孔）宿营。我们找到了舒城地方党组织，请他们帮我们买粮食，买猪杀。到了半夜地方党的同志空手而归，他们说："粮、猪都没有买到，广西佬正从桐城舒城调兵来围攻你们了！"实际上，这股敌人就是广西佬周雄的五二八团，他们一直紧追我们不放。当夜我们不能再停留，又继续行军，沿着大山坳里的一条小河转来转去，绕过舒城县西汤池，于第二天下午到达河棚。经过侦察，河棚驻有广西佬的部队。我们只得继续行军，天黑时，到达了卢镇关，把卢镇关的乡公所打掉了，搞到了几条枪，又向西走了七八里路，才在一个小村子里住了下来。次日，我们又继续行军到达了卢镇关西南的小街。

当时的天气非常恶劣，时而北风狂吹，时而大雪漫天。由于大别山区的大小集镇几乎都驻着广西佬的部队，所以，我挺进团只能选择村庄稀少、人迹罕见的路线走。在大雪封山，无路可走的情况下，全团几乎是在齐腰深的积雪里爬着走的。更有甚者，吃饭、喝水、住宿十分困难。有时连续几天吃不上一点东西。有时到了一个小村庄，名义上叫宿营，实际上是大家靠着坐坐而已。

在挺进团开往大别山的整个进程中，我们连一直担任部队的前卫。当部队在小街住下以后，团首长命令我连先行一步，要打掉晓天镇敌人的乡公所，为部队筹买粮食，接应全团到晓天镇。奉团的指示，我们冒雪爬山越岭向西行进。当我们到达一个小田冲时，我听到一声枪响，没有理会，继续向前走了几步。接着，子弹、手榴弹都向我们队伍里打来。此时，我已知道是中了广西佬的埋伏，迅速命令全连就近占领有利地形，架起机枪还击，掩护部队后撤。紧接着，团部也跟着来了，团首长了解前面的情况，决定绕道驼岭，往岳西方向去。下午，我们越过驼岭，到达了小涧冲，小涧冲也是一个两三户人家的小村庄（现为林场），我们几百人的队伍到了这里，搞不到吃的，只好饿着肚子夜宿。因为我们的人多，村里的房子少，柴堆、猪圈里都睡了人。我那天晚上就睡在猪圈里，圈里还有一头猪，我们又不能将群众的猪赶到雪地里去，就和衣在猪旁边睡了一个晚上。当时，我们的想法非常简单，只要革命搞好了，饿着肚子和猪睡在一起，又有什么关系呢！因为极度疲劳，我很快也就睡着了。

第二天一早，我们就下山往岳西的一条大路（现为公路），来到鸡公岭（音，似为丁岭）脚下，发现鸡公岭已被广西佬占领，我们暂停行进，不知是哪一位团首长急中生智，学着广西佬的腔调，冒充是广西军×团×营，对岭头上喊了一阵子话。刚蒙混过岭头上的敌人，周雄的五二八团又从晓天追来了，对我们打起枪来，岭头上的敌人发觉上当，也在岭头上打起枪来。我们处在两股敌人前后夹击的情况下，团首长命令我们改道往右手一跨，又往小涧冲方向走。我们在山上转来转去，转了整整一个晚上，第二天上午才回到小涧冲。此时，部队仍然找不到吃的，连续几天饿着肚子行军，非常疲劳。团部命令部队在小涧冲到潜山官庄去的一座山上休息，大家就在很深的茅草丛里睡觉。

不久，团首长收到了新四军江北指挥部张云逸同志拍来的一封电报，内容大意是："彭、傅，情况有变，原计划进大别山的部队不进大别山了。你们不要等任何援助，一切靠你们独立自主。"在挺进团处在非常艰难的环境里收到这封电报，彭胜标同志感到肩上的担子重了许多，当时没有把这封电报精神传达到部队。团首长经过研究决定，把挺进团拉到桐城西乡去打游击，发展地方武装。

部队在此大约休息了两个多小时，广西佬又追上来了，团部指挥我们向潜山官庄方向奔去。官庄当时是有几家小商店的集镇，驻有广西佬。下午，我们接近官庄。先派出几个战士，侦察敌情。他们刚走到街头，就看见几个广西佬的兵，穿着黄衣服,躲在草丛里,看样子敌人预有埋伏,我们不能强行通过。于是团部决定上猪头尖。

猪头尖是一座高1500多米的大山,山峰陡峭,找不到路。当我们接近猪头尖山脚时,天已很黑了。大家抓着陡崖上的小树,踏着乱石,慢慢地往山上爬着。有的战士抓的小树被连根拔起,就连人带树滚下了山涧,有的战士脚踏的石头松动了,也连人带石滚了下去。当天晚上,我们不时地听到枪支和石头的撞击滚动声。听到这种声音,我们就知道是有人掉下去了。当天晚上,我们连摔死了好几个战士。作为连长,我的心情是很沉重的,但是处在当时那样艰苦条件下,除了摸黑上山是无路可走啊!上了猪头尖,原想山上必有寺庙,可以搞点吃的。可是除了大雪封山,别无庙宇,不仅找不到吃的,连口热水也喝不上。我们已经几天在雪地里爬山越岭,个个相当疲乏,上山之后就不想再动了,有的靠在小树下,有的背靠背地坐在雪地里睡着了。冻醒之后,又饥又渴,有的捧点雪吃一吃,有的吃树上挂着的冰溜,冻坏了嘴,冷透了心。

在猪头尖上苦熬了一夜。天亮后,我们就沿着一条山溪往下走,肚子饿得实在走不动了,就在路边的小沟里喝点水充饥。因为人已极度疲劳,走几步就想拉一次大便,大便解出来的还是水!渐渐地,大家连脚也无法挪动了,只能撑着腿,慢慢往前移。尽管在死亡线上挣扎,但我们的武器都没有丢,特别是两挺俄式机枪,大家也轮换着扛过来了。幸好这段路上没有碰到广西佬,直到下午我们才到了猪头尖南侧的石坦冲。那里有几十户人家,他们善于淘铁砂制锅,我们就称它为铁厂。这里是我红军经常打游击的地方,群众对红军非常了解。但是,这一次,我们突然来到这里,他们不知是什么军队,多数老百姓逃到山里躲起来了。我们找到了几户没有走的群众,做宣传解释工作。我们对他们说:"我们是新四军,打游击路过这里,要在这里住一住,买点粮食吃。"老百姓一听说是新四军,就把我们当作自己的亲人对待。帮助我们买米做饭,我们饱饱吃了一餐。

吃完饭,我们请了一个老百姓给我们带路,由于我们的肚子吃饱了,又有熟悉道路的老百姓带路,队伍像蛟龙入海一样奔驰,我们又在平头山打了一仗,双方激战一阵,把敌人打散了。在这次战斗中,一营营长怕死,逃到庐江一座庙里当和尚,后被抓回来作了严肃处理。一营教导员赖正冈任一营营长。我们仍然继续行军。傍晚,我们到达桐城西乡屋脊岭山脚下的一个大村庄,在此住了一夜。第二天早晨,广西佬发现了我们，又打起枪来，我们就往蒋潭方向撤。桐城西乡地下党听到枪声，估计可能是我们来了，就派人来接应我们。经过一个多月的反复周折，我们才与党组织取得了联系。桐城西乡地下党的区委书记程鹏告诉我们，当挺进团到达小街附近时，他们曾派人到小街去找过我们，但是，由于事先没有取得联系，没有接到。我们团在这里，受到了地方党的深切关怀。彭政委和团部住在一个山洞里，电台又与上级联络上了。一营和特务连的部队化整为零，以排、班为单位分散打游击。这里的群众对我们真好！他们把自己舍不得吃的东西省给我们吃。他们对敌人封锁了消息，凡是我们住的村子，连讨饭的也不让去。广西佬的部队一有动静，他们就提前告诉我们。敌人来了，我们就进山。敌人走了，我们就进村。我们有地下党和广大群众的掩护，真如蛟龙游入了大海。

不久，团长林维先带着一个警卫排也来到这里（本团三营仍在水圩、青山一带打游击，没有来）。内战时期，他就在大别山区打游击，对这一带的地形非常熟悉。团长来到之后，团的领导大大加强了。我们在团的领导下，在蒋潭、黄土关、望狮岭一带广泛开展游击活动，深入发动群众。经过几个月的活动，我们团的队伍不断壮大，增加了二营的编制，由李德昂任营长，李胜才为二营政委，各营连基本是满员的。

根据上级指示，除我们一连留在桐城西乡外，一营其他几个连由赖正冈同志率领，到宿松、泊湖一带去打游击。挺进团其他部队暂留桐城西乡学习、整训。

五、出没泊边湖

赖正冈同志带全营去泊湖活动约一个月之后，与当时在泊湖一带活动的赣北特委书记黄先率领的赣北游击队发生了一些矛盾，一营还缴了赣北游击队的枪。上级指示由彭胜标到宿松去调解两支部队之间的矛盾，同心协力，发展泊湖游击区。

1941年7月间，彭胜标、傅绍甫带领我们一连从蒋潭出发，经过潜山的万山、水吼，太潜交界的马家大岗，太湖八字坂等大山区。到八字坂之后，太湖地下党给我们派了一个向导，我们在一天傍晚动身，小心翼翼地越过了太湖县城周围的一片丘陵地带，于第二天凌晨到达泊湖边宿松县的一个小集镇——新铺。正巧，国民党广西军十一旅的一个连也在新铺，他们见我们来了，就埋伏在一条大水沟里，我们发现敌人之后，以一阵突然猛烈的火力把敌人打跑了，掩护团首长很快地上了船。那一天泊湖里风急浪高，对我们这些常年在山区活动很少乘船的人来说，也是一个考验。我在船上就晕船呕吐，很不是滋味。下午，我们才在泊湖中间的王家墩附近上了岸。到达王家墩之后，彭、傅首长对赖正冈和全营作了耐心的说服教育，通过与赣北游击队反复协商，挺进团向赣北游击队道了歉，双方消除了矛盾和隔阂，取得了谅解，此后一直团结得比较好。赣北游击队以二房屋为根据地，挺进团以王家墩为根据地。王家墩与二房屋相隔不远，都处在泊湖、黄湖中间。内战时期，党曾在这里建立过苏维埃政府，这里的群众基础、地形条件都比较好。我们一营在彭政委的带领下，在王家墩学习、整训了个把月，兼做群众工作，扩大了党的政治影响。

大约在8月底、9月初，上级任命李丰平为鄂皖赣边特委书记，傅绍甫为桐南独立团团长，袁大鹏为挺进团参谋长。李丰平、林维先、袁大鹏带领挺进团二营从桐城西乡来到了王家墩。李丰平到达王家墩之后，成立了鄂皖赣边特委办事处，傅绍甫不久就到桐南独立团（现枞阳水圩一带）去了。

林团长和二营到达之后，挺进团（欠三营）在林团长、彭政委的领导下，在泊湖四周不断出击，瞅空子打击敌人。当时，我们主要作战对象是国民党广西军第十一、十二、十三旅。我们在泊湖开始一个阶段的游击活动，比较好地贯彻了毛主席的避强击弱、声东击西等游击战术，屡战屡胜、威震泊湖。

有一天，团首长命令我们连单独到洪家岭去打游击。洪家岭是一片小山丘，在其西北15里的许家岭驻着广西佬的一个营，我们连的任务就是抗击广西佬的这个营，保卫群众秋收安全。我们到洪家岭之后，常常与广西佬发生摩擦。有一天晚上，我们连住在严家祠堂，天还未亮，哨兵向我报告说，严家祠堂北面小山头发现了穿黄衣服的队伍。我盘算了一下，我们新四军都是灰衣服，这支队伍肯定是敌人，就带着通信员出祠堂去侦察，还未上山，敌人就向我们打起枪来。我就把全连迅速拉出来，机枪利用田埂占领了发射阵地，掩护全连向小山上冲，很快就把敌人四个连冲垮了，我们追到了杨铺庵对面的小山丘上，抓到了七个俘虏。我对这些俘虏兵说："现在是国共合作时期，你们不带枪到我们游击区里来参观，我们欢迎，但是你们带枪来扰乱群众秋收，我们不客气！"我问他们是留下当新四军还是回到许家岭去，他们七个都要回去，我就叫他们带了一封信给他们营长，信中警告他们不要带枪到我们游击区来扰乱。我们把这七个人统统缴枪之后放走了，没有在附近搜查，就回到了洪家岭。后来，老百姓告诉我们，那天战斗时，敌人有一个排躲在杨铺庵，还有一挺机枪呢！我们离开之后，敌人也偷偷地溜走了。我们很后悔当时没有仔细搜查一下，否则又可以多抓一个排的俘虏，多缴一些枪。事后，我们派人把这次战斗的情况报告了团部，团部指示说，其他部队现在王家墩学习、休整，你们仍然在洪家岭打游击，有情况我们来支援你们。

严家祠堂战后十来天，许家岭的敌人一个营共八个连的兵力来向我们进攻。战斗一打响，团部就得到了情况，全团部队都来增援，广西佬见我们的增援部队来了，就往许家岭方向逃。这一仗虽然打死的敌人不多，但是抓了近百名俘虏，缴获了许多枪支，改善了我们团的武器装备。这次战斗结束之后，许家岭的敌人就撤走了。林团长指示我们在杨铺庵至洪家岭一带挖了一条很深的堑壕，修筑了十来个碉堡，作为挺进团的根据地。

许家岭战后不久，团首长又带领我们乘船过泊湖去打太湖县徐桥镇。开始阶段，战斗发展比较顺利，打掉了许桥区公所，缴获了不少好枪。当战斗发展到街尾时，遇到一座祠堂里的敌人猛烈抵抗，祠堂与街道相隔一个水塘，两侧是一小片开阔地，如果猛攻，部队必遭到大的伤亡，团首长指挥我们主动撤出了战斗，乘船回到王家墩。

我们在泊湖四出游击作战，部队不断充实和扩大。桐城县保安队队长张正中也带了几十个人（枪）到宿松参加了我们的队伍。地方游击队也属于挺进团领导。随着部队员额的增加，团对营连干部作了调整。营里不仅有营长、政委，还增配了副职和营政治处主任。这次任命的一营营长姓程（名字记不清了）。我被任命为一营副营长。命令下达的当天傍晚，程营长在团部吃过饭来到我们营。夜间，全团去打泊湖东岸的金家山，这次战斗我随团首长行动，没有直接带领部队作战。程营长带领一营突进了村庄以后，被敌人包围起来了，程营长不幸中弹牺牲。第二天拂晓，我团才撤出了战斗。战斗中，一营缴获了两挺福建造的重机枪。程营长牺牲以后，一营由我负责指挥。

在这一段时间里，川匪梁金奎（音）的队伍经常来到王家墩、二房屋袭扰我们。梁金奎原是国民党川军的一个大队长，因对国民党不满，把一个大队都拉到宿松来了。为了集中兵力打击广西佬，巩固根据地，挺进团就想方设法争取梁金奎。通过一段时间的艰苦说服工作，梁金奎表示愿意归顺我们，在二房屋比较老实地待了一阵子。后来国民党又想方设法地收买他，梁金奎毕竟是国民党的走狗，又一反常态，起劲地反对我们，死心塌地地投靠了国民党。这支土匪队伍占领着王家墩、二房屋一带，对我们非常不利。于是，挺进团就与赣北独立团（由赣北游击队改编的）协同进攻二房屋，决心消灭梁金奎的土匪队伍，夺回二房屋、王家墩。战斗展开不久，赣北独立团刘团长不幸中弹牺牲，我们没有攻下二房屋，就撤出了战斗，乘船回到了洪家岭、下仓铺一带。从此以后，赣北独立团为数不多的部队就合编进了挺进团。

1941年11月，广西佬以三个团的兵力向枞阳、无为交界的三官山发动进攻，被我新四军五十六团挫败。敌人不甘心失败，就掉过头来，先将傅绍甫领导的桐南独立团（一个多营的兵力）打散，而后又来到宿松向我挺进团进攻。敌人来势汹汹，很快就占领了许家岭，随即向洪家岭发动了围攻。敌我交战约一个星期之后，敌人突破了我团的阵地，冲过了壕沟，把我们的十来个碉堡全部围了起来，并派一个班的兵力突入了我们的阵地，林团长命令我带七个排从右侧出击，把敌人消灭掉。我带领一连一排出击，很快就把这股敌人赶了回去。随后，敌人一字排开向我们扑过来，子弹像泼雨一样把我们阵地前的积土打得直飞，全被敌人的火力压制得无法抬头。我们在正面抵抗不住，就撤到了右侧的一个村庄里。这个村子没有敌人。我们摸进村以后，太阳已经不高了，我和林维先从一个厕所的小窗口朝小山上看去，敌人正在阵地上开饭，有的士兵抢饭吃，我们看得清清楚楚。我就命令部队把两挺轻机枪架在这个窗口，以猛烈的火力向山头射击，全团趁敌人混乱之机，迅速冲上了山头。在双方激烈交战中，我看见一个敌人正在向我身边不远的一个连长瞄准，我大喊了一声："赶快卧倒！"话音刚落，敌人的子弹从这个连长的头上擦过，擦伤了一层皮。天黑之后，双方停止了战斗，我们就悄悄地撤到了下仓铺。

当时我们的处境是：位于下仓铺西北约十五里的许家岭，有三个团的敌人，下仓铺东、西、南三面处于大官湖、黄湖之中，是一个半岛的地形，东侧隔水相望的二房屋已被土匪梁金奎占领，情况十分危急。团首长经过研究，决定跳出下仓铺，机动到望江太阳山去打游击。于是，团部就派出侦察员在湖里找船。天黑时分我们在下仓铺上船，船行到了大官湖里。当时团部规定每条船上放一个灯笼作为我方部队的联络暗号。每条船上轮流放一名哨兵，观察信号和敌人动向，其余人员就在船上睡觉。第二天天还未亮，船航行到了黄湖南岸，已临近长江。天蒙蒙亮时，我们就下船步行，先沿江堤往东走，后往北走旱路，天快黑的时候，走到了太阳山附近的一个村庄，在村子里歇了一夜。次日，天还未亮，我们又继续行军，天亮时，到达凉泉。经过侦察，发现凉泉小镇上有碉堡，附近村子里驻着敌人。我命令三连连长黄少成带一部分人先消灭碉堡里的敌人。碉堡里的敌人解决之后，我带领本营的部队扑进村庄，把敌人冲垮了。我们一面追击，一面打枪，当我们快要冲出村庄时，村庄里的残敌从一个门缝里朝我们身后打枪，我的右腿中弹负伤，不能行走。由于周围都有广西佬，我们部队不能在此久留，团部就找人用担架抬着我行军。

当部队走到怀宁石牌镇后面的山上时，林团长命令部队从上石牌向下石牌的敌人攻，打了一阵子，下石牌的敌人发现我们的兵力不多，就向我们反扑过来，我团很快就撤出了战斗。随后，部队一直往潜山水吼方向撤。到了水吼附近的黄土山之后，遇到广西佬向我们追击，部队赶紧下山，穿过一片平畈，又开始爬山。下午，部队爬到半山腰休息，林团长对我说："老陈，现在敌人追得紧，我们要到霍山去，离这里不远有个形虎寨（音），那里有一座庙，我把你和修械所的几个人都留下来，你就带着他们到那座庙里去养伤吧！"说完，林团长又派我营的卫生员王文达和通信员留下来照顾我和另外一个伤员，部队就往岳西方向去了。

六、"伤兵打游击"

我们和部队分手以后，卫生员、通信员找了几个民夫抬着我，修械所里七八个人（其中有两个女的）爬了一夜山，第二天凌晨才找到了形虎寨的和尚庙。我对老和尚说，我们是新四军的伤病员，要在庙里养伤。老和尚当着我们的面点头哈腰，满口"可以，可以"地应承着，谁知他一吃完早饭就偷偷地下山报告了保长。快吃中午饭时，老和尚又对我们说："你们一上山，保长就知道了，说你们有枪，还有女的。"我一听老和尚的这些话，知道敌人很快就要来搜查，此地不能久留，连忙脱下身上的血裤，塞到粪坑里去了。通信员找到山上烧炭的几个农民，把我们背上了山。我们几个人刚上山躲进树林里面，就听到形虎寨周围"抓活的呀，缴枪不杀！"声嘶不绝，幸好敌人没有上山搜查，我们得以脱险。敌人走后，团部修械所的几个人也偷偷地溜走了，只剩下我和卫生员、通信员以及另外一个伤员。烧炭的农民对我说："你们待在这里不是事，这个岭头上有户人家，新四军来来去去，常到他家里去，我送你们去好不好？"我说："那就麻烦你们送我去吧！"烧炭的农民抄小路，钻密林把我们送到山顶上那户人家。这户群众非常热情，户主是一位五十来岁的老大爷，他对我说："你住在我家里很不安全，距我家三四里路有个石洞，我送你们住到石洞里去。"于是，当天晚上他又把我带到石洞里藏起来了。

这个石洞位于一条小溪上方，洞口周围长着小树，比较隐蔽，里面不滴水，比较干燥。这个老大爷把我们送到洞里以后，又给我们送来一些稻草，还有一只铁锅，他嘱咐我们，山下的保长很坏，你们住在里面要隐蔽好，晚上千万不能烧饭，以防烟、火冒出来。头两天，这个老大爷每天给我们送一次吃的东西。以后，我们就给他一点钱，请他帮我们买粮买盐，还买了几件旧长袍子。老大爷每天都冒着生命危险，把东西送到洞里来。十来天以后，老大爷提了一包东西来到洞里，含着眼泪对我们说："新四军同志，山下的保、甲长见我这几天常常下山买这买那，对我盘查得很紧，问我：'你平时不下山买东西，怎么这几天老下山买东西，给谁吃呀？'我怕他们查出线索，把你们搜出来，所以不能再下山买东西了。"他一边说，一边把手里的一包东西交给我："这是我家的一点黄豆和咸肉，送给你们。以后，你们想法子过吧！"说完，他就走出了石洞。我们捧着这一小包东西，望着他离去的身影，心情非常沉重。我们知道再有个把月就是1942年的春节了，这是他们家准备过年的东西啊！

不几天，洞里断了粮。我们用那位大爷送的黄豆熬了一点汤，每人吃了一碗。没有想到吃了黄豆，我的伤口反而化脓了。我看了一下留下照顾我的卫生员王文达，他是皖南事变时突围过江，由林维先带来编入挺进团一营的，他个头不高，原来是个小胖子，在营里面大家都叫他"冬瓜"，因为洞里生活艰苦，又要照顾我们两个伤员，已经瘦得不成样子了。再看通信员和另一个伤员，也都面黄肌瘦，再饿下去，恐怕支持不住了。我仔细想了一下，带领他们战胜饥饿及其他种种困难是我的责任。于是，我就对他们说："我们不能躲在山洞里活活饿死，我们要带伤出洞打游击搞吃的，革命的部队能打游击，我们革命的伤兵打游击不就更光荣吗！"一席话，说得大家都会心地笑了。第二天，我们四个人就穿着长袍子，出了石洞到潜山、岳西交界的马头岭一带去打游击，由于我们刚刚出洞，身体很虚弱。我的腿负伤未好，走路跛拐，敌人很容易发觉。我们就专拣大树林子钻。饿了、渴了，就捧口山溪水喝。晚上，我们就把树叶堆在一起，四个人一道钻进树叶堆里，垫的盖的全是树叶！在树林里钻了好几天，这天早晨才走到马头岭半山腰的一户小村庄，我们就去敲门问路，一位大约60岁的老奶奶见我们的模样知道是新四军，指着上山的羊肠小道，说："那上面就是马头岭。"她又说："刚才有两个穿便衣的广西佬找我问路，也上山去了。"正说着，老奶奶的儿子从山下回来了，他说："刚才，我在山脚下看见路上有两三百广西佬！"我把前后两个情况联系起来分析了一下，前面两个广西佬可能是后面的广西佬部队的侦察员，我就对其他三个同志说："广西佬可能要上山，我们必须马上离开这里！"我们刚离开村庄不远，敌人就上山了，还"啪啪"地打了两枪。我们都捏了一把汗，庆幸我们早走了一步！打那以后，我们就在树林里树叶堆里睡觉。白天，卫生员和通信员到山下的村庄里搞吃的，他们进村后就轮流放哨，自己先吃一点，然后带点给我和另一个伤员吃。就这样过了个把月，我们两个人的伤也渐渐地养好了。此时距1942年春节还有半个多月。我们四个人都想回到无为新四军七师师部去。临行前，我们就到把我们安置在石洞养伤的那户老百姓家里去道别。我们找到那位老大爷，对他说："我们的伤快好了，打算到无为去过春节，我们谢谢您！"他沉思了一会儿说："你们是好了，可是你们还有几个人也在这里养伤，他们的伤还没有好，不能走啊！"我就问还有的伤员在哪里，他就把我带到另外一个山洞里。在山洞中，我见到了本营三连指导员赖伟基、一连连长刘金生以及另外四五个伤员。我和赖伟基指导员、刘金生连长商量了一下，大家一致认为如果我们不走留在一起，目标大，容易暴露。因此，我们还是按照原计划准备到无为去找师部。我们依依不舍地告别了那位老大爷、刘连长、赖指导员，踏上了找部队的路程。

七、辗转返师部

我们离开山洞，走到形虎寨那个庙的附近，天气突变，下起大雪来。不一会儿，地上全白了。我们冒着雪往山下走，在一个小田冲里摸来摸去，摸到一小堆稻草，四个人就钻在稻草堆里睡下了，虽然天气非常冷，但我们很放心，因为这样的天气广西佬不会出来。就是出来，也无法在雪堆里找到我们。

第二天，我们离开形虎寨，走到水吼西界岭脚下的几户村庄，小心翼翼地进村，敲门进了一户老百姓家里，见到一个人穿着我们在泊湖游击时穿的土布棉衣，我就问他："你怎么穿我们的衣服啊？"他说："不是的，是民团衣服。"正讲着，我营二连杨连长听出了我的口音，就从屋里走出来，他喜出望外地问："副营长，你怎么到这里来了？"我就问他："你们不是去岳西了吗，怎么也到这里来了？"他说："挺进团走到岳西小河南（现岳西茅山公社），遇到敌人的阻击，部队被冲散了，我们才突围到这里。二营教导员李胜才带十几个人也住在这里。"我告诉他："我们准备到无为去过春节。"杨连长说："到无为去过春节，时间还来得及。但是，四周都是敌人，特别是万山难以过得去。上次李教导员带着我们准备到无为，走到余井没有通过敌人的关卡，只好隐蔽到这里。"接着他就把李教导员找来。我们几个人在一起开会，李教导员说："这个庄子只有四户人家，住的是姓方的四兄弟。其中一个是甲长，但是他不仅不报告敌人而且对我们非常好。所以，我们还是在这里住一段时间为好。"于是我和李教导员、杨连长就住在姓方的甲长家里，其余十几个人都分散住在另外三个姓方的兄弟家里，有时集合起来到水吼附近打游击。这个甲长的叔叔是个卜卦的，他出去搞迷信活动也帮助我们打听敌人的动向，几乎每天晚上都要对我们讲，哪里哪里有敌人。

1942年春节，我们就在西界岭过的。由四个姓方的兄弟轮流请吃饭。我们当时一直穿着那件长袍子，浑身发臭，长满了虱子，但是，老百姓不嫌我们脏，始终把我们待为座上宾。到了正月初十，我们把隐蔽在这里的20来个人集合起来，李教导员讲讲话，就准备马上离开这里了。这四兄弟恋恋不舍地送别我们。他们捧着一小袋辣椒面送给我们，说："我们没有什么东西送给你们，送点辣椒面给你们路上当菜吃。你们还要来呀！"我们都感动得流下了眼泪。因为在当时白色恐怖的环境里，敌人对窝藏新四军的不仅要杀头，而且要株连亲戚朋友和邻居啊！可是这四兄弟对我们这样好，临行时还说了一席充满深情的话语，怎能不使人感动呢？我和李教导员、杨连长等紧紧地握着他们的手说：

"等革命胜利了，再来看望你们！"（新中国成立后，我曾托潜山人武部查找到这四兄弟，当时说他家是富农成分，所以没有去成）。

离开西界岭，我们又走到黄土山碰到一个搞迷信活动的老百姓，他背着的一条板凳上，一头是观音菩萨。我们看他30多岁，穿得很破，估计也是穷人，就上前去对他说："我们是新四军，你能否做件好事，把我们带过万山？"他说："万山的敌人很多，不能过。"我又说："那我们就走余井到桐城西乡。"他说："那好，你们今天就住在这里，明天下午我来接你们。"我们就在黄土山那两三户人家住了一夜，第二天下午，那个老百姓果然来了。吃过晚饭，他就带着我们通过了黄土山的碉堡，过了一条河，往南走避开水吼岭。到了下半夜四周起了大雾，我们已经下了山，辨不清方向。摸到一个村庄，好几户老百姓家里没有人。抓到了一个乡长。不一会儿，这个乡长偷偷地逃跑了，我们感到很危险，又往黄土山方向走，躲在一个山坳里面，给我们带路的那个老百姓对我们说："我家离这里只有两三里路，我去搞点粮食来。"下午，他给我们送来一小袋米就走了。晚上，他又来把我们带到黄土山，趁天黑通过了碉堡，往万山方向走。为了避开敌人，我们专门拣没有路的山冈爬。过了一条河，走到一个全是石头的山岭，便是一个村庄，这个村庄的老百姓住得很散，都善于土法造纸。此时，给我们带路的老百姓回去了。我们又找到一户人家，请他给我们带路。他带着我们避开了万山顶部的敌人，通过了一个小关口，指着一户独户人家说："你们找他带路吧，我要回去了。"这个独户人家也有一个年龄不大的男子汉，他把我们送下万山，过了一条小河，此时已是白天，我们就在河边的一个村庄里歇下了。此后，我们沿途比较顺利，没有遇到敌人，于1942年春天到达桐城西乡蒋谭，找到了党组织。林维先、彭胜标等首长在小河南失利后也在这一带打游击。我见到两位团首长，把从水吼附近带来的二十几个人交给了组织，团首长决定将李胜才教导员等其他人员留在桐城西乡，叫侦察员送我到无为去休息。过了两天，团侦察员带着我经过桐城老母猪街、菜子湖东岸、枞阳汤沟、水圩，进入无为西乡。此时，湖区的芦苇已经长高了。有一天，我们住在普济圩一间芦苇扎的房子里，正巧七师五十五团的侦察员从土桥过来，经过这里，因为这户老百姓对他很熟悉，就指着我们的住处对五十五团的侦察员说："这里来了个不三不四的人。"五十五团的侦察员一听到这个情况，马上端起枪，对着我们高喊："不准动！"我赶忙藏好团部给师首长的信和手枪。挺进团的侦察员一转身，五十五团的侦察员惊叫一声："哎呀！还是你呀！"因为他们经常送信到师部，很面熟。于是，当晚我们就往严家桥走，找到了七师师部。

此后不久，挺进团改编为新四军七师五十八团。组织上送我到七师干校学习。

今天，回顾我们在江北游击活动的往事，使我深深感到，我们人民军队必须在党的领导下，紧紧依靠人民群众。如果没有广大人民群众的支援，必将寸步难行。

（安庆军分区党史资料征集办公室　整理）

原载安徽省军区党史资料办公室：《革命回忆录选编》，内部出版，1983年，第226～243页。

艰难的历程

◎ 陈 祥

南方的三年游击战争，其艰苦性为近代战争史上所罕见，是中国革命史册的灿烂篇章。

在鄂豫皖革命根据地，我红二十八军依靠人民群众的支持，历尽千难万险，终于捍卫了大别山的红旗。

鄂豫皖根据地的三年游击战争，是一个巨幅画卷，这里记录的只是几个画面的轮廓。

一、坚持熊家河的斗争

鄂豫皖边区的三年游击战争，是以坚持熊家河地区斗争为起点的。

1934年10月，敌人四十七师向我英（山）太（湖）交界的陶家河游击根据地发动了进攻。红二十五军在徐海东、吴焕先同志的率领下奋力阻击，予敌重创，我军也有较大伤亡。我们七十四师的两个连奉命护送八十二师一部100多名伤员去上方田后山的密林里安置。当完成任务返回驻地时，激战已经结束，敌人占领陶家河。

军部转移了，主力不知去向。我们向南追赶主力，但走出50多里，仍不见主力的踪影，于是，以三个连的建制合成完整的一个营，加上手枪团一部和担架队，便在凉亭坳一带打游击。七天后，我们决定返回皖西苏区，寻找主力红军。

我们怀着急切的心情，越过一重重山岭，穿过一道道封锁线，经鹞落坪、团山、莲花山等地，转战七昼夜，行程几百里，最后渡过史河，在南溪附近的蔡家祠堂找到了中共皖西北道委，见到了高敬亭同志。高敬亭同志说："红二十五军到鄂东去了，你们暂时就地坚持斗争，等候主力回来再归队。"并将我们编入二一八团。

后来才知道，红二十五军从陶家河撤出后，在途中接到了上级指示，旋即转移鄂东，不久就奉命离开鄂豫皖革命根据地，参加了长征。这样，我们这支队伍没能参加长征，而是作为一支骨干力量投入了鄂豫皖苏区的三年游击战争。一星期后，我们从赤南转战到赤城，开始了坚持熊家河地区的斗争。

熊家河地区，是1932年第四次反"围剿"失利后，鄂豫皖苏区仅存的几块根据地之一。红二十五军一走，苏区的范围更加缩小了，大片土地沦入了敌人手里。蒋介石调兵遣将，血洗大别山，实行"驻尽山头，宰尽猪牛，见影就打，鸡犬不留"，惨绝人寰地制造了一片片"无人区"，一处处"杀人场"。

我们来到熊家河时，昔日的生气勃勃、欣欣向荣的景象不见了，所见的只是一幅劫后的惨象：荒草护坡，荆棘遍地，十室九空，渺无人烟。赤城县苏维埃政府机关驻地已经变成一片废墟。县委和政府工作人员及群众，跟随二路游击师进行游击战争。

中共皖西北道委和二一八团，选择熊家河作为开展游击战的立足地，是从当时敌人箍桶式的包围、篦发式的"清剿"中保存自己、壮大自己、打击敌人和消灭敌人的战略意义出发的。熊家河地处大别山北麓，四周群山重叠，史河穿流而过，而且地势偏僻，附近并无重镇。敌人重兵驻扎在金寨、商城等地，如果进攻熊家河，必须翻越层层大山，困难重重，而叶集、开顺街的驻敌，与熊家河根据地又有一河之隔，没有个把旅的兵力，不敢轻举妄动。红军正是利用群山和河流的天然屏障，与敌人周旋，凭借山河之间的这个舞台，导演出一幕幕生动、壮烈的活剧。

1934年12月的一天，我二一八团到下洛山一带活动。开顺街驻敌独立四十旅约两个营向我军逼来。下洛山并不险峻，但在周围小山丘陵的衬托下，也算得是山高林密。漫流河横贯山脚，向皖西丘陵延伸，是敌人进山必经之地。我军隐蔽在山上丛林中间，居高临下，待机歼敌。

下午，黑压压的敌军朝下洛山扑来。我一营设在背阴山上的排哨，一发现敌前卫营跨过漫流河，立即猛烈开火，并用轻机枪封锁住小桥头，切断敌后续部队。敌先头部队向我军阵地发起冲锋，我一营用火力压住了敌人，然后一个反冲锋，把敌人压缩到山沟里。这时，我二营、手枪队、扁担队的战士像一支支利箭，嗖嗖地飞下山，插进敌人中间，展开了一场惊心动魄的格斗。担架队的同志抡起扁担左右开弓，上下翻飞，小小扁担发挥了巨大的威力，直砍得敌人的阵势七零八落，火力失去作用。敌人见大势已去，企图夺路奔逃，不料后路已被我们截断，敌人陷入重围，死伤过半，剩下的纷纷缴枪投降。敌后续部队见势不妙，也不战而败，逃回了开顺街的巢穴。

太阳落山时，红军满载而归，下洛山一仗缴获了敌人大批武器。担架队的同志甩掉了扁担，换上了钢枪，被编入二一八团第三营。这就是"扁担换钢枪"的故事，在时隔50年的今天，依然是当地群众所津津乐道的一段历史佳话。

日夜的周旋，连续的转战，锻炼了红军革命意志，提高了红军的军事素质。这段时间，我们打了不少胜仗，也打了许多恶仗，失去了不少好同志。1934年12月8日，在关山河打毛排一仗中，我们营失去了三位领导——营政委、营长和副营长。他们的名字已经记不真切了，但他们的音容笑貌、性格特征，却深深印入我的心坎，依然栩栩如生，永远难忘。

这一天，我们侦悉敌二十五路军独立五旅六一四团，护送30多对毛排，装载大批粮食、食盐和冬装，逆史河而上，运往金寨。我们连夜埋伏在石灰岭山梁上，决定打他个措手不及，截取敌人的物资装备。

上午8时光景，一队衣衫褴褛、蓬头赤脚的纤夫，迎着凌厉的河风，踩着河岸的乱石，肩背纤绳逆水而行。渐渐，河面上出现了一长溜毛排，当毛排一进伏击圈，我们立即发起攻击。营里的三位领导人，带领战士冲上毛排，冲向岸上押排的敌人。那岸上的敌人一经我军袭击，就像惊弓之鸟，纷纷向山上、河里、草丛中溃散。营政委发现前面草丛里闪着刺刀的亮光，知道那里藏有敌人。他一边高喊"捉活的"，一边带领我们冲上去。突然，草丛中射出一颗子弹，打穿了他的肺部。我们把他抢救下来，送到曹家荒田红军医院时，他的呼吸已经十分困难了。营政委是史河岸边的人，平时行军转战，总和战士们一起，给大家讲当地的斗争历史，启发大家的阶级觉悟，环境再恶劣他也是有说有笑的。在他生命垂危的时刻，还鼓励我们坚定信念，战胜敌人，并盼望自己早日伤愈重返战场。

在争夺毛排的搏斗中，我们的副营长双目被敌人的子弹击中。副营长作战骁勇，身先士卒，与战士们情同手足。我清楚地记得，他离开部队的时候，让我们营部通信班站成一排，用那颤抖的手，将我们一个个从头摸到脚。他的嘴唇哆嗦着，欲言又止。我们深知副营长此刻的心情，他是多么渴望能够看一眼生死与共的战友，多么难舍与自己骨肉相连的部队！战士们含着热泪说："副营长，你只管去养伤，不论斗争多么残酷，我们一定坚持下去！"副营长挂着棍子，转身向山上走去，走走停停，一步二回头。

严酷的对敌斗争，使我们付出了血的代价；而革命队伍内部，由于继续张国焘的"左"倾"肃反"路线，又夺去我们不少战友的生命。由于两位营干部的损失，副营长竟被无辜怀疑为暗藏的"反革命"，就在这次战斗的第二天，被杀害了。这位对革命忠心耿耿的好同志，和其他一些革命同志，没有倒在对敌斗争的战场上，却不幸牺牲在自己人的枪口下，这是多么惨痛的历史教训！

随着大别山的风雪天来临，红军的生活更加艰难了。敌人对老苏区的"围剿"也加紧了，斗争愈发地残酷了。

1935年元月，一个风雪的日子，部队去固始县境打粮，归途中，夜过花园、铁炉冲一带，未能越过敌人的封锁线。我们走了一夜，第二天清晨虽从三叉岭突破，但又遭到驻敌的追击。战士们扛着米袋在风雪中飞跑，敌人几十挺机枪和迫击炮在后边追击。密集的子弹，呼呼地从身边掠过，有的同志不幸中弹，在雪地里倒下。敌人的一颗子弹打中了我扛的米袋，人倒没伤着，可一袋子大米漏得所剩无几了。下午，部队沿着崎岖小道，攀上近一千米高的仰天凹，终于甩掉了追击的敌人。

仰天凹上，风雪茫茫，积雪填平了沟壑，分辨不出哪是路，哪是沟，稍不小心，就会跌入雪坑。伤员的行动更是艰难。我们已经一天一夜没有吃到一点东西，又冷又饿，再也无法继续前进了。我的战友小李子，过封锁线时腰部负了重伤，途中没有担架，大家硬是把他背上了山，这时已经昏迷不醒了。战士们用刺刀掀起一块块冰雪，直到露出黑乎乎的土地，又拾来干柴，点火取暖。我和几位战友蹲坐在小李子的周围，想用自己的身体为他挡一挡寒风。小李子原是红二十五军的连通讯员，平时不多言语，像个女孩子，可一打起仗来，就好像一只猛虎。在陶家河战斗中，他跟随连指导员坚守阵地，打退敌人的多次进攻，敌人的手榴弹成串地落到我军阵地，小李子和指导员又一个接一个地捡起投回去，在敌群中爆炸。如今，年仅17岁的小李子，坐在雪地上、在战友的怀抱中牺牲了！同志们用岩石为他垒起坟墓，向他默默致哀！那漫天风雪的呼啸，山间松涛的喧嚣，仿佛和我们一起呼唤这位忠诚的无产阶级革命战士。

半个月后，我们接到了方永乐同志带来的省委的信。信中说，红二十五军已经越过平汉路奉命远征豫陕边了。省委指示立即重新组建领导机构，组建红二十八军，坚持鄂豫皖边区的游击战争，担负保卫大别山红旗的历史使命。

此后，鄂豫皖边区的革命斗争，走向了更加广阔的道路，开始了一个新的转折。

二、新的转折

凉亭坳的会师，正是这个新的转折的标志。

1935年元月底，我们离开了熊家河根据地，转战到外线。在立煌县的抱儿山，我们与方永乐、徐成基同志率领的罗山独立团会师了。2月3日，在太湖县境的凉亭坳重建了红二十八军。高敬亭同志任军政治委员，罗成云同志任八十二师师长，方永乐同志任八十二师政委，熊大海同志任师政治部主任。重建的红二十八军决定在霍山、舒城、潜山、太湖等地开辟新的游击根据地，开展鄂豫皖边区的游击战争。这时又值春节，会师的喜悦，建军的欢庆，使这个春节充满了欢乐的气氛，使这个僻静的山镇洋溢着战斗的热情。

红二十八军的重新崛起，使得蒋介石大为恼怒。敌人原以为红二十五军一走，就可以"砍尽山上树，挖绝红军根"，哪知"野火烧不尽，春风吹又生"，如今又竖起了红二十八军的旗帜。蒋介石先后派了十多万军队"围剿"大别山，梦想趁我军立足未稳，一举歼灭。这就使红二十八军一诞生，便面临着敌人的"清剿""追剿""堵剿"和"围剿"，面临着难以想象的艰难困苦，甚至几次面临着全军覆没的危险。

1935年2月13日，一个大风雪天，部队去霍山县境开辟游击根据地，一路上，敌二十五路军九十四旅在我们后尾紧追不舍。我们连忙直奔太阳（地名），迎头又遭到敌十一路军的堵击。前有拦路之虎，后有跟踪之狼，仰望南边是千仞雪山，俯视北边是万丈深渊。红二十八军近两千名指战员，被近万名敌军围困在一条狭长的山谷中了，面临着全军覆没的严峻考验。

眼前唯一的生路，就是从南边翻越白马尖，突破敌人的重围，从绝境中杀出一条生路，把覆没变为胜利。

白马尖海拔1700多米，白雪皑皑，隐入云天。在这种暴风雪的天气里，翻越白马尖，难于上青天。但是，已经没有迟疑的时间，堵、追的敌人渐渐合围，枪炮声也愈加逼近了，现在，起决定作用的是：人的精神，人的毅力，人的勇敢。

一接到号令，我们后卫营立刻改作先遣队，向雪山突围。可是，山上的积雪齐没膝盖，一踩就是一个坑，登攀异常艰难，依托山上的树枝，才能费劲地一步一步地前进。

上山几百米后，山势更为险峻，登攀也愈发艰难，山高风寒，积雪都冻成了冰，一踩一滑，简直无法下脚。伸手去扶树枝，谁知树枝冻得又干又脆，"咔嚓"一声就断了。人往往滑出一两丈远。

高山上，真是个冰雪世界！悬崖上垂挂着一道道丈把长的冰柱，树枝上镶着水晶般的冰壳，一座座山峦又像被安上一个个冰罩。要是在平时，遇见这样奇异的景色，战士们定会饱览一番，流连忘返。而现在，谁也没有欣赏眼前山景的兴致，一心只想尽快地在冰雪中打开一条通道，尽快翻越这座山峰，突破重围。

部队还未来得及全部上山，敌二十五路军就逼近了。敌人追击的火力，泼水般倾注到雪山上，炸得山崩地裂，积雪飞溅，留下一个个雪坑。不少同志负了伤，在战友的搀扶下，忍受伤痛，继续登攀。后卫营的战友，依托山间的岩石和树林，阻击敌人，掩护部队突围。这是一场殊死的战斗！风声、人声、枪炮声，汇成一片；白雪、红旗、人流，交织一起，使这场战争显得多么壮烈！而红军在突围中表现的大无畏气概，更是惊天地，泣鬼神！傍晚时，红军部队突破了包围，全部上了白马尖。

在山顶上，我们找到了一座古庙，遇见一位方丈，方丈生起一堆火，给红军取暖，并告诉我们说，白马尖是大别山最高的山峰，天晴登上主峰，可望到周围好几个县。他对红军冒着暴风雪，登上白马尖，表示很大的惊异和钦佩。

一会儿，主峰上响起军部联络的号声，部队很快就聚集起来了。看到战友们身上的硝烟和血迹，回想起刚才突围的情景，许多同志都激动得哭出了声。在苍茫的暮色中，我们望见敌人，还在半山腰的雪地里蠕动。想是敌人仰望雪山顶上的红军，哀叹自己无能为力吧！

红军的勇敢，白军的怯懦，在这场战斗中形成了鲜明的对比。不久，在群众中就流传着这样一首歌谣：

  红军都是英雄汉，
  白匪再多干瞭眼。
  总有一日天要晴，
  红军定要坐江山！

我们连夜在冰雪里疾行30里，翻山到达马家河。在马家河留下了伤病员，又放下了一支便衣队加强掩护，部队就离开了。我们日夜兼程150多里，15日清晨，到了潜山王庄，准备在潜（山）、太（湖）、舒（城）、霍（山）边界，开辟一块游击根据地。

部队到王庄一住下，就发现一座地主大庄院，背依岗丘，面向田畈，飞檐高墙，几进屋宇。我们站在北边的山上，连晒在后院里的花花绿绿的衣裳，都能看得清清楚楚。在这山沟里，这样的大庄院，可算很气派了。一打听，原来是安徽省财政厅长、前代理省长余谊密的老巢。余谊密掌握安徽省财政大权，"剿共"卖力，颇得国民党当局的赏识。这次从安庆回到官庄过春节，恰似送到嘴边的一块肥肉，我们决定抄他的老巢，打这条毒蛇。

农历正月十二上午，我们手枪团少数同志化装成余家好友前去拜年，进院后，缴了武装警卫人员的枪。余谊密做梦也不会想到，蒋介石广为宣传已经被消灭的大别山红军，会突然出现在他面前。当他明白过来，看清站在面前的红军并非幻觉，就像一堆肉团，一下瘫倒在地。

在另一间屋子里，余谊密的一个儿子企图开枪反抗，当即被我擒拿。而那些随从爪牙，早已跪地求饶，被我军缴械。我们不费一枪一弹，袭击了余谊密的庄院，生擒了这个顽敌。

在押回军部的路上，余谊密腆着大肚皮，一路呼呼直喘。上山梁时，更累得上气不接下气。我们见了都暗暗好笑，用枪头点了他一下："你这次回来干什么？"

余谊密一边喘一边说："蒋介石讲大别山的红军已经消灭光了，这次回家是想过个太平年的。"

大家听了互递眼色,脸上露出自豪的神情。我心想,你这条可怜虫,为蒋介石反共使尽了吃奶的力,到头来,听信了蒋介石的诬言,做了蒋介石的牺牲品,这就是你反共反人民的应得下场!

当天下午,我们执行任务归来,正在营地休息,突然听到一阵枪炮声,原来是敌二十五路军从霍山追来了。在五里庙附近的山冈上,经过两个小时激烈的肉搏战,因这时天色已晚,我军便撤出战斗,离开王庄。余谊密这个家伙听到枪炮声,知道是他们的人来了,顿生幸免之心,喜形于色,见红军要转移,他死乞白赖不肯走。高敬亭同志举起手枪,当场将这个双手血迹斑斑的刽子手击毙在地。

王庄战斗之后,由徐成基同志率领的二四六团留在潜、太、舒、霍四县边界开辟敌后游击根据地。2月16日,高敬亭同志主持组建了中共皖西特委,由徐成基同志担任特委书记,兼任二四六团政委。在中共皖西特委的领导下,这块根据地不断扩大到方圆二三百里,在三年游击战争期间,在为红军掩护伤病员、扩充兵员、了解敌情以及提供物资装备等方面,做出了很大的贡献,成为红二十八军的可靠后方。

三、随方永乐同志转战

王庄战斗之后,红二十八军为开创游击战争的局面,开始了艰苦卓绝的外线转战。

1935年2月,部队转战到了霍山西界岭一带,便兵分两路:由高敬亭同志率领二营和手枪团一部分,返回赤南、赤城苏区开展活动;我们一营和三营及手枪团一部,跟随方永乐同志辗转游击在鄂皖边境。

方永乐同志是六安县苏家埠区人,家境贫寒,少年投身革命,1932年第四次反"围剿"失利后,他是红二十五军七十五师的少共书记,转战到鄂东后,不久便担任少共鄂东北道委书记,坚持那一带的革命斗争。红二十五军一离开大别山,方永乐同志立即奉命带领罗山独立团,转战一个月,来到皖西与我们会师。他任红二十八军师政委时,年仅20岁。

我第一次见到方永乐同志,立刻就产生了深刻的印象。他那生动而又严肃的神态，矮小而又坚实的身躯，粗犷而又沉着的性格，令人想起大别山上正在生长的斗子树，枝干虽然还稚嫩，却很坚硬、强壮，堪负重荷。战士们都尊重他，信赖他，亲切地称他"小师政委"。

我们就在"小师政委"的率领下，纵横驰骋在鄂皖边境的崇山峻岭中，艰苦奋战在敌人后方。

3月初，我们从西界岭向东转战，一出发，敌人就追来了。敌增添了十个团，专门跟踪追击，想一口吞噬我们这支红军部队。在一个多月的时间里，我们终日跋山涉水，作战突围，而且缺衣少食，不少战士是打赤巴脚从雪地里踩出路子的；在团山，部队是杀出敌人的重围，才转危为安的；在中界岭，我们失去了师政治部主任熊大海同志，以血的代价冲开了敌人的包围圈……这一切，像淬火锻铁那样，锤炼着"小师政委"——20岁的红军指挥员。

方永乐同志有一匹黑骡子，是我们这支队伍所仅有的一匹牲口，但在行军途中，他很少骑，总是走在队伍前面。每到一地，他常常仰面躺在地上，久久地沉思，大家深深感到他肩上担子的分量。

方永乐同志决定返回皖西苏区，寻找高敬亭同志，共商大计。但是，枫树坳的封锁线工事密布，碉堡林立，约有一个旅的驻敌，我们冲了两个晚上，都未冲过封锁线。第三天晚上，方永乐同志率领我们一营和手枪团一部，借助夜色，冲入敌人的工事，展开一场大厮杀，这才越过了封锁线。而三营却被截断了，只得留在霍、潜、太边境，坚持游击战争。

回到皖西苏区的白沙河、胭脂坳一带，所见的尽是"无人区"，部队就在葛家湾的一座破门楼前的瓦砾堆上住下。葛家湾曾经是个秀丽的山村，青山环抱，竹木参天，几十户人家被掩映在摇曳的绿竹影里。如今村子一片荒芜，听不到人声、鸟语、鸡啼、犬吠。一连几天，我们寻遍山上山下，见不着一个人影，找不到一点食物。战士们饥肠辘辘，只得到田畈上挖来野荠菜，支起吊锅煮着吃。

这时候，敌人正在白沙河关王庙集结，寻找红军决战。本来，严寒、饥饿、疲劳已经使人难以忍受，现在敌人又来"围剿"，部队不免滋长了消极情绪。而此刻出现在大家面前的"小师政委"，却是乐观、镇静、沉着。他没有讲很多鼓舞士气的大道理，但他那泰然的神态，就是无声的动员令。他说：敌人来了，我们走，大别山的地盘大得很。现在一天不走一百几十里是过不了关的，这就全看我们的两条腿了。

果然，敌人从北边关王庙方向扑来，方永乐同志带领我们往西边的西河桥方向撤，钻进了深山老林，一下跳到湖北境内，使敌人的"围剿"成为一场徒劳。

在湖北境内，红军袭击了地方反动武装，搞到了一些稻谷。考虑到这一带敌人驻有重兵，不可久留，我们连一顿饭都没吃，只抓了一点咸菜塞进嘴里，神不知鬼不觉地从湖北境内回到白沙河，隐蔽在山林里。在山上，我们望见敌十一路军一个旅正在山下集结，方永乐同志当机立断，命令抛弃稻谷，轻装上路。当晚由两位地方干部引路，经过几天行军，到了霍山、潜山之间的小界岭，又一次使敌人扑了空。

连续的突围，不停地行军，同志们最大的奢望，就是能够好好休息一下。3月29日，部队在霍山、潜山之间的小界岭刚一停下，敌十一路军朱团又追来了。一想到我们这支队伍能够调动敌人的千军万马，大家都从心坎里钦慕"小师政委"。

杀回马枪的战斗号令下来了！方永乐同志决定利用敌人对我军杀回马枪缺乏精神准备和这里的有利地形，消灭敌人的有生力量。自红二十八军成立以来，一直是敌追我走，杀回马枪还是头一次。战士们听了热血都沸腾了，迅速占领了小界岭的制高点，掩蔽在山间松林里，在大柳树旁架起两挺机枪专候敌人的到来。

大路上，敌群在蠕动，尘土在飞扬，敌人的先头部队到达小界岭脚下，一个个趾高气扬，不可一世。当敌人后续部队还在行动时，前卫营已被我团围困在山坡的松林里。红军居高临下，枪弹、手榴弹，雨点般地落到敌群中，一时间，松林里硝烟弥漫，响彻敌人的惊呼声。

方永乐同志是个神枪手，一枪能将电线杆上的瓷葫芦打得稀巴烂。这时，方永乐同志隐蔽在一棵松树后，对着奔突的敌人，双枪齐鸣，弹无虚发，敌人一个个应声倒下。

这次回马枪杀得漂亮！俘、伤、毙敌200余人，缴获重机枪两挺，步枪100多支，子弹6000余发。后来我们知道，敌人发现了红军队伍中有一匹黑骡子，曾夸下海口，要活捉方永乐，结果损兵折将，团长朱瓒大哭一场。这次战斗，打出了红军的威风，显示了方永乐同志的指挥才能，大灭了敌人的凶焰。敌人有一个星期龟缩在窝里，不敢肆意横行，追击红军。

4月6日，高敬亭同志率领二营和二路游击师来到了太湖境内龙湾附近。于是，红二十八军的两位最高领导人重新会合了。原来过封锁线时被截留下的三营，也返回了部队。部队就地进行了一次整编，扩充为四个营（二路游击师编为三营，原三营编为特务营）和一个手枪团，在鄂皖边境开展了新的斗争，为以后的发展奠定了基础。

我跟随方永乐政委转战，虽不到一年的时间，但我们在一起踏遍了大别山，同"围剿"我们的敌军不知打了多少仗。下面仅叙述我至今不能忘怀的两次战斗的经过。

1935年4月中旬，红军向潜山境内挺进，途中又遭到敌二十五路军九十五旅的追击。这是敌人的一支精锐部队，红军的死对头，同志们早就想给它一顿狠揍。一连好几天，方永乐同志带领部队不住地向北疾行，牵着敌人的鼻子。4月20日，从蕲州到了潜山桃岭。"小师政委"站在桃岭一望，觉得这个地形实在好：山高岭险，便于我军阻击；地势狭窄，敌人再多也无用武之地。他和高敬亭同志决定，就让桃岭作为埋葬敌人的坟场吧！桃岭战斗的结果，完全证实了方永乐同志的准确判断。敌人在战斗中的行动，也完全是按照方永乐同志的部署就范的。

正如方永乐政委所料，敌二十五路军是一伙骄兵，不等后续部队到达，先遣部队就想抢头功，发起了冲锋。在我军阻击的弹雨重压下，敌人退回去了。愚蠢的敌人以为这只不过是红军的老一套打法，打一阵就会走的。在喘口气后，便连续发起了冲锋，而且一次比一次猛烈，但几次都被红军的反冲锋打得落花流水，桃岭上躺满了敌人的一具具尸体。

敌人错误地以为方永乐同志布置在正面的阻击部队是红军的主力，听到正面阵地上的火力渐渐减弱了，以为红军的子弹打光了，便集中兵力向山上猛攻，可是山势狭窄，敌兵力无法展开，都密密地挤在半山腰上，统统暴露在红军的火力之下。忽然，犹如晴天霹雳，桃岭上杀声骤起，方永乐同志指挥主力从两翼杀出来了。正面阵地的红军，持大刀的，端刺刀的，举石头的，一齐跃入敌阵。被围在桃岭上的敌人成了瓮中之鳖，霎时间，鬼哭狼嚎，横尸遍地。

方永乐同志亲自指挥、督战的桃岭伏击战，大伤了敌王牌三十二师的元气；打垮3个团，歼灭2个营，毙敌伤敌400余，缴获大量枪支弹药。傍晚，当敌人的一个团来到桃岭支援时，方永乐同志早已率领我们从容地撤离了战场。

尤其值得记述的是斛山铺战斗，这次战斗是红二十八军重建以来的一次空前大捷，它显示了我军游击战术的娴熟和战斗力的极大提高。作为这次战斗高级指挥员的方永乐同志，从此以他的赫赫威名，令敌人闻风丧胆。

我军在桐柏山转战一个月，打了很多胜仗，于1935年6月回师鄂豫边境。刚刚打了胜仗，部队士气很高，方永乐同志更是兴致勃勃，谈笑风生，行军途中，时而袒胸露臂，前前后后跑得汗水淋漓；时而骑在小黑骡上，边看着从桐柏山获得的一本苏联红军战斗故事，边讲给战士们听；遇到沙河，部队在岸上走，他在水里行，还踢得水花乱溅。看到"小师政委"带点孩子气的活跃行动，同志们更高兴了。

6月13日部队经罗山、光山到了斛山铺以西四里的梅大岗，遇到当地驻敌东北军的一〇九师六二七团的"堵剿"。"小师政委"对大别山区各式各样的敌军了如指掌。东北军有精良的武器装备，但无旺盛的士气，由于家乡沦陷在日寇的铁蹄之下，加以我党我军的政治攻势，东北军官兵大都厌战，因此战胜他们还是有把握的。

按照方永乐同志的布置，利用斛山铺一带岗峦起伏、沟壑相间的复杂地形，我军以部分兵力，作正面迎击，大队人马从两侧迂回过去，将它拦腰斩断，各个击破。

方永乐同志亲自督战，进入正面阵地。炮声隆隆，一颗接一颗的炮弹落到了阵地上。他神态从容，密切地监视着敌人的动向。敌军一个团成二路纵队，从斛山铺的圩寨里倾巢而出了。敌我双方部队的距离渐渐拉近了。这时候，出现了一幅奇妙的景象：一颗颗手榴弹，突然从两侧飞去，在敌群中溅起横飞的血肉；一排排刺刀，接连从两侧截来，在敌群中引起绝望的呼叫。正在行进中的敌人，猝不及防，被我军割成了数段。敌人还未来得及组织反抗，方永乐同志的小号官已经吹响那独特的发颤的号音，"小师政委"带领部队从正面杀进了敌群。敌人一下子落进了方永乐同志布置的口袋里，左奔右突，无路可逃，任我军穿插分割，任我军猛冲猛杀。整个战斗不足三个小时，敌人被我军歼灭两个营，缴获马步枪500余支，轻机枪18挺，迫击炮两门，子弹10万多发，毙敌、伤敌400余人，那些侥幸活命的敌人，像退潮一样向斛山铺的圩寨拥去。因为我们团政委在冲杀中被围而壮烈牺牲，战士们背着缴获的马步枪，呼喊着"为团政委报仇"，紧紧追击着敌人。我们到了敌人圩寨的附近，听到一个声音："同志们，天已晚了，敌人圩寨里有火力布置，回去吧！"我一看是"小师政委"，他怀着与我们共同的心情，完全像个战士那样追击着敌人。

斛山铺大捷，充分表明红二十八军经过锻炼已成为一支强有力的正规部队，她拥有自己的英勇善战的广大战斗员和出色的指挥员，足以担当起鄂豫皖地区革命战争的重负。作为一个红军指挥员，方永乐同志在三年游击战争中，身经百战，功绩卓著，他的事迹被广泛地传颂，鼓舞着广大指战员奋勇战斗。

1935年8月，我受伤离开部队到潜山的山林中养伤，心中一直惦记着曾经朝夕相处的师首长。后来知道，1936年6月，红二十八军被敌人一〇三师围困在麻城护儿山。方永乐同志为掩护部队突围，英勇牺牲，为无产阶级革命事业献出了壮丽的青春。他牺牲时年仅21岁。

方永乐同志的名字，是与红二十八军联结一起的，是与鄂豫皖地区三年游击战争的革命历史联结在一起的。他留在我心中的永远是那朝气蓬勃的青年英雄的光辉形象。

四、大岗岭上

在三年游击战争期间，红二十八军除了部队主力辗转游击、牵制和打击敌人，还放下了很多便衣队。这些便衣队分布于山区、平原，战斗在敌人心脏，起到了地方政权的作用，成为保卫鄂豫皖根据地的一支重要力量。

1936年10月，我从沙村河便衣队调到了大岗岭便衣队。

大岗岭耸立在潜山、霍山、太湖三县的交界处，群峰环列，山岭逶迤，纵横百十里，这是中共皖鄂特委（何耀榜同志任书记）的所在地，是皖西便衣队的一个中心。过去红军经常活动在这一带，建立过各种群众组织，打下了良好的群众基础。这里的群众多以种山地为生，以产茯苓著名，不仅在补充和支援红军、打击地方反动势力等方面做出了成绩，而且乘运输茯苓到山外之机，常常为红军带回所需的药品、布匹、食盐及其他生活用品。便衣队活动在大岗岭上，真是如鱼得水，就是赤手空拳独行百里，也安全无患。

但在我到大岗岭不久，情况发生了急剧的变化。1937年4月，敌人向鄂豫皖地区发动了所谓"三个月秘密清剿"。当时，已是西安事变之后，蒋介石被迫接受了我党提出的"停止内战，一致抗日"的主张，但却暗里调遣军队，对南方几省的红军游击队阴谋发动了"秘密清剿"。在鄂豫皖地区,敌人的兵力一下增到了20余万人,扬言三个月内歼灭大别山的红军,而大岗岭又是敌人"清剿"的重点地区之一。敌人称大岗岭是"小金寨",要"土掘三尺,石头过刀",一开始就投入三个正规团以及地方民团。这时候,特委带领下属一支四五十人的武装,向马家河转移了,留下我们这支十多人的便衣队,坚持在大岗岭上。

当时的形势是非常严峻的,敌人来势汹汹,他们的疯狂达到了登峰造极的地步,一到大岗岭,就将山上的民房村庄烧个干干净净,男女老少统统被赶进了围寨,在围寨四周筑起碉堡,驻上了重兵。敌人深知红军便衣队与群众是鱼水相依的关系,如今车干了水,正是为了逮鱼。便衣队同赖以生存的群众被隔断了,经常活动的村庄也荡然无存,就只能在山沟里、树林中栖身。接着敌人成营成连地上山"清剿",除了使用围网似的搜山惯技,还发明了从山顶滚石头的办法,那大块的石头常常满山地滚落,轰隆轰隆的震天巨响,使人觉得好像石头马上就要滚落到你的头顶,砸向你的身体。

针对险恶的敌情,便衣队决定化整为零,三三两两,分散活动在敌人的包围圈里,活动在敌人的空当中,与敌人"捉迷藏"。我们想,这支十多人的小便衣队能够牵制敌人几个团的力量,减轻兄弟地区的压力,就是历尽苦难,全部牺牲,也是值得的。

我和另一个队员组成小组在山上活动。一天,我们经过一座被毁的村庄正要拐弯时,迎面来了一个连的敌人,隐蔽已经来不及,要打又寡不敌众,我俩撒腿就跑,敌人在后面紧紧追赶,一面打枪,一面狂叫:"逮活的!逮活的!"那位战友十分机敏,跑出了一段路,便顺山坡一滚,钻进了密林,敌人便集中向我追击了。我见前面有个山梁,一腾身跃了上去,一面开枪还击,一面顺高山悬崖迅跑。这天正是雨后,山水汇成一股瀑布,顺着山梁倾泻而下。我跑到崖缘,抓住了一根葛藤,滑了下去,越过瀑布到了山那边,摆脱了敌人。钻进树林子后,猛抬头见另一个队员在采摘山果子,这样,我就又和这位队员在一起活动了。敌人不是挖空心思想隔断便衣队与群众的联系吗?这是枉费心机的。就在我们处于艰苦的境况时,当地的干部沈家才、胡三保两位同志冲破敌人阻隔,跑上山来参加了便衣队。由于他俩熟悉地形,更便于我们与敌人周旋。

一天,我们四五个队员在宝带河山上活动,被敌人发觉了。敌人杀气腾腾地向山上扑来，离一二百米远，枪声就响个不绝。我们钻进了树林子里，敌人立刻把树林子包围得水泄不通。林子里雾气弥漫，辨不清方向，我们摸索了好一会儿，也突不出去，眼看敌人越逼越近，生死在咫尺之间时，老胡终于找到了一条通向树林外边的路。过去他熟悉这个地方，革命的责任感使他在危难时保持了镇静的情绪，他带领大家突围了。我们悄悄走出树林，翻过一个山冈，淹没在山林的海洋之中，使得敌人乘兴而来，徒手而归。

在这段时间里，我们经历了三年游击战争中最艰难的生活，粮食早已断了，只能在深更半夜下到山沟煮野菜或钻进林子采野果子充饥。有时还从残垣断壁间拣来原吊在屋檐下的玉米棒，揉去被烧焦的黑乎乎的外壳，就生吃下去。那时正当大别山雨季，昼夜都是浑身湿淋淋的，靠体温才焐干衣服，日子一久，一件衣服就烂在身上了。便衣队就是这样过着食不果腹、衣不蔽体的生活，坚持斗争在大岗岭上。

大岗岭的革命群众，在白色恐怖下，始终没有忘记在艰苦斗争中的便衣队，想方设法支援我们的斗争。他们冲破敌人的禁锢，趁出围寨干活时，把鞋子脱在山上留给我们；他们无米下炊，却把玉米棒、蕨根粉送出围寨，放在指定的地方，供便衣队食用。有的乡亲不怕被敌人发现，就是面对屠刀也不低头。这一切不仅是物质上的支援，更重要的是成为我们坚持斗争的精神支柱。

大岗岭下，宝带河边，有座靠近围寨的小庄子，住着一对30多岁的夫妻，他俩原是便衣队所依靠的基本群众，他家常是便衣队聚集、开展活动的地方。自敌人"三个月秘密清剿"后，丈夫不怕风险，坚持上山送信、送粮，后来受到敌人的严密监视，支援便衣队的担子就由妻子承担了。这天，我们从他家后山的树林里路过，忽见那位女同志探身窗外，将一叠玉米粑粑从窗口丢下，又向我们挥挥手，那意思我们懂得：东西拿走，赶快离开。可是究竟发生什么事了呢？我们回到后山上一看，一伙白匪将她的丈夫捆绑在门口树上，正在毒打。我们忍不住了，一个个拔出枪要跟白匪干。只因为这里离敌人围寨太近，寡不敌众，只得忍痛离开。

归途中，我们一路上紧紧盯着手中的玉米粑粑，一个个都禁不住热泪盈眶，这对革命夫妻的名字我回忆不起来了，可是茅屋窗口下的那幕"哑剧"却记得清清楚楚。多少年后，那生动的手势，还不时地在我眼前摆动。这手势，表达了革命人民对子弟兵的多么深厚的阶级情谊，反映了革命根据地人民多么崇高的精神！革命胜利以后，我常常想起，鱼水相依的关系乃是最普通的常识，如果把它作为一个政治概念，我们革命队伍里的同志，是不是随时都清楚和明确呢？

艰苦的斗争，分散的活动，常常使我们对不在一起的战友牵肠挂肚，十分惦记：他们仍然健在，还是遇到什么不幸？能不能经受住考验？会不会产生消极的情绪？总之，我们千方百计设法见上一面，交换情况，相互勉励。渐渐地，我们能够见面的战友越来越少了。

因为两位便衣队长久未见面了，一天指导员宋青云同志和我一起去20里外的山上，找他们碰头。陈松林队长与查副队长和另一位姓漆的事务长就隐蔽在深山的一个棚子里。我们从宝带河爬了一路的险岩，到了那座山脚的一个小庄子，听群众说三位战友一起被捕了。我们顺山上的小路一看，果然尽是皮鞋印子，那是敌人留下的足迹。这是怎么回事？这个山棚子过去是用作掩护伤病员的，地方很隐蔽，而且除了一个为我方办事的伪甲长孙华山，一般人都不知道。

在那一时期，便衣队根据党的统一战线政策，曾争取一些国民党保甲人员。经过指明前途，晓以大义，有的人在提供情报、供给粮食、掩护伤员等方面，做过一些有益于革命的事。但在革命遇到挫折、斗争处于逆境的时候，他们其中有的就可能成为出卖革命的罪人，三位战友会不会是被伪甲长出卖？

正在寻思着，传来了一阵枪声，我们知道已经被敌人发现，赶紧钻进树林。天黑后，又爬了一夜的山崖，回到了宝带河。几天后，就在宝带河山上遇见了漆事务长，却不见了两位队长。漆事务长向我们讲述了事情的全部经过：

那天下午，伪甲长来到了山棚，拿出随身带来的一些食物，表示"支援"便衣队。他的蛇蝎之心被伪善的面纱遮盖得很严密，并没有引起三位战友的怀疑。就在这天夜间，当三人睡意正浓的时候，那伪甲长引来了一个排的白匪，包围了山棚，三位战友便被捕了。敌人想要得知特委机关所在地和埋藏枪支弹药的地方，都遭到了两位队长的严词拒绝，敌人达不到目的，便在山上挖了个坑，将两位队长活埋了。漆事务长看到两位队长牺牲，强按下心中的悲痛，佯装愿意带路。敌人用绳子将他捆绑，由一个匪兵牵着走，并派一个排的兵力跟在他身后，指望得到他们所需要的东西。但敌人哪能理解一个革命者的心情和胸怀。漆事务长30多岁，长得五大三粗，力大无穷，而且外粗内秀，很有心计。他对这里的地形非常熟悉，头一天他带着敌人翻过一座又一座山，一边在心里想着计策。第二天他胸有成竹，饱餐了一顿后，然后带着敌人上了一个下面满是树枝和草丛的悬崖，说时迟，那时快，漆事务长一纵身就从崖上跳下去。那个牵绳子的匪兵毫无思想准备，被带落崖边，跌个半死。而漆事务长却挣断手中的绳子，安全地落了地。崖上的敌人急忙开枪，子弹从他的鼻子下面掠过，只擦落了半边胡子……

漆事务长说："我虽死里逃生，可是两位队长，却再也不能和我们在一起了。"说到这里，这位硬汉子便失声痛哭起来。

在粉碎敌人"三个月秘密清剿"的战斗日子里，我们有多少同志坚持斗争到最后一刻，洒尽自己的一腔热血啊！1937年8月，红二十八军高敬亭与何耀榜同志在岳西九河与国民党当局达成停战协议，我们和皖西地区的便衣队以及中共皖鄂特委机关人员、警卫队共200余人，在岳西土门胡家祠堂集中，于9月底奉命开赴红安七里坪。我们从大岗岭下来时，这支十四五人的便衣队，只剩下五个同志了。

原载《皖西革命回忆录：第二次国内革命战争时期（下）》，黄山书社，1984年，第20～42页。

长山冲突围战

◎ 朱国栋

"挥戈皖西洒热血，摧枯拉朽敌胆寒。壮士威震长山冲，烈火熊熊扑不灭。"事隔三十多年了，当我想起长山冲突围战的悲壮情景，心潮久久不能平静，情不自禁地写下了这四句诗。

一、敌后挥戈

1934年9月中旬，我们皖西的八十二师配合主力部队红二十五军，在豫南和皖西霍邱、六安一带并肩作战。我们在六安郝家集打了一仗，歼灭敌十一路军独立旅两个营。为了粉碎敌人的进攻，红二十五军经霍山、英山县境转至鄂东北，即根据党中央的指示长征去了。

我们八十二师留在皖西地区坚持游击战争，并将在霍邱叶集西南遭敌人飞机袭击而受伤的80名伤员护送到赤城（今金寨县境）熊家河老苏区。当部队把伤员顺利地护送到目的地后，中共皖西北道委书记高敬亭同志召集红八十二师师长周世觉同志和三路游击师师长高克文同志开会研究，决定由周世觉同志带领二四四团三营、师部交通队和师政治部一部分工作人员，高克文同志带领三路游击师的两个连和手枪队，由周世觉师长统一指挥，组成一支部队去霍（山）舒（城）潜（山）地区敌人后方，开展游击战争。

周师长接受任务后，回来立即召开了干部会议，并集合部队作动员。他说：现在敌十一路军、二十五路军和张学良的一〇六师、一〇八师等上万的敌人，在我们赤城、赤南两县南北百十里、东西四五十里的一块苏区周围修筑了碉堡，设下了封锁线。敌人天天进攻、"清剿"，把整个苏区烧、杀、抢、掠一空，剩下的少数的老乡没有饭吃，没有房子住，我军的伤病员和后方机关人员也缺乏粮食和其他物资。苏区的形势很紧张，斗争十分艰苦，我们打到敌人后方去，一是为了牵制和分散围困皖西苏区的敌人兵力，二是开辟新的游击战争地区。

听完动员报告后，部队群情激昂，所有的干部和战士都纷纷表示："打到敌人后方去，多消灭一些敌人，为苏区被屠杀的父老兄弟姐妹报仇。"

经过一天休息和整装，部队出发了。这是11月初的一个傍晚，太阳的余晖把山峦映得红灿灿。部队经狮子口渡过史河，突破老牛背敌人的封锁线，到汪家大湾天刚破晓。部队士气高昂，胜利地通过了霍山县境，进抵潜山县境衙前、天堂畈、小河南地区。

这一带地方，土地肥沃，资源丰富，人民朴实勤劳。但是，地主阶级的残酷剥削，反动统治阶级的横征暴敛，使得广大农民过着暗无天日、穷困潦倒的生活。例如有一个姓储的地主，占有良田几百亩，修有豪华的地主庄园，家有大小七个老婆，过着花天酒地的生活。他不管农民死活，无论丰歉年景，逼迫佃户交纳七八成地租，而且巧立名目，进行重利盘剥。广大农民负债累累，饥寒交迫，怨声载道，对地主豪绅和国民党反动统治怀有刻骨的仇恨。

当部队到达衙前街（今岳西县城）时，得到广大农民的热情支持，一举攻克了这个镇，并歼灭潜山县保安队一个中队，俘虏中队长以下30余人，缴长、短枪30余支。攻克衙前街后，街头巷尾到处响起了欢迎红军的欢呼声。灾难深重的人民沉浸在从没有过的欢乐之中。

打了这一仗后，部队与潜山县地下党组织负责人刘正北同志接上了关系。在地方党组织的帮助下，部队在天堂畈地区发动群众，打土豪劣绅，开仓分粮，杀猪宰羊，在斗争中成立了贫农协会，扩大了共产党和红军的政治影响，打击了反动势力的嚣张气焰，直接威胁到潜山、舒城县和安徽省政府所在地安庆。

11月中旬，部队挺进舒城县境，攻克了晓天镇。晓天镇是舒城县西南的一个重镇，镇子很富裕，不少地主兼工商业者和反动资本家，开设绸缎布庄、杂货商店、盐行、药铺等。镇子上设有碉堡，有县保安队和民团百余人固守。东方刚现出鱼肚白，我军就闪电般地打进镇子，一举歼灭了县保安队及民团90余人，缴长、短枪80余支，没收了镇上十多家地主兼工商业资本家的财产，缴获了一批银圆、钞票、布匹等，还将大米、布匹分了一部分给镇上的穷苦贫民。昔日骑在人民头上作威作福的地头蛇、反动资本家、地主豪绅统统威风扫地。

太阳的光辉洒满大地，红军战士个个谈笑风生，满载战利品，于当天下午四时撤出了该镇，转移到镇西北乡村宿营休息。后来又在舒城地区转战数日，于11月下旬启程回老苏区。

二、血战突围

经过几天的行军，部队于12月初到达霍山县境长山冲。

长山冲位于大别山东麓，四面环山，东西南北大约有七八里路的平畈，比较富饶，但大部分土地集中在地主豪绅手里，农民生活异常贫困。

周世觉师长命令部队在这里休息两天，打土豪，筹粮食，每人要带七至十天的粮食回苏区。当天下午，我们师政治部宣传队的五个同志，带着连队派出的调查组，深入到老乡中去调查，然后没收了几户大地主的浮财和肥猪、粮食。部队自己动手，把谷子打成米，差不多够每人六七天的粮食。

第二天下午，潜山地下党组织派来两名交通员追赶到我军驻地向周师长报告敌情：敌十一路军有四个团正在我们后面追击，先头部队已进入西界岭号房子。周世觉同志立即召集三路游击师师长和二营营长、政委来师部研究行动计划，决定部队把粮食装好（那时每个指战员都备有一条能装15至20斤粮食的布口袋），抓紧时间休息，吃完晚饭，黄昏时集合出发。就在晚饭前，据过路的老乡说，在部队前进的方向十多里路的地方，驻扎很多国民党军队，是上午刚从霍山燕子河方向开来的。得知这一情报后，部队又决定推迟出发时间，一方面要三路游击师手枪队查清前面敌人的情况，另一方面严密注视后面敌人的动静。

深夜2点多钟，部队吃过饭正在稻茬田里集合准备出发时，发现三路游击师二连因炊事班睡过时了，还未吃饭，部队只好在原地等待二连。夜深天寒，师长让部队活动活动，而三路游击师的高参谋竟喊部队都起立，原地踏步走，并喊操练的口令、高唱歌曲。歌声和口令划破了宁静的夜空，惊动了围追我军的敌人。三路游击师二连将近3点钟才赶到集合场，部队随即出发。出发时，三路游击师走前卫，师部居中，二营走后卫。我当时跟三路游击师一连尖兵班走在最前面插路标。

部队经长冲口、石院墙行走了一个多小时，天已拂晓。当前卫连尖兵班走到一座山坳口跟前时，发现敌人砍倒了很多大树，挡住了道路。这时堵击的敌人也发现了我们。敌人只喊了几声，紧接着步枪、轻重机枪就一齐向我军开火扫射，我尖兵班和手枪队马上往后撤，前卫连趁势抢占了山侧的一个高地，以便阻击敌人攻击，掩护后面的部队撤退。周师长发现敌情后，急传三路游击师长和二营营长布置战斗任务。

天已大亮了。前面堵击的敌人以几挺轻、重机枪的强大火力压住三路游击师的前卫一连，并以两个营的兵力顺着斜坡冲压下来，截住我后面的主力部队。这时，后面的敌人也尾追上来了，形成了前后夹攻的局面。周师长当即要三路游击师前卫连向主力部队靠拢，从侧面打击敌人；并要高克文同志指挥二连坚决顶住后面的敌人；命令二营营长带一个连抢占来路途中的一座小山头，打退尾追的敌人；其他部队和炊事员迅速向西侧一道山冲突围。但敌人已抢占了前后大部分制高点，尾追的敌人一方面以部分兵力顶住我掩护部队，另一方面又以大股兵力从山冲南向西冲击，同我突围的部队平行疾进，妄图截断我军的退路。但我军先头部队跑步前进，终于把敌人甩在后面。此时，敌人利用占据的各制高点，使用步枪、轻重机枪和迫击炮向我军猛烈开火，枪弹似暴雨倾落下来，不少同志饮弹倒下了。敌人还仗着他兵多火力强，向我突围部队拼命地追击围攻，敌指挥官挥舞着手枪、马刀在士兵后面威胁督战，狂叫："快冲！不放跑一个共军。抓活的，刘长官（指刘镇华）给重赏。"面临敌人的拼死追击，我军发扬了不怕流血牺牲的战斗精神，且战且退，击退了敌人无数次围攻追击。但是敌军不顾伤亡惨重，仍不停地追击。

我们沿着向前畈方向去的十五里长冲突围。开始部队的建制健全，火力集中，各连队还能交替掩护，逐步撤退，后来战线拉长了，派出去打掩护的部队多了，兵力也分散了。在敌人猛烈追击和密织的火力射击下，我们部队伤亡人数不断增加，营、连、排干部大部分伤亡。在这种不利的情况下，轻伤员都得坚持战斗，重伤员能来得及抢救的就包扎一下，背到山边村庄，临时安排在老乡家里。被敌人隔断的三路游击师、一连手枪队和打掩护冲出去的队伍都相继撤退到西大山，并继续组织火力，支援沟里的部队。但毕竟距离太远，火力又弱，起不了什么作用。

上午10点钟，我军大部分退至五风口，敌人仍在后面紧紧追击着。许多指挥员负伤坚持指挥战斗，英勇地阻击敌人，一直战斗到中午12点多钟，敌人的攻击才暂时停下来。这时，同志们在又饥又渴又累的情况下撤到冲尾横排路口一个土地庙跟前，不料还未来得及喘口气，又突遭地方顽匪老小八团800多人的伏击。他们占据前畈一道山梁和隘口对我军进行堵击。在这危急时刻，周师长亲自组织和指挥部队作战，但几次冲锋都没有冲上去，又增加了一些伤亡。

突围必须成功。但为了保存力量，集中突围，部队马上集中到土地庙周围，准备依靠小庙固守，待天黑后再冲出去。而这时，情况越来越危急，不仅尾追的敌人追击上来了，而且前面堵击的敌人亦向我军发起攻击，使我们部队腹背受夹击。气焰嚣张的敌人越攻越近，妄图一口吃掉这支陷入严重困境的红军队伍。周世觉师长一面鼓励大家沉着应战，坚决顶住敌人，坚持到天黑就是胜利；一面身先士卒，亲临前线指挥。他一会儿拾起伤亡同志的步枪射击敌人，一会儿又接过战士的轻机枪扫射。这样他就成了敌人集中射击的目标，先是帽子中弹落下，后来右肩负伤，最后因头部中弹而英勇牺牲。

周世觉同志不愧为我党优秀党员，红军的优秀指挥员。他的牺牲，更激发了同志们的斗志。

最后，部队只剩下七八十个同志了，寡不敌众，无法坚持战斗。同志们认识到，哪怕剩下一人，只要突围出去，就是党的一分力量，就是革命的一粒火种，因而决定向西北的一片茅草丛生地带突围。周师长乘用的一匹黑骡子，背了很多银圆和钞票，马夫将它脱缰冲在最前面，终于安全地冲了出来。由于敌人的火力太猛，不少同志在最后的突围中倒在血泊里，为革命流尽了最后一滴血。

突围后，灭绝人性的蒋军，对我重伤员也不放过，都一一补枪打死，并惨无人道地把所有牺牲了的指战员耳朵割下来，以便到匪军头目刘镇华那里去报功请赏。

我们突围出来后，站在山顶上，望着远处硝烟弥漫的山冲，怀念倒在血泊里的战友，默默地向他们致哀、告别，并宣誓："一定要为死难烈士报仇！"

最后突围出来的指战员，大部分都在当天夜里与三路游击师一连和手枪队汇合，少部分同志后来才陆续找到部队，也有少数同志昼伏夜行奔向龙门冲和洪家大山根据地去了。部队会合后，由三路游击师高克文师长指挥。清点人数时，三路游击师只有130多人，红八十二师只有百十人了。这时同志们高兴和沉痛的心情交织在一起：高兴的是经过一天的恶战，终于突围出来了200多人，保存了一支革命的骨干力量；沉痛的是一个月前离开赤城苏区时600多人，现在只剩下三分之一，绝大多数同志都壮烈牺牲了，特别是周世觉师长的牺牲，更是我党和我军的一个重大损失。高克文同志鼓励大家认真总结经验教训，以利再战，决定继续转移到苏区找高敬亭同志。

次日凌晨三点钟，突围部队向霍山婆婆岩、横溪山方向出发，路上虽遭遇敌二十五路军"搜剿"队伍的堵击，但只经过小的接触后，我部队就插进山里小道，摆脱了敌人。

疯狂的敌二十五路军妄图扑灭我突围出来的这支部队，星夜调动三十二师九十五旅，第二天赶到前后畈、婆婆岩、横溪山等地区，包围"搜剿"我突围部队。鄂豫皖"剿总"还特意颁发了一道"围剿"电令，谓："伪八十二师残存主力约二三百人在长山冲受重创后，溃退至前、后畈方向，特饬各路追堵部队限本周内聚歼。负责追剿、堵剿各部队，如追击不力，致匪窜逸，防堵不严，使匪窜过，致不能依限肃清，各区负责部队长官均以纵匪论罪，以重军令。"

我们部队为避免同"搜剿"敌人接触，走山间小道，钻敌人空隙向北疾进，历尽艰辛，几经辗转，终于胜利突出敌人的包围圈，转至龙门冲与莲花山之间的地区，与高敬亭同志率领的二一八团会师了。

这次敌后游击战，付出了巨大的代价，但毕竟消灭了部分敌人的有生力量，打击了敌人的嚣张气焰，震慑了国民党的反动统治，说明了中国共产党领导的红军是不怕苦、不怕死的，也说明了中国革命的熊熊烈火是扑不灭的。

原载《皖西革命回忆录：第二次国内革命战争时期（下）》，黄山书社，1984年，第61~68页。

中共皖西特委的斗争始末

◎ 朱国栋

1935年2月，红二十八军在霍山的太阳山及潜山的王庄同敌二十五路军打了两仗，并在王庄活捉安徽省财政厅长、前代理省长余谊密后，部队踏着齐小腿深的积雪，于7日下午转移到皖西驼岭。军政委高敬亭同志确认驼岭山区的地势和群众基础都很好，决定在这里建立中共皖西特委，开辟新的游击根据地，组织和领导群众开展敌后斗争。同时成立二四六团，委任徐成基同志为特委书记兼二四六团政治委员。

中共皖西特委的建立，对发展地方党的组织，领导武装斗争，开辟游击根据地，以及支援红军主力部队，都具有重大的意义。它为鄂豫皖区三年游击战做出了卓越的贡献，给皖西革命斗争历史增添了光辉一页。

驼岭位于皖西舒城、潜山两县接壤的大别山东部，悬一座骆驼形状的奇丽山峰，东南西北连接着十余座气势雄伟、沟壑纵横的高山。在这奇丽的家乡，我们党早就播下了革命火种。在六霍起义的影响下，广大人民曾举行过武装暴动，建立起苏维埃政权。后来遭受国民党反动派多次的"围剿"，革命暂时遭到了挫败。但是劳动人民对党对红军始终怀着深厚的感情，迫切要求推翻反动统治，渴望重新获得解放。

皖西特委一成立，就把根子深扎在群众土壤之中，利用这一带有利地形，依靠群众、发动群众开创敌后游击战争的新局面。

特委成立的当天晚上，红二十八军就离开驼岭，继续向西南行进。留下的特委和二四六团，置身于冰天雪地的茫茫山林，面临艰难险恶的环境，迎接着新的考验。特委书记徐成基同志富有政治、军事素养，他带领队伍摸索着山间小道，转移到驼岭西南山坡下的村庄，开始筹划特委工作。并抽出十多个同志组成便衣工作队，深入山区发动群众，设法把伤员安置到贫苦农民家里休养治疗；又派二四六团转到外围游击，打击地方反动势力，筹粮筹款。徐成基同志带领手枪队到马家河，与红二十八军便衣队接上关系，继而向南到了小河南地区，与中共潜山县地下县委取得了联系，并领导他们开展工作。

在特委的领导下，皖西地区的武装力量迅速获得了发展。在此期间，二四六团在马家畈打垮了李维甫民团，又端了他的老巢，缴获了40多支枪和其他武器。李维甫是当地一霸，平日骄横跋扈，群众受尽欺凌。摧毁了李维甫民团后，群众革命热情更加高涨。特委因势利导建立了根据地，成立了战斗营，部队也扩大了两个连。同时还派人配合潜山县委成立了有300多人的四路游击师，由傅益民同志任师长，潜山县委书记刘正北同志任师政委。这个游击师于1936年5月又缩编为潜山县战斗营，在皖西地区和邻近的蕲春等地开展游击战争，打击国民党的民团、"铲共"队等地方反动武装，牵制敌人部分正规军，保护了特委和便衣队。1935年12月初，太湖县境冶溪河地区的便衣队13个同志，被当地反动民团和地方反动势力猖狂地围困"搜剿"，处于危难之时，四路游击师赶到那里，打击了敌人，把便衣队接应出来。特委领导的这支地方武装很活跃，接连取得不少战斗的胜利。例如：1936年5月，在潜山县境的万山，歼灭敌十一路军30余人；同年8月在太湖县境铁炉沟歼灭土顽"野猪队"100余人。1937年1月，在蕲春县境将军地区，歼灭敌安徽省保安八团一个营。这些斗争的胜利，为特委工作创造了良好条件。

特委开展工作的基本力量是便衣队。特委陆续发展的八支便衣队，配合主力红军，开展敌后斗争，遍及舒城、霍山、岳西、潜山、太湖、蕲春、宿松等几个县的广大山区。在大岗岭、凉亭坳、陶家河、宝带河一带建立了第一分队，由陈彩林同志任队长，宋清云同志任指导员；在鹞落坪、包家河、烧箕窝、桃花冲、青天畈一带建立了第二分队，由王子清同志任队长，徐海山同志任副队长；在大化坪、马家河、白马尖、黄尾河地区建立了第三分队；在罗河、汪家大屋、汤池畈、石关、主簿、白果、沈家桥一带建立了第四分队，由陈明江同志任队长；在小河南、田头畈、五河、菖蒲、店前河一带建立了第五分队；在沙村河、黄花冲、羊河、马院、寨家河、阳冲一带建立了第六分队，由黄荣青同志任队长；在黄尾河、磨子潭一带建立了第七分队；在万山、水吼岭地区建立了第八分队，由夏云龙同志任指导员。此外，在太湖冶溪河、张家塝和宿松的罗汉尖及浠水县的三角山等地区都分别建立了便衣队。

每支便衣队都有十几至二十几个人，绝大多数是红二十八军指战员和原在苏区做过地方工作的干部，也有少数是在当地参加工作的党员。便衣队都建立了党支部，属特委领导。便衣队的工作做得很活跃，很有成绩。他们把宣传、发动、组织群众的工作放在首位，在敌人白色恐怖下，他们逐个村庄做工作，扎根在贫苦农民中，团结广大劳动人民，动员群众拥护共产党和红军，掩护便衣队，帮助便衣队开展工作。便衣队陆续在觉悟高的基本群众中发展党员，成立党支部。潜山、宿松等地方党组织恢复较快，而且有很大的发展，游击根据地不断得到发展和巩固。

1935年初至1937年2月，特委领导下的皖西地区和与皖西交界的鄂东地区的几个县，革命形势非常好，特别是以大岗岭、鹞落坪为中心，纵横二三百里的几个便衣队和地方党的工作都连成了一片，广大劳动人民以及中、上阶层的进步人士，都发动组织起来了，掩护与支持特委和便衣队的斗争，支援红二十八军作战并送情报、抬担架、安置伤病员，妇女做鞋、缝衣服慰劳红军，那情景就像老苏区一样。一段时间，便衣队和地方党可以半公开活动，伤病员、红军指战员可以着军装公开单独行动。

在大岗岭、鹞落坪、小河南、将军山等地山林里，都设立了红军野战医院，如鹞落坪一座山林医院最多时曾安置了七八十个伤病员。还设有山林小型修械厂，可以修理一般枪支。后来在鹞落坪山里还建立了一个帐篷被服加工厂，专为红二十八军制作军服。缝纫机和布匹大都是打土豪缴获来的，也有便衣队通过关系从城市买来的。特委还不断为部队提供了大量胶底布面力士鞋和雨伞、手电、西药等军需物资。所有这些，有力地支持了红二十八军开展游击战争。

在特委的领导下，各支便衣队在分化争取敌人营垒的工作方面，卓有成效。他们对最反动的土豪劣绅、保长、联保主任和民团坚决予以消灭；对那些比较开明的地主、富农、保甲长、联保主任和民团，尽力争取为我们工作或者秘密地支持和帮助我们工作。这些人争取过来后，表面上仍然应付国民党，暗地里帮助共产党，经常掩护特委和便衣队，特别是为掩护红军伤病员创造了较好的条件。伤病员住在这些人的家里或碉堡里休息，既安全又能得到较好的照顾。1935年12月，我在张家垮便衣队时，就经常住在一个姓余的地主兼保长的家里。1936年4月，红二十八军通过舒城县境的沈家桥敌人封锁线的一座碉堡时，被我争取过来的民团队长，因受舒城县派来的一个反动分子监视，只好向空中开枪，敷衍一下，让我军顺利通过。

1935年5月，特委书记徐成基同志同皖西北地下党组织——中共皖西北特委取得联系，互相配合、支援，开展了一个时期的工作。徐成基几次带手枪队化装成便衣到合肥附近会见孙仲德同志，配合皖西北独立游击师打击地方反动势力；孙仲德同志也两次到舒城山区与徐成基同志商讨工作，还先后带来了四个连的兵员进行整训和协同作战。后来从这批兵员中调拨了一个连补充红二十八军，其余三个连仍回皖西地区，在孙仲德同志领导下战斗。孙仲德同志要求皖西特委派一名副大队长去帮助传授军事知识和训练部队，徐成基同志向高敬亭同志汇报后，从红八十二师抽调了一名副营长去任副师长。这位副师长后来牺牲了。

1935年5月14日，徐成基同志通过皖西北特委与党中央作过一次联系，就有关皖西特委和部队的情况向党中央写了一份工作报告。高敬亭同志于1935年7月16日写给中央的关于鄂豫皖敌我斗争形势和红二十八军的战况的一份报告，也是请皖西北特委转送中央的。后来，因斗争形势起了变化，皖西特委与皖西北特委的联系也就中断了。

为了联合各方面的革命力量，粉碎国民党反动派的"清剿"，1935年夏季，特委在宿松县境的罗汉尖，争取和帮助一位反蒋爱国人士朱育琪，建立了一支接受共产党领导和指挥的游击大队。这支队伍，半年之内由三十几人发展到三百余人，对外号称"大中华抗日救国军"，由朱育琪任司令，其弟朱国璋任副司令，陈启元被派去任党的书记。开始时，他们在罗汉尖屯集粮草，修筑工事，虎瞰长江，阻挡蒋军的进犯。高敬亭同志曾会见过朱育琪司令，并称赞他的爱国行动。1936年2月间，敌二十五路军一部和保安团以及当地猎户队分三路围攻罗汉尖，妄图消灭这支队伍。朱育琪司令率领"救国军"勇战敌顽，但因寡不敌众，处境十分危急。正在危急关头，皖西特委写信给朱育琪，要他领队伍撤出罗汉尖，下山打游击。他烧毁山林的古庙和囤积的粮食，才带着队伍突围出来，后来撤退到蕲春县境江家村，改名为六路游击师。这支队伍作战很勇敢，不久在一次与敌二十五路军遭遇战斗中受到了损失。

徐成基同志在主持皖西特委工作中，充分发挥了他的聪明才智，表现了极大的革命热情和高度的责任感，使特委的工作取得了巨大的成绩。1936年3月，他到湖北麻城县三河口向高敬亭汇报请示工作，由于当时"左"倾错误路线的影响，错误地把徐成基同志作为"肃反"对象，撤销了他的警卫员，缴了他随身带的手枪，责令他检查交代问题。成基同志受到了极大的冤屈，但并没有动摇革命的信念，他手无寸铁，仍然坚持与敌人斗争，只身在英山县打死一联保主任和一反动分子，不幸在英山县附近被敌人杀害。徐成基同志是我们的好书记、好政委。他的牺牲使皖西地区的党政军民无不感到悲痛和深深地怀念。

徐成基同志牺牲后，特委工作中断了一段时间。1936年9月由何耀榜同志继任特委书记，后改名皖鄂边区特委。这时，斗争更加残酷了，特委的工作也进入了更加艰难的阶段。

原载《皖西革命回忆录：第二次国内革命战争时期（下）》，黄山书社，1984年，第143～149页。

皖西第一支便衣队

◎ 汪少川

鄂豫皖区三年游击战争的胜利，主要是由于红二十八军的艰苦奋斗，浴血苦战，此外，还有众多的既是地方政权又是革命的武装集团，既是主力红军的哨兵又是主力红军的坚强后方的便衣队这样特殊的革命组织，也起了重大的作用。

在三年游击战争中，从红二十五军转移到抗战开始这段时间里，我曾先后四次参与便衣队的组织领导工作。

第一次，是组织领导团山便衣队。这是鄂豫皖省委组织的皖西第一支便衣队。时间是1934年秋。由于战略上需要，红二十五军要转移了，当时有一部分伤员要留下来护理，同时也为了在根据地留下一些革命力量，宣传党的政策，发动群众坚持斗争。当时组织便衣队，只是一种尝试性的。后来便衣队的发展及作用远远超过原先设想的范围，成了坚持三年游击战争的第二条战线。

我原在红二十五军七十四师师部跟梁从学师长当警卫员兼做秘书工作。一次，部队住在燕子河、董家河、花凉亭一带，准备东征打罗田、英山。军部开会时，对地图上标志的有些地方不太熟悉，准备找人当向导。梁从学师长说："我的小秘书是当地人，问问他吧。"军政委吴焕先就把我找去，指着地图问我，我对知道的一些地方，都做了详细的介绍。吴政委又问我原来干什么，我说在地方上当过少共区委书记。

吴政委高兴地说："好了，我们不找向导了，今天的行军就由你带路吧！"这次红军行动打了好几个胜仗，连太湖县城都打开了。鄂豫皖省委是跟随红二十五军行动的，从此，省委和军里很多负责同志都认识我，知道我是当地人。所以，红二十五军撤离时省委和军领导便决定让我参与组织领导这支便衣队。

省委和军领导对组织这支便衣队非常重视。省委书记徐宝珊和军政委吴焕先、军长徐海东，都找我谈过话。徐宝珊书记当时身患重病，卧床不起，还把我叫到床前说："红军要到鄂东活动，为了掩护伤病员，要建立游击根据地，这就需要留下一支短小精干的武装便衣队，军党委决定你们十余人留下来，不要看你们人少，这是人民群众的主心骨，有你们在活动，就等于红军在人民身边。"并教导我们要宣传党的主张，遵守红军纪律，要保护和照顾好红军家属，发动群众参加革命斗争。徐海东军长和吴焕先政委还把我们带到一个山尖上，指着以团山为中心的大小山峰说："这里都是红军流过血的苏区，地形好，能隐蔽，你又熟悉，活动范围很大，可以到诸佛庵、落儿岭、仙人冲、燕子河、董家河、白莲涧一带活动，能公开活动就公开活动，不能公开活动就暗地做群众工作，建立群众革命组织，镇压反动分子，伤病员养护好后，能归队就归队，不能归队就当便衣队。我们红军会经常回来的，还有游击师也会经常来和你们联系的。"并交代我们抓住时机狠狠打击反动的乡保民团。但对大批敌人如黄英等大股团匪，由红军和游击师对付，不要轻易出击，防止上当。

我当时思想斗争是很激烈的。从立夏节起义到六霍暴动，我全家四个人参加了革命，在保卫红色土地的斗争中，我父亲和大哥、二哥都壮烈牺牲了，现在红二十五军又要走，我们少数人能坚持下来吗？国民党和地方反动民团知道我回来，与我为敌，我倒不怕，如果摧残我家庭，拿我亲人来出气，又怎么对付呢？但转念一想，我是一个共产党员，共产党员必须以革命利益为重。革命的责任感，使我接受了任务，挑起了组织领导便衣队的担子。省委和军首长为了加强便衣队的领导，调夏云当队长，我任指导员，还有后来任队长的万洪炳同志。便衣队共有十人，配备了驳壳枪和步骑枪，子弹也很充足，组织上还给了活动经费。当夜我们向队员们作了简单的动员，传达了省委和军首长的指示后，大家都信心百倍，表示保证完成任务。

我们下午接受任务，为了不让任何人发觉，当晚就出发了。过了毛河，直奔团山主峰，十多名伤病员，他们虽然身体都不好，但革命士气很高，坚持不坐担架，只要有人扶着就步行上山了。山上住着一家姓屈的弟兄三人，老大叫屈宗耀，苏维埃运动中表现很积极。天快亮时，我们摸到了他家，喊门时，他开始只当是土匪来了，吓得满屋乱窜。他听到我的名字后，这才把门打开，但还是害怕，什么也不敢讲。因为自红四方面军走后，国民党对所有群众都进行了审查，谁当过红军，当过干部，都进行了登记，还订了所谓"五家连环保"，谁要通共产党，五家连坐，都要杀头，使一些群众不敢同我们接触。经过我们宣传和启发，屈宗耀慢慢改变了态度，向我们介绍了很多情况，特别是周围民团活动情况，并且接受了我们给他的探听敌情的任务。

为了保密，我们在进出山口都设了岗，只准进，不准出。我们本想在这里住下开展活动，安置伤病员，但第三天就被人发现了。第四天晚上，我们又转到大坳，这里是金寨和霍山交界处，十分偏僻，横直十多里没有人烟，原属六区苏维埃三乡，我也比较熟悉。我们把伤病员安插下来后，每逢夜间，一方面在团山周围大山两边做群众工作，向群众做宣传，了解情况；一方面带回药物，给伤病员治伤治病。一天深夜，我们到团山黑金冲姓王的家里去了解情况，经过黑狗河、九曲岭一带时，惊动了永佛寺反动民团。敌人也知道我带领了一些伤病员和武装回来，总想来搞我们，只是摸不到我们的行踪，没防着这次让他们盯上了。我们是夜里三点钟到王家的，大家都很疲劳，又现做饭吃，到天亮时才休息。大约上午九点钟时，一个姓余的乡长带了30多个团匪上来了，敌人没敢往前冲，先放两枪试探。我一听枪声，马上命令大家冲出屋子，夏队长带领队员们很快占领了一个山头，和敌人形成对峙。这时，我听到敌人大声催促说："喊，叫他投降，投降了没事，还有官做，不然，我们就消灭他们，你也活不成！"接着就听到一个老妈妈的喊声："正安，正安（我原名汪正安），他们叫我喊你回来，保证没事……"这声音多么熟悉啊，原来敌人把我母亲抓来，威逼母亲喊话，想用母子之情来软化我，叫我投降。我母亲喊过后，敌人也跟着叫喊，说什么红军走了，共产党完了，投降可以做官，等等。我大声对母亲说："娘，你不要怕，他们不敢治你。"我又大声警告敌人说："姓余的（原来老对头，都熟悉），你瞎了八辈子眼，看红军什么时候投降过！你要是胆敢对我母亲下毒手，我叫你全家完蛋，整个民团完蛋！红军就回来了，你们的末日就要到了。"说罢，我们就向霍山的土地岭、烂泥坳方向转移了。敌人也不敢追，啥也没捞到。不几天，我们侦察得知：敌人很害怕红军和便衣队，没敢摧残我母亲和我家庭。伤病员由于群众掩护得好，也没有受到损失。这是便衣队第一次和敌人公开交锋。此后，便衣队活动到烂泥坳和诸佛庵一带，先后打了几家土豪，没收了一些银圆和票子以及衣物等，大都分给了穷苦百姓。

过了一段时间，伤病员大多痊愈了。一次我们住在团山山头上，群众向我们报告说，红军游击师派人到万人愁一带来找便衣队。我们听说红军游击师来了，个个都高兴得不得了，连夜向万人愁奔去，找到了游击师。同志们久别重逢，分外亲切。我们把几位痊愈的伤病员交给了他们，又接收了他们几位伤病员。第二天，游击师向方家坪方向行动，我们便衣队在前面带路。团山民团（30多人）只当是便衣队已经下山，正从查水岭向我们开来，双方就在途中遭遇了。我喊了一声："散开打！"十几支驳壳枪一齐射向敌人。民团哪见过这阵势，吓得掉头就跑，很多人把枪都甩了。我们追过查水岭，活捉了六个人，其余都跑了。这六个人过去都是基本群众，有的还参加过少先队，都是被迫到民团当兵的，我建议放了他们。大家都同意释放，并向他们宣传了形势，要他们不再做坏事，还发给了每人三元钱。这回影响大，这些人回去暗中当了义务宣传员，宣传很有效果，群众很快都知道红军没有走，红军打了胜仗，有的还偷着给我送来了情报。

1935年春，红二十八军又重建起来了。一次，二四六团政委徐成基带领部队来团山找我去接头。汇报工作以后，他们提出要到花凉亭去活动，由便衣队带路。这时团山民团已经打散了，万家畈的李洪全民团老是盯着我们。因我姐姐住在万家畈，李洪全经常威逼利诱，要我姐姐送信叫我投降。姐姐坚决不肯，推说不知道我的情况，他便昼夜派人在我姐姐住宅周围监视。这天我正替红军二四六团带路向花凉亭方向行动，赶上李洪全又带着20多人找上来了，他们发现是大队红军，刚接触，撒腿就跑。我建议徐政委带大队照常行军，由便衣队追击。我们一直追到湾河附近，把他们全冲散了。这下他们知道我们厉害了，以后再也不敢惹我们，也不敢再威逼我姐姐了。从此，毛河以东的形势也比较稳定，群众也不怕公开和我们接触了。我们经常扛着锄头和群众一起劳动，并建立了一些秘密农会小组，群众替便衣队搞给养、送情报、养护伤病员，亲如家人，我们带着武器白天也可以自由自在地活动。

但是毛河以西的地方，敌人仍然很猖狂，主要有九五保黄英老小八团经常在那里出入欺压群众。我自到便衣队后，虽然家门近在咫尺，有时都能听到亲人的讲话声音，可一次也没回去过，非常想念母亲和两个弟弟。一次，我们住在新龙湾，离家只有几里路，经过一番侦察，我回到家里，见到了母亲和弟弟。家人见面本来应当高兴，但一提到杀人魔王黄英及这伙反动民团，又都悲愤起来。母亲拉着我的手说："孩子，你革命，为穷人报仇，为你父亲和哥哥报仇，娘不阻拦你，你可要当心，敌人天天都在找你，你在家门口活动，引来了很多敌人，闹得家人、亲戚都不安宁，地方也不安宁，还是换个地方干吧！"我说："我们共产党是有组织有纪律的队伍，这是组织的决定。"我又安慰母亲说："不要紧，我们有家，敌人也有家，我们红军不会走，他也要考虑他的生命财产。"就这样，我在家没睡着觉就走了。

敌人是很狡诈的，他们抓不住打不到我们，就采取一些卑劣手段，妄想搞垮我们。有一次，原先当过少先队的两个妇女带了糕点糖果等礼物来找我，先是说一些家常话，后来就用甜言蜜语劝诱我，我立刻意识到这是敌人的圈套。我狠狠教训了她俩一顿，两人狼狈地溜掉了。又有一次，敌人利用地方上一些和便衣队有亲戚关系的人请我们吃饭，想分化我们，也被我们识破而回绝了。

团山便衣队的活动，虽然只有几个月，但以小股武装活动在敌人心脏地区，宣传发动群众，掩护伤病员，搞给养，搜集情报，打击地方反动势力，保护群众利益，从而为敌后游击战争提供了宝贵的经验。

（台运行　整理）

原载《皖西革命回忆录：第二次国内革命战争时期（下）》，黄山书社，1984年，第157～163页。

"木城"里的斗争

◎ 汪忠晏

1935年春天,重建的红二十八军从白马尖突围后,即在马家河一带留下了一支便衣队。便衣队开始有十多人,由指导员刘正武率领,以马家河为中心,活动于霍山、舒城、潜山和英山等县边境,白天隐蔽在山林里,夜间走村串户,联系群众,很快发展到30多人。这支便衣队,利用这里的崇山峻岭作掩护,在横竖200里的广阔山地,积极开展斗争,除暴安良,获得了当地群众的热情支持。在环境极其艰苦的情况下,有的农民冒着生命危险,为便衣队送粮、送菜、送情报,掩护伤员。而便衣队也把打土豪时缴获的物资,除供给伤病员外,大部分都分给了群众。这年夏天,敌人调遣了1000多兵力,来到马家河"清剿",逢山便搜,遇洞必查,但这时的便衣队已经化整为零,分散隐蔽在群众家里,得到群众的保护。敌人折腾了几天,结果一无所获。

1936年10月27日,国民党十一路军又派一个加强团常驻马家河,专"剿"便衣队。团长任月圆和地头蛇们想了一条毒计:实行大并村,把方圆几十里的群众赶进"木城",妄想以此来割断便衣队与群众的血肉联系,把便衣队困死在山上。

敌军端着刺刀,强迫农民用一个多月时间砍伐山上的竹木,在胡家老屋、蔡家畈兴建了两座"木城",又在胡家河修了一座"木城"。名曰:"一新村""二美村""三省村"。两座"木城",各一里路长,四周用树木、毛竹扎成围墙,只留一道门。群众出入都要出示身份证,还要搜腰检查。敌人在"木城"周围修了五个碉堡,加以监视。"木城"碉堡里的敌人不时地朝外放冷枪,军犬汪汪叫,白色恐怖笼罩着山野。

敌人把群众赶进"木城"后,一把火烧掉了由水竹墙至川岭的81户,200多间房子,连厕所茅棚也不准留。寒冬腊月,北风呼啸,大雪纷飞。"木城"里的房屋是竹丝、麻秸扎成的,没有糊泥,雪花透过墙缝飘落在人们的身上。呼啸的北风钻进屋里,像针刺在人们的脸上。

群众被敌人赶进"木城"后,给便衣队的活动造成很大困难。但群众与便衣队的情谊却是无法隔断的。在大并村的前夕,便衣队刘指导员即召开了群众会,动员大家把粮食坚壁起来,便衣队也连夜帮助农民疏散财物。远方的群众怕便衣队的粮食有困难,特地跑到便衣队住处,告诉自家粮食的隐藏地点,以便需要时直接去取。

为了密切联系群众,发动群众与敌人开展斗争,便衣队决定打进"木城"去。一天,刘指导员把我叫了去,要我打进"木城",把群众发动组织起来,开展斗争。因我是本地人,又没有暴露身份。第二天,趁敌军强迫群众上山砍树的机会,我扛着一棵松树,便夹在人群中。正走着,忽然背后有人喊道:"汪忠晏,你好大胆子!"我听了心里不禁一惊,坏了,刚到就被人发现了。回头一看,哟,原来是常给便衣队送信的吴兆元。他穿着件破棉袄,肩上的一块块棉絮忽闪着,一双光脚冻得像红虾子,扛一根百来斤大树蹒跚地走着。一看见我,又说:"你怎么把陈四老爷的树也扛来了?"我向他使个眼色,装作很累的样子,说:"走,到前面小沟边歇歇脚去。"还没有等坐下来,吴兆元就开了腔:"老汪,'木城'里糟透啦,那些狗东西没有一点人性,把好多人撵到一间草棚里或土洞里,草棚四面通风,土洞阴暗、潮湿。男女老少挤在一块,吃饭、拉屎都在里面,气味难闻,这哪是人过的日子啊!你来得正是时候,我们该怎么干?"我告诉他,敌人这样残暴,一定要想办法收拾他们。眼下我们要把"木城"里的群众发动和组织起来,与这些狼心狗肺的坏蛋进行斗争。

当天晚上,我和胡明闯、蔡荣秀、严光太等十几个忠实可靠的农民,在吴兆元的土洞里摸黑开了个会,细细研究了斗争方法。

吴兆元是个机智勇敢、善于结交的人,他内红外白,佯装积极,得到敌军的信任。他出入"木城"破例不受盘查,有时还叫他顶班站岗。他利用这些有利条件,了解到不少敌人的情况,我趁天天上山砍树机会,又悄悄地把情报藏在树洞里,转给了便衣队。不久,敌军把吴兆元编入了壮丁队(实际是县保安队),站岗放哨都有他的份。吴兆元趁站岗的机会,把"木城"群众给便衣队做的鞋和从敌人那里搞到的子弹从"木城"里偷运出去。渐渐壮丁队里的一些人,也被吴兆元活动了过来,明的为敌军站岗,暗地里为便衣队办事。他们经常对空乱放枪,谎报军情,多报子弹消耗,而将子弹源源不断地送给了便衣队。

敌人费了九牛二虎之力,把老百姓赶进"木城"里,指望这一下子割断群众与便衣队的联系,哪里晓得"木城"里的群众已经被便衣队组织和发动起来了。便衣队不仅打入了"木城"里,而且钻进了敌军的内部。他们的一切动向,便衣队了如指掌。

一次,敌军出动一个连到马场去"清剿"便衣队。我们得到情报后,派吴兆元连夜送信给便衣队。刘指导员决定打他个伏击,杀杀敌人的嚣张气焰。次日天刚亮,便衣队早已埋伏在离马场两里的两面山腰上,当中是一条去马场的必经小道。上午十点多钟,敌军荷枪实弹,大摇大摆地朝马场方向开来。当100多个敌人全部进入伏击圈时,便衣队一齐开火,两边山上密集的枪声、手榴弹的爆炸声和战士们的冲杀声连成一片,打得敌人晕头转向,抱头鼠窜。这次伏击战打死敌军20多,俘虏7人,伤敌多人,并缴获许多武器弹药。

敌团长任月圆听说队伍遭伏击,惨败而归,便恼羞成怒,集中全团人马开赴马场,欲与便衣队决一雌雄。吴兆元把这个消息告诉了我,我们立即又报告了便衣队。结果敌人扑了个空,待返回老巢,一肚子闷气未消,抬眼又看到"木城"里贴着许多标语,上写着:"任月圆,你为非作歹,欺压群众,与便衣队作对,已经恶贯满盈,若再执迷不悟,当心你的脑袋!""蒋军士兵们,你们之中大部分是被抓来的穷人,天下穷人是一家,掉转枪口对敌人!""乡亲们,团结起来,冲破木城,返回家园!"标语下面落款是马家河便衣队。

任月圆气得两眼发直,几天卧床不起。只要有人提起便衣队,他就胆战心惊,不寒而栗。

便衣队今天一锤,明天一棒,打得敌人手足无措。他们大部队出动,便衣队早已无影无踪;小股出击,又常被便衣队"吃掉"。急得任月圆像热锅上的蚂蚁,心神不宁。

为了摸清便衣队的活动情况,国民党霍山县党部在"木城"附近设立了一个办事处。党徒们配合主力,又网罗当地兵痞、流氓,采用钻进去、拉出来的方法,侦察我们的活动,破坏我党地下组织,杀害革命群众,严重影响便衣队与"木城"里面群众的联系。

1937年2月的一天晚上,便衣队探听到敌人集中到"木城"开会,十八间房子的办事处,只有训教员祁大顺和几个办事员看守,便衣队决定乘机火烧办事处,毁掉敌人的窝穴。

下半夜,办事处门口的哨兵,抱着枪正倚着门框打盹儿。刘指导员率领便衣队悄悄来到办事处附近,埋伏在隐蔽的地方监视着碉堡内的敌人。两个便衣队员脚绑棉絮,摸到敌人哨前,神不知鬼不觉地干掉了哨兵,然后摸进了院内,以迅猛的动作,在敌兵睡的地铺上全部洒上了汽油,点着了火,回头又抱了几捆稻草,堵住了大门。霎时间,办事处浓烟滚滚,火光冲天。时值西北风正起,火仗风势,风助火威,十八间房子顿成一片火海。

"木城"里的群众看到办事处变成一片瓦砾堆,都拍手叫好,说便衣队为他们出了口粗气。

火烧办事处以后,敌团长任月圆看到越来越多的传单、标语贴在"木城"里,觉得"木城"里的群众与便衣队的联系不仅没有被割断,而且很紧密,部队内部也有问题,特别是壮丁队更可疑。于是逐一审查壮丁队员,最后把疑点集中到经常外出的吴兆元身上。他喝令传令兵把吴兆元找来,不巧吴兆元这天给便衣队送信未归。任月圆大怒,第二天就把吴兆元关了起来,亲自审问,说是只要他承认是便衣队派进来的,今后不再干了,可以既往不咎,若能捉到便衣队,还可论功行赏。吴兆元守口如瓶,什么都不承认。敌人把他打得遍体鳞伤,仍一无所获。接着,任月圆又把"木城"里的群众集中起来,一个个拷问,也没有搞出什么名堂。敌人发疯了,使出奸、掳、焚、杀的惯伎,把整个"木城"搞得更加乌烟瘴气,鸡犬不宁。

便衣队了解到敌人的残暴行径后,经过周密商讨,决定打进"木城",为乡亲们报仇雪恨。

农历二月上旬的一个下半夜,月亮已经西坠,山区的深夜显得格外寂静。30多个便衣队员在刘指导员的率领下,绕山冈,穿田垄,来到了"木城"附近。这天晚上,敌人碉堡里住着的一个班,花天酒地哄了大半夜,这时正呼呼大睡。便衣队摸到门岗跟前，正要窜上去刺杀哨兵，突然里边闪出两道手电筒亮光，壮丁队班长王英奎、副班长冀英发身挎二把盒子，大摇大摆地查岗来了。便衣队有人认得这两个家伙，都是死心塌地的反革命，很得任月圆的赏识。他俩来到门前，一见哨兵杨仁和垂着脑袋打瞌睡，非常恼火，严厉地训斥了杨等一顿后，钻进碉堡里去了。门外便衣队随手向院内抛了一个石子，几个站岗的壮丁不约而同地向里张望。就在这一瞬间，便衣队干掉了岗哨，一哄而入，并齐声大喊："红军来喽！""缴枪不杀！"喊声、枪声、手榴弹爆炸声连成一片。敌班长慌忙命令抵抗，被便衣队密集的子弹打死，其余的举手投降。

东风送暖，堤柳吐芽，春耕季节到来了。便衣队认为该是彻底粉碎敌人阴谋的时候了，决定发动"木城"里的群众开展更大规模的斗争。

一天早饭过后，"木城"里的群众潮水般地涌向敌军团部，

大声高喊："我们要吃饭！""我们要种庄稼！""我们要回家！"

正在打牌的任月圆，慌忙带着士兵出来镇压。走在前面的严秀英被敌兵用枪托打倒在地。严秀英毫不畏惧，站起来大骂："你们这些人面兽心的豺狼，对便衣队没办法，拿我们老百姓出横气，有本事跟便衣队斗。我们一家老小要吃饭，不种粮食，喝西北风啊！"任月圆恼羞成怒，命令刽子手就地枪决严秀英，来个杀一儆百。这时群众一拥而上，把敌人团团围住，几个身强力壮的青年把严秀英夹在中间，一齐喊道："要毙都毙吧，大家死在一块！"任月圆看到兵民搅在一起，群众人多势众，真的动手必然吃亏，便装着一副笑脸，说："大家不要闹，这件事兄弟我不敢做主，明天请示后再给大家答复。"

当天晚上，我把"木城"里群众斗争的情况向刘指导员做了汇报。刘指导员认为任月圆请示上司，是个缓兵之计，必须趁热打铁，把斗争推向高潮，不获彻底胜利决不罢休，并对斗争的方法、估计会出现的情况，作了细致周密的考虑和安排。

第二天，全"木城"的人挑着东西、扛着锄头、拿着棍棒一齐涌到敌军团部门口，高喊着要回家的口号。任月圆脸色铁青，叉着腰吼道："你们如果再闹，就统统枪毙！"我走出人群，质问任月圆讲话还算不算数。大家都跟着嚷道："我们要种庄稼，回去种田不犯法，走啊！"一呼百应，群众像股不可阻挡的洪流，冲出"木城"。任月圆看着大势已去，借去请示上司为名，带着几个随从，夹着尾巴溜掉了。头目一走，

喽啰不知如何是好。这时，群众的胆子也更壮了，大家砍的砍，挖的挖，不一会儿工夫就把"木城"打开了几道缺口，扶老携幼，逃出这个人间地狱。敌军看到壮丁队也有的夹在人群中逃跑，便鸣枪吆喝，后来就胡乱抓些年老体弱的群众，以便向任月圆交差。

便衣队刘指导员分析了木城里敌军情况之后，决定趁热打铁，彻底摧毁敌巢，砸烂"木城"，救出被抓去的群众。当晚，100多名便衣队和临时组织起来的群众，趁黑夜攻打"木城"。这时的敌人已是惊弓之鸟，一闻枪声，又见黑压压大片人群，疑是红军大部队到，慌里慌张地就朝黄尾河方向逃窜。群众笑逐颜开返回家乡，开始重建家园。

（杨从群、朱奇荣　整理）

原载《皖西革命回忆录：第二次国内革命战争时期（下）》，黄山书社，1984年，第195～202页。

红军的统战故事

◎ 周 坤

按照高敬亭同志的指示，1936年7月间，我和一个诨号叫"方矮子"的同志率领一支六人组成的便衣队，来到岳西县汤池畈一带开展工作。我任队长，"方矮子"任副队长，在家教过私塾的储道恒任文书。

我们进入汤池畈的时候，正逢国民党反动派于1936年3月开始的"五个月清剿"高潮。为了站住脚跟，我们在充分发动和依靠基本群众的前提下，做好对国民党基层政权和乡村社会中上层分子的统战工作。

汤池畈保附近一带有三个保长。经过调查分析，确定保长刘××（名字忘了）为争取对象。因为这个人在当地有一定影响，又有一定文化，思想比较开明，对国民党反动派的屠杀政策也有不满表示。他出任保长主要也是为了保家，免受人丁、夫、税等残酷压榨。为了争取刘保长，使汤池畈保成为两面政权，我们决定亲自登门，去做说服争取教育工作。于是，我们便开始准备，由我带三个战士侦察刘保长住宅的地形、村庄、道路、政情、敌情等，副队长老方做掩护工作。老方根据我们的安排，在汤池畈保毗连的地方镇压了一个恶霸分子，以造成革命声势。这个行动确实震慑了敌人，当地豪绅恶霸、保长、乡长无不惊惶，反动气焰有所收敛。广大贫苦百姓都十分高兴，奔走相告。

经过刘保长住宅环境侦察后，我们迟迟不能行动。因为他住的是一个大庄子，稍一不慎，就会走漏风声。那样，对我们只有几个人的便衣队来说，是很不利的，也是很危险的。最后决定化装进去。

化装成什么人才能神不知鬼不觉地闯进刘宅呢？化装成乡长是不行的，因为国民党乡、保长多是本地人，他们经常下乡催租逼债，当地百姓哪有不认识的？他们每次下乡轿上来马上去，后面还跟着几十个乡丁，我们仅仅是六个人的便衣队，哪里有那么大的派头！考虑来考虑去，最后觉得还是化装国民党潜山县自卫大队的好。我们手头有缴获的国民党军队的服装，伪装起来，行动就方便多了。万一遇上哪个保甲长，我们还可耍一下国民党军队的"威风"，不怕通不过。在国民党那个系统里，就是这么一个大鱼吃小鱼、小鱼吃虾米的理儿。

主意定后，我乔扮成"大队长"，另三个同志充当"勤务"和"马弁"，来个夜闯刘宅。

这天下午，天闷热得很。我们的地下联络员"大水沙"送信来说刘保长没有外出。傍晚，我叫副队长老方和另一个同志先行潜入刘家不远的地方，监视敌人，如发生情况，立即鸣枪报警，并吸引住敌人。我们四个人就在汤池畈后河山林里隐蔽，等待天黑行动。

太阳落山时，西天一片火烧云。"大水沙"告诉我们，刘保长就住在前面隐约可见的村庄，左前方的灯火，是敌人设在通往榜河大道上的碉堡里透出的。碉堡依山而建，两边山头上又各有一个碉堡，形成交叉火力，像一把老虎钳死死卡住这通道。关卡上还配有打更的，发现情况，只要一敲锣或一声枪响，封锁线上各个碉堡就会互相呼应。

上弦月高挂中天，月光淡淡地洒满大地，我们急急地走在大道上。临近村庄了，村里传来人声，我叫大家停下来，听了一会儿，没有发现什么新情况。村庄上的人都在乘夜打麦子。

这时候，月色中一个人影走了过来。"谁？"我的"马弁"喝问道。"我。"人影边走边答。"干什么的？""保长派我去打更。"我的"勤务"命令说："今晚长官在刘保长家有要事，你们要更加小心，出了问题，当心你的脑袋！快去！"打更的知道，遇上国民党官兵不是挨打就是挨骂，一听说叫他去，恨不得一步跳到天外，连连说是，向后退去，一边敲起大锣，直着嗓子喊："哎！——各家人听着，长官有令，凡遇共军要马上报告。""哐！""哐！"锣声敲得更响了。我们进了刘老庄。刘保长在村庄中间一个单独的宅院里，黑漆大门紧闭，门上镶着貔貅图案的门环把子，贴着宽幅的对联，门枕是一对高大的石狮子，气派和平民百姓家迥然不同。

"大水沙"上前喊门，一会儿刘保长从里间趿着鞋，走到厅屋开门。他很客气地拱着手说："世贤弟，夜临寒舍，定有公干啰？""大水沙"一脚跨进门里，揖手还礼："世兄别来无恙？阖家安好？今夜投府，事有巧合，县自卫大队长官带着几个弟兄有要事与世兄面洽，着我带路……"刘保长一听就慌忙走到门外，作揖打躬。一番寒暄后，他提着灯笼在前面引路，把我们一行迎进了他的客厅。我乘着他给我奉烟、泡茶的时候，借着条几上的烛光，仔细地打量着他，这位穿一身细布短衣的四十多岁的刘保长，谈吐、举止文绉绉的，但总掩饰不住局促紧张和不安的情绪。为了缓和一下气氛，我捧着茶碗，装着悠闲自若地看着中堂和两旁的对文，逐渐把话引上正题。"贵保钱粮交清了吗？到本月二十日再交不齐，你个人就要承担责任了呵！"

"长官，不是不交，也不是本保怠慢。去年大旱，今年旱季又遇久雨，庄稼给水溃死了，没收成，确实无法呀。"我半开玩笑似的说："听你这口气，你是不是抗拒缴钱粮？"刘保长站起身说："不敢，不敢，我不过是实情禀告。"我又问了他当地几个豪绅的情况，他也都如实回答。这证明原来侦察到的情况是可靠的，刘保长是可以争取的。

为了使他看清我们共产党人的政策和力量，丢掉对国民党的幻想，我把话题又一转，问他前几天某某保长被杀是否属实。他说："回禀长官，前两天风闻过。不过……"

"不过，什么呢？"我追问。

"不过，×保长的行为也是失于检点，别的姑且不说，本保之内逼死的人命即有四条，我刘某确实不敢苟同他的为人。他若果真死去，倒也未尝不是地方上一件好事。而且……"

"而且，什么呢？"我继续追问。

"而且，'耳听是虚，眼看是实'呀。长官，你在这方面听到和见到的东西一定不少。"

"我嘛，"我笑起来，站起来在他的屋里来回踱步，"就是专门干这个事情的，知道的当然多。今晚就是要把很多事情告诉你。"我见刘保长不解我话中的意思，便把戴的国民党军官大盖帽往桌上一摔,说:"我们就是共产党便衣队。我们的大部队红二十八军在前方打仗,我们是先头,不久就到。"我又解开纽扣露出了便衣。这一下可把他吓慌了,他吃惊地"啊"了一声,浑身直打哆嗦,坐在椅子上面再也站不起来。

我走过去,对他说不要误会,不要害怕,我们很理解你,不会危害你的生命。除暴安良,打击最反动的首恶分子,保护人民群众的利益,是我们的政策;争取教育像你这样受蒙蔽又存心善良的人,也是我们的政策。刘保长听得特别认真。接着我继续告诉他:现在整个大别山的革命形势很好,国民党政权内部矛盾重重,正面临着众叛亲离的严重局面,死心塌地与人民为敌、愿意做蒋政权殉葬者的只是极少数。在此关头,何去何从,请你三思而行。希望你站到人民方面来,利用保长的公开身份掩护革命斗争,保护人民利益。

他聚精会神地听我说话,当明白我的意思以后,一下子站起来,说:"我感谢你的教诲,给我指出了光明大道,只恨相识太晚啦!我为躲避兵差役费,当这混蛋保长差事,受千咒万骂,实在苦闷。今蒙贵党体恤宽大,我刘某愿以戴罪之身,将功补过。"

我说:"刘保长,我们共产党办事,说话一是一,二是二,忠信朋友,你说话算数吗?"他扑通一声跪到地上一字一顿地说:"愿以我全家生命做担保。"我将他从地上拉起来,并让他帮助办三件事:一是红二十八军有五个伤员,设法安置和掩护,伤好后,送回部队;二是潜山县城的敌人下乡"清剿"时,提前报告我们;三是拖延联保壮丁训练。最后,我告诉他:联系人是"大水沙"。必要时,我们可以直接见面,希望我们能很好地合作。离开刘宅时已是深夜,远处传来更锣三声响了。

第五天夜晚,五个伤员被送到刘保长家掩护起来。经过一个多月的休养,全部康复,先后回到了战斗岗位。这段时间里,潜山、岳西的敌人每次下乡"清剿",刘保长也将敌人行动路线、兵力、布置等情况提前告诉我们。由于刘保长的怠工,国民党在汤池畈一带的保甲政权处于瘫痪状态,大大地便利了我们的活动。

1937年4月,敌向我鄂豫皖革命根据地发动"三个月秘密清剿",三十多个团的兵力在蒋贼"督导"下,气势汹汹地向根据地扑来,地方上一些反动分子也开始蠢动起来。

一天下午，我们便衣队有五六个战士在后河山下一个村子里做晚饭，被敌人包围了，我全体队员秘密地从后门撤上山去，才免遭损失。

事后，我们一直在想，这次被围定有人秘密报信，不然是不会那么快就被敌人发现的。究竟是谁？我们分析，认为这件事与汤池畈附近几个保的保长有关。因为当天下午，战士们是在刘保长家吃的饭。经过几位同志的侦察调查，原来向国民党反动军队告密的是汤池畈邻保的一个保长和一个坏人。这两个家伙与刘保长有矛盾，妄图一举消灭便衣队，再借共产党的手除掉刘保长，以达到一箭双雕的目的。这是一个有计划、有预谋的行动。为了制造这次事件，他们采取坐等注视的办法，一旦发现便衣队进入刘保长家，就立即跟踪便衣队直到下一个驻地，就去向反动军队报告。

我们考虑，刘保长及其家人的生命安全受到很大威胁，决定立即约见刘保长，地点定在后河山的一座庙里。

第二天下午，我们装成烧香拜佛的人，杂在人群之中，来到庙上。我们和刘保长是在庙后的一株大松树下会面的。刘保长面容憔悴，忧心忡忡。因为便衣队的被围，他害怕对他产生误解。同时，国民党县自卫大队又要来抓他，他家的生命财产都受到威胁。我告诉他：便衣队被包围一事查明与你无关，应该释疑；对于告密的坏人，我们立即严厉处置；你和你全家的生命财产安全，由我们便衣队负责，刘保长听了我肯定的回答，很感激。

未过三天，在后河畈去来榜河的粪窖子里，漂起了告密的那个恶霸保长和坏蛋的死尸。这件事传开后，群众高兴地说："这两个家伙活得肮脏，死也恶臭，真是恶有恶报！"刘保长心里一块石头也落了地，更加积极地为我们工作了。由于两面政权的存在和发展，我们便衣队在汤池畈一带就逐步处于半公开状态，很多地方政权公开打的是国民党旗号，暗中为便衣队工作，如筹粮、筹款、保护伤病员等。我们夜间行动，国民党保甲打更的，敲着大锣，把我们送过封锁线。

（鲍劲夫　整理）

原载《皖西革命回忆录：第二次国内革命战争时期（下）》，黄山书社，1984年，第203～209页。

活跃的农民小组

◎ 郝光生

"山红,水红,黄土都红三尺深。"这是国民党反动派对我鹞落坪根据地"清剿"屡次失败后所发出的慨叹。在中共皖西特委的领导下,军民同心协力,艰苦奋斗,红色根据地确实是固若金汤。下边,讲讲我们农民小组的几个活动片段。

地下被服厂

1935年农历七月的一个晚上,特委罗秘书对我说:"小组要在20天内,给四路游击师做30套便衣,20双布鞋。"临走时给了我50块银圆买布。这是初次接受任务,我心里真有点慌,便连夜把郝大伯和汪全太找来商量。决定分散买布,以防引起敌人注意。鞋由小组人员的家属做。

第二天吃过早饭,我们就分头到青天畈、河口寺、包家河买布。晚上回家一碰头,共买了15匹黑线布,又从光山请来了两位裁缝师傅,一个姓余,一个姓黄。怎么对裁缝说呢?我又犯难了。我跑去找聂老,恰好罗秘书也在聂老家。罗秘书问我裁缝可靠不,我说都是穷苦人。罗秘书说,干脆把裁缝动员过来。我回家把实话跟二位裁缝师傅说了。二位师傅听说是给红军做衣服,开始有些为难。我说:"二位既然被红军请来了,不做衣服,也要落个'通共'罪名。你们就参加我们农民小组吧,工钱照付。"他俩一想,就满口答应了。

那年头，敌人三天两头地进山"清剿"，没有个合适的地方不行啊！于是将他们安置在我家屋后山洞里。除了聂老、大伯、汪全太，其他组员都不知道。第八天头上，30套衣服做成了。我请罗秘书来收数。罗秘书见地点隐蔽，二位师傅老实，便动员他俩继续留下来，成立一个被服厂，由聂老具体负责。自此，我们小组的地下被服厂，源源不断地为部队做了一批又一批的军衣，神不知，鬼不觉，直到敌人实行移民并村时才解散。

"山林医院"

随着革命斗争愈加深入，我们农民小组的任务也越来越多。

1935年冬天，我们接受了养护十个伤病员的任务。为了伤病员的安全，小组计议到荞麦湾搭个彩号棚。因为荞麦湾坐落在深山老林里，离村庄有十里之遥，敌人轻易不敢来。晚上，趁着昏暗的月色，我和汪全太一人挑一石稻草，来到荞麦湾，傍山依树，搭了个结结实实的草棚。又用石块垒起锅灶。太阳刚露头，一切都准备好了。我们不放心，又在周围检查了一遍，看看有没有引起敌人怀疑之处。见一切都很隐蔽，才走出深林。半路上遇到了罗秘书，只见他左手捏着几根稻草，右手用小木棍扶起昨晚被我俩踩倒的枯草。罗秘书说："累坏了吧？"接着，扬起手中的稻草并指着地上被踩倒的枯草说："你俩看，这不是给敌人引路吗？"我俩的脸上顿时火辣辣的。罗秘书见我俩不好意思，又说："切切注意，闹革命不细心，就会大意失荆州啊！"罗秘书语气虽然是那么轻松，可是我俩的心里都埋怨自己的脑子太简单。

我们养护的十个伤员，伤势都很重。那时候，养护伤员不容易，医药缺乏，营养品也不易搞到，买点猪肉、鸡蛋，要跑几十里路到白区去。白狗子看到山里人买猪肉之类好吃的就进行监视，动不动给你加个"通匪"的罪名，人被关押，物被没收。总铺河汪忠民家办喜事，在青天畈杀了一头猪，被保丁曹正五看见了，硬说是帮红军买的。后来，汪忠民费了20斤肉，托东家说情，才挑回一半肉。伤员们由于缺医少药，营养不良，一天比一天消瘦。同志们看在眼里，急在心里，决心千方百计为伤病员搞营养品。

腊月间，大雪纷飞，天寒地冻。汪全太以过春节为名，在界岭买了几十斤猪肉。

刚出店门，就让王楷模的团丁何老四盯上了。到此地步，偷偷摸摸，不如干脆公开，使个金蝉脱壳计。于是他挑着猪肉，大摇大摆地沿街叫卖。当时，猪肉大价是一块钱八斤，汪全太却卖一块钱五斤。这么高的价，当然没人问津。何老四跟着汪全太屁股后头转，问道："你怎么高抬肉价？"汪全太说："买卖买卖，一个愿买，一个愿卖就行了，与你什么相干！"何老四讨个没趣，但还不死心，仍然盯着汪全太不放。汪全太来到汪家大屋，索性放下肉担子，一边叫卖，一边抽烟，一直拖到太阳落山，何老四实在没有办法，才悄悄离开。罗秘书见买肉如此困难，从二分队拿出来100块银圆，给我们在白区界岭头，开了个"利中华"的肉铺子，这才保证了伤病员的肉食供应。

我专门在彩号棚里照料伤病员。照料伤病员，也要有一套对付敌人的办法，特别要注意不能在白天烧饭。因为敌人望见了烟，就会寻踪而至。有好几个彩号棚，就是因为白天烧饭，暴露了目标，蒙受了损失。所以我每天天亮前，就把一天的饭菜、开水烧好。我们这个彩号棚，成为当时"山林医院"的主要"分院"，先后养护了近百名伤病员，没出过差错。

甲长办事处

鹞落坪原属霍山县第四区川石保。国民党反动派为了镇压革命力量，于1936年3月间，划潜山、霍山、舒城、太湖四县边界为岳西县。县政府设在衙前。建立保甲，搞五户连坐。保长由政府委派，甲长通过群众选举。鹞落坪属岳西县第三区河上保第八甲。敌人认为鹞落坪是共产党的"老窝"，指明要设立甲长办事处。便衣队获此消息，要我们把甲长办事处抓过来。通过活动，聂长和被选为甲长，汪全太专管办事处的日常事务。聂长和是聂老的大儿子，我农民小组组员，为人大胆、机灵，有他俩在一起，真是水鬼也能哄得上岸。

盛夏的一天中午，汪全太和聂长和刚吃罢午饭，敌军连长张闵东一头闯进办事处，屁股未落板凳，就喝着要向导。汪全太见势不对，便对聂长和说："聂甲长给连座做午饭，我这就去找向导。"临走时还特别示意聂长和，碗橱里有陈年高粱烧。聂长和磨磨蹭蹭地炒了几个菜，拿出一瓶高粱烧，要张闵东喝几盅解暑。张闵东见酒垂涎三尺，半嗔半笑地说："误了我的'剿匪'大事，杀你的头啊！"聂长和说："我敢担保，八甲辖内，绝对没匪！"他俩你一盅，我一盅，等汪全太找来向导，已是半下午了。张闵东睁着两只醉醺醺的鼠眼，望见太阳已挂西山，哪里还敢久留，便顺水推舟说："今天不搜山了。不过，发现了匪情，得由你们负责！"他们就用这样的办法，不知蒙过了多少次搜山的白狗子，保卫了根据地的安全。

又一次，我们小组给红军手枪团做了80双军鞋，要不是这个甲长办事处就出了大问题。记得是谷未登场的时候，罗秘书要我们给红军手枪团做80双军鞋。我把任务交给妇女小组长郝兰花。几天之后，我让汪全太去催一下。他吃罢早饭，到甲长办事处转了一圈，即去郝兰花家。刚到郝家湾，见三个白狗子，背了一捆军鞋，押着郝兰花，向甲长办事处走来。汪全太见此情景，急中生智，来个先下手为强，迎上去说："兰花呀，我正要找你哩，给国军做的军鞋也不早点送来，还要劳驾弟兄们，真不像话！"兰花很机灵，听这话里有话，便接上话茬说："刚做成，准备送来，可这三位老总硬说我是帮红军做的。帮红军做的也好，给国军做的也好，你甲长办事处清楚，我算交了数啊！"汪全太笑呵呵地说："你呀，做事总是含含糊糊的，向老总说清楚，让老总打个收条不就行啦。"并故意问白狗子是哪个部分的，白狗子说他们是二十五路军一八八团的。他摸清了敌人的底细，又故作为难地说："啊呀，真不凑巧，这批军鞋是十一路军马旅长军需处要的，弟兄如果需要，可以拿几双，不过要留个收条，我好向马旅长交差啊！"国民党都是大鱼吃小鱼，白狗子听说鞋是马旅长要的，哪里敢动一只，连声说："对不起，兄弟误会。"说着就溜走了。这年秋天，一八八团派了个麻子康营副带两连人驻扎鹞落坪，要我们甲长办事处给征集民工修碉堡。让敌人在鹞落坪建碉堡，就等于让敌人在我们心脏上插进一把刀。晚上，甲长办事处以征集民工为名，召开会议，动员青壮年转移，给敌人来个软拖硬抗。两天过去了，三天过去了，五天八天又过去了，修碉堡的事还是没有动工。康麻子发火了，他把各家老幼捉来，限期要人。经请示罗秘书同意，让青壮年回来给敌人修碉堡。可他们日里修，晚上撤，一直闹了十多天，康麻子不但没有发火，反而天天夜里找聂长和谈心。每次谈心，康麻子又是倒茶，又是装烟，像招待客人似的。说什么这年头兵来匪去的，把老百姓苦坏了。聂长和不知康麻子葫芦里装的什么药，但抱定一个主意，死不上钩。第五天晚上，康麻子抓来十几个青年，对聂长和说："本人实意来解救你们鹞落坪的穷苦百姓,无奈他们(指抓来的青年)中毒太深,我不能不杀一儆百啊!"聂长和慌啦,但还是镇静地说:"营座管的是党国大事,我们只知道跑腿啊。"康麻子见他身上无缝插针,只好不了了之。但康麻子心狠手辣,不设法转个弯子,他是不会轻易放人的。我连夜找到罗秘书。罗秘书思考了好久,才说:"找刘盛堂具保。"

刘盛堂是个保长,老骑墙派,曾为红军办过事。所以我到包家河与刘盛堂见面时,彼此心照不宣,他满口答应尽力而为。

重阳节那天,刘盛堂邀集河上保的土豪来到甲长办事处,把康营排长以上的官都请到了。刘盛堂在酒席上又是向敌人献媚,又是代表八甲民众敬酒。酒过数巡,刘盛堂又说:"本人有句实言,不知当说不当说,尚望营座赐教。"康麻子趾高气扬地说:"同为党国效命,但说无妨。"刘盛堂说:"世面上人都认为鹞落坪百姓通匪者多,依卑人愚见,此地高山野岭,与红军出没无常有关啊!"康麻子说:"康某若不是深有同感,我早就杀他个鸡犬不留!"刘盛堂见火候已到,紧接着说:"营座日前所捕之青年,本人意欲具保释放,一来使民众归心,二来好与营座出力修堡,实为两全其美之计,不知营座能否给本人赏个面子。"众豪绅和几个连排长也趁机讨好。康麻子不得不借机下台,说:"有刘保长具保,康某何乐而不为。"刘盛堂具了保,康麻子当场放了人。没过几天,康麻子奉命撤出鹞落坪,到霍山"清剿"去了。

到"狼窝"里安家

俗话说:狗急跳墙。敌人用"围剿""清剿"的办法奈何我们不得,就实行所谓的"涸水捞鱼"政策,搞移民并村。为了不让群众蒙受损失,特委指示,让群众有计划地到"狼窝"里安家。根据领导决定,我们小组搬到了包家河。1937年的农历正月初五,便衣二分队通知我到石谷冲山棚与罗秘书见面。石谷冲是红白交界区,只有一座山棚,是我们新建的临时联络点,山棚的主人姓葛。见面时,罗秘书先问了移民后的情况,然后就向我交代任务。他说:"特委为了牵制十一路军的邢团,最近在晓天、头陀、河口寺一带组织了一支游击队,队长姓周。那一带虽说是老区,但群众组织都被敌人破坏了,现在派你去河口寺新建一个联络点。"因为河口寺的联保主任王悬梁是我叔岳父，我可以通过王悬梁的关系先安下身来，然后找到周队长，由周队长交代任务。临分手时，罗秘书又把与周队长接头的暗号和地点告诉了我。

正月初八，我以拜年为名，找到了王悬梁，说我一家人在包家河无亲无故，日子实在不好过，想搬到河口寺来，依靠叔岳父照应。王悬梁警告我说："国军的势力越来越大，你可不能再与红军有瓜葛啊！"通过王悬梁的关系，我很快就在河口寺安下了家。可是，到哪里去找周队长呢？更何况罗秘书告诉过我，一个星期内要找到周队长，过期接头暗号失效。时间已经过去了四天，也就是说，我如果三天内找不到周队长，就无法接头了。所以，这天东方刚发白，我就借上山打柴为名，找周队长接头。按照罗秘书规定的地点，一处一处地找，两天的时间，我跑遍了从河口寺到晓天的十几座山头，没有见到周队长的影子。我真着急啊！暗号有效期只剩最后一天了，我怀着沉闷的心情，从大草山走下来。刚到山脚，遇见三个陌生人，挑着货郎担，摇着货郎鼓，沿途叫卖。我想，不管是与不是，碰碰再说。我迎着三个货郎走去，说道："恭喜老客，发财啦！"一个货郎说："人都没啦，发什么财？"我惊喜地又追上一句："老客是当地人，不是外来商？"一个大个子货郎说："外来行商！"接头暗号答对了，我又疑惑起来，两天来都未接上头，怎么这样凑巧呢？可是机会难得，不能错过，于是大胆地问大个子："你姓周？"大个子问我："你姓郝？"果然找到了我要找的人。我兴奋地说："总算把你们找到啦！"周队长也说："我们也找你好几天啦。"我立即找周队长要任务。周队长说："游击队初来乍到，带的干粮吃光了，第一个任务，你给游击队筹集点粮食。"

在移民村里搞粮食困难啊！敌人规定，凡是移民，口粮当天称当天啤，谁要是藏粮过夜，就以"济匪"论罪。但我一想到周队长要粮的那种急迫口气，躺在床上怎么也睡不着啊！怎么办？唯有找土豪借粮。河口寺的小土豪王槐三，是我远房的妻侄。一年前，便衣二分队把他捉到鹞落坪，要他家拿500块银圆取人。他家东拼西凑，只搞到400元现洋，是我给他在罗秘书和鲁队长面前说了个人情，减少了100元。以后王槐三就把我当作他的恩人，并且愿意为红军办事，如今我去找他借粮，他是不干坏事的。即使王槐三翻脸不认人，我要坐牢杀头，他也免不了倾家荡产。当天晚上，我摸到王槐三家，说明了来意。他说："姑爷了解我的家境，多着拿不起啊！"我故意虚张声势："高政委来了好几千人，要来我们这里打大仗，你一家当然供应不起,只借十石米凑凑。"王槐三哭丧着脸说:"姑爷一向是我的大恩人,请在高政委面前美言几句,我借五石米吧!"我说:"是亲相顾,借八石米,明天送到阔滩河交数。"王槐三听说是高政委来这里打大仗,当然不敢怠慢,第二天夜里就把八石大米如数送给了游击队。周队长亲自打的收条,署名红二十八军军需处。敌人以为移民并村,就可以断绝红军与群众的联系,他哪里知道,群众与红军的鱼水深情,怎么也割不断啊!这年年末,高政委的手枪团,配合地方游击队,拔掉了包家河的敌人据点。周队长的游击队也在头陀河歼灭邢团的一个连。我们这些移民又回到了根据地,与红军并肩战斗,直到国共第二次合作。

(程志顺 整理)

原载《皖西革命回忆录:第二次国内革命战争时期(下)》,黄山书社,1984年,第210～218页。

"堡垒户"

◎ 余玉明

三年游击战争时期,敌人对子弹的管制极端严格,如果在哪一家发现一颗子弹,轻则"五户连坐"受罚,重则以"通匪"论罪,处以极刑。就在这样的白色恐怖下,大娘储茂根一家人,承担了给便衣队运输和保管子弹的重任。他们经常出生入死,深入虎穴为红军筹措子弹。

储茂根的家,坐落在岳西的门坎岭上,村里居住着四户极其贫苦的农民,三户姓沈,一户姓汪。储茂根的独生子叫汪虎臣,在地方上做秘密工作,担任运输队长,储茂根的媳妇唐加荣,是一个勤劳、泼辣的山村姑娘,人们都叫她"野姑娘"。自高敬亭在这里建立"山林医院"后,这个"野姑娘"自动报名担任了护理员,负责门坎岭大棚里30名伤员的护理工作。

便衣队称这一家是"堡垒户",而敌人则把他们当作"匪巢",经常派人监视,但找不出一点破绽。

1935年清明节那天,雾纱轻挂,细雨霏霏。储茂根和她的媳妇唐加荣,正在碓房里舂"茅香",准备做一顿美美的茅香粑,给伤员们尝尝新。婆媳俩一边舂着茅香一边谈话。

"呃!你可记得虎臣是哪一天动身到霍山去的?"储茂根若有所思地问媳妇。

"就是我小产的那天去的,今天已三天了!"唐加荣回答着。

"董队长不是说,今天晚上要来挑子弹吗?"

"是呀!"

"这个混账东西,今天再不回来,岂不是误了董队长的大事!"

"是的,他们正缺子弹哩。"

婆媳俩谈谈笑笑,不觉鸡已啼中了!

"咕咕,咕咕",一阵鹁鸪的叫声,从屋后的树林里传来。

唐加荣歇脚一听,正是虎臣的声音,马上用胳膊肘子拐拐婆婆说:"妈!你听,好像是虎臣!"

"对,是虎臣!"储茂根侧耳一听后回答着。

"快!到山凸上去望望!"储茂根催促着唐加荣。

"野姑娘"三脚两步,就爬上了屋拐的山凸上望了一下,没有发现什么,便"咯咯咯"地发出了呼鸡声。

躲在密林里的汪虎臣,听到暗语后,知是"平安无事",立即将他从霍山买来的两箱子弹,挑进内房。

"怎么搞的,把我急死了!"

"嗨!一言难尽。"虎臣有声有色地叙述着他一路上所遇到的风险,连饭也顾不上吃。

"汪汪",突然传来犬吠声,惊动了他们一家。虎臣急忙爬上山头瞭望,只见翻车岭头,来了一队匪兵。走在前面的三个敌侦察员离他家已不远了。

这是敌人二十五路军梁冠英部任月圆团的兵。那个杀人不眨眼的魔王,自2月份进驻包家河"清剿"以来,已是第五次来门坎岭了。虎臣赶忙进家,打算把子弹藏好,可是已经来不及了。

沉着的储茂根眼看敌人就要进村,果断地说:"虎臣,你劲大爬山快,赶快去叫伤员们隐蔽好。"

"这子弹呢?"

"有我!"储茂根斩钉截铁地回答着。

虎臣飞快地钻进山林,朝山棚奔去。

等虎臣走后,储茂根叫媳妇在外面看门,自己把这两箱子弹东放放西藏藏,但总觉得不稳当。她知道敌军一进村,不是翻箱倒柜,就是挖土掘地。她急得团团转。

这时,"汪……汪"的狗叫声也越来越近了。

人常说急中生智,一点也不假。猛然间,她想到媳妇唐加荣前几天因为小产,身体虚弱,今天还是用手巾包着头,面容有点憔悴。照讲妇女小产了,应该坐月子。但是唐加荣由于家贫事多,特别是30多个伤员,天天要送菜送饭,洗浆缝补,喂菜调汤,婆婆一个人忙不过来。所以,也只好不坐月子,帮助婆婆操劳家务,趁着木耳生长旺季,拣一些木耳出卖,换取大米油盐,以维持生活。

储茂根想到媳妇这般打扮,正用得着,急忙喊道:

"加荣!加荣!"

加荣进房一看,婆婆已经将两箱子弹放进她的被窝里了。聪明伶俐的加荣,不等婆婆吩咐,就爬上床去,坐在子弹箱上诙谐地说:"你要我孵鸡是吧!"婆婆"嗯"了一声说:"好媳妇,你猜透了我的心!"于是,唐加荣将被子往身上一捂,躺上,呻吟不停。

尽管如此,储茂根还是不放心,忙从厨房里舀来一桶猪泔水泼在地上,然后又用青灰盖上,拎起一只粪桶放在床面前……

"汪汪",那条大花狗边吠边跑地躲进了屋里。敌兵们随着犬吠声,进了储茂根的家。

伪保长立即将户口册子打开,朝着那敌军官一指说:"就是她家。"敌军官扫了四周一眼,凶狠地问道:

"几口人?"

"三口。"储茂根不慌不忙地回答着。

"儿子呢?"

"挑夫去了!"

"是不是?"敌军官问伪保长。

"是。昨天我派他送军粮,到主薄园大碉堡上去了!"

"媳妇呢?"

"在坐月子!我家祖宗不管事,昨天晚上养了个小孙女,还闭气了!"

她的答话,虽然没有破绽,但敌军官还是不相信:"给我搜!"

一声令下,20多个士兵,立即翻箱倒柜,东捣西戳,弄得鸡飞狗叫。

最后打开唐加荣的房门，士兵们一看，满地是灰，又臭又脏，只管捂着鼻子逃走了。胆大心细的储茂根，把敌人送出大门，然后，揩一揩额上的汗珠，露出了胜利的微笑。

半夜许，鹞落坪便衣队董队长带着几个便衣队员，从储茂根家里挑走了子弹。

（储淡如　整理）

原载《皖西革命回忆录：第二次国内革命战争时期（下）》，黄山书社，1984年，第219～222页。

忆赤城县委领导的斗争

◎ 石裕田

大别山北麓，两省（安徽、河南）四县（金寨、霍邱、固始、商城）边缘地带，有一条史河的支流，名叫熊家河。河两岸群山连绵，层林葱郁，茂林修竹间，掩映着疏疏落落的农家。这里曾是三年游击战争时期中共赤城县委的所在地，是皖西革命根据地的重要组成部分。中共皖西北道委、道区苏维埃和红军二一八团以及后方医院、修械厂、被服厂都在这一带驻扎过或活动过。

1934年11月，红二十五军离开鄂豫皖作战略转移后，我接任了中共赤城县委书记，至1935年7月离赤城，参加了红二十八军。回顾当年赤城县委所经历的艰难道路，面临的严峻考验，回顾根据地人民在县委的领导下，同仇敌忾，不屈不挠的斗争，真是惊心动魄、可歌可泣！

三年游击战争一开始，国民党反动派对鄂豫皖苏区大肆进犯和摧残，赤城县委所在地的熊家河便成为敌人眼中之钉及进攻的主要目标之一。敌军在熊家河地区布下了包围圈：西北边的皮坊、狗迹岭，东北边的铁炉冲、窑沟以及南边的双河、桃树岭等地，驻扎了敌戴民权的五十四师、十一军和东北军。它像三个箭头对准熊家河，威胁着我们的生存。

记得接任县委书记的那天，组织上向我交代任务的同时，授给我一支短枪。我深知其中的含意：目前势态极其严重，最要紧的是掌握武装，组织和发动群众打击敌人，保存自己，为保卫大别山根据地贡献力量。

当时，县委掌握的一支主要武装——二路游击师，除大部分跟随红二十五军长征外，尚有100多人坚持当地斗争。为了适应斗争形势的需要，县委又将机关工作人员和政治保卫局的一支武装，合编成一支武装——十人的特务队，随县委行动。又在窑沟（二区）组建了一支群众武装，后来命名为商北大队。县委领导这几支武装，时而集中，时而分散，利用广阔的山地与敌人周旋，并抓住战机，打击敌人。

敌人对熊家河根据地实行疯狂的"围剿"：有时大部队，有时一小股，千方百计想扑灭熊家河的革命火星。在县委的领导下，我们总是采取机动灵活的战术，与敌人作针锋相对的斗争。遇到大部队进犯，游击队化整为零，隐蔽在山林，使敌人抓瞎扑空。如果是小股敌人前来骚扰，我们便出其不意，打它个猝不及防。那时候，县委机关已从石关迁到了孤山，紧靠陈家寨、黄毛尖。这一带山高林密，地势险峻，我们在山上设有瞭望哨，敌人的一举一动，都能望得清清楚楚。县委还派出便衣，深入敌占区，侦察敌人的动向。这样，我们的斗争就比较主动了。

有一次，一小股敌人前来骚扰，县委事先得到了情报，便带上一支20人的队伍，埋伏在铜人冲背后山上。敌人是从桃岭方向出来，进入根据地必经石关、铜人冲。当敌人先头部队骑在马上，东张西望，不可一世地闯进铜人冲时，游击队发起了攻击。敌人听到枪声、呐喊声，望望两边山上，草木皆兵，都摸不清游击队有多少人，惊慌地掉转马头，落荒而逃。游击队除打死打伤一些敌人外，还缴获了两匹马，个个兴高采烈。可是我们刚要转移，敌人后续部队又来了。这回是大队人马，气势汹汹，可他们进入铜人冲时，游击队已经上了孤山，敌人哪里敢入深山老林，只得偃旗息鼓，打马回营。

敌人貌似强大，实质上很虚弱，极怕游击队的袭击，因此，经常是大部队行动，甚至集中几方面的兵力同时进攻，妄图一口吞掉熊家河的革命力量。一次，戴民权的五十四师从皮坊、铁炉冲商路进犯，外加卫立煌的部队，当地冯国梁的反动民团予以配合，疯狂地向熊家河扑来，两里路外，就能听到机枪声。县委得悉敌人这个行动后，立刻作了周密的布置，派了两个班的武装，将曹家荒田医院的伤病员以及红军家属统统转到背阴山上，分别隐藏在密林和石洞里。县委机关和特务队也全部上到陈家寨、黄毛尖的高山大岭。敌人进入根据地时，沿途十室九空，不见人影，渴了没有喝的，饿了没有吃的，国民党官兵又十分怕死，唯恐受到游击队的袭击，遭灭顶之灾，便赶紧离开了我根据地。

敌人"围剿"熊家河根据地，除了军事行动，还搞政治阴谋，通过威逼、利诱，网罗一些人为他们效劳。赤城原有好几个区，经过敌人的多次"围剿"，大都残缺不全了，有的乡村已被敌人占领。在占领区，敌人破坏了革命组织，并利用不坚定分子，甚至个别基层干部充当奸细，潜入根据地刺探情报。县委发觉后，一面深入群众，秘密恢复革命组织，一面开展反敌特的斗争。

记得有一次，天正下大雪，县委特务队的同志化装外出执行任务，途中，发现白茫茫的山林间，闪动着十来个人影。他们警觉地走向山林。一看，是一伙手拿柴刀、肩扛扁担的"樵夫"，一盘问，这伙人前言不搭后语，破绽百出，当即将他们送往县委审问。原来这伙人是敌人派遣的特务，潜入根据地刺探赤城县委机关的情况、游击队的活动和红军医院的地址。对于这伙敌特，县委坚决给予打击和正法，粉碎了敌人的阴谋。

赤城县委领导的群众武装，在对敌斗争中不断地获得发展和壮大，不仅牵制了敌人的力量，减轻了主力部队的压力，而且将首批兵员输送到主力红军队伍里去，为主力红军增添了力量。

1935年3月的一天，我正在二区一带活动，突然听到鸡冠石方向传来激烈的枪声。我连夜赶回熊家河，才知道高敬亭同志带领红二十八军部分同志到皖西苏区，与敌二十五路军相遇，在鸡冠石发生了一场激烈的战斗。

鸡冠石是熊家河的屏障，地势险要，易守不易攻，时令正值春天，山上冰雪融化，道路险阻，高敬亭正是利用天时、地利，率部占领鸡冠石制高点，居高临下，打退敌人多次进攻，使敌人的尸体堆满鸡冠石的沟沟洼洼，取得了以少胜多、以弱胜强的战绩。

我在孤山见到高敬亭同志。他风尘仆仆，认真地听取了关于熊家河地区斗争的汇报，并给我们讲了当前的形势。当我们知道新的红二十八军已经建立，担负起保卫鄂豫皖根据地的重任，顿时增添了坚持斗争的决心和必胜的信念。

第二天，敌人从双河方向再次发动攻击，县委决定二路游击师掩护高敬亭同志向外线转移。趁着蒙蒙夜色，我们上了金刚台，于第二天晚上到达彭家畈。为了行动隐蔽，一路上我们尽走陡岩峭壁，深山老林，人迹不到的地方。一天一夜间，我们仅在汤家汇歇息时，用一点干粮熬米汤，一人喝了半碗，这时早已饥肠辘辘。高敬亭要去潜山与方永乐同志会合心切，不顾饥饿、疲劳，又趁着浓重的夜色，绕过水口庙敌人的封锁线，进入了八道河。

在八道河，我将率领的二路游击师和部分伤愈归队的战士，交给了高敬亭同志。高敬亭同志嘱咐我回到熊家河更好地坚持斗争，便率部队越过西界岭，向潜山方向走去。赤城县委领导的群众武装，自成立以来，曾一批一批转入正规红军部队，为壮大红军主力做出贡献。眼前，根据地的斗争情势也正需要武装力量，但考虑主力部队亟须补充兵员，赤城县委毫不犹豫地把这一部分武装交了出去。

敌人的包围圈越来越缩紧了，根据地的地盘越来越狭小了，尤其是自二路游击师编入红二十八军后，我们的战斗力大大削弱了，县委的斗争也就更加艰难。

在这一时间里，我们蹲的草棚，群众住的茅屋，都被敌人破坏得荡然无存。为了避免与敌人"清剿"部队接触，县委带领特务队终日在山沟里钻来钻去，衣食住行都极为困难。在一个地方住几天，临时搭个窝；住一两天，干脆贴崖壁蹲石洞，暂且栖身。粮食已无来源，油盐更是断绝。同志们将煤油箱锯开作锅，两头拴上铁丝，吊在树干上，底下架起柴火煮野菜，靠野生植物充饥，维持生命。这样苦的生活，年轻力壮的还能撑一阵子，伤病员就难以忍受了。县委决定越过敌人的封锁线，到白区打粮，以解决粮食危机。在当时罐头式的密封下，外出打粮是很危险的。记得有一次外出打粮，遇到了敌人，险遭全军覆没。这天早晨，我带领特务队和部分伤病员越过桃树岭的封锁线，刚到乌金山，就被敌人发觉了。我们100多人被东北军两个团的兵力紧紧地围困在山上。怎样才能摆脱这个困境转危为安呢？跟我们一起行动的轻伤员中，有一位钟营长，很有指挥作战经验。我对他说："老钟，这个仗硬是逼上头来，非打不可了，你来指挥吧！"

在钟营长的指挥下，商北大队迅速占领了乌金山上的一个寨子，特务队和其他同志守住通向寨子的一条岭，严阵以待，迎击敌人。敌人依仗人多装备好，肆无忌惮，发动猛烈攻势，一队队人马直对山上冲。但一上山岭，就被我密集的弹雨压了下去。接着，又连续发起冲锋，又被我一次次地打退。子弹不多了，战士们用石头往岭下砸。这座寨子原是石砌的墙，真有使不尽的石头。一时间，那石块夹着子弹，就像冰雹夹在雨点中，一齐落到敌群中，砸得敌人呼天抢地，抱头逃窜，约有百多名敌人被击倒在地，抛尸于山野。这次反包围战，从上午十点打到傍晚，最后我们抽调了两个班战士，抄到敌人后面，形成了前后夹击，以敌人惨败而告终。这次战斗使特务队受到了很好的锻炼，他们以一当百，发挥了勇猛作战、不怕牺牲的可贵精神，打击了敌人，保存了革命力量。天黑以后，我们整理了队伍，返回熊家河。

敌人的包围圈在继续收缩，每向根据地推进一步，就修筑起碉堡炮楼，使我们行动受到限制，被压得透不过气。同志们恨不能端掉炮楼，拔去眼中钉。不久，这样的机会来了。

熊家河有个地头蛇，叫熊仲川，当上了民团头子，与人民为敌，虽经多次惩罚，依然贼心不死，趁正规军缩紧包围圈时，此人也挤进了熊家河，强拉民夫，兴师动众，在三贵堂背后山上修筑炮楼，专门对付赤城县委领导的游击队，妄想扼住我们的咽喉，控制熊家河的局面。县委决定不等碉堡筑起，就把它毁掉。于是，集中商北大队、特务队约90人，埋伏在铜人冲，伺机发起进攻，一举烧毁炮楼。

熊仲川这个家伙尽管狡猾，万万料想不到游击队会有胆量在太岁头上动土。当游击队攻击炮楼的战斗打响后，熊仲川还不知道是怎么一回事，竟从炮楼探身外望，窥察动静，立刻被我游击队一枪击中，那尸体就伏在炮楼的窗口上。熊仲川一死，树倒猢狲散，民团跟着也就垮台了。熊仲川的死，是游击队对敌人发出的一个警告。敌人可能也怕像他主子那样死去，所以，一到晚上，便躲进炮楼，不敢露头了。

1935年初夏，赤城县委召开了一次重要会议，针对熊家河地区的形势，作了认真的分析，并确定其后的行动。由于敌人的包围圈不断紧缩，根据地内部日益空虚，斗争越发困难，县委决定由我和另外两位同志率领部分武装转移外线，并设法同红二十八军取得联系，留下张泽礼等同志，领导坚持当地斗争。这样，我率领约200人的队伍离开了熊家河，开始向潜太边境转移。

就在我们转移途中，遇到一连串的意外事情，说明形势极其严重。

我们是按照几个月前护送高敬亭同志出苏区的路线而行动的。可是，这天傍晚，我们的先遣队一个排，刚一出发，就在杨山西边遭到了东北军的袭击，一位姓韩的指导员和县委的通讯员不幸牺牲了。这对我们来说真是迎头一棒。它告诉我，斗争变得更加残酷了，必须百倍警惕，机动灵活，才能带领这支队伍安全转移出去，完成县委交付的重托。

天黑以后，我们开始沿着山沟行进，为了不致惊动敌人，分散目标，将队伍拉得松散、很长，当队伍安全通过封锁线，上到金刚台时，天已经大亮了。这时的金刚台，山发绿，树发青，自然界一片蓬勃生机，但斗争的环境却是异常残酷，敌人在山上设有据点，把这一带糟蹋得更不像样子。上次经过这里，还能见到一些人家，如今山上山下荒无人烟，到处死气沉沉。我们在山头上放下岗哨，就隐蔽在山林中休息，待天黑后再行动。

终于挨到了夜色降临，我们经笔架山来到了竹畈。同志们一天粒米未下肚，想搞点吃的东西，可是进了竹畈，见不到人影。群众为了躲避敌人的折腾，都跑到山上去了，只有到了深夜，个别人才敢回到村里。好不容易找到了我的一位亲戚，请他帮助买了一点小麦。队伍又不敢就地煮饭，连夜就赶到八道河，在八道河的山上，一人才吃到半瓷缸麦仁饭。

西界岭已横在面前了。几个月前，高敬亭同志和我就是在这里分手的。那时道路通畅，行动无阻，可是眼前却耸立着敌人的碉堡，设下了封锁线。经了解，这里有敌十一路军的一个连和一伙民团团丁。我坐在山头上，望着近在咫尺的西界岭，不禁沉思起来：敌人的封锁线上火力很强，人也多，如果我们强行通过，必定会有伤亡，甚至损失惨重。这些同志都是久经磨炼的战士，革命的财富，万一有个好歹，怎么办？这时候，革命再也经不住任何损失了！可是不从西界岭通过，无别的道路可走，找不到主力红军，完不成任务，又怎么向党交代？后来，和同志们一起商量，终于找到了办法：在我们这支队伍里有十来个号兵，他们都是先后负伤从部队下来的，将他们集中起来，一齐吹响冲锋号，以壮大声势，迷惑敌人，队伍就在号声中冲过封锁线。

这个办法果然灵。当十来把冲锋号声在空旷的山野间一齐回响时，伴随着一阵阵吼声："红军来了！缴枪不杀！"在号声和喊杀声中，同志们勇敢地向封锁线冲去。敌人摸不清虚实，更被这惊天动地的号声和喊声吓昏了，一个个拔腿就跑。炮楼上的敌人也慌忙撂下机枪，早跑得没影了。我们安安全全地过了封锁线，无一损失。同志们还抱来一捆捆柴火，点火烧了炮楼，毁了封锁线。

经过五天的转战，我们终于到了潜太边境，一边游击，一边侦察，但总是找不到红二十八军的踪影。这天正在山上休息，突然被敌人发现，遭到了袭击，我们的队伍被冲散了。晚上集中后，发现有两位同志在战斗中牺牲了。正是这次战斗，使我们同小河南地下党组织取得了联系。当他们听到战斗的枪声后，知道山上有自己的队伍，很快就派人与我们联系上了，并告诉我们关于红二十八军外出游击的消息。既然红二十八军尚未回来，我们决定就地开展活动。小河南是红二十八军新辟的游击根据地，群众基础好，定能得到群众支持。同时，队伍本身也需要休整，搞点补充。

虽然时间很短，我们在潜太边境打土豪，还是取得了一定的成绩。如太湖那里有个民团头子，很反动，我们端了他的老巢，缴获了两杆步枪、几箱子弹（一人可发15颗多），还有粮食、布匹和其他食物。这下可解决了很大的问题。队伍经过一休息，一补充，便显得焕然一新。同志们理发、洗澡、裁剪衣服，忙得很欢。清澈的山泉洗去了身上的烟尘，丰富的饭菜填满了腹内的饥肠，战士脸色红润，精神十分饱满。但是找不到主力红军，内心还是十分焦虑。

7月的一天，我们在太湖一个山头上，听到空中一阵隆隆声，接着望见天空的飞机朝西南方向飞行。大家先是震惊，不知发生什么事情，转念一想，认定这是国民党反动派使用飞机追击红军，那是主力红军返回皖西地区了。于是赶忙派出侦察员，根据线索，四处查访。两三天后得到了确实消息，高敬亭同志率红二十八军从桐柏地区打回来了。

我在五河见到了高敬亭同志。他听了关于赤城县委领导的斗争情况后，说："你们就留在部队，张泽礼同志那里，我们再设法取得联系。"

从此，我们从赤城带出来的这支队伍，被编入了红军正规部队，我被分配到师政治部，投入了新的斗争，而赤城县委领导的斗争仍继续着。不久，张泽礼同志率领队伍上了金刚台，在那里一直坚持到三年游击战争胜利结束。

原载《皖西革命回忆录：第二次国内革命战争时期（下）》，黄山书社，1984年，第223～232页。

赤南特务队

◎ 徐其昌

赤南，是立夏节暴动后的老苏区，人民群众政治觉悟高，革命斗争坚决，做出的牺牲也大。红二十五军于1934年11月越平汉铁路西去后，赤南有一块以冈家山、南溪、胭脂、麦园、大埠口为中心的苏维埃区域，南北七八十里，东西三四十里。中共赤南县委和县苏维埃政府就活动在这里。

赤南特务队是县委直接领导下的一支精悍的游击武装，由区、乡苏维埃政权的干部和有较高政治觉悟的年轻战士组成。他们多数都经历过激烈的阶级斗争的考验，革命意志坚定，斗争精神顽强。他们时而集中兵力投入战斗，歼灭顽敌，时而三五人、十多人分散活动，除奸细，抓俘虏，履艰历险，为保卫赤南革命根据地做出了贡献。

一、西河桥制敌

1935年上半年，赤南地区的形势紧张。敌军对赤南苏区实施轮番"清剿"，反动政权在我根据地逐步扩展。赤南县委率革命武装，时而坚持赤南，就地开展对敌斗争；时而带领部分群众游击黄石河、马家畈、乌桑坪等地，配合主力红军作战。这一时期，赤城县委领导的一支革命武装，也活动在熊家河地区，于是，赤南、赤城的革命力量互相支援，坚持斗争，不久，赤南县委书记陈启松同志不幸被杀害，领导根据地中心区革命斗争的重任,便由赤城县委的张泽礼同志统一承担。

六月,本是麦收季节,由于敌人的摧残和破坏,前一年未能播种冬麦,田野一片荒芜。现在敌人又厉行封锁,以致根据地粮荒严重,食盐和日常生活用品也极度缺乏。县委除派出武装去白区打粮、筹款外,还采取较为有利的战斗策略和方法,以解决所面临的困难。

一天,县委书记张泽礼同志率领特务队十余人去西河桥抓来了一个姓王的联保主任。这家伙很狡猾,又有一定罪行,按例应该判处死刑,我们的同志也纷纷要求处决这个坏人,为民除害。当我们审问他的时候,他吓得浑身筛糠,面如土色,连连磕头求饶,并提出愿意出些银钱赎罪。我们表示不要他的银钱,要他为革命政权做些好事,立功赎罪。这个联保主任连说:"照办,照办。"谈妥条件释放时,张书记警告他说:"放你回去,说话如不能算数,小心你一家性命。"这人回去后,立即为我们送来了粮食、食盐等根据地急需的物资。一次,商城白区的反动头目顾敬之经西河桥附近的小路,前来偷袭我赤南根据地时,这个王某给我们通了消息。白区的白军跑了路,扑了空,没精打采地往回窜时,又中了我们的埋伏,被我击毙十余人。

不久,高敬亭同志率红二十八军路过赤南,打算放下两支便衣武装以掩护伤员,在征求张泽礼同志的意见时,泽礼同志汇报了西河桥的政治情况和那个联保主任的表现,高敬亭便决定在西河桥附近放下一支便衣队,称一分队,照顾伤员,掌握西河桥一带的情况,进行革命活动;另一支便衣队放在挥旗山下,称二分队。

在西河桥的便衣队一分队,工作很有成绩,基本上控制了这个王主任,为我军和根据地购买药品,医治伤员,还不时地在群众中筹集一些粮食。便衣二分队更掌握了敌人的民团武装,能指令民团外出,佯为"清剿",虚张声势,配合或便利我们在另一地方的军事行动。

二、伏山除奸

伏山,位于汤家汇以西,达权店、渣滓河以东,瓦屋基和银山畈之间,平均海拔900米以上,峰峦叠嶂,林木参天,地形极为险要。女人寨、凤包头、锯儿齿、伏山大岔等峰挺立于群山之中，羊肠曲径，路边少见人家。伏山西侧是商南"亲区"反动头子顾敬之的老巢。我控制了伏山，进可以袭扰白区，出其不意地打击顾匪；退可以凭借地势的险要，与敌周旋。在便衣队的革命活动收到一定成效后，县委指示特务队去伏山一带，秘密发展、组建了便衣队。

这支便衣队的队长姓冯，原住伏山，家中贫寒，妻子被侵入根据地的敌军掳走卖往湖北，不屈身死，现有父子二人，耕种坡地，勉强度日。老冯为人公正、爽直，工作积极，素有威信。由于工作中严守秘密，担任队长一事，只有少数人知道。

四道河、高冲一带的民团很猖獗，经常配合国民党敌军四出"清剿"，烧杀抢掠，无所不为。一次，伏山便衣队冯队长父子二人在山上干活时，突然被敌人捉住，冯队长当场被杀死，其子也被大钉耙打得重伤昏迷，倒在血泊里。敌人误认为其已死，扬长而去。县委特务队得悉消息后，立即赶往现场，在收殓尸体时，发现其子尚有气息。一面把伤者抬往可靠群众家中治疗，一面安葬了冯队长。并做了两座新坟，以示二人都已牺牲。

伏山便衣队是一支群众性的秘密武装，队长的被害，说明革命队伍内部或基本群众中出了奸细。县委领导同志认为，必须迅速查明情况，坚决镇压向敌人告密、出卖革命志士的坏人。否则，我们今后难以在伏山立足，中心区也不易巩固。

侦破工作紧张而又艰苦地展开了。在敌人经常窜扰的地区进行侦破工作，担任侦察的同志有随时付出生命的可能。但这一带毕竟是老苏区，人民群众有比较高的政治觉悟，心向苏维埃，心向共产党。他们秘密地向担任侦察工作的同志介绍情况，指出疑点，提供线索。我们又让重伤未死的冯队长的儿子回忆冯队长被捕、牺牲情况，以及敌人的行动、模样和杀人凶器等等细节。小冯的回忆，提供了重要的线索，结合群众反映的情况，我们顺藤摸瓜，捉住了距离冯队长住家不远的告密人。审讯中，这个奸细开始支吾搪塞，百般抵赖，经小冯指认，革命群众又秘密赶来作证，才不得不承认了自己的罪行。夜晚，我特务队沿着山间小道，将罪犯带到冯队长的坟前，把事先写好的赤南县苏维埃革命法庭处决罪犯的布告，张贴在冯家附近的路边大树上、屋墙上，贴在罪犯的身上，而后，严厉处决了这个罪犯。

革命法庭处决罪犯的布告贴出后，给地头蛇、反动派们以很大震动。

三、新建坳擒俘

长竹园、新建坳、达权店一带,是地方反动头目顾敬之的巢穴。土地革命开始时,顾敬之率领反动武装与革命人民为敌,于1929年夏,杀害了赤南地区的革命领袖之一詹谷堂同志。每当我主力红军大举进击时,顾敬之率反动民团威胁群众,空室清野,遁入深山密林;等红军一离开这里,他又卷土重来继续横行霸道,迫害和屠杀人民。凡与我红军有过接触或支援过红军军事行动的人,都躲不过他的魔掌,有的被杀害,有的坐监牢,有的被罚款取保。稍有被认为是"不轨"的行动,不仅本人受罚,连担保人也同样遭殃。被称为"人屠户"的顾敬之还使用了狡诈的一手,在地租、借贷、办学等方面,搞点小恩小惠,实行一些带有改良主义色彩的改革,以欺骗、麻痹人民,巩固其反动统治。

白区的工农群众,历来受到的压迫最为深重,对顾敬之的这一套骗人的花招,看在眼里,恨在心上。因此,广大受欺压、受剥削的人,仍然冒着生命危险与党、红军和便衣队保持联系,向我们反映顾敬之的种种反革命活动。1936年的冬天,白区群众多人向我们报告:顾敬之的一个亲属,依仗顾的势力,在新建坳花天酒地,为非作歹,要求县苏维埃特务队铲除这条害虫。县委经过分析研究,认为从为民除害这个角度来看,杀了此人,可以满足部分群众的心愿,而且不费我们什么力量;若从党的政策考虑,对这样的人还不宜采用坚决镇压的手段,也不能起到杀一儆百的作用。于是,我们采取了另外的一种做法。

根据县委指示,赤南特务队离开我根据地中心区,白天休息,夜晚赶路,翻元宝山,过扁担坳,涉十二道河,到达距新建坳不远的二里河的地方,向一户在半山坡上过去与我们有过联系的贫苦农民核实,情况无误。这个家伙还仍在新建坳附近"串亲访友",仗势欺人,吃过东家玩西家,整天喝得醉醺醺的。

晚上,此人酒足饭饱后,一行两个人,趁着半明半暗的月色,回转住处。我特务队一班人已经埋伏在路上,他俩刚走过去,我们自后面悄悄地上去两位同志,敏捷地提住了他们的双手,复又上去二人搜查了他们的全身,缴枪一支,并用旧布塞住口,反绑了双手,连夜带回根据地,关押在银山冲以东距槐树坪不远的一个小石洞里。

我们的同志审讯了这个家伙,并问他是想死还是想活。他连连求饶,并说自己还年轻,饶了这次,以后自当报答红军的恩情。我们提出了要他写信给顾敬之,为苏维埃政府代办西药、布匹、子弹若干为条件。他虽然不想干,由于怕死,还是赶忙写了信。信尾又着重附了一笔,说:"如不能按期送来,我只有死路一条。"我们派人把信转送到他的家,他母亲正在家里呼天抢地哭儿子。信很快转给了顾敬之。听说这个反动头子先是装模作样,不愿答应,但又经不起亲属的哭闹要求,无可奈何,只得按照我们的条件,一一照办,把西药、布匹等物送来根据地。

在收点这些转运来根据地的物资时,特务队有一位年轻战士,因家庭深受顽匪残害,有个哥哥就是被白区民团打死的,一再向县委要求杀了这个顽匪的亲属,为哥哥和死难的同志们报仇。县委认为:对白区的反动派也要根据罪恶大小,分别对待。如果抓住了顾敬之本人,一定召开大会,当众处决,布告根据地,以慰民心。但像这样的人,而且又讲过条件,党和苏维埃政府应当言而有信,东西收齐后放他回去,对保卫和巩固根据地是有利的。释放的那一天,张泽礼书记亲自和这位年轻的特务队员谈话,语重心长地谈了眼下报仇雪恨和革命利益的关系,教育他应为解放全体劳动人民而自觉地执行党的政策,努力战斗。

这次送来根据地的西药、布匹、子弹等物资数目是较大的,还有手电筒等我们急需的用品,解决了赤南根据地物资供应短缺问题。

三年游击战争中,赤南特务队在县委的领导下,转战于赤南、赤城苏维埃区域,执行了较为灵活正确的对敌斗争政策,分化和打击了敌人,壮大了自己,赢得了群众的信任,保卫和巩固了根据地。

(顾旭 整理)

原载《皖西革命回忆录:第二次国内革命战争时期(下)》,黄山书社,1984年,第246～252页。

洪家大山战斗营

◎ 葛明龙

1934年11月下旬的一天晚上,天上布满乌云,东北风一阵紧似一阵,一派萧索景象。可是在洪家大山深处的一个石洞里,松节火把通明,转移在洪家大山里的六安县各区乡领导同志正在举行会议,由原六安六区区委书记方藻庭同志主持。会议决定以靠近洪家大山附近的丁埠、南石塘两处为根据地,重新成立六安六区苏维埃政府,方藻庭同志为区委书记,陈家全同志为区苏维埃主席,方藻树为秘书,曾广前、汪光升、刘月如(女)等为区委委员。由于国民党反动派对苏区实行血腥清洗,区委不能公开活动,领导同志带了二十几名群众上山打游击。

几天以后,三路游击师师长高克文同志来到洪家大山。高克文同志从潜山、舒城返回根据地的途中,在长山冲遭到敌十一路军的一个团和黄英的老小八团及吴荣先第十一区民团的突然袭击,全师600多人,由他带领突围出来200多人,部队损失很大。高克文同志把带来的70多名伤病员交给六区负责照料,自己带领队伍回赤城找高敬亭同志去了。

不久,来洪家大山养伤的同志陆续痊愈,区委便将这些同志和原来的游击队合并成立一个战斗连,接着,又在丁埠、南石塘两个乡各发展成立一个战斗连。洪家大山战斗营是由这三个连组建起来的。营长陈家全,营政委方藻庭,区委委员全部跟随战斗营行动。全营200余人,加上百十来个群众,在洪家大山重新建立了根据地。

洪家山,地域较为宽广,东到梅山草木窝,西到丁埠大门前,北起洪家畈,南到小界岭，纵横30多里。境内奇峰突起，森林茂密。我们以战斗连为活动单位，凭借这有利的地形，避实击虚，转战在崇山峻岭之中。

辗转山林的生活极其艰苦，但我们还是非常乐观的，有的同志还唱起这样一首歌谣："高山大石是我们的房，枯藤树枝是我们的床，树皮草根是我们的粮，共产党人的意志坚强如钢！"我们坚信革命一定胜利，敌人一定失败。我们紧紧拖住敌人，瞅准机会狠狠地打击敌人的小股部队。一到夜晚，就是我们的天下，在这山头上打两枪，朝那山头上打两枪，扰得敌人不得安宁。

国民党反动派对我们这支队伍恨得要命，经常派出几倍于我们的兵力前来搜山、烧山，进行"清剿"。1935年春节期间，我们搞了一下年关斗争，袭击了二三十个地主豪绅，弄来了一些粮食和枪支弹药，痛痛快快地过了一个年。正月初四这天，我们夜里从莲花山打粮回来，正在吃早饭，突然听到从杨树湾方向传来了枪声。杨树湾是营部和第一战斗连的驻地，估计那里出现了情况。我们立即跑去，原来是卫立煌部的一个团和刘镇华队伍好几百人突然包围了营部和一连。他们放跑了抓来的二三十个案子，然后又放火烧房，打死了营部包括炊事员在内的30多人，一连被迫转移到山下的陈家老湾。

当天晚上，在第三战斗连的驻地洪家畈，召开了全营排以上干部会议，认为这次营部和一连遭到敌人的突然袭击，说明敌人已经摸清我们的情况，一定还会对我们进行更大的"清剿"，我们绝不能待在这里挨打，必须尽快找到重新组建起来的红军主力部队。第二天夜晚，我们把队伍拉下山，向舒（城）霍（山）太（湖）潜（山）方向转移。

山区的正月，风大、雨多。我们刚一出发，倾盆大雨便下了起来，天黑得伸手不见五指，行军中，一个个都是走一步跌一跤的。开始还有路，后来路也没有了，有的干脆一步一步地向前爬。就这样，我们顶风冒雨，艰难地行军几个昼夜。也多亏大风大雨的掩护，我们下山的时候，没有被敌人发现，才得以顺利地开到霍山县境的张畈、马畈。可是，这并没有摆脱掉敌人的"追剿"，农历正月初十，梁冠英二十五路军的两个团和黄英团约五六百人包围了我们。突围中，营长陈家全不幸中弹牺牲。政委方藻庭将队伍拉到五里开外的葛家铺休整，自己临时担任营长兼政委，并将这一情况写了书面报告，派人送给高敬亭同志。高敬亭同志为我们派来了姓王的营长和姓陈的副营长，并指示我们要很好利用山区的有利地形，就地坚持开展游击战争。

高敬亭同志派来的营长和副营长，原是红八十二师的后勤工作人员，缺乏单独领导游击战争的经验。在返回洪家大山后，我们经常受到敌人的合围，只能在六霍交界的白果树湾、苏家湾一带东奔西走，和敌人绕圈子。到1935年4月，全营300多人，牺牲的、掉队的、离散的，最后只剩下100多人。为了摆脱艰难的处境，经过干部会议研究，决定再次去找高敬亭同志，要求与重新组建起来的红八12师会合。并指派我们十二个人组成一支小分队，由第三战斗连连长汪光升同志率领，化装出发。几天的奔波和寻找，都没有与主力部队接上关系，我们于4月18日晚只好又返回战斗营。当我们快到部队驻扎的山头时，看到山脚下有火光闪动，隐隐约约听到嘈杂的人声，原来我们的队伍又被敌人包围了。这次包围我们的是梁冠英二十五路军的三个团，配合黄英老小八团共1000多人。在这种情况下，回去等于是送入虎口，我们只得隐蔽在附近的松树林子里。

我们身在树林中，两眼直盯部队驻地的山头，担心着全营干部战士的命运，心里比针扎还要难受。

约莫清晨四五点钟光景，战斗打响了，顿时枪声四起，杀声震天，整个山头一片烟雾弥漫。激烈的战斗连续进行了几个小时。突然山头上我方的枪声逐渐稀少，隐约望见从山头扔下一块块石头。战友们的子弹已经打光了，黑压压的一大片敌人，端着枪，一步一步地向山头逼去。

傍晚，枪声停下来了，敌人已全部撤出了阵地。我们钻出松林，飞快地向战斗营的驻地跑去。山头上出现一片悲惨景象：战士们的尸体横七竖八地躺在血泊中，一株株少头缺臂的树木，像受惊的孩子，一动也不动地站在那儿，那被炸断的枯藤老树和烈士们的衣裳，还在冒着硝烟。我们在尸体中好不容易才找到方藻庭同志。这位身经百战，深受战士爱戴的营政委，已被残暴的敌人割下了脑袋，鲜血染红了他的身躯，浸透了山上的土地……

我们12个人，失去了部队，失去了领导和战友，就像失去了亲娘的孩子，无依无靠，在山林里辗转。这时候，有的人思想开始动摇，主张把几支手枪埋起来，各奔生路，遭到了汪光升同志的坚决反对。他说，干革命不能半途而废，只要有一个人，洪家大山战斗营的红旗也要扛到底。听说红二十五军没有走多远，还在湖北一带打仗，汪光升建议我们去找红二十五军。我们大部分都赞成汪光升的意见，于是踏上了去湖北找红军主力的路。

一路上，我们辗转跋涉了十多天，来到湖北省境内的天堂寨。这是罗、霍、英三县交界的地方，山清水秀，竹木成荫，山林资源非常丰富。过去，伐木的、砍竹的、烧炭的、采药的，不论春夏秋冬，进山的人们连绵不断。可是我们来到天堂寨时，只见全山寨一片荒凉。国民党反动派在这里到处修筑碉堡、工事，一到晚上，满山遍野都是火光，随着呼啸的山风，送来了敌人一阵阵的叫骂声。天堂寨变成了人间地狱！

我们几个人晚上在天堂寨草丛里露宿，白天化装成逃荒群众，一边讨乞，一边打听红军部队。其实，红二十五军早已西越平汉铁路北上抗日了。当地虽有党组织和便衣队在活动，因为人生地不熟，我们没能和他们取得联系，更不能在那里开展任何活动。由于敌人的不断摧残，当地人烟稀少，有时几天接触不到一个群众，吃不上一粒粮食，大半靠野菜、竹笋维持生活，我们迫切希望能够搞到一些粮食或者经费，好返回本地，重新开展斗争。

这样一个机缘终于到来了。1935年8月15日，张达寺有个大地主敬香祭祖，声势很大。我们从那里听到傅家湾八保联总许××家大少爷和老子闹翻了，去冬结婚后，便和老婆搬到离家15里路的青草沟大山中间住下，在那里埋头读书。我们决定抓住这个时机，把他扣住当作人质，从八保联总那里得到一笔经费。

当天晚上，我们赶到了青草沟，很快找到了许少爷。此人经常读书看报，思想比较开明，对他老子反共害民的行为极为不满，所以弃政就学，打算留洋深造。当我们说明来历以后，他对我们的事业表示同情和支持，愿意以自己作人质，让家里出钱给我们作活动经费。当即，我们在他的住处，以洪家大山战斗营的名义给他老子写了一封信。信的大意是：贵子××被押，暂带到山里受点委屈，限三日内拿出1000块大洋前来赎回。

这个国民党的八保联总，虽然和儿子闹了矛盾，但儿子毕竟是自己的亲骨肉。当他看到我们的信后，知道山里又冒出个"洪家大山战斗营"的武装组织，简直像热锅上的蚂蚁，但对我们又没有办法，只得乖乖地拿出现洋800块，第二天由儿媳转交我们。

我们带着这800块大洋，连夜翻山越岭，返回了革命故地洪家大山。

当我们回到洪家大山时，正是深更半夜，上弦月落山了，山野笼罩在一片黑暗之中。我们凭着记忆，找到了几户曾与我们有过关系的人家。但敲了半天，无人开门。这也难怪，自红军转移以后，国民党反动派疯狂地屠杀根据地人民，所谓一人"通匪"全家抄斩，而且亲戚朋友还要受到株连。白军还经常冒充红军，半夜三更来叫群众家的门。用这种方法，也不知杀了多少人。群众被这种毒辣手段害苦了，都在自己家的大门上加几道杠子，凡是夜间，不管谁来叫门，通通不开。

第二天，我们在密林深处反复研究如何尽快与群众取得联系，最后决定还是由廪二乡（丁埠乡）书记曾广前回去，找他亲叔子曾继堂帮忙。曾继堂是个保长，在丁埠、门前一带颇有影响。如果他看清眼前的斗争形势，愿意为我们出力，我们可以以他为掩护，发动群众，开展斗争；如果他执迷不悟，坚持反动立场，我们就先从他头上开刀，来一个"杀鸡给猴看"。

晚上，曾广前同志下山回到家里，找了曾继堂谈话，要他叔叔改邪归正，为人民多办好事。可是曾继堂却要侄儿解除武装，到保安队缴枪自首。双方各不相让，谁都不愿放弃自己的立场。曾广前来个金蝉脱壳之计，表示回到山里考虑后，再给予答复。

我们听到曾广前和他叔子谈话的情况后，合计了一下，决定将计就计，以曾广前愿意缴枪自首为名，除掉这条地头蛇。一天晚上，我们组织了六个人，带着一支手枪、三把匕首，由曾广前同志带队直奔曾继堂家里。当曾继堂看到侄子带了几个人回来向他办理"自首"手续，认为这次又可以博得主子的赏识，便满心欢喜，把我们带进了客厅，拿烟奉茶，忙得不亦乐乎。这时候，我趁机从后面将他拦腰抱住，还没等这个反动家伙弄清是怎么回事，匕首已经插进了他的胸膛。

第二天早晨，群众在门前山坡上发现了曾继堂的尸首，旁边还有一张署名"洪家大山战斗营"的布告，无不拍手称快。人们奔走相告："红军回来啦！""反动保长曾哈巴子（曾继堂的外号）被杀啦！"消息像长了翅膀，很快飞遍了整个山村，传遍了大人小孩。有的群众还在山边路旁写下"山也烧不完，树也砍不尽，留得青山在，到处有红军"的标语，有的群众冒着生命危险，悄悄给我们送茶、送粮、送情报。

我们和群众接上了关系，得到群众的支持，如鱼得水，又在洪家大山一带活跃起来。

1935年10月间，我们得到情报：立煌县大队大队长汪英武带了三个随从，在洪家大山附近抓夫修工事。群众对他恨之入骨，纷纷要求我们除掉他。可是这个家伙很狡猾，白天总是和三个随从一起跟着扛树的民工，寸步不离。敌人对当地幸存的老百姓，都进行了逐人逐户的登记，我们也不好化装成扛树民工和他接近，所以不好下手。后来听说汪英武经常到汪家大湾表妹家里鬼混，我们便决定在那里收拾他。

一天晚上，汪英武喝过了酒，一路哼着小调来到汪家大湾。就在他喊表妹开门的一瞬间，我们一个箭步冲了上去。曾广前紧紧抱住他的脖子，我拿着破布塞在他的嘴里，三脚两手把他拖到后山上，就叫他一命呜呼了。

杀死了汪英武，给国民党反动派一个很大的打击。卫立煌下令牛食畈民团大队长田立清带领四五十人进驻牛食畈附近的老猫洞，对我们进行侦察、监视，一旦发现踪迹，立即配合正规部队前来"清剿"。我们要长期在洪家大山扎下根来，必须首先搞掉田立清的民团大队，即使搞不掉他们，也要把他们打乱、撵跑。1936年正月初六晚上，我们12个人全力以赴，摸黑赶到老猫洞。派了两个力大而又机灵的同志摸索到洞门口，很快搞掉了他们的岗哨，一下冲进了敌人的住处。

这是一个天然大山洞，里面大约有三四十平方米的面积，洞顶挂着一盏小油灯，地下的稻草破絮，散发着一股臭气。团丁们横七竖八地躺着，枪支靠在一边，正睡得香甜。我们首先把枪弹收拾过来，然后挑开被子喝令他们起来。开始团丁们揉着眼睛，直嚷嚷。一听说是洪家大山游击队来了，一个个才清醒过来，抖作一团。我们一枪没放，俘虏了30多个敌人，得到了一些枪支弹药。但是，民团大队长田立清带了十几个人到他叔子田子进家拜年喝酒去了。为了不放掉这条恶狗，一部分同志押着俘虏上山，我和四个同志守候在这里。这是一个寒冷的夜，天上没有月亮，只有几颗寒星闪动着微光。我们蹲在路旁的竹园里，打开手枪扳机，两眼直盯路口，做好一切战斗准备。过了约莫一个时辰，田立清被几个士兵用圈椅扎成的抬子抬着回来了。结了冰冻的山路，被杂乱的脚步踩得沙沙作响。当他们走进竹园旁，我们一个同志沉不住气，砰的放了一枪，敌人一听到枪声，立即放下抬子四处逃散，田立清也拼命朝牛食畈方向逃跑。我三步并作两步，赶紧追上去，连打两枪，结束了他的狗命。

1936年6月，高敬亭同志派便衣队长张恒国同志找到了我们，表扬了我们洪家大山战斗营在遭受损失以后，不畏强暴，不怕困难，坚持把洪家大山战斗营的红旗扛到底的革命精神，并要我们改编为便衣队。

从此，我们12个人，以红二十八军便衣队的名义，继续活跃在洪家大山一带。

（刘明山　整理）

原载《皖西革命回忆录：第二次国内革命战争时期（下）》，黄山书社，1984年，第253～261页。

龙门烽火

◎ 林维先

龙门冲，这是多么熟悉的名字啊！红二十五军长征前，我曾以皖西三路游击师师长之职率领战士们在这里打过仗，休整过。佛德庵庙上有我们的"医院"，山中的赵大庄子是我们的宿营地。

龙门冲坐落在大别山东麓的六安县境西南部，是皖西老苏区之一，1927年就建立了农会，不久建立了党组织，1929年独山起义胜利后，又建立了苏维埃政权。在党的教育下，龙门冲的群众觉悟高，斗争坚决，而且这里山高林密，地形复杂，便于回旋隐蔽，因而在1934年红二十五军长征后，龙门冲这块方圆二三十里的根据地被保存下来了。这里的人民和一支游击队在六安三区区委的领导下，同敌人展开了你死我活的搏斗，使龙门冲的革命红旗永不倒，革命烽火永不熄灭。

1964年，我有幸重返皖西老苏区开展农村工作。在这里，我听到了当年红军长征后，发生在龙门冲根据地的一个个英勇斗争的故事，使我仿佛又看到了当年敌人的狼烟，人民的冲杀，共产党员的坚贞不屈，游击战士与群众的鱼水深情……

红二十五军主力刚撤离，国民党第十一路军刘镇华部的"剿匪"团长邢国光就率领反动军卒，疯狂地扑进了皖西苏区，驻扎龙门，实行长达六个月之久的"清剿"。邢国光，这个杀人不眨眼的野兽，一到龙门冲，见人就捕杀，见房子就烧毁，见钱财牲畜就抢掳。上从叶家院子，下至东西龙门冲，直到红石岩，近百户人家上千间房屋，被敌人全部焚尽，龙门冲人民重被推进了黑暗苦难的深渊，经历着极为严峻的考验。

针对敌人的猖狂气焰，坚持在龙门冲地下斗争的中共六安三区区委坚定地发出"三区人民是好汉，任死不叛党"的号召，领导着干部群众，坚持革命斗争，采取各种可能的方式打击敌人。为了鼓舞人民的革命斗志，书记郑贤明制成很多落款为"中共六安三区区委、三区游击大队"的革命标语，贴遍了龙门冲店子、江店子、红石岩、锅棚店子、邵冲、叶家院子、赵老庄子，霍山县青菜冲、齐头冲以及去独山、西两河口、诸佛庵的交通要道。"党还在我们身边！三区还有一支红军游击大队！"消息不胫而走，传遍了龙门一带家家户户。这样，龙门冲的革命烽火重又燃烧起来了。

当时，最重要的是要把没有转移或失散的党员、干部召集起来，组织力量，开展对敌斗争。赤卫军战士叶如汉、陶士友、吴兴旺、金大祥、朱建才及理发员老郑、钱义传等同志担当了这项联络任务。

一天，他们给地下党送信联络时，不幸先后被捕。敌人把他们押到佛德庵庙进行刑讯，妄图通过残酷的手段，从这些同志口中得知共产党员和革命干部的下落。但是，敌人的酷刑对具有高度革命觉悟、对党赤胆忠心的革命群众来说，是起不了作用的。敌人审来审去，得到的唯一答话是"不知道"。邢国光亲自审问，企图以官禄收买，仍然一无所得。邢国光像只残暴的虎狼，暴跳了起来，号叫着："谁讲出一个共产党员就放谁！不讲就活埋！活埋！听清没有？"

"不知道就是不知道！"八个战士的同声怒吼，像是一个人的声音。邢国光被惊吓得目瞪口呆，踉跄倒退。他喝令众喽啰："明日日出辰时送他们统统归天！"又压低声音对立在身旁的一个军官说："今夜，把坑挖好。"

白天和夜晚一样，大雾笼罩着山巅，山风呼呼如诉，松涛嘶嘶似哭。佛德庵大殿内不时传出看守们的谩骂声、狂笑声和刑具的撞击声。叶如汉等八人被敌人五花大绑押在庙内，拴在一口大钟上，防止他们跑掉。他们八个人的"小靠子"都是水湿草绳，很硬，要想拉断很不容易，如往大钟上摩擦，大钟就会发出响声，而且庙门外三步一岗五步一哨，不要说八个人，就是八只鹰，想逃出去也是极其困难的。

夜深了，经过一天搜山，敌人一个个都像死猪般地入睡了，大庙里一片寂静，只有几盏油灯在黑夜中闪动。灯光像是在启示八个被捕的革命战士不能等死，要跑出去，跑出一个是一个，多一个人就多一份革命的力量。当理发员老郑把这个想法说出后，大家一致同意。可是让谁先跑出去呢？大家要掩护年轻力壮、路途熟悉的钱义传先跑，小钱说什么也不肯一个人逃命，他说："人活百岁也是死，树活千年砍柴烧，为革命不怕死。要死我们就死在一块！"大家听小钱这么一说，都急了，纷纷劝他：若都死了，还搞什么革命？希望他跑出去后，尽快找到上级党，汇报这次被捕的经过，并转告党组织，"我们死不叛党"。小钱这才被说服，同意一个人先跑出去。

八个战士拖着伤痕累累的躯体，站立起来一齐靠到大钟上，使钟不能发出响声。于是小钱紧贴着大钟边沿，摇晃着身体摩擦绳索。这口大钟年代已久，钟身和边沿上已有许多锋利如刃的缺损处，绳子只要在钟身上不断地摩擦，很快就会断。但由于绳子绑得太紧，深深地嵌进了肉里，稍一用力，就触及皮肉，所以小钱磨绳子的进度很慢，不一会儿，已经汗流浃背了，手上、胳臂和背上许多地方也被磨得皮破血流。小钱正咬紧牙关，忍着剧痛在磨绳，不想被查哨的敌班长发现："你在干什么？"敌人一边喝问，一边向大钟逼近。在这危急关头，不知是哪一位低声说："一齐动！就说擦痒。"八个人便一齐动起来，有弯曲两腿上下动的，有摇晃身体左右摇摆的，把悬在木架上的古钟弄得乱歪。敌班长走近一步，绕着大钟走了一圈，用电筒照了照每个人的脸，疑惑地问："你们干什么？"八个战士异口同声地回答："擦痒。"朱建才故意叫着："今晚什么虫咬人这么痒？"敌班长发现小钱背、臂、手上血肉模糊，露出了狞笑。这时大家心里都凉了：糟了，敌人发现了，逃跑计划要落空了。然而，蠢猪似的敌人却只是笑了笑说："你们共产党嘴硬如铁，心坚似钢，连死和痛都不在话下，却倒怕起痒来了？"说完就离开了。

敌班长一走，小钱加劲摩擦绳子。绳子终于断了。小钱用饱含热泪的双眼环视着战友们，说不出话，他只能与战友们点头告别。战友们也默默低头，祝愿他平安脱离虎口。小钱从大香炉里抄起两把香灰，往伤口上一敷，又抓起两大把香灰箭步走出门去。正在打瞌睡的敌人哨兵被惊醒，刚睁开睡眼，小钱手上的两把香灰已经撒到他的脸上，迷住了他的眼睛。小钱一边跑，一边听着后边的喊声："共产党案子跑啦！共产党案子跑啦！"山头上的敌人哨兵惊慌地对着庙前胡乱开枪。小钱路熟，一冲出庙门，一纵身即滚下门前两丈多深的陡沟里，又一个箭步，攀上石崖，随即消失在茫茫竹海和参天古木老林中，逃出了虎口。小钱一口气跑到离佛德庵大庙半里多路的一座山头上,才停了下来,他回头望着大庙方向,那里仍响着敌人的枪声,他心想:"敌人一定加强了警戒,如汉、老郑他们想跑出来一定更困难了。"禁不住眼泪大颗大颗地滴下。

第二天一大早,邢国光迫不及待地再次审讯余下的七名赤卫军战士。面对敌人的酷刑,七名战士宁死不屈。暴怒的敌人将这七名赤卫军战士押到龙门冲店子前河沙滩上,那里已经挖好了一个大坑,然而,我们的战士巍然屹立在坑边,犹如塑像。

邢国光再次来到坑边,企图借助死神来逼出点口供,好向上司交差。他假惺惺地说:"弟兄们,不是邢某跟你们过不去,你们这种任性态度,叫兄弟我想帮忙也帮不上啊!来来来,只要你们肯帮忙讲出一点情况,我邢某用人格担保放你们回家。……"

"邢国光!"老郑大声喝道,"你这个伤天害理、丧尽天良的刽子手,收起你那骗人的鬼话!老实告诉你:要杀、要刮、要枪毙、要活埋,随你便,但要我们出卖同志、出卖革命、出卖党,那是白日做梦,今生休想!……"

听着革命战士这铮铮誓言,邢国光感到绝望,感到恼怒。他凶相毕露地把魔爪一挥,说"执行命令!"当刽子手将站在前面的朱建才往下推的时候,邢国光突然又把手一扬,说:"慢着!"接着,他又装模作样地走到朱建才跟前说:"怎么样?讲,就是活;不讲,就是死。"朱建才眨也没眨,昂起头,大声呼喊:"打倒国民党反动派!""中国共产党万岁!"喊毕,自动跳下坑去。邢国光还是贼心不死,每推一个下坑之前,他都重复一次前面的问话,可是直到第七个,没有一个为活命而背叛党、出卖同志。刽子手填土了,邢国光仍然贼心不死,对着坑里哀求似的问:"有愿意说的吗?有就上来!"回答他的是一阵阵巨吼:"打倒国民党反动派!""打倒杀人刽子手邢国光!""三区人民是好汉,任死不叛党!""中国共产党万岁!""红军万岁!""苏维埃政府万岁!""革命万岁!"

1934年11月,与敌十一路军在道士冲作战时被打散的三路游击师的袁仁山和老詹、小郑、庞大嘴、勤务兵彭希德、老洪、小李等九个人六支枪在龙门冲相遇。根据三区区委的要求和敌我斗争形势,这九个战士在桑树冲开会,决定成立一支游击队,共产党员袁仁山任大队长,彭希德任班长,老洪当秘书。

游击队一成立,针对敌人的嚣张气焰,事先开展了宣传工作,在龙门冲店子、江店子、红石岩、锅棚店子、邵冲、诸佛庵、青菜冲、齐头冲、叶家院子等处和交通路口上，大量张贴"青山推不倒，树根挖不尽，留得青山在，遍地有红军"和"中国共产党万岁""红军万岁""苏维埃政府万岁""打倒土豪劣绅"的大标语。这在白色恐怖笼罩下的龙门冲，就像滚油锅里溅上水，一下子炸开了，当地群众奔走相告，"共产党还在，红军游击队还在!"地主老财还乡团终日惶惶不安。标语贴出后的第三天夜晚，游击队正在曹婆岭上开会，研究工作，突然听到附近有响动。曹婆岭是大山中间的一座孤山，除豹子之类野物出没外，夜间少数敌人是不敢来的。

所以，游击队开始并没有在意。不料，有个人突然出现在我们面前，一边喊着队员小郑的名字，一边哭着要报仇，还边讲边向我们走来。一下弄得我们很紧张，以为是被敌人包围了。袁队长命令他站住，又命令战士占领制高点，作战斗和转移准备。经过盘问，原来来人正是钱义传，他是来找地下党和红军报告他们被捕和被害经过的。小钱与小郑是老乡，苏维埃时期常在一起开会，熟悉小郑的声音。自从他逃出虎口以后，天天夜里在外面打听党组织和红军的消息。曾多次躲在大路边草棵里偷听别人的谈话，希望能从路人的谈话中找到党和红军的线索。今夜就在这里遇见了游击队。当听完关于叶如汉、老郑等八个同志被捕和七个战士被惨杀经过时，战士们个个怒火燃烧，决心为死难的烈士报仇。袁队长与战士们反复讨论游击计划，同时叫钱义传返回家乡，利用社会关系，取得敌人情报，以便准确有效地打击敌人。

这时，国民党反动派在龙门冲一带除加强军事进攻外，还进一步强化保甲制，厉行"五家连坐法"，妄图破坏我地下党和游击队的活动。特别是一些反动保长，成了我们开展游击斗争的极大障碍。地下党组织和游击队针锋相对，采取依靠基本群众，争取中间分子，镇压反动分子的政策。根据小钱的报告和游击队的调查：李正农、车厚祥、杨守早三人是当地势力显赫的保长，李正农跟国民党龙门冲乡公所及地方士绅有矛盾，只要我们工作得当，可以争取他为我服务，车厚祥、杨守早二人死心塌地为国民党反动政权效劳，我们决定给予镇压。

决定后不久，在龙门冲东边的锅棚店子，李正农被我们捉住了。经过政策教育，李答应为游击队送情报、买弹药和供应医药用品，游击队便在六(安)霍(山)交界处之猫耳石将他释放了。为了李正农的安全，避免敌人怀疑，释放时故意将他绑起来放在一条水沟里，弄得他满身泥污，使敌人误以为李保长是被红军游击队推下水没淹死而侥幸活下来的，毫不怀疑李正农对他们的忠诚。以后，李正农白天是国民党的保长，晚上给我们送钱送粮；明的是国民党招，暗地里为地下党和红军游击队办事情。

1935年秋，驻龙门冲反动军队又加派了一支以王瑞之为头目的二十多人的反动便衣队，跟踪追击游击队，并到处张贴标语，扬言"活捉共匪首领袁仁山"。敌人的蠢动，对反动保长车厚祥、杨守早来说无疑是一服兴奋剂，从而更加肆无忌惮地迫害人民。地下党和游击队认为，歼灭这两个地头蛇，可以使反革命分子和一些作恶的人有所收敛，同时更有利于争取中间分子，有效地鼓舞人民的斗志。

这天傍晚，太阳刚落山头，游击队伪装成国民党便衣队，向迎水寺下坎杨守早家走去。根据小钱的报告，杨守早这天在家。因为雾大，直至我们到了杨家门口，正在棉箔子上套被子的杨守早老婆才发现我们。杨家的一条恶狗向我们扑来，被袁队长一锄子砸过去，惊恐地跑开了。袁队长骂道："狗东西，你跑，我看你是跑了和尚，跑不了寺（事）。"说着，又示意留两个战士在门口监视杨的老婆和驻在迎水寺里的国民党保安团的行动。杨的老婆见来势不对，便强装笑脸迎了上来，问有什么事情。一个游击队员说："找杨保长收草鞋费。"边说边进了杨的家。杨的卧房就在堂屋西头那一间。他边进边说："杨保长草鞋费收齐了没有？"大约是听到了说话声和脚步声，这家伙已从烟床上欠起身子。他上下打量着来人，看到这六七个人没有一个是王瑞之的人，不禁有点心慌起来。但是他故作镇定，大声叱责道："混蛋！哪有什么草鞋费？你们知道这是什么地方？王队长就在庙上，只要我一声喊，你们一个也跑不掉！"庞大嘴不等他说完，一个箭步上去，一把封住他的领子："老混蛋！你可知道我们是什么人？"杨守早被吓得面无人色，连声说："红军、红军……"庞大嘴又问："吃过晚饭了没有？"杨一听，以为游击队要在他家派晚饭吃，想趁此机会拖延时间，以待王瑞之的人来，便马上讨好地说："刚吃过。我可叫家眷立即烧晚饭你们吃。"庞大嘴把手一摆，说："吃过了，我就叫你饱鬼上山！"杨守早一听脸吓得煞白，扑通跪在地上，叩头如捣蒜，哭喊"饶命"。"饶命？"袁队长说，"你可饶过一个共产党员、革命干部和农会会员的命？走！"杨一听"走"字，立时面如土色，死灰色的眼睛里透出呆直的光。在袁队长指挥下，战士们扯胳膊的扯胳膊，拽腿的拽腿，连抬带拖地把他拖出了家门，押到半里外的楼房冲口，用锄子把他镇压了,除去一方大害。

杨的老婆见丈夫被我们抓走,就对着迎水寺大喊:"红军来了,把我老头子捉去了!"果然勾来国民党便衣队追赶我们。游击队往路边一躲,就埋伏了下来,又加天晚,雾大,国民党便衣队竟从游击队眼皮下穿过去而没有发现,游击队安全返回观音洞,又转移到小南京,最后露宿在曹婆岭,夜里睡得又香又甜。

杨守早被镇压后,地方反动分子的嚣张气焰有所收敛。但是,车厚祥仍然劣性不改,又是密报我地下党和红军游击队的活动,又是催租逼税,剥削人民。游击队决定除掉他。农历八月十四日晚上,车厚祥的一个堂兄请客,邀车作陪。这为游击队所侦知,便乘黑包围了那个村庄。等他们酒过数巡之后,袁队长便指挥战士们冲了进去。一见游击队,座上的人个个惊慌失措,浑身像筛糠。袁队长当众宣布:"我们是来找车保长算账的,诸位休要惊慌!"两个游击队员拥了上去,把车厚祥抓出门外,手起刀落,结果了这家伙的狗命。

此后,游击队还镇压了江店姓黄的恶霸,除了叛徒李正科和傅崇义。除去了这些地头蛇和叛徒,使地下党和游击队在地方上的活动容易得多了。

1935年冬,国民党反动派军队对龙门冲采取碉堡战术。在隔冲相对的龙门冲店子南面的燕山、西面的窑场山、东北面的无名山头上各筑一个碉堡,形成犄角,对每条大道都构成交叉火力,封锁着南去龙(门冲)诸(佛庵),北去龙(门冲)独(山),东北去龙(门冲)两(两河口)苏(家埠)三条大道,成为我们地下党和游击队出入活动的最大障碍。因此,拔除封锁线上的碉堡群,成了刻不容缓的任务。

1936年初春的一天,我们游击队在红八十二师一个营的支援下,一举焚毁了这三个碉堡,打开了革命活动的通道。不久,游击队从五度琪、秦少云、江继刚杂货店里购买了几桶煤油,在队长袁仁山的指挥下,摸掉敌哨兵,乘夜深敌人熟睡时,将煤油泼到新店河的碉堡上,放火焚烧。敌人这个碉堡是草木结构,毛竹柱子,元竹椽子,又泼了煤油,十分易燃。顿时火光照亮了南边半个天,震动周围上十里。

睡在碉堡里的保丁们被惊醒后,吓得光着屁股抱头向外跑,碉堡外面的敌人互相惊扰,胡乱开枪,乱作一团。这支小游击队乘敌人慌乱之时,悄然上山。识得几个字的老郑说,"等到革命胜利后,我要一间房子,白天干革命搞建设,晚上我就点灯,把在这里进行的艰苦斗争全部写下来,今晚的事题目就叫'四夜烧王八堡'",说得大家都笑了起来。

(鲍劲夫　整理)

原载《皖西革命回忆录:第二次国内革命战争时期(下)》,黄山书社,1984年,第262～272页。

皖西北白区的游击战争

◎ 张如屏

环绕着皖西苏区东北外围的皖西北白区，是党中央通向鄂豫皖革命根据地的一大桥梁。坚持在这一地区的中共皖西北特委和皖西北独立游击师，在党中央的直接领导下，以苏区为依托，以同苏区接壤的纽带地区为活动中心，积极向淮南铁路、淮河南北和长江北岸发展，在极为艰险的斗争前沿阵地，开展了艰苦卓绝的三年游击战争。皖西北白区的游击战争，震撼了南京国民政府的门障，动摇了当地的反动统治，有力地支援了苏区的斗争，为保卫大别山红旗立下了功勋，在安徽革命史上写下了灿烂的一页。

我当时是中共皖西北特委和皖西北独立游击师的领导成员之一，亲自经历这一斗争的全过程。今天回忆起来，有些事已被岁月的烟尘所淹没，有些事好像就发生在昨天，历历在目，记忆犹新。

一、形成一个拳头

在中共鄂豫皖省委率领红二十五军撤离苏区前夕，上海中央局于1934年10月6日致信中共寿县（又叫皖北）、合肥（又叫皖西）两中心县委，指出皖西北白区的党面临的最迫切任务是："动员广大劳苦群众，领导他们的扒粮、反对苛捐杂税等等的斗争，开展游击运动，壮大游击队的本身，为保存鄂豫皖苏区，粉碎敌人的进攻,建立新的苏维埃区域而奋斗!"为适应革命斗争的需要,加强整个安徽白区的工作,中央局决定撤销寿县、合肥两中心县委,成立中共安徽省委,由合肥中心县委书记刘敏(即刘文)任省委书记,领导党的合肥、寿县、阜(阳)太(和)、凤台、涡(阳)蒙(城)亳(县)、颍州、新(蔡)息(县)七个县委。当时在配合苏区进行第五次反"围剿"的斗争中,白区的革命力量遭到严重损失,正处于极端困难的时刻。中央局的这一指示,犹如及时雨,滋润着白区革命战士的心田,指引我们前进。

我当时是寿县中心县委委员,对皖西北的情况比较清楚。还在1934年4月25日,寿县中心县委遵照党中央关于进一步发展武装,开展游击战争,创建新苏区,支援老苏区的指示,曾制定《红五月工作计划提纲》,要求所属的各县委"要用最大的注意力把群众斗争深入与扩大起来",实行游击战争或武装暴动。5月,中心县委将寿县游击队扩编成皖北红军游击大队,孙瑞训任大队长,曹广海任副大队长,我任政治委员,曹云露任参谋长。全大队100多人,长短枪100多支,编成三个中队。

皖北红军游击大队一成立,初试锋芒,成绩显著。第一仗打开开荒集,击毙寿县"剿共"司令毕少山,缴长短枪20多支,将得来的粮食、衣服、食盐、布匹等分给贫苦农民。第二仗袭击了众兴区政府,打死敌人数名,缴枪20多支。在武装斗争迅速开展的同时,各县委发动群众,掀起了抗捐、抗税和扒粮斗争高潮。革命形势的迅猛发展,引起了敌人的极度恐慌。寿县国民党党部的一些反动头目联名给蒋介石发电报,惊呼"党国元老屡遭杀害",请求"尽快除尽土共"。蒋介石连忙从用于鄂豫皖苏区第五次"围剿"的东北军抽出一个师进驻寿县,同时扶持地方反动武装,由瓦埠区区长路奎汉充任"剿共"大队长。白色恐怖迅速到来,党组织遭到严重破坏。叛徒王进之、洪秋泉充当"肃反"专员,为虎作伥,将朱集、姚皋、保义、石集、堰口、史区等地的党组织破坏殆尽,城关、正阳关、瓦埠、双庙等地的党组织也遭到叛徒李大鹏、王济川的出卖。一些不坚定的分子,经不住考验,而先后脱党或叛变敌人。许多真正的共产党人,在继续奋战。坚贞不屈的中心县委委员兼保义区委书记王道舟被捕后,敌人以高官厚禄诱其叛变,遭到拒绝;后又在刑场上逼他的九岁幼子劝父叛变,亦遭到痛骂。王道舟坚贞不屈,最后英勇就义。一次,游击大队在保义集和石家集之间的洪家油坊,被东北军包围,敌人的火力很猛,包围圈越来越小,我们坚持到天黑突围。大队长孙瑞训突围时身受重伤后被俘,在被敌人抬往寿县城的途中,毅然从担架上滚落河里,当即牺牲,表现了共产党人壮怀激烈、视死如归的高尚品格和情操。嗣后,大队长由曹广海接任,游击队也即转移到瓦埠湖以东地区坚持游击战争。

这时候,敌人气焰非常嚣张,"剿共"大队长路奎汉在瓦埠、小甸集、上奠寺、双庙方圆数十里内,到处设立盘查哨,搜捕共产党和游击队,给我们开展活动带来重重困难。中心县委决定消灭路奎汉。9月上旬,我们游击大队在小郢岗与曹家岗之间伏击路奎汉,不料,路贼策马逃脱,我们仅消灭了敌兵十多人。我们立即追击,把路奎汉包围在吕瓦坊和双门楼之间,最后采取火攻的办法,将其击毙。但不久敌人又派充当"肃反"专员的叛徒张化石来到瓦东地区,企图彻底消灭我们。中心县委在小甸集召开紧急会议,经过认真研究,一致认为,面对强大的敌人,我们既无巩固的革命根据地,又不能得到主力红军的直接支持,加之皖北又是平原地区,对开展游击活动极为不利,游击大队很难就地坚持下去。为了求得自身的生存,摆脱困难的处境,游击大队决定向合肥方向转移。

合肥、寿县两个中心县委,早在1931年8月根据中央的决定,为了更好地配合鄂豫皖苏区的第三次反"围剿"斗争,合并成立中共皖西北中心县委,统一领导合肥、寿县、凤台、颍上、阜阳、庐江、舒城七个县的工作,直到1932年6月才又重新分为合肥、寿县两个中心县委,分开后仍然保持着联系。当时,我们考虑到部队转移到合肥后,可以进一步向舒城山区行动,与苏区靠近,有利于开展游击战争。

1934年9月下旬,我们游击大队120多人从寿县瓦东出发,到了杨家庙东孙家圩子,那里有我们建立的党支部,离合肥中心县委秘密联络站朱延凯家不远。第二天晚上,在朱延凯带领下,我们乘着浓重的夜色,来到了合肥南乡的彭家圩子,并通过地下交通员彭家银的联络,找到了合肥中心县委书记刘敏。

刘敏同志听了寿县地区斗争情况的介绍后说,你们来得太好了,太及时了。我们可以再联合起来,好好干!接着,他也向我们介绍了合肥地区的严重情况:合肥中心县委两次遭受严重破坏,一次是叛徒告密,县委书记程明远等24人被捕入狱,一次是在西乡发动群众进行分粮斗争时，县委书记陈良季不幸牺牲。尽管如此，县委还是很坚强地领导人民群众和游击队连续不断地开展政治、经济和军事斗争，取得了不少的胜利。在斗争中，舒城、合肥、庐江等县的党组织有所发展，舒城东西港冲游击队和合肥缺牙山游击队都很有战斗力。可是，中心县委领导的合肥游击队损失极其严重。这支游击队于1934年8月在庐江县鸡鸣山附近的草塘冲，遭庐江县常备队和白石山、盛家桥等地民团包围，突围中，毙敌40多人，但队长赵大有不幸牺牲，副队长沈其德带枪投敌，部队失去指挥，以致全部被打散。中心县委速派颜文斗同志前去收容失散人员，经过扩充，形成了一支三四十人的游击队。当颜文斗同志率队向合肥西乡转移，经严店子附近的韩田村时，遭到三河区区长王庚年和严店挨户团团长余国风的反动武装包围，突围时牺牲数人。行至巢湖边周家墩，又被当地反动武装数百人包围，大部伤亡和失散，剩下颜文斗等十余人终因弹尽被捕，后被敌人解往六安，活埋于西门外。这支游击队幸存者仅有孙仲德、奚业胜、马秦兰、侯光国、马家庸等五六名同志。

根据上海中央局10月6日给寿、合两中心县委的指示信，刘敏同志和我们一起研究如何贯彻执行，迅速行动，重新打开局面。鉴于白区各地党组织都受到程度不同的破坏，尤其是寿县、合肥两县损失严重，一致认为成立中共安徽省委的条件暂不具备，决定将寿、合两中心县委合并，成立中共皖西北临时特委（也叫皖西北中心县委），暂由刘敏、叶守春和我三人组成，刘敏同志负责。同时决定将皖北红军游击大队和合肥游击队合并，成立皖西北游击大队，共130余人，分成两个中队。曹广海任大队长，孙仲德任副大队长，曹云露任参谋长，我任政治委员。我们一面将这两项决定速报中央局，一面行动，将新形成的拳头打出去。

二、春秋山战斗前后

为了支援苏区的反"围剿"斗争，按照临时特委的决定，皖西北游击大队立即转向舒城县山区，开展游击战争。

10月9日，我们率领部队从合肥南乡出发，当天宿营于中派河附近的王小郢子，刚一住下，就被敌合肥县保安队约二三百人包围。我军士气旺盛，利用有利的地形，迅速击溃了敌人，敌人伤亡不小，我方仅负伤一人。当时要吃掉这股敌人并不太难，但考虑到会引来周围敌人的援兵，久战不利，所以乘夜晚突围，向西南疾进，于15日上了春秋山。

春秋山，为舒城县四大名山之一，山势蜿蜒，峰峦起伏，山上林木葱茏，浓荫遮天，对开展游击战争极为有利。不料，我们部队上山后，庙里有个和尚悄悄跑到舒城向敌人告了密。第二天是重阳节，天刚麻麻亮，安徽省保安第八团、舒城保安队和东北军的队伍就打来了。敌包围圈逐步缩小，火力也越来越猛。在数十倍于己的敌军面前，我游击大队临危不惧，且战且走，走到百花岭时，已被敌人围得水泄不通，双方的枪声像爆豆子一样稠密。正在这紧张时刻，我们的子弹快完了，于是就打交手战，队员们把敌人扔过来的冒着白烟的手榴弹抓起来又扔过去，敌人冲上来就打肉搏战。

大队长曹广海在指挥部队突围途中，腿部受了伤，由两个战士背着走，一直背到百花岭，我们把他安顿在一个老百姓家里。因为房子低矮，阴暗潮湿，曹广海感到闷得慌，我们将他挪到门口靠门躺着，腿伤仍血流不止。他对我说："你们走你们的吧，看来我不行了。为着党的利益，把我丢下，你带着部队赶快走，有部队就有一切。"我说："你放心，我们一定要把你带走，有部队就有你。"他从身上卸下白银袋交给我，又说："这个给你，枪我留着最后用，我反正不会被敌人俘虏去的！"不幸，傍晚时，敌人一颗流弹打中了他的头部，曹广海同志当即牺牲了。

敌人见我方枪声稀少，更加疯狂起来，我们无法坚守阵地，只得连夜突围。但是，东西南三面的枪声都很密集，封锁着我们的去路，唯有北面火力较轻一点，我们就朝北猛冲突围。敌人大概估计我们要上山，没有想到我们却从他们设在北面的指挥所附近冲了出去。春秋山一仗，我们游击大队损失很大。中队长颜礼国、韩大稳子等也都牺牲了，战士牺牲了一些，跑散了一些，原来130多人的队伍，只剩下40多人了，大家的心情都十分沉重。

我们带着部队急行军，到了杭埠河南岸，一条沙河挡住了去路。沙河很宽，水流湍急，夜幕沉沉，没有船只，无法通过，而且敌人尚有追来的可能。怎么办呢？孙仲德同志有个姓吴的同学，是当地的绅士，很有名望，他家就在附近。老孙急中生智，提出如住到这位同学家去，敌人不会在意，比较安全。我和曹云露同志都赞成他的意见。老孙带了几个战士，怀揣短枪，前去敲门，出来开门的正是他的同学。孙仲德一见吴就直截了当地说，我们打了一天仗，没吃没喝，多请你想想办法，让我们住下。那位同学有些犹豫，说："打炮声我们都听到了，这里离得太近，很不保险。"孙仲德见他态度迟疑，甚为焦急，央求道：我们现在弹尽粮绝，精疲力竭，前有大河挡道，后有敌人追兵，面临着覆灭的危险。看在多年同窗的份上，你收也得收，不收也得收。今后，我们不会忘记你的。姓吴的权衡了眼前的利害关系，只得把他拉到客厅。交谈时，老孙要他严守秘密，万一被敌人发觉了，打起来全村也就完了。姓吴的把全村的人找来交代清楚以后，我们就都住下来了。第二天晚上，他给我们找了五六个竹排，把我们送过了河，我们总算脱离了险境，回到了合肥西乡缺牙山根据地。

到了缺牙山，我们找到了刘敏等同志，召开了中共皖西北临时特委会议。会议的中心议题，是研究下一步如何行动。大家认为，在强敌"围剿"的情况下，游击大队受到损失后，不宜再集中行动，应暂时化整为零，分散发动群众，打击敌人。会议决定：刘敏同志带一部分人到庐江、无为一带，我带一些人到舒城北乡南乡，曹云露同志带一些人留在合肥西南乡，张胡子和顾鸿带一些人到庐江。

皖西北游击大队分散活动后，是打了不少胜仗的。我带的一支小游击队到了舒城县境时，正好碰上反动透顶的钟大律师受命从安庆回乡，纠集反动武装，妄图搞垮我们游击大队。我们决定擒贼先擒王，把他干掉。他家住在一个孤零零的村庄里，游击队趁着浓重夜色，从庄子的后山上搭根圆木，爬到他家的房子上，跳进内院。钟大律师听到屋上瓦响，就起了床，走到院内，问谁在干什么。我们没有回答，一枪就结束了他的狗命，缴了他家的枪，搜出几百块银圆和一些法币。这次夜袭，干脆利落。

三、转战江淮

1935年元月底，中央派李德保来皖，刘敏同志通知各地负责同志到合肥西乡缺牙山集中，春节期间召开了中共皖西北临时特委会议，听取李德保传达中央指示。

中央交给的任务是：部队要继续发展扩大，打通与老苏区的联系，在可能条件下建立新苏区。在组织上，中央同意把寿县和合肥两中心县委合并，成立中共皖西北特委，由刘敏任书记，我任组织部长，李德保任宣传部长，王天云（通称王大姐，从苏区来的）任妇女部长，张士发任农运部长，在军事上，中央要我们在部队壮大后，成立"皖西北独立游击师"，领导干部由特委自定。在会议期间，孙仲德同志为了掩护同志们的安全，于腊月二十九日率领游击大队袭击了远离缺牙山的合肥南乡严店子，击毙了挨户团长余国风，缴枪十余支，既转移了敌人的视线，又为当地人民除了一大害。

根据这次会议的决定，皖西北特委一面加强武装斗争，一面继续恢复和发展党的组织，特委成员分头深入各地进行党的建设。到这年 6 月，特委领导的党组织已有合肥、阜阳、颍上、凤台、庐江、繁昌等县委及无为县工委和舒城县春秋山、曹家河、东西港冲三个区委及六安县张家店特支，共有党员 320 人。但是就在党组织获得发展的时候，由于李德保在舒城县枫香树被捕后叛变，我们的一些党组织受到了破坏，革命力量遭到了损失。妇女部长王天云同志也被捕牺牲。因此，皖西北特委成员迅速作了调整，刘敏仍为书记，叶守春任组织部长，马实任宣传部长，我任军委书记，曹云露为执委。

在此期间，皖西北游击大队不断打击敌人，取得了显著的战绩。在合肥西乡袭击了焦婆店，镇压了七个极为反动的大地头蛇，组织群众扒掉了地主的粮仓，又袭击了烧脉岗，俘敌自卫团七人，缴枪八支。游击大队在对敌斗争中壮大了队伍，改善了装备。6 月间，特委决定将游击大队改编为皖西北独立游击师，孙仲德任师长，我任政委，曹云露任参谋长，全师三个连，二百六七十人，百把条枪。为了庆祝皖西北独立游击师成立，我们决定先打个胜仗再正式宣布。据合肥西乡巨新街的党组织反映，街上有个名叫任继周的，以在草市上掌秤为业，由于老婆被自卫团长霸占，时刻渴望复仇，苦于没有力量和办法，我们可以通过他摸清自卫团的底细，并设法将这支反动武装打垮。经过细致的思想教育工作，我们争取了任继周，又发展了他的弟弟任继年入了党。对这次袭击自卫团的行动，我们作了周密的计划。一天夜里，游击队员身穿便衣，怀揣短枪，隐蔽在任继周的家中，天快亮时突然出击，活捉了自卫团长，将二三十个团丁全部缴了械，接着发动群众将街上几户地主的存粮全部扒光。群众要求把自卫团长交给他们处决，以消心头之恨。我们向群众做了工作，枪毙了这个人民的罪人。后来，任继周还是把他的头割下来挂在街上示众。同志们精神振奋、斗志昂扬地返回缺牙山，宣布皖西北独立游击师正式成立，一些贫苦农民纷纷加入了游击师，部队又增建了一个手枪连。

游击师成立后，转战江淮，屡次获捷。我们带领游击师南下舒城，打开刘家院子，击毙一名反动联保主任，俘敌10余名，缴枪20多支。旋即又于6月20日回师合肥，打开西乡最顽固的反动堡垒魏家圩子，活捉反动首领魏守殿，缴枪7支。同一天，又击溃了安徽保安团两个连，消灭其一个整排，击毙排长、士兵10余名，获长短枪25支。第二天，消灭两处团匪，枪决一个反动保长和一个队长，俘敌7名，获枪8支。接着挥师东进，攻下庐江南乡的黄泥河，俘敌10余名，获长短枪20支，惊动庐江关闭城门，桐城请救兵。我们每到一地还配合党组织发动群众，开展经济斗争。过去扒粮都是夜晚进行，震动不大；这几次都在白天开展扒粮活动，游击师拂晓打响，群众开仓分粮，影响就大了。我们每打一次胜仗，就扩大一次党在群众中的影响，提高一次军威；每掩护一次群众斗争，就"赤化"一片，总有一批青年参军。不久游击师发展到四五百人，战斗力越来越强，革命形势大为改观，打通了与苏区的联系。遵照中央指示，中共皖西北特委在领导白区军民扰乱敌人后方、配合苏区作战的同时，曾三次派出部队到苏区寻找红军，打通了与苏区的联系，直接与红二十八军并肩战斗，还输送了武装力量，为加强主力红军，做出了一定的贡献。第一次是1935年4月，特委派孙仲德和我率领游击大队一路苦战进入苏区，在舒城、潜山交界的主薄原、黄麦园找到中共皖西特委书记徐成基及其领导的二四六团，转达了党中央指示，并协同二四六团就地消灭敌人一个连。当时皖西老苏区遭受敌人连续三个月"清剿"，许多村庄被敌人烧毁，老百姓被集中到大寨子里，党的机关人员和红军部队行动很不方便，生活极端困苦。经过研究，二四六团派出一支部队配合我们游击大队打回白区筹集军需，解决给养问题。于是两支部队一起战斗，从舒城县境打到合肥地区，6月4日袭击了西乡五十里铺团防局，活捉了反动联保主任、民团团长宣冠伯，击毙了作恶多端的"汪家五虎将"，夺长短枪20多支。接着向东疾进，打开严店子和三河附近的几个小集镇，消灭了一些反动民团，缴获了不少武器弹药和大批钱、粮、布匹、医药品，使部队的给养得到较好的补充。同时，发动群众，扒了一些地主的粮食，使群众得到很大的利益。

为了更好地支援苏区，中共皖西北特委在合肥南乡彭家圩子召开的研究军事会议上，决定从皖西北独立游击师拨出一个连，共130多人，全副武装，补充到红二十八军；为了提高游击师自身的政治、军事素质，适应更大规模开展游击战争的需要，并决定派部队轮流到苏区进行整训，向主力红军学习。第一批一个连和半个手枪连由孙仲德同志率领前往苏区整训，并配合红军作战，留下一个连和半个手枪连，由曹云露同志率领坚持在白区斗争。

6月14日，孙仲德同志带领整训的部队第二次去苏区，沿途多次与敌作战，取得胜利。他们配合合肥西乡赤卫队在缺牙山歼敌五六十人。6月19日，伪装成敌十一路军："清剿"队闯进缺牙山卫西洼，打死大恶霸卫禹山，又与前来围攻的合肥县大队和官亭挨户团激战，歼敌一个连，俘敌十多人。部队进入舒城县境，在晓天的寒山脚下协同地方赤卫队500多人，与敌安徽省保安八团战斗，击毙击伤敌80余人，俘敌四十几人，缴枪600多支。进入苏区后，部队在山区一面训练，一面与红军并肩作战。

8月4日，中共皖西北特委将白区的革命形势，包括与鄂豫皖苏区的关系，军事的胜利行动和组织、干部状况，向党中央写了报告。同时将苏区的中共皖西特委书记徐成基5月14日的报告，中共皖西北道委书记、红二十八军政委高敬亭7月16日的报告，一并转报给党中央，使中央了解到鄂豫皖苏区的一些情况。9月13日，皖西特委及红二四六团和孙仲德同志率领的整训部队在舒城干汊河附近会合。在此，苏区和白区的党和部队领导人举行了联席会议，共同分析形势，确定任务，分头执行。孙仲德同志率部与红二四六团回舒霍潜太游击根据地，红二十八军还派来了一位同志（名字记不得了）担任皖西北独立游击师副师长。

1935年7月，曹云露同志率部在合肥西乡的一次战斗中，腿部负伤，我也因手枪走火打坏左手，刘敏、曹云露两同志和我经商量，决定临时由马实带领部队进山，与孙仲德同志会合。决定以后，曹云露到合肥西乡治疗，我经肥东党支部联系，化装成大地主，借口被土匪打伤，住进巢县卧牛山教会办的普仁医院，动了手术。

马实率部进山受阻，在折回六安、合肥边境时，遭到敌十一路军的围攻。部队奋战突围后，转回原地区。9月，在中派河附近的丘陂寺，被敌合肥保安队和三河区长王庚年的地主武装包围。这支敌军并不很强，本来可以将它打败的，但马实缺乏经验，临阵慌了手脚，错误地指挥部队向北突围。队伍行至黄渡口时，前有中派河阻隔，后有敌兵追击，不得已背水作战，与敌硬打硬拼，结果大部淹死、打死或失散，200多人只剩下20多人，在群众的掩护下化装脱险。

黄渡之战失败后，特委书记刘敏派人到巢湖找我，要我提前出院，重建部队。我的伤口还未痊愈，院长不同意，我说家里有急事硬是出了院。当晚住在庐江秘密交通员张印轩家，第二天赶到合肥南乡与刘敏同志会面，做了研究。我们将剩下的战士和陆续回来的失散人员共七八十人组成一个连，并由我带领，第三次拉到大别山里，与孙仲德同志一起，配合红八十二师政委方永乐率领的部队行动。

没想到在山区整训的部队，这时也受了损失。原来在扩军时混入了一个姓詹的奸细，这个家伙利用担任排长的任继周不能吃苦、思想动摇的弱点，特别在任继周受到领导批评后存在不满情绪时，蛊惑他叛变投敌。任继周打死了红二十八军派来的副师长，带了十几个人跑到舒城，投降了县保安大队。

在山里，我和孙仲德同志整编了部队，配合红二四六团在潜山、舒城边境打了几次胜仗，缴获一些武器，士气得到恢复。1936年年初，游击师离开苏区回白区活动。我们行动到舒城南乡，得到便衣队长胡志满报告：叛徒任继周带着一些特务住在附近一个庙里，准备进山搜索游击师。我们于当天夜晚包围了那个庙宇，拂晓开始进攻，向庙内敌人喊话："交出任继周，保你们的命；不交出任继周，就给你们一锅煮！"特务们继续顽抗，最后被全部歼灭。

四、投入新的战斗

皖西北独立游击师在特委的领导下，一时在白区配合苏区战斗，一时到苏区直接与红二十八军共同歼敌。敌人惊恐万状，慌忙增调敌军前来"围剿"，企图消灭我们。因此，皖西北特委研究决定：避开强敌，保存力量。游击师分散隐蔽，留下二十几个骨干由负责同志带领到外地活动，其余各自回乡，藏起长枪，待机集中。

刘敏同志带着杨银声同志到巢县，以教师身份为掩护，进行革命活动。这时，刘敏同志的肺病越发严重,但他仍抱病坚持斗争。孙仲德同志带领五六个同志,买了一条大船,将枪支隐藏在船舱夹底,以贩卖大米和布匹为掩护,活动在安庆至芜湖的长江两岸,有时也到巢湖,一方面为党筹集活动经费,一方面配合各地党组织发动群众开展扒粮斗争。曹云露同志带着顾鸿等同志在庐江、巢县边界发动群众分粮筹款,镇压危害极大的叛徒、特务及其他反动分子。张世祥、凤兆庐等三人到浙江省长兴县开设"三友实业商店",作为我们党的一个联络点。特委机关很快也迁往巢县城内,因我在教会医院治伤时,与院长卫慕华、医生袁冠英搞好了关系,我以农村不安全,想在巢县城里租点房子住下为理由,得到了他俩的赞助,不几天就帮我把房子租好。我和陈郁发同志负责特委机关联络工作。后来为了掩敌耳目,组织上又决定让我爱人陶静冰带着大女儿和我住在一起。

1936年2月,分散在各地的负责同志利用春节机会,到庐江张印轩同志家碰头,开了特委扩大会议,研究了工作。在白区革命又处于低潮的情况下,我们各自向党作了"春蚕到死丝方尽""鞠躬尽瘁,死而后已"等宣誓。这年夏天,我和曹云露、奚业胜等同志在庐江县盛家桥顾鸿同志家开碰头会,被反动保长告密,县保安队前来捉我们,这时顾鸿同志的侄子端着饭碗在门口放哨,一见敌人就高声喊道:"狗子来了!"当场被敌人打死。年仅十几岁的小青年,为革命献出了青春和生命!我们五六个人闻声冲出来,终于脱险。当天,敌人又把顾鸿同志的家化为灰烬。

由于与党中央失去联系,得不到上级的指示,不了解全国革命斗争的形势,我们犹如大海中失去方向的孤舟。这时,刘敏同志病情加重,吐血不止,到了特委机关,我们帮他住进了教会医院。他时时刻刻为革命事业而焦急,病未愈就以教育救国会暑期讲习班成员的身份和我一起到了上海。一天晚上在法租界附近,遇到与刘敏同志曾在上海一起战斗过的江苏省团委书记老朱同志,他小声地说,上海中央局书记李竹声早已叛变,党组织遭到严重破坏;党中央和红军主力已长征到达陕北。我们约他一起回到安徽,转至白沙洲找到孙仲德同志,在船上听取了老朱同志关于当前形势和统一战线问题的讲话,大家觉得很新鲜,受到很大鼓舞,真是"山重水复疑无路,柳暗花明又一村",皖西北的党组织和人民又有了新的希望,有了光明的前途!

我们在船上召开了特委扩大会,研究决定派人到陕北去找党中央。

后来,根据党中央的指示,我们到了革命圣地延安,分别在中央党校和"抗大"

学习。这年年底，曹云露同志和我肩负着抗日的新使命，告别延安，首先回皖，同宋天觉同志一起，成立了中共安徽工委，领导群众投入了新的斗争。

（陈忠贞、春卉　整理）

原载《皖西革命回忆录：第二次国内革命战争时期（下）》，黄山书社，1984年，第284～299页。

我在皖西北独立游击师时的片段回忆

◎ 陈郁发

家乡的一封来信,拨动了我的心弦,一下子把我带回到当年皖西北独立游击师的战斗岁月中了。

一、我跟四叔当红军

我老家住在舒城县南部山区寨冲口的一个小孤庄上,家贫如洗,祖上几代都是过着衣不蔽体、食不饱肚的贫苦生活。到我祖父手上,留下的唯一财产就是三间道地的"风扫地、月点灯"的茅草屋。听奶奶说:爷爷去世那年,正值宣统三年(1911年)的大旱灾,赤地千里,颗粒无收,父亲和二叔背井离乡,到千里之外的浙江省孝丰县农村帮工,终身劳累,死于他乡。父亲和二叔出走以后,家中生活只有靠三叔和四叔维持。我四叔叫胡志满,从小就帮人放牛,以后跟三叔学会理发手艺,当地都称他胡大个子。1930年秋末,他受我党领导的鄂豫皖苏红军的影响,参加了秘密的地方党的组织,成为当地农民革命的组织者和宣传者。他利用职业作掩护,经常夹着理发包,走村串户,发动贫雇农起来闹革命,是舒城春秋山一带党和革命武装的主要负责人之一。1934年秋季以后,孙仲德、张如屏、曹云露等率领的皖西北游击大队,从合肥到春秋山一带活动时,我四叔是游击大队的便衣队长。他经常带着便衣队,配合游击大队,领导群众进行扒粮斗争。我也多次跟着四叔他们到地主老财家扒粮。那时我年纪小，四叔经常教我和四婶小声唱红军歌曲。每次出去扒粮回来都谆谆教导我，喊着我原名说："宇发，扒地主老财的粮食，这是杀头的事情，刀架在颈子上也不能对外乱讲。"

"嗯，我晓得！"那时我还不懂得革命道理，但我总认为：共产党和红军一心向着穷人，为穷人办事，我四叔又在共产党和红军里头，听他的话没有错。

1934年重阳节，皖西北游击大队在春秋山遭到国民党张学良部队和省保安八团及舒城保安队袭击，损失严重。战斗后的第二天，四叔带了几个红军到我家隐蔽。当时情况很紧急，大路上的敌人来来往往，川流不息。四叔把我叫到身边："宇发，你到后山上去放哨，发现敌人进庄时，就赶快回来报信。"我点点头说："要是来不及，我就唱山歌作信号。"我就拿起割草的镰刀，飞快地跑到后山包上去了。我专心一意地从早到晚瞅着庄前小路，一直到那几个红军同志离开我家为止。

从那以后，红军游击队经常在我家住宿，游击大队的几个主要负责人孙仲德、张如屏和曹云露等同志也曾多次在我家茅草屋子住过。由于我年纪小，还不能承担更多的工作，只能经常到后山包给红军同志站岗放哨，有时帮四叔跑交通，探探消息。俗话说"人小不打眼"，敌人也根本不注意我这个"小叫花子"，我就依仗这点较好地完成了任务。

1934年秋冬，舒城境内扒粮斗争进入高潮，地主豪绅惶惶不安。我四叔带领便衣队坚持以春秋山为中心的方圆几十里的游击活动，紧密配合游击队，除奸抗暴，粉碎国民党的"围剿"。他们先后摸掉了缸窑、曹家河两个乡公所，杀掉了西衖民愤极大的叛徒、训练组长何宗华，并带领200多秘密农会会员，把西衖的大地主陈贵三的稻谷扒得一干二净。我四叔的名声，传奇式地传播开来了，人们说："胡志满身高七尺，智勇双全，有上房越脊的本领，百步穿杨的枪法。"敌人闻之，又恨又怕，两次派兵夜晚包围了我家房屋，捕捉我四叔，但都扑了空。敌人恼羞成怒，一把火将我家三间草屋烧得精光，迫使我全家老少无处安身，只好躲到方云寨半山坡一个小石洞里过日子，整天担惊受怕，挨冻受饿。正当万分困难之际，有天晚上，四叔回来找到了我们。全家老少坐在小石洞外面的山坡上，诉述着当时的苦难情景。明亮的月光，斜照在四叔的身上，枯黄的树叶，被寒风吹得瑟瑟作响。我坐在奶奶身旁，倾听着她和四叔的对话。最后，四叔愤慨地说：

"这年月,老百姓吃尽了苦头,敌人种下的深仇大恨,将来一定要他们加倍偿还……"

"对呀!你们一定要报这个仇。白匪悬赏到处缉拿你,你千万要小心!只要你们活着,我遭罪算不了什么,我这把老骨头,他们能煮着吃掉吗?"

四叔接着说:"家中遭难,眼前没有别的法子,你们到二姐、四妹(我的二姑、四姑)、丈母(四婶的妈妈)家里去躲躲。我把宇发带走。"最后一句话像是征求奶奶和四婶的意见。奶奶听了此话,深深叹了口气:"伢子太小,身子骨又这么瘦,我有点舍不得……"

我听到奶奶的话,急着说:"奶奶,我已经14岁了,就让我跟四叔去当红军吧。"四叔好一阵子没有吭声,好像在想什么事情,我抱着奶奶的胳膊,苦苦哀求着。奶奶又长长叹了一口气说:"宇发命苦,出世两年就死了妈妈,九岁帮人家放牛,十一岁摔断了胳膊,他是你们四个房头的独根啊!"四叔说:"我也这样想。但宇发留在家里,今后的日子更不好过。孩子有这么高的个头了,也应该让他懂得点事了。"奶奶终于答应了。我既高兴,又难过,我舍不得离开奶奶和四婶啊!我忽而又说:"奶奶,我走了,你和四婶怎么过?"奶奶说:"我们慢慢熬吧,总有一天要熬出头的。等你们回来再找敌人算账!"奶奶捋捋我的衣褂,又摸摸我的衣扣,用褂角擦了擦眼睛,扭头就哭了起来,豆大的泪水滴在我的手背上,我实在忍不住,也"哇"的一声扑到奶奶怀里哭了起来。月亮已经偏西了,山下传来第一遍雄鸡报晓声,奶奶说:"天快亮了,你们上路吧。"

"宇发,我们走吧。"四叔说罢就要动身。我好像有很多话要对奶奶和四婶说,可是喉咙硬得又说不出来。我眼含热泪向奶奶和四婶打了个招呼:"奶奶,四婶,我走了。"

依依不舍地辞别了慈爱的奶奶和四婶,我跟着四叔向小木岭方向走去。在途中,我的心绪久久不能平静。到了部队以后,心情忽然开朗起来,感到一切都很新鲜。从此以后,是共产党和红军部队抚育我成长。

二、一石打二鸟

1935年夏天,皖西北特委决定把皖西北游击大队,改为皖西北独立游击师。

孙仲德任师长，张如屏任政委，曹云露任参谋长。把春秋山战斗以后化整为零的部队，又重新集中起来，编了一连、二连及特务连和手枪连（即便衣队），开始只有二百六十七人，百把条枪，后来发展到四五百人。此外，还有各县分散的小股武装。我参加红军不久就到师部，先当传令兵，后当传令班班长。

根据皖西北特委指示，当时游击师的主要任务是：化整为零，掩护群众开展扒粮斗争；集零为整，打击和消灭敌人的有生力量，保卫群众斗争的胜利果实，巩固和发展党的秘密组织和秘密农会组织。

我们游击师一部分武装在合肥西南乡发动群众扒粮，以帮助贫苦农民度过夏荒。这一带地主豪绅很顽固，他们上面巴结刘茂恩的十一路军，下面勾通各据点民团与我们作对。为了打开局面，特委决定先从当地最顽固的堡垒开刀，给敌人一点厉害看看。

战斗打响的头天晚上，乘夜色掩护，孙仲德等领导同志把队伍悄悄地拉到敌人据点附近的大路两边的两个村庄里隐蔽了起来，把村里不可靠分子控制起来，严密封锁消息。

第二天早饭以后，一队身穿灰军装、腰插盒子炮的人，大摇大摆地来到一个水圩子门口（我记得是卫西洼），一看大门紧闭，浮桥挂起，就怒气冲冲地破口大骂："妈的，大白天闩着门干什么？""老子整天为你们打共产党，口渴了还叫老子喝塘水呀！""快开门……"

圩外一阵叫骂，圩里才露出一个尖嘴猴腮的麻子脸来："老总，你们是哪个部分的？"

"老子是十一路军的清剿队。"一个彪形大汉往前一拍胸口的符号，十分傲慢地说，"你俩眼长到裤裆里去啦！"麻子脸一看这些人来头不小，就十分卑躬地说："老总，请稍站，我马上叫人开门。"那麻脸一边打躬作揖，一边向后面招手，很快从后面出来两个家丁，拨开门闩，放下浮桥，把十几个自称"清剿队"的人引进卫家正屋。这时，从后面走廊里走出一个老头子，一白二胖，左手捧着"二八噓"水烟袋，右手拿着火煤子，满脸堆笑地迎上来："诸位辛苦了，卫某有失远迎，实在对不起。"

"大白天把门关着，你们怕什么？"

"老总，游击队简直有吃虎的胆子，不关门……"那老家伙大概意识到在"清剿队"面前，这样说不太妥当，于是又改口说："其实有你们国军保护，这也没什么，我们是以防万一。""是吗？看来今天这个万一你就未防住。"说时迟，那时快，十几个人"唰"的一下子拔出手枪，寒光闪闪，直对着那老家伙。"说明白，我们就是游击队，孙仲德的队伍！"

"啊！孙仲德。"这三个字就像晴天霹雳似的，把那个刚才还装作斯文知礼的庞然大物吓得半死，好大一会儿不敢吭声。原来，这十几个人就是徐驼子（特务连长）从特务连里挑出来的红军战士，化装成国民党十一路军的"清剿队"，事先闯进圩子，控制这个有利阵地，以便诱敌上钩的。"姓卫的，我们今天来要你办件事！"徐连长说。"噢噢，鄙人一定尽力效劳。"那家伙筛糠似的回答。"听说你最近买了一部分长短枪，我们要借用一下！""这……"那家伙迟疑了一下，一个个黑洞洞的枪口正对着他，只得说："行，行。"他对着旁边被吓得傻了眼的那个麻子脸说："麻子，你带长官去把那几支家伙拿来。"我们派了几个战士押着那个麻子到后面取枪去，那个地主趁机也溜到后面去。徐连长看在眼里，却不去管他，我们正希望他出去向敌人报信，不然，敌人的部队又怎么会出来呢？很快，那家伙从后面哆哆嗦嗦地返回来，又是拿烟，又是泡茶，忙得不亦乐乎。

姓卫的地主趁到后面的机会，派人溜出水圩子，给附近据点里的敌人通风报信去了。敌人得知我们游击队的消息，100多人倾巢而出，企图把我们那十几个人一口吃掉。可是他们万万没有料到，我们早在那里撒下了天罗地网。等到敌人全部进入我们设置的伏击圈，我红军战士即利用有利地形，向敌人发起猛烈冲锋。敌人被突然袭击，搞得晕头转向，乱成一团，溃不成军，拼命朝水圩子方向突围。我们事先闯进圩子里的战士，一齐从正面压过来。敌人腹背受击，伤亡惨重，完全失去战斗力，只好束手待毙。少数漏网者，在我战士的猛烈追击下，最后被赶进一个大水塘里，不会水的被淹死，会水的虽免于一死，但也当了俘虏。

这次战斗，我方伤亡甚微。当远远传来合肥城方向援敌的枪声时，我们已带着缴获的枪支弹药，押着俘虏，高高兴兴地转移了。这一仗，对敌人的震动很大。只要孙仲德白天公开带领队伍，到合肥境内的卫庄、宋坎、中派河一带一走一转，所到之处的地主武装和县自卫大队便望风而逃。特别是据点里的民团，嚣张气焰有了一定的收敛。这给我们的游击队活动创造了有利条件，推动了农民的扒粮斗争。部队不光在这一个地方打了漂亮仗，而且合肥县的凤凰尾、烧脉岗、聚兴街，庐江县的盛家桥，舒城县的曹家河，还有巢县的一个镇子（镇名不记得了），这些大大小小的集镇都被我们打开了。烧掉了敌人的碉堡，缴获了敌人的枪支和物资，给群众分发了很多油盐、布匹等商品。我们一连在舒城、潜山、霍山等县的山区，配合红二十八军，也打了一些胜仗，我们还在潜山境内缴获了敌人的一挺重机枪。

三、春秋山麓除叛徒

1936年年初，我们游击师遵照特委的指示，由苏区返回白区，镇压反动派，保存和巩固地方党的秘密组织，散发传单，宣传我党主张……在群众的掩护下，敌人被我们拖得精疲力竭，于是利用一个叛徒与我们作对。

叛徒大任（叫任继周），原来是我们游击师一连的一个排长，因为受不了红军严格纪律的约束，经不起艰苦环境的考验，在1935年夏末叛变投敌了。大任投敌后，敌人就利用他大做文章，不但配给他几十人的武装，封他为"清剿"队长，还经常派兵跟他到合肥、舒城一带进行反革命活动，给我们的行动造成很大威胁。因此，特委指示我们部队，一定要想尽一切办法严惩这个叛徒，消灭这股"清剿队"。这家伙很狡猾，他知道我们要除掉他，开始心很虚，每次出来活动，都跟随着国民党军队或民团，一到夜晚就龟缩到据点里去，从不单独在外面过夜。所以战机难寻，不好下手。后来我们对他采取迷惑政策，有意给他造成一些错觉，并放风说我们的队伍又进大别山去了。经过一段时间，叛徒大任和他的"清乡队"以为我们部队真的不在舒城了，于是就骄横起来，他甚至扬言："什么游击师，游击军，有我大任在此就安然无事。"他不仅白天敢单独行动，有时晚上也敢在外面宿营了。1935年年底，大任急于向主子邀功，就带领那支"清乡队"到春秋山一带活动。当时正是严冬腊月，一场大雪把这支叛徒武装困在一个庙里，我们地下党组织得知情况后，连夜冒雪进山向我们报告。战士们听到这个消息，怒火填胸，个个要求连夜出击。师首长也认为这是一个极好战机。经过紧张的战前准备，部队就顶风冒雪出发了。师的主要负责人张如屏和曹云露等同志也亲自临战。部队赶到春秋山脚下的敌人驻地，很快把大庙包围起来了。村子里还有个碉堡，碉堡内住着几个地方反动武装。

我们派人卡住了那个碉堡。这时北风卷着雪片，像烟雾似的扑向大地，我们卧在雪地里，一动也不动，等待着攻击命令。睡在被窝里的敌人，怎么也没有想到，游击队的枪口已经瞄准了他们。拂晓时一声枪响，大庙周围枪声大作，盖过了呼啸的暴风雪。蒙在鼓里的敌人陡然从梦中惊醒过来，叽里呱啦乱作一团。不一会儿，我们停止了射击，向庙里高声地喊话："弟兄们，我们主要是来找叛徒大任算账的，要你们把姓任的交出来，其余的缴枪不杀！"

庙内出现短时间的沉寂，似乎敌人在认真考虑自己的出路，又好像在商量对策，要与我们决一死战。

敌人非常顽固，一阵混乱之后，又从窗口向我们射击。看来要解决这伙亡命之徒，光靠喊话是无济于事的。我们的战士在村内弄来挖山镢头，叮叮咚咚挖墙打洞。敌人从墙内向外打枪，把我们一个姓范的战士打死了，激起了战士们的强烈仇恨。一些战士从村庄里搬来了干柴和煤油，齐声喊着"放火烧庙"！这个庙的屋顶是用好毛草盖的，敌人见势不妙，慌了手脚，知道再继续抵抗下去有被烧死的危险，冒死打开大门，拼命地往外冲。这时无数颗报仇雪恨的子弹射向大门，那个可耻的叛徒冲向大门不远，就一声惨叫，倒在门前的雪地里。经过激烈的战斗，这伙叛徒武装一个也没有逃脱惩罚。战斗结束后，我们看见那个双手沾满人民鲜血的叛徒，身中数弹，僵硬地躺在污秽的血泊中。这次战斗消灭了这股叛徒武装，解除了战士的心头大恨，为人民铲除了一伙害人虫，以此告慰了死难烈士们的在天之灵。

四、在敌人鼻子底下

1936年秋天，游击师的一支小部队去庐江盛家桥附近执行任务。这天夜里，我们一行四人，来到盛家桥附近的一个小村庄，地下交通员把我们安排在庄上一户群众家里。这家有位中年妇女，年方四十，说话做事都很机灵，待人和善亲切。我们一般都是"昼伏夜行"，选择良机出其不意地把敌人干掉。一天下午，约三点钟左右，突然来了一股30多人的"清乡队"，在我们住屋门前的晒谷场上休息。遇到这种情况，我们走是来不及了，待在家里，如果被敌人发现，村外一片平原，又在大白天，我们往外冲也很困难，怎么办？有的同志主张"与其束手待擒，不如鱼死网破"，乘敌人不备之际，给他来个先下手为强!

但是大家又考虑到，如果真的这样做，那位大嫂的家就要被夷为平地。就在这千钧一发的时候，那位大嫂忽然来到我们面前，伸手往下一捺，示意我们不要动，她告诉我们："敌人有30多个，你们只有4人，冲出去是要吃亏的。""你看怎么办?"我们急切地问她。

大嫂用手捋捋头上搭下来的头发，十分坚定地说："你们把武器准备好，藏到黑屋里，敌人不搜则罢，敌人要搜再打他个措手不及也不迟。"我们觉得大嫂讲得有道理，立即持枪隐蔽，等着事态的发展。这时，大嫂拿起一只鞋底坐在大门口，果然上来了几个敌人。只听大嫂主动问道："长官进来坐坐吧?"

"嗓子渴得冒青烟了，弄点茶喝喝。"那几个家伙进到正屋坐下。大嫂还是那么镇静地说："壶有茶，我给你们倒。"说着又倒茶又拿烟，"你们当兵的辛苦，好茶好烟不拿出来招待你们招待谁? 其实我娘家大兄弟也在庐江县里穿二尺五。"

那几个家伙一听大嫂话中有音，都不敢放肆了。我们蹲在旁边黑屋里，都在为她提心吊胆。这时，外面响起了集合的哨子声，那几个家伙说了一句"扰茶"就嘻嘻哈哈离开了小庄子，回老巢去了。

大嫂把我们从黑屋叫出来。我们十分感激和敬佩地说："你应酬得非常好，为我们担了风险。"可是她不紧不慢地说："这不是应酬好，是你们胆子大，沉得住气。敌人以为这里离盛家桥只有二里路，在他们眼皮下，游击队是不敢在这里蹲的。"说罢大嫂又给我们准备晚饭去了。

后来我们又遇到了许许多多类似这样的革命群众，他们冒着生命危险来掩护我们，这说明了一个道理：红军是穷人的队伍，这个队伍好比鱼，广大群众好比水，鱼行千里全靠水。没有群众的拥护和支持，我们就无法生存，革命就不能胜利。

（汤光升　整理）

原载《皖西革命回忆录：第二次国内革命战争时期（下）》，黄山书社，1984年，第300～310页。

六霍起义与皖西革命根据地的创立

◎《皖西革命斗争史》编写组

1929年11月,继立夏节起义胜利后,一幕威武豪壮的史剧,又在大别山东麓、安徽省西部的广阔舞台上展现了!

这就是在中国共产党的领导下,六(安)霍(山)地区爆发的总起义。

作为这幕史剧主角的六霍人民,仅仅一个多月时间,在南北近百里、东西120里、近30万人口的地域,横扫一切封建势力,砸烂了剥削制度的桎梏,动摇了反动统治的基础。其气势之浩大,令反动阶级发抖。

六霍起义胜利后,党在群众武装的基础上,创立了中国工农红军第十一军三十三师和皖西根据地,引导革命走上了"工农武装割据"的道路。皖西和鄂东、豫南这三块根据地,势成犄角,彼此呼应,为鄂豫皖根据地的统一和发展、展开更大规模的斗争,奠定了坚实的基础。

一、六霍起义前的斗争

六霍起义的胜利,是党在这个地区长期深入发动群众、开展革命斗争的结果。起义领导人舒传贤、周狷之、余道江、吴保才、吴干才、桂伯炎、朱体仁等同志,是我党的优秀党员。他们像种子与泥土那样,同人民紧紧结合在一起,为推倒三座大山、武装夺取政权,坚持奋战,百折不挠。

早在1925年，六安就建立了第一个党组织，领导群众开展反帝反封建的斗争。1927年3月，北伐军第三十三军进入霍山，党领导群众把军阀、伪县长王建常赶下了台，掀起了拥护北伐、踊跃参军的热潮，组织了一个团的民军，支援北伐军攻占六安城、正阳关。大革命失败后，曾任全国总工会执委和中共安徽省临时委员会工委书记的舒传贤，和一批在外地从事革命活动的共产党员，受党的派遣，相继回到了六、霍家乡。这支力量，同活动在当地的共产党员周狷之、吴保才等汇聚一起，成为这一地区抗击国民党叛变后出现的反革命逆流的中流砥柱。他们把阵地转移到农村，置身于农民群众之中，开办平民学校，秘密建立农会，宣传革命道理，发动抗租、抗捐，使一度冷落下来的农民运动，重新高涨起来。许多从白色恐怖下冲杀出来的共产党员、农协会员，后来都成了武装起义的骨干。

在历史的紧要关头，党的八七会议召开了。会议确定的土地革命和武装斗争的总方针，为六、霍两县党的组织指明了战斗道路，使这个地区的革命斗争进入一个新的阶段。

11月，中共安徽临时省委派员来六安召开了党员大会，传达了八七会议精神及省临委决议：整顿、发展党的组织，建立秘密农民协会和工农武装，准备武装起义。划六安、霍山、霍邱、寿县、英山为第一暴动区，以六安为中心，任务是尽可能夺取六安三区（独山、两河口）反革命武装的枪支，秘密组织工农武装，"发动零星暴动以至大暴动"。

为适应斗争形势的需要，六安、霍山两县于1928年元月合并，成立六霍县委，立即开展了组织整顿工作。对一些怀疑八七会议方针，持右倾观点，有动摇思想的党员，作了严肃的处理。纯洁了党的队伍，增强了党的战斗力。

在八七会议精神的指引下，六霍地区的革命局面焕然一新。县委领导和共产党员深入农村，扎根串连，访贫问苦，大力开展农民运动。县委派舒传贤去霍山东北乡，周狷之、吴干才去独山、郝家集，桂伯炎去七邻湾、金寨；派朱体仁、毛正初打进民团，担负一个地方或一个方面的工作。在敌人严密的监视下，他们奔走在山间小道，聚会于古庙祠堂，用党的方针和政策武装群众，发动群众。

1928年，六、霍地区发生大旱，收成无望，地主逼租逼债，民不聊生。县委抓住"官逼民反"这一时机，掀起了抗租、抗债的浪潮。霍山农民群众在舒传贤的领导下，获得了大地主十租减四、小地主十租减三的战果。周狷之还组织六安农民游行示威，反抗地主豪绅逼租逼债。这时播下的火种，不久就燃烧成为六霍起义的熊熊烈火。

但是，在发展农民协会、组织工农武装的过程中，县委面临着一个如何对待大刀会组织的问题。在六霍一带民间，大刀会曾作为贫苦农民、失业工人开展政治斗争的互助团体，以"打富济贫，各保身家"为号召，吸引着农民，是个很有势力、颇有影响的会门组织。1924年，六（安）、霍（山）两县大刀会，为反对贪官污吏、苛捐杂税，曾先后打进六安、霍山县城，给反动统治者以沉重打击。后来，大刀会的上层首领为军阀、豪绅收买，一些头目到处开"香堂"、收徒弟，诱骗农民入会，使这个组织蜕变为统治和麻痹人民的工具。

六霍县委考虑，对待这一复杂的社会现象，如果缺乏正确的策略，大刀会必定为地主豪绅所利用，成为党发动农民群众、组织武装起义的严重障碍。县委分析了大刀会的内部状况，做出争取团结大刀会下层群众的决定，选派一批精干的共产党员，打入了大刀会组织，利用拜"把兄弟"等为当时农民容易接受的形式，联络感情，进行革命宣传，分化孤立会首，争取下层会众站到革命的行列中来。由于策略的正确，六安的独山、麻埠，霍山的燕子河、黄栗杪等地的大刀会，内部很快起了分化，会众日益倾向革命。

经过艰苦的工作，党和各种组织都有很大发展。六安建立了党的区委5个。两县有支部28个，党员207人，农协会员达到了1500人，秘密工农武装也得到了壮大。

1929年4月爆发的诸佛庵兵变，就是为起义准备的一支重要武装力量。在大革命失败后，共产党员刘淠西同志从武汉回霍山工作，不久他打进诸佛庵民团，担任团总。县委并派军事委员朱体仁同志担任民团队长，协助刘淠西同志开展兵运工作。

民团士兵经过教育、发动和争取，绝大多数表面上为地主豪绅保家，实际上是配合农民协会的活动。在农民运动不断高涨的形势下，一些地主豪绅渐渐发现，这个民团明里暗地支持农民，感到威胁很大。有的进城告状，有的另搞小武装。新店河的一伙地主，请来红学头子陈乾士，企图组织反动红学武装，对抗诸佛庵民团。

刘渭西、朱体仁知道这一消息后，立即采取了行动。当红学头子携着一支30多人的武装，在新店河立足未稳时，就遭到了覆灭的命运，30多支枪，也全部落到了民团的手里。红学头子被歼后，伪县政府大为震动，连忙派大豪绅胡月斋等以调查为名，前往诸佛庵，准备夺取刘渭西的兵权。刘渭西洞察一切，酒宴上灌醉"钦差"，率领民团举行起义。这支有50多支枪的武装，被编为县委直接掌握的游击大队，由朱体仁率领，活动在六、霍边境。后来在独山、西镇起义中发挥了重要作用。

1929年春天，党领导六、霍人民开展了持续两个月的春荒斗争。这次斗争，使武装起义的条件日臻成熟，揭开了六霍起义的序幕。

六、霍两县地处大别山区和皖西应陵的接合地带，物产丰富，人民却很贫困。1928年遭到大旱，农业歉收，这年春荒十分严重，又加军阀混战，津浦铁路受到阻塞，山区物产也无销路。农村破产，社会动乱，广大劳动人民陷入了苦难深渊，挣扎在死亡线上。面对人民的饥馑、痛苦和要求出路，六霍县委决定结合抗租、抗税，因势利导，开展春荒斗争。从群众的切身利益着眼，从经济上打击封建势力，进一步发动和锻炼群众，一旦时机成熟，立即举行武装起义。

在各地党组织和农民协会的领导下，一个规模壮阔的春荒斗争开展起来了。在六、霍两县的广大农村，到处出现成群结队的农民群众，扛着扁担，挑着箩筐，潮水般地涌向地主庄院，打开仓库，借谷分粮。舒传贤同志亲自领导霍山东北乡的春荒斗争，一次就组织二三百农民群众，扒了倪庄地主和李鸿章的"积善堂"稻子200多石。东北两区的农民，后来又在闻家店、张家冲、横旦岗等地，扒粮130多次，分掉地主的稻谷3000多石。在春荒斗争中，一些地方农民严惩了那些罪大恶极的土豪劣绅，打击了反动势力的嚣张气焰。这场斗争，锻炼了干部的才干，提高了群众的觉悟，壮大了农民协会的力量。

正在这时候，立夏节起义取得了胜利，并建立了中国工农红军第十一军第三十二师。立夏节起义的胜利，在六霍县委和群众中产生了深刻的影响。县委及时派出了戴抗若同志，到三十二师学习游击战争经验；红三十二师不断游击到六霍边境，给了六霍地区群众很大的鼓舞。从商南地区人民起义的历程中，人们更加清楚地看到了斗争前景。

5000多名农协会员的队伍组成了，独山、麻埠等地秘密农民武装也半公开地活动了。

如何把群众在春荒斗争中激发出来的革命热情，适时地引导到武装起义上来？7月下旬，六霍县委在霍山豪猪岭召开了党的代表大会，中央巡视员王步文同志到会作了指导。会议专门研究了武装起义的问题，并决定报请中央，成立中共六安中心县委（辖六安、霍山、霍邱、英山、寿县、合肥六个县），并成立六霍暴动总指挥部，领导即将到来的六霍武装起义。

这次会议，把六霍人民斗争之箭，迅速地搭上了起义的弓弦。六霍地区的革命形势，已呈现出"山雨欲来"的局面了！

二、六霍起义的全过程

1929年10月6日，六安郝家集召开的六县党代表大会传达了党的第六次全国代表大会决议，进一步分析了六霍地区的形势，讨论和检查了武装起义的准备工作。大会认为武装起义的条件已经成熟：由于连年灾荒，人民生活更加困苦；蒋冯阎军阀正在混战，当地兵力比较薄弱；红三十二师准备向东发展，可以得到有力支援。而六安西南又多山区，便于开展游击战争；从县委本身来说，已经掌握了100多支枪和3000名群众，并有一定数量的干部。当前的任务是："领导农民由一个群众示威的形式转变为一个地方暴动。"根据中央指示，大会正式宣布成立了中共六安中心县委，选出舒传贤、周狷之、吴保才、吴干才、朱体仁等12人为委员，舒传贤任书记。为了便于组织领导这次起义，中心县委机关设在独山附近龙门冲的一座小庙内。

独山起义

六霍总起义是从六安独山开始的。独山起义为六霍总起义打响了第一枪。

独山一带是六安党组织的活动中心。大革命失败后，周狷之、吴干才等同志，就在这里开展农民运动，成立了全县最早一批农民协会。这里群众基础牢固，起义准备也比较充分，并且又有县委直接掌握的游击大队在周围活动，可以配合起义。中心县委决定先从独山组织武装起义，推动整个六霍地区。

正当独山起义紧锣密鼓、利箭待发时，发生了何寿全被捕事件。

1929年11月7日下午，三区农民协会秘书何寿全，突然遭到敌魏祝三自卫团逮捕。这个消息，使区委受到很大震动。何寿全身上带有区农协会员的名单和秘密文件，如果落到敌人手里，党组织和农民协会将会遭到破坏，武装起义也将化为泡影。三区区委连夜召开紧急会议，研究对策，决定组织群众前往营救何寿全，同时火速报告中心县委。

中心县委的舒传贤、周狷之等同志，了解到独山发生的情况后，热情地支持群众的革命行动，决定立即举行起义。这样，何寿全突遭敌人逮捕的事件，便成为独山起义的导火线。

8日拂晓，独山、西两河口等地的数千名农民，手持大刀、长矛、鸟枪、土铳，像暴发的山洪，从隐蔽的山间丛林涌向独山镇，将敌自卫团的驻地马家祠堂团团包围。敌自卫团陷入了一片混乱，团丁们纷纷爬上了屋顶。慑于起义群众的威势，自卫团被迫释放了农会秘书何寿全。起义群众并不善罢甘休，而要自卫团立刻交出全部枪支。部分团丁见势不妙，赶忙缴枪，计缴枪十几支；但是大部分团丁拒不缴枪，负隅顽抗。起义群众与敌自卫团的冲突更加尖锐，斗争的情势越发紧张。这时，独山东北的南岳庙民团，赶来镇压起义，更激怒了起义群众。起义群众奋起还击，勇敢作战，打垮了南岳庙民团，激战中有九位起义农民英勇牺牲。被围的自卫团，见起义群众越战越强，便纵火焚烧房屋。一时间，独山镇上浓烟滚滚，火光冲天。自卫团乘群众救火之机，突出了重围，向六安城方向逃窜。起义队伍占领独山，宣告了起义胜利。

12日上午，独山镇两万余人集会，庆祝起义的胜利，追悼起义中牺牲的烈士。会后举行示威游行，"为死难同志报仇""推翻豪绅地主的统治""打倒军阀"的口号声，震撼山镇，响彻云霄，显示了起义群众的声威。

独山起义胜利后，西两河口、龙门冲、郝家集、落地岗等地纷纷响应，举行了武装起义。几天之内，附近13个乡，纵横几十里地，到处飘起了红旗，响起了战歌。

六安三区革命委员会在斗争中成立了！这是六霍地区诞生的第一个工农政权，它预示旧的社会制度必将灭亡，人民掌握自己命运的时代一定能够到来。革命委员会将起义的武装组成了游击队，并选拔农民积极分子组织赤卫军，打击反动势力，保卫革命政权。

独山第一枪打响后,六安中心县委在9日发出了通知,要求各区及邻近各县迅速采取行动,组织武装起义。独山起义的胜利旗帜,犹如一支火炬,在布满干柴的六霍土地上,点燃起熊熊的革命烈焰。一个多月时间内,连续爆发了西镇起义、七邻湾起义、流波䃥起义、徐集民团起义以及桃源河起义。

西镇起义

西镇起义,是继独山起义又一次较大规模的起义。西镇党组织接到中心县委的通知后,立即做出响应,举行了武装起义。

西镇位于霍山县境西部的深山区,包括今天的漫水河、上土市和金寨燕子河、闻家店一带。山高林密,交通闭塞,封建统治严酷,人民生活贫困。长期以来,西镇的人民谋生存、求解放,从来没有停止过斗争。1922年秋至1923年春,进步知识分子、共产党员刘仁辅曾领导燕子河、闻家店的佃户,为维护"永佃权"而斗争,挫败了地主豪绅。不久又串联600多户,抗缴地主刘佐廷三四百石租稻。这是国民党反动统治者鞭长莫及的边远地方,却为革命者提供了大有作为的广阔天地。

起义前,舒传贤和霍山县委书记喻石泉,奔走在西镇崇山峻岭间,做了大量的准备工作。区委已经成立,党、团支部健全,并拥有一支百余人枪的游击队和500余名农协会员,力量相当雄厚。

正当区委书记刘仁辅和县委徐育三按照舒传贤和喻石泉的部署,准备和红三十二师取得联系,组织群众武装起义的关键时刻,西镇事务所(相当于区政府)发觉了革命群众的行动。当地的地主豪绅加紧勾结,狼狈为奸,密谋在全区施行大逮捕,妄想将西镇革命势力一网打尽。区委接到中心县委的通知后,当机立断,先发制人,连夜派刘仁辅等同志,去丁埠联系红三十二师,立即举行起义。

西镇起义爆发了!11月19日夜间,数百名起义群众,在红三十二师的配合下,包围了恶霸地主余良远的庄园。这个庄园立在闻家店街西,院墙高大,又有一批团练防守,比较难攻。这时,我先期打入民团的内线发挥了作用,里应外合,攻下了这个罪恶的堡垒,缴获了钢枪12支,取得了袭击闻家店的胜利。

初战告捷后,起义队伍兵分两路:一路攻打燕子河,烧毁了恶霸地主刘佐廷的宅院，捣毁了民团局，打死团匪多人。一路攻打楼房湾，活捉土豪郑世济和四个团匪，缴获了一些枪支。

由于事先做好侦察和监视工作，起义队伍会师长山冲后，在黎明前包围了高氏祠。正在密谋策划的乡、保团总和地主豪绅吓得魂飞魄散，落荒而逃。起义队伍奋起直追，歼灭敌自卫团大部，击毙敌自卫团队长陈先觉，活捉恶霸地主余良远、郑小川以及乡、保团总五人。昔日骑在人民头上作威作福的地头蛇、寄生虫，统统威风扫地了！

天亮以后，起义群众乘胜东进漫水河，攻下西镇事务所，敌自卫团官兵70余人，死的死，伤的伤，活下的当了俘虏，无一逃脱。

第二天，刘仁辅在燕子河宣布成立了西镇革命委员会。在胜利的鼓舞下，西镇游击队很快发展到三百六十多人，成立了游击大队，成为六霍地区革命武装三大主力之一。

西镇起义的胜利，沉重地打击了顽固的封建势力。大豪绅何必斋等跑到省里求救，小豪绅刘佐廷等溜到县城躲藏。西镇人民扬眉吐气，高唱欢歌，编了一首描绘西镇起义的歌谣：

> 河南老红军，
> 来到我西镇，
> 钢枪打前阵，
> 后跟赤卫军。
> 先打闻家店，
> 后打楼房村。
> 打土豪，杀劣绅，
> 反动团总消灭尽！

七邻湾起义与流波䃥起义

11月16日，六安六区的七邻湾、古碑冲、南庄畈一带农民群众，响应中心县委的号召，举行了武装起义。

七邻湾一带有较好的群众基础。1928年5月，建立了六区第一个党支部，由六霍县委委员桂伯炎同志兼任支部书记。三个党小组,分别活动在七邻湾、红石岩和男湾三处,组织和发动群众。由于这一带与丁埠接壤,深受立夏节起义的影响。不久,桂伯炎同志就秘密组织群众武装,建立了六区游击大队,在金寨一带打击地方反动势力。

起义这一天,游击队在群众的支援下,夜袭了汪东阁民团,缴获了40多支枪。号称民团八大司令之一的汪东阁,率领他的残部,经流波䃥,向麻埠溃逃,投奔另一个民团司令朱茂功去了。七邻湾革命群众起义成功,成立了革命委员会。

这时候,流波䃥盘踞着朱茂功部分民团。这伙匪徒到处烧杀抢掠,残害农民,乱伐树木,修筑工事,把一个繁荣的山镇践踏得不成样子。游击大队战意犹酣,士气正旺,又值红三十二师游击到此,于是,相互配合,攻打流波䃥。战前,游击大队派出侦察人员,化装卖草农民,打进镇子,与镇内的地下党员和革命群众接头,取得军事情报。

第二天凌晨,游击大队与红三十二师协力作战,在流波䃥农民的支援下,从小河南进攻,然后采取两翼包抄,摧毁敌指挥机关和火力阵地,把朱茂功部打得人仰马翻。剩下的团匪,从游击大队预先布置好的缺口逃跑,躲进胡子岩下的石洞,也全部落了网。

流波䃥镇的攻克,具有一定的战略意义。它是后来红三十三师的诞生地,也是红三十三师攻下敌人在六霍地区最后一个据点——麻埠的重要阵地。

徐集民团起义

11月25日,六安城西30里的徐集,爆发了民团起义。这次起义领导人是中共六安中心县委宣传部长周狷之和共产党员毛正初。

毛正初同志自1928年秋天开始,受党的派遣,打入徐集民团担任团长。一年来,他在团丁中间积极开展思想教育工作,通过农村阶级斗争的事实,启发一些出身贫苦的团丁觉悟,并发展了徐四、李家宽等人加入了共产党。在春荒斗争中,毛正初带领民团支持农民的革命行动,同地主豪绅针锋相对。后来,伪团防局有所察觉,便派了极其反动的朱晴川控制民团,挤走了毛正初。毛正初离开后,党的兵运工作由徐四接替。但毛正初仍经常回到徐集秘密串联,了解民团内部的动向。

自朱晴川上任后,团丁们不断地挨打受骂,怨气冲天,有的受过革命教育的团丁,见朱晴川胡作非为,对他更是痛恨。毛正初和徐四等人,利用民团内部的矛盾,加强分化工作,在22个团丁中,争取过来15人,为民团起义创造了条件。起义前夕,毛正初在徐集附近的毛小庄,向徐四和秘密农会的负责人传达了中心县委的指示,研究了起义的行动方案。

25日晚上,毛正初回到徐集,隐蔽在一家中药铺里。那时徐集镇上赌风很盛,周狷之和十几名游击队员走进赌场,夹杂在赌客当中,准备接应起义士兵。在民团里,四个党员和九个农协会员,假睡床上,等待起义时刻到来。共产党员李家宽趁拿枪站岗之机,悄悄下掉了七个反动团丁的枪栓。并对民团头子和反动团丁严加监视。

起义的时刻到了。毛正初来到民团,集合了起义士兵,宣布起义。周狷之和游击队员按照约定时间,前来接应。这时候起义士兵一齐举枪朝天鸣放,以示欢呼。这阵排枪声,标志着这支武装队伍开始了新生,与反动统治者彻底决裂。士兵们开枪击毙罪恶累累、顽固不化的朱晴川,宣告了起义的胜利。

民团起义一胜利,农协会员和革命群众一齐拥上了街头,打土豪,捉劣绅,街上一片欢腾。

中心县委认为,徐集离重兵驻扎的六安城太近,暂不建立红色区域。这支起义武装,当夜就撤出徐集,到苏区外围南岳庙一带开展游击活动,配合苏区的武装斗争。一年以后,在六安河西农民起义中,这支游击队成了一支重要的武装力量。

桃源河起义

霍山桃源河、诸佛庵一带,地处独山与西镇之间,自独山、西镇起义胜利后,便成为两地联络的交通障碍。六安中心县委考虑,必须打开这个通道,将独山与西镇连接起来,使根据地连成一片。

桃源河是刘淠西同志的家乡。刘淠西打入诸佛庵民团后,就经常到桃源河开展活动,建立了党的组织,培养了一批干部,为武装起义准备了骨干力量。

12月16日,中心县委派徐育三率领西镇游击队,支援桃源河起义。当天晚上,桃源河的党组织,在程家老屋召开群众大会,宣布起义。40多名农协会员和部分西镇游击队员,冒着纷纷大雪,连夜奔赴小堰口,抄了土豪熊士昌的老窝,缴获了不少枪支弹药。熊士昌是当地反动势力的头面人物,他一垮,其余地主豪绅统统束手就擒了。

红色风暴在桃源河掀起来了!第二天,起义农民举行集会,斗争了七八个恶霸地主,分了他们的财产,镇压了罪大恶极的土顽杨老八、汪学华。受压迫被欺凌的农民群众,千百年来第一次做了这片土地的主人。

桃源河的风暴,席卷了诸佛庵、石家河、新店河、黑石渡、戴家河方圆几十里的乡村。打土豪斗地主的运动,轰轰烈烈,农民群众举起铁拳,把封建制度打得粉碎!

自独山起义到桃源河起义,整整四十天时间。至此,红色区域基本连成一片,皖西革命根据地,在严峻的对敌斗争中,初步形成了。

三、红三十三师的创建

没有一支坚强的革命武装,群众斗争就会没有出路,就会没有革命的地位和革命的一切。六安中心县委经历了六霍总起义后,总结了经验与教训,得出了上述的结论。围攻麻埠的失利,独山的一度失守,对中心县委领导来说,是一次血的教训。

独山起义胜利后,三区赤卫队和县直游击队共2300多人,于11月17日,分三路围攻麻埠。麻埠守敌朱茂功民团和从金寨溃退下来的汪东阁民团,凭着雄厚的兵力,精良的武器,据险顽抗。激战四小时,终因敌强我弱,未能攻下,赤卫队便退回到朱家湾。第二天,又调去2000多名赤卫队员,连续围攻四天,我赤卫队和农民群众表现英勇顽强,但也因交通阻隔,红三十二师未能从流波䂓方面配合夹攻,只得放弃。第二天,敌人重兵增援,围攻麻埠遂告失败。

六霍总起义的爆发,围攻麻埠的声势,使反动统治阶级惊恐万状。六安之敌将独山、石婆店、西两河口败退下来的反动民团,集中在淠河东岸的苏家埠,阻止革命势力向东发展。敌独立旅的一个团由霍山出动增援麻埠,一个团由六安出发占领独山。敌人占领独山、麻埠后,勾结反动民团到处组织"反共队""清乡团",大肆逮捕和屠杀革命群众。仅独山一地,被杀害的达200余人。党和农民协会组织,遭到很大破坏。中心县委委员吴干才、军事委员朱体仁等同志,前往六安郝家集一带,恢复被敌人破坏了的党和群众的组织。朱体仁同志抵抗敌人的逮捕,当场壮烈牺牲。

吴干才同志被捕后,被押往独山,惨遭杀害。这两位领导人的牺牲,给六霍地区的革命事业带来了很大损失。鉴于这个教训,中心县委决定,将六安三区、六区游击队和霍山西镇游击队合编,成立一支红军部队,进一步发动群众,扩大武装,开展游击战争,发展这个地区的革命形势。

1930年元月二十日,三支游击队在流波䃥胜利会师。在中心县委召开的县委常委和游击队党团联席会上,党组织宣布成立中国工农红军第十一军第三十三师。徐百川任师长,姜镜堂任政治部主任。下辖一〇六团、一〇七团。全师共200余人(内党员40人),长短枪140余支。红三十三师是鄂豫皖边区的第三支红军,也是后来红四方面军的一个重要组成部分。

红三十三师成立后,立即投入了紧张的战斗,初试锋芒,进攻霍山。

2月1日拂晓,在霍山赤卫队2000多人的配合下,红三十三师开始进攻霍山。守敌自卫团被我击溃,伪县长甘达用慌乱中发电向伪省长告急:"霍山失守,请火速派省兵来援。"后便狼狈逃出县城。

红军进城后,打开监狱,释放了被捕群众50多人,当晚主动撤离。霍山是皖西地区第一个打开的县城。红三十三师一举攻克霍山,显示了刚刚诞生的红军部队的威力。

撤离霍山以后,一〇七团开往西镇,继续发动群众,肃清反动势力。一〇六团奔赴流波䃥,准备攻打麻埠。

2月中旬,红三十三师得到红三十二师的配合,开始进攻麻埠。红军攻势勇猛,锐不可当。麻埠守敌张季荃部300余人,一经接触,全部溃败,红三十三师缴获钢枪30余支,给六安敌军主力张季荃以重创。残敌溃退独山,红军继续东进,又占领了独山。攻下麻埠和收复独山后,三区和六区便形成一块纵40里、横60里的红色区域了。

敌人总是不甘心失败的。敌张季荃部受到挫败后,又重整旗鼓,疯狂反扑。敌人向我三路进犯:英山团匪进犯西镇,进而到了流波䃥;朱茂功、杨宗山反动民团又分两路进犯麻埠、流波䃥。形势非常危急。这时,红三十二师奉命返回商城与红三十一师会合,反敌人包围的斗争任务,完全由三十三师承担了。红军采取"各个击破"的战术,放弃麻埠,到流波䃥迎击英山团匪。这一仗,敌200余人被打垮,缴枪十余支。然后打击进犯流波䃭的杨宗山部,给杨部以极大杀伤,残敌慌忙退出流波䃭。流波䃭战斗告捷,使进犯麻埠之敌乱了阵脚,在六区游击队的袭击下,朱茂功等敌也从麻埠溃退。六区之围便被我彻底粉碎。皖西根据地完全恢复,并且得到了扩大。

经过攻克霍山和反包围的战斗,年轻的红三十三师经受了考验和锻炼,战斗力大大提高。4月,红三十三师一〇七团协同英山游击队,一度解放英山县城;全师为支援霍山东北区群众起义,再度解放霍山。到了5月,全师扩大到300多人,并建立了特务营。实践证明,它已成为鄂豫皖三大主力之一,足以担负起皖西根据地革命斗争的重担。

在红三十三师结合赤卫队和群众,不断扩大游击战争的情况下,皖西根据地扩大到纵180余里、横100多里的较大区域,人口30余万。

1930年2月25日,中共中央指示成立了中共鄂豫皖边特委,郭述申同志任书记。鄂东、豫南、皖西三块根据地连成一片,归特委统一领导。3月12日,中共中央致函鄂豫皖边特委和三十一、三十二、三十三师,决定将三个师合编为中国工农红军第一军,许继慎任军长,曹大骏任政委。

从此,皖西根据地的革命斗争,进入了一个新的里程。

原载《皖西革命回忆录:第二次国内革命战争时期(上)》,安徽人民出版社,1980年,第34～50页。

随红一军第一次东征

◎ 朱 云

1930年3月,活动在鄂豫皖区的三支红军部队,奉中央指示,组成了红一军后,第二、第三两师即由军长许继慎、政治委员曹大骏率领,于6月中旬开始东征,向六安、霍山两县西部地区的反动据点发动进攻。

当时,我在霍山闻家店中共六安中心县委机关工作,接到中心县委书记舒传贤由金寨来的通知,叫我立即到流波䃥红一军东征。次日天还未亮,我就同一位交通员去流波䃥。这一路山高岭大,道路崎岖,但一想到马上就可以参加战斗、消灭白匪,浑身都是劲,一刻未休息,4个多小时就走了50多里。距流波䃥只有六七里路了,我站在几百米高、下临碹眼瀑布的悬岩上,侧耳静听。流波䃥集镇方向已无枪声,是战斗已经结束了,或是战斗尚未打响呢?这时,看见由河两边的山冲里走出很多群众,拉着牲畜,背着小孩,担着行李,向流波䃥走去。听他们说,都是躲白匪逃跑到山里的,现在红军消灭了白匪,他们才回来。

我们到达流波䃥街头,看到处处都留有战斗的痕迹,最醒目的是,墙壁上布满了大大小小的洞眼。可以看出,小的洞眼是红军猛攻街头阵地,与白匪进入巷战前,用步枪打的。但大的洞眼呢,既不像白匪挖的射击孔,也不像我们用迫击炮打的痕迹。打扫战场的赤卫队员告诉我,守敌新编第五旅潘善斋部,有一个多营死守在流波䃥,昨天夜间,红军发动总攻击,敌在街外凭险固守。经过一夜激战,敌退于街上。今天拂晓,红军抬来斗粗的大铁炮和九节鞭大土炮,摧毁敌人街头工事,轰街上白匪,在墙上留下了这些大洞。赤卫队员还告诉我，红军猛冲上街，前堵后追，敌军一个多营所剩无几。现在离战斗结束时不过两三个小时，红军大队已追击向麻埠溃逃的残匪去了。

听说红一军已向麻埠方向追击白匪，我连饭都没顾得吃，就迅速地去追赶部队了。沿途，到处看到白匪狼狈逃窜时遗弃的尸体和伤兵，还丢下很多的军用品和在苏区抢掠群众的衣物。又看到我们派来的医务人员，在给敌兵伤员包扎，用担架把他们送到后方医院。一些担任医护的女同志背着药包，夹在担架队中间匆忙行走。

赶了十多里路，才听到麻埠方向传来隐隐约约、稀稀落落的枪声。我加快脚步，超到担架队前面去。担架队前面是红军的后勤人员，只听见他们在谈笑着说："追了大半天，孬种的白匪，拼死命地跑，看他们能跑到什么洞里去。""我们拼着一天不吃，也要把他们追上吃掉。"再前面就是红军正规部队了，虽然是大敌当前，前面的战斗又未结束，可是他们多半是若无其事地一边行军，一边唱歌。

刚刚结束战斗的大路两旁，已经挤满了来自四面八方欢迎红军的群众，有的提着茶壶，手里端着碧绿茶说："红军同志，辛苦了，喝碗茶吧！"沿路的村庄、稻场上，都放着桌子、板凳。桌子上有的摆上茶，有的摆上菜饭，群众都亲亲热热地喊着："红军同志，吃吧！饭菜都是我们农会送来的，不会违犯你们红军纪律的。"可是一队接一队的红军，都从桌子旁边走过去，没有一位留下吃饭的。一位红军负责同志热情地对群众说："同志们都是自家人，不要客气，麻埠已给我们准备饭食了。"

我和红军战士们一路边走边谈，大约离麻埠还有十几里路，枪声已转到了麻埠的北边，并且渐渐稠密了。我估计追歼残匪的战斗，可能推进到东、西鲜花岭了。一个上午追敌四五十里，好像秋风扫落叶，战斗真可称得上神速了。

离麻埠街还有几里路，周围山上都设有红军的岗哨，路上也有红军哨兵，这说明前方战斗仍在继续进行。我进入警戒线内，看见到处都是红军，有的在路旁休息喝茶，有的在擦枪，有的在整理服装，有的正在整队集合，立即向东、西鲜花岭方向前进。

我在麻埠中街一家茶行里，找到了团中心县委的干部秋枫。他是同舒传贤书记从金寨随许继慎军长、曹大骏政委一起来的。秋枫告诉我，我们随红一军东征主要任务是：到收复地区协助党委，整顿党、团和群众组织，扩大农会、工会、赤卫队、少先队、童子团、妇女会等群众组织；发动和组织群众慰劳红军，支援前线；动员青年参军；等等。他还兴奋地对我谈起这次战斗的情况：敌潘善斋旅，有一个多营守在麻埠，原计划援救流波䃥，没想到在距流波䃥十多里路的地方即被击溃，麻埠的敌人未敢抵抗，连同流波䃥逃敌一起逃出，所以麻埠便唾手可得了。两处溃逃的敌人拼凑起来，大约不到两个营，都退到东鲜花岭去了。守鲜花岭的是反动派新近改编的小罗成土匪部，约700人。反动派认为这支土匪很有战斗力，小罗成也自以为能打，自告奋勇来守西鲜花岭，敌人是企图死守东、西鲜花岭，阻止我们前进。

红一军领导经过分析，认为小罗成土匪毫无战斗力，也没有战斗经验，所以我先集中兵力攻敌人薄弱的西鲜花岭，以少数部队牵制东鲜花岭之敌，后再集中兵力打东鲜花岭。秋枫接着说："许军长亲率二、三两师部分部队去打西鲜花岭，出发已一个多小时，开始枪声很紧，现在已渐远渐稀，可能已攻下西鲜花岭，等侦察员回来就可以清楚了。"

我稍作休息后，即随一位区委同志到街上看望烈军属和支前的情况，并就便了解敌人占领麻埠后的情况。据群众反映，一个多月前，我们部队撤出麻埠后，敌军潘善斋部即进占麻埠，跟着就是反动头子朱茂功带着民团连同逃窜到六安的土豪劣绅回到麻埠。这帮匪徒一回到麻埠，就进行"清乡"，对群众欺诈勒索，摊捐、派夫，关押和毒打；对我们烈军属更加以残酷迫害和屠杀。但不管敌人如何残暴，苏区群众没有一个人低头屈服。

几条街道的支前工作,已经开展起来了。许多群众送粮食、油盐、柴炭支援前方。还有妇女会组织,动员妇女同志连夜做军鞋,慰劳红军。好多少先队员已扛起红缨枪、木榴，帮助红军站岗、放哨，巡逻街前街后，检查过往行人。

晚间九时许，我们参加了中共六安第七区区委召开的党、团员及工会、农会主任和赤卫队队长联席会议，研究如何支援红军，如何动员青年参军，以及今后如何去整顿、发展党、团和群众组织，以适应新的革命形势。这时，随部队到前方去的侦察员回来了。他进到室内后，连茶都未喝一口，就汇报了东、西鲜花岭战况：许军长率领的红军，刚进入山口，就遇到一支敌人袭击，红军冲上去，敌人就顺着山路向岭上跑。红军的左右翼，沿着两边山头迅速运动，中路仍沿着山路前进，红军中路的前哨在岭半腰与敌相遇，敌人占领有利地形，凭险顽抗。小罗成万没想到，中路的红军只是佯攻。红军的左右翼，已从两边包抄上去，对他们的阵地形成了包围圈。红军左、中、右三路集中火力猛攻。敌人虽自知已陷入红军的包围圈，但仍顽抗。红军占领一个又一个山头，把包围圈渐渐缩小。这时岭上的敌人，向下猛冲，企图解救被围在岭半腰的敌人，可是几次冲锋都被打了回去。被围困的敌人，见外援无望，拼命挣扎，结果全部被歼。仅仅在这半山腰就毙伤和俘敌300多人。未等半山腰的战斗结束，红军就派出大批部队，进攻敌西鲜花岭的岭头阵地，很快占领了敌人阵地两边的制高点。小罗成土匪见势不妙，准备逃跑，可是被红军包围了。红军一面加紧猛攻，一面在阵头喊话，不到半个小时，就将小罗成残部全部歼灭。歼灭了西鲜花岭的匪军后，红军迅速转向东鲜花岭。守东鲜花岭敌潘善斋的两个营，见守西鲜花岭的小罗成部已全部被歼，就放弃东鲜花岭，慌忙向独山方向逃窜。红军乘胜穷追猛打，逃跑的敌人也大部被击溃。这时许军长下达命令：夜十二点钟以前，一定要全歼逃敌，收复独山。

七区区委召集的联席会议，就在这群情沸腾的气氛中进行。大家根据红一军东征的进军速度，提出如何抓紧当前各项工作，配合红一军的行动，开展热烈讨论。会议一直进行到夜里两点钟。会后，我还留下少先队几个负责同志，同他们研究少先队、童子团马上必须进行的工作和今后一段时间的工作。秋枫对动员参军的工作，也作了布置。这时，东方已露出微明，我和秋枫等五个同志，便背起汗衣，准备去独山。大家都想去看看昨天消灭小罗成匪部的战场，顺便取道西鲜花岭。

一轮红日刚从东方升起，我们一行已到了西鲜花岭下。岭半腰和岭头的两个战场，除俘虏已被带走，伤兵已送到后方去外，到处都有白匪丢下的尸体，可见昨日的战斗是相当激烈的。

我们到达独山后，得知昨晚十点多钟，红军就收复了独山，敌军残部已向苏家埠和西两河口逃窜。许继慎军长、曹大骏政委和舒传贤书记，率领红军跟踪追击，先头部队于昨夜十二点钟，已到达郝家集，拂晓前可对西两河口守敌展开攻击。

昨天从拂晓到晚十时许，红一军连续收复流波䃥、麻埠、独山这皖西三个重镇，全歼敌军小罗成一个团（当时小罗成700多人号称一个团），击溃敌潘善斋新编第五旅一个团，共计毙伤俘敌1000多人，缴获长短枪1000多支。

舒传贤到独山后，将中心县委常委王义中留在独山，负责召集独山、郝家集群众和流波䃥、麻埠、龙门冲、西两河口、南岳庙等地指派的群众代表，于次日上午在独山开欢迎红一军东征皖西和庆祝收复流波䃥、麻埠、独山等地的群众大会。并叫我和秋枫也留在独山，协助开好这一大会。

经过一夜的紧张劳动，独山的大河滩上，已经搭起了一个三丈多见方的高台。台前挂上一幅大红横幅，上面写着"庆祝红一军收复皖西群众大会"，台上挂起几十面大红旗。

天还未亮，群众就敲锣、打鼓、吹喇叭，扛着红旗，从四面八方拥来参加庆祝大会。上午将近六时，二、五、七三个区的赤卫队，一队又一队举着红旗，背着土枪、戈矛和大刀，唱着红军歌曲，迈着整齐步伐进入会场。接着就是五区和三区的少先队，后面跟着劳动童子团，他们一排又一排整整齐齐地站在台前，显得非常威风。在通往苏家埠、韩摆渡、南岳庙等几条路上，红军都派有部队侦察、警戒。赤卫队也组织纠察队，在独山四周和会场周围，执行警戒任务。

这次大会开得十分热烈，到会有6000多人，五区妇女会的20多人在会上跳了红军舞。红军代表在会上报告了东征胜利的情况，并感谢皖西人民的支援；群众代表一致表示掀起拥军、参军的热潮，大力支援红军，会场里不断响起热烈的掌声。

大会一宣布结束，许多迫切要求参军的青年，一齐围到了区赤卫队队长跟前，要求当红军。这时，区委领导和赤卫队长立刻登上大台，宣布说："五区要求参军的同志们，马上可以到台上来报名。其他三区、七区的同志，不在这里报名，各区找各区负责同志。"

这一下，要求参军的青年都拥在台下梯子边，争先恐后地要上台报名。第一个还未上台，第二个第三个就挤上梯子。当报名到了大约30多人时，突然有五六个青年女子，一下子拥上台报名参军。负责登记的同志说："领导说这次没有招收女兵的任务。"一位女青年说："男的能参军当兵，女的怎么就不行？"另一位女青年说："男的受压迫、受剥削要求当兵，我们女的更受压迫，更受剥削，我们更应当去当兵。"又一位女青年抢着说："男的扛动枪，我们女的也行。"队长干脆说："不行就不行，蛮缠也不行。"女青年们说："你不让我们当兵、扛枪，我们当救护兵，当宣传员，再不行，我们就去当炊事兵、洗衣兵。"区委负责人看到三个女青年哭了，只好允许她们报了名。报名的人数大约到100开外了，这时候，又有两个50多岁的老农民挤到台上报名，可是没有人给他们登记。他们诉起苦来，说从小要饭，以后帮地主打了30年长工，脊梁骨都累断了，几十年没有找到出路，是共产党、红军救了他们，所以一定要去当红军，解救天下同他们一样受苦的人。

这一次，报名参军的青年共计170多名，会后陆续参军的青年还有100多名。

独山大会后，遵照中心县委的指示，我到郝家集工作，秋枫去龙门冲工作。任务完成后，两人到西两河口集合。

我到郝家集，第一步是帮助整顿被敌人破坏的党和群众组织。郝家集属五区的一个党支部，青年团也是一个支部。在前次敌人占领郝家集后，党、团负责人在原地坚持工作，所以红军收复郝家集后，党、团组织立刻就恢复了活动。郝家集自1927年下半年就有了农协组织，同独山、龙门冲、西两河口等地区一样，群众基础都是很好的。郝家集群众虽然经过匪军和土劣的两次摧残，各项工作仍做得不错，就是在严重的白色恐怖时期，仍能坚持对敌斗争，有半数以上的组织保持完整。这地方群众觉悟这样高，思想这样稳定，这是党在那里两年多来的教育和培养的成果。

郝家集的青年，参军非常踊跃，除在独山大会上报名参军而外，第二天一早，又有18个青年到独山去报名参军。由郝家集去独山参军那一盛况，实非三言两语说得了的。其中有携儿牵女的少妇送夫参军的，有老年夫妇送小儿子参军的，还有一新娘送新郎参军的。参军的青年在红旗飘飘、锣鼓喧天和爆竹声中，走上了新的征途。

紧接着，郝家集掀起了一个支援前线的热潮。

红一军在夺取东、西鲜花岭，连续收复独山、龙门冲、郝家集后，追敌到西两河口，没经大的战斗，匪军残部向苏家埠和六安城逃窜。红一军收复河口，军部就扎在那里，河口距郝家集仅十多里，而且道路较为平坦。郝家集濒临淠河，船只、竹排都与河口通行。我们与当地党组织研究郝家集支援前线的工作，第一步是马上集中烧柴和粮食，迅速运送河口前沿，人力牲畜不够，即发动船、排水运，决定两天内运送烧柴两万斤，大米或玉米等粮食30石，第二步再送肉食去慰劳红军。并将这一意见报告中心县委和五区区委。

下午，我同一位姓刘的党支部委员，一起到农村去看看群众支前物资集中的情况，在郝家集到林家大院的路上，遇到很多群众担柴、担米向林家院子集中。我们到了庄子稻场上，正有几位农会负责人在收送来的柴、米，过秤登记。他们说，就他们一个农会已集中有两三千斤干柴，四石多上熟米了，明天一早送到河口去。我们走进屋里，见有几位农民在舂米，一位老农民对舂米的人说："红军同志辛辛苦苦，为我们打白匪，我们这里是出米的地方，你们要多打两百锤，把米舂熟熟的，煮熟的饭都像雪一样白才行。"

就在这时候，一位中年妇女匆匆跑进门喊："王大嫂！"一位中年妇女手里拿着鞋底走出来，她就是六安县负责人之一王乃雄的爱人。刚进屋来的那位妇女说："王大嫂，你借一双新鞋面子给我吧，我等着做鞋用，现在上街买已来不及了。"王大嫂告诉我，她们妇女会负责人说："红军同志为革命，日夜爬山越岭，鞋是很重要的。鞋一定要'三新'，就是面子要新，里子要新，鞋底也要新布做的。"王大嫂还说，她们郝家集乡妇女，准备做150双"三新"鞋送给红军。

在回郝家集的途中，我一直在想：烧柴要全干的，米要舂得熟熟的，鞋要做到"三新"。人民群众这样真心实意地拥护红军，正是红一军东征如此神速的力量源泉，也是后来人民解放军迅速解放全国的重要原因啊！

红一军收复西两河口的第二天，驻六安的敌军潘善斋旅，拼凑残部企图反扑，在途中就被红军击溃，逃回六安城。不久，红军乘胜再度解放霍山县城，皖西根据地被敌军占领的地方，也就完全收复了。

原载《皖西革命回忆录：第二次国内革命战争时期（上）》，安徽人民出版社，1980年，第82～90页。

回师皖西

◎ 张经安

一踏上苏区的土地，越过长岭关，就进入皖西苏区了。

我们红一军是在1930年夏天，在党内第二次"左"倾路线的错误领导下，奉命离开苏区，出击平汉线的。红军撤离苏区后，国民党反动军队和地方民团乘虚而入，一下把大片皖西土地沉浸到血泊之中。

平汉线上，敌人兵力集中，城池坚固，交通便利，敌我力量相差极大。在那一带，我们的群众基础又根子薄弱，战斗也往往失利。在强攻广水、信阳、黄安受到挫折的日日夜夜我们是多么惦念刚刚建立起苏维埃政权的家乡啊！

部队在滕家堡休整的那几天，我们发现金寨一带的不少群众，拖儿带女，流落到湖北境内。见到红军，他们悲愤地倾诉着苏区遭受蹂躏的情景，强烈要求红军回去报仇雪恨。就在这时候，坚持皖西开展游击战争的肖方同志也来找红一军，搬兵打回皖西苏区。

我们红一军军长许继慎同志，是位北伐的著名英雄，他奉周恩来同志之命来到鄂豫皖地区，为组建红一军做出了卓越的贡献。这次出击平汉线，许继慎从实际情况出发，采取比较灵活的战略战术，没有机械地执行上级的命令，因而保存了红军的有生力量，并取得了一些胜利。现在，经过军、师、团首长们的研究，许继慎同志决定：回师皖西，严惩敌人，收复失地，发展苏区。

回师皖西！战士们一接到这个命令，那高兴的劲儿真是没法形容，有的蹦跳起来，有的唱起山歌，有的彼此推打，有的互相挑战看谁杀敌多，缴枪多。

12月12日，在许继慎军长的率领下我们从滕家堡出发，一路小跑，踏上了皖西苏区的土地。

苏区的一山一水一草一木，对我们来说，都是十分亲切的。然而，半年前那种生气蓬勃的景象，充满欢乐的生活，却已经消失了。到处是残垣断壁，冢家新坟。血一下冲到我的脑门，同志们眼里都喷射出怒火，恨不得把那些残害人民的白匪赶尽杀绝。

当晚，部队在斑竹园一带宿营。肖方同志和当地苏维埃干部、革命群众，都赶来迎接，像久别重逢的亲人，大家心里都有千言万语要说。半年来的艰难曲折的历程，把我们的心贴得多紧啊！

战士们一住下，就帮乡亲修补房子，恢复家园。乡亲们呢，热情地为部队安排住处，不让在外边露宿；见部队支锅煮饭，把军锅都给藏起来了，非要战士们去家里吃饭不行。妇女会组织洗衣队，到处收战士们的衣服，连夜洗净烘干。还说这都是乡苏维埃政府的"命令"，谁都得服从。

有一件事，时隔五十年，想起来就像发生在昨天。我们的连长，在行军途中病了。一位老大爷知道后，炖了一只鸡，送给连长吃。当时群众的生活非常艰苦，这只鸡，连长是无论如何不肯收下的。老大爷说：这是村苏维埃政府送来的，给连长补养补养，身子早点复原，多杀白匪。连长很受感动，但还是不肯收下。老大爷生气了，硬是要拉连长去见村主席，连长说他走不动；老大爷要他写个收条，连长不肯写，老大爷气得要我带他去找部队首长。商量了好久，连长决定收下这只鸡，掏了一块银圆给老大爷，老大爷接过银圆往连长铺上一甩："你自己交给苏维埃政府吧，我没权收钱。"说罢，头一扭，走了。望着老大爷走远的背影，品味着他那慈父般的深情话语，连长和我都感动得流下了泪。

第二天傍晚，队伍到达丁家埠。自进入苏区以来，对父母的思念越发深沉了。连长了解到我家离此地只有六里地，同意我探亲的要求。我连走带跑，一心想早些见到二老双亲。

可是，在我年幼时常常割草、放牛的河边找不到熟识的房子了，我的心猛地一缩，唯恐发生什么不幸的事情。忽然，在不远的河湾，发现了一座草棚，一位老人佝偻着身子，正在门口洗衣服。这不是母亲吗？我猛跑过去喊声："大！"母亲转过身，怔怔地望着我，嘴角哆嗦着："儿呀，你们打回来啦！"父亲闻声从屋里走出来，一把拉住我的手，就倾诉起敌人的暴行来了。

那时，金寨一带，盘踞着以大恶霸汪东阁为首的八大民团1000多人，什么朱母公子、王大花鞋、杨乌虎子、易八叉子等，霸寨为王，残害人民。当红一军出击平汉路时，这伙匪徒，勾结国民党正规部队，搬来红枪会，疯狂破坏苏区，残酷镇压革命人民，杀害干部家属，贩卖年轻妇女，烧毁房屋，抢光财物，拉尽耕牛，无恶不作，罪行累累。父亲说："你看，我们家乡被糟蹋得不成样子了，你们回来，要为老百姓报这个仇啊！"

我说："大！红军回来，明天就要打金寨啦！"

父亲脸上绽出了笑容，赶紧催母亲把唯一的一只小鸡杀了。母亲一边忙，一边说："这回真要打下金寨，老百姓可高兴呵。"

我说："千把个杂种，红军只要一个团，就能搞掉它，能往哪里跑！"

吃过饭，我急着要归队。临走，母亲把我送到山口，父亲却一直送我回到部队。这天晚上，来了不少群众，他们都要求和部队一起，明天攻打金寨。

父亲躺在火堆旁边，翻过去，覆过来，一夜都在兴奋中度过。天快亮时，他凑到我耳边说："孩子，今天上火线，要狠狠收拾那群吃人的野兽！"这不仅仅是父亲对儿子的嘱咐，也是皖西苏区人民对子弟兵的期望！

一、攻克金寨

1930年12月14日清晨，红一军四个团，加上独立旅、赤卫队、担架队，总计一万多人，集合在丁家埠河湾沙滩。河滩上，"中国工农红军第一军"军旗凌空飘扬；每个连队各有一面红旗，竞相招展；战士们的灰军装上佩着红绸袖章，袖章中间绣着镰刀斧头。在旭日的映照下，刀枪闪闪，红旗争辉，好不威武雄壮！

一片肃静中，许继慎军长大步走来了，他向全军作了战前动员："同志们，这一路你们都看到了吧！看到反动派的罪行，看到了人民的苦难，谁心里不难过呀！今天，我们一定要打下金寨，这是回师皖西的第一仗。打下金寨，歼灭八大民团，才能挥师东进，收复根据地，为人民报仇！"

许军长说出了我们的誓言，大家情不自禁地振臂高呼："打下金寨！收复根据地！"那时的金寨是连接鄂东、豫南和皖西的重镇。由于敌人势力强大，立夏节起义之后，红军曾打过两次，都没攻下。一次是在1929年5月20日上午，由师长周维炯率领红三十二师，首次攻打金寨。当时，三十二师建立还不到两个月，只有100多人，几十支钢枪，打了半天，才攻下一条街，当夜就主动撤出。第二次是在1930年12月4日，是肖方、项陂带领独立旅来打的。因人少、枪少，不但没打开，还有不少伤亡，所以敌人气焰非常嚣张。他们大吹大擂地说："金寨固若金汤。我们是大别山的精锐，要剿尽红患，为国雪耻。"这次，我们无论如何也要打下金寨，消灭这伙无耻的匪徒。

按照军首长的作战部署，部队迅速进入了阵地。一师一团在南面担任主攻，从张火山下去，首先占领金鸡岭；一师三团担任北线警戒，从五桂潭到曹家畈顺河沿山设防；三师六团担任东部堵击，在洪家湾、高庙子一带埋伏，防止敌人向麻埠、六安逃窜，同时负责打援；二师四团做预备队。在金寨一带，红军给敌人布下了天罗地网。

下午一点钟，我们正隐蔽在金鸡岭上，一会儿，许军长上来了。他举起望远镜，四面观察。我们也跟着到处张望。只见四面八方的红军队伍，都占了有利地形，整个金寨被我们团团围住，就是一只山雀也很难飞过。但是，愚蠢的敌人还以为我们是小股游击队哩，不过来骚扰一阵就走。他们躲在碉堡里嬉笑谩骂着："要是周麻子（指周维炯同志），我们就来勾两火；要是肖矮子（指肖方同志），就乖乖缴枪吧！"战士们气得心里直骂："狗杂种，你们是王八在锅里翻跟头——死到临头还逞能！"

猛然，军号声划破长空，好像给我们倾吐着胸中的仇恨。"杀！杀！"群山怒吼了！各路红军像猛虎般冲下山，如滚滚山洪，席卷金寨。漫山遍野的赤卫军，扬起红旗，呐喊助威。机关枪、步枪、手榴弹搅翻天地。那八大司令哪里经得住如此巨大打击，个个像没头苍蝇，四散奔逃。我们红军战士愈战愈勇，有的干脆枪也不用了，抡起大刀向前猛砍。我在冲锋的路上，一连打死了四五个敌人。愤怒的赤卫队，对着尸体也要狠戳猛捣，然后踢下河去，让它喂鱼喂虾。

敌人唯一的出路就是涉过史河，向东逃窜。这时，残存的匪徒们成批地往水里扑，河里拥挤不堪。齐腰深的河水寒彻入骨，匪徒们冻得发抖。我军趁机南北夹击，猛打"落水狗"。霎时河水变红，漂起了一具具敌人的尸体。整个战斗，仅用两小时就结束了。

欢庆的锣鼓，敲沸了金寨。四乡的群众，抬着雪白的米饭，挑着现杀的肥猪，扛着成坛子老酒，端着一盆盆鲜鱼，赶来慰劳红军。人们欢天喜地，编唱很多歌曲。其中的一首是：

红军远征离家园，

地主民团还了乡，

反攻倒算多疯狂，苏区遭祸殃：

烧房屋，抢耕牛，奸污我姐妹，

杀害我贫农，

哎呀呀，民团比蛇毒。肖团长呀日夜愁，

搬回红军报冤仇。

你看我大队红军转回头，个个雄赳赳。

金寨八大民团头，

被我围得风不透，

就像王八装在瓮里头，哎呀呀，难跑又难溜，

冲锋号一响，

红军下山岗，

迫击炮呀机关枪，

红缨大刀闪银光。

八大司令叫爹娘，

吓得无处藏；

匪兵死尸满山冈，

哎呀呀，你看猪吃狗争脏！

回师皖西，攻克金寨，拔掉了敌人楔在我鄂豫皖边区中的一颗钉子，歼敌范熙绩四十六师一个营及金寨反动民团共千余人，缴获步枪1000多支，短枪300支，迫击炮2门。这是回师皖西的第一个大胜仗，也是皖西根据地得到恢复的起点。

二、激战鲜花岭

12月15日,红一军乘胜东进,16日连克麻埠、独山、叶家集等重镇。因第二次"左"倾路线统治而一度沦陷的皖西苏区大部分收复。伪安徽省主席陈调元慌了手脚,急令四十六师警备旅严密防守六安、霍山县城。我军连攻两地,未能得手。战士们气得咬牙切齿,一再请求要与敌人血战,誓死消灭陈调元匪部。就在这时,我们接到撤回麻埠地区的命令。

原来,陈调元与鄂豫皖三省边区绥靖督办李鸣钟的三十师及二十五师(各一个旅),阴谋对苏区进行新的"围剿",正调兵遣将,向麻埠地区进攻。军首长经过慎重侦察和反复研究,决定在鲜花岭待机歼敌。

鲜花岭是六安到麻埠必经的咽喉要地。东西两侧都是高山峻岭,又叫东鲜花岭和西鲜花岭,南北是狭长的山沟,是个理想的伏击战场!

1930年12月底的一个清晨,群山覆盖着雾霭,寒风像刀片一样刺人。我们接到命令,悄悄到麻埠街头集合,听许继慎军长讲话。当我们知道这是去打陈调元时,个个兴奋得脸上泛着红光。

从麻埠到鲜花岭只有七里路,我们一路迅跑,边跑边盯着岭头。这时,旭日驱散了薄雾,照耀着群山,我们看见岭头上的前锋部队在挥臂摇动雪白的毛巾。这是信号:"敌人来了!"我们脚下生风,一口气飞上东鲜花岭,激烈的战斗顿时打响了。

这次,陈调元部分三路来犯:中路是两个团,由苏家埠、独山到东鲜花岭;右路一个团由韩摆渡、石婆店到西鲜花岭;左路四个团由霍山、诸佛庵奔袭麻埠。中路的敌人,更加骄横,贪功冒进,像羊群一样往山上爬,钻进了我军布好的口袋。我们是仇人相见,分外眼红。霎时间,机枪声、手榴弹的爆炸声像狂飙动地,霹雳震顶,压下了敌人的气焰。敌人并不甘心失败,又组织了一次次的冲锋,但除了丢下一堆堆尸体外,休想前进一步。我们愈战愈猛,冲锋号响处,只杀得日色无光,草木颤抖,敌人非死即伤,尸体遍布山腰。后续的一个团如丧家之犬,夹着尾巴钻进东鲜花岭以东的同兴寺,又立即被我们紧紧包围起来。

东鲜花岭战斗正酣的时候,右路的敌人进至西鲜花岭,左路的敌人则像泥鳅一样乘隙冲入麻埠镇内。我军除二师的第六团在石婆店埋伏堵截外,在东鲜花岭的全部兵力只有三个团。军情十分紧急。许继慎军长举起望远镜,仔细观察,见窜入麻埠的敌人已被军直属队击退,形成对峙,但尚未脱离险境;逃到同兴寺的敌人因为有了援兵,顽抗进至西岭的敌人,竟张牙舞爪,发起冲锋。许军长耸起双眉,紧抿嘴角。忽然,他的眼睛一亮,攥紧的拳头猛地一砸,命令道:第一师的一、三两团尽快地肃清同兴寺残敌;调出二师的第四团迎头痛击西鲜花岭之敌,军直属队凭借碉堡工事,各自为战,务必守到天黑。接到军令后,四团的同志不顾疲劳,猛攻敌人,追击20余里,在石婆店与六团前后夹击,全歼右路之敌,活捉了敌团长。一、三两团用刚刚夺取的敌人枪炮,向同兴寺发起凌厉攻势,歼灭大部分守敌后,我们一团奉命增援麻埠。黄昏时分,向狡猾的敌人奋勇合击,将其击溃。我们班在追击敌人的途中得了八架手提机关枪。大家把缴获最多的一个战士扶到大黑骡子上,一路上唱着、跳着、笑着,真比办喜事还高兴。

鲜花岭战斗,是回师皖西的一个大胜仗。仅用一天时间,歼敌三个团,击溃三个团,缴长短枪1700多支,迫击炮数门,电台一部。西返时,在四顾墩又顺手干掉李鸣钟部一个团,敌二十五师望风而逃。蒋介石对鄂豫皖的第一次"围剿"被彻底粉碎,苏区得到了巩固和发展。不久,在金寨召开了皖西工农兵代表大会,成立了皖西特区苏维埃政府,整个皖西根据地呈现出欣欣向荣的景象。

(周其庆 整理)

原载《皖西革命回忆录:第二次国内革命战争时期(上)》,安徽人民出版社,1980年,第91~99页。

记六安河西农民起义

◎ 黄 岩

鄂豫皖红军第一次反"围剿"斗争的胜利,推动了整个皖西地区革命形势的发展。我的家乡——六安淠河以西的新安、陈集、桑家庙、小刘集、徐集、江店、莲花庵等地,在党的领导下,自1929年以后相继成立了农民协会,掀起了一场又一场反剥削、反捐税、反民团的斗争。到了这时候,斗争的浪潮愈加迅猛,整个河西已经是山雨欲来风满楼的局面。河西农民革命运动的兴起,触动了当地的地主豪绅,使他们惊恐万状,坐卧不安。于是对农民运动的血腥镇压,便更加野蛮,更加毒辣。

1931年2月间的一个早晨,正当我们磨刀擦枪、积极迎接全县农民暴动的时候,突然,一个吓人的传说旋风般地卷进了乡间,国民党和地主反动武装在史家凹、烟墩集、莲花庵又杀了很多农民。

为了弄清底细,农民协会指示我们三个负责交通工作的少年先锋队员去史家凹探看。

刚望到村头的绿树丛,就听到了妇女们的嚎哭声和孩子们的惨叫声。接着,又嗅到了一阵酒糟杂着鱼臭的气味。

大路上、田埂上,成群结队的农民肩荷着锹、镢和抬筐,默不吭声地朝史家凹走去。

我们跟在人群后面,怀着悲愤的心情,踏着沉重的脚步,沿着倒塌的墙墟,走进了史家酒坊,目睹了现场的惨景。

酒坊内，横一个竖一个的尸体遍地都是。从房顶上落下来的尘土和烧焦的桁条，落在死难者们的脸上，压在他们的身上。

"他们是在开会的时候被杀害的!"

"看! 好一片房子也被烧光了!"

"这都是火星庙大恶霸丁锡廷和丁大牙子干的! 到处传来农民们愤恨和惋惜的声音。

酒缸上趴着两个农民，有一个手里握着一根木棍，脸部被火烧得模糊不清。一伙农民围着他端详了好一会儿，大家断定他们是在和敌人搏斗时被打死而后又被烧焦的。

房门口的尸体更多，鲜血流成了小河，上面蒙上了一层灰烬，一脚踏去，鞋子都装满了赤褐色的血浆。

出了酒窖，是个长方形的院落，院子里的砖砾、瓦块、衣饰、棉絮和若干没有烧完的稻草火把，狼藉满地。外面更是触目惊心，一棵榆树上挂着两颗血淋淋的人头。一个农民阴沉着脸，在松解拴人头的绳子。树边围了许多农民，有的喘着粗气，有的扑簌扑簌地流着眼泪。我们从人群里挤进去，低着头，瞪着眼，努力辨认那人头的面目。

"这是柴同志!" 我顿时觉得心惊肉跳、浑身哆嗦，情不自禁地叫出了声。

"你认识他?"

我没来得及回答，就被一个挟着芦席的老奶奶的哭泣声吸引住了。那老奶奶指着墙隅下的几具尸体，泣不成声地说："谢谢你们帮忙,这——这是我的儿子! 孩——啊，你死得——惨啊——"

在回家的路上，我含着热泪向同行的伙伴们讲述了我认识柴同志的故事。

柴同志是和毛正初同志先后来到河西的。

就在上年春天,我15岁,在西桥头集帮工。东家住了一位亲戚，是城里的洋学生。这个洋学生对我们帮工的伙计们非常亲近，喜欢和我们拉家常。我们也很想和他在一起，经常听他讲讲外面的世道。

有一次，他和我们讲到了共产党、毛委员领导中国工农红军闹革命，讲到了大别山的红军打胜仗的事。虽然他是一个洋学生，可是他讲的话，我们全都懂。他见我们都愿意听他讲话,有一天晚上,便召集我们开了一个会。记得他这样告诉我们:"现在世道不平,富的太富,穷的太穷。老绅们四顶大轿不都是穷人抬的吗?如果我们穷人不抬他,他就坐不成。他们有钱有势,我们无吃无穷,又怎能不抬呢?"

柴同志似乎在反问我们,但他不要我们回答。继续说:"可是我们比一比,坐轿的和抬轿的谁的力气大呢?当然,我们抬轿的力气大,人也多。我们想,如果四个抬轿的联合起来,把一个坐轿的打倒,分掉他们的土地,没收他们的财产,不就没有坐轿和抬轿的人了吗?"

柴同志讲到这里,停了一下,大伙儿都嘀咕起来了。柴同志趁这个时间,笑嘻嘻地拿着水烟袋呼噜呼噜地抽起水烟来。

"柴先生,可是又怎样能把老绅们打倒呢?衙门里有人给他撑腰啊!"伙计们当中有人这样问了一声。

"对!你们问得好!"柴同志把水烟袋放下,站起来说,"现在这些当官的,专门保护这些坐轿子的人压迫我们穷人。可是我们再比一比看,穷人多呢,还是当官的多呢?当然穷人多,力气也大。若是我们穷人团结一条心,把这些当官的干掉,将印把子从他们手里夺过来,选几个穷人来当家,成立苏维埃政府为穷人办事,那么不是再没有压迫穷人的衙门了吗?"

柴同志这些朴实、生动的语言,说出了我们穷苦农民的心里话。从此以后,我结识了柴同志,也懂得了很多革命道理,我就下定决心,一定要干共产党、当红军。

我们几个刚回到村庄,乡亲们老远就赶上来,把我们几个围了起来:

"快说说吧!史家凹的情况到底怎么样?"

"怎么样,光在史家凹一个地方就被国民党杀了50多人!……"我的话还没说完,就被别人打断了。

"史家凹农民协会正在酒坊开会,火星庙的丁锡廷、丁大牙子带领反共团、大刀会几百人,把酒坊包围起来了。"

"哎呀!可惨啊!鲜血流成了河。人都死了两次,先是用刀枪杀死,后又放火,连人加房子一起给烧了……"

大伙儿听我们这么一说,就像火上泼了一瓢油,都气得兀地一下跳起来了。

"丁锡廷、丁大牙子,比野兽还要狠毒!"

"史家凹离我们还不到八里路,这些狗杂种们竟杀到我们头上来啦!"农民们七嘴八舌地怒骂着。

"光骂不行,大伙儿合计合计看怎么办吧!"赤卫队长宁四内心虽然充满了怒火,但还是沉静地对大家说。

"怎么办?跟他们拼了!不是鱼死,就是网破!说什么也得把火星庙拿下来!"

"对啊!为着活下去,为着替死难烈士讨还血债,非拔掉这两个钉子(指火星庙二丁)不成!"

"说干就干,能跑路的跟着来,我们到山里去请示上级,要求马上开始武装暴动!"宁四的话刚说完,赤卫军、少先队员们把他团团围住,大家争先恐后地要求一起到山里去。

晚上,郭大庄子里的一间草房内,一盏油灯闪着红光。全体党团骨干聚集在油灯下召开会议,分析了敌我之间的力量。决定由县赤卫军游击司令毛正初同志任总指挥,于农历三月十五日在新安集举行武装暴动。并且认真研究了新安集暴动计划。暴动分三路进攻:一路由毛正初同志率领从陈桥出发,攻打正面;第二路由丁守福率领从史家凹出发,攻打左翼;第三路从东南由王秀峰、王先彪率领自谢家店出发,攻打右翼。为了更有效地打击敌人,会议还决定以卖草为掩护,将刀枪插入草内,混入敌人内部,给他来一个措手不及。

武装暴动的消息一传开,我和大家一样,兴奋得几夜没睡觉。

农历三月十四日晚上,毛正初同志率领1000多游击队员到达蔡老庄。河西各村立即沸腾起来。宁四不知道从什么地方搞来两把生锈的片刀和一支钢锥头,和聚集在西桥头左家粉坊里(当时十二乡农民协会所在地)的参加暴动的农民一边唱着,一边在装豆粉的水缸上磨着刀。

"来呀,唱起来呀!干共产党就一定会唱歌!"宁四说完便带头唱了起来:

"哪个敢打哪个上?

哪个拉马来打仗?

哪个拉马来运水?

哪个拉马来过江?"

紧接着,伙计们也一边磨刀擦枪,一边蹦跳着随声唱了起来:

"我敢打来我敢上,

我敢拉马来打仗,

我敢拉马来运水,

我敢拉马来过江。"

夜深了。明月照亮了村庄原野,大地披上了一层银光。才近村上的赤卫军、少先队和各地扛着矛刀、钢锥、土枪的农协会员也都赶来了,大伙儿熙熙攘攘地嚷了一会儿,又在粉坊里的十几个大水缸上,继续磨起刀来。

宁四起劲地把上衣脱下来,裸露着胸膛上的一窝黑毛,用手在胸膛上一拍,大声嚷道:

"来啊!同志们,让我们把这些宝贝磨得明晃晃的,天亮了,看谁的刀枪先开荤!"

"我的刀枪要先在丁锡廷、丁大牙子的头上开荤!"

"来啊!磨啊!""干啊!……"队员们兴高采烈地吆喝着。"让开路!让开路!磨刀水又来啦!"做粉丝的老师傅挑着两大桶水,咋呼着从人堆里挤进来。

"哎哟——嗨!"宁四把大刀朝水缸上一摔,伸长脖子,又唱了起来:

"是谁八岁就去当兵?

是谁手拿大刀战兢兢?

是谁磨刀磨了九缸水?

是谁杀敌杀了九万人!哎哟哟!

是谁的大刀还没开荤?"

"哎哟——"满屋人紧接着宁四的歌声和了起来:

"是我八岁去当兵,

是我手拿大刀战兢兢,

是我磨刀磨了九缸水,

是我杀敌杀了九万人!哎哟哟!

胆小鬼的大刀还没开荤。"

约摸三更时分,妇女会负责人罗大姐和几个妇女会员们,抱着红旗、红袖章、红领带,兴冲冲地跑进来说:

"怎么样?妇女会的工作做完了。家家户户的红旗也都挂出来啦!你们还在这里等什么?"

大伙儿一股风似的把妇女会员们围了起来,争抢着她们手里的红布,围在头颈上,缠在胳膊上。当时,我弄了一根长的红布,十字披红披扎在胸膛上。

"妇女会真有办法,哪里弄来这些红布?"

"这是我的嫁妆包袱。"罗大姐又指着另一个姑娘说,"还有她一次没有盖过的花红被面嫁妆哩!……"

"照呀!你们真能干!"宁四和大伙儿满意地夸奖着,欢笑着。

"罗大姐的婆家是大别山里的,她会唱许多革命歌子,来,我们请她教我们唱一个新歌子吧!"

"欢迎欢迎!"

"这一回暴动胜利了,妇女们真要提高了。你们都准备一把剪刀,剪掉你们背上那根封建尾巴了。……"

"哈……"队员们你一言我一语,前仰后合地哄笑起来。

不一会儿,区里的军事委员来了,传达了暴动部署和毛正初同志的指示。在农民协会的领导下,各村的赤卫军、少先队纷纷来到粉坊门口的大场上集合。

队伍编成大、中、小队,选好队长准备出发的时候,突然,远处传来大声的吆喝声:

"喂!——乡亲们!不要丢下我们啊!"几个平时一向胆小怕事的农民,朝着集合点赶来了。他们有的手里拿着长矛,有的拿着木棍,还有的拿着一只牛角……

"你们来干什么?"有人不满意地质问说。

"你们干什么,我们就干什么!"中间的一个姓汪的神气活现地说。

接着,那个拿牛角的,"呜"地吹了一下,几个人就像牛犊吃奶似的朝队伍里乱钻。"哈……"队伍里响起一阵粗犷的哄笑。

这时候,雄鸡催鸣,东方已经出现了黎明的曙光。

1931年3月15日,六安县农民暴动的一角——第八区,家家门口挂着红旗,人人身上披着红布,雄赳赳,气昂昂。全区只有两支土造五子枪和一根单打一的马拐子,虽然武器不好,但却是万众一心。一个个手持刀枪,威风凛凛地在左家粉坊、二天门、王家集、史家凹等处汇合成一支上万的农民大军,整个河西沸腾起来了。

经过桥头集之战、新安集之战、郭家店之战、马头集之战，把河西反动地主武装——新安集的徐华章，王家集的王小六子，火星庙的丁锡廷和丁大牙子，西桥头集的杨士中，徐家集的徐小三……消灭的消灭，打垮的打垮。

吴大巷之战，是河西农民暴动的最后一战。正当麦子吐穗扬花、油菜结实的时候，正当河西农民挖壕沟筑岗楼、沿河修建防线的时候，国民党独立旅和漏网的地主防共团武装共1000多人，由河东渡河，开始进行驻扎"清剿"。

在一个伸手不见五指的夜里，河西的全部农民武装在徐家集、二天门集合，由毛正初同志率领出发。

我们卷掩着红旗，横拿着武器，跑步提着脚跟，过岗弓着身子，寂静无声地前进着。即使偶尔发出一丝铿锵的武器撞击声，也会得到周围队员的严厉制止和批评。

约莫走了十里路光景，突然前面传来口令："卧倒！"霎时，大伙儿都静静地伏下了。

"不许离开队伍，听号令一起行动！"

"把嘴闭起来不许说话，不许吸烟！……"队员们悄悄地互相嘱咐着、互相督促着。我带领一个小分队，乖乖地趴在一块麦田里。

大地万籁无声，星星在天空眨巴着眼睛，徐徐的夜风，吹干了我们额上的汗水，顿时感到凉气袭人，砭人肌骨。虽然大家迫不及待地等待战斗命令，但人人都默不吭声。因为大家都还记得区军事委员会出发前讲的话："一人埋伏不好，千万人就会遭殃！"人们只是不停地摸摸身上、胳膊上的红布带，紧紧草鞋上的绳子，擦擦粘上泥土的枪头……

天刚蒙蒙亮，突然河岸上传来激烈的枪声。队员们刚要从麦田里爬起来，口令马上从前面传来："原地不动！听号行动！"大伙儿又就地隐藏起来。

本来我们是由徐集、二天门拉起一个长长的"大口袋"，让敌人从吴大巷子钻进来的。不料，我们的侦察队在吴大巷子和渡河的国民党侦察队碰头了，敌人一见面，就以猛烈的火力向我们侦察队开火。于是，我们便将计就计，边打边退，把敌人引进了"大口袋"。

这时候，毛正初一声令下，顿时三长一短的"洋号"声响彻云霄。接着各路赤卫军、少先队的牛角也同样地"呜！呜！呜！"吼叫起来。顷刻间，红旗招展，杀声震天。农民大军狂风巨浪似的从麦地里、树丛里蹦跳出来，团团地把敌人包围起来。

"冲啊！杀啊！……"我们拿着从敌人手里缴来的钢枪、小炸弹，雨点般地向敌人射击。敌人慌乱一团，盲目地打了一阵机关枪。当发现四面人山人海的时候，个个吓得屁滚尿流，丢盔弃甲，亡命奔逃。有的躲在老百姓家里换衣服，有的趴在死尸堆里装死，更有大批大批的从浮桥上、河岸上，四脚朝天跌进河里喂王八去了。

河西农民暴动以后，六安全县三分之二地区建立了苏维埃政权，以游击大队为基础，成立了独立团，扩大了赤卫军、少先队。继而成立了土地委员会，实行土地分配。农民有吃有穿有地种，欢天喜地。妇女们争取了婚姻自由，人人起名字、剪头发、放小脚，组织起宣传队、洗衣队、补衣队，宣传革命道理，帮助红军做事。青壮年更是活跃，修操场练兵出操，办夜校读书识字，纷纷要求参加红军。

广大苏区，呈现一派新气象。田野里、村头上、山坡旁阵阵欢乐的歌声此起彼伏，回旋荡漾。他们歌颂共产党，歌颂红军，歌颂苏维埃，歌颂劳苦大众的翻身解放，歌颂今天的幸福生活。

（六安县革命斗争史编写组　供稿）

原载《皖西革命回忆录：第二次国内革命战争时期（上）》，安徽人民出版社，1980年，第107～116页。

霍邱城血战记

◎ 李华丰　张绍安　龚承安　王应书

1932年的夏天，一支队伍正疾速地向南行进，头尾摆了六七里长，中间夹着几匹高头大马，上边没有坐长官，只驮了些武器弹药。看来，他们才经过长途奔袭，已经很疲倦，但所到之处，纪律严明，队伍只是快速地前进着。队伍的后边，还跟着长长的队伍，男女老少都有，那是一支群众队伍。其中的一些青壮年，也拿一些零星的武器，有鸟铳、线枪、梭镖、长矛、鬼头刀。

枪声，一阵散乱的枪声，是路边的地主庄园里射过来的。对于这些零星的散枪，队伍没人理睬它，只顾继续前进。一路上，只在新店埠，一支地主武装居然敢阻挡他们，队伍才用炮轰了几下子。一会儿，前头的队伍已经看见霍邱城北矗立的宝塔，他们便在一片桃林中停住了。

这支队伍是旷继勋领导的红二十五军。他们是在正阳关打了胜仗后，乘胜南行去攻占霍邱县城的。跟在队伍后面的那些群众，都是从颍上县逃难来的灾民。

乱坟岗上，红军的指挥员们，蹲的蹲，坐的坐，正在那里研究问题。通讯员打了半桶水，放在坟头下边，没人去舀。大家都在注视着坐在田埂边上、望着平铺在草地上的地图出神的那个30多岁的汉子。他身体很瘦，个头不太高，穿一身土布军装，讲一口外地话。这个人就是名重一时的红二十五军军长旷继勋。他是贵州省一个农民家庭出身的穷孩子，十几岁上当了川军。在旧军队里，他由于作战勇敢，很快升上旅长。这时他接受了马列主义的教育，在大革命洪流中参加了共产党，接着率领部队起义，与贺龙将军一起开辟洪湖根据地，担任过红六军军长。1930年又到中央军委工作。1931年11月，党派他来到鄂豫皖根据地，担任过红四军军长；后来红四方面军成立后，改任红二十五军军长。他在红军中担负重任，是红军中很有军事指挥能力的将领。这时候旷继勋军长望着地图，冷静地分析着形势。一会儿，他站到小石桥上，从通讯员手里接过望远镜，望望烟笼雾锁的霍邱县城，头脑在激烈地活动着，思考着。风吹动了他修长的头发，拂过他那炯炯放光而发红的双眼，一种战斗的渴望，呈现在他那疲倦的脸上。

休息的部队，战士们有的靠在坟边睡熟了，有的到塘边去洗脸。旷继勋喊来通讯员，牵来了两匹马，他飞身上马，加了一鞭，顺着五里长冈，直插榆林店，奔向大别山。他要去找王平章政委研究下一步的军事行动。部队按照旷继勋的布置，向霍邱县城开进。

霍邱县城三面环水，只有向南一条道路，通往六安、叶集、商城一带，而且还是夹在淠河、史河当中，是个兵家们不争不守的地方，历代的龙争虎斗，对它似乎没有什么影响。因此一些乡村地主，都蜂拥到城里盖房子，一个县城大部分被裴、罗、刘、陈、曾、李、马几大家占光了，只有沿城墙四周的那些坑坑洼洼的地方，才是穷人们住的地方。1919年武昌起义胜利后，各地秘密农民协会相继公开活动乃至武装起义，吓得乡里的地主坐立不安，一些兼任伪职、手里有枪的凭着土围子固守顽抗，其他的便逃进县城。南门外官道上，络绎不绝的马车、轿子和毛驴，载着身穿长袍马褂、带着娇妻美妾的豪绅拥进了县城，他们以为这里是最稳妥不过的了。开了西门，就是一汪湖水，城门口落轿，轿轩就在船沿上了。万一有什么情况，拉满篷，招得东、南、西三面风，能逃得箭一般快。并且，警卫旅旅长孙庚三又当上了城防司令，300多名当兵的，都扛汉阳造的枪支，金晃晃的特级肩章，是城里人所未见过的，这当然又给那些财主们壮了胆子。可是一听到红军进城的消息，那城防司令坐上风网船，早就逃之夭夭。除了随司令走的，那些财主和一部分官兵，只得在城里潜伏下来。红军兵不血刃，占领了霍邱县城。

旷继勋飞马赶回解放了的霍邱县城时，东城门上镰刀斧头红旗猎猎迎风，城里是红军的天下。营团长们看见军长回来，马上挤了一屋，忙着报进城后的情况。叙述他们如何打开几户地主的粮仓开仓放粮，如何查封敌人的资产，如何搜捕乡下逃进城里来的地主。红二十五军的战士，大部分是南乡暴动的农民，暴动搞起来，大部分地主都逃走了，没想到有好多冤家对头，就躲在县城里。小桥乡的放牛娃鲁运生，第一个在琵琶塘沿遇见他的东家管风城，他也不请示谁，一刺刀就把他前后心捅了一个窟窿。排长缴了他的枪，把他送到连部，他哭着叙述了爹被打死、娘被逼改嫁、他自己在管风城家受尽凌辱的苦难家史，讲得大家都流了泪。按照红军军纪，连长还是把他暂时看押起来。旷继勋马上命令放了鲁运生，并提拔他当红军排长。违犯红军纪律，该关；如今放了又提拔是需要人。他把鲁运生这一排人派驻到胡家埠，离城十多里的东湖一个渡口上，并且一再嘱咐鲁运生，要提防敌人偷袭。一旦敌人从湖对岸进犯，马上撤回城里。鲁运生手提着老套筒，肩背大刀，率20多个战士出发了。

旷继勋军长对城防又做了重新部署，从教导团调出四个连，一个连扼守南关外，一个连驻扎在北关观音堂，一个连驻守城东五里岗坎，另外一个连在城四周巡逻。士民绅商，一律不得出城，城里人口造册点卯。在黉学广场召开的群众大会上，旷军长向全城居民讲述了革命形势，宣传了红军的政策。开完大会，他又召开了红军干部会议，传达了张国焘的指示：要守住霍邱城，使之成为我军从大别山伸向淮河边上的一个据点，要和商城、六安互为犄角之势，左可以驰援六安，右可以驰援商城，而商、六两地也可以驰援霍邱。这个方针，要是一年前各地红暴云涌时，无疑是完全正确的；而目前，敌人到处集结兵力准备进行残酷"围剿"，企图各个击破的时候，它就是错误的了。旷继勋生怕部下会提到这个问题。他自己明明知道，这将是整个军事行动的最大弱点，但他不敢违背这位中央分局书记的指令，幻想敌人也会像张国焘一样，看不清这一点。为了迎接残酷的战斗，他命令部下在全城内搜寻散枪散弹、训练灾民团，使他们马上可以变成作战队伍。另外，他也没有忘记宣传攻势，组织宣传队开展宣传活动。城内青年组织了少共战地服务团，城区党组织也恢复了工作，总之，一切都显现出革命的新生气息。

清晨，铜号的吹奏声，把人们震醒。红军的老号手，带着20个小鬼，站在西城墙上，对着泛着暗色波光的无边浩瀚芜湖水练习号音，街市开始苏醒起来，沿城墙跑步的灾民团，卧在黉学广场上练习瞄准的赤卫队，在黉学院内练习耍大刀的少先队员，喊杀之声不绝于耳。

这天上午七八点钟，旷军长在黉学广场召集城外十里二十里来的农民讲话，叫他们带信回去，明天上午开仓放粮。农民听到这个消息，就像久旱得到了甘霖，奔走相告，推车的、拎筐的、拿裤子当粮袋的，什么样的都有，把一个容得上万人的荒凉场子挤得水泄不通。田粮处的仓门打开了，管事人被揪了出来，站在厢房边上的明柱下，低着头，偷眼看着他们一升半斗从农民手里夺来的粮食，又将回到农民的手里。

有人以为，这放粮不知延续到什么时候，一份一份皆要过秤或过斗，太慢了。红军有红军的办法，不要秤，不要斗，不要人来放。大家自觉排好队，轮到谁，自己拿笆斗舀。原来以为农民私心极重，怕舀得多少不匀，谁知这一来，大家反而比着少要。带长口袋的只装半口袋，孤老寡居的有人抢着帮他们捎带，出现了历史上从来没有过的崭新景象。

革命就是翻天覆地，革命就是要打烂旧的世界，建立新的世界。城边上住的那些茅棚户起来了，抬轿的、打鱼的、补锅的、担水的，这些靠劳力吃饭的人都被请进县苏维埃政府的院子里议事。一些从来也不敢在衙门口张望的人，现在不但进了大堂，而且还敢来东游西荡。这真是了不起的事！

在红军司令部里，旷继勋正在查看地图，脑袋里在分析着形势。他一只手卡着腰，一只手伸出去，手指在地图上移动，战争的阴云已经笼罩在他的心头。凭着多年来的戎马生涯，他不能不产生这样的预感。从地图上看，霍邱以北十几公里是淮河，东通蚌埠，北到颍上、阜阳。反动派只要渡过淮河沿着城西湖沿来，等到我们发觉，已是兵临城下了。从县城向东七公里是东湖，过湖以后，越过淠河，就是寿县，那里同皖中重镇合肥又有火车沟通，如果敌人从合肥或寿县发兵，很快就能到达这里；只有向南一条路可以和山里相联系，而这条路在东西湖之间不到十公里的狭窄地带，只要敌人从三刘集到张集之间一掐断，我们是冲不出这个口袋底的。要么被俘，要么下水，泅渡数十里湖面，怕也没有个活路。他只幻想着霍邱小城，不会引来重兵。

看看张国焘给他的信，要他坚守霍邱，他心里猜测可能是敌人在湖北、河南一带寻找我大兵团决战，敌人在大别山的另一侧进攻，这一侧自然就成了后方。一定要坚守后方的防线，才能给前方以击溃敌人的决心，这样，守城的重要意义，就容易理解了。

7月，红二十五军驻守霍邱已经两个月了。

霍邱城内充做军饷的粮食和物资，源源运往山里，最近又运了一批布匹和盐，准备山里过冬。但是正在朝山里运的路上，遇到了国民党匪军，一场遭遇战，全部物资被匪军截去，有人跑回来，把目击敌人的情况向旷继勋军长做了报告。

旷军长听了报告，内心有些怵，他在干部会议上一再强调固守霍邱的意义，横下一条心，定下了坚守待援的方针。鄂豫皖的总负责人张国焘做出的决定，作为一个下级军事指挥员，敢不服从命令，私自作战略的变动吗？前几天，分局派来一位观察员，观察了城防情况、工作情况和发展党团组织的情况。问到如何守住霍邱、打开鄂豫皖局面、取得反"围剿"的胜利时，旷继勋感到有一种无形的压力，浑身冒汗，用他那浓重的四川口音说："老旷在，城在。"

旷继勋不愧为军事战略家，他早已预计到有一场血战。关于霍邱境内出现敌军的消息，他派人专程到张国焘那里汇报，竟如石沉大海，毫无反响。一个军事指挥员，在没有党的指示前提下，只有坚守阵地，与阵地共存亡。他马上做了决定，在城墙四周构筑防御工事，城墙脚下挖掩体，城外派出流动哨兵。改编了部队，把年老体弱，有负担的人员精简下来，送到山里根据地去。把城里那些不稳定分子、逃亡地主又重新监禁起来，防止他们造谣破坏。营以上的指挥员，进行了重新分工。县自卫团、颍上支队等单位也统一了指挥。经过初步训练的少共青年，没有经过战斗的考验，要求参加战斗的欲望更加迫切，赤卫人员想再练一练枪。青少年们站在城楼上，希望那朝霞晚雾都会成为战争的硝烟。官兵上下团结一致，等待着决战的时刻。

1932年7月初，敌军徐廷瑶部自蚌埠向霍邱东、北两个方向进犯了。四十旅宋士科部和霍邱城防司令孙庚三部、第十九旅郑廷祯部也从庙台集渡淮河、过黄家庙向霍邱展开。6日上午，敌前哨部队抵新店埠、潘集一带。旷继勋亲自到街头，组织最后一批撤退人员，并把县委机关送出城去。

下午一点，孙庚三、宋时科部从临淮岗到城东五里岗坎攻过来。徐廷瑶部从潘集过河攻胡家埠。我军排长鲁运生，拒险死守，全排战士壮烈牺牲。鲁运生在弹尽援绝的情况下，用大刀与敌人厮拼，杀死数十个匪徒，身受数十创，倒在血泊里……

下午三点，敌军出动飞机三架，投弹七八枚，沿城墙进行扫射，配合地面部队攻城。红军对敌步兵进行了阻击，战斗在五里岗坎、青龙门一带。

城内，旷继勋派人火速从南门突围，进山去请示。突围的红军战士骑马飞奔，三匹马像三支离弦的箭，冲过榆林店，突然被敌人的伏兵包围，困守在一座乱坟堆上。一个排的敌人向坟堆上冲，可坟堆里没有一点动静，人马好像都已覆没了。突然，几颗手榴弹扔了出来，措手不及的敌人，有的朝后逃，有的趴下去。乘此空隙，三匹马风一般地奔上大路，跳出敌人的重围。"哒哒哒"，敌人的机枪转过头来扫射，战马依旧在飞奔，转眼间从人们的视野中消失了。

东门外五里岗坎，我军战士英勇阻击，打退了敌人的几次冲锋。敌人又从后方调来四门六〇炮，一阵炮击之后，一个连的敌人迅速攻上来。战士们用刺刀、手榴弹和敌人展开了肉搏战。终于，由于众寡悬殊，我军败退回城。

城内，靠近城墙四周的荒地边，战士们在构筑掩体。东城门已经关闭，屯上土。城墙上，战士们在严密监视着敌军的行动。

7月8日，大雨。敌人未发动攻势。

7月9日，城外阵地全部失守，红军全部撤进城内。独立团指挥郑恒才，已经两天两夜没合眼，他坐镇东门城楼指挥。那些灾民们虽然手无寸铁，在两个月的革命生活中，他们开始懂得了生活的意义，要为无产阶级革命而战斗，他们到处搜集砖石，堆在城墙垛口上，把石灰装进麻网袋里，准备在敌人冲锋时，和敌人决一死战。

天气非常闷热，守城的战士汗流浃背，他们有的打着赤膊坐在苍蝇乱飞的地上吞吃着已经扯了黏丝的烙饼，有的就着路边的石块磨着大刀，准备在肉搏战时发挥作用，因为子弹快用尽了，补给没有，援兵也没有指望，后退是湖水，前进冲不出重围，这样的处境人人都明白。那端着枪站在城墙垛口边警惕地望着城外的哨兵，脸上平时挂着的微笑没有了；靠近城墙边上的防空壕里，伤兵们躺在那里，由少共们照顾，喂水、裹伤，轻伤的伤员拿着扇子帮助重伤员赶走苍蝇。大家都忍受着伤痛，准备随时迎接最后时刻的到来。只有身临其境的人，才能了解红军战士和革命人民的精神世界。

城内的地主富商，在敌人未完成包围之前都纷纷逃了出去。只有那些被逮捕起来的还在大牢里。那些无业游民和小商小贩，也都躲起来。飞机一日三次出现在上空，速度很慢。飞机过后，敌人照例要进攻，顿时，南门、东门、北门枪声响成一片。由于护城河的阻拦，敌人暂时无法进城，只是把子弹拼命地丢在城墙上，在巨大的砖块上留下了一个一个的洞眼。守城的战士，绝不肯乱放枪，他们躲在城墙后边，伪装得很好，只有敌人从护城河对岸站起来，从头到脚，完全暴露在20米以内的枪口下的时候，瞄得不能再准，才肯放一枪，枪声一响，就要有一个敌人倒下去。

东门外围敌纷纷后撤，一个机炮连被派到东关，十几门六〇炮，炮弹像飞蝗一般落在城墙上，落在护城河里，落进城墙内。爆炸声、叫喊声激起了灰尘和气浪，不少人纷纷倒下去，破碎的衣服、乱草飞上了树枝。

旷继勋在爆炸声中，来到了东门。一颗炸弹，把城墙炸了一个洞。一群赤卫队员，把几床棉被湿了水，顶在头上拼命朝城墙上堵。

"多好的战士啊！"旷继勋自言自语地说。那无数密集的子弹射进城墙洞里来，落在棉被上，棉絮飞迸，水花乱溅。他靠城墙掩护，转到一侧去，在一旁指挥他们很快把洞堵了起来，搬来几根椽子抵住。

旷继勋爬上城墙，他看见城墙下敌军密密麻麻，把城围得铁桶一般，许多敌军在长官的威逼之下，拆民房，抢木料，准备强渡城河。忽然看见东北方向，敌人把长梯搭过城河，约莫有一个排的匪兵冲过河来，正在搭梯准备翻过城墙。

"啊呀！"旷继勋吸了一口冷气，连忙命令手下人，"快去组织反击，把敌人打下去。"他的话一落音，城墙上落下一阵石雨。梯子砸翻了，敌人纷纷落水。对岸的敌人一齐怪叫起来："红军没有子弹了，冲呀，冲进城去捉活的呀。"嗒嗒，一阵机枪扫射，四五面梯子一齐搭过河面，一个连的敌人冲了过来，四五面梯子马上又立在城墙边，敌人哇哇叫往城墙上爬。突然城里丢下一阵手榴弹，轰轰几声爆炸，梯子倒了下去，攻城者倒在血泊中。

"好，干得好。"旷继勋笑了。突然城外翻进来一个伪军，手枪对着旷继勋的脊梁，旷继勋转过身，那匪军已被一个赤卫军战士拦腰抱住，双双摔下城墙去。

旷继勋知道，最后的时刻到来了，他连忙把最后一点力量调了上来，他要求战士无论如何要死守住。县城一陷落，不仅红军战士要全部牺牲，而且城内鸡狗也难逃厄运。战士们个个表示了坚强的决心：城破了，用石子、木板，用肉体堵。敌人杀进来，就消灭他！子弹用完了用刀，刀口崩了用石子，石子用完了用牙齿……人们早就抱定了与城同归于尽的决心……

旷继勋翘首期待着南方能杀来援兵，里应外合，打通向南的一条路，一鼓作气，杀出重围，好为革命保存一点力量。他现在才感到固守霍邱这一错误方针带来的危害性，像他这样一个精于战略的人，听从了张国焘这一错误决定，不能不说是一个极其悲伤的事。

夜晚到来了，城的四周，枪声断续，城里死一般静寂。

旷继勋和保卫局长卢文学，在城墙四周巡视。郑恒才坐在南门的草棚里，伤了的胳膊用布包着，一条裤管已经被撕开。他正在端着一碗水，喂一个受了伤的麻脸赤卫队员。那赤卫队员有50多岁年纪了，他的头部和胸部都负了伤，微微睁开眼，有气无力地说："老郑，敌人退了吗？""唔，也许吧。"郑恒才抬头望望天，半轮残月升上屋顶，黑暗中，夏虫鸣叫，谁也不知这是几更几点。每个活着的人，身上、脸上都凝固着鲜血，但神情镇定，视死如归。

"告诉旷军长，要冲……冲出去。"老赤卫队员干裂的嘴唇颤抖地说了这句话。

轰！敌人又开炮了。

郑恒才摸着那杆汉阳造，爬到城墙上，监视敌人的动静。轰！一颗炮弹落在郑恒才刚才蹲的小棚里，不要看，老赤卫队员是没救了，草棚着了大火，一闪一闪的火苗映亮了郑恒才的脸。郑恒才看见旷继勋也在城墙上，连忙奔了过去。

"旷军长，快走吧，这样下去怎么行呢？"

"走？怎么走？"

"我留下来掩护，你们从西门泗水走吧！"

"不行哪，上级没有命令，我怎好自行做主呢？坚守霍邱县城是张国焘亲自定下的方针，没有他的命令，怎么改动？""那你就眼看着全军覆没吗？"

轰轰！又是几颗炸弹，在他们的四周爆炸，等到灰尘落下去，晨光又一次光临这正在鏖战的战场了。

南门外一队人，在朝城里喊话，说他们是六安独立师，奉上级命令来见红军二十五军的首长。守城的战士请来了卢文学，卢文学不敢做主，又去寻旷继勋。等到旷继勋赶到时，四面匪兵四合，枪声大作，十几个人不知被挤到哪里去了。旷继勋真气卢文学没有多问几句，到底是真是假，是来干什么的，一点也不知道。卢文学说，要是一开城门，马上敌人就拥进来，关门都来不及。再说，你知道那些人是干什么的？

旷继勋没有说什么，鼻子里哼了一声。卢文学一拳砸在城墙上："嘿，就是用绳吊，也该吊上来一个人，我是咋搞的呀！"旷继勋看了他一眼，没有再责备他，看他那浑身上下，衣服披一片挂一片，浑身泥土和灰尘，两只布满血丝的眼睛，他知道这些干部在几天据城防守的战斗中，怎样流血流汗，忍饥冒暑，度过这每一分钟。他们都是经过炮火考验的好战士，在生死关头上，从来没有一丝半点的私念，即使他们有过失，但在这时刻，他也不忍心批评他们了。

7月13日的黎明，天空中布满阴云。城内，伤员们倒在防空洞里，没有药，不能治疗，肢体在腐烂着，但是这些红军战士、赤卫队员没有谁啼哭、叫疼，他们静静地等待着最后时刻的到来，以身去殉事业。活着的人握着打光了子弹的枪管，守在自己的岗位上，没有谁想到用什么方法可以寻找一条生路。他们甘愿拼死在城中，也不愿意去寻个人的生路。眼前是暂时的平静，没有枪声、炮声，也没有飞机的干扰，可以安安静静地休息休息了。七天以来，战士们喝的是身边沟里的污水，吞吃发霉的烙饼，有的人脸已经浮肿起来，再加上蚊蝇的叮咬，腿和胳膊都搔烂出一条条的血斑，由于日夜煎熬，每个人的眼睛都红得喷血。

清晨，可怕的宁静中，不少战士倚在城墙边睡着了。郑恒才拖着疲惫的身体走到东城墙边上，这里也像死一般静寂。难道战士们全牺牲了吗？全睡着了吗？没有。他们的精力已经耗尽了，有的甚至没有坐起来的力气了。你看，有的卧在城墙上，眼巴巴地望着天；有的互相扶着，一动不动坐在城墙脚上，没有人说话，大家都不想说话耗费精力了。

轰隆隆，敌人又开炮了！一片火光，满城烟雾！北城墙被轰开一丈多长的缺口，几十张梯子架在城墙上，一个冲锋枪组成的连队突了进来。北城墙边已经没有防守的力量了，敌人像潮水一般地涌进来。

旷继勋在大十街口指挥反攻。但是，许多人推着他，叫他快从西门突围，乱哄哄的红军、赤卫队、灾民们一齐抬着旷继勋朝西门走，旷继勋大声喊叫，没有用，没人听得见，他在人们的头顶上，朝西门移过去……

在东城门，在北关城隍庙，在南门口，敌人三面突进城来，轻重机枪一齐开火。城里的人不自觉地朝西门拥去。二千多人挤在一条长街上，西城门打开的一个小门，已经被人挤住，一个人也出不去了。敌人的机枪在身后哒哒哒地响，外围的人不断倒下去。

"共产党万岁!"

"苏维埃万岁!"

口号声响起来了!

"哒哒哒!"机枪在疯狂地射击着,外围的人一批一批地倒下去。

"起来!饥寒交迫的奴隶……"许多人把脸转过来,面朝机枪,昂首挺胸,他们不屈服,不求饶,他们甘愿为人类解放事业献出自己的生命!

"哒哒哒!"又是一群倒下去。所有的人都转过身来,背对着城墙,昂首挺胸站在那里,像一群铜像,镶嵌在城墙边上。

一两千人站在街头上,迎着横扫来的机枪,没有人躲避,没有人叫喊,没有人哀求,也没有人悲伤。大家只是用仇恨的目光,望着那喷火的枪口,这是何等惊心动魄的场面啊!这就是发生在1932年7月13日的中午,霍邱城血战最后阶段的情景。

血战结束了,徐廷瑶部占领了霍邱。城里还有一千多名赤卫军战士、干部、灾民,统统做了俘虏。敌人让关在牢里的那些人出来认,最后挑出了四十四名,以红二十五军全体官长的名义,押送到南京去了。这其中有郑恒才、黄岩、李华丰、吴皓……

旷继勋听说走了。有的说从西门出去的,有的说从西城墙上撑伞跳下去跌伤了腿,别人把他抬走的。究竟是怎样走的,不得而知,不过他确实走了。一年以后,被张国焘杀害在四川通江县洪口场。

千秋功罪,谁与评说?霍邱城血战,红军的英勇无畏的精神,惊天地而泣鬼神!整个战斗作为一曲悲壮的战歌,在人民中永远流传着。而张国焘的错误路线,使红军遭受重大损失,革命人民将永远记住这一用鲜血换来的惨痛教训。

(王余九 整理)

原载《皖西革命回忆录:第二次国内革命战争时期(上)》,安徽人民出版社,1980年,第263～276页。

妇女救护队

◎ 梁继娥

1932年秋,蒋介石向鄂豫皖苏区开始发动第四次大规模"围剿",敌第三军王钧部即由六安马头集窜过淠河,向郭家店一线进犯。敌人在郭家店街西头修筑工事,垒起机枪掩体,展开对河西苏区的"围剿"。我红四军、红二十五军七十五师一部,于农历七月十五日赶到前线,在郭家店附近的黑狗冲拉开了十里战线,迎击来犯之敌。

当时,六安九区区委、区苏维埃政府设在丁集,离郭家店只有12里。区干部全力投入了战斗,区委书记王三同志亲自担任支前委员会主席。我是区妇女会主席,我的女儿秀红是青妇队长,我们母女俩都参加了支前工作,组成救护队,上火线救护伤员。救护队大都是红军家属和妇女、干部,负责对伤员临时包扎,然后由担架队将他们送往丁集前线医院,或迅速转移到县苏维埃所在地。

这场激战从清早太阳露面就打响了。红军主力分两路迎击,一路从魏家庙冲到黑狗冲打敌人的正面,一路打郭家店敌人的左侧。在吃早午饭的时候,攻打敌人左侧的红军,已接近到郭家店敌主阵地。这时枪炮声激烈,我们在枪炮声激烈的方向猫着腰前进。当我顺着旱地沟爬行到旱巴塘边时,一眼就看到20多个伤员躺在旱塘里。我们心急如焚,不顾头顶上的飞弹,赶忙爬到伤员们身边,打开随身携带的几丈白土布,撕成绷带,替伤员包扎伤口。白土布不够用,又把伤员的裹腿带拆下来,有的女同志还把自身穿的大襟褂撕下一块,一切为了抢救伤员。

旱塘接近战场，枪林弹雨，担架不能抬，而抢救伤员不容迟缓，我就驮起伤员往回爬，救护队其他同志也跟着背起了伤员。我们冒着流弹，顶着烈日，汗流浃背爬行了两三条田埂，穿过小松林，翻下了洼地，才把伤员交给担架队。头两趟我们运送伤员还算顺利，到了第三趟，背起伤员往回爬时，敌人已经发现了我们的行动，便用群炮轰击。顿时十多发炮弹在我们前面不远的地方爆炸了，接着又有几发炮弹在我们身边炸开。我们一听到那嘘嘘带哨尖音的炮弹飞来时，便把伤员放倒，用自己的身体掩护他，自己舍了命也绝不能让伤员再负二遍伤。隆隆炮声中，就有两个女同志为了掩护伤员而自己负了伤。趁着打炮的间隙，借着尘土飞扬、松林硝烟，我们背着伤员停停爬爬，一段一段艰难地向凹地移动，终于把这批伤员安全交给了担架队。

战斗一直持续到当天深夜。由于张国焘的错误路线和错误方针，在霍邱保卫战失利之后，这次黑狗冲战斗也遭到了失败。激战中虽然毙伤大量敌人，但我方伤亡也很惨重，红军大批伤员由我们苏区干部和群众抢运下来。那时，从郭家店到丁集的大路上，抢运伤员和烈士遗体的担架络绎不绝，红军指战员们的鲜血，染红了苏区的每一寸土地。

红军前线医院设在丁集北头破庙里，主治医师叫张红彬。他紧张地为伤员动手术、取弹片，我们救护队就主动为伤员包扎伤口。由于敌强我弱，红军主力不得不向大别山撤退。等到小半夜时分，敌人进犯到了东堰桥，离丁集不到一里，张红彬同志仍然在紧张地抢救伤员。当他把最后一个伤员胸部的炮弹片取出包扎好后，这才镇定地抬起头来，对区委王书记说："看来，有些同志的伤势和体质，根据目前的战况，是不能跟着部队转移的。前线医院马上也要转移，剩下的伤员要靠你们了。"张红彬指着最后一个动过手术、仍然昏迷的伤员，忧心忡忡地说，"像这样的伤员，不养一段时间是不行的。"

前线医院里，两盏香油灯，昏昏闪闪。这时候，炮声已经停止，机关枪夹杂着零乱的步枪声渐渐地逼近丁集。

"把伤员交给我们吧，我们救护队还没有完成任务哩。红军的医院转移走了，可我们家家户户都是红军伤员的医院啊！"我坚定地向王书记请求着，救护队的同志也纷纷要求护理伤员。

王书记说:"好,把这个重伤员交给你。以后有老赵负责和你联系,其他伤员也由老赵统筹安置。"他又向我嘱咐:"形势越来越紧张,你们要多加小心啊!"

张红彬同志收拾好医疗器械后,就把重伤员安放到我和女儿早已准备好的担架上。接着又把伤员左胸军装口袋背面印有名字的布片剪下来,对着灯光念道:

"姓名:盛志成。部别:红四军十师。职别:连长,中共党员。"

读后,就把印字的布片和一包敷伤的药品一齐交给我。在一阵密集的枪声中,王书记和老赵托起担架,我和女儿抬着担架飞速奔向丁集西边的于河湾,将伤员隐蔽在我的家里。

我们九区党员干部,除一部分跟随主力转移外,还有一部分在白军进驻后转入了地下斗争。经过农会主席老赵秘密串联,查清隐蔽在于河湾上游直到烟墩集(现江店公社)一线的轻重伤员共有11个。自丁集地区地主政权复辟后,一白军保安团为了搜捕革命干部和群众,又开来了一个营,营部就扎在郭家店伪保董陈幼生家。白军营长贾胡子三天两头率兵窜到于河湾一带搜查,因此治疗伤员的药品来路就非常困难,我请教了一位倾向革命的贫苦老中医,在他的帮助下,我借挖野菜的机会,找来了十多种中草药,给伤员调伤,盛连长的伤势渐渐有了好转。

一天夜里,我在门外放哨,女儿秀红准备给伤员换药,就在这时,竹林边上响起一长两短三下的击掌声。我知道是农会主席老赵来了。我着急地对老赵说:"药没有了,盛同志的伤口却还没全好,咋办呢?"

老赵说:"白天我不能来,路上白狗子多,明天你到正南面红将军石地方去,我自有办法。"话刚完,河沿边"砰砰"又是两枪。老赵说:"要沉住气,我们一定把敌人调开,周围不远还有我们的人,拼个他死我活,也要把伤员保卫下来。"

老赵匆匆走了。外面一片漆黑。我母女轮班看护,一夜都不敢合眼。

第二天中午,按照预约,我提着竹篮,篮里放着饭菜,上面盖着粗布手帕,警惕地向红将军石走去。当我走上红将军石时,老赵在岩石后面轻咳一声。我接过递来的药品,很快放进了篮底、重新盖好饭菜,蒙上手巾。老赵悄悄告诉我,这些药品是农协会员昨天替保安团卫生队运药时智取来的。老赵看看四下无人,要我不走回头路,我便继续向前走,绕道回到了家。

经过一个多月的调理,盛同志的伤势逐渐痊愈。老赵说,除了两名腿骨折断的伤员外，其余九名基本上恢复了健康，都能够行动了。盛同志天天坚持运动，还跟老赵出去过两趟，看望其他伤员。

正当伤员们盼望上级派人来联系，能够迅速归队时，一天傍晚，老赵手提齐头剥大刀，腰间还别一支短枪，急急忙忙进来说："今晚敌人有行动。根据摆渡人传来的情报，敌人渡过河西有两个排。看来要在这一带来个大搜查。"老赵略停片刻又说："这批匪徒不是乡自卫队，他们对于河湾情况不怎么熟悉，能巧妙地对付就行，你们准备一下。"

听到这个消息，我心里在反复考虑，盛同志负伤后，隐蔽在我家疗养，这是党交给我的任务。这次敌人大搜查，我母女就是牺牲了，也不能让敌人伤他半根毫毛。

老赵同志拿去了藏在我家的那个洋油筒和半节炮仗，刚走不久，就听到了匪徒们吆三喝四的谩骂声，一场严峻的考验摆在我们面前了。我看了看女儿，秀红这孩子绝顶聪明，会意地点了点头。我正要到锅房去，咚咚的撞门声响了。

女儿真懂事，这时她顾不得一切了，迅速地把辫子往脸后一盘，用发夹一插，变成个少妇的粑粑头。又把外衣一脱，穿着贴身衣服倒向床外，也拉起被子躺下了。

女儿的敏捷动作，我心里看得明白，她胸怀多么宽广，装的是整个革命利益啊！匪徒撞门更响了。我说："我家儿子在害伤寒病，刚才还在发烧，老总们就行行好，别惊动他吧！"

"哗啦"一声，我家的破板门被几个匪徒踢倒了，接着是几盏手电筒光柱射进屋里。我坐在床前，女儿贴床外边睡着，我的道道血管紧张得都要爆炸了。

一个匪徒头目撑着手电筒，看到床前摆着一男一女两双布鞋，逼问这是谁的房间。我说是我儿子和媳妇的房屋。这家伙一挥手，一个匪兵就窜到床前掀帐门，我两膀一伸，拼命拦阻，秀红在我遮掩下，一个翻身紧紧搂着被子放声大哭着说："哪家人不生灾害病哟，我家人病得这样，老总们还要为难他哇！……"两个匪兵又跑来拉我，我趁势绊倒故意放在床边的尿桶，哗啦一声，大半桶尿泼了满屋，匪徒们忙捂鼻子往后一缩。正在这时候，近处"砰砰"的枪声夹着"油桶机枪"声响开了，还听到"缴枪不杀，捉活的呀"的呼喊声。

"走！增援去。"匪官一挥手，匪徒们狼狈地溜了。

在敌人"扫荡"河湾半月后的一天下半夜，老赵来到了我家，跟他一起前来的还有一个张同志和另外八位已恢复健康的红军战士。老赵走到我面前，说："盛连长他们今夜就走，你看……"

我突然感到心里像缺少什么似的，秀红听说后，眼圈顿时也红了，屋里显得十分寂静。

"秀红，还不去给盛同志收拾东西。我们把他接到家里治疗，就盼望他早养好伤早归队嘛。"我觉得嗓子有点发硬，话就像被卡在喉咙里。

盛同志默默地向我走来，一下子紧紧地拉住我的手，说："梁妈妈，我忘不了您，忘不了秀红妹妹，回部队后，我一定勇敢杀敌……"

张同志向归队的同志们介绍了行走的路线后，队伍趁夜里向大别山出发了。至此，我们妇女救护队才算完成了自己的任务。

（查大勋、朱进全、盛先光　整理）

原载《皖西革命回忆录：第二次国内革命战争时期（上）》，安徽人民出版社，1980 年，第 277～282 页。

保卫红色土地

◎ 徐海东

这里,我所叙述的是红四方面军主力离开鄂豫皖苏区后,留下的一部分红军英勇保卫苏区斗争生活的回忆。

一

红四方面军主力离开鄂豫皖苏区以后,留下的一部分红军汇合地方部队和收容起来的大批伤病员,于1932年底又组织起支部队——红二十五军。

反动派再不吹嘘"大别山区的红军肃清了",又急忙调兵遣将,向我发动了新的围攻。1933年1月,敌十五军马鸿逵部马腾蛟旅,由新集向郭家河进攻,红二十五军两个师勇猛出击,激战三小时,全歼敌人两个团;2月中旬九龙缠顶一仗,又歼灭万耀煌十三师一个团。群众看到我军接连打了胜仗,都高兴地说:"我们的红军回来了!"

一度被敌人摧毁的鄂东苏区,又逐渐恢复起来了。到1933年4月,红二十五军发展到13000多人。但是七里坪一仗,却遭到了严重损失。

七里坪是黄安北乡的一个重镇,也是敌人安在苏区中心的一个坚固的据点。敌十三师长期驻守在此,领导上想用围困的办法把敌人逼走或调出据点歼灭之。这个意图没能实现。敌人一方面固守工事,以武力保持着与黄安、汉口的交通运输;一方面派部队前来增援。虽然，我七十四师于古凤岭、凤白山一带击溃了敌八十九师的几次增援，但没有将其全歼。毛主席在《中国革命战争的战略问题》一文中指出："对于几乎一切都取给于敌方的红军，基本的方针是歼灭战。只有歼灭敌人的有生力量才能打破'围剿'和发展革命根据地。"我们长期围困七里坪，没有达到这个目的。

困不走敌人，逼不走敌人，反而使自己陷于被动地位。当时正是青黄不接的时候，我军大部队集结作战，不但没有油盐菜蔬，连饭都吃不饱。粮食，要到数十里甚至上百里以外的地方去搞，像老鹰打食一样，搞多多吃，搞少少吃，搞不着就不吃。有的部队只得吃野菜，吃树叶，吃草根，战斗力受到严重削弱。

在这种情况下，我军不得不放弃了七里坪的围攻战。

部队从七里坪撤下来，还没得到休整，敌人调集了六十四师、六十五师、五十八师，又向潢川等地发动"围剿"。反动派以为受到创伤的红军已经筋疲力尽，不堪一击了，但他们想错了。受挫，只能使我们得到教训，党所领导的军队，是不会因为一次失利的战斗垮下去的。我七十四师的主力主动向临牌石敌人一个团展开了攻势。经五次冲锋，全歼敌人一个团，俘虏副团长以下官兵600余名，缴获迫击炮三门。敌人的团长也在这次战斗中被击毙。

我军转移到莲花沿、李家湾一带后，敌十三师、八十师、四十四师、五十八师、六十四师、六十五师、七十五师、三十师、三十一师等部近十个师的兵力，又分路向我合击。我军为避免与敌决战，即向皖西转移。8月中旬,敌七师、十二师、六十四师、六十五师调集就绪后，向我皖西进攻。我军转战两个多月，虽然打了几仗，终因敌人兵力强大，无法粉碎敌人的进攻。9月初在金寨西北的桃树岭一带顽强抗击了13天后，为了不再与敌人拼消耗，省委决定部队又向鄂东转移了。

从南溪、葛藤山出发，军长吴焕先同志领队前行，我因有病躺在担架上，随同后方勤杂人员走在全军最后。天下着大雨，道路十分泥泞。拂晓走到黄土尚公路附近，和敌人三十一师碰上了。由于情况突然，我和吴焕先同志失掉了联络。身边只有一个特务连，其他全部是非战斗人员，天已经快亮了，行李担子一大串，冲过去已不可能，只好退到旁边的一座山上。

因为这山上有个"齐天大圣"的庙宇，所以附近的老百姓都叫它"猴子山"。

上山后，天刚亮，敌人就发现了我们，就以约一个旅的兵力向我围攻上来。我下了担架，一面叫特务连连长指挥全连守住一个山头，一面叫号兵吹调动号。估计这一突然的遭遇，一定还有没过去的部队。

军号伴随着密集的枪声，在群山中响着。过了一会儿，山下答号了。原来二二〇团的一营和另外两个连，也掉了队，敌人弄不清我们有多少人，不敢盲动。我们集合了半天，一共收容了六个连队。当然靠这六个连，也冲不过公路去。唯一的办法是转回皖西。

吃的粮食本来就困难，现在又仓促转移，更是无处筹备。每天，部队只能抓些秋南瓜充饥。在西河，我们进行了轻装，又把勤杂人员整编成了两个多连队。这样，一共有了九个战斗连队。在红旗山、丁家埠会合了皖西道委领导下的八十二师后，为了统一皖西的部队指挥，决定成立二十八军。于是，红二十八军的番号，再次在皖西恢复起来。这样，鄂东、皖西，两下虽然得不到直接的支援，但是两地的同志，都怀着一个共同的信念：保卫苏区，保存红军并发展红军的力量。

二

经过敌人多次"围剿"的皖西苏区，这时只剩下一片狭小的地区。东西长不过200里，南北宽不过50里，最窄处只有十几里。在反革命"血洗"苏区的摧残下，到处是一片瓦砾，十室九空，敌人在这片土地上犯下的滔天罪行，真是罄竹难书。国民党七十五师师长宋天才，用汽车装走了几千青年妇女，运到河南卖了。许多家庭被灭绝了后代。在吕家大湾，我们发现一个新土堆，开始不知道埋的是什么，挖开一看，是170多具被无辜惨杀的尸体。血的仇恨，激起了全体红军战士无比的愤怒。复仇的烈火，在战士胸中燃烧。

这时，敌人在皖西"进剿""驻剿"和"追剿"的部队，不下十个师近十万人。我们名曰一个军，实际上不过2000多人，而且粮缺弹少，又值寒冬。因此我们当时的行动方针是：避免与敌人决战，分散进行游击活动。八十二师坚持原地斗争，八十四师到赤南熊家河一带，一面游击，一面筹备给养。

我们游击到赤南，反动派十二师、四十五师的一个旅和独立三十四旅又分路合击上来。我军跳出包围圈，连夜向外转移。经六安、简家畈、东西莲花山、八道河、椿树岙、母猪河一线进入湖北罗田县境的僧塔寺。把敌人甩掉之后，又转回赤南熊家河一带。我军当时的生活状况，可以用两句话来概括：肩膀上扛粮袋，屁股后头挂镰刀。除了枪支弹药，每人都备有一个粮食袋和一把镰刀。有时白天隐蔽在山里，自己割草搭棚子；晚上就下山去"打粮"。时常跑了一夜，也奔不上个"大户"，只能搞点米回来。"打粮"回到苏区，除了供给部队和伤病员，有时还救济穷苦的群众。苏区的群众更是不顾生命的危险，给红军送情报，千方百计地掩护红军的伤病员。有些受敌摧残严重的村庄，人虽然很少，但只要剩下一个人，他的心仍向着红军，向着共产党。在粮食最困难的时候，军民吃饭几乎不分彼此，老乡做好了米汤叫战士们去喝；战士们煮好了稀饭，请老乡一块喝。有的群众自己忍着饿，把仅有的一把米、一把菜，送给部队吃。有些群众被反动派抓去了，要他们领着找红军，有的领着敌人乱转，有的宁死也不说出红军的去向。红军和人民群众，就是这样相依为命，同渡艰难。

10月底，我们向北游击。在商城的红门，一举歼灭了宋时科的独立三十四旅一个团，缴获了大批的枪支弹药和一部分棉大衣。借助这个胜利，又收容了一部分归队的伤病员，先后组织起两个多连，使八十四师得到了补充。不久，八十二师从赤城过来，会合以后，时值冬天来了，大雪纷飞，过冬的衣服问题，是我们每天谈论的中心。全军大部分人还穿着单衣。没有棉被，睡觉也是就地一歪。有时住上有人烟的村庄，弄到点稻草盖在身上，那算是很美的事了。可是，被敌人踩踏多年的苏区，稻草也成了罕见之物。有的同志晚上冻得不行，只好起来跑跑跳跳，用这个办法来取暖，我们的供给部，这时全部财产只有13块钱。这几块钱，一来买不到几匹布，二来在敌人严密的控制下，也无法买到布。唯一的办法，还是靠打仗。

这天，我们打听到段集吴桥有个布行，是土豪开的。于是便来了个"黄鹰抓小鸡"的战术，一下搞到600多匹布和几百斤棉花。战士们情绪高极了，纷纷说："现在该不愁穿了。"

愁还是愁。有了布，棉花还太少。再能搞到些棉花多好啊！说来凑巧，赤城县委书记吴德峰同志来了。他说："叶集有棉行，也是土豪开的。"

这个情报，真是雪中送炭。

叶集，是霍邱县西面的一个镇子，原驻守着反动派宋时科的部队，不久以前因被我们消灭了一个团，残部都调到霍邱整训去了。这时镇上只有400多民团防守。我军连夜奔袭，歼灭了民团，搞了1000多斤棉花。又在市面上买了一部分，合计了一下，每人能摊到一斤多棉花，一斤多棉花怎么够一套衣服的絮呢？经过大家研究，决定棉袄絮上薄薄的一层，棉裤腿和裤裆都不絮棉花。布有多余的，每人再发一副裹腿。

全军人人动手，你帮我，我教你，几天工夫，棉衣全部做成了。虽然长长短短，缝得不太美观，不过，像这样全军大换装，人人穿上衣，打上新裹腿，还是头一次哩！

吃穿的困难，渐渐解决了。打大仗的愿望在每个同志心里升起。敌人的兵力十分强大，从哪儿下手呢？由于围攻七里坪的教训，我们都特别慎重。当时的方针是：打不了不打，打不胜不打，不打则已，要打就打歼灭战。寻找战机，我军在敌人大包围中跳来跳去。

11月底，我军在金寨西北、固始以南狗迹岭、铁炉冲消灭了四十五师一个团零两个连后，敌人又调动两个师和两个旅，分四路向我熊家河进攻，企图报复。我军在前后塘、天桥与敌激战了一天，便主动转移，由金寨以南渡过史河。刚刚进到古碑冲，得到情报：驻守金寨的敌独立第五旅和伪县长带领的民团围攻上来。我们抓住这个有利时机，以两个营正面阻击，主力转到侧后，一个猛冲，把敌人一个旅打垮。俘虏800多名，缴了3门迫击炮，4挺重机枪，700多支步枪。带队的伪县长也被打死了。敌旅长负重伤逃回。

敌人的援兵赶到，我军携带着胜利品转移了。要回转苏区，必须通过南溪和金寨之间的两道封锁线。刚打了胜仗，部队两天两夜没休息了，又抬着伤员，背着缴获的枪支弹药和粮食，行军速度很慢。当通过敌人的封锁线到达南溪附近时，天快亮了。在马头山又打了个小仗（歼敌一个连），耽误了些时间。现在，要按照预定的计划到大埠口一带宿营，还要翻过烂泥湖的一架大山，路程有40多里，是困难的。因此，便派出两个营警戒汤家汇和南溪的敌人，其他部队停下来休息做饭。

饭还没做熟，敌五十四师从南溪进攻上来了。又是机枪又是迫击炮，火力很强。我们研究了一下地形和敌人的部署，决定先把敌人"调动"一下，然后歼灭它。遂命令两个营顺着一个突出的山梁运动。到达山顶后，只留下一个排固守，其余的主力又顺着一条山沟隐蔽地撤下来。

敌人只看到我军两个营在山上运动,却没看见撤下来,便误认为那架山是我军的主要阵地,遂将兵力、火力转向那架山。这时,我军集中四个营从敌人右翼猛打过去。待敌人发觉上了当,已经晚了。激战又一个多小时,敌人两个团除跑掉的一个营外,全部被歼。敌五十四师代理师长柳树春和1600多官兵做了俘虏。

柳树春是保定军官学校出身,据他自己说曾经当了13年团长和4年旅长。可算得上"老资格"了。他万没想到,会当红军的俘虏。被俘以后,他怯生生地问我:"军长,你是黄埔几期?"

在他们脑袋中,只有住过正牌军官学校的人才能指挥打胜仗。军队若是打胜仗,似乎一切都应归功于指挥官。他哪里知道,我们党领导的红军,就是一所最好的学校。红军所以能打败比自己强大的敌人,重要的原因,不单是某一个红军指挥员的个人如何,而是因为红军是共产党领导的部队。当然,作为一个反动军官的柳树春,是无法理解的。

柳树春见我摇头,又问:"那你一定是'保定'的了!敢问是第几期?"

我说:"你别再问了,我既没入黄埔的门,也没听过保定的课,我是青山大学毕业。"他愕然地想了半天,说:"这青山大学,在哪儿?"

我用手指指外面的山说:"呐!就在这儿!"他这才低头不语了。过了一会儿,又怯生生地说:"鄙人有一个问题百思莫解,不知当问不当问?你们苏区,房无一间,粮无一粒,是怎么生存的?"他这一问,确实激起了我的愤慨。我说:"你倒好意思说出口!房无一间,是你们烧的;粮无一粒,是你们灭绝人性毁坏的。你们以为,烧杀能毁灭一切,这是强盗的想法。烧杀只能证明你们野蛮。你们欠下的这笔血债,总有一天要偿还的。"

柳树春吓得全身发抖,连连说:"请原谅,请原谅,这些不能归罪于我,都是蒋介石的命令。军人只懂得服从命令……"

敌人闻悉柳树春被俘,恼羞成怒,企图实行报复,接着集中四十七师全部、五十四师的一个旅和七十五师一个旅,共约十个多团,向我杨山进攻。我军士气高涨,弹药充足,两个师开展歼敌竞赛。激战一天,将敌人五六次冲锋打垮,粉碎了敌人的进攻。此次战斗中,八十四师师长黄绪南同志光荣牺牲。

连续几次的胜利，使皖西的敌人大为震惊。敌纷纷收缩兵力，放弃了南溪、牛食畈等重要据点，龟缩到丁家埠、李家集、汤家汇、吴家店等地去了。红二十八军，从此展开了更大规模的战斗活动。

三

十九路军军长蔡廷锴等将领，因不满蒋介石，联合国民党内部一部分进步势力，公开宣布与蒋介石决裂，在福建组织了反蒋人民政府，并与红军订立抗日反蒋协定。蒋介石为此把鄂豫皖主力抽走，所留下的多为杂牌部队。在此有利的形势下，红二十八军立即展开外线活动，趁此扩大苏区。不到几个月，皖西苏区已扩展到东西270余里，南北100余里。部队的人数由2000余人，扩大到3200余人。

农历二月底，红二十八军活动到商城东南豹子岩，会合了吴焕先同志带领的红二十五军。分别半年多，再次相会，那种高兴的心情，真是一时难以用话来表达。

焕先同志告诉我说：自从去年9月遭遇敌人，主力转移也十分困难，敌人曾先后集中五十八师、四十四师、三十师、十三师、三十一师、八十九师和独立三十三旅等部，多次"围剿"鄂东苏区。红二十五军主力在敌人的大包围中，日夜不停地和敌人周旋。后来敌人驻扎在鄂东苏区的中心，采取步步为营的碉堡政策向我疯狂进攻。在这种情况下，红二十五军在鄂东地方党的支持下，分散坚持斗争，英勇地保卫着苏区。当大部分苏区被敌人占领后，焕先同志带着一部分部队，在天台山、灵隐寺、茅草尖一片狭小的山区打游击。部队没有吃的，没有穿的，经常以野菜、山果充饥。敌人不断地搜山、烧山，在路上和井里丢上毒药，还大肆进行欺骗宣传，施行软化手段，推行保甲制度，厉行连保连坐，企图把红军与人民分开，把红军困死、逼死、饿死。然而，他们始终办不到。群众决心和红军站在一起，经常秘密地给红军传递情报，收留掩护伤病员。光山南区一个村的老百姓知道红军伤员没医药治伤口，暗地凑了些钱，买药送给伤员。在这艰难的岁月中，出现了许多可歌可泣的事迹。有的伤病员，藏在山洞里宁愿饿死，也不爬出洞口给敌人抓去。省委书记沈泽民同志就是这样带着重病在天台山上牺牲的。

红二十五军与红二十八军此次会合后，又再次进行了整编，两军合编为红二十五军。为了找省委汇报工作，休息几天后，又转向鄂东。

连续数日的行军，经汤池、西余集到达了沙窝以南的高山寨。这时敌一〇九师一个团两个营从沙窝出来向我军进攻。我军占据有利地形，把敌人消耗到一定程度，一个反击打出去，全歼了敌人两个营。仅是机枪就缴获了72挺。这真是一笔路遇之财。

当天，我们在高山寨西南的一个村，会见了省委书记徐宝珊同志。在此省委举行了会议，根据当前的形势，决定在安徽的宿松、太湖、潜山、桐城、舒城五县创建新的根据地，并在鄂东的黄陂、罗山、孝感创建游击根据地，同时成立鄂东、皖西两道委。鄂东道委书记郑位三，皖西道委书记郭述申，并以皖西三个游击师组织八十二师（师长林维先），鄂东组织西路游击师。

红二十五军根据省委的决议，在上述地区，开展了广泛的活动。每到一处，发动群众进行打土豪、分田地的斗争。在潜山、桐城、舒城边区活动一个多月，先后留下了13支便衣队和游击队。新区工作打下基础后，又转移到罗山一带，以朱塘店为中心，在凤凰山一带活动半个多月，组织了区乡政权；在区乡政权的协助下，部队又扩充了160多名新兵。不久敌三个师发起三路围攻，我军转移到彭店一带，将四十四师击溃（歼其一部），迫使另两路敌人暂时停止进攻。

为了避免与敌人拼消耗，我军又采取了疲劳敌人的战术，拖着敌人向外转。先后经东新店、望阳店、夏店、蔡店等地转移至孝感县的会田河、黄家畈、李灵店。在杨平口，与敌东北军一个师打了一仗，把敌三个师甩掉，复转回新苏区。

1934年6月底，我军转移到白亚山一带，敌五个师又分别进攻，我们往哪儿走，都会碰上敌人，便决定暂时按兵不动，准备好干粮，打好草鞋，待敌人四路合拢后，先打垮它一路，然后变敌人四路为一路，摆在屁股后面拖着走。

第四天，敌人三路赶到了。打了半天，计划实现后，即派二二三团在后尾占领隘路阻击，主力连夜转移到殷家冲。同时又派一个营占领何家冲后山一个寨，防止敌阻击我军去路。第二天一早，我们正向何家冲转移，走到长岭岗附近，发现了敌一一五师三个团摆在一漫山坡上，看样是毫无戒备。敌人在山头上架着三门迫击炮，盲目地瞎打。我走在大部队前头，一看这是个很好的机会，急忙命令部队停下来，对通讯员说："向后传请政委快上来。"

政委吴焕先同志从后尾跑步上来，忙着问："什么事？""政委，你快看！"我向长岭岗上一指说，"好像是个好机会，打一仗怎么样？"

吴焕先同志举起望远镜往长岭岗上一看，连声说："对！是个好机会。"

我们研究一下，敌人不但疏忽大意，而且所处的地形，对他们十分不利。三个团摆在光秃秃的长冈子上，只要一个冲锋打垮他最前头的一个团，后边两个团没有地形利用，不能展开部队抵抗，我军再乘此机会压过去，定会把后面的敌人搞得稀里哗啦。

因为天天和敌人周旋，每个战士都有随时随地投入战斗的充分准备。一声命令，全军就展开了。二四〇团团长熊行宽同志带一个营攻击排哨，我和吴焕先同志分头各带两个营攻上去。长岭岗上霎时枪声大作，战士们挥动着刺刀，猛扑敌群。不出事先所料，敌人前头的一个团一乱，后边的部队无处可以固守，纷纷乱窜。混战只一个多小时，一一五师便土崩瓦解了。最后敌师长姚东番见势不妙，带一部分人逃了命。我军俘虏敌团长以下官兵3700余名，光是机枪就缴获了200多挺。

这一仗，打得干净利索，我军伤亡也不大。这是豹子岩会合改编后，打的第二个漂亮仗。为扩大红军的政治影响，我们积极传播我军的俘虏政策，除从俘虏中动员了一些机枪射手留下，其他的经教育后全部就地释放了。

敌人的行动规律就是如此，几路合击上来后，只要能粉碎其一路，其他各路就不敢再进攻了。我军在殷家湾休息了一个多礼拜，把一部分枪支交给了西路游击师，妥当地安置了伤兵之后，又转向皖西，继续坚持着保卫苏区、保卫红色土地的光荣使命！

原载《皖西革命回忆录：第二次国内革命战争时期（上）》，安徽人民出版社，1980年，第364～376。

竹根河上

◎ 雷伟和

竹根河，正像它的名字，是由无数条竹须般的溪流汇成的一道山涧，从斑竹园流出，经丁家埠，注入史河。

它不过是大别山区一条普普通通的小河，但却深深嵌入我的记忆，在我心中奔流。时刻映照出40年前一段艰苦的游击生活，映照出活动在小河两岸的游击队员的战斗英姿。

一、把"地头蛇"撵进老母洞

活动在竹根河上的游击队，是在革命处于低潮的关头崛起的，又是在严酷的对敌斗争中成长的。

1932年秋冬，随着第四次反"围剿"斗争的失利，红军主力的西去，地方反动势力配合国民党正规军卷土重来，在皖西苏区实行惨绝人寰的大屠杀。在白沙河上楼房，敌人一次就杀害我革命群众1200多人。在鄂家园螺丝吐肉的一块田里，匪徒刀砍我革命干部和群众，从日出砍到日落，尸骨成山，血流成河。敌人除了这狠毒的一手外，还使出阴险的一招：在地方物色代理人，通过他们逼迫苏区群众插白旗，妄图征服民心。

大别山人民是有骨气的。竹根河两岸的群众宁死不屈，大屠杀吓不倒他们，要他们插白旗更是办不到。他们背起吊锅，离开家园，男女老少成群结队奔上了山。年轻力壮的，当过干部的，红军转移时掉队的，集结一起，志同道合，拉起了一支游击队，以竹根河两岸为基地，以西家大山为界，开展对敌斗争。

这时候，被敌人选中的一个名叫田继显的地头蛇，开始露头了。此人一贯包揽词讼，敲诈人民，恶贯满盈。他组织一支民团，依仗国民党正规军的势力，专门对付游击队，群众恨透了他，游击队也想除掉他。

但是除掉田继显很不容易。因为他活动在西家大山以东的一带，那里驻有国民党四十七师师部和它所属的一个团部和一个连部，田继显就在主子的卵翼下做他升官发财的美梦。而我们游击队又势单力薄、缺乏经验，所以，这个地头蛇虽经我多次侦缉，却几番未能就擒。

一次，田继显带着十几个人，拉了群众的两头牛，到田上湾宿夜。游击队侦悉后，连夜绕过西家大山，去打田继显。这天夜间天很黑，我们20多人分两班，从前后门包围这个庄子。我们攻前门的一班，刚到屋侧的大竹园，还没来得及围上，攻后门的同志就用石块将门砸响了，一下惊动了敌人，一个个都溜了，游击队扑了个空。

以后接连打了几次，也未抓到田继显，但毕竟使他胆战心惊，坐立不安，终于这个毒蛇被我们撵进了老母洞。

老母洞位于西家大山斜对面，又大又深，能住得下百把人。石洞上端是陡壁，下边是悬崖，只有南侧一道曲折的小道，淹没在浓密的树林里。田继显钻进老母洞后，又在洞口设了岗哨，白天出洞作恶，团丁前呼后拥，夜晚深居洞穴，戒备森严，简直是万无一失。

眼看田继显钻进老母洞，抓不住，打不着，怎么办？游击队员们急中生智，打起了离洞口里把路那个荆竹园的主意。一到天黑，游击队员们就抄老母洞附近的一条小路，进入荆竹园，隐藏在茂密的竹丛里，伺机打击敌人。

游击队员第一次打死了叛徒江学如，第二次打死了民团副队长田义清，就等于砍掉了田继显的左右膀，挫败了他的凶焰。

江学如原是竹根河游击队队员，因经不住艰苦斗争的考验和田继显的威胁利诱，在夺走另一个游击队员的枪以后，投入了田继显的怀抱。可恶的叛徒，将我游击队的内部情况、活动线索，统统提供给了敌人，还常常为敌人带路"清剿"游击队，邀功请赏，给我们的活动带来很多困难。

这天晚上，隐蔽在荆竹园里的游击队发现江学如走出石洞，溜进了钟鼓楼山沟里的岗棚，立即跟踪前去。未等叛徒明白过来是怎么回事，队员们挥起钉耙，将他活活砸死，为人民除了一条害虫。

叛徒被处决的消息传入老母洞后，田继显十分惊慌。一个姓方的民团排长，为了替主子壮胆，竟跑到洞口大骂游击队，当即，游击队回敬了他一阵排子枪，打伤了他的一条狗腿后悄然离去。

紧接着，副队长田义清的丧命，就更使田继显震惊了。还在白天，田义清带领随从出洞时，就引起我游击队员的注意。游击队员看好地形，定好射程，打好埋伏，专等天黑田义清回洞时，给他一个迎头痛击。

果然，天一黑，田义清的脚步声就从山下传来了。当敌人接近荆竹园时，叭！游击队员一枪便将田义清击倒在地，终结了他的狗命！

对于田继显来说，副队长的死非同小可，竟伤心地大哭一场。从此，不敢肆无忌惮地残杀革命群众，不敢跟游击队作对了，也更加深居简出了。据说，有时在洞内自弹自唱《四郎探母》："我好比笼中鸟有翅难飞……我好比浅水龙，困在沙滩……"那声调听起来是那样凄凉、哀伤，充分暴露了他色厉内荏的虚弱本质。

田继显被游击队撵进老母洞，时间达一年多之久。直到 1935 年春，我调往一路游击师交通队，离开竹根河时，他仍龟缩在洞内。这个地头蛇终究没有逃脱覆灭的命运，最后被人民镇压了。

二、黑石崖上的"神枪手"

小小的竹根河游击队，论人枪不过 30 余，论战斗经验又很缺乏，但是，我们人熟地熟，个个年轻力壮，更主要的有对共产党对红军的热爱所激发出来的勇敢精神。所以能搅得国民党正规军（一个师）和地方民团晕头转向，屡屡败北。而敌人想打我们这支来无影、去无踪的游击队，那简直如从大海中捞取绣花针。

1933 年夏秋，驻在西家大山以东钟铺湾的敌人，常常跨过竹根河，进入界牌冲，前往蔡家畈一带"清剿"。因为那里是皖西北道委、一路游击师活动的地方。每次,敌人都是早出晚归,来回过两次竹根河。我们站在林家岗上看得清清楚楚。特别在傍晚时分,敌人背着、提着或挑着从群众家里抢来的粮食、瓜菜、鸡鸭等等,满载而归,游击队员见了,胸中燃起万丈怒火,恨不得杀绝这伙横行乡里的白狗子。

终于,游击队想出了一个惩治的办法:专揍白狗子的屁股。

这天傍晚,敌人在蔡家畈折腾一天后,返回钟铺湾,又经竹根河山区的所谓大路(其实很狭窄),敌成单人纵队行走,队伍拉得很长很长。白狗子们带有抢来的老母鸡、南瓜,还有席子,一路大摇大摆,趾高气扬。队伍后尾的一连敌人来到河边了,有的解下绑腿,脱下鞋袜,准备蹚水;有的坐在河边的石头上,把枪放在地下,悠闲地抽烟、聊天、哼小曲。这时,隐蔽在山林里的游击队员,乘其不备,猛烈射击,只一刹那工夫,干掉了十几个敌人,还缴获了钢枪。等到前边的敌人发觉了,游击队早已跑得无影无踪。敌人一走,游击队又下河缴获胜利品——从敌人尸体上脱下一套套军装,留作开展伪装战术之用。

采用这个办法果然有效,游击队取得了一些胜利。但到后来,敌人每次过竹根河时,就在山林里隐蔽一个连,作为后卫,这个办法就失灵了。

一招失灵,又生一策。对付敌人,游击队是有办法的。不久,一个游击队的神枪手导演了一幕黑石崖上的"喜剧"。

黑石崖,矗立在竹根河畔的西小湾,崖的四周长满密密的杂树、灌木和荆丛。一到深秋,满山是红艳艳的果子,平日藏百把几十人,丝毫也不显踪影。

这是1933年深秋的一个傍晚,敌人又一次外出"清剿"回营,顺顺当当地涉过了竹根河。现在用不着提防游击队揍它的屁股了,敌人满以为可以一路平安、畅通无阻,不曾想到游击队还会有别的办法对付他们。

砰!河上空突然一声枪响,队伍后尾的一个白狗子,立刻饮弹倒下。敌人在惊慌失措时,砰!又一声枪响,又一个白狗子应声倒下。

敌人惊疑地望望四周,四周一片寂静,除了竹根河水在缓缓流淌,毫无动静。

砰!砰!砰!……白狗子一个接一个地倒下去。这下队伍就乱套了,有的钻到山边的林子里,有的趴倒在地下。

敌人发觉枪弹是从河西山上射来的,可是经过一番仔细窥测,也只看到一片黑乎乎的草木丛，烘托着那块高高的陡陡的黑石崖，像是大别山的一个巨人，巍然挺立在那里，怒视着他们。

敌人摸不清这山上究竟有多少游击队，更弄不懂这是一种什么打法。于是一个团的人慌忙舍路上山，丢下十几具尸体，顺山边林子逃跑了。

第二天，敌人要向游击队示威了。他们开来了大批人马，抬来重机枪、迫击炮，噼里啪啦，轰隆轰隆，对准黑石崖猛轰猛打，从早上一直闹到中午，打得山崩草木飞。打够了以后，敌人过河上山，大概是想目睹一下游击队全军覆没的惨象。可是他们什么也没有看见，只有那些幸存的树木迎风摇曳，发出沙沙声，像是在嘲笑这伙穷凶极恶而又愚蠢透顶的"胜利者"。

听到敌人猛击黑石崖的枪炮声，游击队员们都乐不可支。敌人的枪炮越猛烈，大家就越快活。说穿了，这幕"喜剧"只是一位姓詹的普通游击队员一手导演的。那天，正是他独自一人，隐蔽在黑石崖上，从树丛中射击敌人的。他是游击队的神枪手，一枪一个，弹无虚发，一口气就击毙十几个敌人，逼使一个团的敌兵狼狈逃窜。第二天又让敌人付出那么大的代价，而游击队却没伤着一根毫毛。

黑石崖的这幕"喜剧"一传开，当地群众都说，游击队一人能击溃敌人一个团，真是万夫莫当。这话未免夸张，但表达了群众对游击队的智慧、力量的赞扬，对正义战争的歌颂。

三、为了保护山乡火种

我们游击队常住的地方，叫金家湾，是个二三十户瓦房毗连的大庄子。背靠青山，面对谷场、水塘，侧有大片竹园，又有一座山岗，横在前边作为屏障，既清幽又安全。站在岗上瞭望，竹根河水，以及河畔的田野、道路，尽收眼底，便于我们观察敌人的动向。

1933年秋的一天，皖西北道委的一位负责同志，在金家湾召开了一次重要会议。参加的都是苏区的政府干部和党、团骨干，约百十人。会议开到半夜才散，到会的人都在庄子里宿夜。我们游击队的四个班战士，拥在厅屋里，头枕背包，怀抱枪支，和衣而睡。

就在拂晓前，人们酣睡时，忽然被一阵密集的枪声和子弹落到屋顶瓦上的撞击声惊醒。只听队长方升堂同志大声命令："穿好鞋，快！跟我来！"大家从铺上一跃而起，跟着队长奔出大门。

这天夜间偷袭的敌人有一个营，外加民团30多人。他们是从竹园与水塘之间的小路进来的。在小路口，我们将一棵竹子扳弯伸向塘沿，作为障碍物挡住了路口，游击队的哨兵就放在塘沿。敌人偷袭时，拖动竹子，发出了声响，惊动了哨兵。哨兵刚一盘问，敌人立刻朝他打了一枪。哨兵负伤后，悄悄地退到山边，从厕所的花墙眼里向敌人射击，向游击队报警。

我们到了大门时，敌人已经到了门外谷场上。在下弦月的映照下，我们看到一团团黑影在移动，约有一个班。在竹园那里，埋伏着更多的敌人。

游击队被包围了，道委的负责同志和与会的同志被包围了。一见这情景，我们立刻意识到形势的严重，处境的危急。如果敌人偷袭得逞，不仅游击队全军覆没，更重要的是与会同志，必将全遭损失。这些同志是斗争中的骨干，山乡的火种。保护他们的安全转移，粉碎敌人的包围，是我们每一个游击队员的神圣使命。

"打！"方队长一声命令，大门两边射出一阵枪。乘敌人慌乱间，队长领头冲出去，队员们紧紧跟上，径直奔向屋后的高地，抢占制高点。这时，在游击队的掩护下，参加会议的同志从边门撤离，向附近的高山——大地坪转移。

我们在屋后的山顶刚一站稳，敌人从竹园那边发起了冲锋，抢夺高地。当时，游击队的子弹较充裕，每人带有50来发。我们居高临下，子弹像泼水似的落向竹园，打得竹子啪啪地响，打得敌人抬不起头。

跟着，游击队发起了反冲锋。就在我们冲向敌群的途中，敌人的冷枪击中了方队长的腹部。一班长看见队长负伤，扑了上去，驮起他就跑上山，掩藏在一个树林里。这时候，敌人冲上来了。敌强我弱，又失去指挥，游击队便很快撤离金家湾，转移到大地坪。

天亮以后，正当敌人以征服者的姿态肆意践踏游击队的驻地时，一路游击师100多人支援来了。我们又从大地坪打回了金家湾，一直把敌人撵过竹根河，撵回钟铺湾的巢穴。

我们是从后山的一条沟壑里，找到方队长的。在敌人冲上山头时，为了防止发生意外,方队长忍受伤痛,从山林滚落山沟。这时,他已经是奄奄一息了。但他仍关心着参加会议的同志,惦记着他们的安全。他断断续续地问道:"敌人……打退了吗?""道委领导同志,其他同志,都安全转移了吗?"当他得到满意的答复后,停止了呼吸,跟同生死共患难的战友永别了。

方升堂同志原是我们乡少先队的干部,在白色恐怖包围中,他带领我们青年冲杀出来,组织了这支游击队。他作战勇敢、沉着,同志们都很尊敬他。现在,为了保护这个地区的火种,保全游击队,他献出了自己的生命与青春。失去了这样一位战友、指挥者,同志们又怎能不悲痛、不怀念!

掩埋了队长的遗体,游击队员们擦干了眼泪,怀着为阶级兄弟报仇雪恨的急切心情,投入了新的斗争。

四、日打交通夜烧木城

上面提到过,西家大山以东一带,布满进山"清剿"的敌军,在钟铺湾驻有敌四十七师师部,吴家店驻有敌人一个团,李家集驻有敌人一个连。

敌人尽管兵力密集,威威风风,骨子里却害怕红军、游击队,害怕群众。为了防御,敌人在西家大山顶上筑起了集团工事,还利用山上的森林资源,沿竹根河方向,修了一个古来少见的木城,即把一条岭上的大松树砍断,横倒在地上,凌空露出毛乎乎的树梢一端,作为前沿障碍物,远远望去,就像一条逶迤而行的长龙。那架设在山顶的一挺挺机枪,对准竹根河一带,虎视眈眈,见影就打。望着这个古怪的东西,游击队员们又气又恨,发誓早晚要毁掉它。

敌人在西家大山以东集中了这么多的兵力,周围一带被糟践得田园荒芜,十室九空。虽然天天打家劫舍,也无油水可榨,哪里填得饱肚子。这样,敌人的军需物资,一概由湖北罗田方面供给。从罗田到钟铺湾的道路上,被逼当挑夫的农民,在押运的匪兵皮鞭驱赶下,终日络绎不绝。这件事,自然也逃不过游击队的耳目。

经过合计,游击队决定白天打敌人的交通,夜间烧敌人的木城,给它来个针锋相对。

1933年秋的一天,我们从竹根河翻山到了佛元。佛元,是敌人运输队从罗田到钟铺湾的必经之路，山上松林浓密，一棵棵松树都有人把粗。游击队一人一枪，直挺挺地贴着松树站着，一点也不露痕迹。

敌人的运输队来了。领头是几个尖兵，中间是一队挑夫，有挑米的、挑面的，还有挑烟的，最后是押运的一队匪兵。敌在明处，我在暗处。等前边的尖兵一过去，我们立刻冲到挑夫中间，接过担子，返身就往山上跑。挑夫中有的是认识游击队的，见了我们，高兴地把担子递了过来，有的是被抓来的，一路千辛万苦，这时也巴不得卸掉担子，逃离魔掌。

这样，我们不费一枪一弹，就把敌人的给养缴获了。等到敌人知道运输队遭到游击队的袭击，我们已经上了山，敌人也只能望山兴叹。

缴获的物资，除分一部分给群众外，游击队便尽情地"享受"了。

那时候，游击队截获敌人的运输物资，是经常发生的。敌人也无可奈何，只有加强兵力押运，舍此也无其他办法。后来，我们也相应地改变方法，开展了伪装战术，穿上从敌人身上剥下的军装，以接运为名，把运输队引到指定的地方，截获敌人的物资。1934年秋冬之交的一次，我们采取了伪装战术，缴获了大量冬衣，使敌人狼狈不堪。

至于毁掉敌人的木城，这是一件很棘手的事情。山岭很高，又布满障碍物，人上不去，也就无处下手。

游击队智慧大，很快也就有了办法。原来那被砍断作障碍的松树，经过一个夏天的太阳暴晒，针叶变得又枯又红，看上去就像一绺绺红头发。游击队决定：火烧木城。

一天夜间，我们九个人分成三组，从茶棚岭与三里冲之间，悄悄爬上西家大山。当接近木城时，我们掏出火柴，点着了松毛。顾不得树桩绊腿，石棱扎人，拼命往山下滑驰。这时，敌人从后面打枪，可是已经迟了。三处点燃的火，借助山风的威力，立刻烧成漫天大火。那又干又脆的松树，一接触火，噼里啪啦、噼里啪啦地响，像是一座爆发的火山。只一刻间，敌人所苦心经营的木城，便毁灭在一片火海之中了。

木城的烧毁，给了敌人以沉重的打击。群众望着西家大山的大火，无不拍手称快。不久，游击队"日打交通、夜烧木城"的事迹，便在群众中流传开了，成为人们津津乐道的一段历史佳话。

五、胭脂坳上拔钉子

竹根河游击队,原属赤南县三区四乡苏维埃政府领导的。自1934年春起,编入了一路游击师,改为战斗四营六连,虽仍坚持竹根河两岸的斗争,但根据斗争需要,也经常随全师统一行动,活动的范围和斗争的规模,都比以前扩大了。

与我们战斗四营西边毗邻的,是白沙河战斗五营。可是,在两个兄弟单位之间有个叫胭脂坳的地方,驻着一支二三百人的民团,不仅阻隔了四营和五营相互配合作战,而且成为插在竹根河、白沙河、麦园、关王庙一带方圆数十里游击区中间的一枚钉子。

这支民团的头子叫周相波,原是当地的一个豪绅。自红军主力撤走后,此人反攻倒算,坏事做尽。他曾配合国民党反动军队屠杀革命群众多达几千人。还贩卖大批苏区妇女,用来购买枪支,组织反动武装,与游击队为敌。

胭脂坳的这支民团,本来对竹根河游击队就有很大威胁,它与东边西家大山的敌人彼此呼应,使我们开展活动常有后顾之忧。比如有一次,游击队前往西家大山打田继显,遭到了国民党正规军的追击。当我们撤至麦园时,胭脂坳的民团又出来堵击,迫使游击队撤至山林,才得以脱险。我们游击队早就想拔掉这颗钉子,只因力量有限,没能实现。现在,这支民团已成为游击师开展斗争的一大障碍,我们也有足够的力量将它排除掉。

1934年秋,在游击师的统一指挥下,我们战斗四营和五营配合起来,一从河东,一从河西,夜袭胭脂坳民团。

这天下午,我们从四老尖驻地出发,经麦园至胭脂坳,迫近民团驻地青龙寺时,天已擦黑。我们隐约看到青龙寺前放有几棵树,作为障碍物,山上设有岗棚,胭脂坳还矗立着一座碉堡。看好地形后,四营与五营经过联络,就发动了袭击。

战斗营的战士这边拆除障碍物,那边冲锋号就吹响了。正在睡觉的团匪,一听枪声大作,四面呐喊,忙不迭地爬起就朝白沙河方向逃跑,有的竟把衣服都丢了。战士们勇猛地冲入青龙庙,踩了敌人的营盘,连锅瓢碗盏,都给砸得稀巴烂。我们六连战士趁势冲上了山,点起了火,把敌人的岗棚给烧个一干二净。碉堡里的敌人,拼命往外打枪,但看到他们的人纷纷溃逃,知道大势已去,也拔腿跑了。

反动派貌似强大，其实不堪一击。这枚钉子，仅在很短的时间里，就被我们拔掉了。这一带便为革命势力所控制了。

原载《皖西革命回忆录：第二次国内革命战争时期（上）》，安徽人民出版社，1980年，第377～389页。

忆二路游击师二三事

◎ 詹广华

一、重整旗鼓

1932年秋天，蒋介石反共反人民，纠集了约20万的兵力，对鄂豫皖革命根据地进行第四次"围剿"。当时，窃据红四方面军领导权的张国焘错误地估计形势，麻痹轻敌，盲目骄傲，导致了第四次反"围剿"失利。红四方面军向西转移，离开了根据地。敌人乘虚而入，烧杀抢掠，残害人民，把大片苏区推入了苦难的境地。

我由于途中作战负伤，从四方面军交通队回乡准备重整旗鼓，组织力量，与敌人斗争。回来看到家乡人民惨遭白匪的浩劫，庐舍成墟，田园荒芜，不少地方成了满目凄凉的无人区。敌人还逼迫群众插"白旗"，豪绅地主、反动分子，纷纷还乡，组织保安队、民团和"铲共义勇队"，推行保甲制度，实行反革命复辟。白色恐怖，腥风血雨，局势十分危急。

一回到家里，妻子生怕我有危险，就叫我躲在李家祠堂。这个祠堂很大，前后四幢青砖瓦房，两端有厢屋，中间是大院，形成一个完整结构的四合院。我在这里与有关同志联系接头，开展革命活动。为了防止被敌人发现，我在屋里竖了一根大竹竿。只要大门外有动静，我就顺着大竹竿爬上屋顶，如遇有敌情，便于到后山躲藏。我的妻子在前幢房子大门边，一边做针线，一边给我放哨瞭望。

一天晚上，突然有"嘭嘭嘭"的敲门声，我立即顺着竹竿爬上屋顶。我的妻子去开门，只听见进来的人小声地说了几句话，然后，大门又"吱呀"一声关上闩紧了。接着，就听见妻子轻声轻语地喊道："你下来吧，是'大冬瓜'！"我轻松地从屋顶上下来，一看，来人是老吴，乡苏维埃农会主席。

老吴一把抓住我的手，握了又握，半晌才说："现在乡苏维埃政府还存在，只要军事上有人领导，还能干起来。你是从交通队回来的，有经验，大家信任你，你就领个头吧！"

我本来就憋了一肚子气，浑身的劲使不上，又气又急。原来干得轰轰烈烈，现在东躲西藏，真是窝囊。第四次"反剿"失败，张国焘带领部队逃跑，我们这些战士，就好像失群的孤雁，想高飞，却又不知飞向何方。我经常想道：穷人不斗争，没有活路。堂堂的男子汉，宁愿站着死，不能跪着生。现在，老吴来叫我领头干，正合我的心意，我坚定地说："干！"

当晚，我俩就到另一个庄子串联，找到七八个人，五条枪。我们研究决定：立即动手打土豪，夺枪支，充实革命力量，扩大政治影响。当地有个姓吴的恶霸地主，外号叫"绿头苍蝇"。这个家伙心狠手辣，无恶不作，千家恨，万人怨。但他色厉内荏，非常怕死，平时深居简出，躲在阎家巷子，日夜派人防守。我们摸清了他的底细，有钱有粮，还有长枪12支。

夜深人静，我们朝着阎家巷子摸去。我们仅有的5支枪，分给5个同志背着。没有枪的同志，每人攥着一根栗树棍。到了阎家巷子附近，仔细察看了敌人的动静，发现后山上有两个匪兵在放流动哨，大门上挂着一盏汽油灯，两个匪兵正抱着枪打瞌睡。我作了布置，其余同志暂且隐蔽，我和"大冬瓜"老吴去摸两个流动哨。"大冬瓜"身材魁梧，有一股狠劲。我对他说："我一动手干掉这个，你就要迅速地把那个干掉！""大冬瓜"严肃地点点头："行！"

我俩悄悄地往前摸，在离哨兵不远的地方，我一个箭步窜了上去，"呼啦"一棍子打去，那匪兵"哎哟"一声倒在地上，脑浆迸流。"大冬瓜"趁势窜过去，又是一棍子，打死了另一个哨兵。我俩很快地夺过敌人的两支枪，紧接着潜入到敌人门前，解决了那两个门岗。

"同志们，冲啊！"我大声一喊，8个人一股劲地冲进去，齐声喊道："缴枪不杀!"漆黑的夜晚,这突如其来的杀声,犹如晴天霹雳,那伙匪徒吓得魂飞魄散。一个个"扑通""扑通"地跪在地上,举起了双手,连连喊着:"红军饶命!""红军饶命!"他们还没有清醒过来,就被我们缴了械。一查点,活捉7人,缴枪12支,还抓住地主的老婆和孩子,就是没有抓住"绿头苍蝇"。大家气愤难平,追问地主的老婆,才知道这个家伙外出没有回来。我们对地主的老婆训了话:"告诉你的丈夫,叫他老实一点,不要与人民为敌。为非作歹,绝没有好下场。"那个女人吓得面如土色,连声说:"一定,一定!"

这次胜利,有很大的影响。事实说明了红军还存在,红旗没有倒,警告了那些地主、民团等反动势力,不要太猖狂,人民群众是有力量的!同时,给群众壮了胆,鼓了劲,只要敢斗争,就能得胜利。很快就有20多个同志,主动找上门来,参加队伍。短短时间里,我们这支队伍,发展到40多人,17条枪,48颗手榴弹,力量很快地壮大起来了。游击队乘胜前进,接二连三地消灭了张家水圩子的地主,攻打了麻河张大生的民团,巧袭了汤家汇的匪兵,打击了地方反动势力,给人民报仇雪恨。

根据当时斗争形势的需要,皖西二路游击师成立了。我们游击队编入了游击师,第四、五、六三个连编为二营,朱泽荣同志任营长,我任教导员,营部设在冯家大院。从此,我们坚持在双河地区,控制着杨滩、甘塘坳、东大山、枸杞岭、悬剑山、全军庙、叶家院墙等地,开展游击战争,打击反动势力。

二、为保卫人民而战

敌人的四次"围剿",造成苏区十室九空,粮食奇缺,游击队和群众过着饥寒交迫的生活。为了解决部队和群众吃粮问题,战士们和群众除坚持自力更生耕种田地而外,还四处打粮。1933年年初,根据侦察获悉:白塔畈住有民团,他们抢掠人民、搜刮群众,囤积了不少粮食。营部决定去打粮,从敌人手里夺取物资。这天我们出动了全营的战士,还有6个乡的群众,计有1000多人。事先我们派出12名侦察员,分成4组,深入到白塔畈一带调查,摸清敌情,然后来接应我们。我们出发到大龚岭,那个侦察的同志,就回来和我们接上了头,详细汇报了情况。

我们大踏步地向白塔畈进发。这一支有1000多人的队伍,有持枪的战士,有紧握扁担的农民，个个精神抖擞，气宇轩昂。民团一看这大声势都吓破了胆，一枪未打，不战而逃。

我们不费力气得到 20 多支枪，活捉 27 个俘虏，打开了民团的粮仓，搞到 100 多石粮食。这一次，大家欢天喜地，满载而归。翻越大龚岭，渡过史河后，我们部队便集中到叶家院墙，整训军纪，检查政策，严肃作风。经过两天整训以后，接到上级指示，我们改为一营，跟随师部行动。

我们游击师扎根在群众之中，时刻注意群众的利益。打土豪、杀白匪，是为人民除害；打来的布匹、粮食，分给贫苦农民，使他们在饥寒中得到温饱。春种时，我们帮助群众耕地、播种；秋收时，我们与群众一起收割庄稼。因此，群众真心实意地拥护革命，积极地为我们侦察、送信、带路、运输物资、掩护干部和收留伤病员。群众还在山崖上、道路旁、大树上张贴标语："大树砍不光，树根挖不尽，留得青山在，到处有红军。"这些表达了人民群众拥护红军、坚持斗争的决心，也是我们辗转游击、战胜敌人的力量源泉。

1933 年 7 月上旬，国民党四十五师师长戴民权，策动他的队伍从固始县出发，进犯金寨。戴民权的队伍，经常往来于双河、金寨一带，沿途烧、杀、抢。戴民权是个杀人不眨眼的魔王，群众对他恨之入骨，称他为"戴狗子"。当天晚上，戴部驻扎二道河，准备第二天早晨 8 点钟，经过狮全石，到达黄土岭子。戴民权有一支手枪队，100 多架盒子枪，每次出动，都是手枪队在前面开路，耀武扬威。我们得到这个消息后，立即开会做了研究，决定截击戴民权的部队，不让他和卫立煌的部队会合，以减轻金寨地区的压力，保护苏区的人民。营长带领一、二两个连，我带领三连，分别部署在黄土岭上，痛击进犯之敌。

上午 10 点多钟，敌人的手枪队在前，大部队紧跟在后，队形拉得很长，慢慢地钻进了这条山沟子。我们在山上居高临下，看得清清楚楚，敌人好像一个个小蚂蚁，蠕动在山间的小道上，进入了我们的伏击圈。营长朱泽荣派传令兵通知我："抓住战机，狠狠地打！"

我将三连的三个排，迅速地疏散开，拉长战线，控制山头，不让敌人爬上来。战斗开始了，枪声大作，杀声四起。敌人没有料到在这里遇到埋伏，更搞不清我们有多少人。敌人在夹沟里，我们在山头上，敌在明处，我在暗处。这使得他们惊恐万状，没敢站住脚还击，只是边放枪边逃跑。我们乘胜追击，一口气追了十几里路，缴获敌人18支长枪。这一次，卫立煌派来的一个团，没有接应上戴民权的部队。敌人的阴谋计划，就这样被我游击师挫败了。

三、跟徐海东同志在一起

1933年9月间，按照师部布置，我们营开到双河二区，保卫秋收。一边帮助农民秋收，一边整训部队，准备打仗。七八天后，北边有不少农民"跑反"过来，戴民权的队伍又来了。我们原来也曾有所估计，上次一露头就被我们打了回去，肯定是不死心的。这一次进犯，可能更加疯狂，我们便做好了迎击敌人的准备。在枸杞岭的九曲湾一带，和敌人交了火后，我们就撤到冯家祠堂，待机歼敌。就在孙家大湾，我见到了徐海东同志。

一见面，徐海东同志就拉着我的手，亲切地问：

"是姓詹吗？"

"是的，我叫詹广华。"

"你怎么在这里呢？"

"从部队下来了，现在游击师战斗营。"

徐师长叫我坐下，并倒了一杯热茶，递到我手上。他说："你谈谈情况吧。"

我向徐海东汇报了敌情，并说明来犯之敌是戴民权。徐海东同志笑着问我："你怎么知道是戴民权？"

我说："戴民权靠手枪队装潢门面，他只要一打仗，就先打盒子枪。"

徐海东哈哈大笑："不错，不错，你们对敌人的特点摸得很准哩！"

我接着又汇报了以前我们打过戴民权一次，昨天又和他交了一火的情况。

徐海东说："你们长时间游击在这里，地理环境熟悉，群众关系很好，这是克敌制胜的好条件呀！"

我笑着说："我们战斗经验少，请首长多多指教！"他接着说："别客气，互相配合，战胜敌人！"徐海东同志叫我们配合二二〇团一营作战，并让张营长和我见了面。接受战斗任务后，我们便准时出发了。我们的任务是迂回到敌人后方，截击敌人的退路。

徐海东同志将主力部队部署在双河庙东北方的孙家洞,担任正面攻击。当敌人一进入徐海东布下的罗网时,冲锋号响了!"哒哒哒"的机枪声,"噼里啪啦"的步枪声,震荡山谷,敌人惊慌失措,乱作一团。戴民权的指挥所设在一个土地庙里,他听到枪声,走出来站在土坡上,东张西望,我们的一位战士枪法真好,"叭"的一枪,打掉了戴民权的一只耳朵。戴狗子吓得"嗷嗷"直叫,两个马夫慌忙架着他,狼狈地逃跑了。

戴民权一逃跑,兵败如山倒。这时,我们担负截击的两个营,立刻投入了激烈的战斗。冲锋号吹得越发响亮,战士们的斗志更旺,个个勇猛地射杀逃敌。敌人垂死挣扎,格外疯狂。激战中,朱营长负伤了,被救下来,我带领部队冲上去,也负伤了。这场激烈的战斗,持续了两个多小时,才胜利地结束。俘虏敌人600多名,缴获步枪180多支,盒子枪20多架,轻机枪两挺,手提两架。这些战利品,徐海东同志都亲自交给我们战斗营。我们向他汇报了另一种情况,在全军庙有个山包,山下是通往河南的一条要道。敌人发现我们有进展的动向,就在这里据守山头,卡住道口,在小山包的三面架设了机枪,布置成一个三角形的火力网,妄图阻止我们的行动。徐海东同志听了我们汇报,果断地决定拔掉敌人这个据点,并做了战斗布置:下午5时开始进攻,天黑之前拿掉它!他自己带领二二三团的一个营,钳制敌人的左翼。我带领一个营,攻击敌人的右翼。我们彼此呼应,互相掩护,共同歼灭敌人。

一切部署停当,只等下午5时的到来。我的眼睛紧盯着手中的老怀表,心在剧烈地跳动着,每个战士也都充满了紧张和兴奋。突然,徐海东那边的冲锋号响了,我们这边也同时发起了冲锋。敌人发现了我们,便用机枪疯狂地扫射,阻止我们靠近小山包。这时,徐海东同志亲自上阵,带领一个连,用20多支步枪,摆成一个"出"字形,上下两排同时射击,集中火力,打哑了敌人的4挺机枪。当敌人的机枪一停,我带领的这一营,一声呐喊冲了上去,打乱了敌人的阵脚。徐海东同志带领部队接应我们。经过一个多小时的战斗,我们以两个营的兵力,打垮了多于我们几倍的敌人,拔掉了据点,取得了胜利。黄昏时分,夕阳的金辉洒满了群山。我和徐海东同志跃马扬鞭,一路谈笑着,回到了宿营地。

在这两次激战中,我亲眼看到,徐海东同志既是出色的指挥员,又是勇猛的战斗员，真不愧是我军一位优秀的将领!

徐海东同志带领部队转移了。此后，我们又南下到金寨东南的燕子河一带，开展群众工作，发动分粮斗争。接着又以灵活机动的游击战术，取得了葛藤山反击战的胜利，在这同时，各地方武装和游击队，在当地党组织的领导下，十分活跃，到处袭击敌人，镇压反动势力，破坏敌军交通，取得了出色的战绩。根据斗争需要，我们离开了二路游击师和二十五军。

（张友固　整理）

原载《皖西革命回忆录：第二次国内革命战争时期（上）》，安徽人民出版社，1980年，第390～398页。

三路游击师

◎ 刘忠华

1932年秋天，红四方面军西征入川以后，国民党反动派向我鄂豫皖革命根据地实行疯狂的反扑，对根据地的人民施展了毒辣透顶、灭绝人性的"三光"政策，妄图断绝共产党在大别山的根苗。但是，英勇的苏区人民，决不屈服于国民党匪帮的摧残和迫害。他们在中国共产党的领导下，冲破了浓重的白色恐怖，配合留下的红军部队，顽强地坚持革命的游击战争，有力地打击了敌人。我所参加的三路游击师，就是坚持在皖西一带开展游击战争的一支人民武装。

虽然四十多年已经过去，当时我年纪又小，但无数动人的战斗事迹，至今记忆犹新。这里记述的，只是我亲身经历的几个片段。

一、诸佛庵大闹元宵

1934年年初，我们三路游击师大闹元宵节，奇袭诸佛庵，歼灭了诸佛庵的敌人，取得了一次很大的胜利。

诸佛庵是霍山县的一个重镇。这里盘踞着一支非常反动的敌保安队，他们勾结还乡的恶霸地主、土豪劣绅，网罗流氓地痞，组织"铲共团""清剿队"，疯狂地屠杀苏区的革命群众，群众恨之入骨。

中共皖西北道委指示我们三路游击师：必须迅速查明敌情，彻底消灭这股顽敌。

大年初一,我和特务队的几个同志,腰里别上手枪,穿上长衫大褂,戴着西瓜皮帽,化装成到亲戚家拜年的样子,向诸佛庵山镇走去。

这一天,冷风夹着细雨,下个不停。驻在诸佛庵的国民党军队和有钱有势的街商,都关门闭户,正欢度新春佳节。街头巷尾,偶尔看到三三两两的贫苦农民,提篮讨乞,想趁这个春节期间讨个一碗半升,养家糊口。山镇里的一些民房被拆掉了,国民党反动派在那里修上防御工事,每个要道路口,也都筑起了高高的炮楼,周围拉上了铁丝网;铁丝网内,他们豢养的一条条狼狗在里面来回走动。

看到这种情景,我的肺都要气炸了。一个富庶美丽的山乡集镇,在这伙野兽的践踏下,竟变成一个鬼哭狼嚎、强盗横行的地方。

我们事先商定,到我的一个远房亲戚家里打听一些情况。可是,这个亲戚已经迁走了。我们正准备沿着南头的小巷折回,忽见从巷子里走出三个人。领头的那个突然一把抓住我的衣领,大声问道:"快说,你们是来干什么的?"

后面的那两个人,也捋起了袖子,摆开了打架的姿势。

我说:"我们是到亲戚家拜年的!"

那个家伙奸笑道:"好一个拜年的,你们是共军的侦探!"

当时在小巷子里,要结束这三个人的性命,是很容易的。但是,枪声一响,目标一暴露,反而会引来麻烦。于是,我不管三七二十一,上去一拳,就把他打出一丈多远。其他几个同志,也把另外两个打倒在地。等他们爬起来叫人的时候,我们已经穿过巷口,跑到山里去了。

这次侦察,虽然没有了解到敌人的兵力情况,但是,诸佛庵内的一切军事设施,倒是看得清清楚楚。

第三天,我们从一个老乡那里得到情报,保安队自从盘踞到诸佛庵以后,招兵拉夫,扩充了一些人马,加上保家护院的地主武装共约一二百人。敌人的兵力比较强,我们是不能死打硬拼的,必须智取巧战。

经过几次党团骨干会议的反复研究,制定了这样一套作战方案:正月十五元宵节这天,由游击师一、二、三营分别埋伏在诸佛庵三面的山上;由特务队一些身高力大的同志配合群众组织一台花灯,杂在人群中,打进诸佛庵据点,等国民党官兵都来观看花灯的时候,里应外合,打他个措手不及!元宵节转眼就到了。这天傍晚,暮色刚刚笼罩山镇的时候，由师特务队和当地群众组成的玩灯的队伍，敲着锣，打着鼓，浩浩荡荡地开进了诸佛庵。看灯的人群，也从四面八方鱼贯而来。我们特务队的分队长张志杰扮成划花船的艄公，一位姓杨的队员扮成船娘子，一路载歌载舞，周围群众的喝彩声不断。在一个祠堂前的广场上，另外两位同志钻到一张狮子皮里，玩了一场精彩的"上高桥"和"狮子滚绣球"，表演风趣，动作娴熟，直把那些国民党官兵看得目瞪口呆，招来观众一阵又一阵的喝彩声。与此同时，师三个战斗营的队伍也已分别埋伏在周围的山上。

"啪！啪！"对面的山头上骤地响起了枪声。枪声越响越紧，看花灯的国民党官兵吓得慌乱一团。一个国民党军官掏出手枪，"砰！砰！"打了两枪，急忙命令道："快给我顶住！快给我顶住！"说着，便领着一群人马，朝枪声的方向冲去。

这时候，城外枪声越响越近，战斗营的战友们正在向匪军发起猛烈进攻。密集的子弹、手榴弹，暴雨般地向敌群倾泻过来。匪兵及团丁们乱打了一阵子弹，就急急忙忙撤退。哪知化装成玩灯的师特务队员们已经从后面赶上，死死地堵住了匪兵的退路。霎时间，枪声、喊杀声、手榴弹的爆炸声惊天动地，吓得匪兵丢盔卸甲，漫山遍野乱窜，山旁、路边和田野扔满了枪支弹药……

经过两个多小时的激烈战斗，我们全歼了诸佛庵的敌人，缴获许多枪支、弹药和军需品。这一仗打得干净利落，我们无一伤亡。

傍晚，落日的余晖沐浴着大地，山峦披上一缕缕金光。诸佛庵的人民群众，为游击师的战斗胜利欢呼，有些群众还给我们送来了鸡、肉和元宵面。我们和当地的群众一起，欢欢乐乐地闹了个元宵节。

二、莲花山聚歼群魔

1933年农历六月间的一天，骄阳似火般烘烤着大地，空气燥得好像烧着了一般，山上的茅草晒得卷起了叶子，被国民党反动派放火烤焦的树木，也垂头丧气地弯着腰。

我们三路游击师，因受到国民党军队与地主民团的几路"包剿"，在胡家店子、响山寺一带与敌周旋了一整天。晚上9点钟左右，队伍才来到了莲花寺。这时候，我们个个都感到口干舌燥，肚子也饿得实在挨不住了，江求顺师长命令我们就地休息,并要我们想办法能在附近弄点吃的或者找口水喝。

说真的,要是在以前,我们游击队要解决吃的喝的问题,到豪绅地主这些"大户"人家里去搞,并不是一件难事。自从主力红军转移以后,这些家伙们却飞黄腾达,一跃而变成了什么"团长""主任"的,家里有长短枪保障,还有国民党军队撑腰,要想再进到他们家里搞点什么,就不那么容易了。再说这一带地方,经过国民党反动派的几次"清剿",纵横几十里路都没有人烟,偶然碰到一两户人家,在国民党的白色恐怖下,也不敢随便接近我们。所以,今天晚上要想及时找到一点东西,确实是一件难事。可是,师长已经把这个艰巨的任务交给特务队了。

我带着特务队,藏着手枪、匕首,化装成老百姓,向莲花山西面的小山冲走去。

在一个祠堂附近,我们发现里面有灯光闪亮,还听到哨兵的喊话声,估计这里可能住有民团。于是,我们就沿着小道绕到祠堂后面观察动静。说来也巧,我们刚到祠堂后面,就发现向厕所方向走来一个人,嘴里还哼着小调。我断定这个人是从祠堂里面出来的,便决定抓住他问明情况。

我们很快隐蔽在厕所门口。当这个家伙从厕所里出来时,"野人"一手卡住了他的喉咙,一手捂住他的嘴巴,三两步就把他拖到附近的玉米地里。

经过审问,他供出伪立煌县党部特别书记陈白英在祠堂里召开联保主任会议,布置"清剿"计划。这里的武装,加上陈白英带来的一个警卫班,一共90多人,长短枪10支。这些家伙都是国民党的鹰犬,危害老百姓的"地头蛇"。我们必须在他们散会之前给他来一个一网打尽。我叫"野人"和几个队员立刻把俘虏押回师部,并把发现的情况立即向师长汇报,我带了几个队员爬到祠堂前面的小塘沿监视敌人。

昏暗的月光下,祠堂显得阴森森的,两扇黑漆大门前,站着哨兵。我们埋伏在小塘沿旁,一步一步地向哨兵逼近。突然,草丛里的一只野兔被我们惊动,"忽"的一声跑了出来。那个哨兵也被惊动了,"哗"的一下拉开了枪栓,大喊一声:"谁!"便向我们这边跑了过来。眼看目标就要暴露了,就在这紧张时刻,我一个箭步冲了上去,死死地抱住那个哨兵,还没等他喘过一口气,就一刀结束了他的狗命。这时候,师长带着游击师的同志们赶到了。我们一拥而上打进了祠堂,包围了会场,齐声高喊:"我们是大别山的游击队,你们被包围了!"

那些联保主任一听到是大别山游击队,吓得屁滚尿流,一个个跪倒在地磕头求饶。陈白英和他的卫士们想顽抗,但是已经来不及了,也只好乖乖地举起了双手。

仅仅几分钟的时间,就结束了这场战斗。参加会议的 95 个国民党反动骨干,除一个被我们俘虏外,其他全部被打死。

三、青山镇巧除叛贼

1934 年 5 月底,我们从霍山出发,准备去消灭韩摆渡、莲花庵一带的地主武装。当队伍路过青山镇时,突然听到有人敲着大锣,大声喊道:"大家都注意啦,今天,县衙门郭老爷莅临此地巡视工作,希望各家各户按照本保之规定,自觉送礼!……"

他喊的这个郭老爷是谁呢?经过我们仔细打听,才知道就是叛徒郭炳志。

郭炳志,原来在我们红二十八军政治部任组织科长。1933 年秋,组织上派他带领 20 多人和两名女宣传队员,到大小龙门冲去恢复当地的组织工作。可是,他经不起我们红军里艰苦生活的考验,却投入到国民党的怀抱里,成了可耻的叛徒。由于他忠实地为国民党反动派效劳,反共有功,不久就被委任为霍山县县长。

当时在我们红军队伍中,最可恨的就是叛徒,所以在这里一听到郭炳志的名,大家都恨不得抓回来给他个千刀万剐!

在青山镇,大家都在为如何除掉郭炳志纷纷议论。可是,吴保才同志却一声不吭,他大口大口地抽着烟,在屋子里踱来踱去。在场的人知道他的智谋多,都把希望的目光投向了他。

突然,他猛地一下扔掉烟蒂,说:"郭炳志这个叛徒,还是让敌人自己解决的好!"

究竟怎样让敌人自己解决这个叛徒呢?大家有点迷惑不解。师政委胸有成竹,叫我找来笔墨纸张,说:"给郭炳志写信并设法把信送到国民党内部去。"

我按照政委的指示,立即写好了这样一封信给郭科长:

> 你不畏艰难,单身打入敌人内部去完成你的特殊使命,道委全体同志谨向你表示慰问!
>
> 根据当前反"围剿"的需要,道委指示你必须利用工作之便,迅速查清霍山县内敌人的兵力部署情况,我们五日以后特派人来取得情报。

祝你成功!

皖西北道委

×月×日

信写好以后,加盖了道委大印,立即派人送往国民党内部。

果然不出吴保才同志的意料,就在这封信送走的三天之后,青山街前面的河滩上,出现了郭炳志的尸首。

四、西河口火烧戏楼

叛徒郭炳志被我们用反间计除掉了。但是,他带走一起投敌的几个走卒和国民党的一些官兵,龟缩在西河口的一座戏楼里。他们和当地的地主、老锤(即土匪)勾结在一起,组织了所谓六安县第×保安队,杀人、放火、打家劫舍,无所不为,反动气焰极其嚣张。

保安队盘踞的戏楼,在西两河口南头,传说是清朝时候修建的,大条石作的基础,特制的大砖砌墙,结构非常坚固。戏楼前面,是一片场院,可以容纳几千群众,平时也就是西河口小镇的市场。

西河口这个地方,我非常熟悉,西两河口人民与我们游击队有着深厚的感情。早在1927年,党组织就在这里进行了秘密活动,组织农民协会,发动群众同豪绅地主开展斗争,先后砍掉了十几个民愤极大的地主豪绅的脑袋,或丢在路旁,或挂在树上,旁边还贴着告示:"×××欺压穷人,罪大恶极,处以死刑。"长了人民的志气,灭了反动势力的威风。

1929年独山暴动以后,这里建立了苏维埃政权,戏楼插上了鲜艳的红旗,成为向革命群众宣传马列主义和党的方针政策的阵地,斗争豪绅地主的战场。那时候,我们和这里的群众亲密无间,打土豪,分田地,闹翻身,到处是一片热火朝天的革命局面。

可是,我们这次来到西河口时,看到的却是一片萧条景象。戏楼四周,筑起了牢固的工事,不时地传来匪徒们的猜拳声和革命群众的惨叫声,老弱妇女们的哭泣声……

为了拔掉这颗钉子，为民除害，我们很快地和这里党的秘密组织取得了联系，并且制订了两套作战方案。

天亮以后，我们按照部署，埋伏在离戏楼不远的一块草滩上，密切注视着戏楼里的动向。

这天又是一个酷热的天气，太阳一出，就晒得人透不过气来。小镇早市，卖柴、卖菜、卖山货的小贩，扯着嗓子，招揽生意。几个背枪的保安队员，像饿狼一样东窜西跳：看中的，抢着就走；看不中的，手推脚踢。

早市一罢，我们立即爬上戏楼对面的房顶上，"嘀嗒……嘀嘀嗒"的紧急集合号声，像一声惊雷，震动整个西河口小镇。

伪保安队的匪兵们一听号声，不知道出了什么事情，急急忙忙地向戏楼里跑。这时候，我们在房顶上大声喊道："我们是大别山的游击队，你们被我们包围了！放下武器，缴械投降！"正喊着，一阵子弹从戏楼里射了出来；紧接着，一二十个匪兵从戏楼里冲了出来，但是刚一露头，就被我们密集的火力压了回去。

戏楼里的敌人丝毫没有放下武器的样子，还把枪从洞口伸出来晃动一下，蛮得意地说："枪都在这儿，你们有种，进来拿吧！"

我们没有重武器，用步枪打石壁，确实不容易。就在这时候，我们抓住了一个俘虏，是伪区公所的人，他正向苏家埠方向送求援急信，看来，敌人是想固守待援了！

"按第二套方案执行，放火烧戏楼！一定要在中午以前拔掉这颗钉子！"

江求顺师长一声令下，我们立即动手，很快地从附近搞来几千斤干柴，为了不引起敌人的注意，我们一部分人继续站在对面房顶上射击，以麻痹敌人，一部分人从后面绕到戏楼附近，架上干柴，倒上煤油，点起了冲天大火。顿时，戏楼变成了火楼，浓烟滚滚，烈火熊熊，映红了半个天空。躲在戏楼里的匪兵们，被火烧烟燎，急得鬼哭狼嚎，一个个从门窗拼命往外跳，有的还未下地，就吃了我们的子弹……

我们拔掉了西河口的这个钉子，又和群众一起扑灭大火，一路高歌，向龙门冲方向走去。

我们是在极其艰苦的环境中坚持斗争，并且取得一次又一次胜利。每当我回忆起当年三路游击师的战斗生活时，不禁想起那些为革命英勇献身的游击队的战士们。在这些英雄人物中间，最使我难以忘记的是艾大贵同志的一家。

艾大贵同志，是三路游击师的炊事员，他的两个儿子，大的叫开子，当年16岁，在师部当号兵，小儿子叫辫子，14岁，是政委吴保才的勤务员。父子三人，打仗非常勇敢。行军中，最辛苦的要算炊事员。艾大贵同志从来不叫苦叫累，部队休息，他做饭，做过饭，就背起步枪放哨。

有一次，在行军途中，他给我讲了他参加游击师的经过。

1932年7月间，国民党反动派进驻了他的家乡——当时六安三区苏维埃政府所在地的独山镇。一天早上，国民党军队逼着当地群众上山挖坑，坑挖好以后，他们赶出了20多个人来到坑边，这些人，都是当时乡苏维埃干部。艾大贵同志亲眼看到这20多人被国民党反动派推下了坑，活活地给埋掉。黄昏时，艾大贵和他的两个孩子，同当地的群众一起，被国民党赶上了山头。他回头一望，村子里升起了一道道火光，火乘风势吞没了村中的一切。

艾大贵从山上抓起一块石头，猛地往地下一砸！他咬着牙，狠狠地骂了声：狗杂种，老子不讨还这笔血债，誓不为人。就这样，艾大贵带着两个孩子，参加了游击师……

1934年7月间，我们在邵冲消灭了一股土匪之后，队伍拉到长山冲休整。突然，国民党的一个正规团配合黄英民团和老小八团共5000多人，把我们整整包围了一天一夜。第二天拂晓，我们决定抢登右边的一座山头突围。由于敌人的炮火很密，很多战友都牺牲了。艾大贵同志挑着行军锅，走在队伍后面。敌人的一阵炮火打来，艾大贵同志的腿受了伤。接着又打来一阵密集的炮火，艾大贵同志应声倒在一道山沟里，鲜血染红了他的身体，我们急忙将他扶起，他的两个儿子抱住爸爸大声痛哭。这时候，他慢慢地睁开眼睛，断断续续地说："孩子……不要管我……为了解放……全中国……你跟队伍……永远战斗下去！"

这就是我们的战士，就是我们游击师所以能够战胜强大敌人的真正原因。

（刘明山　整理）

原载《皖西革命回忆录：第二次国内革命战争时期（上）》，安徽人民出版社，1980年，第399～410页。

打毛排

◎ 高祖宪

1932年8月间，活动在鄂豫皖苏区的红四方面军在七里坪一战，打垮了蒋介石嫡系陈继承、黄杰、李默安等部集结的70多个团的主力后，就西经河南、陕西进入了四川。红四方面军西去以后，地方党组织和苏维埃政权立即将地方革命武装组织起来，先后成立了红二十五军、红二十七军和红二十八军，继续在鄂豫皖苏区坚持革命斗争。

1933年，大别山苏区的革命斗争在继续发展着。国民党匪帮从外地调来了一个师的兵力，驻在大别山区的中心——金寨。这些新调来的匪兵，到处烧杀，强迫群众把许多山林树木砍光，实行了移民并村，将山地居民逼至平畈，造成田野一片荒芜，妄图以这些卑劣残酷的办法将大别山变为无人区，以断绝红军的供给，置红军于死地。敌人这样做虽给红军的活动带来了一定的困难，但反动军队自己的供应也发生了严重问题，他们不得不将外省搜刮来的大米和油盐从远处调进山区来。当时，敌军的主要交通运输是靠在史河里放毛排。

1933年农历六月，大别山区的人民将收下的为数很少的麦子秘密地送给了红军，自己却采摘野菜、山果来充饥。但是，这少量的粮食，仍不能解决红军的粮食问题。因此，红军就必须下山到江店子、大龚岭等游击区从地主、土豪那里打来一些粮食，有时打不到粮，就派人去白区用光洋买。

农历六月十五日的中午，道委派出到霍邱洪集那一带侦察地主、土豪存粮情况的一个红军侦察员在途中遇到一个农民，年约40来岁，肩膀上挑着一担食盐，在史河岸上气喘吁吁地爬上山路。

侦察员同志轻步迎面走去，很和蔼地问道："你从哪里来？沿途看到什么没有？"

那农民打量他一番，放下盐担子说："我看到有七八十对毛排，排上尽是货物。听说是前三天从蚌埠装船由淮河进入史河口，然后转运到毛排上的。经过夏店子、雷集，今天可能放到叶集以南20里的地方。"停顿了一下，他又说："听说毛排上运的是大米，还有油啦，盐啦，罐头啦，军装啦……每对排上都有兵押着。这些大米听说是从四川运来的呢，粒子很长。"

那侦察员笑容满面，一边静听他数说着，一边在揣摩着：一对毛排上能载两万斤，就算70对毛排吧，也有140万斤大米和其他物资。若是一万人，也能吃上几个月。侦察员惊喜地问道："你说这些话，都是真的吗？"

农民看出他听得认真，问得细致，从神情上认定他是红军，便恳切地说："哪里还能说瞎话呢！"侦察员同志自我介绍道："我是红军。你跟我到后方去一趟好吗？"农民满口答应。于是两人边走边谈，走了四五十里路，赶到熊家河的横山，到中共皖西北道区委员会报告了以上情况。与此同时，道委派出的另外几路侦察员同志也回来报告了国民党匪军用几十对毛排从史河上运来了一个师的给养的消息。皖西北道区的负责人兼游击司令部的总司令高克文同志和红二十八军八十二师师长刘德利同志分析了这一事实，估计从叶集到杨家滩的上磊子有50里路程，毛排放上水，一天只能行30里左右，明天早上不到上磊子，中午一定能到达。因此马上命令各单位当晚做好行军战斗准备。

命令迅速地传达到一路、二路、三路游击师里，传达到红二十八军各战斗单位里，传达到道区委员会所属一切部门里，传达到赤城、赤南、五星等三县各乡苏维埃政府和赤卫队里。

晚上8点多钟，红二十八军八十二师和主要战斗部队集合在陈家寨的朝阳山下，在这里作了打毛排的战斗动员后，部队浩浩荡荡地出发了。地方党组织和苏维埃政府，发动了成千的群众，男女老少，有的带着扁担、绳子、箩筐，有的带着笆斗、口袋，紧紧地跟在队伍的后面，像一条长蛇蜿蜒盘旋在山上。头顶上是滚圆皎洁的月亮和闪闪跳动的星星，远近那些高耸入云的山峰，雾气腾腾的，山中腰的苍松翠竹，吐出一阵阵的烟雾。我们顺着依山傍水的羊肠小道直向上磊子、梅山方向前进。走着走着，从四面八方汇集来的人流越来越多。各路队伍都静悄悄按照预先布置好的方案行动着。

6月16日拂晓，东方泛出鱼肚白，那高耸的大龚岭、仰天屋山、笔架山、萝卜尖山、梅山、九王寨山……从雾气中一座座地显露出来了。游击队总司令高克文同志爬上了和萝卜尖山相连的蜂子笼（山名）总指挥所的掩蔽部里。独立团的战士在忙着挖工事，电话机已经架起来了，电话线直拖向八十二师师长刘德利同志指挥的地点——银湾附近的山下。刘师长在那里指挥正面战斗。三路游击师从梅山过去，布置在史河东岸的仰天屋山上，负责打侧面左翼的任务。二路游击师负责打指挥所南部萝卜尖山的侧面右翼。梅山附近是一路游击师。两千多名红军，加上各区乡的赤卫军和运粮的农民，总共有一万多人，埋伏在史河两岸的山上山下。

晌午了，敌人的毛排还不见上来，许多人的心都快急炸了。

不一会儿，只见悬崖陡壁的山下小路上拖拖拉拉的像狗、狼一样的国民党匪军，沿着东岸过来了。走过去约有一个多营，后面出现了一对对的毛排，像一条竹龙弯曲在史河清澈的流水里。在很远的地方，就可以看到每对毛排上堆着的麻袋，麻袋旁边还站着几个端枪的白匪军。两岸是三五成群的拉纤的放毛排工人，有的打着赤膊，有的穿着破破烂烂的汗褂和裤头，赤着两只大脚，时而走在史河两岸的沙滩上，时而走在清澈见底的水沟里，一个个向前面探着身子，弯着腰背，在敌人的毒打和刺刀威逼下，艰难地一脚一脚地向前挪动，汗水一滴一滴地朝下流着……大家看到毛排，心里高兴得不知如何是好，可是一想到那些拉纤的兄弟们，心里又难过起来，不禁为他们的苦难而感到愤怒。

当两个营的白匪军刚到大小梅山，进入一路游击师的包围圈时，高克文同志拿起电话机，以坚定而刚毅的语气下达了命令："打！"

上磊子、大龚岭上的重机关枪响了。顿时，山上山下，史河两岸，枪声大作，像大年初一放爆竹一样，响成一片。

敌人一听枪声，像落水狗一样，四散奔逃，有的人从排上跳下水来，有的从水里往山上爬，有的从山坡上又往水里钻，乱成一团。

前面一个多营的白匪军，被团团围在大小梅山之间。敌人一看我红军从东西两个山头夹击过来，便一个劲地跑，想冲过梅山嘴子，逃出包围圈，他们边跑边打、边爬……

站在指挥所里的高克文总司令，手拿望远镜，看到敌人在逃跑，便对身旁的一个通讯员命令道："快！命令手枪队冲上去堵击，八十二师加紧追击。不让一个敌人逃掉，要全歼敌人。"

刘德利师长在接到命令后，把手里的盒子枪往空中一挥，说："同志们，跟我冲！"他跑步向前，由银湾附近山上的阵地上下来，急走三里路，赶到梅山嘴，追上敌人，和敌人打起肉搏战来。

唐少田同志是个20上下的小伙子，跟在刘师长后边，看到刘师长被窜过来的夺路逃跑的敌人刺伤了头部，晕倒在地上，便一个箭步窜上前去，用锋利的刺刀刺向敌人，敌人倒下去了。他立即扶起刘师长，要刘师长回到后方休息，刘师长坚定地说："不！战斗正在激烈进行，我们要继续大力歼灭敌人。"

刘德利师长的伤在头部耳旁，因流血过多，又昏了过去。司号员同志看到这一情况，跑到师长跟前说："师长！师长！怎么样？"停了一会儿，刘师长慢慢地苏醒过来，一睁眼就问："战斗怎样了？"当他看清在自己身旁的是司号员，又忙立起来扫视了一下战场，便命令司号员："吹冲锋号！"

走在后边押运毛排的一营白匪军，在东岸爬上了小山，想占据仰天屋大山的有利阵地负隅顽抗，当即被我三路游击师轻机枪的弹雨压了下来。敌人被我打正面的轻机枪堵住去路，正想向史河南岸溃逃，又被我打左翼的红军从侧面直逼了过来，白狗子前去不得后退不成，被我团团包围在小山脚下。包围圈越缩越小。红军越来越多了。枪声稀疏了，双方是刀来刀去，血染红了史河两岸的土地，染红了史河水。

太阳快要落山了，成千上万的群众，带着锋利的刀子和扁担、口袋、箩筐，从四面八方向毛排冲杀过来。在放毛排工人的配合下，把那些雪白的四川大米和崭新的灰军装、各色各样的罐头食品，一袋袋、一捆捆、一箱箱往山上搬运。

战斗至天黑，梅山那里一个多营的白匪军，大部被消灭，很少一部分逃到山上去了。小山下一个营的白匪军，全部被消灭了。除了躺在史河岸上的400多具白狗子的尸首外，还俘虏了100多人。

虽然天黑了，大股敌人已被歼灭了，但各个战斗单位仍按原来的部署，按兵不动以防止敌人的反扑,保证百万斤货物的卸运、转送。

一万多人,除担任警戒、保卫任务的以外,全力以赴,都参加了短途粮食转运。大家挑的挑、抬的抬、背的背、驮的驮,人多力量大,六七十对毛排上的物资,几个小时就全被搬运走了。单道委机关就将四五百石大米搬运到后方赵家湾山下。

战士们有说有笑,互相打趣地说:"蒋介石又给我们当运输大队长了!"

"当然喽,他知道我们天天单吃黄豆,送些大米来给我们换换口味嘛!"

"老张,这次蒋该死送来的大米,你看够我们吃多长时间呀?"

"够吃半年。"老张回答。

"够吃三个月,部队和群众大家都吃。"另一人说。

"好哇,有了这些大米,我们可以养精蓄锐,更彻底地粉碎国民党反动派的'围剿'。"大家你一言我一语,在说说笑笑中,将全部粮食、物资运到了根据地。

(周世民　整理)

原载《皖西革命回忆录:第二次国内革命战争时期(上)》,安徽人民出版社,1980年,第411～417页。

奔袭太湖县

◎ 蔡家帜

1934年4月16日,红二十五军和红二十八军在皖西地区豹子岩会师了。这两个部队被敌人分割达半年之久。红军主力的重新集中,红二十五军是坚持鄂豫皖根据地革命斗争主力,为了集中力量,加强对敌斗争,省委决定合编为二十五军。下辖七十四师、七十五师,全军三千多人,徐海东同志任军长,吴焕先同志任政委。新编的红二十五军,奔驰于鄂豫皖地区,进南扫北、声东击西,到处打击敌人,保卫苏区。为了减少苏区负担,并且进一步转向敌区,大胆灵活地开展游击战争,取得了许多重大胜利。

我回忆红二十五军从鄂东转向皖西地区,远程奔袭敌五十四师的后方罗田县城,接着打开太湖县城。战斗是这样开始的,有一天,我听到徐军长喊传令兵说:通知各团,立刻做饭,吃罢饭继续行动。当天晚上部队行军八九十里,隐蔽地进行到太湖西北的回龙湾。第二天部队来个急行军,走了100多里,拂晓前赶到太湖县郊区,我们估计要打太湖县城,因为太湖是敌人后方,防守兵力薄弱,而且那里物资比较丰富,可以解决我们部队供给困难。在离太湖七八里的山边上,发现有三四处火光,我们加快脚步,悄悄前进。部队中除了沙沙的脚步声,不时从后面传来口令,"跟上队,不要掉队"。一会儿部队翻过一座山,看见山下面灯光越来越多了,亮光在闪烁着。我们知道,攻击的目标已经摆在眼前了。当时攻城兵分两路,一路从东门,另一路向西南方向。一会儿冲锋号响了,部队像猛虎下山一样，步枪、机枪、手榴弹像狂风暴雨一样，地动山摇、排山倒海。只见部队向城墙猛冲而去，搭人梯、套绳索，有的还立起大圆木作爬杆。守城敌人有1000多人，见红军爬上城墙，吓得哇哇叫，不要命地向城里逃窜。我军士气大振，在东西门一阵呐喊。战士们向街中心冲去，从四面八方汇集到十字街头，太湖城内一片欢腾。我们这次把敌人打得落花流水。我们战士说，敌人真是豆腐兵，一冲就垮。战斗结束后缴获敌人枪支1000多支，子弹数万发，充实了部队装备，而且收缴大批棉布和西药，可以解决部队冬衣问题。我们战士吃得饱、穿得暖，打起仗劲头特别大。

俘虏伪县长以下官兵800多人。伪县长说："我们没有算到你们来这样快，真是神兵天将，我们真该死。"

当天晚上政治部来命令，要部队抽出班排长和一部分身强力壮的战士，送伤病员到后方。当时我是被抽人之一，总计有七八十人，临时编一中队，中队长姓朱，指导员是某营部文书代理。

我们编队后，中队长说："你们回去准备担架、枪支武器及干粮等。你们吃饭后，八点以前在师部门前小场集合。"我们回去急急忙忙在后勤部领了一匹白布做担架之用。我们绑好担架后就吃饭。每个人准时在指定地方集合。我当时任三排长，我们排只有两个班。我吃饭后将部队带到集合场，其他排都到齐了，中队长说，今天晚上要走七八十里路，估计明天还要走一上午才能到达目的地。他希望大家要注意几个问题，要一个接一个，不能掉队，因为天黑伸手不见掌，防止掉队走岔路，要注意通信联络。拍手两下，答，拍手三下。抬担架要注意伤病员安全，要轻抬轻放。我们行动要肃静，不准吃烟讲话，不准大声喊叫，防止暴露目标。对伤病员战友，一定要关心爱护。如果中途发现敌人，各排分散隐蔽起来，我们部队想办法将敌人引到另方向去，防止敌人进入隐蔽区。如果发现敌人，我们要沉着应战。不要惊慌失措。我们把伤员送到目的地后，上级指示叫我们转来在某××地方找部队。朱队长讲话后交给各排任务，一、二排是司令部东边小房里住的十几个伤员，三排是司令部南头小房里。我一进房子里，看见医生在换药、打绷带。我按伤员个子大小分配担架，扶着伤员上了担架。我们将出门，中队长吹哨子，叫赶快集合，我到集合场，师卫生部也派两个医生随同我们一道护送伤员。

一会儿，中队长宣布行动秩序按一、二、三排接着走，在一排前头派三个尖兵，我们经过一夜急行军，走到第二天八九点钟才到目的地，据说是英山和太湖交界地方。我当时在山沟看到接收单位，也有军人，也有穿便衣的同志，我估计是当地政府人员和便衣队，我们将背包往地下一放坐下直打瞌睡，浑身无力，因为抬一夜担架，而且行军一夜，所以感觉非常疲劳。不一会儿，中队长吹哨说："赶快吃饭，我们吃罢饭告别伤病员。"我们说："你们安心休养，我希望你早日恢复身体健康，返回部队。"我们走到一个重伤员跟前，他是连长，因为头上负伤，他整个头都被绷带缠满了，只有一个眼睛露出绷带外面，我们向他告别时，他把眼睛睁开看，流出热泪来，他说："你回去告诉首长，我在这里安心休息，请首长放心，请你告诉首长我是六安苏家埠人。"他说到这里我们都流下了热泪，他认为他不会再回部队了。他含着热泪说："请你们带信问候徐军长，要他保重身体，我感谢他过去对我的教育帮助。因为我过去在他跟前工作。我再也不能为人民服务，我再也看不见亲爱的徐军长。"大家听他说话，工作人员和伤员们眼泪唰唰往下淌。我用手擦干眼泪说："汪连长，你不要这样想，你在这里医疗，我相信很快会恢复健康。我们转回部队，将你的话转告徐军长，军长有空他会来看望你。"在他面前的工作人员，看见我们含泪不愿意离开战友，他们说："请你们转达军首长，请首长放心，我们尽一切力量使他们早日恢复健康，返回前线，冲锋杀敌。"我们伸出温暖的手握别了战友，中队长吹集合哨。我们站队很快出发，向工作人员告别，相互握手致敬。

我们离开战友，跑了一天也未找到自己的部队，但是我们同志知道，在战争年代情况在不断变化，我们部队行动是根据敌情变化而决定的。我们往回走，到太湖和岳西交界地方，已经日落西山。因为大家两天一夜没有休息，相当疲劳。中队长看大家没有休息，召集我们三个排长在一起研究。我们都说我们今晚就在此地休息一晚，明日再找。中队长同意我们的意见，确定在此庄子住下，我们进屋里看，年轻男子不在家，在家的大都是中年妇女和老头老奶奶。

我们部队驻下后，中队长带着班排长去看哨位置，叫炊事员做饭吃，烧水洗脚，向老百姓买铺草，大家说今天晚上好好睡觉吧。我们吃饭后，中队长问老乡昨晚和今天有什么军队经过。那个老乡说今天上午有几千人走门前经过向西南方向去，中队长问老乡，你看他是红军还是白军。他说看样子不像白军，他们跟老百姓很和气。中队长故意问老乡：我们是红军还是白军。他说看样你们也是红军。中队长说：你还会看相。看得很准，我们是红军，我们昨天有事未跟上部队。那老大爷说："你们今晚在这里驻可要小心。我听说你们红军打开太湖县，白军开到山里去打你们红军。"我们吃晚饭后睡觉。大家睡得好甜。一觉睡到天快要亮，我们哨兵在岗上。炊事员起来挑水做饭，发现敌人将我们庄子包围起来。炊事员调转头向屋里跑，说："赶快起来，敌人把我们包围起来了，我们集中火力打开后门冲上山。"他们步枪、机枪向我们扫射，我们每个人只带一条枪出来，行李包袱全部丢掉。我们部队跑到山头上，每个人衣服全部汗湿了。敌人追我们一天，到下午三四点钟前后敌人逼近，将我们夹在中间，真是进退两难。中队长说："我们来一个诸葛亮空城计，让他们自己打自己。一排长带一个班在前面，三排长带一个班在后面。其他部队跟我来，突围出去，到西南山头集合。等前后敌人拢来，你们向前面敌人开枪，喊'国民党官兵们，你们不要替蒋介石卖命。你们打胜了，升官发财是当官的；打败了，死你们当兵的。你们赶快缴枪投降'。"一排长带一班向前面敌人喊。我带一班人在后面喊。我们真高兴。前后敌人距离几十米远时候，我跟一排，让他们自己打自己；敌人双方都想消灭对方，打得可来劲。第二天听说：双方敌人打了一天一夜，另一方抓着俘虏，才知道他们是自己打自己，伤亡几百人。日后听他们俘虏说：那两个师长被蒋介石撤职。

当时红二十五军转移后，我们七十四师三营和手枪团一部分奉命将百余名伤病员护送到大岗岭深山里去安置。此时红二十五军主力已奉命连夜西征。由于联络中断，我们不明主力去向，完成任务后，就向南赶了50多里，没有找到主力，最后我们只好返回，上山爬田。找不到主力，又找不到地方党的组织，我们这一支红军队伍，在敌人层层包围中，英勇奋战着。我们翻山岭，过激流，穿封锁，闹敌巢，从鹞二坪经包家河、团山、莲花山、偷渡史河。走了二三百里路，经过七天的艰苦转战，终于在赤南县南溪村附近的蔡家祠堂找到高敬亭同志。高敬亭将我们三营和担架队暂编入七十三师二一八团。从此我们和主力红军断了联系，谁也没有想到我这一支红军后来发展成为坚持在鄂豫皖游击战争骨干之一。但我们每个指战员有决心和信心和敌人斗争。用鲜血染红大别山每一块土地，坚决和大别山人民同甘苦，共患难，共生死。我们要坚决彻底消灭大别山敌人，保卫大别山每一寸土地，一直坚持到最后胜利。

原载政协安庆市文史资料研究委员会编《安庆文史资料》第七辑，1983年，第212～217页。

红二十五军奔袭太湖城

◎ 杨远谋 石　飙

1934年2月底，蒋介石对革命根据地进行疯狂反扑，任命张学良为"鄂豫皖三省剿匪总司令"，调兵16个师和4个独立旅到我根据地进行第五次"围剿"，实行"三光"政策。红二十五军和根据地军民在鄂豫皖省委的统一领导下，对敌人奋起抗击，取得长岭岗、郝集大捷，攻克太湖，恢复陶家河根据地；在英（山）、太（湖）边界又建立了一块纵横30公里的游击根据地，使张学良的三个月"围剿"计划彻底破产。

同年8月底，红二十五军结束郝集战斗后不久的一天，进入英山境内的杨柳湾驻下。部队首长们认真分析了当时的形势。军政委吴焕先同志认为，英山城内驻有敌人一个增援团，设防严密，不易攻打。太湖是敌人的后方，防守比较薄弱，而且物资丰富，攻下太湖，可以解决部队供需。徐海东军长接着说："我们到太湖去！"

同年9月初，红二十五军在军长徐海东、政委吴焕先同志的领导下，由湖北的罗田、英山直下，奔袭太湖。敌军闻讯后，一方面派太湖伪自卫团总胡鹿鸣带领两个中队160余人进驻李杜店、大湖河一带，企图抵御；另一方面电请潜山自卫团来太湖援助。当红军进入牛凸岭、龙湾等地时，伪自卫团两个中队不战而逃，龟缩到宿松方向去了。

9月4日，红军从龙湾出发，直奔太湖城。晚10时许，红军分两路攻城。一路由军政委吴焕先同志率领主力直攻北门。攻城号声一响，战士们便向城墙猛冲上去，守城敌军慌忙从西关、南关和东门三路逃窜。另一路由军长徐海东同志率红二二三团从东门入击。此时，敌援军潜山自卫团妄图从东门逃窜，正好与红二二三团相遇，两军对峙，经交战，红二二三团全歼潜山伪自卫团（80余人），歼灭警卫旅一部分，缴获全部枪支弹药。顿时，城东门上的火堆燃烧起来了（军政委事前通知："告诉徐军长，占领东门后，烧一堆火作信号。"战士们乘胜向街心冲去，一面冲锋，一面搜索。伪县警察局长王少甫、行政专员公署第一科科员张汉波、圣公会会长朱少山、法庭承审员杨生奎及大豪绅李淑成等20余人被俘，后来被红军带到店前河将罪大恶极的杨生奎、朱少山二人处决，其余人员经教育后释放了。

红军一进城，很快便找到了县电话局，军政委吴焕先同志和几名通讯员、战士冲上总机室，政委拿起电话筒，先打通了罗山县，故意装作敌军惊慌的语调说："喂！你是罗田吗？我是太湖，我们被共军包围了，请你们来援助！"对方回答说："我们也很紧张。"吴政委又挂通黄梅、宿松等县，他们有的回答说长官不在家，有的说无人支援。吴政委风趣地说："他们都不来了，那么我们就在这好好休息几天再说吧。"

战斗结束后，部队首先打了敌人监狱，放出了张南山、张北山等革命同志和无辜群众40余人。接着又打开了敌人的全部仓库，缴获了大批棉布，指战员们自制了军装，每人还得到一把雨伞。战士们诙谐地说：我们有"小家庭"了，落雨下雪都不怕！同时还发动群众没收了陈裕丰、祝同盛、汪万顺等十余户工商业资本家的布匹、粮食、衣物、食盐、药品等，就地分给平民百姓。

9月6日上午，在城市民和城郊的南园、无忧、芭蕉、岔路、回龙等地方圆20里的群众，敲锣打鼓，齐集在县城体育场，举行了四五千人的军民联欢会。会议持续三个小时。会场外、街道，到处都贴了"打倒国民党反动派！""打倒贪官污吏！""打倒土豪劣绅！""无绅不劣，有土皆豪！""反对独裁，铲富济贫！""士兵不打士兵，穷人不打穷人！""允许商人贸易！"等标语口号和安民告示。会上，徐海东军长讲了话。他号召军民团结起来，消灭匪军，广大劳苦群众才有出头之日。他还说这要感谢你们的支持，我们今后还要常来常往。红军在太湖境内驻扎四天，军纪严明，官兵不分，军民一致，深受群众欢迎。红军离开太湖时，城乡欢送群众依依不舍地向红军招手致意。浩浩荡荡的革命大军开往大别山区的六霍方向。

原载中国人民政治协商会议安徽省太湖县委员会文史资料研究委员会编：《太湖文史资料》第三辑，1985年，第39～41页。

大石岭农民暴动

◎ 周　勃　余维和　熊旌旗

1930年4月，太湖、宿松、望江边区的农民群众在中共太湖县委领导下，于泊湖之滨大石岭举行了武装暴动。这次暴动，时间持续一个多月，范围涉及太湖东南乡、宿松东乡、望江西北乡，纵横100余里，参加暴动的队伍2000余人，是继六霍起义、请水寨暴动之后，在皖西的又一次较大规模的武装暴动。它不仅打击了地主豪绅的反动气焰，动摇了国民党在太、宿、望的反动统治，而且使农民群众在斗争中觉醒起来，组织了"中国工农红军太望赤卫队"，造成了武装割据的局势，把安庆与蕲（春）、黄（梅）、广（济）连成一片，对鄂豫皖根据地的创建做出了贡献。

一、时代背景

1930年春爆发的大石岭农民暴动，是当时社会矛盾和阶级斗争激化的必然结果。

1927年，蒋介石叛变革命以后，不仅加紧了对共产党人的屠杀与迫害，而且加深了对工农劳苦群众的压迫、剥削，严重的白色恐怖笼罩了祖国大地。当时太、宿、望一带农村连年受灾，粮食歉收，经济崩溃，农民破产；地主老财囤积居奇，粮价飞涨，稻价从平时每石两元四角猛涨到五元，广大农民濒于绝境。工商业资本家也加紧了对工人的压榨，工人的工资大大减少，劳动条件更为苛严了。国民党反动政府，却勾结地主豪绅，向农民横征暴敛。北伐时期的农民协会组织被地主豪绅摧毁，减租减息的法令一律取消,还巧立名目,增设了盐斤特税、牙贴税、讨赤税……这一切,剥夺了农民生活条件和生产条件,农民流离失所的现象普遍发生。

党的八七会议确定了实行土地革命和武装起义的方针。中共安徽省临委根据八七会议精神,分析了当时阶级矛盾激化的有利形势,作出决议,指出:我们党当前一个主要责任就是在城市及乡村尽量发动并领导工农群众,从斗争中发展群众组织,呼唤起群众的阶级觉悟,从日常生活的斗争到政治斗争。在乡村更应从日常斗争到武装游击战争。中共安庆中心县委制订了农民运动草案,提出扩大土地革命宣传,发动反对军阀战争,发动抗租运动,发动反对国民党的"农民协会",另行组织革命的农民协会等农民运动的主要任务。太、宿、望农民群众在共产党领导下,采取各种形式,如组织"抗租抗债委员会""农协会""苦人会"等同国民党反动派及地主豪绅开展了坚决的斗争。这种斗争的蓬勃展开,给武装暴动造成了一触即发之势。

二、组织准备

1927年9月,王步文代表中共安徽省临委来安庆整顿恢复党组织,把大革命失败后从各地回来的共产党员组织起来,在安庆成立了中共怀宁县委(后改为怀宁中心县委),直接领导安庆、潜山、霍山、太湖、宿松、望江等地党的工作。1928年2、3月间,怀宁中心县委派中共党员甘信元到太湖开展工作。任务是把太湖、宿松、望江等皖西一带的党组织建立起来,连接起安徽和太湖党的关系。甘信元回到家乡太湖后,首先发展了陈大虎(陈燮元)、殷幼堂加入中国共产党。1928年3月,在太湖县甘家沙湾成立了第一个党支部。随后在南乡太湖之大石岭找到了大革命时期的太湖县农民协会主席叶仁比。其后发展了叶仁山、叶义山、陈大毛、陈振元、汪绍荣和望江县麦元的孙敬纯等为中共党员。在大石岭建立了中共太湖特支。甘信元任书记,陈大虎、殷幼堂、叶仁山等为特支委员。为了开辟望、宿两县工作,1928年8月,中共太湖特支派党员孙敬纯、叶仁山到望江县上花棚发展组织,建立了上花棚党支部,孙敬纯任支部书记。同年下半年,甘信元到宿松许岭以教书为掩护,进行党的建设工作,先后发展了张太猷、张声振、杨宪三人入党,于1929年3月,建立了许岭党支部，甘信元任支部书记。1930年3月，上级党曾派人检查太湖的工作，给予较高评价，正式批准成立中共太湖县委。甘信元任书记，陈大虎、殷幼堂、叶仁山、叶义山、张祖元、孙敬纯、卓金和、汪绍荣、陈振元等为委员。同时，宿松成立特支，望江成立特区，属太湖县委领导。

党组织建立后，宣传群众、组织群众、武装群众的工作有了进一步的发展。1929年3、4月间，甘信元以宿松许岭小学为基础，办起了一所农民夜校，向群众宣传进步思想和革命理论，引导他们起来斗争。同年9月，党组织乘太湖县城"出会"的机会，在一夜中把大街小巷都贴上了标语："打倒贪官污吏！""打倒土豪劣绅！""打倒蒋介石！""打倒国民党反动派！""中国共产党万岁！"翌日晨，消息传开，震惊了国民党反动派。

为了组织和领导农民对地主豪绅开展斗争，1929年9月中旬，甘信元在太湖大石岭叶仁山家屋后山上召开党组织负责人会议，决定成立"抗租抗债委员会"。由甘信元任主任，陈大虎、殷幼堂、张祖元、叶仁山、陈振元、叶义山、汪绍荣、孙敬纯为委员。主要以张贴告示、密送通帖和公开出面等形式，告诫豪绅不准抬高粮价、物价，警告他们要减租减息。这对地主豪绅和奸商威慑很大。除此之外，"抗租抗债委员会"还组织了"换工队"和"互济会"，村帮村，户帮户，扶苗抢种，互通有无，组织农民集体抗灾。与此同时，党组织在望江组织了革命的农协会，反对国民党控制的农协会。在宿松借打"干旱鬼"为名，组织农民、渔民打"同善社"，把下仓、金塘、洪岭、许岭、九城等地"同善社"香灯的房子全部捣毁了。

党组织在领导农民群众与国民党反动派和地主豪绅进行合法斗争的同时，还秘密地组织农民武装。这时，叶仁山、叶义山兄弟将家产20多担田卖掉以作武装活动的经费，并在大石岭和望江上花棚开了杂货店，作为联络和掩护的地点。在杂货店掩护下，收集到一部分国民党散兵游勇丢失在群众中的枪支弹药。主要领导人甘信元、陈大虎、殷幼堂等均有了枪支。到武装暴动前，武装队伍发展到60人，拥有长短枪30支。

三、暴动经过

1930年春荒，广大农民无米下锅，而地主趁饥荒把粮食囤积起来，等时机抬高粮价，对农民进行重利盘剥。3月下旬，甘信元在望江上花棚召开了县委扩大会议。参加这次会议的有陈大虎、殷幼堂、叶仁山、叶义山、张祖元、孙敬纯、陈振元、卓金和、汪绍荣等县委主要负责同志及各支部负责干部20余人。会议决定引导农民由经济斗争转向政治斗争，组织革命武装，进行土地革命，建立农村革命根据地。4月初，叶仁山、孙敬纯又分头在大石岭和上花棚召开了支部大会，向广大党员传达了县委的决定，进一步讨论了行动计划，号召党员迅速深入到农民中去做宣传动员工作，为响应起义作好充分准备。

1930年4月14日，武装暴动正式举行。在暴动前夕，由甘信元主持在大石岭叶仁山家召开了县委和赤卫队负责人会议，讨论具体行动方案。因望江李家新屋大土豪李贯珍家粮食最多，且抬高粮价，剥削残酷，于是决定打李贯珍家。由甘信元组织和指挥这次暴动。暴动的消息一传开，群众积极响应。当陈大虎、殷幼堂、叶仁山、叶义山、孙敬纯等率领赤卫队到李家时，农民就集中到几百人，高喊：我们要买粮，我们快饿死了！农民的公愤和呼声越来越高，在赤卫队的带领下，我们劈开李家粮仓，把粮食分给了农民群众，并缴获了李家的枪支弹药。李负隅顽抗，被我赤卫队绑缚在树上，殷幼堂开枪将其当场镇压。4月18日（亦说4月17日），县委在太湖蔡家田埠召开会议，决定缴望江长岭自卫团的武器。但自卫团已开走，枪未缴成。随后，陈大虎、殷幼堂、叶仁山又指挥队伍到大石岭，因大土豪韦大衍正准备办团防，有枪支，于是抄了韦大衍的家，缴了韦家的枪支，分了韦家的粮食，并把韦大衍抓到金徐屋后山上枪杀了。接着又抄了大石岭杨和义、韦晓山等地主豪绅的家，把杨和义家房屋烧掉了，还逮捕了地主吴绍周等。这些武装行动，广大群众拍手称快，奔走相告："打死李贯珍，枪杀韦大衍，火烧杨和义，活捉吴绍周。"此时，暴动达到高潮，赤卫队发展到120人，参加暴动的队伍竟发展到2000余人（其中望江有100余人，宿松50余人）。4月20日，陈大虎、殷幼堂、叶仁山、叶义山、孙敬纯等负责同志在大石岭五显庙召开了2000余人参加的群众大会，用庙帐做成一面红旗，正式宣布成立"中国工农红军太望赤卫队"。陈大虎、殷幼堂任正副队长，付信元、叶仁山任正副指导员。会上，群众高呼"打倒土豪劣绅！""穷人要翻身！"等口号。会后，在大石岭村道上，举行了声势浩大的游行示威，大家高兴地唱着红色歌谣："边牛担种我不问，十担八担我占份。穷人要想得翻身，跟着红军闹革命。"往日死气沉沉的村庄，而今欢声雷动。

1930年4月下旬，县委书记甘信元到枞阳出席省县委联席会议。陈大虎、殷幼堂主持在太湖县莲花尖召开县委会议，决定奔袭太湖五羊畈李伯超家（李为国民党太湖县财政局长，当地劣绅）。队伍行至中途，甘信元从枞阳开会回来亦赶上随军出发。百余赤卫队员从大石岭经驼龙山，连夜赶到五羊畈。5月16日清晨，赤卫队包围了李伯超家，缴了李家的枪支。随后，在刘山铺开会，打算把队伍开赴潜山，与潜山红军会合。但中途又改变计划撤回。不料，李的胞弟李仲耿向太湖县政府告发。我赤卫队返回金鸡岭休息时，遭到自卫团、商团500多人的袭击。在敌我力量悬殊的情况下，甘信元决定组织突围。陈大虎挺身而出进行掩护，不幸被俘。殷幼堂、杨水连、孙大来、孙能勤、陈姓恒、徐月进（亦说殷幼堂、杨水连、杨斗明、孙大来、徐××等）六人也当场被俘，汪绍荣受伤，大部人员泗水往新仓、驼龙撤回。第二天，陈大虎、殷幼堂等在太湖县城北门外英勇就义。陈大虎等在就义时高呼"中国共产党万岁！""打倒国民党反动派！"这次遭敌袭击，使我革命力量遭受严重损失，从此，党组织转入更为艰苦的斗争。

四、失利及影响

大石岭暴动，在月余之间，先后围抄了太湖、宿松、望江的李贯珍、韦大衍、杨和义、韦晓山、胡玉庭、李宗符、章柳台、吴绍周、李伯超等20多户土豪劣绅的家。缴获各种枪支80多支，没收稻谷2000多担，并对罪大恶极的李贯珍、韦大衍等四人进行了镇压，沉重地打击了地主豪绅，威震太、宿、望。1930年5月5日，"翔梧关于皖省县联席会议情形给中央报告"中多次表扬了太湖县委。指出："太、宿、望三县的组织基础，在安庆所属各县可以说是最好的。"并指示太湖县委，应将党的组织和武装"向西北方向发展，与潜山红军联合，向安庆方向发展，并在太、宿、望、潜、桐等处举行广大的游击。"根据上级指示,太湖县委与潜山党组织取得了联系,并在经济上和精神上得到潜山党组织的支援。但是,金鸡岭战斗失利以后,国民党反动派进行疯狂反扑,制定了为期一年的"清剿"计划。太湖县由团长胡鹿鸣率领的自卫团,大豪绅韦大靳(韦大衍之兄)组织的团防,望江县由县长马吉悦率领的警卫团,宿松县的"清剿"队,统统集结在我革命中心地区大石岭周围,施行"村村清,户户点"等法西斯手段,到处通缉捕捉共产党人和革命群众,使我党活动处于十分困难的境地。县委负责人甘信元、张祖元先后被迫出走。孙敬纯被望江自卫团和便衣队捕住,英勇就义。叶仁山、汪绍荣积劳成疾,相继病故。还有陈大毛等亦惨遭杀害。在这危难时期,县委书记卓金和及叶义山、陈振元等仍继续领导党员、赤卫队和农民群众同国民党反动派进行着顽强的斗争。1931年元旦,太湖县委派赤卫队由泊湖到宿松东洪,配合宿松党组织在许岭举行武装暴动(未遂)。1931年12月,县委在大石岭卓家埠召开县委扩大会议,整顿党组织,诛除了吴得纯、阮振山、李炳煌、董得黄四个叛徒。1932年9月,赤卫队在太湖东乡镇压了农民仇恨的"雷公四王"(即雷氏大豪绅四兄弟)。1931年4月和1933年5月,陈振元、叶义山分别率领叶述礼、李金六等到江南祁门、浮梁等地,建立党的外围组织"旅赣六邑同乡会",发展党组织,积蓄力量,以准备发动第二次武装暴动。但是,国民党反复"清剿",斗争极端艰难。1933年5月,叶义山在江南秋浦被捕,英勇就义。卓金和等在太湖也难以存身,不得不把武装转移到杨柳湖一带,开展秘密活动。1935年春,卓金和曾带20余人的武装,分乘两条船,到安庆寻找上级党组织未遂。同年8月,卓金和在杨柳湖被豪绅杨某密告被捕,于1936年4月在太湖县城英勇就义。至此,太湖县委和工农武装均遭破坏,大石岭暴动乃告失败。

大石岭暴动失败,主要受立三路线的影响。正如1931年3月30日安庆工作会议决议案关于"立三路线给这个区工作上的影响"中指出的"太湖、潜山、宿松及安庆的乡村高河埠……等均进行过长期的斗争,到游击队形成红军。因为未做巩固苏维埃的一切群众工作,人人攻坚不惜牺牲自己的力量,结果变成无后方的战争,使红军遭受很大挫折"。健在的甘陵(即甘信元)同志回首当年很惋惜地说:"当时的斗争方向和道路基本上是没有错的。先从建立党的组织着手,接着把发动群众和准备武装活动结合起来进行。设想,如果不在1930年春夏之交发生急躁行动(……

其实就是当时县委的一点基本力量拉出去公开活动……），而坚持按过去隐蔽的点滴积累的方针干下去，不断向土地革命、武装斗争和建立根据地发展。敌我力量悬殊也是一个原因。"

大石岭暴动虽然失败了，但它的影响深远，为抗日战争、解放战争时期党在太、宿、望地区的斗争奠定了牢固的群众基础。

原载中国人民政治协商会议安徽省太湖县委员会文史资料研究委员会编：《太湖文史资料》第四辑，1987年，第1～9页。

红十五军攻克太湖城

◎ 余维和 石 飙

1930年11月16日拂晓，红十五军军长蔡申熙、政委陈奇率领红军2000余人，在太湖、宿松、黄梅等地人民配合下，一举攻克皖西重镇——太湖县城，威震大别山地区。

太湖县城位于大别山南麓，是大别山的一个重要门户，历代为兵家必争之地。为了扩大鄂豫皖革命根据地，打击国民党反动派，红十五军决定攻打太湖县城。

11月15日晚，红十五军在人民群众的配合下，趁着夜幕的掩护，悄悄地由宿松向太湖城进军。

15日下午，太湖县伪县长许彦飞得到红军可能进攻太湖的情报，立即调动城内军队出城防御。是时，太湖城内驻扎三支国民党反动部队，总兵力约500人：一是县游击队，杨文波任队长，兵力约100余人；二是县自卫团，胡鹿鸣任团长，兵力约200余人；三是省保安团太湖县公安大队，约一个连的兵力。为此，许彦飞布置分三道防线进行防守：第一道防线设在城西十里的狭窄口，太湖、宿松两县的交界处，由县游击队负责防守；第二道防线设在城西五里处的孟家凉亭、曹家畈一带；第三道防线设在西门河口，由县公安大队防守。

红十五军半夜后到达狭窄口，与守敌县游击队首先交火。红军战士斗志昂扬，发起冲锋，很快将守敌打垮，歼敌60余名，敌排长李少安被击毙，其余残敌向县城方向逃窜。红军乘胜前进，边追边打，第二、三道防线的守敌不战自溃。伪县长许彦飞闻讯,立即率领国民党政府官员伙同城内的地主、富商、豪绅仓皇逃窜。他们打开东门城门,过东门大河以后,拆去了木桥,烧毁了渡船。

16日拂晓,红军胜利进城。这是红军第一次攻克太湖城。进城后,红十五军军部驻在天主堂,政治部驻在北门观音堂。红十五军在太湖城内共住了两天。

红军进城后,立即张贴安民布告,宣传共产党和红军的政策,布告上的署名是"红十五军军长蔡申熙"。红军还指派太湖城关居民刘金元(中共地下党员)鸣锣,号召商人开市,说明红军保护工商市场,是来解救贫苦大众的,宣传红军政策和红军纪律。红军还组织宣传队作街头演说,贴标语,散传单,内容有"打倒国民党反动派!""打倒蒋介石!""打倒帝国主义!""打倒贪官污吏、土豪劣绅!""打土豪,分田地!""反对独裁,实行民主!""工农翻身做主人!"等等。红军进城的当天下午,在中共地下党组织的配合下,打开了国民党县政府的监狱,放出了所有为革命而被捕的同志以及其他在狱人员,并将他们带到县城大资本家陈裕丰店内吃麻饼,发给了路费,让他们回家,有的人还自愿参加了红军。红军还将城内大商号的布匹沿街分发给贫苦群众,城郊附近的农民闻讯进城分布者甚多。

11月18日清晨,红十五军告别了太湖城内人民群众,出北门开往大别山。路过城北18里处的塔镇时,与县自卫团残敌相遇,红军迅速将其包围,歼敌30余人,缴枪20多支。之后,红十五军浩浩荡荡开进大别山。

原载中国人民政治协商会议安徽省太湖县委员会文史资料研究委员会编:《太湖文史资料》第四辑,1987年,第10~11页。

我在红军年代里

◎ 祝有发

我今年已七十一岁了，回首往事，思绪万千。我的许多战友献出了自己宝贵的生命，我却是一个幸存者！我老家在宿松陈汉区西源乡祝下湾村，小时候家里很穷，10 岁时念了一年书，后来在家生产劳动。

太湖革命活动比宿松早，记得那时太湖流传一首红军歌："边牛担种我不问，十担八担我占份。穷人要想得翻身，跟着红军闹革命。"这首歌对我影响很深，1932 年 7 月红军到宿松，我就参加了红军。参军后，国民党抓我母亲去坐了三个月的牢房，家里的房子也被烧掉了，逼得我父亲只好离开家乡到江西景德镇做雨伞度日。

开始，我在团部当通讯员，后来在军部学吹号，那时陈先瑞是我们的营长，他后来在分区当司令员，我当司号长。新中国成立后，他曾任北京军区第二政委，现在还和我通信。我所在的红二十五军运用毛主席"敌进我退，敌驻我扰，敌疲我打，敌退我追"的战略方针，在鄂豫皖开展游击战争，我随部队到过麻城、黄冈、孝感、英山、太湖等地。1933 年在宿松白岩寨打了一仗，我们牺牲了一个团长。1934 年三四月间，我们从蕲春、英山到太湖打游击，当时我在军部当司号员。红二十五军军长是徐海东，政委吴焕先，政治部主任郭述申，郭主任个子很高，我过去见过他。我们部队到弥陀寺没有遇到国民党的正规部队，地方民团也跑了，我们包围了天主堂，部队进去搜查时，只有一个西班牙神甫和几个中国教徒，当时我们对"洋人"很仇视，把他们当帝国主义。这个神甫高高的个子，黄头发，白净皮肤，年约 40 多岁，他见我们搜查，很害怕，翻墙逃跑，在越墙时把脚跌断了，无法再跑，就爬到屋后麦地沟里，被我们发现捉住。当时我们缺医少药，想利用神甫搞些药品和物资，战士们就用棍子绑成担架，将他抬着走，后考虑到部队要行军打仗不方便，就把他处决了。部队从弥陀寺打"洋人"后，又转回英山去了。

1934年9月，我随部队攻打太湖县城。我们从英山来到太湖百里墩、薛义河，其时，官商刚从安庆运来了三个竹排的大米、白糖到薛义河的两个大商店里，我们便将这批物资没收了。当时行军每人都背了十几斤白糖，部队就用这糖搅开水喝。过后，我们继续奔袭太湖县城。当时，太湖县城还有城墙，前卫部队夜间从北门和东门攻进了太湖城，消灭了国民党保安队80多人，缴获全部枪支弹药。太湖县城解放了，城内顿时一片欢腾。进城后，我们很快找到了县电话局，军首长和几名通讯员冲上总机室，用国民党太湖县政府的名义打电话给潜山、宿松、望江等县政府，要他们派"援兵"来。此时，各县自身难保，哪有援兵？都拒绝"救援"。知道敌人不敢来了，我们也就放心地开展工作。我们还捉住了国民党县政府的杨录审（官名），后来在河沙滩上杀掉了。我们部队在县城没收了大商号的布匹等物资，给每个指战员制作了两套衣服，并分给了老百姓一些布匹、食品等物。部队还张贴标语，宣传我们党的政策。我们在太湖城住了三四晚后，转移到太湖陶家河休整了半个月。这时，中央派程子华来当红二十五军军长，徐海东为副军长。

1934年10月间，我们出安徽、湖北、河南，转战到陕西，一路上减员不少，只剩三个团兵力，约5000人。到陕南我们又大概损失了1000人。1935年陈先瑞被留在陕南，任陕南军分区司令员，军分区兵力也只有千把人，我在军分区三营八连任司号员，这一年，我加入中国共产党。抗日战争开始后，我就随部队到延安去了。

（李旺火、甘序光　整理）

原载中国人民政治协商会议安徽省太湖县委员会文史资料研究委员会编：《太湖文史资料》第四辑，1987年，第12～14页。

金刚台上的妇女排

◎ 史玉清[1]

1934年11月，我红二十五军北上抗日，国民党反动派纠集了大批的正规军和地方民团以及土匪等反动武装，对我鄂豫皖苏区进行疯狂的"围剿"，提出"有民就有匪，民尽匪尽，鸡犬不留"的反动口号。到处移民并村，残酷屠杀革命者和无辜的群众，把根据地搞得土地荒芜，废墟遍地，人民生活在水深火热之中。正是在这种残酷的环境下，中共皖西北道委决定将皖西北各地机关人员转移到金刚台上。

金刚台坐落在商南县东南部，纵横百余里。这里山高、林密、岩陡、路险。据说有七十二洞，遍布在各陡岩沟壑之中。当时，商南县委决定将我们已经转到金刚台来的妇女干部、红军家属、老弱病残以及革命干部的小孩共40余人，编为一个妇女排，由袁翠明任排长。我是县委委员，分工抓妇女排的工作。从此，我们就在商南县委的直接领导下，坚持在金刚台深山老林里同敌人进行艰苦卓绝的斗争。

宁死不屈

1934年11月，我们上了金刚台，不久敌人就跟上山来，把守了各山路口，随

---

[1]史玉清：金寨县双河人，高敬亭烈士夫人，红二十八军和新四军四支队老战士，曾任合肥市口腔医院副院长，享受副厅级干部待遇。

后就不断地上山"清剿"。

1935年春,我们在西河旁边的深山隐蔽。一天上午八九点钟,突然发现敌人搜山。当时我们刚上山,地形不熟,我们隐蔽的地方,地形很不好,但这时已来不及转移,只好就地隐蔽。当时敌人漫山遍野,到处都是。但由于同志们沉着应战,严守纪律,所以敌人什么也没有捞着,夹着尾巴滚下山去了。

同年秋天,我们在东河上面的大山沟里隐蔽。一天下午,我和老肖、夏从贵到敌占区西河去买粮食,便衣队员曾少甫的儿子(外号叫"小团长")也跟我们一起下山。因为天还比较早,不敢马上就去西河,就在河沟里休息,同时商量如何完成这次任务。"小团长"一看到清清的河水,就欢天喜地地在河里玩起来,无忧无虑地在河边捉螃蟹。这时突然在小河沟的对面出现一大群敌人,前队离我们只有几丈远,敌人又来搜山了。我们顿时紧张起来。这时我灵机一动,大喊一声"团长",敌人一听到喊团长,误认为山上有红军埋伏,吓得就像掉了魂似的,嘴里嚷着"红军,有红军",就一窝蜂地向后退了好远。我们利用这点时间把"小团长"从河里拖了上来。老肖同志提起左轮枪沿东河跑去,目的是想把敌人引走,但目的并未达到。狡猾的敌人只派了少数人追踪老肖,多数敌人听山上没动静,就一拥而上,将我们妇女排包围起来。情况已经很清楚:这是敌人策划的一次大规模的搜山。

天黑了,敌人闹不清山上是否还有红军的便衣队,不敢夜间搜山,只是紧紧地守在沟外面,听到哪里有动静,就立即向哪里放枪。夜越来越深了,我们心急如火,到了天亮以前不突围出去,敌人就会将我们完全包围。当时我们的便衣队都在敌后活动,妇女排手无寸铁,难以对付全副武装的敌人,万一这些同志受损失,如何交代呢?我们必须在天亮以前突围出去!于是我和袁翠明同志召开了紧急会议,研究如何突围问题。这时一阵夜风吹得满山的树叶哗哗直响,敌人不知如何是好,就乒乒乓乓地放起枪来,漫山遍野就像放鞭炮似的。正在这时候有几个同志灵机一动说:"有了,你们看敌人打了这么多的枪,为什么打不着我们一个呢?因为山上树林密,子弹都被树挡住了。如果顺着地皮向外突围,敌人就难以阻挡。"大家经过反复讨论,觉得这个办法可行。我们集中了大家意见,当即决定,把妇女排分成若干小组,指定了各小组组长,进行分散突围。这样目标小,便于行动。又规定了集合地点,如敌情有变化就到另一个集合地点去集合。集合地点只有组长知道。要求大家一切行动听指挥,在隐蔽时不准自由行动,如果被敌人抓去,不得出卖组织和同志,组长要认真负责带领大家完成突围任务。大约在零时左右,我们开始突围。敌人的子弹打得树叶纷纷掉落,同志们冒着生命的危险,不断向外爬行,终于在拂晓前突出了这路敌人的包围,但是我们刚翻过一道山沟,又被另一路敌人发现,将我们包围起来。天已大亮,敌人排着队进行搜山,一个个端着枪,像恶狼一样向我们扑来。当时我们妇女排一无枪二无炮,只好和敌人在大山里周旋。当敌人发现我们没有武器,一个敌人军官哈哈大笑,得意扬扬地叫道:"兄弟们,不要打枪,捉活的,谁抓住这些娘们儿,就给谁做老婆,要大洋赏大洋,要升官就升官。"当兵的一听这个命令,真的都不敢打枪了,满山遍野的敌人像疯狗似的向我们扑来。因为我们都是劳动妇女,穿起山林来,敌人赶不上。但我们连口凉水也喝不上,又渴又饿,累得筋疲力尽。当天下午,我们便衣队队长雷维先同志的爱人何道清同志,因为脚小,加上小孩的拖累,被敌人抓去了。县委委员陆化红同志的五个月的男孩也落入敌人之手。太阳落山时,敌人集合审问何道清同志,我们也集合转移到另一座山上隐蔽,暂时避开敌人视线。敌人搜这座山时,我们又转移到另外一座山。

在敌人搜山的第五天,我和陈宜清等四个同志被敌人冲散,与妇女排失去了联系,于是我们四个同志一起寻找妇女排。途中我又打摆子,烧得满嘴都是泡。到了搜山的第十一天,我连病带饿,一点力气也没有了。我怕她们三个同志为照顾我而受连累,叫她们离开我,另找地方隐蔽,她们三个人说什么也不肯离开我。"死,死在一块;活,活在一起。"在同志们的阶级友爱精神鼓舞下,我忍受着疾病的痛苦,和她们一起隐蔽。这天我们走到半山腰,都走不动了,就在几丈高的悬岩上的石缝里隐蔽。太阳当顶时,发现对面山路上有敌人飞快地向我们包抄过来,我们又被包围了。同志们正在商量从哪里突围,话音刚落,在我们头顶上又发现了敌人。我们不顾一切地从几丈高的光石板上溜下去。敌人顺着声音就追下来了。我连忙喊道:"分头快跑,跑出一个是一个!"我攀着树枝跳下一个敌人料想不到的乱石丛中。刚躲一会儿,我就听到敌人喝问声:"臭娘们儿!你们不是四个人吗?那一个到哪里去了?""我们就是三个人。"这是陈宜清等三个同志的声音。原来她们从石板上溜下去后,就往沟下突围,被一个一眼望不到底的深水潭挡住了去路,还没有转过身来,敌人已冲到眼前了。就这样,陈宜清等同志落入敌人之手。没隔一会儿,山沟里又传出来了粗野的叫骂声:"你们几个人?""就是我一个人!"这是一个老人的声音。"胡说!还有一个大姑娘、大辫子到哪去了?""没有,就是我一个人。要杀就杀,就是我一个人!"顿时听到一声高喊:"共产党万岁!"紧接着"砰!砰!"两枪,这个老人就壮烈地牺牲了。

夜很寂静,偶尔,从山林深处传来野兽的嚎叫声,我有些害怕。孤独星当顶了,我怀着沉重不安的心情,走出了乱树丛,翻过了一个又一个岩石。我一面走一面想着妇女排同志们,当我走到我们突围的那条山沟时,突然发现前面有具尸体,头被敌人割去,肚子被剖开,夜色灰蒙蒙的,看不清这具尸体是谁,我用手摸出一双粗糙的大脚,我断定是一个男同志,是我们自己的同志牺牲了。这时我只有仇和恨,而没有眼泪,我怀着对敌人的满腔怒火,捧了几捧沙,撒在死者的身上,聊尽我的心意。

在离这具尸体不远的深沟里又发现了一条黑影子,我想莫非又是一具尸体?我一边这样想,一边向前走去,到跟前仔细一看,原来是床破被单。从这床被单上知道前面被敌人杀害的那个同志是红军家属老李同志,这时我的泪水忍不住滚了下来。老李同志60多岁了,老伴死得早,儿子当红军长征去了。我拾起破被子,悲痛地向沟下老李默默望了一会儿,自言自语地说:"老李同志,你为革命英勇牺牲了,我们一定要为你报仇!"

告别了老李同志,来到另一个三岔路口,经过观察没有发现敌人。好几天来除了喝一点凉水外,没有吃过一点东西,四肢无力,手拉着茅草、小树爬上了另一座山。趁天还未亮,就在草棵里睡了一会儿。但是想到被杀、被抓、失散的战友就怎么也睡不着。那该死的山老鼠就从我身上跑来跑去,林中的鸟儿已鸣叫,这时天快亮了。我又转移到树林比较密的大山沟里隐蔽。山上乌鸦很多,一群有几百只,它们在山上靠吃死去的野兽或死人过日子。这一天我躲进树林不到一小时,就被一群乌鸦发现了,几百只乌鸦低飞狂叫,它们以为我是死人。当它们低飞离我几尺高时,我怕乌鸦抓破我的脸,就起来动一动,但它们怎么也不离开我。我怕敌人从这些该死的乌鸦叫声中找到目标,赶紧转移到另一个山林里隐蔽。但它们的嗅觉特灵敏,我转移到哪里,它们就跟到哪里。就这样,和乌鸦打一天的仗。太阳快落山时,我从深沟密林中告别了老鸦,向山上走去。在上山途中,发现一棵洋桃,攀满了松树,由于十几天没有吃东西，又渴又饿，水灵灵的洋桃真是一顿美餐。我把洋桃摘下来，用破被单包起来，准备带给妇女排的同志们吃。在山头上观察了一会儿，未发现敌人，这时天已快黑了，我背着洋桃包向沟下寻找妇女排。到了沟下，发现昨夜有人从这里走过。满天的星光照到地面上也有微弱的光亮，我觉得全身发冷，头疼得很厉害，可能又是疟疾发了，再加上十几天没有吃东西，过分疲劳，支持不住，于是我就在深沟里的石板下休息。忽然听到沟下有人在说话，而且声音很熟，好像是老肖、老曾的声音。一阵喜悦涌上心头，我不由得冲口而出，喊了一声："老肖！老曾！"他们俩听到我的喊声，放下了破瓷盆向我跑来。当他们看见我时，有说不出的高兴。他俩扶我走出隐蔽的草丛。我问同志们还有多少人在，他们说大多数人都还在。我很高兴。我们又胜利了，敌人要把我们一举消灭的计划又破产了。这时，我不由得又想起老李和陈宜清等同志，控制不住内心的难过，泪水夺眶而出。他俩劝我："玉清同志别难过，我们一定要为牺牲的同志报仇。"他们一边安慰我，一边走到妇女排的宿营地。

这时我们还有 30 多人，大家和我一样，衣服刮破了，身上是皮破肉烂，头发"拉"掉了。同志们告诉我："你和陈宜清等同志失散后，袁翠明同志（妇女排排长）和红军家属老李同志去找你们，他们找到了你们隐蔽的山沟时，被敌人发现了，老李同志被杀，陈宜清等三名同志被抓，袁翠明同志因为躲在石缝里敌人没有找到，敌人所说的大姑娘、大辫子就是指袁翠明同志。"

敌人这次搜山持续半月之久，最后实在捞不到更多的油水，只好夹着尾巴滚下山去。但是被敌人抓去的同志却受尽了敌人的折磨和摧残。他们坚贞不屈，没有一个泄露党的机密。从这以后，敌人对金刚台的"搜剿"更加频繁了。并扬言"三个月消灭金刚台上的'土匪'"。由三个月"清剿"一次到二个月一次，一个月一次，甚至后来就不定时了，随时上山"搜剿"。到了 1937 年，敌人将碉堡修到金刚台山顶上，日夜"搜剿"。但是，敌人并没有把我们消灭，妇女排仍然活跃在金刚台上。

护理伤员

我们在金刚台三年的时间里，收容了红二十八军及便衣队的伤员大约数十人。

我们当时是一无医，二无药，三没有治疗伤员的经验。在伤员中，伤势最重的要算县委委员陆化红同志、便衣队的小邢同志和妇女排的老肖同志。

陆化红同志是1935年秋，带便衣队到敌占区去搞粮食时，途中与敌人遭遇，头部负重伤，因为无条件医治，头肿得像笆斗一样，疼痛难忍。他的伤口腐烂，臭味熏人。伤口里的臭水从口腔里流出，所以整个冬天，他嘴上经常挂着冰冻溜子。经过我们妇女排一冬一夏的精心护理，才基本上痊愈。

小邢同志是在1936年的夏天，便衣队上山时，遇到埋伏的敌人，在激战中下肢负重伤掉队，便衣队的同志连续几天都未曾找到。县委书记张泽礼同志严肃地对我们说："你们一定要把小邢同志找回来，多一个人就多一分力量，也许小邢正在忍着疼痛寻找我们呢！"于是我们就沿着便衣队突围的方向继续寻找。我们翻山越岭，吃野菜，喝凉水，睡草丛，找遍了金刚台的深沟密林，终于找到了小邢同志。他下肢肿得很厉害，不能行走，就用手掌和膝盖爬行来寻找部队。当我们找到他时，因为伤势重，时间长，又是炎热夏天，腐烂伤口生了蛆虫，臭味难闻。我们妇女排把他抬回来，在无药的情况下，烧点开水洗伤口，涂点猪油，用旧棉花、破布消毒后包扎伤口。就这样，经过几个月的精心护理，小邢终于痊愈归队。

老肖同志负伤时，子弹在伤口里未出来。我们就用妇女头上戴的银针和骨头针划开伤口，用手把子弹取出来。我们就这样克服种种困难，完成了县委交给我们治疗、护理伤员的任务。

难忘的冬天

1936年冬天，金刚台下了一场历史上罕见的大雪，整整下了几天几夜。金刚台成了冰天雪地，碗口粗的大树都被雪压断。大雪之后，到处都听到"咔嚓"的响声。这时我们正隐蔽在马场一带的深沟里。便衣队给我们粮食，几次都因敌人阻挡送不上来。我们经常挨饿，只好在雪地里挖一些草根充饥。就在这时曾少甫同志的爱人张敏同志又生了一个女孩子。第六天早晨，她把女孩子给捂死了。我们发现张敏同志露出悲伤的表情，问她，她一句话也不说，脸上挂满了泪水，叫我们快把孩子抱走。我们从她怀里接过已经僵硬的孩子，大家都不禁哭起来。我和袁翠明同志怀着对敌人的满腔仇恨，在雪地里挖了一个坑，掩埋了这个可怜的婴儿。张敏同志为了大家的安全才捂死了自己孩子的，因为敌人经常搜山，孩子的哭声，容易暴露目标。她舍己为人的精神，对我们教育很深。

大雪封山20多天，县委担心我们在山上饿死，派了三个便衣队员想方设法上山找我们。亲人重逢，格外亲切。三个同志倒下身上米袋里的米，第二天又回便衣队去了。县委和便衣队得知我们还活着，他们都很高兴。但是，狡猾的敌人却因此发现了目标，跟着追上山来。于是，我们又在冰天雪地里同敌人周旋。

目标暴露了，等搜山的敌人下山，我们又立即转移。天黑，路滑，风大，大家手拉着手，一步一步地向前走。张泽礼同志的爱人一脚踩滑，只听"哎呀"一声，就跌下了万丈悬崖。大家齐声呼喊着她的名字，可是哪有一点回声呢！只有北风卷着喊声在峡谷里回响。张泽礼的爱人出身很苦，从小当童养媳，参加革命后才得到解放，她就这样离开了人间。我们大家都为她难过，这更加激起了我们对敌人的仇恨。

到了新的宿营地，一无山洞，二无草盖身，只好在深沟里烧几堆火，同志们背靠着背休息。身下垫的还是刺骨的冰雪，阵阵刺骨寒风吹来，前面被火烤焦了，后面还结着冰冻。就这样经过一整天的奔波，大家都很疲劳，身上的烂衣服，一片搭一片的，很多人没有鞋，光着脚，脚都冻烂了，因为天太冷，大家怎么都睡不着。有的同志低声唱起了打商城的小调，有的同志谈起对革命和当时形势的看法。有的说，红军一定会打回来的，共产党一定会胜利。有的表示：万一红军暂时回不来，我们也还是要干革命，就是死在金刚台上也要革命到底。革命必胜的决心和激情，使我们忘记了饥饿和寒冷。

没过多少天，便衣队又给我们送来了一点粮食，我们又在雪地里拾了些干野菜和草根，凑合着度过了这个残酷的冬天。同志们都说1936年的冬天，是一个不平凡的冬天。

艰难的岁月

我们妇女排在金刚台坚持三年的艰苦岁月里，吃穿住是怎样解决的呢？

吃的：除便衣队打土豪搞到粮食给我们发一点，有时找到关系到敌占区买些粮食外，主要靠采食野菜、野果充饥。野菜有青苦菜、毛苦菜、藤苦菜、岩韭菜、生木耳等，野果有野桃子、洋桃、野葡萄、苦李子、洋桃枣、糖李子、"烟喉子"、毛楂子（即山里红），凡是能吃的都吃，吃了不吐就是好吃的。到了冬天，除了搞点粮食外，就扒开雪地挖些野草根（如茅草根）、喝凉水度日。那时候想吃口白菜也非常不容易。记得有两位伤员想吃口白菜汤也没有办到。伤病员连饭都吃不上，更谈不上有好的营养，所以伤口好得也慢。

穿的：我们上山前，每个同志只有身上穿的旧衣服，也有的有被子，有的连被子也没有。我上金刚台时，是母亲给我做的旧棉袄。由于缺少衣被，再加上山上气温比山下低得多，所以很多同志的脚、腿都被冻烂了。年岁大些的同志手指甲、脚指甲都被冻掉了。衣服破了也无法缝补，不少年轻的姑娘的衣服都是披一片挂一片的。

住的：夏天就住在野地里，青石板当床，天作被。冬天就在雪地里垫些树枝之类的东西，一无盖的二无垫的。有时打土豪得来的被单之类的东西用来搭个布棚。搞不到就住露天地。大山里虽然有很多岩洞，但我们不敢住，因为这些都是土匪民团住的地方，万一被敌人围住，就是一个洞口，跑都跑不出来。

从1934年冬到1937年秋的三年时间里，我们妇女排在金刚台上，吃野菜，吞野果，嚼草根，穿密林，淋风雨，卧冰雪，机智果敢地粉碎了敌人一次又一次的"搜剿""包剿""驻剿"，护理和治疗了一批伤病员，给便衣队做鞋袜、缝衣服，有力地支援了鄂豫皖地区三年游击战争。我们妇女排在白色恐怖的日子里，不怕苦，不怕死，除了个别开小差外，从未出过叛徒，始终保持了坚强的革命意志，进行了艰苦卓绝、无比顽强的斗争，直到取得最后的胜利。

原载中共六安市委党史研究室《皖西党史资料辑要2》，2012年，第117～125页。

艰苦卓绝的红军游击战争

——皖西北特委和游击师坚持在巢、无、庐、舒等县的斗争

◎ 张如屏

皖西北特委、游击师的由来和创立

皖西北特委是鄂豫皖苏区党的影响、培育和浇灌下的红色种子,皖西北游击师是皖西北特委直接领导下的革命武装和骨干力量。

1930年到1932年间,红军第一、二、三次反"围剿"胜利和四方面军成立,鄂豫皖苏区迅速得到发展。环绕着苏区的寿县、凤台、合肥等县的革命力量,也随着恢复和发展起来了。就寿县来讲,不仅恢复和发展了党的组织,还组织了"瓦埠暴动"。这些暴动,虽因敌众我寡而失利了,但揭开了武装斗争的序幕。1932年5月,中央指示寿县成立中心县委,直属中央领导,下辖寿、凤、涡、蒙、颍、太、霍等七个县。当红二十五军打垮了陈调元部队,开到正阳关,革命形势发展,日益对我有利,寿县境内的小甸集、杨庙、大井寺、王竹滩子相继成立了游击小组,拿起了枪杆子,反对武装的反革命。这些游击小组,都在中心县委的领导下,先后消灭了民愤极大、反共最凶的姚蔼卿、毕少山、董曙东等恶霸地主、"剿共"司令和叛徒,苏区、白区,革命空前高涨。1932年7月后,蒋介石亲率五十万、一百万军队向我苏区进行疯狂的第四次、第五次大"围剿"时,张国焘惊慌失措,葬送了鄂豫皖苏区,红军主力离开了鄂豫皖苏区,只留下少量的红军在坚持,这对我们新发展起来的革命

力量不能不算是很大的打击。我们预计到皖北的敌人会加重对我们的压力,我们白区的斗争,也随之困难起来,但我们并没有气馁、畏缩。1934年4月接中央要我们迅速成立武装,创建新苏区,支援老苏区的指示,这时我们中心县委委员,分管军事,中心县委责成我,将县内组织起来的游击小组,集中起来,成立皖北红军游击大队。由孙瑞训任大队长,曹广海任副大队长,我任政委,曹云露、马实分别担任组织、宣传组长。我们大队成立不久,就除霸安民,打了一些漂亮仗,引起了敌人的注意,国民党地方军配合刘镇华部队和流亡在关内的东北军,对我们苏区进行多次残酷"清剿"的同时,对寿县的革命力量,也进行疯狂的反扑。区、乡镇上,都设有"清乡队"和"肃反"专员,挨户清查。当时凡查出红线、红布之类的物品,均被指为"赤化者",予以"问罪"和镇压。顿时,黑云压城,白色恐怖。寿县党的组织和游击队,无法就地开展活动,而且情况十分危急。为了保存革命力量,配合主力红军待机破敌,寻找敌人统治薄弱的丘陵地带和山区打游击。中心县委经研究决定,由曹广海和我率领皖北红军游击大队,向合肥方向转移。因为:1. 寿、合接壤,两个中心县委原来就有较密切联系;2. 合肥也有一支较强的游击队,我们去后,联合起来并肩作战,力量就大些;3. 合肥西南与舒城连接,是丘陵地带,迂回性较大,便于打游击。

1934年9月初的一个夜晚,我皖西北游击大队从寿县的小甸集出发,经杨庙的孙家圩子,进入合肥县境,由合肥中心县委联络员朱延凯带路,渡过了三河。又通过合肥中心县委地下交通员彭家良,找到了中心县委书记刘文(又名刘敏)。刘文见到我们,非常激动,他说:"你们来得太好了,太及时了。"原来,他们的处境,也非常困难,伪三河区区长王庚年正对他们发起疯狂"围剿",他们已损失惨重,游击大队长、政委颜文斗和中心县委的一些优秀领导人,都先后牺牲了,只剩下孙仲德、奚业胜等五六人和几条枪在坚持。我们队伍一到,群众奔走相告,斗争情绪高涨起来。经商量决定把两个游击队合并成皖西北游击大队,大队长曹广海,政委张如屏,副大队长孙仲德,曹云露、马实分别担任组织、宣传(工作)。会后派交通员去上海向党中央请示。不久寿县中心县委书记仇西华被捕,中央同意将寿县、合肥两个中心县委合并为皖西北中心县委,书记刘文,组织部部长张如屏,宣传部部长曹云露,军委书记曹广海。

王庚年听到我皖北游击大队进到合肥境内，十分震惊，立即带反动武装来拦截，我们刚离开地下交通员彭家良家，就同王庚年的保安队接火了，我们侦察到敌人不多，又无充分的战斗准备，决定对他痛击。我们部队打得很勇敢，战斗了一天，只有薛道义一人负伤，而王庚年的保安队伤亡不少。夜间，我们向舒城方向转移，上了春秋山。第二天是旧历重阳节。因把守不严，和尚下山告密，次日清晨，舒城县保安队和张学良的正规军包围了我们。为了避开敌锋，决定突围，由曹广海率部在前，我和马实继后，我们边打边撤退，撤至白花岭，曹广海同志负重伤，敌以数倍于我，把我们围得水泄不通，一切火力都用上了。我们子弹打完了，把敌人甩过来的手榴弹，捡起来又甩过去。部分敌人冲上来，我们与敌肉搏。曹广海同志伤势过重，把他送到老百姓家门板上躺着，他手中紧握枪说："我不行了，你们走吧！有部队就有一切，你们走，我不会当俘虏的……边说边将腰部缠着的钱袋解下来交给我。正说着敌人机枪又打过来了，击中了他的头部，曹广海这位对革命事业忠心耿耿而又英勇善战的好同志，就这样牺牲在白花岭。我们怀着无限的悲痛心情和对敌人的刻骨仇恨，继续投入战斗。直到深夜，我们出敌不意地向敌人指挥部处突然冲过去，才突出了包围，下了山。

我们虽然突围出来了，但损失很大，部队100多人伤亡过半，大队长曹广海和几个中队长、指导员颜理国、韩发明、韩大稳子、卢大个子等一批优秀骨干分子牺牲了。下山后，我和孙仲德、曹云露、马实带领剩下的40多人，渡过了沙河，到了肥西缺牙山进行整顿。书记刘文赶来和我们开了会，分析了形势，研究了对策，决定将部队化整为零，分散活动，迅速扎根下来，发动群众，恢复和建立党的组织，并决定把春秋山战斗情况，报告中央，等待指示。

1935年元月，中央派李德保来传达指示：为了加强领导，将皖西北中心县扩充为皖西北特委，刘文任书记，张如屏任组织部部长，李德保任宣传部部长，王大姐（王天云，从苏区来的）任妇女部部长，张麻子（张士发）任农运部部长。又根据中央"部队要继续发展，扩建为游击师，要打通与老区联系，在可能的条件下，建立新苏区"的指示，特委决定发展武装，准备成立皖西北独立游击师。到这年6月间，特委领导的党组织已有合肥、阜阳、颍上、凤台、庐江、繁昌等县委及无为工委和舒城县春秋山、曹家河、东西港冲三个区委、六安张家店特支，共有党员320人，武装力量也有发展，于是特委决定将游击大队改编为皖西北独立游击师，任命孙仲德为师长，张如屏任政委，曹云露任参谋长，游击师下辖一、二、三连，当时全师约二百六七十人，百把多条枪。杨银声、韩祖功、冯兆鲁、徐三和、薛汉章等分别担各连连长、指导员。从此，皖西北人民的革命斗争，有了皖西北特委的领导，有了皖西北游击师这支红军武装的保护和支持。

化整为零，发动群众，开展"扒粮"斗争

皖西北特委和皖西北独立游击师的成立，使皖西北地区形势发生了巨大的变化。这一变化根本原因，是农民阶级和地主阶级矛盾的结果。当时皖西北地区水旱灾严重，年年歉收，国民党反动政权，对广大贫苦农民实行繁重的苛捐杂税和地租剥削，不仅没有减少，反而更加巧立名目，增设层次，在乡、保、甲的基础上，又设什么塘坝委员，农民饥寒交迫，走投无路。皖西北特委考虑群众的困苦，抓住当时这一突出的阶级矛盾，研究决定，把骨干力量分到各地去发动群众，开展"扒粮"（又名分粮）斗争。经过斗争，把群众吸引到革命斗争的行列中来，使革命烈火越烧越旺，掀起革命斗争新高潮。当时特委和游击师的领导成员具体分工是：刘文带一些人到庐江、巢县、无为一带；张如屏等人到舒城北乡和南乡；顾鸿等人到庐江、巢县；孙仲德、曹云露、马实留在合肥西乡，有时也到南乡。无论分到哪一个乡，都是白区，在白区坚持武装斗争，是非常困难，也是极其艰险的。这时鄂豫皖红军早已北上抗日了，留下少量部队，在高敬亭同志的领导下，隐蔽在大别山区活动。地方党的组织，差不多都被破坏了，幸存的党员和积极分子，也转入地下，而且他们的政治态度，我们新到一地，没经考虑前，也不依靠他们。国民党对我们"清剿""封锁"也是非常厉害和残酷的，敌众我寡，若稍露行迹，即有招致被困、被捉杀头的危险，真是时刻像在虎口里过日子，正像陈毅同志在《梅岭三章》中所写"断头今日意如何？……"我们的同志坚忍不拔，视死如归，采取了分散隐匿、昼伏夜起、攻其不备、避实就虚的策略，设法与顽敌斗争，并发动群众和鼓舞群众。

国民党为了"清剿"游击队，几乎是三里一寨，五里一堡，任何人经过都要盘查询问，封锁线也特别地多。我们通过封锁线，不是走的，而是爬。我们白天一般

不能露面，隐蔽在群众家里，完全是夜晚活动，在群众家里也不能固定一个地方，今天在这里，明天在那里，有时一晚要移动几个地方。一般群众家里红布、红线、红纸早已不敢用了。为了保护群众，我们无论在哪里，都做到来无影，去不留踪，每确定到哪一家去，大都活动一夜之后，趁天没亮时就摸进他家卧室窗口，发出暗号，对上了号，就轻悄悄地进去，一直蹲到天黑时才离开。要是对不上号，就立即转移。虽然我们的行动是那样缜密，但也曾多次遭到敌围困、袭击。有一次，约在1936年6月，我和陈郁发、顾鸿、奚业胜、韩祖功等8人，夜晚在戴家桥附近鲍家塘村子里执行任务，被坏人范锐三甲长发现，向敌告密，第二天天一亮，敌约百人包围村庄。在这万分紧急时刻，我命令大家准备好，指明射击方向，喊一声"跟我冲！"顿时八支卜壳枪朝着一个方向射击冲去，打得敌人人仰马翻，措手不及，我们全部安全突围了。又有一次，顾鸿、杨银声、奚业胜、陈郁发等在火场（地名）秦益定（党员，现任海军某部部长）家，他们晚上9时去的，不久，国民党军队来了，顾鸿等就同他们打起来了，幸好国民党人不多，不敢恋战，接火后就走了。这次战斗中，杨银声臂膀负伤。事后分析国民党根本不知道我们在这里，是嫖女人，而碰上了我们。

巢湖一带，土匪特别多，也给我们的活动设置困难和干扰，土匪之多，历来出名。当地流传这样一个故事：一个打雁者，打了不少雁放在路边，有一个律师经过，想要一只，打雁人不肯，律师生气地讲："百里巢湖，二十里湖滩，推枪打雁，良匪难分，说明你不是匪，即通匪，不是通匪也是窝匪。"打雁者怕律师真去报官，就给了他一只。这说明土匪之多，那时卫立煌任安徽省省长，因他"剿匪"有功，为了表彰他，国民党把金寨改为立煌县。他"剿匪"，主要剿红军，企图消灭共产党。对于真正害人民的土匪，不仅不剿，而且暗中相通，均分赃物。1936年隆冬季节，一个大雪纷飞的夜晚，顾鸿、孙仲德一道，送信给我和曹云露，从冶父山北朱家老坟院，经铺子岗、三岔路，到了鸡鸣山这一带，一片旷野，没有人烟。他们到鸡鸣山时，雪已下得很深，行路艰难，感到很疲倦了，打算到鸡鸣山的松树林里休息一下。刚一停下来，孙仲德想抽烟，央求顾鸿道："让我抽支烟吧。"他想这里反正没有人，怕什么呢？顾鸿同意了，说："你用手捧着烟！"（意思怕火星被人发现）老孙刚把火柴一擦燃，就听到敲松树声，邦！邦！邦！三下，哪知国民党区大队巡逻来了。三下响声之后，就顺着雪光看到有人影向他们移动，好像在包围他俩，他俩商量后，由顾鸿同志向人影处开了一枪。一枪击去,引起四面响枪包围,他俩立即突围,孙仲德体胖,又穿着日作衣衫夜当被的长袍子,跑不动,顾鸿拉着孙拼命跑了十几里,实在跑不动了,到了菊海寺附近戴庄村子地下党的负责人夏日玉家隐蔽。刚坐下来,地方党的同志来到夏家报告:昨晚区大队与土匪遭遇,区大队负伤一人。就是孙仲德他俩开枪打伤的。国民党为什么要敲松树三下呢?后来我们捉到当地一个地主,他交代,"敲三下"是国民党与土匪联络暗号,这个区大队雪夜出来,名为巡逻,实则是通匪分赃来的。巢湖这个著名的土匪窝子,直到1948年我人民解放军去后,才被真正肃清。也有很多时间,是在群众巧妙的掩护下,摆脱危险的。在1936年七八月间,一个大白天,我和曹云露、顾鸿、陈郁发、冯兆鲁等六七人,在戴家桥附近小罗家冲一个赤色群众家隐蔽,突然民团来了三四十人,村里顿时鸡飞狗叫,乱成一团,青年妇女都躲藏起来。我们担心受包围,打算冲出去。这家男主人下地干活去了,只有女主人在家,一个30多岁的农妇,好似看透了我们的心事,连忙进房来告诉我们:"敌人人多,冲出去要吃亏的。"农村卧房内光线较暗,她叫我们藏在房内暂不要动,按照她的计谋行动。我们屏声静气,枪弹上满膛,紧握匕首,在她家卧房内的床空处、米缸间蹲着,见机迎敌。大嫂坐在大门槛上纳鞋底,当国民党快要到她家门口时,她大声喊道:"老总,你们辛苦了!来家喝杯茶吧!(暗示我们敌人已到)几个民团吆吆喝喝地进到她家堂房里,她从容不迫地敬茶、奉烟,并告诉他们她家男人下地了,自己没有鞋穿,趁大忙未到,在家里赶做鞋。这些民团一方面有点累了想休息,另一方面看大嫂对他们恭敬,就没在她家翻箱倒柜,在堂房坐着喝茶抽烟,幸好集合令哨声响了,他们拿走了剩下的烟,拔腿就跑,避免了一场肉搏。后来才知道,民团事先没有发现任何目标,而是到乡下打鸡来的。陈郁发当时年纪最小,睡觉打大鼾,每当白天隐蔽在群众家里时,怕他鼾声被外面人听到引起怀疑和暴露,因此每当他睡觉时,不让睡熟。最后没法,就把他派到巢县特委机关里工作了。

虽然我们在极其艰苦的条件下,秘密开展活动,但群众还是逐渐发动起来。我们每到一处,首先是恢复和整顿党的组织,物色积极分子,由点到面开展工作,到1935年深秋,又多次开展了群众性的"扒粮"斗争。

群众"扒粮"斗争,是在各地党组织和党员的领导下,秘密发动和组织的,具体做法是:先由地方党选择和确定好"扒粮"对象,并负责将其家里的粮食、武器、内外防御工事，详细调查清楚，报告给红军武装部队，再研究确定"扒粮"日期、参加人员、涉及范围、集合地点。还规定了严密的组织纪律：1.凡参加"扒粮"群众，必须戴马虎帽（戴上后只露两只眼睛不露面）；2."扒粮"时不准讲话，以免声音被熟人听见而暴露；3.挑粮的箩筐和绳子必须结实（用新的绳索），以免中途绳断筐裂而露痕迹；4.不准私自单溜和拿地主家里任何东西；5.不准搜女人腰包；6.行动要迅速敏捷，集合哨声响，全部撤离村庄。以上规定和纪律，分别秘密通知群众，按时到达集合地点，由红军武装掩护前去"扒粮"。到了目的地后，先由红军战士翻墙进屋，把地主全家关押在一间房子里，警告其不准乱说乱动，然后带领群众进去装粮，粮食装好后，再由红军武装护送离开。为了不留痕迹，又能迷惑敌人，红军护送时，故意在与群众去路相反的方向路上撒些谷子。如遇到下雪天气，前面走了，后面派人扫平脚迹。这些既达到了群众"扒粮"的目的，又掩护了革命力量的安全。有时候一个县内，同时就有几处"扒粮"，搞得敌人惊慌失措，不知所从。国民党反动派和地主阶级，在任何情况下，都不会放松对农民运动的镇压，不管当时他们施放多少毒计和高压手段，都扑灭不了农民革命斗争的火焰。农民斗争的烈火越烧越旺，"扒粮"斗争也越来越有经验：1.他们每家门轴，都抹了油，深夜开关门没有任何响声；2."扒粮"后还参与地主家周围关于"土匪"抢粮的议论，一方面议论土匪什么都不要，就是要粮食（让所有群众明确），一方面探听敌人的动向，注意对策。

还是亲靠亲、邻挨邻地发展"扒粮"群众组织，扩大赤色群众队伍，（群众称扒过粮的为已在组织），经过几次"扒粮"斗争，群众组织越来越大，我们的红军游击师也就越来越有群众的基础，这样就改变了我们的困境。1934年秋，皖西北游击大队，从寿县刚到合肥时，在春秋山被反动的军队包围了，突围后，不少伤员没有地方安插。而赤色群众组织发展后，给我们游击队武装活动，提供了良好的条件，小股武装执行任务，也受到群众拥护，不少群众（赤色）要求参加我们红军各县的游击小组，纷纷拿起武器，在红军游击师的领导下，积极活动起来。我们游击师的队伍，也不断壮大，三个连的战士，都有了充实，全师总计已有300余人。我们的住处和活动场所，相对稳定一些，国民党地方小股民团，不敢随便来犯。

集零为整，攻打敌人

为了进一步发动、组织和开展灵活机动的游击战争，特委分析了有利形势，研究决定，把一部分"扒粮"斗争交给地方游击小组（又名赤卫队）负责掩护，将分散活动的游击师战士集中起来，打掉几个碉堡，攻打几个区镇，以扩大影响，从而把皖西北游击战争迅速开展起来。当时研究游击战争的原则是：不轻易打仗，不盲目地有仗就打，而是有政治目的地打，要打扩大政治影响的仗，要打能发动群众的仗，要打能得到物资补充的仗，要打没有损失的仗。作战方式，主要是突然袭击和伏击。多数时间是夜间袭击，来一个"摸瓜"或者"一锅端"，有时白天埋伏在敌人回去的路上截尾子，打掉队的。或者化装成敌人的模样，打进圩子去，打他个冷不防；或者爬到敌人封锁线外去，奇袭敌人据点和后方。1935年3月，我们攻打了肥西众兴集。这个集镇离我们驻地缺牙山约七八十里路，镇上经济繁荣，是国民党活跃的据点，当时民团团长××在那里恣意横行，强占有夫之妇，民愤极大，我们决定从这儿开刀。这一仗是远途奔袭，但我们充分利用内线作用，堡垒很快就攻破了。集上有个叫任继周的（人称他大任）市民，老婆长得颇有姿色，被民团团长强行霸占了，大任恨之入骨，想寻找机会报复，苦于没有门路，我们得知后，经常派人去做他的工作，不久发展了他的堂弟任继年（裁缝）入党，后又发展他入党。经过周密计划，我们游击队，先派一个小队化装成老百姓，悄悄地进到大任的家，天刚拂晓，大队急行军赶到，采取里应外合，突然袭击，焚烧了敌人碉堡，消灭堡内敌人，活捉民团团长，缴获长、短枪30余支，将集上大商号的油、盐、布、南北货等物，分给当地贫苦市民，大大扩大了红军影响。当天就有不少的群众要求参加我们的军队。我们的皖西北游击师，就是在这样的情况下，正式向群众宣告成立的。成立后在3个连的基础上，又增加了1个手枪连（又名特务连），任命徐三为连长。徐三，又叫徐三驼子，当地人，有长期地下斗争的经验。特务连成立后，对敌情了解更及时、准确、具体了，因而对敌人打击更狠，更有的放矢。

攻打卫家圩子（又名卫家水城），因为圩子周围有一圈水城围着的城堡，只有一条路出入，这条路不仅常有重兵把守，还设有吊桥，只有他们自己人出入时，才放下吊桥，平时吊桥都是高吊着，任何人无法进出。1935年四五月间，为了引敌出洞，我们将小股部队打进卫家圩子，把附近的敌人也引出来，把他们打得落花流水。进攻经过是这样的：头天晚上将大队拉到卫家圩子附近隐蔽，封锁消息，第二天由特务连连长徐三选好10名精明强干的战士，穿国民党十一路军的军装、符号，冒充敌人的"清乡队"，喊开了城门，命令守兵放下吊桥，闯进卫家圩内，捉住卫家的家主，宣布我们是红军，迫其下令缴枪。在这种情况下，卫家一方面下令缴枪；一方面暗地派人往敌人据点送信，要求派兵来消灭我们。我们佯装不知，在里面不慌不忙，要卫家杀猪做饭，不久百余敌人援兵向卫家圩开来，等他们进到我军伏击圈内，打了他一个冷不防，敌伤亡很大，而我军没有一人负伤。这次战斗打得敌人很狼狈，有些敌人士兵在我军追击下，天热，跑不动，不少跳进水塘，当了俘虏，我军缴了一些枪支弹药，浩浩荡荡转移了。这次战斗，对敌震动很大。接着1935年10月间攻打庐江县北乡戴家桥镇，击退了庐江县常备队，俘虏了庐江县县长汪培实的叔叔——塘坝委员汪显亚和叛徒姜必胜，当场处决了。扫清了我们必经之路的障碍。

每打一处，群众蜂拥而来，要求参加我军，我军从中挑选一些好的，身强力壮的补充我军。过去组织"扒粮"和游击队的活动，都是夜间，打集镇是白天。一般是拂晓进攻，开仓放粮，部队得到补充就撤离。白天行动，队伍拉得长长的，颇有浩浩荡荡之势。土豪劣绅看到了十分害怕，反动武装又来不及找到我们。来援卫家圩子那次，敌虽赶来了，又中了我军的埋伏，被我军打得死伤很多，俘虏了几十人。皖西北游击师从此威震四方，孙胖子（孙仲德师长）、张矮子（张如屏政委）、曹瞎子（曹云露参谋长）名扬四乡，敌闻胆战心惊，群众听到欢欣鼓舞。合肥、庐江、舒城等县的革命形势，有了很大的好转。过去一个村庄只一户或几户"赤化"的，后来整个村庄"赤化"了，且村与村连成一片，游击队白天都可以背枪走村串户了。村与村之间，党的组织不仅数量上有大发展，而且相互间沟通了，还有十几个村子和地区新建立了党的支部，据我回忆起和顾鸿同志笔记上记载有庐江县黄土山芮家岗支部、戴家桥南范家岗支部、一窝蛋支部、冶父山北朱家老坟院支部、小罗家冲支部、菊海寺附近戴庄村支部、排家圩支部、麻石桥支部、巢县沐家集的丁庄支部、查北店支部，无为县猪头山脚下瓜棚支部、夏家店支部、侯家桥支部、黑店子支部等10多个支部，统计党员100多人，加上整顿和恢复的党组织共计20多个支部，党员150余人，各地方赤卫队，在当地党的领导下，都有了十几支和几十支枪等。红军游击师发展到了七八百人。军威大振，激励人心。

为了打通与老苏区联系，并建立巩固的根据地，我们兵分两路，一路由孙仲德率领一个连150余人去苏区整训，寻找红二十八军的八十二师，一路由马实率领就地坚持。张如屏、曹云露去巢县和肥西治病和养伤。1935年秋季，孙仲德率领一个连人，经过舒城晓天，到了岳西县的主薄园和黄麦园一带，找到了红二十八军的手枪团，与之会师了。他们让一师级干部来任我游击师副师长。这一带自红四方面军撤去后，国民党军队破坏得非常厉害，许多庄子被烧掉了，老百姓被强迫集中到大寨子里，不敢与我军接触，生活非常困难，群众中流传着"家住黄麦园，辣椒当油盐（即没有盐吃）；家住大山头，寸木做灯油（即没有点灯的油，就烧松木照明）"。红二十八军，当时人已不多了，装备很差，为了帮助他们解决一部分给养，孙仲德率游击师配合手枪团，打开了肥西烧脉岗，消灭了五十里铺臭名昭著的"汪家五虎将"（国民党地方民团团长汪大洋的五个儿子）。接着在肥南打了一些胜仗，缴获了许多枪支弹药和生活用品，改善了红二十八军的战士生活。我游击师在整训中，也提高了素质，扩充了力量。这时特委在肥南彭家圩子召开了一次会议，决定拨全副武装一个连给红二十八军。我师和红二十八军互相支援，亲密无间，形势发展不断对我有利。不料，副师长带来一个随员，从中挑拨煽动，离间两个部队之间关系，导致游击师的连长任继周叛变，打死了副师长，带着一连人枪投敌（明白真相的战士，又逃回不少），使我军元气损伤很大。几乎与此同时，马实率领的部队，在肥西中派河的清明寺遭到敌人包围袭击，由于指挥失误，伤亡惨重，突围中一个来连几乎全部战死、淹死在中派河中，只有极少的人逃了出来。从此我皖西北特委、游击师的活动，又进入了艰苦的再分散阶段。

寻找党中央，分批去延安

苏区整训部队，任继周叛变，中派河突围，伤亡惨重，面对这种困境，特委派人去巢县普仁医院接我出院，当时我受伤未愈，出来收拾残局，将马实所率领逃散的几个人收回，带领到苏区与孙仲德同志处剩下来的人会合了。根据当时的战士思想情况和生活习惯，为了保存这支武装，决定离开苏区，仍回到巢、无、庐、舒边界。归途中，得知叛徒任继周投敌后，颇受国民党赏识，封他为"剿共"特务组组长，专门负责侦察我游击师的动向。敌人利用他熟悉我师情况和活动规律，妄图围歼我们。这个叛徒确实为国民党很卖力，据地方党的组织的情报，他经常率领武装特务，到处寻找我军行踪，开始时白天出来，晚上回去，不敢在城外歇宿，后来他错误地估计了形势，胆子越来越大了，夜晚也敢在四乡寻查。看来这条狗的存在，对我军威胁很大，我们决定全力以赴地除掉他。一个大雪纷飞的夜晚，我地下交通员来报："任继周和他的武装小组，正在舒城春秋山附近祠堂里，猜拳饮酒，寻欢作乐。"我军立即整装出发，包围了祠堂，大声喊道："交出任继周，缴枪不杀，否则，放火烧掉你们。"特务们为了保全自己，把任继周推了出来，我军无数颗仇恨的子弹，一颗一颗地都集中在他身上，结束了这个叛徒的生命，缴获了敌人全部枪支。

虽除掉了跟踪我们的叛徒这个心腹之患，但终因我军人少力薄，国民党地方民团又猖狂起来。部分战士信心不足，个别的动摇逃跑，如任继年于1936年底携枪逃跑，加上地方党组织的活动也日益困难，我们再度进入昼伏夜起，隐蔽活动。为了巩固这支武装，稳定军心，曾搞了一段较长时间的深夜袭击——"摸瓜"（除霸）"打狗"（除特务、叛徒），但仍难扭转局面，恢复元气。

为了宣传我党主张，也为着寻找无为县地方党的组织，特委决定就在1936年七八月间，乘无为县西乡六峰山（当地人叫蒋家山口）有一天民间唱京戏的机会，向看戏的两千余群众，宣传我党抗日主张，揭露蒋介石不抗日专打内战的罪行。演讲者孙仲德同志以皖西北红军游击师名义出现，话后，当时就有百余群众要求参加我军队。这一次演讲后，震动了巢、无、庐等县，三天后巢县、无为县、庐江县就在魏家坝镇组织了三县联防指挥部，三县常备队轮流驻防魏家坝，妄图剿灭我军。

皖西北特委改选。特委书记刘敏自己提出来说："我肺病很重，特委改选由其他同志负责。"于1936年农历十二月二十三日在庐江北乡，戴家桥镇南边的宋家小圩子进行改选。特委改选后的分工：书记刘敏，副书记兼宣传部部长曹云露，组织部部长张如屏，军事部部长孙仲德，青年部副部长杨银声，负责妇女工作冯兆鲁，顾鸿、奚业胜和陈郁发均为委员。1937年3月间，特委成员在盛家桥附近的麻石桥村高家田家开了一次会议，决定遣散部分战士回家，留下精干的力量，以职业为掩护，分散活动，重新发动和组织革命力量。刘敏、杨银声去黄麓师范所属的忠庙小学教书；孙仲德、奚业胜等以大米商为掩护，活动在长江中下游，他们买了一条大木船，特造成夹底，底下藏枪支，上面装大米并待机在白沙洲一带，组织群众"扒粮"，为党筹集经费和枪支弹药；张世祥、冯兆鲁、韩祖功等在浙江的长兴县煤矿区，开了一个三友实业商店；曹云露、顾鸿等在庐江县、巢县南乡、无为县西乡、肥西一带领导赤卫队活动；张如屏带家眷去巢县城内，利用住院结识上层关系，以大地主大米商住家为掩护，建立秘密的特委机关，将全师多余的枪支，收藏起来。我们收藏的办法，现在想起来，也是很有意思的，短枪一般随身带了，长枪都擦油、捆紧、包好后趁夜深人静搬出去，到事先侦察好的新坟地，把它挖开，将尸体拉出来，丢进没人到的沟壑里把枪装进棺材，然后盖好，掩土做记而去。有些地主的棺材，油漆得非常好，枪藏进去，既防潮又安全。这些枪支，都为我后来从延安回来抗日，起到了较大的作用。

为了共渡困难，团结一致，坚持革命到底，会上还举行了宣誓仪式，誓词大意是："春蚕到死丝方尽，蜡炬成灰泪始干……为了革命胜利，团结一致，永不叛党。"

在这分散活动日子里，我们多么盼望党中央的指示！多么想知道党中央的消息！为了寻找党中央，1936年夏天曾派刘敏和我去上海，党中央虽未找到，但得知党中央到达陕北了。1937年3月间，又派孙仲德到了西安，找到了八路军办事处和中央局，汇报了三年来皖西北特委和游击师的活动情况和当时艰难处境。中央局研究确定派宋天觉同志回安徽，接替原特委成员的工作，特委成员刘敏、曹云露、孙仲德、杨银声、顾鸿、奚业胜在刘敏的率领下第一批去延安。我和陈郁发二人因要交代工作，第二批去延安，共七人到延安。

到延安后，曹云露、陈郁发二人被分配在中央党校学习，刘敏因肺病严重，留在西安治疗，后派往河南任省委副书记或是组织部部长，我和其他成员，全部进入"抗大"，经过一段时间的学习之后，1937年年底，我和曹云露被分配回安徽组织"安徽工委"贯彻抗日民族统一战线政策，团结各方抗日的力量，孙仲德、顾鸿在1938年3月间，被分配到皖南新四军工作。杨银声、奚业胜和陈郁发同志留在陕北地区工作，先后都上了抗日战争的前方。

（顾鸿　整理）

原载中共六安市委党史研究室：《皖西党史资料辑要2》，2012年，第126～139页。

攻打宋家岗

◎ 俦少华

宋家岗在灌河西岸的双椿铺乡。土豪姜竹筠家的宅院，就坐落在宋家岗上。它坐北朝南，一宅三院，瓦房百余间，四周的围墙有一人多高。宅前有口塘，宅后是个大竹园。姜竹筠是姜家的二门，四十来岁，人高马大，一副大黑脸，外号"姜黑虎"。住在中院。他有兄弟三人，老大姜玉文，老小姜十二少爷。父亲姜五令。东院是大门，住着姜春波弟兄二人，百多石课田。西院是小门，住着姜六爷，七十石课田。大小两门属一般地主，只有姜竹筠有政治势力，他是八保大乡绅（相当于联保主任），县长李鹤鸣、团总顾敬之都曾骑马来看他。

姜竹筠的父亲只有几间瓦房，一石课田。到了姜竹筠理事才发了起来。民国16、17年，国民党十二军驻商城，苛捐杂税多如牛毛。姜竹筠随意摊派，从中渔利。有一次派指户捐，一次他就指派杨兴成家一百块现洋，一时交不出，还把他爷逮去拘押。勒索的钱做生意、买庄田，不够就借，再不够就"邀会"，谁也不敢不上他的"会"。杨兴成家就上过他好几次会。到了民国18年，他家已有百多石课，长工伙计十多人。除农业外，还磨粉、烧酒，在双椿铺和王店还开有板行、盐店、米坊和屠场，店号叫"姜永田"。

1929年，灌河东岸土地革命运动蓬勃发展，建立了五区苏维埃和游击队，便实现了"一片红"。但河西仍盘踞着民团、大刀会，与苏区隔河对立。随着形势的发展，河东的游击队时不时地越过灌河，到河西打土豪。河西的地主豪绅非常害怕，姜家是大土豪，怕得更加厉害。一天，姜竹筠和兄弟们商议说："共产党打梅山陈建宇保长家，因他家有红学，围了三天三夜没打开，末了还是共产党让个口子，给他跑走了。他家只是些草屋，俺有瓦屋百间，何不也办馆红学？办了红学就不怕共产党围攻了。"姜家素来都是姜竹筠说了算，兄弟们只有服从的份儿，何况办红学也是保自个儿，顶多花费些钱粮，总比共产党分了强，所以兄弟们全表示赞同。接着，姜竹筠找来他的妹婿冯云阶，要冯帮助张罗办红学的事。冯云阶曾跟潢川大刀会丁师爷混过几年，会点武功和毛拳，功夫虽说不怎么好，可办事能力还行，对红学的规矩也在行。冯云阶在宋家岗宅前竖起一根大红旗，招来宋家的长工佃户和附近的农民，建起了红学。最后跟大伙约定：鸣锣为聚合信号，半晚一敲锣，都得到宋家岗来，晚饭在宋家岗一块吃，饭后练武，准备游击队来攻；天明散开，各回各家。

宋家岗墙高宅大，红学人多，很有些实力，游击队估量力量不足，一时没有打他，只是打了宋家岗周围的几家小土豪。这么一来，姜竹筠便以为游击队怕他，不知自己有多高多大，气焰相当嚣张。有几次游击队越过宋家岗到双铺打土豪，从宋家岗门前过，他们又是敲锣，又是呐喊，又是放枪，又是谩骂，简直不可一世。游击队十分气愤，坚决要拔掉这个前进路上的"钉子"，并且在宋家岗门前的雪地上写下口号：打倒姜竹筠!

1930年正月，姜竹筠的老三生了个男孩，姜竹筠非常高兴，虽然有红军游击队的威胁，仍然决定要吃喜面，好好热闹一下。按照他的吩咐，分别送出了请帖，请的人很多，亲朋故旧、知名绅士都请到了。

河东游击队长张继武，外号"张哈鼻子"，十分勇敢。他从河西的一个亲戚那里得到姜家吃喜面的消息，以为这是个攻打宋家岗的大好机会。他们早就想拔掉宋家岗，只是力量不足，硬攻明打不奏效，现在姜竹筠忙于办喜面，必然疏于防备，正是实行突然袭击的大好机会。说来也巧，县里红军特务营的顾东城，带着10个手枪队员来到五区，张队长把情况作了介绍，顾东城同意他的主张。接着便商议攻打的具体部署。

第二天一大早，游击队有二三十人，每人一支步枪，和每人一架盒子枪的红军手枪队员一同从河东驻地出发，午饭前来到宋家岗外，顾东城带个号兵在东吹小号，张继武带着游击队从竹园逼近后门。

姜竹筠家听到吹号,一边派人向东瞭望,一边马上拉桌开饭。一个挑水长工发现红军围了宅子,吓得大呼小叫。老姜家马上关闭前后门,商量对策。有人说跑,有人说不跑,没有啥事。最后决定,把东西两院的人都集中在中院,死守顽抗。这时不见了教师爷,原来他从东院菜园门溜跑了。游击队来到大竹园,就向宅子里打枪,院里也向外打枪,都是土枪土铳。打了一个时辰,院里的枪药打完了,游击队就翻过竹园围墙,堆柴烧后门。后门眼看烧倒,姜玉文拿着湿棉被来堵,张队长抬手一枪,打中他的阴裆,"绣球"被打坏了,家人把他拖到屋里,用鸡皮去贴,不一会就死了。

游击队冲进后院,姜竹筠把全部力量都集中到西楼——那是姜的住室,叫伙计把缸打碎,用缸碴子打游击队。后院西头是石礅子,游击队找了长梯,爬上楼顶揭瓦向里打枪。又从东院找来两桶煤油(姜四贩油)浇到门窗柱子上,又把烧砖的二万多斤柴草全部搬来点着,向楼上喊话说:"谁伸出头来,有话说,不打枪。"姜竹筠知道守不下去了,带着几个家丁,打开楼门,硬往外冲。冲出后门,向西逃跑,都被打死在坯田和老坟地里。

攻打宋家岗的战斗从中午饭前开始,到半晚上结束,前后不到四个小时。宋家岗这个"钉子"拔掉后,战斗连和游击队继续向西发展,直到郭窑和三里坪。

本文参考资料:

1. 宋岗平塘杨兴成、余正荣夫妇回忆。
2. 胡恒山回忆。

原载中国人民政治协商会议河南省商城县委员会编:《商城文史资料》第二辑,1991年,第21～24页。

英山暴动前夕党的活动

（1927年至1930年初）

◎ 汪伯昆

英山县，原属安徽，现属湖北省。1927年春，北伐战争胜利后，人民公敌蒋介石在上海发动反革命政变，在国民革命军里进行"清党"运动。一些参加北伐战争的英山革命青年，返回英山，组织贫民协会，发展党的基层组织，号召贫苦农民组织起来，反对贪官、污吏、土豪、劣绅，打倒国民党反动派，为组织领导英山人民进行武装起义，做了大量的极为艰苦的工作。

大革命失败后，一批北伐战争中功劳显著的黄埔学生返回英山

1924年5月广东成立黄埔军官学校，周恩来同志与傅为玉建立了朋友关系。傅为玉是广东军阀里的少将军官，英山西河土门潭人。傅为玉为追求进步，要找一个忠实可靠的人当马弁，写信回家找人。后来，找到汪文龙去广州当马弁，英山一批先进青年随同去广州黄埔军官学校学习，毕业后，英山学员都编到张发奎师任职。北伐军打到武汉，张发奎为国民革命第四军，姜镜堂、付昆言当团长，姚家芳当营长，董义奎任连长，金仁宣任连指导员。

1927年4月12日，代表中国的大地主、大资产阶级利益的蒋介石投降英、美帝国主义，在上海进行大屠杀，在国民革命军内部进行"清党"运动。在国民革命军

里的共产党员奉中央指示，退出国民党军队，住在上海一家旅馆里有几百人。当时，党中央一位首长到旅馆动员他们尽快离开上海，各省的回各省，各县的回各县去发动农民，以农村包围城市。这样，先后回英山的有肖伯棠（共产党员）、郭玉亭（当时不是共产党员）二同志。

肖伯棠于北伐军攻克武汉后，1926年春节到了蔡家畈。肖是独生子，他家有六百担租子（八斗一担）。他父亲收租，他就退租。他父亲和他吵，他母亲在中间拦阻，劝他父亲道："反正我死了都是他的，就这么一个儿子，随他去吧。"他家门口有个小店铺，中间有家中药铺，他天天就待在那里。他在蔡家畈组织党支部，介绍第一个入党的就是卖中药的郎中（即医生）谢勋。

郭玉亭是金仁宣介绍我入党时和我谈的。他说："在广东黄埔学生军第一次东征打陈炯明，我们学生军打得最坚决，打死了陈炯明的一个少将叫彭贡山，是英山福堂畈人。第一次东征胜利后，1925年滇军军阀杨希闵、刘震资叛乱，东征革命军回师广州，讨伐杨、刘。"广州五六月的天非常热，学生追赶时碰见有一大桑园。他们见桑树上吊着一个人，便问："你为什么上吊？"那吊着的人说："你说话好像是英山口音。"金答："我是英山人，你是哪里的人？"那人说："我也是英山人，因这里土匪多，我们打土匪不幸被他俘虏了，我被送到这家土匪头子家里。他夫妻两人五十多岁没有儿子，想我做他儿子，白天割桑枝，晚上把我吊起来。因我的背有点驼，所以吊得紧，土匪头子给我取了个名字，叫割桑枝。"金说："我把你解下来，带到部队里。"晚上，郭跟他讲，想到英山，没有路费。金说："路费算我的，要多少？"郭说："要10块钱才得到英山。"金给了他10块银圆。郭往地下一跪说："救命恩人！"郭回英山后，先买了50条步枪，成立了县公安局，郭当了公安局局长。所以后来农村革命势力发展得比较顺利，就是因为有郭玉亭在城里。

在肖、郭之后回到英山的有付昆言、姚家芳（当时不是党员）。1927年4月底，回英山的还有姜镜堂、蒋济阶、熊受暄、金仁宣、段炎、董义奎、闻维俊、方士林（黄埔第四期）、王和甫。他们回英山后，就在各地发展党员，扩大党的组织。

中共英山县委成立

1927年端阳节后，在英山地区的共产党员集中于五爪河，成立英山县党的领导机构，由姜镜堂、金仁宣、董义奎、闻维俊、方士林五人组成，选姜镜堂为书记。

姜镜堂弟兄五人，他排行第五。他父、兄都是大绅棍，经常帮助地主压迫缴不起租、还不起债的农民。姜回家后，竭力反对父、兄欺压百姓。父、兄收租，他退租。还帮助贫苦农民与地主打官司，他写一张条子给县公安局郭玉亭，官司一打就赢。

金仁宣家庭较贫苦，读不起书。但他家是所谓诗书门第后代，他三伯父在安徽蒙城任县知事，求三伯父允许随任读书，但他三伯母对他很苛刻。1924年年底，他回家时听说有一批人去广东考黄埔军校，就请母亲到王家畈闻八老先生家求借路费去广东。我初次见到他，是1927年的5月10日上午8时左右，我正在碾菜籽粉。突然，一个瘦高的人，下额宽、腭尖的瓜子形的脸，薄嘴唇，大眼睛，左额有半寸长的一块红疤子，穿一件纺绸雪白的大长褂，头上戴一顶草帽，手拿一把白纸扇，不声不响地跑到碾盘上。我惊奇地说："快下去，这里净是油，粘上就无法洗掉。"他说："我这衣裳糊了油也没事，你不认识我呀？"我答："不认得。"他说："我家住在望天畈，我姓金，离你家不是才里把路吗？"他一面帮我扫碾盘，一面问长问短。他对我的影响至今都印在我脑海中，谦虚和蔼，有知识。

金仁宣第二次到油坊是5月下旬，他的穿戴与第一次打扮完全不同，赤脚草鞋（布草鞋），与农民相似。他一进油坊，往碾盘子上一坐，第一句就问："端阳那天打白朗（在霍西南乡活动的一个封建组织）你可去了？"我说："没有。"他说："农民协会被国民党县党部掌握了，我们要在农民协会内部吸收忠实可靠的农民加入贫民协会。团结起来，打倒那些吃人肉、喝人血的土豪。"他给我的任务是每星期要找三个农民谈谈话，要介绍一人加入贫民协会。

党在农村开展工作

县委成立后，领导人在全县日夜奔忙，研究怎样唤醒千年万载被土豪、劣绅踏在脚底下的"愚昧"的农民。姜镜堂说，用民间小调方式农民肯唱，又能起到宣传作用，大家都赞成这个办法。接着，由段炎华编著，姜修改，编了一个"正月是新年，穷人真可怜，衣衫褴褛没有衣换，富人吃得好，鱼肉吃不了，山珍海味，栗炭火烤……"的小调。这个小调确实取得教育农民的作用。直到现在，可能英山的老人还有会唱的。党在农村另一种活动方法，是办农民夜校。8月底，汪伯亭通知我，9月1日贫民夜校开学，地点在望天畈，各人自带灯油。我能上学读书喜得不得了，就托人在县里买了一本《惜时贤文》。到了夜校，不用自带的书，每人发一大张印好的"东山卷"。

金仁宣拿一张讲起来，总题目叫"东山卷"。"上海西行百余里，有村名曰万家村。村中一富翁，名曰万金。万金家有一老农，妻早死，有个儿子叫李东山。东山长到16岁，父亲被万金折磨死了，东山顶父做活。隔壁有一个教书的先生，叫东山，白天做活，晚上上夜校。东山很聪明，几个月就能看书看报，懂得社会上为什么富人富、穷人穷的道理后，他就组织农民暴动杀死了万金……"上了几晚夜校，又发了一张印好的纸，金说：这是中国新旧九大军阀，蒋介石、冯玉祥、阎锡山、张作霖、李济深、李宗仁、白崇禧、唐生智、鲁涤平。他们互相勾结，互相排挤，他们的手段是溶共、限共、反共、灭共，他们中最反动的是蒋介石。9月15日上夜校时，金说："今晚不上课，贺善修、熊细毛请回家。"他俩走了，金把我们带到毛所湾一个小山顶上开会。金开始说话。他说："今晚开个支部会，吸收三位新同志（汪少云、汪正发和我）入党，不挂党旗，举行入党宣誓，我讲一句，你们跟着讲，'执行党的决议，保守党的机密，在刑场上牺牲个人，保护集体，终身为革命奋斗到底，永不叛党'。"他又说："今天是1927年9月15日，是你们的第二个生日，不管到什么时候，都要记住这一天。"金继续说："小组开会不准发生横的关系，开小组会每星期一次，在这次小组会上指定下次小组会的地点，党员第一次不到会批评，第二次不到会警告，第三次不到开除党籍。"

敌人发觉了我党的活动　　斗争从此日趋激烈

1928年春节后，国民党在全县开始成立区和区民团，每区步枪20支。党组织为争取当民团团长,同敌人展开了激烈的争夺。肖伯棠在七区争得最厉害,大地主黄成砚和肖争当区民团团长,那些土豪劣绅都站在黄成砚一边,但开会选团长,他们又讲不过肖伯棠,几天的争论毫无结果。黄成砚气不过,就去找县城劣绅黄博文,说肖伯棠是共产党,要搞暴动。为此,县长要公安局派人捉拿肖伯棠。县城党组织闻讯后,迅速报告了县委。县委接到信后,叫汪伯亭指派我送信。我到蔡家畈药铺见到了肖伯棠,他看了后叫人把我带到家里休息。当我返回五爪河时,肖伯棠已由金德宣(金仁宣的弟弟)送走,但七区民团被土豪劣绅掌握了。

姚家芳当上二区民团团长。他是西河上八里山人,家庭富裕,中等身材,人生得极为清秀,黄埔三期毕业,在北伐军里当营长,但不是共产党员,他加入哥老会。姚与闻维俊姑表兄弟,从小,他们的关系就亲如同胞,姚当上区民团团长后,闻维俊派了五名党员当团丁,因此,党在二区的隐蔽斗争进行得比较理想。

为了纪念"五卅",惨案三周年,党组织用白、黄、绿三样纸写成标语,到各处去张贴,每处贴五张。标语上写的是"纪念'五卅',打倒帝国主义!""纪念'五卅',打倒国民党!""纪念'五卅',打倒蒋介石!""纪念'五卅',打倒贪官污吏!""纪念'五卅',打倒土豪劣绅!"党员每两个人一组,要贴到20里外。我和汪人学领15张标语,要贴3个地方。金铺,预想是比较难贴的一处,因为二区民团就住在金铺街南头大庙里。走过庙门口,可哨兵没有干涉我们,我们把标语贴上,也未听见哨兵喊一声。土门潭、夹铺两处比较容易贴,5月14日晚上标语全部贴完,我们顺利地完成了20里张贴标语任务。

15日,全县都发现了同类的标语。落款是中共英山县委员会。英山的反动派组织民团武装防共,而共产党把标语贴到了县城和民团门口,震惊了全县的土豪劣绅。

1928年,英山大旱,大小河流干涸,人们日夜守在水井边等水吃。农田里的秧苗晒得一片枯黄。为争水,每天都有农民被打死、打伤的。不合理的社会,只有穷人遭殃,而土豪、劣绅、贪官污吏,这批社会渣滓相互勾结、相互依赖,胡作非为,无恶不作。贫苦穷人有理无处说,有冤无处申,差人叫案,还要花钱,逼得穷人只有死路一条。这时,我党在英山的负责同志挺身而出,到全县各地发动群众,与国民党反动派、土豪劣绅进行斗争。姜镜堂、金仁宣、董义奎、闻维俊、汪伯亭、段斐然、姜定山等同志,冒着炎热的天气,日夜奔波,鼓动贫农与恶霸斗,并连续帮助贫农打了几场官司。因城里有熊受暄、蒋济阶，还有郭玉亭，所以，官司打一场就赢一场，贫农赢了官司，感恩道谢，但谁也不知道这些人是共产党。

领导农民夺粮度春荒

残冬已过，就是1929年新春。全县大部分农民乞讨无门，找榆树皮、挖观音土，儿啼子哭，饥饿严重威胁着英山人民。为了度过春荒，党确定从地主、豪绅手中夺粮。

1929年4月5日，我参加了四姑墩王海云家夺粮的斗争。事前，英山县党的领导人姜镜堂、金仁宣、方士林、汪伯亭、段斐然和参加夺粮的同志专门开了会。金仁宣交代了任务，并提出了要求：只准站在四姑墩石桥南头圩堤上，不准随便走散，不准交头接耳，不准进街。大概上午8点钟左右，姜镜堂带领有百把人，挑着箩筐，有的是两个口袋，直奔王海云家。王海云还在睡觉，姜进屋把他喊起来说，要"借"粮度春荒，叫他把仓库的锁打开。王也不敢说二话，只好打开仓库的门，让"借"粮的农民到仓库把稻谷装满挑出来。谁知，原农民协会主席李国右，打白朗坐了六个月大牢后，这时也在王海云家，他给王出了个点子，叫王海云的儿子王强去叫六甲的大劣绅沈华溪，沈华溪赶到四姑墩，见金仁宣站在圩堤上，沈走到金的跟前，辟脸就是一巴掌。段元度眼明手快，像铁钳子一样一把抓住了他的手，沈额头冒汗，往地下一蹬。李国右见主子的狼狈样，跳出来说："清平世界，你带几百人抄家，想造反吗？"汪金云往他脸上吐了一口唾沫说："李老六，你回去坐牢吧，少在这里充人！"

正当金仁宣同志与沈华溪讲"借"粮度春荒的时候，沈的大儿子带领林家冲的部分受骗的农民、哥老会、流氓100多人，拿着原办团练时的武器，气势汹汹地来威胁夺粮群众。大家见沈华溪大儿子张牙舞爪的，个个横眉冷对，摩拳擦掌。此时，姜镜堂同志往人群中间一站，把手一扬说："农友们，你们拼死拼活地为劣绅土豪们卖命，他们可给你们一粒米、一棵稻子？王海云家里的稻谷大一仓小一仓的，你们可借出来一粒？请你们想一想吧，你们中有的人可能是饿着肚子来的，还请你们回去吧！"被欺骗来的农民，听了姜镜堂同志的讲话，一个个都走了。剩下来的只是沈华溪父子和李国右。他们自讨没趣，垂头丧气。姜镜堂叫大家把稻子挑走了。夺粮度春荒的胜利，又一次震动了英山的土豪劣绅。

为商城党组织购买、运送弹药

　　1929年夏，党领导了商城农民暴动。农历七月间，商城党组织派两位同志，带着一批银洋，到英山找县委，找金仁宣。他们找到五爪河金仁宣家，说明来意：暴动后战斗频繁，缺少子弹，要求帮助买子弹，派人送到麒麟湾。第二天晚饭后，汪伯亭通知我说："仁宣叫你明天起早到他家吃早饭，有紧急的事，你去就知道了，不必多问。"早晨，我到仁宣家，见饶少廷（篾匠）也在那里，仁宣出来就说："赶快吃饭，吃了就走！"500发子弹，用四条子弹袋装得满满的。金仁宣叫脱掉衣裳把子弹袋绑在身上，嘱咐我们在路上要注意，特别是驻有反动武装的地方更要注意。他给饶和我每人一块银圆作路费。翻过抱儿山到八道河见到两个青年坐在一家店门口闲扯。一个问："你知道马克思是哪个国家的人？"答："不知道。""革命连马克思都不知道还革什么命？"我和饶少廷很惊奇，大白天都敢这样说，要是我们英山也敢这样说就好了。沿河直上，见到一个50多岁的老人，饶少廷去问路。老人说："你们走错了，赶快往回走。"他用手指着说，从那山嘴上去，翻过月亮山就到了。山很高，西南边很陡，只有一条羊肠小路，从半山腰一直向西北，我们走得很快，下了山，有一条小沙河，河西边矮山脚有座庙，庙里有几个穿灰军装的人在那里忙着。我们走进问："老总，这里可是麒麟湾？"一位袖子卷得很高的人说："是的，你找哪个？"我说要找周维炯，那人打量我们一下，喊了声："小徐，去请周司令。"小徐走了不久，跟着来了几个人，一个没有戴帽子、穿一套灰色军装、好像脸上有点麻子的人问我："你是哪里来的？"我们回答是英山来的。他又问："你找哪个？"我说："找周维炯。"他说："我就是。"我把金仁宣的信拿来交给他，他拆开看了几行，笑嘻嘻地说："你的子弹呢？"我们两人把衣扣解开，现出子弹带，他就马上叫那个卷袖子的人给我们搞饭吃，安排我们休息。我们走的时候，还带回一封周维炯给金仁宣的信。

县委扩大会议

8月底至9月初，英山县委在神峰山大庙召开了扩大会议。这个庙里的大和尚姓马，他的姘头姓顾，长年住在庙里养儿育女。庙里很富，养的家禽很多，还有两口大鱼塘，有十几个和尚看山种田，姓顾的家人也经常来帮助劳动。马和尚完全知道金仁宣的身世，见参加开会的人都不像一般的庄稼人，所以吃住方面他料理得很周到。这次会议共开了5天。这时城里工作较紧，熊受瑄、段炎华已离开县城住在金仁宣家里，中央来信皖西北成立特委。姜、熊、段一同调皖西北特委工作。英山县委改组，金仁宣任县委书记，贺筱廷任组织委员，汪伯亭任宣传委员，闻维俊任民运委员，金仁宣任锄奸委员（暴动后改为审判委员），方士林任军事委员，董义奎、傅孝如、段斐然也是县委委员。

散会后，姜镜堂、熊受瑄、段炎华离开英山去皖西北，这时，英山的形势也紧张起来。在神峰山开会期间，劣绅沈华溪造谣说，金仁宣在神峰山组织暴动，每夜有几盏电灯到神峰山，并将此谣言告到国民党县党部。

县城的形势十分紧张，蒋济阶的商务会已经下野。郭玉亭被撤掉了公安局局长的职务，并被逮捕。县城党组织连夜送信说："伪县长指名要捉拿汪伯亭。"根据党的指示，汪伯亭隐蔽到皖西北特委，这时皖西成立了红十一军三十三师，姜镜堂调任三十三师政委，徐伯川任师长。三十三师成立后，战斗频繁，主要作战对象是皖西的土匪武装，如六安的朱茂公，流波䃥一带的郑世济，漫水河、长山冲、梅河一带的团匪夏太和，西边有老小八团，还有戴民权、潘善斋两个警备旅。

英山的形势虽然紧张，但党的组织没有遭到破坏，这并非敌人发善心，而是因为霍山西南乡、长山冲、半边街等地陈宝贞同志领导农民起义，活动的范围很广，并在同年12月30日，将英山三区保安团全歼。所以，英山的土豪、劣绅虽然放出反共妖风，但是不敢公开动手，他们也考虑到他们的后果。

姜镜堂返英山传达任务　金仁宣赴县城劝说余亚农

10月上旬,姜镜堂从霍山董姜河赶回英山传达皖西特委的指示。他对金仁宣说:"方振武要离开安徽,陈调元接管安徽省主席。余亚农是方振武的一个旅,驻潜山天堂镇(现岳西县),此人较进步,特委派你去县城,劝说余亚农,不要离开英山,只要他交一个团由我们指挥,我保证打垮鲍刚一个军。我从极子山翻过来,叫他措手不及。你去时要带个人跟随,你看哪个合适?"金仁宣把嘴一歪,姜镜堂睬了我一眼说:"行。"

金仁宣愉快地接受了去县城说服余亚农的任务。10月5日早起后,他穿着半旧人字呢的夹长袍,头上戴顶高毡帽,脚穿一双黄皮鞋。吃过早饭,他在前,我走在后。两人一声不吭地往前走,到了北汤河西边靠短山有几家住了兵。突然,后面有人喊:"站住!"我回头一看,那人穿一套旧衣,头戴一顶破草帽,跑上去报告连长:"我抓住两个侦探。我从狮子坳就跟起,一直跟了20里路。"金仁宣马上回答说:"我们不是侦探,我们是去见余总司令。"并从口袋里掏出信来,连长把信壳看了一下交还金仁宣,喊传令兵:"你把他们送到司令部。"传令兵扛条马步枪走在前面,我和仁宣跟着。司令部住在南门,房屋很大,进门住有一个排,配的都是驳壳枪,站岗的问:"你们是什么人?"传令兵说:"去见余总司令。"传令兵报告排长,排长问金仁宣可有信。金说有。说着就拿出信给排长瞧了一下,说"跟我上楼"。排长又指着我问:"他是什么人?"金说是我的马弁。排长上了几步楼梯回头对我说就在这里,又叫值日班长招待我吃饭睡觉。

第二天(初七)吃过早饭,金从楼上下来,说了声走。出城后,我问他:"余是否愿意在英山不走?"金说:"我把皖西革命形势都和他讲了,怎么说他都不愿意留在英山,此人完了。"

暴动前的准备工作

回到五爪河时,姜镜堂和姓薛的等几个人站在门口迎接金仁宣。他们听取了金仁宣的汇报："余亚农不愿出一个团，又不愿留驻英山，想去投靠蒋介石，完蛋了。"姜镜堂叹气说："对余亚农的问题不提了吧，特委的意见，潜山、英山的反动派对我们党的活动很注意，我们也要对付敌人，特委决定派仁宣同志到上海去一趟，请示中央，批准两县暴动。你们赶紧召集一个会，把工作安排一下，特别要提高警惕，做到不要出问题，我要回三十三师师部去了。"

姜离开英山后，金仁宣立即召开县委会，研究他走以后的工作，指定由汪伯亭暂时负责。由于县城的工作混乱，县城党组织的工作由董义奎负责。他交代后，10月下旬，离开英山去上海请示两县暴动。金仁宣走后，汪伯亭时隐时现，因为大劣绅汪伯灰、汪益章，大恶霸汪应福、汪际兴，利用家族统治，要找汪伯亭算账。按照他们的族规，不管你在哪一甲，都归姓汪的管教。只要姓汪，不允许你加入任何组织，如哥老会、青帮、童善社、红灯孝等。如发现一个，就要拖到祠堂去打扁担。这帮劣绅、恶霸，发现汪伯亭是共产党，就要利用家族的规矩惩罚他，但汪伯亭没有被吓倒，他坚决执行党的决议，日夜奔波，唤醒在政治上毫无权利、苦大仇深的英山广大农民。

金仁宣到达上海，在肖伯棠的帮助下，一切行动很顺利。金仁宣去后，肖写信回家要家中卖掉两亩田，在上海买了三支枪（两支三八式步枪、一支驳壳枪）。枪买好后，无法运回英山，等了一个月，六安人贩稻谷到上海卖，返回时，肖花了十块银圆托他们把枪运回六安。由六安地下党运送到董姜河三十三师，再运送给金仁宣。这是肖伯棠为英山人民推翻地主封建统治的最后一份贡献。1931年肖在上海被捕，1933年牺牲于镇江。

两个月后，金仁宣从上海带回了中央批准英山、潜山暴动的喜讯。

1929年12月20日，三十三师来信，要英山县委派人来三十三师学习打仗。由汪伯亭带队，一共去了10个人，我没有去。当时叫我送信到潜山，我从早到晚跑了150多里路，而且是山路，实在是太累了，所以，我把信给王筱廷后，我就睡了。第二天清晨，我醒来出门一看，整个天堂镇人山人海，川流不息。背枪的、背矛的，威风凛凛，原来，县委已经决定腊月三十举行武装暴动。

原载安徽省军区党史资料办公室：《革命回忆录选编》，内部出版，1983年，第2～14页。

潘忠汝血染黄安城

◎ 吴世安

1927年秋后,我的家乡黄安发生了一件惊天动地的事:共产党领导的农民武装起义胜利了,鲜艳的红旗第一次插上了古老的黄安城头。革命胜利,像春风一样吹遍城镇乡村,整个黄安顿时沉浸在一片欢腾喜气之中。连日里,市民们放鞭鸣炮,张灯结彩,热烈欢迎起义队伍,城外农民纷纷涌入城内,共庆起义胜利,革命热情空前高涨。

根据党中央和湖北省委的指示,黄安、麻城两县举行暴动的农民自卫军随即合编为工农革命军鄂东军。黄安县的农民自卫军为第一路,麻城县的农民自卫军为第二路,共300余人。这支农民武装便是后来中国工农红军第四方面军的基础。起义的主要领导人之一潘忠汝同志被任命为鄂东军总指挥兼第一路司令。在工农革命军鄂东军成立时,举行了当时颇为壮观的检阅仪式。潘忠汝总指挥代表党庄严宣布了鄂东军的正式成立,号召革命群众永远握紧枪杆子,保卫工农红色政权。他满怀激情地说:"我们不仅要打下一个黄安县,还要打遍大别山,打遍全中国,打出我们的大路,打出我们的江山。任何势力也挡不住我们工人、农民武装起来的革命队伍!"声音是那样铿锵有力,那样激动人心,它鼓起了人民群众革命的勇气,吹响了继续前进的号角。

潘忠汝同志是湖北黄陂县人。1924年在武汉上中学时,接受了革命思想,积极参加革命活动。1926年,他进入广州黄埔军校学习,于同年加入中国共产党。1927年,党派潘忠汝同志到黄安县开展工作。当时，轰轰烈烈的大革命进入了低潮时期，武汉国民党叛变革命以后，到处疯狂地清洗、捕杀共产党人。面对这种局势，潘忠汝同志无所畏惧、毫不动摇，仍然积极从事宣传发动群众的工作，担任了黄安县组织起来的农民自卫军大队长，并参与筹划指挥了这次秋收暴动。起义成功以后，为了扩大胜利成果，打击地方反动势力，潘总指挥立即率领鄂东军第一路和宣传队，深入南乡桃花、八里湾、尹家河等地开展工作，发动群众，惩办豪绅，打击反动民团和红枪会。这位鄂东军总指挥，以他那忘我的革命精神和卓越的工作成绩，赢得了同志们的爱戴和尊重。不幸的是，就在起义胜利后不久，为了保卫新生的红色政权，他光荣地献出了自己的生命。当时，是我同其他同志一起把身负重伤的潘总指挥从火线上抬下来，突围冲出黄安城的。所以，至今回想起来，那壮烈的场面依然闭目可见，记忆犹新。

一切反动势力同革命力量是水火不相容的。当黄麻农民武装起义的消息传出以后，国民党反动派和地主阶级一片惊慌，加紧筹划，妄图用军事进攻的手段，把新生的红色政权扼杀在摇篮里。1927年11月27日，黄安的地方反动势力勾结敌三十军独立旅约400余人，乘革命军主力下乡开展工作之机，对黄安城发动了第一次进犯。结果遭到我军民合力痛击，丢下几十具尸体，狼狈逃跑了。但是，敌人并没有就此罢休。12月初，敌十二军教导师由麻城经宋埠举兵再犯黄安。当时，一是因为敌人连夜奔袭，来得突然；二来由于我们把革命看得简单了，对敌人反扑的严重性认识不足，在胜利面前有麻痹松懈情绪。本来已有消息说敌人到了宋埠（离黄安县城20多里），但城内守军还以为是小股土匪来犯，没什么了不起的。就在敌人进攻的那一天，我们的主力都到四乡搞打土豪分田地、开仓济贫去了，留在城里的部队不多，而且又是刚刚打桃花回来，都很疲劳，所以对敌人的进攻没有充分的准备。后来才听说，那天白天就有敌人的便衣混进城里进行了侦察。

记得敌人攻城是12月5日的夜晚，正巧我在北门站岗。大约夜间11时多，南门外忽然响了一枪，子弹呼啸着飞到了北门。起先，我还以为是谁的枪走了火，不一会儿枪声密集起来，这才知道是敌人在攻城。当时也不知道敌人有多少，领导同志下了死守黄安城的命令。潘忠汝总指挥听到枪响以后，就急忙赶到了南门，一面了解情况，一面让大家赶快拿起武器抵抗敌人。他自己手端着驳壳枪，背后还插了一把大刀,不断地向敌人还击。这时,守城的部队纷纷用石灰罐子往城下砸,用甲鱼叉、大刀、长矛同爬上城来的敌人展开厮杀。

由于敌人预有准备,武器又好,所以来势凶猛。我们大部分都是刚刚拿起武器的农民,没有作战经验,钢枪又不多,大都是长矛、大刀、甲鱼叉等,加之仓促应战,寡不敌众。在同敌人拼杀中,不少同志牺牲了。这时,潘忠汝总指挥的背部也负了伤,跪在那里,用腿夹住手枪压子弹,但他仍然坚持指挥战斗,并不断地在城门上高喊:"同志们,为了保卫我们的新政权,打啊!"正在激战中的农民自卫军,听到这声音,顿时长了精神。

潘忠汝总指挥带领着我们顽强战斗,打退了敌人一次次进攻。后来敌人攻进城门,我们就用大刀砍,长矛捅,和敌人混战在城门口。然而,由于敌人攻势凶猛,终于挡不住,南门还是被突破了。这时,西门又告急,潘总指挥又率领部队赶到西门战斗。而后撤到了城内的火神庙,这里是当时县农民政府的所在地。不久,敌人又攻了过来,经过一番格斗,部队又退向东门。这时,只见从西门冲进来的敌人放火烧了火神庙。看到熊熊的火光,看到倒下去的同志,大家都气得咬牙切齿,决心同敌人血战到底。

守城的战斗坚持到下半夜1时左右,枪声越来越紧,大股的敌人从南门、西门涌进城来,农民自卫军同敌人在城里各条街道上展开了激烈的巷战。而后,相继退守到了东门和北门。这时城外的敌人仍在攻城,我们受到了里外夹击,情况十分危急。涌进城的敌人越来越多,我们队伍的人员和弹药却越来越少。此时此刻,潘总指挥仍然十分镇静,指挥着我们利用一切可以利用的地形地势,同疯狂的敌人进行寸土必争的殊死搏斗。最后,他带着一部分自卫军战士退守到东门城楼,继续还击敌人。这时,他身上已多处负伤。忽然,又一颗子弹打中了潘总指挥的右大腿,他"咚"的一下坐到了地上,鲜血不断地从伤口中流出,染红了身边的土地。可是,他仍然不肯下火线,坚持坐在那里指挥战斗。大家一见潘总指挥伤势严重,都动员他先撤出城去。只见潘总指挥环视了一下周围的同志们,说:"我挂了花,恐怕不行了,你们不要照顾我,要设法冲出去,保存住革命力量。"接着,他又向吴光浩等同志部署了突围的方案。决定将兵力分为两个梯队,一路在前面冲杀,打出一条血路,一路在后面掩护,从东门突围。

原来为了防止敌人攻城,东门用土堵上了。这时要突围,就得将城门洞挖开,潘总指挥亲自率领一部分人在上面阻击敌人,一部分人在下面挖城门洞的土。由于一时找不到工具,战士们就用手刨土,大约到了3点钟左右,城门终于挖开了。当即,挑了十几个年轻力壮的自卫军战士组成了突击队,在前面打冲锋,利用黑夜杀出了一条血路。

这时,我同另外七八个同志用布腰带将潘总指挥从东门的城楼上抬下来。在其他同志掩护下,我们冲出了城门。到了城门外的吊桥上,另一个大个子战士见我抬着吃力,跑不动了,就换下我,抬上潘总指挥继续往外冲。我们终于冲出来了。但是,潘忠汝总指挥却因伤势太重,流血过多,光荣地牺牲了。

敌人占据黄安城以后,在起义区进行了凶残的屠杀,枪杀、刀砍、活埋、火烧,还有的被活活钉死在门板上。许多参加起义的领导干部、共产党员和人民群众,惨遭杀害,成千上万烈士的鲜血洒遍了黄安的沃野。后来,黄安之所以改名为红安,不仅因为她是红色的摇篮,同时也因为无数英雄儿女的鲜血染红了这块革命的故土。

反动派妄图用野蛮的屠杀来恫吓、征服广大革命群众。然而,革命的烈火是扑不灭的。英雄的黄安人民,在敌人的淫威面前并没有被吓倒、被征服,他们揩干净身上的血迹,掩埋好同伴的尸体,又继续投入了新的战斗。

黄安城失守后,从敌人重重包围中突围出来的部分革命力量,在吴光浩、戴克敏、曹学楷等同志的组织领导下聚集起来,继续坚持斗争。他们突破敌人的层层封锁,战胜了重重困难,于12月下旬胜利到达了黄陂县的木兰山,使黄麻起义的星星之火在木兰山燃烧起来。

原载《艰苦的历程(上)》,人民出版社,1985年,第80~84页。

战斗在木兰山

◎ 程启光

木兰山，位于湖北省黄陂县城北六十里，是大别山南麓高峰之一，山势巍峨，状如雄狮，始名青狮岭。明万历三十七年（1609），人们为纪念传说的唐代巾帼英雄木兰将军，建木兰殿于山上，从此改名木兰山。自唐宋以来，木兰山先后建起了32个寺院，各具一格，体现了我中华民族的文化和历代劳动人民的聪明才智，为人们所向往的圣地。我向往木兰山，怀念木兰山，更是因为我永远不能忘怀木兰山地区人民对中国革命做出的不朽贡献，以及我们在鄂豫皖创建红军和开创根据地初期在木兰山的艰苦斗争生活。

1927年11月13日，党领导的黄麻起义成功，胜利的红旗插上黄安县城头，开创了鄂豫皖地区土地革命、武装斗争、建设苏维埃政权的革命局面。国民党的反动派，急忙调兵对黄安进攻，企图扼杀我刚刚诞生的红色政权和革命武装。在起义中建立起来的工农革命军鄂东军，在七里、紫云等地广大群众的配合下，粉碎敌人11月27日的进攻后，12月5日，又遭敌十二军教导师的长途夜间奔袭。我工农革命军在城内，英勇奋战四小时，打退强敌多次进攻，但终因敌众我寡，黄安县城失守。我工农革命军损失严重，部分突出重围。

敌攻占黄安后，又进占七里、紫云、麻城、乘马、顺河等起义区，实行白色恐怖，许多村庄被焚掠一空，大批共产党员、革命干部和工农群众惨遭杀害，使工农革命军难于就地活动。在这种情况下起义区的军民没有被吓倒，他们在挫折面前不灰心，不失望，冲出敌人重围后，从各方集聚在党的旗帜下，继续同敌人进行斗争。12月下旬，党组织和工农革命军领导人吴光浩、戴克敏、曹学楷、汪奠川等同志，在黄安县的北乡木城寨举行会议，总结了起义经验，吸取了失败教训，为保存力量，坚持斗争，会议决定将集中起来的起义武装一部留在当地坚持斗争，大部转移到黄陂县木兰山一带游击。

会后，工农革命军在黄安紫云区闵家祠堂集合了72人，带长枪42支，短枪11支，向木兰山转移。当行至高桥区一个村子时，天已经亮了，部队住进一个祠堂，离敌很近。当时部队有许多人穿着国民党的军装，为了安全起见，就假充是敌十二军的部队，没有穿国民党军装的就躲在祠堂里不出来，只由会说北方话的廖荣坤同志出面跟那些户长、保甲长办交涉。那些地主豪绅信以为真，都作揖打躬地来拜访我们，对这些家伙，我们只准他进不许他出，天黑后，把那六七个罪大恶极的家伙捆了起来，拉到麦地里处决了。部队乘夜继续前进。沿途冲破敌人层层封锁，战胜重重困难，于12月29日胜利到达木兰山。从此，这颗经过黄麻起义锻炼的宝贵的革命火种，便开始了以木兰山为中心的游击战争，开始了探索在农村长期坚持武装斗争的正确道路。

这时木兰山地区敌三十军已调走，地方反动武装比较薄弱；人民群众受过大革命的影响，党的组织仍在坚持隐蔽的斗争；这里又是吴光浩同志的家乡，有一些社会关系可以利用；再加上木兰山峰高势险，庙宇连绵，方圆六七十里周围有1000多户人家，并有长轩岭、塔耳岗、柿子树店等集镇，东北又与起义区的高桥、二程相接，联系便利，随时可以得到老区的支援和掩护；距离武汉不远，取得省委的指示比较方便。从这些有利条件看，木兰山可以暂作积蓄革命力量和坚持斗争的一个基地。

工农革命军上山后的第三天，改编为工农革命军第七军。军长吴光浩、党代表戴克敏、参谋长汪奠川。部队编成3个队，每队20余人。经过短暂整顿，第七军立即展开了活动，到处张贴布告，积极宣传原黄安农民政府公布的政纲，并分散四出向土豪下（要）款、开仓分粮，救济贫民，提出"抗租、抗粮、抗税、抗捐、抗债"的五抗口号。向群众宣传我们党和工农革命军是为穷人求解放而奋斗的，号召贫苦农民起来打土豪分田地，推翻反动的国民党统治。1928年1月，第七军在塔耳岗、张家垸一带组织农民打了土豪袁水知、徐水戴、方发兴。接着又袭击了长轩岭敌据点，破坏敌电话线数里。这样，第七军一开始就把打仗、筹款、宣传和组织群众结合了起来。

为了进一步发动群众，打击地方反动势力，第七军决定打木兰山外围的封建堡垒——罗家岗。罗家岗的大土豪罗保元，一贯横行乡里，欺压人民，他开当铺，穷人当进的东西，多是有进无出，深为周围群众所痛恨。他有几十条快枪，筑有寨墙，四面有哨，平时不好接近。第七军便在除夕（1月22日）夜晚，由吴光浩、江竹青率领25人先接近当铺门口，待他们开大门迎财神烧纸放花炮时冲进去，但狡猾的敌人在炮楼上放了花炮，大门一直没有开。于是，就开始硬攻，一直打到天亮也没有打开。后来抢占了当铺两侧的榨房，采用火攻，这下敌人受不住啦，急忙扔下几条破枪，跟我们讲和，要我们退走五里。当时领导同志考虑，再不解决战斗，其他地方的敌人会来增援，第七军就退了一下。敌人乘机逃跑了一部分，我们回头占领了当铺，缴枪19支，我军无一伤亡。打开当铺后，立即出布告，通知四乡群众前来无偿取当，并把"死当"和其他财粮分给群众。连续三天，分粮取当的群众成群结队，络绎不绝。这一仗进一步发动了群众，扩大了我们党的影响，壮大了第七军的声威。

罗家岗战斗的胜利，轰动了周围群众，也惊动了敌人。1月26日，敌人以一个团的兵力向木兰山地区进行"围剿"。第七军分成若干小组，利用有利地形，边打边撤，杀伤了很多敌人，我军无一伤亡，将敌全部吸引到木兰山上。然后乘夜突出包围。为摆脱优势敌人，第七军领导根据省委关于情况紧张时，能回黄麻便回，不能可根据情况自己决定行动的指示，经过分析研究，认为暂时不宜返回黄麻起义区，可进黄冈县境，那里党发动过起义，并成立了武装，遂决定由吴光浩同志率领部队向黄冈县转移。曹学楷、徐朋人等同志留在原地坚持斗争。

在这之后，我由汉口来到木兰山。首先在塔耳岗见到了曹学楷同志，他开了个杂货铺子作掩护，和徐朋人等在木兰山和洪界山一带发动群众和聚积革命力量。我拿着他给写的条子到洪界山，找到了徐朋人同志。当时山上已集中了60多人，都穿着老百姓衣服，号称第八军。全军只徐朋人有支手枪，另有一支枪筒锯掉一段的汉阳造。我们天天派人下山打听，盼望第七军转回木兰山。一天，我们正在洪界山庙里开会，忽然侦察报告说敌人来了，出去一看，原来是第七军回来了。一个月来，第七军70多人东进黄冈，在敌人控制区内往返转战，他们以南瓜野菜充饥，盖稻草露宿，历尽艰辛。每到一地都积极宣传党的主张，打土豪劣绅，开仓分粮，他们冲破敌人多次追堵，带着在大崎山缴获的9支崭新的驳壳枪，胜利地回到了木兰山。

两军会合，大家欢喜若狂。部队移驻塔耳岗西5里的陈家祠堂，两军一百三四十人住在一起，第八军番号取消。四天后，敌人又来进攻，部队转至陈家寨。当晚，吴光浩集合部队讲话，他说，黄麻起义地区仍被敌人盘踞着，木兰山靠近武汉，部队集中活动很难，为了保存力量，部队要分散活动，部分同志暂时要离开队伍。当晚一些同志拿上路费，有的回家乡，有的以做小生意为掩护到外地分散活动。留下的同志分为两路：一路由吴光浩、廖荣坤、王树声等8人带了48支长枪和子弹到木兰山与洪界山之间的王家河去埋枪，另一路直奔李家寨。到李家寨后，又派我装扮成卖菜的，接吴光浩他们到李家寨。

这时部队（还剩下30多人）在李家寨召开了党员会议，分析了斗争形势，讨论了部队行动方向，决定将留下的人编为4个队，分散游击，隐蔽活动，准备在适当时机打回黄、麻地区。会后当即由戴克敏、徐其虚率一队北出黄安，由廖荣坤率一队东进麻城，其余两个队分别由吴光浩、汪奠川率领在黄陂、孝感活动。四支短枪队便以木兰山为中心，时聚时散，用昼伏夜出、声东击西、远袭近止、绕南进北的战术，神出鬼没地在一百几十里的广大地区上打击敌人。先后在枫树店镇压了麻城福田河反动民团团总彭汝霖，在汉口—黄安公路上打死了被群众称为"曹屠夫"的黄安县公安局局长。只有汪奠川同志带领的那个队，在汪家西湾筹款时，不幸遭敌包围，与敌苦战一天，最后汪奠川等9名同志壮烈牺牲。

1928年3月下旬，桂系军阀胡宗铎任湖北"清乡督办"，与十二军有矛盾，十二军在桂系十八军的攻击下向河南撤退。这时起义区出现空隙，反动势力比较薄弱。第七军领导决定趁这一有利时机返回起义区。并先派戴克敏、徐其虚所率的一个队先行，前去联系群众，侦察情况。

接受任务后，我们一队10人，告别木兰山向起义区急进，一路上，晚上行军，白天隐蔽，途经高桥、向阳沟、陈家冲，到第四天晚上又走了十来里，到了清水塘戴克敏同志的未婚妻家。在这里，我们了解到反动民团团长郑国图，带30多人在上戴家，当即决定消灭这股敌人。

从清水塘到上戴家，说是三里路，但山路难走，走起来当十里也不多。戴克敏同志的家就在上戴家，这条路他很熟，他在前面带着我们秘密地摸进村里。这时戴克敏的叔伯哥哥也赶到了，他带着一支驳壳枪加入了我们的队伍，我们11个人把反动民团包围，敌人还未来得及还击，我们就冲上去了。敌人乱作一团，有的乱跑，有的举手缴枪。这一仗击毙民团团长郑国图，缴枪20余支。返回起义区首战告捷，士气更旺。接着去打檀树岗民团，反动民团闻风逃跑了。檀树岗的群众听说我们回来了，像久别的亲人相逢那样欢迎我们，并控诉国民党反动军队和地主"清乡团"的滔天罪行，纷纷要求工农革命军回来，向敌人讨还血债。数日后，戴克敏同志派我去木兰山把吴光浩、曹学楷带领的部队接回起义区，接着又派人取回埋藏的枪。不久，廖荣坤、王树声同志带领的一队也全部返回。至此，第七军全部返回黄、麻起义区，与在当地坚持斗争的吴焕先等同志胜利会合。这批经过黄麻起义锻炼在木兰山保存下来的革命精华，在党的领导下，高举黄麻起义的战斗旗帜，沿用和发展战斗在木兰山的游击经验，紧紧依靠人民群众，又投入了发展红军和开创柴山保革命根据地的伟大斗争。

原载《艰苦的历程（上）》，人民出版社，1985年，第85～91页。

商南起义

◎ 王玉田

1929年5月6日,在商城地区响起了武装暴动的惊雷,滚滚惊雷响彻商南大地,它摧毁了这一地区的反动统治和封建势力,建立了红色政权和鄂豫皖第二支红军——红三十二师。这就是载入中国革命史册的商城起义。因为这天是立夏节,人们也称它为立夏节起义。

商城,地处大别山的中段,鄂、豫、皖三省交界处,是个富庶的鱼米之乡。这里山势壮丽,景色宜人,物产丰富,像是镶在大别山脉的一颗珍珠。

就在这壮丽的山乡,共产党早就播下了革命的火种。1923年,在北平上学的共产党员吴靖宇同志回到老家商城城关,在城内一小学任教,组织"读书会",宣传马列主义,并秘密发展了教员胡玫非、学生钟启太、邮工马石生等同志入党,于1925年春建立了商城特支。在此以前,陈琳高级小学教书先生詹谷堂同志,于1924年秋由蒋光慈同志介绍加入中国共产党。入党后,他大力发展党的组织,宣传革命道理,首先在志诚学校建立了党小组。随后,詹谷堂同志又到笔架山农职学校,发展了一批进步师生入党,成立了商南特支。随着斗争的需要,在城关成立了中共商城县委,广泛地发动群众,建立农协会、学生会等革命团体,领导商城地区的革命斗争。

商城人民在党的领导下,自己起来掌握自己的命运,和那些专门骑在穷人头上拉屎撒尿的恶霸财主斗,把个商城城乡闹得一片通红。

自从蒋介石叛变了革命，反动势力又开始抬了头，在反革命白色恐怖的腥风血雨下，党的组织连续遭到破坏，很多优秀党员惨遭敌人的毒手。那些经不起考验的家伙，被这股狂风吹得销声匿迹了。一些忠诚的战士散布在各地，离开了党组织，离开了党的领导，也孤掌难鸣，独柴难燃。轰轰烈烈的大革命暂时转入了低潮。

1927年8月，商城党组织遵照河南省委整顿组织、积蓄力量、打入农村、以待时机的重要指示，整顿了商城县委，选举蒋镜青为县委书记，在县城建立女小、县中、县城三个党支部。然后，县委又和在大革命失败后从外地失散回家的党员接上了关系，建立了武桥、南司两个农村党支部。党又开始活动了。

1928年正月，商南的罗霁岚同志来到县城，通过关系和县委取得了联系，向县委汇报了商南的情况，要求和县委发生关系。县委根据这种情况，决定派蒋镜青到商南整顿南乡党组织。

大雪封了山，山山岭岭、坡坡沟沟，都铺满了积雪，山区成了银装世界。蒋镜青同志由一位农民带路，冒着刺骨的寒风，踏着冰雪，经过两天长途跋涉，翻山越岭来到了罗固城家。休息一天后，又到老鸹窝，和漆德琮、漆海峰、漆德玮、周维炯等同志接上头。

经过一段时间的秘密串联，对商南表现坚强的党员进行了登记，然后定于二月初三在老鸹窝漆德琮同志家召开全区党员大会，成立"商城县南邑区委"。

二月初三，周维炯、李梯云、肖方、漆德玮、漆海峰等20多位同志从各地来到老鸹窝，参加了大会。大会选举了区委，漆德玮同志任区委书记，周维炯同志任团区委书记。蒋镜青代表县委向同志们传达了党的八七会议精神，分析了商南地区的形势，明确了开展武装斗争的任务。会议决定，坚决贯彻党的八七会议精神，牢牢掌握已控制的枪支，尽可能地打击恶霸劣绅，扩充自己的武装。在斗争中吸收坚决勇敢、富有斗争性的分子入党，扩大党的组织，积极地开展工作。

这是大革命失败后商南党组织第一次召开的党员大会。大会驱散了人们心头的乌云，振奋了人们的精神。有了党的领导，大家有了主心骨，心里也就有了希望。

3月5日，豫东南特委委员范易同志来到商城巡视工作，由蒋镜青陪同巡视了南司、武桥、商南等地。根据商城革命斗争发展情况，决定召开县委扩大会议，充实商城县委，加强县委领导。

县委扩大会议于 3 月底在商城七里岗召开。参加会议的有各支部的代表。会议选举充实了商城县委，县委由蒋镜青、黄柏劲、马石生、汪涤元、钟启太、李梯云、廖炳国等七人组成。会议重申贯彻执行党的八七会议精神，决定在全县范围内积极开展"兵运""农运"工作，加紧筹备武装暴动。县委以商南、南司、武桥为重点，利用一切可能，夺取武装，发动武装暴动。

县委扩大会议后，党的中心工作转向了武装斗争。严酷的斗争现实教育了广大党员，使同志们懂得了要革命，就得走武装斗争的道路。县委经过全面考察，认为：商城南乡党组织基础好，地处深山，敌人统治薄弱。我党又在敌人民团内部开展了工作，掌握了部分武装，决定首先在这里积蓄力量，做好武装暴动的准备。1928 年 8 月，商南区委在太平山穿石庙召开了党的重要会议，传达了上级党的有关指示，具体研究布置南乡的工作。除继续在南乡农民中发展党的组织外，还在民团内部发展党的组织，并趁反动民团扩充之机，派党员打入民团内部，把民团的枪支掌握在我们的同志手里，一旦时机成熟，马上发动武装起义。

团区委书记周维炯同志早就打入了南乡三大民团之一的杨晋阶民团内部。由于他精明强干，年轻有为，很受民团团总杨晋阶的"垂青"，让他担任丁埠民团中队的四班长兼教官，成了团总面前的"大红人"。周维炯同志早就在笔架山农职学校，由詹谷堂同志介绍，加入了中国共产党，后来被派到"武昌农民运动讲习所"学习，一直从事革命工作，大革命失败后才回到家乡。他在民团里摸熟了情况，站稳了脚跟，根据党的指示，在民团内部开展秘密活动。

在商南，反动势力之间明争暗斗、狗咬狗的斗争比较厉害，他们为了维护各自的统治，在地方搜罗一部分流氓兵痞，组织起反动武装。他们为了扩大各自的势力，强迫当地的穷苦农民参加民团。一些穷苦人实在无法生活下去，也只好到民团里面混碗饭吃。周维炯同志就开始在这些穷人中间开展活动，设法接近那些被骗的农民，启发他们的阶级觉悟，在他们中间发展党的组织。

当时，我和严运生就是由于生活没着落，只好在丁埠民团当兵的。我们平时最恨那些为非作歹、专门欺负人的民团头子。由于我们不了解周维炯同志的身份，见他是团总跟前的红人，就对他敬而远之。俗话说："路遥知马力，日久见人心。"时间一长，我们两人就觉得"炯爷"和别的当官的不一样。他为人正派，不赌不嫖，在队里不欺负人，还专好和一些穷人在一起拉家常，能体贴穷人的苦处，豪爽慷慨，穷当兵的要是家里有什么过不去的或为难的地方，"炯爷"知道了，总是解囊相助。慢慢地，我们两人就和"炯爷"的心贴近了。天长日久，我们俩才知道"炯爷"原来和我们一样，也是穷人出身。古语说得好："同病相怜。"三人不知不觉地成了好朋友，相互之间更是无话不谈。

一次，三人在一起拉呱，我和严运生都觉得无依无靠的，心里很难受。周维炯听后对我们说，人常说："在家靠父母，出门靠朋友。"今后为了不受人家的欺负，俺们三人学着古人的样子，结拜为生死之交，有什么事情，相互之间也能有个照应。

经过一段时间的相处，我们俩对周维炯同志已经非常信服了，对他是言听计从，再说能和"炯爷"这样的好人结为兄弟，更是打心眼里愿意。于是，我们三人就撮土为香，歃血为盟，结为生死之交。我年长为老大，周维炯为老二，严运生为老三。从此以后，三人团结得更加紧密了。

我们三人中，由于周维炯同志做事稳重干练，处处为别人打算，从不计较个人得失，虽然按年纪他是老二，实际上，我们两人都听他的。周维炯不断地向我们两个灌输革命思想，启发我们的阶级觉悟，使我们懂得了一些革命道理。周维炯同志见条件已经具备，就介绍我和严运生同志加入了中国共产党。

1929年3月1日，周维炯同志在丁埠蜡台石山顶召集了党员大会，接收了一批新党员。周维炯同志在会上说，土豪劣绅们平时说的"黑杀党"，就是我们共产党。说我们是"黑杀党"，到处杀人放火，那是土豪劣绅们诬蔑我们的。我们共产党是为穷人打天下、求解放的，是我们穷苦人的党。接着他又庄重地宣布："今天我们党又接收了王玉田、严运生、徐开模三位同志。"接着，我们庄严地向党宣誓："忠于党，忠于人民，死不叛党，决不投敌！"

经过一段时间的工作，丁埠民团已经有党员八人，又在当地发展了四名农民党员，成立了党支部，并在支部周围紧紧团结了一批同情革命的人。与此同时，肖方、廖炳国同志也在农民中建立了党的外围组织"兄弟会"；李梯云、詹谷堂等同志又在南溪、白沙河、二道河、杨山煤矿等地发展了一批工人、农民入党，建立了党的组织；漆德玮等同志也先后打入其他民团内部，掌握了一部分武装。党在商南地区壮大了。

南乡斗争在蓬勃发展，北乡、东乡、西乡的革命斗争也风起云涌。县委在峡口、李集、武桥、南司、马鞍山、余集等地开展了工作，建立秘密农协会和地下秘密武装。到 1929 年 1 月，商城已有党员 370 余人，农会会员 400 余人，秘密武装百余人。革命斗争的烈火在全县城乡遍地燃烧。

城乡革命斗争的浪潮不断高涨，强烈震撼着国民党反动派，有力地动摇了他们的反动统治，使反动地主阶级恐慌万分。他们采取了更加残酷的手段，疯狂地镇压商城人民的革命斗争。

1928 年 3 月 18 日，豫东南特委领导的大荒坡起义失败后，敌人更加猖狂，四处搜捕共产党和革命同志，白色恐怖更加严重。

9 月，豫东南特委派张廷桂、杨桂芳二人来商指导工作，由县委委员马石生和钟启太两同志介绍，住在县城朱氏巷阎家客店。当夜敌人进行大搜查，张、杨二同志没有身份证，遂以形迹可疑被捕。敌人又查到是马石生、钟启太二人介绍的，就将马、钟二人一起逮捕，对他们进行了严刑拷打。后送到潢川任应岐处，四位同志除钟启太年纪小被释放外，其余三同志被敌人杀害在潢川。

敌人叫嚷：对共产党"宁可错杀一千，不可放过一个"。对我革命志士进行了疯狂的屠杀。他们四处跟踪我地下党领导人，企图破坏我县委领导机关，扑灭熊熊燃烧起来的革命烈火。1929 年初，县委书记李惠民和丁树勋同志去东乡一带进行革命活动，被反动分子发现告密。敌人包围了丁树勋同志的家，将李惠民、丁树勋二同志逮捕杀害。在敌人的残酷镇压下，一些党的优秀领导人被杀害了，革命遭到了重大的损失。

根据这种情况，豫东南特委和鄂东北特委，于 1929 年 2 月 3 日在光山柴山保南竹园召开了两委联席会议。县委陈慕尧、杨锦昭、钟启太三同志参加了联席会议。会议传达了"六大"会议精神，研究了商城形势，分析了商城南乡党的工作发展情况，作了"积极准备，发动商南起义"的决定。豫东南特委根据商城情况，暂将商城南乡的党组织委托鄂东北特委领导。鄂东北特委决定派徐子清、徐其虚等同志到商南帮助工作。

联席会议后，南乡区委和鄂东北特委派来的同志认真执行党的决议，积极开展工作，发动群众，准备中秋节暴动。

正当南乡党组织加紧武装起义准备中，南乡的反动势力凭着他们的反革命嗅觉，也闻出一点味了。他们互相勾结，加紧对革命活动进行镇压。白沙河民团头子郑其玉，到处搜捕共产党和革命群众，对被捕人员严刑拷打，妄想打开缺口，破坏商南党组织。情况变得十分危急。南乡党组织立即在3月22日召开了太平山穿石庙紧急会议。

穿石庙在斑竹园附近，庙前有块大石头，石头中间有一人多高的大洞，此庙就因此石而得名。周维炯同志以请假回家的名义，来到穿石庙，其他同志也分别从各地赶来参加紧急会议。同志们感到，当前商南形势比较紧张，敌我双方的斗争日趋尖锐。会议认为，党在南乡的工作发展很快，已经初步掌握了部分武装，与其坐等敌人来收拾我们，不如利用现有力量，先发制人。会议决定，改原定中秋节暴动为立夏节暴动。在3月27日立夏节晚上，各地举行暴动，夺取枪支，成立中国工农红军。徐子清、肖方同志担任暴动的总指挥，军事行动由徐其虚、周维炯同志负责，廖炳国等同志负责联络。

参加会议的同志想起被反动派杀害的烈士，想到不久就要向敌人讨还血债，用革命的暴力推翻反动统治，建立穷人自己的军队，心情久久难以平静。这是一场决定革命前途的生死大搏斗。敌人的势力还很强大。想到这些，大家觉得肩头上的担子很重。会议结束后，同志们迅速奔向各自的战斗岗位。

周维炯同志回到丁埠民团后，立即召集民团内部七名党员和四名农民党员，乘天黑人静召开了秘密会议，传达了上级党组织"在立夏节举行武装暴动"的指示，周密研究了行动计划。

立夏节的前一天，正好轮到周维炯同志"值星"。他找到民团中队长吴成格、队副张瑞生出主意："队长、队副，明天是立夏节，叫弟兄们把屋里屋外打扫打扫，整一下，好让弟兄们干干净净地过个痛快节。"两人一听，满口赞同："好好，周班长，一切由你安排。"

早饭后，周维炯吹哨子集合队伍训话："明天是立夏节，队长叫我们打扫房子，把床铺和一些零零碎碎的都清理一下，枪支弹药划块地方放在一起，不准随便乱放。"在周维炯同志的指挥下，团丁们七手八脚地干起来。平时，团丁们随便混日子，东西乱放，听到"值星"一吩咐，赶紧收拾起来。忙完一阵，里里外外收拾得干干净净，枪支弹药整整齐齐地挂在正屋墙上。这是为了在暴动时，便于控制枪支，故意将枪支集中起来才想出的办法。这个办法还真把那些不摸底细的团丁蒙在鼓里了。他们一个个高兴地咧着嘴笑，称赞道："整理一下，就比那个窝囊劲好。"

立夏节到了，团总杨晋阶派人送来了过节的薪饷，丁埠街上的商人绅士和附近的农户送来了摊派的鸡、鸭、鱼、肉、鸡蛋、米酒。伙房里忙开了，一股股诱人的香味直往鼻子里灌。那些兵痞团丁早就等得不耐烦了，嘴里直流口水，恨不得立刻把那些美味全都吞到肚子里去。我们的同志也在焦急地等待着夜晚的到来。

好不容易等到天黑，吃晚饭的时候到了。周维炯吹起了集合哨，点名时发现团丁田继美没到。等了半天，田继美才慢腾腾地从茅房里出来。周维炯一见，生气地责问："田继美，你吊儿郎当地到哪儿去了？吹哨子集合你没听到？弟兄们等着过节，你净耽误时间！"田继美一面系裤子，一面嘴里嘟囔着："我在屙屎，哪能听到哨子响，管天管地，也管不了人家屙屎放屁！"周维炯听到田继美顶嘴，便发了脾气："来晚了，你还敢顶嘴！眼里还有没有我，耽误过节，罚你今晚站三根香的岗。"田继美很不情愿地站岗去了。晚上过节，那些团丁酒鬼谁都想多喝几盅，谁也不愿站岗，这下见站岗有人了，心里不由得高兴起来。其实啊，这是周维炯为了在暴动时把大门哨掌握在我们手里，故意在敌人面前演的一场"戏"。

晚饭开始了。五张圆桌上摆满了鸡呀、鱼呀、肉呀、酒菜等，团丁们围了上去，一个个狼吞虎咽地吃了起来，我们的同志也按原定计划分布在各个桌子上。席间，周维炯抓过一把酒壶，说："弟兄们，今天过节，为了祝队长今后官运亨通，步步高升，我们敬他一杯酒，好不好？"话音刚落，一片赞成声。紧接着一些团丁也跟着起哄，起来敬酒，一会儿就让吴成格喝得摇摇晃晃，醉得站不住脚，只好进屋休息去了。

周维炯又把矛头指向张瑞生，这个家伙不上当，死活不接受敬酒，并说："别敬，别敬，会猜拳的我们猜几个。"严运生卷起袖子说："我陪队副来几拳。"张瑞生自恃拳高，傲慢地说："来者不拒。"两人就干开了。开始严运生输了，张瑞生赢了几拳更加得意，严运生仍满不在乎跟他来。这并不是严运生的酒量大，而是我们事先就准备了两把壶，一把壶装酒，一把壶装水，严运生杯里是水，张瑞生杯里是酒。时间一分分地过去了，张瑞生拳好赢得多，输得少，这局面真叫人心急。慢慢地，周维炯发现张瑞生老出"三""五"的短处，就向严运生发了个暗号。经这一指点，严运生反手连胜张瑞生。这家伙输了酒不服输，硬撑着干，越干越输，不一会儿，就醉成了一摊泥。

酒喝到这会儿，那些团丁一个个吃得烂醉，有的呕吐，有的发酒疯，有的又哭又笑，真是洋相百出。周维炯同志见时机已到，喊了声动手，同志们立即收了墙上的枪支，把张瑞生捆个结结实实的，叫醒了吴成格。吴成格原来是共产党员，由于他出身地主家庭，暴动前为了慎重起见，没有和他发生关系。这时外面接应的同志已到，严运生朝天空打了几枪，大声叫着："共产党来了！"那些团丁一听可慌了。酒也吓醒了，一个个乖乖地当了俘虏。周维炯同志向民团士兵讲话："弟兄们，不要惊慌，我们就是共产党，我们共产党是专门打富济贫的，是给穷人出力撑腰的，有愿意干的就留下，不愿意干的可以回家。"民团士兵大多数都是些没办法生活被骗来当兵的，又加平时受到周维炯同志的影响，见周维炯同志就是共产党，又听到共产党是打富济贫的，大多数都愿意留下来干。

丁埠民团暴动成功后，周维炯同志立即派了四个同志连夜去汤家汇杨晋阶家取枪。四人抄近路翻山越岭，直奔汤家汇。到了杨晋阶家，叫开了门。杨晋阶的大少爷在家，问："什么事？"我们的同志说："李集发现了共产党，'炯爷'叫我来取枪，好去打共产党。"大少爷听说是打共产党，就让人把枪交给了我们的同志。我们的同志正要离开，这时，国民党一个"清乡"委员住在杨家，听说打共产党，非要跟着一块去，我们的同志满口答应。刚翻过一个山头，那家伙累得走不动了，又改变了主意要回去，我们的同志说："好！送你回老家吧！""砰"的一枪，把这个罪大恶极的家伙干掉了。

在丁埠民团暴动的同时，徐其虚带领太平山、斑竹园、吴店等地的党员群众，星夜攻打白沙河，反动头子郑其玉闻风而逃，当地农民在党的领导下，也纷纷武装起来。

在牛食畈，由肖方带领花尔中、廖业堂等八个同志化装成挑米的，混进了牛食畈老盐店里。当夜，反动民团团总杨晋阶带了一个勤务、几个团丁住在老盐店。花尔中等同志借着打牌的机会缴了团丁的枪，活捉了民团团总杨晋阶。

立夏节当夜，南溪的农民和学生在詹谷堂同志领导下，扛着土枪、大刀举行了起义。党领导的立夏节暴动成功了。各路起义大军从四面八方拥向太平山会师，后到斑竹园召开了大会，宣布成立了"中国工农红军第十一军三十二师，周维炯同志任师长，徐其虚同志任师党代表，我们党在鄂豫皖的第二支红军队伍在南乡诞生了。

立夏节的惊雷在南乡震响了。县委又接连在杨山煤矿、马鞍山煤矿、鲍耳冲、南司、观音山、余集等地先后发动了武装起义。

武装暴动的惊雷，在商城大地上滚滚震响着。

原载《艰苦的历程（上）》，人民出版社，1985年，第99～110页。

六霍起义

◎ 蒋全忻

六霍起义,是安徽省六安、霍山两县人民,在八七会议和"六大"决议精神的指引下,继黄麻起义、立夏节起义之后,于1929年11月8日,由我们党发动和领导的一次大规模的农民起义。六霍总起义首先由我的家乡独山镇打响了第一枪,相继又爆发了西镇起义、七邻湾起义、流波䃥起义、徐集民团起义,直到桃源河起义,仅仅40天,在南北近百里、东西120里,近30万人口的区域内,横扫一切封建势力,砸垮了反动统治制度,建立了红色政权,创建了皖西革命根据地,与鄂东、豫南革命根据地连成一片,为开展更大规模的斗争,奠定了坚实的基础。

六霍起义胜利后,党在群众武装的基础上,建立了中国工农红军第十一军三十三师,它和红三十一师、红三十二师一起,活跃在大别山区,形成掎角之势,此呼彼应,展开了更大规模的斗争。

六霍起义的胜利,是我们党在六安、霍山地区深入组织发动群众,长期坚持革命斗争的结果。早在1925年秋,六安就建立了第一个党组织——六安特别支部,以"青年实业社"作掩护,领导群众开展反帝反封建斗争,播下了革命的火种。

一

1927年,自蒋介石、汪精卫公开叛变革命后,党派遣曾任全国总工会执委和中共安徽省工委书记、参加过南昌起义的舒传贤同志,和在上海、杭州、南昌、武汉、安庆、合肥等地从事革命活动的共产党员周狷之、胡苏明、周范文、王逸常、吴干才、吴岱新、桂伯炎、储克盛、毛正初等陆续回到六安。根据中共安徽省临委的决定,8月,于六安城关紫竹林小庙建立了中共六安特区委员会,书记胡苏明。特区委决定,共产党员各以住家地区为重点,深入工农,开展工作;抓住驻六安、寿县一带的北伐军第三十三军军长柏烈武与蒋介石的矛盾而对我党暂取中立态度的有利时机,积极促进统战工作,大力开展北伐胜利的宣传活动,领导城关黄烟工人举行罢工斗争,并进而改组国民党六安县党部,发表拥护孙中山先生"三大政策"的声明,使党和国民党左派力量在统一战线中居于领导地位。

同年10月,"国民党安徽省清党委员会"成立,李宏斋、王述雪被派来六安主持"清党",三十三军调离六安,六安的白色恐怖顿时严重起来。针对当时白色恐怖的严重形势,中共六安特区委采取了一系列措施,决定除少数没有暴露身份的共产党员留在城关坚持斗争外,领导全体党团员立即转入地下,深入农村,以办学教书等正当职业作掩护,通过走亲串友、结义拜把、看相算命等方式,宣传马列主义,向农民灌输革命思想,秘密建立农会,在农会会员中建党,从而胜利地实现了党的工作重点由城镇向农村的转移,为皖西革命斗争保存并培养了一批骨干,推动皖西革命形势不断向前发展。不久,便在合肥、霍邱、霍山等地建立了党的小组或支部。

正当革命形势向前发展的时候,省临委强令特区委在六安立即举行武装起义。这一盲动主义的决定,遭到了中共六安特区委的抵制,使六安免遭一次无谓的牺牲。

是年11月间,中共安徽省临委委员兼中共皖中特别指导委员会书记周范文来六安传达八七会议精神,领导六安、霍山、霍邱、寿县、英山第一暴动区的工作,以六安为中心,尽可能夺取六安三区(独山、两河口)反革命武装的枪支,组织秘密的工农武装,"发动零星暴动以至大暴动"。我们六安特区委按照省临委关于整顿、发展党的组织,建立秘密农民协会和工农武装,准备武装起义的决定,积极投入到革命的洪流之中。

1928年1月,六安、霍山、霍邱三县党的活动分子会议在南岳庙召开,会上建立了六安县委(又称六霍县委),书记王逸常。在六安县委的领导下,各地党组织发展很快,六霍地区革命局面焕然一新。但是,在发展农民协会、组织工农武装的过程中，县委面临着如何对待大刀会组织和如何解决工农武装的枪支两个紧迫问题。

1924年开始的大刀会组织，曾是破产农民和失业工人的自发组织。他们提出的"打富济贫，各保身家"的口号，在六霍农民中有重大影响，并曾一度攻占六安、霍山县城。1927年，其首领被国民党反动派收买，其组织也蜕变为地主武装。1928年，豫匪李老末两度过境。如何正确对待大刀会群众和李匪过境问题，认识是不一致的。有人主张打，有人主张与大刀会组织联合。县委经过讨论，制定了宣传我党政治主张、土地革命政纲、争取大刀会组织中下层群众的正确政策，使农民协会运动迅猛发展，会匪组织迅速瓦解。

当时党在皖西革命中面临的第二个紧迫问题是枪支问题，也就是武装农民问题。县委除周狷之等同志卖庄田筹款买枪以外，先后决定派刘淠西、毛正初、李野樵等优秀党员，乘地方当局组织民团之机，打进民团担任团总、队长、班长之职，开展敌军士兵运动，发动民团兵变，建立革命武装。这样，就为党在皖西地区建立农民武装开了一条新的途径。

为了尽快发动农民起义，六安县委认真贯彻八七会议和"六大"决议精神，领导开展抗租反霸、争取群众的工作。不料，此事却被"左"倾盲动的省临委斥为"不符合'六大'路线""右倾"，并强令六安县委立即举行武装起义。经六安县委据理力争，问题反映到主持中央军委日常工作的周恩来同志那里。1928年年底，周恩来同志于上海某租界秘密召见了中共安徽省临委书记尹宽（王竞博）、六安县委书记王逸常和当时在上海党中央直属小组的许继慎、柯庆施同志。听取了尹、王汇报和许、柯的介绍后，周恩来批评了尹宽的盲动主义错误，指出：武装起义条件不成熟，只能创造条件，不能强令暴动；批评尹宽关于六安县委采取抗租反霸、争取群众的政策不符合"六大"路线的说法是错误的。由于周恩来同志的亲自过问，尹宽的"左"倾错误被制止，也使六安党和人民避免了一次不必要的牺牲。

由于六安县委采取了一系列正确的政策和策略，党组织发展很快。1929年1月，六安县委将五区委划出，单独建立了霍山县委；六安建立了5个区委，两县有32个支部、党员300多人。同年10月6日，六安县委在三区郝家集召开党员代表大会。根据中央指示，六安县委升格为中心县委，选出舒传贤、周狷之、余道江、吴宝才、吴干才、桂伯炎、朱体仁、杨季昌、范在中、谢振新、袁继安、翁翠华等为委员，舒传贤任书记。并成立六霍暴动指挥部，舒传贤任总指挥，周狷之任政治部主任，领导即将到来的六霍武装起义。

六、霍两县地处大别山区和皖西丘陵的接合地带，物产丰富。由于国民党的反动统治和地主豪绅的残酷盘剥，人民都很贫困。1928年皖西大旱，六、霍等县粮食歉收；军阀混战，津浦路受阻，山区特产销不出去；又加地主奸商乘机囤积，哄抬粮价，使六安人民挣扎在死亡线上。六安党为了激发农民群众的斗争勇气，为武装起义做准备，于1929年春天，做出关于开展春荒斗争的决定。根据这一决定，六安、霍山等县县委带领农协会员，在农村开展了声势浩大的春荒斗争，广大农民扛着扁担，挑着箩筐，拿着大锹、锄头、土枪等简陋武器，潮水般地涌向地主庄院，向地主阶级展开了借粮、分粮和扒粮斗争。周狷之、吴宝才、吴干才、吴仲孚、许希孟等同志领导群众在六安的戚家桥、西两河口、郝家集、独山、尚家庙、南岳庙、新安集、毛坦厂、李家冲、横塘岗等地扒粮百余次，分粮数千石；舒传贤同志带领霍山东北乡的二三百扒粮群众，一次就扒了倪庄地主和李鸿章的"积善堂"稻子200多石。春荒斗争的开展，大大锻炼了干部的组织领导才干，提高了农民的斗争勇气和阶级觉悟，壮大了农协的力量。

由于皖西的党组织坚持把工作重点放在农村，注意从关系农民切身利益的抗租、抗税、抗债等经济斗争入手，引导农民逐步走上政治斗争、武装斗争的道路，使农民革命情绪格外高涨。

1927年秋冬开始，党领导六、霍两县农会会员，组织"别动队"（又称"摸瓜队"），对罪大恶极的反共、反农会和恶霸地主分子进行了坚决的镇压；1928年夏，共产党员周焕文（田大胡子）、周天庄（田胡子）、周范文等领导刘拉子、吴其豹等一批农协会员，在南家庙开展了砍柴斗争，镇压了大恶霸侯子环；1929年5月初，刘淠西同志领导诸佛庵民团起义成功，打死了大豪绅胡月斋，夺取了50多支枪，建立了县委游击大队；在桂伯炎同志领导下，六安六区五保联络团起义成功，游击大队也宣告成立，在鄂皖边界广泛开展游击活动；5月17日，共产党员王绍周、田胡子、姚仲海等同志领导六安四区武陟山农民协会暴动胜利，镇压了恶霸地主周启炳父子，建立了游击队。六安四区南岳庙砍柴斗争、六安六区五保联络团、诸佛庵民团起义和六安四区武陟山农民协会暴动的成功和胜利，揭开了六霍起义的战斗序幕，也为起义准备了一支重要的武装力量。

恰于此时,商南立夏节起义胜利了,并建立了中国工农红军第三十二师。立夏节起义的胜利和红三十二师不断游击到六霍边境,给六霍县委和群众以深刻的影响和鼓舞,使六霍人民更加认清了胜利的前景。

经过艰苦的工作,人民已组织起来了,斗争情绪高涨,县委已掌握了100多支枪、3000多名群众,并有了一定数量的经过革命斗争锻炼的干部。当时蒋冯军阀混战,当地兵力薄弱;红三十二师准备向东发展,可以得到有力支援,而六安西南又多山,便于游击。武装起义的条件已经成熟。为了便于组织指挥这次起义,中心县委机关设在独山附近龙门冲的一座小庙内。

二

独山,犹如天外飞来的奇峰,坐落在大别山东麓的群山之中。在这奇峰耸翠、峰峦叠嶂的群山环抱中,有一座古老而秀丽的山村集镇——独山镇。六霍总起义就是从这里打响第一枪的。

1929年11月7日晚,我刚从外面散会回来,路过红塘子小店门口,遇见驻独山的敌警备营哨兵押着何寿全和两个女的。何是三区二乡农协常委兼秘书,另两个是女农协会员盛荣秀、李自仙。他们在开完会回家的路上,因唱农协歌曲《推倒民国》和《劝郎当红军》被敌兵说成"宣传赤化,有伤风化"而逮捕,关进了警备营的禁闭室。何身上带有农会会员花名册,如落入敌人手里,敌人就可按册捕人,整个起义就会流产,党和农会组织就会遭到重大破坏,革命将遭受严重挫折。

在此危急关头,三区区委连夜集中于独山镇县立第四高等小学的平民夜校的教室里召开紧急会议,周狷之同志也由郝家集中心县委机关赶来一起研究对策,组织营救。当时,鲁蔚生是中共六安县委委员,余朝铎是地下党员,都没有暴露身份。会议遂决定派鲁蔚生、余朝铎和独山豪绅胡丽川出面保释。经余、胡的交涉,魏祝三释放了两个女农协会员,但对何寿全,要交5000块银圆、5架盒子枪,才准保释,不然,就要将何寿全解送六安。

在这危急之际,周狷之和参加会议的中心县委委员、三区区委和区农协会成员一致决定：于11月8日提前举行暴动，凡三区各乡18岁至45岁的农协会员，一律带上武器、红旗，上午集合，下午行动；在三区的共产党员、共青团员全部深入暴动群众之中，带领群众，一起战斗；暴动由三区区委和区农协会负责组织，做好一切应急准备；指挥部设于县立四高平民夜校内；口令为"得""胜"；并立即派人报告中心县委书记舒传贤。

对当晚由麻埠开来驻在火星庙的民团朱梦功部一个排，派人去争取其保持中立。该部慑于群众威力，当即允诺。

起义决定之后，吴干才、许希孟同志于独山附近的艾冲清水塘召开了全区十五乡农协负责人会议，宣布了暴动决定。

11月8日上午，数千农协会员手持鱼叉、钢锥、大刀、长矛和钢枪等武器，从四面八方涌向独山镇附近的丛林、玉米地里，我去预备处下达口令。

暴动群众约于下午3点集中到独山镇，4点行动，独山的党员都分散在群众队伍中。队伍的前锋是平民夜校的学员，中间是大刀队和手拿大锹、锄头、鱼叉、钢锥等武器的群众，后面是10支钢枪压阵。詹少白、江承新、吴岱新等同志拉着一些豪绅地主，假装保释何寿全，以接近马氏祠魏祝三营地。

队伍到了马氏祠门口，走在前面的平民夜校学员们直冲大门，哨兵拦阻，董道友机智地掏出保释证书，杜明章乘哨兵验查之际，一杠子将哨兵打倒，夺了他的枪，董道友手起刀落，哨兵命丧黄泉。混乱中，另一个哨兵枪支也被起义群众夺了过来，起义群众并乘势将其击毙。队伍向大门冲去。敌警备营一听枪响，又看来了这么多人，遂开枪还击，起义队伍被迫退到门房隐蔽，敌警备营乘势将大门关上，并一齐登上房顶，进行顽抗。

魏祝三登上房顶，一看起义群众将独山里三层外三层地围个水泄不通，不敢开枪。在起义群众的怒吼声中，无可奈何，被迫释放了何寿全，交回了农会名册，又交出十几条枪，但拒不交出全部枪支。魏祝三慑于群众声威，不敢突围；暴动群众由于武器低劣，无法攻击。双方僵持到深夜，魏祝三得南岳庙敌姚子厚部的增援，纵火烧房，抛下四具尸体，在援敌接应下仓皇逃命，连夜逃到苏家埠。驻火星庙的朱梦功部也于9日拂晓前溜走。起义群众占领了独山。

独山暴动胜利了！

三

独山起义胜利的第二天,六安中心县委和三、五区党的负责人举行会议,决定成立三区工农革命委员会,下设政治部、总指挥部、总参谋处、财政部等,负责军事、政治、财政等一切事宜,任命鲍益三为总指挥,高中林(方英、运炽)为党代表,周狷之、吴干才全面负责总指挥部工作。组织了6个武装游击大队、2300余人的赤卫队。沿(淠)河布防,站岗放哨,东至苏家埠、西两河口沿岸,西至麻埠附近,纵横几十里,都成了赤区。

会上,中心县委还决定进一步发动群众,使以独山起义为开端的武装起义继续深入与扩大。

12日上午,两万多名起义群众于独山镇集会,庆祝起义的胜利,追悼死难烈士。会后举行游行示威,"为死难烈士复仇!""推翻豪绅地主的统治!""打倒军阀!"的口号声撼山震岳,响彻云霄。

在独山起义胜利的鼓舞下,六区七邻湾、古碑冲、南庄畈和七区流波䃥一带也起义了,摧垮了盘踞金寨的民团团总汪东阁和盘踞流波䃥的朱梦功的部队,取得了起义的完全胜利。

西镇起义,是六霍总起义的又一次较大规模的起义。

西镇位于霍山县西部的深山区,包括今天的漫水河、上土市和金寨燕子河、闻家店一带。这里封建统治残暴,人民生活贫困。长期以来,西镇人民向封建统治阶级展开了一系列斗争。1922年至1923年春,共产党员刘仁辅曾领导燕子河、闻家店的佃户反对地主转庄,争得了"永佃权";又串联600余户佃户,抗缴大恶霸刘佐廷三四百石租稻。这些斗争大大提高了群众的斗争勇气。

起义前,舒传贤和县委书记俞石泉做了大量的准备工作。区委已拥有一支百余人枪的游击队和500余名农协会员。

正当区委书记刘仁辅和县委委员徐育三积极部署、组织群众武装起义的关键时刻,混进农协内的坏分子张少芳,把农协的活动告诉了地主郑世舫,又传送到恶霸刘佐廷那里。于是,刘佐廷邀集二三十个反动地主在西镇事务所开会,密谋在全区施行大逮捕，企图抢在起义之前即将西镇革命势力一网打尽。区委接到中心县委的紧急情报后，当机立断，先发制人，连夜派刘仁辅等同志，去丁埠寻求红三十二师的支援，立即举行起义。

11月19日夜，西镇起义爆发了，数百名起义群众，在周维炯师长率领的红三十二师支援下，包围了闻家店街西的恶霸地主余良远的庄园。在内线的策应下，一举攻下，缴获了12支钢枪，取得了夜袭闻家店的胜利。

首战告捷，士气大振。起义队伍兵分两路：一路攻打燕子河，焚烧了刘佐廷的宅院，踩了局子，打死团丁多人；一路攻打楼房湾，活捉土豪郑世济和四个团丁，缴获了部分枪支。

起义队伍连夜会师长山冲，将正在该冲高氏祠密谋策划镇压革命的乡、保团总，土豪劣绅一举包围，歼灭敌自卫团大部，击毙敌自卫团队长陈先觉，活捉恶霸地主余良远、郑小川及乡、保团总五人。

拂晓后，起义群众乘胜东进，攻下漫水河西镇事务所，敌自卫团官兵70余人全部被歼。

11月21日，西镇革命委员会在燕子河宣告成立了。在西镇革命委员会的领导下，建立了一支游击大队。

11月25日，中心县委常委周狷之和共产党员毛正初、李野樵同志又领导了六安徐家集、江店子两地民团起义，镇压了反动队长朱晴川，建立了六安四区革命委员会和红军游击大队。

12月16日，中心县委派徐育三同志支援霍山县桃源河起义。当天晚上，桃源河的党组织带领40多名农协会员和西镇游击队员，冒着纷纷大雪，连夜奔赴小堰口的土豪熊大昌的老窝。第二天，斗争了七八个恶霸地主，当场镇压了罪大恶极的土顽杨老八、汪学华。诸佛庵、石家河、新店河、黑石渡、戴家河方圆几十里的乡村成了赤区。

从独山起义到桃源河起义，整整40天时间。至此，皖西革命根据地，在血与火的洗礼中诞生了。

四

六霍起义的爆发,使反动统治阶级惊恐万状。急调重兵对我刚刚诞生的红色区域进行残酷进攻。敌人占领独山、麻埠之后,大肆捕杀革命群众。仅独山一地,被杀害的达200余人。中心县委常委吴干才、朱体仁和三区区委书记许希孟同志也被敌杀害。血的教训,使中心县委认识到,没有革命的武装,便不能保卫革命的胜利成果,更不能发展革命形势。因而决定将六安三区、六区游击队和霍山西镇游击队分别编为安徽游击第一、二纵队。依靠这支红军部队,进一步发动群众,扩大武装,开展游击战争,发展这个地区的革命形势。

1930年1月20日,两个游击纵队在六安七区流波䃥胜利会师。在中心县委召开的常委和游击队党团联席会议上,决定成立中国工农红军第十一军第三十三师。任命徐百川同志为师长,姜镜堂任政治部主任,下辖一〇六团、一〇七团。全师共200余人(内党员40人),长短枪140余支。

红三十三师成立以后,立即投入了紧张的战斗。

2月1日,红三十三师在霍山游击队、赤卫队2000余人的配合下,分三路攻打霍山县城,击溃守敌自卫团,敌县长甘大用狼狈逃走,一举攻克皖西地区第一个县城。破城后,打开监狱,救出已决犯8人,未决犯21人,当晚主动撤出。红三十三师初试锋芒,首战告捷,显示了刚刚诞生十天的红军部队的威力。

撤离县城后,一〇七团开往西镇,继续发动群众,减租减息,肃清残敌,一〇六团进驻流波䃥一带,休整待命。

2月中旬,红三十三师在红三十二师的配合下攻打麻埠。守敌张季荃部300余人,在我红军的勇猛攻击下,弃枪30余支,溃退到独山,红军继续追歼,占领独山。红军攻下麻埠收复独山后,三区和六区便形成一块纵40里、横60里的红色区域了。

红军的胜利,使敌人极为恐惧和不安,急调重兵,分三路疯狂对我军进行反扑:英山民团进犯西镇,进而到流波䃥;朱梦功、杨松山反动民团分两路进犯麻埠、流波䃥。这时,红三十二师已奉命返回商城与红三十一师会合。反击敌人包围的战斗任务完全由红三十三师承担了。在这危急时刻,红三十三师采取"各个击破"的战术,放弃麻埠,转进流波䃥迎击英山民团,一举歼敌三人,后又迎击敌杨松山部,给予大量杀伤,残敌慌忙退出流波䃥。敌人进攻流波䃥的两路被打败,使进犯麻埠之敌乱了阵脚,在六区游击队的袭击下,朱梦功也从麻埠溃退。至此,敌人的围攻被我彻底粉碎,皖西根据地进一步得到了扩大。

4月6日,红三十三师一〇七团和潜山工农革命军,协同英山游击队,前往英山开展工作,沿途击败敌之多次阻击,缴迫击炮一门,于8日一度解放英山县城。

4月7日,霍山县东北区数万群众,在当地党组织领导下,举行了南山武装暴动。为了援助这一武装暴动,红三十三师和红三十二师两个团、潜山工农革命军一起,于11日清晨7点,再度攻打霍山县城。我攻城战士化装成农民,在城西门摸掉敌岗哨,部队夺门入城,守城之敌在我红军神速勇猛攻击下,措手不及,死伤惨重,残敌纷纷缴械,举手投降。当日下午解放霍山。这场战斗,红军歼灭敌潘善斋旅1个团,毙、伤敌官兵200余人,缴枪80余支。霍山举城上下,一片欢呼,喜庆胜利。

经过这些战斗,年轻的红三十三师经受了考验和锻炼,逐步发展壮大,战斗力也有很大提高。到5月间,又新建了特务营,全师扩大到300余人,已成为鄂豫皖红军三大主力之一。

原载《艰苦的历程(上)》,人民出版社,1985年,第111～123页。

从童子团到红色战士

◎ 王政柱

1927年7月,武汉汪精卫公开叛变革命,中国共产党领导的革命力量转向农村。尽管反革命疯狂镇压革命,屠杀共产党人,但大别山区的革命烽火越烧越旺。黄安的七里、紫云,麻城的乘马、顺河等地,在党组织的发动和领导下,农民结成一体组织暴动,成立了农民自卫军,打土豪分田地,打退了豪绅地主把持的民团、红枪会等反动武装多次进攻。

当时在麻城以北大别山区活动的领导人,最出名的是王树声、蔡济璜和邱江甫等同志。我的家乡就在这个地区的西张店,记得是在8月17日,王树声他们率领农民自卫军和武装群众,在黄安农民自卫军一部和广大群众配合下,在鄂豫边的北界河地区设伏,一举歼灭了西张店大恶霸、反动民团团总王芝庭在新集等地纠集的反动民团、红枪会等数千人,并活捉王芝庭,在王家楼南街公审处决。接着,农民自卫军回过头来向西张店的河东湾进军,端了王芝庭的老窝,活捉了王芝庭的弟弟王润先,就地正法,分了他的全部财产,烧毁了全部地契。王芝庭长期高利盘剥、欺压农民,早已被人恨之入骨,除掉了这条毒蛇,人心大快,群众的革命热情更加高涨。特别在黄麻暴动和工农革命军第七军从木兰山返回黄麻暴动区创建了柴山保革命根据地后,我们家乡的男女老少更加积极地参加革命斗争。开始,出于警惕和怕误事,不让小孩参加,但在大人的影响下我们小孩也尽量为革命做些事,为过往的自卫军端茶送水,当个小招待员;大人开会,不叫我们参加,我们就在外面放哨,防止地主富农、狗腿子偷听告密，发现了坏人偷听，就报告赤卫队把坏家伙收拾掉。依靠穷孩子多，我们联合起来把地主富农的孩子紧紧困在家里，不让他们出门。大人看到我们也能为革命发挥一点作用，就逐步地让我们担负站岗放哨，盘查行人，搞宣传、破除迷信等工作。

到1929年春，成立党组织地方区委时，我们西张店以农民协会为基础，建立了各级苏维埃政权，同时妇女会、少年先锋队、童子团也陆续建立起来了。

1929年6月，我参加了童子团，它是少年先锋队（简称"少先队"）领导的儿童组织。除地主、富农的子弟外，7岁至15岁的儿童都可以参加，每个人有"童子团"红袖章和一杆染红的木棒，每队（大队、中队、小队）有自己的红色队旗。

开始参加的人不多，主要是家长拉后腿，怕小孩未出过门不放心，特别是斗争频繁,怕招事惹祸；又担心家庭减少了劳动力（砍柴、放牛）。加上对童子团的地位、作用、任务也不够明确，社会上部分人认为"小孩不懂事"，地主富农分子也乘机造谣"童子团是瞎胡闹"。经过宣传，县、区苏维埃，少先队派人帮助、辅导，参加的人逐渐增多，西张店乡由十几个人的童子团小队发展为上百人的中队。童子团的任务由放哨、送信发展为六大任务：

一、放哨、送信、盘查行人；

二、禁止赌博，抓住受罚；

三、禁止童养媳、买卖婚姻；

四、禁止包脚；

五、打菩萨，破除迷信；

六、优待红军家属。

那时要求很严，家里有童养媳和赌博的小孩就没有加入童子团的资格。六项任务中除第一条外，苏维埃政府都有明确规定。为了贯彻彻底，就发动童子团来具体抓，先是宣传，做到家喻户晓，然后监督执行，第一次违犯进行批评教育，以后再犯就开展斗争和罚苦工。禁止童养媳、买卖婚姻、禁止包小脚等童子团只起个助手作用，将发现的问题提交妇女会处理。优待红军家属，重活（代耕）干不了，就担负打柴、担水、扫扫洗洗等家务事；送信最简单，收信单位有个收据就算完成任务。任务最艰巨的是放哨盘查行人、打菩萨两项。敌人狡猾，而童子团年幼、缺乏知识，不注意就容易上当受骗；凡是发现可疑的就送到就近的苏维埃或农民自卫军、少先队部处理。就这样真的抓了好几个坏人，其中包括装疯卖傻的敌人侦探和以走亲戚为名的地主富农分子和他们的狗腿子搞反革命串联活动，受到了苏维埃和少先队大队部的表扬。从此，群众中流传着"童子团，不简单！敌人害怕，歹事难瞒；人小机智，胆大包天"的赞扬声。几千年的封建迷信很深，打菩萨的阻力很大，特别是老年人迷信更深，他们说什么"犯了神，要雷打火烧""没有好死"。童子团的过火行动也有，如打菩萨把家谱、祖宗牌子也打掉烧掉，引起反对的人不少，经做工作，童子团也改变些方式，矛盾才慢慢缓和下来。

童子团在群众中影响大起来，参加童子团的人数也不断增加。基本上做到县有童子团大队，区有中队，乡有分队，村有小队。

因为对敌斗争情况紧张，靠近乡镇和交通要道沿线的学校一般都停办了，乡和村苏维埃给童子团和少先队办起夜校，除教文化和教政治外，还教唱革命歌曲，形式活泼，参加的人也很踊跃。首先教的歌子是童子团歌。这成为童子团所有集会必唱的歌。童子团歌的歌词是：

（一）冲！冲！冲！大家向前冲！

怕什么三教徒，洋走狗。

我们是劳动童子团做先锋。

（二）来！来！来！大家来拼杀，

对准那吃人的反动派。

我们是劳动童子团做先锋。

（三）冲！冲！冲！大家来猛攻，

打垮那黑暗的旧世界。

我们是劳动童子团做先锋。

（四）来！来！来！大家来把路开，

建设那美好的新世界。

我们是劳动童子团做先锋。

1930年春，我们由童子团升级为少年先锋队，直接归共产主义青年团（简称"青年团")领导。要求的条件更高,年龄15岁至18岁,除地主富农子弟外,品行不好的也不能参加。少先队带有半军事性的组织,一律按班、排、连、营、团进行编组和参加军事训练,所不同的是不脱产。

规定少先队的主要任务是：

一、站岗、放哨、盘查行人。与童子团不同的是,童子团是平时站岗放哨,少先队是战时放哨。后者是配合自卫军和红军作战,掩护群众安全转移。

二、发现敌人即鸣枪为号。没有钢枪的用土枪、大号爆竹代替。

三、为红军的预备队,随时准备参加红军和担负抬担架等任务。

少先队员颈项系有类似现在的红领巾,叫作"赤带"。武器大多为大刀、梭镖(比自卫军的梭镖要小巧玲珑些),兼有部分土枪。除一个星期有半天的军事训练外,一个月或一个季度到区里大会操一次,西张店经落衣山到区苏维埃所在地乘马岗约30里,但我们都经石楼子岗、仰天窝翻山走小路,这样要近三分之一。

1930年农历六月,麻城县苏维埃授予西张店少先队大队为"少先队模范营"(习惯用少先队模范大队)。约一个月后,宣布模范营参加红军,300多人的模范营经过挑选(包括政治条件与自愿报名,根据身体情况,经组织批准),最后录取的不到100人。为了保持荣誉称号,"少先队模范营"的队旗让我们带走,实际上我们只编成一个连。由相公坳的邱玉亮"营长"率领。经过两天时间开到新集(鄂豫皖地区党和苏维埃、军委分会最高领导机关所在地),在新集约停留四五天时间,进行填表登记、换军衣等准备工作。就近补充到新集以北光山县担负围攻盘踞在大山寨、邱家寨等反动武装任务的红军二十八团。穿上军衣后,大家相互勉励要好好地做一名光荣的红军战士,为家乡争光,为巩固苏维埃政权立功!

在参加红军的一路行军中,大家精神抖擞,高唱少年先锋队的队歌：

走上前去,曙光在前,同志们奋斗；

用我们的刀枪,开自己的路,

要高举我们少先队的旗帜,勇敢向前进!

团结奋斗,英勇杀敌。

建立起劳动的共和国,

做劳动世界的主人翁,

人类才能入大同。

战斗起来的工人和农人少年先锋队。

原载《艰苦的历程（上）》，人民出版社，1985年，第124～129页。

徐师长批准我当红军

◎ 游正刚

童年,这个美妙的字眼,亘古及今,人皆有之。而这美妙的人生开篇,却在我的一生中涂上了时代的色彩,播下了革命的种子,让人永难忘怀。

记得,那是在土地革命的年代里,我们大别山一带像布满干柴,到处点燃了工农武装斗争的烈火。1929年,我11岁那年,不知咋的,我家乡豫南新县白沙关,这个大别山深处的小关隘,突然一反往常,革命之风把它从沉睡中唤醒过来,群众的情绪像点燃了火把,像烧开了锅。白沙关一下子热闹非凡,大人们夜晚、雨天、空暇,一得空便三五成群,聚集一堆,背着小伢们轻声细语,论长道短,神秘极啦!

俗话说,明人不做暗事。大人们越是背着我们伢子,我们就越想瞄到。赶巧,一次黄传福、潘孟发等十几个人在街北头一间破屋里密谈,让我照见,便小猫似的溜到屋旁偷看,这下子全明白了,原来他们在开密会。一个穿长袍、像教书先生模样的外乡人,小声有力地宣讲什么"我们要革命""穷人不还富人的债""打土豪、分田地""要斗争就要组织农民协会"……

听着听着,我情不自禁地拉长嗓子拍着巴掌喊:"噢——知道了!新鲜哟,要革命哟!"一溜烟地跑了。

原来那个穿长袍的外乡人,叫郑位三,住在柴山保,是鄂豫特委苏维埃运动的负责人。1927年9月26日起,他配合曹学楷、戴季英等按照党的指示,带领黄(安)麻(城)的民众,在黄安七里区、紫云区,麻城乘马区、顺河区,先后举行了千人及数千人的起义。1928年，又转到黄（安）、麻（城）、光（山）三县交界的柴山保创建了新的根据地，把革命的火种播撒到我们七里坪、白沙关一带。郑位三说的"革命"我不懂，可"穷人不还富人的债""打土豪，分田地"我听了却心里美滋滋的，也想跟上大人们闹革命，免掉我家欠下富人的万年债，使寡母清闲，不用再带姐姐和我躲债，向富人求情，说好话了。

正当革命的星星之火在白沙关点起的时候，土豪劣绅们急得发了疯。急匆匆地在关内凉亭旁北边的一幢大屋里，办起黄学，也叫黄枪会。扯起杏黄色的会旗，旗上画着八卦太极图，纠集一帮人，整天设坛、念咒、练武。一回念咒时，我在墙外瞄了一下，被土豪劣绅发现，没跑及，便挨了追上的恶棍两个耳光。在黄枪会成立的同时，周围各乡的土豪劣绅也相继办起了红枪会，公然亮出牌子"反对共党""保家保产"。一时间，黄枪会、红枪会，群魔乱舞，要跟农民协会对着干。

但是，红、黄枪会里的许多穷会员，在我党土地革命口号的感召下，是"身在曹营心在汉"，甚至有的红枪会还掌握在我们的手里。记得有次国民党光山县一个保安分队，到白沙关、郭家河一带，破坏农民协会，想扑灭革命火种。地下党知道后，就发动红枪会先发制人，当保安队开到白沙关8里外的郭家河时，就被缴了械。红枪会的行动，气得土豪劣绅无计可施。就在这风起云涌、阶级斗争激烈的时刻，我跟亲戚就读的私塾散伙了，无事干，想革命，专朝大人堆里钻。大人们嫌我小怕坏了事，一发觉就轰我走，直气得我噘嘴没法子。

正当火烧火燎，急着想革命的当儿，1929年7月1日，光山县南部的农民在柴山保红军配合下，举行了大暴动，一举攻下了我们白沙关。

在欢迎起义队伍时，我看到红军战士一个个精神抖擞，身穿蓝布军装，头戴八角红星帽，脖子上系根赤化（色）带，手握钢枪，好不威风。我看后非常眼馋，心往手痒，不由拔腿扛着棍棒，尾随队伍模仿。看到我们这些伢子木偶般的动作，乡亲父老们按捺不住地"呵呵"笑乐了。

走在起义队伍前的是一个二十四五岁的英俊青年，他身材魁梧，举止潇洒，腰间缠着一条又宽又厚的皮转带，带囊装满了铮铮闪亮的小子弹。他肩头斜挎着一支驳壳枪，走起路来，枪上的红绸子一飘一闪，越发引人注目。住宿时，可巧农民协会把他和一个年轻战士分到我家临街前屋住，妈妈、姐姐和我住后屋。不几天，我们就混熟了，原来他叫王树声，住在柴山保根据地，是中国工农红军第三十一师一大队的党代表。年轻的战士是大队勤务员小汪。

一天中午，王树声正在给村里几个青年讲穷人要翻身的道理，我便冲进门，红着脸怯生生地央求说：

"王代表，你们要不要我？"

"干什么？"

"当红军。"

屋里几个人听说我要当红军，都朝我愣愣看了一下，继而前仰后合"咯咯"地笑了。这是嘲弄我，我心里不悦地冲着众人嚷："谁跟你们打哈哈！"接着又转过脸对王树声说："你说，到底行不行？"

王树声又打量一下我，眼含激情地问："你几岁啦？"

"都十一啦！"我挺挺胸脯，抬抬脚跟，显示高大地大声答。

"啊——才十一，太小太小。"

"那你说多大能行？"

王树声没有正面回答我，而是从勤务员小汪的手中接过枪，朝我面前一竖风趣地说："来，你比比，看有没有它高，要有，我就面。"

这分明是难为人，不用比，我也看出我没枪高。这样好说不行，一急不知咋的却哭起来。不料，眼泪真管用，王树声忙抚摸着我那乱蓬蓬的头发，安慰说："小兄弟，这样吧，再等一年，待下次部队转过来怎么样？"本来，王树声怕我再蛮缠，是用话来劝我，而我却很高兴地点点头，并伸手在他的手背上打了一下，认真地说："咱们打手算数，不兴赖账哟！"

我知道他们在谈工作，听了宽慰话，也就满意地连蹦带跳地跑出了门。一年，说起来轻巧，可等起来，365天，难熬呀！当我扳着指头数到第192天的时候，喜鹊飞到我家院里的白果树梢上，"叽喳喳"叫个不停。我高兴地对妈和姐说："这几天有喜事。"妈说："傻伢子，咱穷人愁还愁不完哩，能有啥子喜。"姐说："正刚，我看你八成准是想念红军啦。"我拽着妈妈的胳膊撒娇地说："就你猜不着，看我姐一说就对。"说来也巧，没过两天，王树声的队伍又来到白沙关。王树声和勤务员小汪又住在我家临街前屋。同时，来前屋住的还多了一位比王树声略大两岁的陌生人，长得细高条，瘦脸庞，高高的鼻梁，亮亮的大眼，说话虽听不大懂，可温声柔腔很亲切。开始，我很腼腆，不敢接近他。后来看他和战士们很融洽，王树声叫他"徐老师"，我想这人准是个大官。果然，秘密让我瞧到了，原来他是王树声的上司，红三十一师的师长，名叫徐向前。徐师长闲时还常逗我玩，慢慢我对他也和对所有红军战士一样了。

看到徐师长、王代表那么和蔼可亲，我想当红军的念头又在心里翻腾起来，对说好的一年期限我不能信守了，我央求妈妈和姐姐给我帮腔，她俩很赞同。

一天，徐师长、王代表正在谈论扩大红军的事，我便憋不住地脱口而出："徐师长、王代表，你们这回总该要我当红军吧？""咦——"王树声扭过头，冲我问，"咱们不是说好一年吗？"王树声又把半年前我要求当红军的事，向徐师长说了一遍。徐师长温情地点点头，瞅着我说："这小鬼，别看人不高倒还想得高。"

"徐师长，"我抢着说，"是王代表不守信用。他耍赖，他还说过下次来带我。"

"噢——，这小鬼还满会钻空子哩。"

我嚷着说："我没钻，我没钻，不不，我就要钻，偏要钻……"

我耍赖、撒娇的话逗得两位红军首长都乐了。徐师长和蔼地问："你能扛动大枪吗？"

"我不要大枪，我要吹号、送信。"

"那你跑得动吗？"

"我不吹牛，有一回还撵上过兔子哩。"

"好家伙！你有这么大能耐,我不信？"徐师长逗着说，"我看八成准是只死兔子。"

话落，三人都开心地笑了。

"还是再等半年吧！"王树声说。

我拨浪鼓似的摆着头，赌气地说："都快把人急死了，要是不答应，你们走时我就拽住马尾巴不让走。"

"嘿，小家伙真倔。"

两位首长交换了一下眼色，徐师长赞同地对我说："你妈让你走吗？"

这话有门儿，我赶忙答："一百个同意，不信你问去！"话落，我又怕他不去问，误了事，就赶紧扯着大嗓门，朝正在后屋烧饭的妈喊："妈！你同意我当红军吗？"

"同意。"

"你听你听，我没骗你吧。"

"那好，我们就收下你这个小鬼。"

王树声刮了我一下鼻子说："哎呀，你这个小兄弟，硬是赖上革命啦！"

接着，徐师长又告诉王树声，把我编到大队部当勤务员。我当勤务员后，心里高兴，干得欢快，整日里除扫地、打水、送信外，我还抽暇到塘堰、河沟摸鱼、捞虾，送到食堂，给首长和同志们打牙祭。大家快活，称赞我，我心里甜蜜，干得更欢实。

日月流逝，转眼到了农历年关，几个月的红军生活，我心里有九十九个顺心和快活，唯缺一个不顺心，那就是还没摸上枪，没枪哪像红军样，所以，我心急万分，一打仗就要求参加，总想碰个机会也同大人一样夺支枪。

腊月二十八日那天，我团（大队改为团了）奉命去打陡沙河。

当时天正下着鹅毛大雪，天冷，雪厚，路难走，首长和同志们让我留"家"，可我心揣小九九，硬是赖着要去。

陡沙河是我们这一带的大镇子，离白沙关只有 20 里路，镇四周筑着高高的城墙，想入镇子，只能过东、南、西、北四个大门。当时镇子里驻守着国民党一个保安团，加上四乡的反动地主武装约有四五百人。往日镇上双日有集，行人不断，这阵子风声吃紧，敌人把四门紧闭。我团在王树声的带领下，乘敌人对镇西面的小山头没有控制，抢先占领。然后，居高临下朝镇内守敌射击。守敌在我军强大火力打击下，一片混乱。

陡沙河在我军两天的打击下，守敌招架不住，等援军解救又无踪影，无奈，只好趁着夜幕出东门，向连塘方向逃跑了。

拿下陡沙河，我们缴获了大批的粮食。这时正赶年关，老百姓苦得揭不开锅，战士们按照团长的命令把白生生的大米、黄澄澄的稻谷，一斗又一斗地分给群众。拖儿带女的老人激动地哭了，年轻的小伙子也哭了。许多人要求参加红军，看到这个场面，我的眼里也滚出了泪花。

部队从陡沙河撤出后，又去扫除崩河坎，这是一个巴掌大的小山寨，寨内是清一色的土豪劣绅，顽固极啦。我军围住寨子后，先是喊话、劝降，死硬的敌人不仅不听劝，还进行谩骂。气得大伙立刻切断他们的水源，在王团长一声命令下，战士们一阵猛攻，用武力征服了。清点战利品时，我一眼看到有支小马枪，顺手操起和我个子比，恰好矮一头。我想："这也许就是徐师长说的那种不大不小的枪吧。"于是，我便把小马枪紧紧搂在怀里。这事，正好被王团长看到了，他问："想要吗?"

"想!"

"好吧，我代表徐师长把这支小马枪发给你，希望你不忘徐师长对你说过的话，用它好好为穷苦人打天下，战斗到底。"

听到王团长的话，我不禁想起缠徐师长赖着要枪的情景。那是我穿上军装的第二天，心想手里没枪不像战士，可长枪太沉太长扛不动，于是，便瞄准了徐师长腰间的驳壳枪，就赖着死命要。徐师长缠不过我，许愿地对我说："咱红军战士的规矩是枪得从敌人手里夺，用着才有意思。你年龄小，自己缴不到，我告诉王代表让他负责给你从敌人手中缴一支不大不小的枪。"

打这以后，徐师长说的那种不大不小的枪，总在我脑海里浮现着，今天，实现了，王团长把新缴来的小马枪授给我，自然心比蜜甜。我暗暗下了决心：小马枪呀小马枪，你是革命的命根子，我决心带着你按照徐师长的指示，好好干，革命到底。带着你，去缴获敌人的长枪、短枪、飞机、大炮……

原载《艰苦的历程（上）》，人民出版社，1985年，第130～137页。

英勇善战的红一师

◎ 杜义德

"平汉游击五十天,三战三捷三扩编;红军声势震武汉,革命烽火遍地燃。"这是当年鄂豫皖苏区人民对红一师的赞颂,也是红一师战斗生活的真实写照。

红一师,是大别山区革命沃土中培育出来的工农武装,是在战斗烈火中考验和成长壮大起来的英雄部队。它在徐向前同志的指挥下,曾经驰骋于大别山麓、京汉线南段广大地区,给了国民党反动派以沉重的打击,在鄂豫皖苏区的革命斗争史上,写下了光辉的一页。

一

1930年4月,为了适应鄂豫皖边区革命斗争形势的需要,党中央指示,将在鄂豫皖边区分片活动的红三十一师、三十二师和三十三师统一编为中国工农红军第一军,3个师依次编为第一师、第二师和第三师。徐向前同志任副军长兼第一师师长。

当时,我在红一师四大队当班长。记得我们是在黄安县北部的箭厂河整编的。全师共800余人,没有团、营、连的编制,只有第一、二、三、四、五5个大队,每个大队100多人,师部编有精干的司令部、政治部和简单的供给、卫生部门。部队的装备很差,全师连1挺机枪都没有,有的只是"独眼龙""老套筒"等一类老掉牙的杂牌枪。弹药更是少得可怜,谁要是有上10发子弹,那简直就是最富有的人了。

就是这样的武器,也还达不到人手一支,不少同志手里拿的还是鸟铳、大刀、梭镖。

在改编组建红一师的大会上,我第一次看到了徐向前同志。他只有29岁,身材高大魁梧,穿一身整洁的灰布军装,显得格外精神。他讲话声音洪亮,论理透彻,语调斩钉截铁。当讲到红一师的现状时,他把大手一挥说:"眼下我们人还不多,枪也不齐。但我们是共产党领导的工农武装,不是吃现成饭的,我们要在战斗中把自己迅速发展壮大起来!"听着这激动人心的讲话,干部战士一个个握紧了拳头,充满了必胜的信心,会场上掌声、口号声此起彼伏,响彻云霄。

红一军整编后,军部即东进率第二师、第三师赴皖西作战。红一师由徐向前同志率领留在鄂东北坚持斗争。部队一面继续发动组织群众,斗土豪,分田地,建立工农政权;一面加紧军政训练,准备迎接新的战斗。

红一师是在党的领导下改编组建的,徐向前同志十分重视部队党的建设工作。当时,各单位都建立了强有力的党组织,时时处处发挥着战斗堡垒作用。凡带有原则性的重大问题,必须经过师党委讨论决议后方能生效。徐向前同志特别强调党员的先锋模范作用。要求党员干部战士,不仅要有远大的理想,饱满的革命热情,在战场上冲锋在前,退却在后,在生活上吃苦在前,享受在后,而且始终要同群众打成一片,倾听群众的呼声,掌握部队的思想脉搏,及时而有针对性地做好工作。他自己首先身体力行,艰苦朴素,平易近人,处处为人表率。在党的领导和徐向前同志的影响下,这支年轻的部队不仅保持着旺盛的斗志,而且有着良好的内外关系。军政之间、上下级之间、官兵之间,充满了亲密无间、团结一致的精神。部队与地方党政机关、部队与广大人民群众的关系非常融洽。

5月,红一师刚组建不久,蒋(介石)、冯(玉祥)、阎(锡山)军阀大混战就在中原爆发了。鄂豫皖边区周围的敌军纷纷北调,在鄂东只有川军郭汝栋的第二十军守备一些重点城镇。盘踞在根据地内的地方民团也大部分龟缩在寨堡里,不敢贸然外出横行。以徐向前同志为首的红一师党委深入分析了当时的局势,认为部队向外发展的大好时机到了,决定按上级要求,立即向京汉线南段出击。

二

一听说部队要向京汉线南段出击,干部战士个个欢欣鼓舞。尤其是那些手持大刀、梭镖的战士,更是摩拳擦掌,恨不得生出两只翅膀来,立刻飞到前线去,从敌人手里把枪夺过来武装自己。霎时间,请战书、决心书雪片般地飞向师部。

但是,向京汉线南段出击,并不是那么轻而易举的。敌人在这里部署有一个军的兵力,我们部队虽称为师,但人数不及敌人一个团,装备又比敌人差得多,况且这里靠近蒋介石的武汉大本营,敌人随时都可能增派援兵。尤其是出击的第一仗,正是红一师组建以来的第一仗,这一仗打得好与坏,对全局将会产生重大影响。因此,徐向前同志对这一仗非常慎重。他一方面热情肯定部队求战的积极性,另一方面要求部队多想困难,充分准备,"不打则已,打则必胜"。

当时,部队驻在二郎店,各大队按照徐向前同志的指示,展开了紧张的战前练兵。什么射击、投弹、刺杀、土工作业、越过障碍、战斗动作,还有夜行军等,统统都练。没有训练器材,大家在墙上画个白圈练射击,拣来鹅卵石练投弹,在水沟、断墙旁边练越过障碍,尽管条件很差,但干部战士都知道,这是打仗必需的硬本领,练得非常刻苦认真,部队的战斗素质迅速提高。与此同时,师部每天都派便衣外出侦察敌情,师首长白天黑夜紧张地筹划着战斗。最后,徐师长在听取各方面意见的基础上,经过深思熟虑,终于把出击决心的箭头指向了杨家寨,决定以夜间奔袭手段歼灭该处守敌。

杨家寨是京汉铁路南段的一个小车站,有敌郭汝栋部两个连驻守。此地距敌本部较远,周围地形便于我隐蔽接近,敌人的部署和戒备情况也被我摸得一清二楚。

6月11日黄昏,红一师集合在二郎店的河滩上,徐向前同志亲自作战前动员,他号召部队要干脆利落地吃掉敌人,打出红一师的威风来。接着,部队急行军40里,午夜时隐蔽接近了杨家寨。这时,恰好一辆火车从北向南开了过来,灯光下,只见车站冷冷清清,有几个哨兵在时隐时现地来回走动。这说明敌人还没有发觉我们。火车过后,徐向前同志指挥部队按预定计划向敌人发起了冲击。顿时,枪声、手榴弹的爆炸声响成一片。我们班冲进一所院子时,我顺手投出一颗手榴弹,只听"轰"

的一声，紧接着，同志们冲上去踹开了房门，只见房子里的敌人刚从睡梦中惊醒，有的穿了上衣没穿下衣，有的穿了下衣没穿上衣，正忙乱着取枪准备顽抗。

"不许动！""缴枪不杀！"同志们厉声喝道。

一个不要命的敌人正要扣动扳机，被我一位眼尖手快的战士"机"的一枪放倒在地。其余敌人立刻"扑通""扑通"跪在地上，举起双手，乖乖地做了俘虏。

整个战斗不到半小时就结束了。经过查点，守敌被我全部歼灭，缴枪120余支，俘虏敌人数十名。

战后，部队撤至黄柴畈休整。根据地的群众得知红一师打了胜仗，奔走相告，欢欣鼓舞。部队所到之处，群众送水送饭，杀猪宰羊，充分显示了军民的鱼水深情。休整期间，将根据地一批地方武装和新兵补入部队，全师扩编为3个支队和1个特务大队，每个支队4个大队，兵员达到1200余人，这是红一师的第一次扩编。

三

杨家寨之敌被歼后，郭汝栋虽然还未把红一师放在眼里，认为杨家寨两个连被歼是"疏于戒备"，甚至狂妄地说红军是"乌合之众，不堪一击"，寻机向红军报复，积极调兵遣将。6月26日，郭汝栋部独立旅第一团进至杨平口以南之郑家店地区，其第二旅第四团进至小河溪地区。

28日，红一师查明上述情况后，师党委立即召开了军事会议。一致认为，杨平口地区虽然接近京汉线，但地方党的组织较强，群众条件较好，地形又便于红军隐蔽和出击。于是，决定在杨平口以东地区用伏击手段歼灭敌独立旅第一团。各支队立即召开军事民主会，发动干部战士分析敌情，讨论打法。干部战士争着献计献策，讨论得非常热烈。这样一来，干部战士对如何打好这一仗，心里有数了。但是"敌人会不会往我们的口袋里钻呢？"不少同志仍有这样的疑虑。

翌日拂晓，按徐向前同志的部署，部队进入预定伏击区，一支队在杨平口以东左翼山脚下埋伏，二、三支队在右翼山上埋伏，孝感县游击队配置在杨平口以西山上，师特务大队与孝感县游击队一部前出郑家店附近，引诱敌人"上钩"。

我诱敌分队与敌接触后，按"不即不离，边打边撤"的战术，利用有利地形，挑逗敌人。上午10时左右，敌人终于全团出动，向我扑来，企图一举消灭这股"小游击队"。部队一见敌人被引诱进来了，顿时活跃起来，议论开了。"呵！敌人真听话啊，叫他来多少就来多少，叫他到哪里就到哪里。""敌人的算盘珠是咱徐师长给拨拉的，他能不听话吗？"

说话间，敌人已进入了伏击圈。我们三支队就在师指挥部不远的一个山头上，我看见徐向前同志不住地用望远镜观察敌情。突然，他把望远镜放下，大手一指，冲锋号响了。一支队的战士们像一群小老虎似的，一跃而起，向敌人猛扑过去。二、三支队紧接着以排山倒海之势从山顶上压了下来。枪声、喊杀声响成一片，敌人像乱了营的蚂蚁，东藏西躲，四下乱窜。大部敌人很快被歼，敌团长仓皇率领残部约1个营的兵力，退守在一个高地上，继续顽抗。徐向前同志组织部队一面紧缩包围圈，一面向敌人喊话："穷人不打穷人！""缴枪发路费回家！"……这时，在敌内部做兵运工作的秘密共产党员，也乘机鼓动敌军士兵放下武器。敌团长见大势已去，遂率队缴械投降。

历时4小时的战斗胜利结束了。共毙伤敌200余人，俘敌团长以下官兵近千人，缴枪800余支。

有的俘虏兵问红军战士："你们怎么知道我们要来？"战士开着玩笑回答："红军会神机妙算！"

"我们那些龟儿子官长，真他妈的会骗人，"俘虏兵愤愤地骂道，"他们说红军是老百姓，不会打仗。"

由于俘虏兵太多，不可能全部带走，因此除留少数坚决要求参加红军的外，经就地教育，每人发两块白洋，释放回家。红军宽待俘虏的政策，深深地印入了白军士兵的心坎。

这次胜利，极大地鼓舞了人民群众的斗争热情。京汉铁路两侧地区的几千农民，在应山县委领导下，一夜之间，就把杨家寨至王家店20余里铁路扒掉，配合部队的行动，再次沉重地打击了敌人，使蒋介石大为震惊。

杨平口战斗后，红一师除留少数侦察人员协同地方党组织掌握京汉线南段敌军动态外，部队撤回黄柴畈地区，进行第二次扩编。全师编成第一、第三两个团，每团两个营，每营3个连。由于连续缴获敌人两批武器，除部队装备齐全外，还多出300余支步枪。这时后方各县的赤卫军积极要求参军，几天工夫，部队就扩充到1500余人。

在部队扩编的同时,徐向前同志亲自总结了作战经验。从战术到技术,从干部到战士,从打仗到保障,一点一滴总结得非常具体。我们这些入伍时间不长的同志,受益尤深,真正做到打一仗进一步。

部队在半个多月内连续打了两次胜仗,指战员的战斗情绪空前高涨,大家以更大的热情和干劲投入到军政训练,全师掀起了第二次练兵热潮。那时,干部战士整天不想别的,就是想打仗,想练本领。我所在的三团,有个战士的父亲来队要接他回去结婚,说结过婚就让他来队,团部也批准了。可是那个战士坚决不回去,并对他父亲说:"你也不看看,现在是什么时候,怎么能顾得上结婚呢?"结果,硬是没有回去。

四

7月下旬,红一师再次向京汉路出击,乘敌守备薄弱之际,一度攻占祁家湾车站。此时,应山县委送来一份重要情报,大意是:蒋、冯、阎军阀混战方酣,双方大军集结于陇海路东段决战。现在武汉驻军很少,京汉铁路守备兵力单薄。从武汉开到花园车站之敌钱大钧教导师第五团,因初到,情况不明,害怕袭击,一夕数惊。白天挖壕,夜间坐更,赶筑工事,只求保命。

红一师立即组织特务大队在地方党组织的帮助下,进一步查明了花园守敌的情况。原来,该敌除守备花园外,经常性的任务是培训敌军军士和下级军官;辖有步兵营、重机枪营、迫击炮营和直属步兵连,另有八十三师1个留守连。花园镇西临溳水,镇南及铁路以东有若干湖、塘,前、后街和南街由寨墙环绕,墙内筑有射击掩体,铁路东街街口筑有机枪掩体。敌平时在街南口地堡内设有值班机枪。另外,敌人在镇内的驻防情况,也被我便衣侦察得清清楚楚。

师首长获悉以上情况后,当即进行了研究。认为,花园守敌虽然装备较好,但战斗力不强。我军连打胜仗,士气正旺,又进行了扩编整训,战斗力进一步提高,如出其不意攻击花园,歼灭守敌是完全可能的。于是,决定28日夜间奔袭花园。

28日午后,奔袭的一切工作准备就绪。当晚从青山出发,向花园前进。出发不久,后卫就走错了路。部队走出20里路后,发现后卫没有跟上来,只好停止前进,坐在路旁等待。

过了好久,才同后卫联络上,部队继续前进。当到达花园车站东南15里的平头山时,天已快亮了。显然,夜袭是不可能了。师首长命令部队原地休息,立即找地方同志了解敌情。据地方党组织反映,这天夜里,花园南、北街头仓库相继失火,敌人忙乱了一个通宵,驻南街之敌八十三师留守连,午夜后已撤离花园归建。这时,部队有的干部主张打,有的却建议撤,意见不一。时间一分一秒地过去了。打还是撤?必须当机立断。

每逢这种时候,徐向前同志总是显得格外沉着,他在就地召开的师党委紧急会议上,分析了当时的情况后指出:打仗一点风险不冒是不行的。眼前尽管夜袭之机已经丧失,但袭击敌人的基本条件仍然具备。因此,就是有点风险,也要硬着头皮坚持打,不能动摇。在长期的战争实践中,委员们深知徐向前同志从不轻易定下决心,他的决心一旦定下来,就是铁板钉钉子。因此,大家望着徐向前同志那刚毅的面孔,频频点头,一致赞同按原定计划打。打的决心定了以后,徐向前同志立即命令师特务大队化装成赶集的群众,在先头行进,扫除进击道路上敌人的岗哨。同时,命令一、三团轻装跑步跟进。在距花园还有2里路左右时,徐向前同志赶到前面,亲自指挥部队沿铁路两侧,隐蔽前进。干部战士看见徐向前同志冲到前面去了,增添了勇气和力量,一个个加快了步伐,向花园急进。

29日,太阳冒红的时候,红一师突然以勇猛的动作分路冲进了花园镇。这时敌人刚刚起床,正在洗漱,一见红军潮水般地涌了进来,立即慌作一团,有的急忙丢了脸盆去拿枪,哪里知道,枪已被红军战士先拿到手了。铁路东街敌重机枪营发觉红军后,立即用街头地堡内的值班机枪封锁了红军的进路,企图掩护其主力展开。红一团团长倪志亮同志当即令一部兵力正面吸引敌人火力,指挥团主力迅速从两翼迂回包抄,敌重机枪营未来得及全部展开,即成了我们的战利品。

8时左右,敌大部被歼,唯有迫击炮营在敌副团长胁迫下,依托李家祠堂坚固建筑继续顽抗。

徐向前同志经常说,打仗最怕官僚主义的指挥员。每逢部队进攻受阻,或战斗的关键时刻,他都要亲临第一线指挥。当时,我们三团正在围攻李家祠堂之敌,我亲眼看见徐向前同志带着参谋和警卫员,冒着密集的弹雨从镇内向我们奔来,这时我们的心都快提到嗓子眼上来了,多么想猛扑上去把他按倒隐蔽,但这是当时的纪律所不允许的。所以，大家都捏着一把汗，紧紧地盯着他。他跑到一个断墙边蹲了下来，仔细观察了敌情，发现李家祠堂的建筑物有不少木质结构，感到强攻必然增大伤亡，遂令参谋通知三团团长王树声同志准备火攻。王团长立即指挥部队搬来很多棉花、柴草，堆在祠堂周围，同时组织部队喊话劝降。敌军士兵眼见走投无路，立刻骚动起来，打死其副团长，缴械投降。

紧张、激烈的战斗仅3个小时就胜利结束了。全歼敌一个整团，毙俘敌团长以下官兵1400余名，缴获重机枪8挺、迫击炮5门、长短枪800余支，这些枪统统是崭新的汉阳造。而我仅有少数人负伤，无一牺牲。真是一个空前的大胜利。

战斗刚刚结束，部队立即走向街头巷尾开展宣传工作。大街小巷顿时贴满了"反对军阀混战""反对苛捐杂税""打倒帝国主义""打倒国民党军阀""工农兵联合起来"等标语传单。这时，商店、民宅纷纷开门，人们看到红军纪律严明，不进商店，不进民宅，秋毫无犯，一个个竖起大拇指，赞不绝口。政治机关的同志们为了把红军的影响扩大到武汉去，将标语贴在一辆火车机车上，找来一个勇敢的司机，将机车开足马力后跳了下来，那辆机车就像脱缰的野马一样，轰隆隆呼啸着向武汉飞驰而去。

人民，是军队的强大后盾，军队一时一刻都离不开人民。就在红一师袭击花园镇的同时，中共孝感县委率领地方武装和群众攻克了花园北部的王家店车站，并破坏铁路10余里，解除了红一师的北顾之忧，有力地配合了花园战斗。

花园战斗的胜利，震动了武汉和京汉线的敌人，极大地鼓舞了铁路沿线和鄂豫皖边区根据地的广大群众，青年农民热烈响应根据地政府的号召，争先恐后地报名参军，根据地后方政府将整连整营的新战士送到了部队。在此情况下，红一师又在小河溪进行了第三次扩编，除将一、三团补齐3个营的建制，团部在增编特务连外，另组建了一个机炮混成团，全师兵员猛增一倍，达到3000余人。

五

1930年8月1日，红一师在小河溪召开了隆重的庆祝大会：热烈庆祝南昌起义三周年！热烈庆祝花园战斗胜利！

经过战火考验的大别山，越发雄伟、挺拔；获得胜利以后，澴水河显得更加清澈、明亮。一大早，各县的领导同志和四乡的群众络绎不绝地向披着节日盛装的小河溪涌来。小河溪的街头扎起了彩门，镇中广场上搭起了主席台，大街小巷贴满了标语，房前屋顶到处飘扬着红旗，妇女、小孩都穿上了节日的服装，人们一个个喜笑颜开，小河溪沉浸在一片欢乐之中。

上午10时，广场上鼓号震天，欢声雷动，庆祝大会开始了。装备一新、精神抖擞的红一师，迈着整齐有力的步伐，雄赳赳、气昂昂地进入会场，接受党政军领导同志和人民群众的检阅。

徐向前同志在大会上发表了热情洋溢的讲话，当他讲到红一师连战皆捷的经验时指出：我们所以打胜仗，靠的是党的坚强领导，靠的是人民群众的大力支援，靠的是全体指战员的英勇善战，靠的是各级指挥员的正确指挥。

红一师的胜利，是党的胜利，是人民的胜利，也是全体指战员英勇顽强、不怕牺牲、前仆后继、连续奋战的结果。

红一师的部队是英雄的部队，红一师的战士是英雄的战士。在红一师的历次战斗中，不少有觉悟、有理想、斗志旺盛的干部、战士，英勇地献出了宝贵生命。他们的光辉业绩，像大江的流水，千秋不衰；像高山的松柏，万古长青。他们的革命精神，将永远激励我们紧跟党中央，奋力开创社会主义建设的新局面。

原载《艰苦的历程（上）》，人民出版社，1985年，第138～149页。

红一军第一次会合

◎ 王宏坤

一

在鄂豫皖苏区，红一军3个师第一次会合是我最难忘的。

1930年初春，由于蒋（介石）、冯（玉祥）、阎（锡山）军阀混战，革命出现了新的高潮。2月底，中央军委书记周恩来同志在上海召集郭述申、许继慎、熊受暄等同志开会。徐向前同志已在鄂豫边区没有参加这次会议。会上宣布党中央决定：派许继慎、郭述申等同志到鄂豫皖边区工作。郭述申任特委书记，许继慎任红一军军长，徐向前任副军长，曹大骏任政治委员，熊受暄任政治部主任。

3月18日，党中央又发出指示信，决定将黄麻起义后组建的红三十一师、商南起义组建的红三十二师和六霍起义成立的红三十三师，编为中国工农红军第一军。4月，郭述申、许继慎等同志来到鄂豫边区，在黄安北部的箭厂河宣布红一军成立。红三十一师改编为第一师，师长由副军长徐向前同志兼任，政治委员李荣桂，下辖5个大队共800余人。原红三十一师第十一大队改编为军部教导队。第一师编成后由鄂东北向京汉路南段出击。军部东进商南与红三十二师会合，在南溪改编为第二师，师长周维炯，副师长肖方，政治委员王培吾，下辖4个团共600人。此后，军部率第二师到皖西与红三十三师会合，将红三十三师改编为第三师，师长漆德玮，政治委员姜镜堂,下辖两个团300余人。为了坚持皖西游击战争,后来又相继组建了中央独立第一师和中央独立第二师。

红一军第二师、第三师改编以后,在许继慎军长、曹大骏政委率领下,于6月下旬向六安、霍山西部地区的反动据点发动进攻。那时,我在军部教导队第三排当排长。我们教导队、手枪队和军部机关都发了新军装、新挎包、新米袋,每人还有一顶桐油油的竹斗笠。我第一次见到许继慎同志,就是在红一军成立时,他中等身材,方脸盘,浓眉大眼,穿一身灰布军装,越发显得精明强干。许继慎军长指挥我们和二师、三师打的第一仗是攻克流波䃥的战斗。流波䃥居于山谷之中,在它的旁边有一条很宽的河,由西向东,水流湍急。敌人有一个独立团共四五百人占据了有利地形守在那里,流波䃥有一条丁字街,在街的交口处,筑有坚固的炮楼,拿下这个据点相当困难。我们教导队由东面进攻,二师、三师部队从南面攻击,当时没有打巷战的经验,部队攻进去,又被打出来,战斗打得很激烈。敌人据守顽抗,我方前进受阻。在这危急关头,亲临火线的军长指挥果断,重新部署,改变了我们硬拼的打法,采取了机动的战术,先从二师、三师进攻方向,派少数部队隐蔽爬上房屋冲进去,教导队、手枪队从东向西攻击炮楼,来他个前后夹击。同时,组织特等射手封锁敌人的枪眼,掩护部队进攻。

按照新的部署,攻击开始了。许军长在前沿阵地上,一面观察,一面指挥。敌人的枪弹朝指挥所猛烈射击。这时,我正跟着许军长在指挥所里,见这状况,大喊一声:"军长,这里危险,你快下去!"

许军长若无其事地说:"不行,不行,我要看着你们打下来。"我们的部队迅速冲进敌人碉堡,用火烧、烟熏,逼着敌人缴了枪。这一仗从拂晓一直打到下午1点多钟,全歼守敌500多人。

接着,打麻埠。麻埠是六安县的一个小镇,也在山洼洼里,南面有一条小河,镇西是一道山梁,镇北是一道山沟,镇东是大山,镇南有座圆山包,地形险要。敌人是陈调元收编的土匪约一千七八百人。我军部署是:二师主力四大队由吴云山带领,夜晚从侧后摸上山;我的任务是带一个排沿着河沟摸过去,牵制敌人,掩护许军长亲自指挥的二师、三师主力从正面攻击。这一仗打得干脆、痛快,人员、装备都得到了补充,摘掉了二师、三师"人少枪少装备差"的帽子。连打胜仗,士气也鼓起来了。

打下麻埠后，我们乘胜前进。在霍山县城北面的下符桥，与敌潘善斋新编第五旅遭遇，我们冒雨打击敌人，许军长指挥坚决果断，二师、三师配合紧密，毙俘敌副旅长以下近千人，缴获机枪1挺、迫击炮1门，取得了红一军改编后的第一次大胜利。霍山守敌狼狈逃窜，部队在霍山县城得到休整，这时二师已发展到1200多人，三师近500人，皖西根据地也有了较大发展。

7月，骄阳似火。许继慎军长、曹大骏政委率领军部、二师和三师南下，在燕子河与英山县委领导的游击队300多人会合，队长姚家芳是黄埔学生（后来编到十师当营长）。当时敌唐生智部韩杰旅2000余人盘踞在英山地区，我们走到英山县城西北的金家铺，发现敌人1个团守在那里，许继慎军长决心攻下这个据点，立即部署战斗。7月13日，以第二师和军部教导队突击金家铺；以第三师和英山游击队迂回到英山城南15里的狮子坳，并控制通往英山的道路，既防止敌人南逃，又阻击敌人增援。金家铺敌人经不住我们勇猛穿插，遂向英山逃窜，我第二师紧追，一直追到狮子坳，英山之敌倾巢增援，二师与三师协同，将韩杰旅一举全歼，英山县城被我攻占，取得了又一次大胜利。

打了英山，又攻罗田，敌人闻风逃窜，皖西根据地空前发展。

二

红一军军部率二师、三师于皖西胜利作战的同时，徐向前同志指挥留在鄂东北的红一师，积极向京汉路南段出击。6月中旬，奔袭杨家寨，歼敌郭汝栋两个连，缴枪百余支；6月29日，伏击杨平口，歼敌千余人，缴枪800支；7月下旬，奔袭花园镇，歼敌1400人，缴获重机枪8挺、迫击炮5门、长短枪800支。红一师改编后，三战三捷，威震敌胆。经过三次扩编，全师组成两个步兵团，1个机炮混成团，由800余人发展到3000余人。

7月底，徐向前同志写信给许继慎军长，提出争取3个师早日会合的问题。许军长收信后，即带领二师、三师部队，日夜兼程，由皖西西进。8月22日赶到京汉路以东的四姑墩，正遇上敌人戴民权部两个团向红一师反扑，许继慎军长指挥二师、三师立即投入战斗，迂回包抄，配合一师歼敌1个团，余敌连夜逃窜。战斗结束，红一军第一师、第二师和第三师，第一次会合于四姑墩，在鄂豫皖红军战史上写下了新的一页。

会师后，敌彭启彪新编十四旅分3路反扑过来，我红一军在许继慎、徐向前同志指挥下，3个师捏成一支铁拳，狠狠打击敌人，在小河溪歼敌1个团，其他两路敌人见势不妙，抱头鼠窜。

这次会合，胜利实现了鄂东、豫南和皖西三块革命根据地武装力量的统一领导，为创建和发展鄂豫皖革命根据地，开创了一个新局面。这是许继慎同志和徐向前同志在党的领导下，团结战斗、奋发努力的结果；是红军主力配合地方武装，人民群众大力支援的结果。

10月6日，红一军以二师、三师袭占光山县城，歼敌数百人；新集增援之敌，被一师击败。攻克光山后，于10月中旬在县城召开了红一军第一次党员代表大会。会议强调加强党的领导，加强政治工作和统一指挥、统一组织、严格纪律；通过了关于政治任务、组织问题、宣传教育问题、政治工作等决议。会议根据中央和中央军委长江办事处的指示，整编了部队：第一师编为两个团；原第二师、第三师合编为第二师，也编两个团。这次整编，为打破本位主义和地域观念，一师和二师还各抽调五个建制连队对调混编，各级干部也作了适当调整。我从军教导队调到第一师一团一营第一连当连长。时间不长，为加强皖西武装力量，一军前委决定：军属独立旅、黄麻补充营同中央独立第一师和第二师合编为红一军第三师。与此同时，在信阳陡沟还成立了一个随营干部学校，专门培训基层干部。

整编后，许继慎军长、徐向前副军长就率领一、二师攻打罗山，许军长讲得很严肃，打不下来要军法从事。罗山县城，有高大坚固的砖城墙，敌人一个团和保安队驻守，夜晚，在城墙的每隔两个垛口上点着一盏油灯，全城灯火通明。我们连担任主攻南门任务，军部手枪队配属我们连指挥。我带领干部看了地形，要攻城首先就要组织火力把灯打掉，然后才能架梯登城。由于城墙高、距离远，很难打准小油灯。我有点急了，对手枪队队长（只记得他是个大个子、光山人，记不清姓名了）说："我个子小，先冲过去，你扛梯子跟上来。"我冲到南门外西侧，占领有利地形，依托一个商店的木门，以驳壳枪瞄准城墙垛口上的油灯，"叭！叭！叭！……"从左至右打灭了9盏灯,大个子队长甩出一颗手榴弹,敌人吓得蹲在城门楼里不敢出来。我们见敌人没有动静,跑步冲到城墙下,架起了高高的云梯,两个人一前一后爬上了城墙。战士们跟上来,只见梯子不见人,就悄悄呼喊:"连长,连长!"我们听到喊声也不敢答应。过了一会儿,部队跟着爬上来了,大个子队长带人向西面碉堡冲,我携人向东面城楼打。晚上10点部队发起全面攻击,到拂晓解决战斗,全歼守敌。取得了整编后的第一个胜利。

这时,第二次"左"倾路线传达贯彻到鄂豫皖根据地,组织"以城市为中心的地方暴动"提出"打到武汉过中秋"的口号,要求红一军出击京汉线,进攻中心城市。许继慎、徐向前等同志在执行这一行动计划中,比较灵活,没有机械地执行命令,才得以保存了红军的有生力量,为后来部队的发展壮大和反"围剿"斗争创造了有利条件。

三

回忆这段历史,我的心情久久不能平静。我深切怀念许继慎同志。是他,在革命斗争的关键时刻,实现了红一军3个师的会合。我更加崇敬徐向前同志。是他,以无产阶级革命家的胆略和气魄,主动热情地支持许继慎同志工作,为鄂豫皖根据地红军的创建和发展,进行了艰苦卓绝的努力。徐向前同志说过:"红一军3个师捏拢在一起,许继慎同志立了一大功。"其实,鄂豫皖的老同志都知道,这一大功,也倾注了徐向前同志的心血。

1929年部队装备差,物资供应困难,主要是分散打游击。6月11日,徐向前同志受党中央委派来到鄂豫边,任红三十一师副师长。6月26日,敌罗霖独立第四旅2个团和李克邦暂编第二旅1个营,并纠集反动红枪会数千人,发起"罗李围剿"。徐向前同志指挥红三十一师第一、二大队,奋勇迎战,采取避强击弱的方针,粉碎了敌人的"围剿"。战斗中,徐向前同志和我们战士一起冲在最前面。在白沙关北面的槐树湾、陡沙河,敌人烧稻场的稻谷时,战士们看了很气愤,徐向前亲自动员部队,一大队到麻城,二大队到(黄)陂(黄)安南狠狠打击敌人,师部留在山上打游击。一、二大队出发后,即与敌郭汝栋部队遭遇,把他们击溃。敌人被粉碎,我部队会合后，8月的一天下午，在来家河徐向前师长亲自召集我们一、二大队的10个班长开会。我那时在一大队三班当班长。徐师长讲话简短明确，好懂易记。他说，我们部队要集中起来到黄安以西、黄陂以北地区，把敌人引出来打，支援地方武装，广泛开展游击战争。他还宣布了四条纪律：第一，买卖要公平，买东西要付钱；第二，不许调戏妇女；第三，要搞好宣传；第四，借东西要还，损坏东西要赔，睡了稻草要捆好。徐师长刚讲完话，我们的部队立即出发到黄安以西、黄陂以北地区的松树丛中伏击敌人。担负"鄂豫围剿"的敌十三师三十七旅约一个营冲上来后，我们与敌激战3小时，歼敌两个排，缴枪30多支。这次战斗，我亲眼看到，徐向前师长也和我们战士一起追击敌人，在危急关头，他从容不迫，指挥脱险。1930年4月，许继慎同志从上海来到鄂东北，徐向前同志亲自派王宏恕同志（王树声同志的哥哥）带手枪队护送许继慎同志去皖西。

红一军会合后，徐向前同志与许继慎同志一起对部队进行整编，使红一军第一次统一了编制，统一了制度，统一了纪律，统一了作风，统一了指挥。

四

许继慎同志毕业于黄埔军校，在北伐战争时，作战勇敢，战功卓著。在红一军，遇事果断，团结同志，爱护下级，深受指战员们的尊重和爱戴，是鄂豫皖红军中骁勇善战的名将。1931年9月，许继慎同志被张国焘秘密杀害于新集。

当我听到许军长不幸牺牲的消息后，悲痛万分，因为我们失去了一位令人崇敬的优秀指挥员，我失去了一位钦佩的好首长。在红一军战斗的日子里，我与许继慎同志在一个党小组一起生活过一段时间，他谦虚质朴、严己宽人的民主作风，给我留下了深刻的印象，我很受教育。许继慎同志有时急了爱发点火，在党小组会上，我们不论干部战士都敢于向他面对面地提出意见，他总是笑嘻嘻地说："大家提得对，急躁是我的老毛病，以后坚决改！"

1972年4月，在一次党的会议上，我还听周总理讲过：许继慎是个好同志，是有战功的，红四方面军的战斗作风，就是猛打猛冲。这与许继慎同志的带领和培养是有一定影响的，张国焘把他杀了，可惜！1981年7月1日，胡耀邦同志《在庆祝中国共产党成立六十周年大会上的讲话》中提到:"我们还深切怀念早年为党为国捐躯的人民军队的杰出将领",其中就提到了许继慎同志。这些评价,许继慎同志都是当之无愧的。

原载《艰苦的历程(上)》,人民出版社,1985年,第150～157页。

红十五军在鄂东南

◎ 陈金玉

红十五军从 1930 年 10 月成立,到 1931 年 1 月与红一军合编为红四军,虽然只有短短 3 个多月时间,但它和许多老部队一样,是我们党领导下的一支革命武装。在大革命期间,它是星星之火中的一点,是汇入江海的百川中的一条,曾以艰苦卓绝的斗争,在我军发展史上写下了光辉的一页。它为开辟鄂东南苏区,发展革命武装,打击国民党反动势力,付出了重大牺牲,对连接井冈山、洪湖、大别山根据地起到了纽带作用,为中国革命的胜利做出了贡献。我们这些在红十五军战斗过的老同志,至今想起活动在鄂东南的岁月,心情总是久久不能平静。那是一段充满荆棘的艰难历程啊!红十五军的诞生地——我的家乡鄂东南地区,是一个具有光荣革命斗争传统的地方,人民对剥削和压迫具有强烈的反抗精神。2000 多年前,秦末农民起义的领袖陈胜就出生在这个地方。历代农民起义和抗官抗粮的斗争此起彼伏,连绵不断。1927 年,武汉成为大革命的中心,鄂东的农民运动也风起云涌,蓬勃发展。蒋、汪先后发动"四一二""七一五"反革命政变,各县的党组织和农民运动虽然遭到严重破坏,但英雄的人民并没有被吓倒、被征服。

8 月 7 日,党中央在汉口召开了紧急会议,批判和纠正了陈独秀的右倾投降主义,决定以武装斗争反抗国民党的屠杀政策,号召各地举行秋收起义。9 月,中共湖北省委派周为邦、吴铁汉到鄂东南的蕲(春)、黄(梅)、广(济)地区,恢复党的组织,领导农民开展"三杀四抗"(杀恶霸地主、杀土豪劣绅、杀贪官污吏,抗粮、抗税、抗捐、抗修路）斗争。并在黄梅县大河铺、广济县大金铺等地组织暴动，组建了十来个武装小组，昼伏夜行，出没无常地活动在广济东南乡和黄梅四乡等地。经过一段时间，武装小组发展为一支60多人的游击队，广泛活动于蕲、黄、广地区，先后歼灭了横行霸道的胡世柏、童司牌民团，缴枪20余支，活捉团总胡靖廷等反动头目。有力地打击了土豪劣绅的反革命气焰，鼓舞了人民群众的斗争热情，革命烈火越烧越旺。这使得当地的反动派吓破了胆，感到若不及早"清剿"，以后必成"大患"。于是，他们纠集了国民党军队和各县的民团，于1928年2月，向鄂东地区的党组织、游击队和人民群众进行疯狂反扑。他们认为"可疑"的人就抓，不问青红皂白就杀，到处是一片白色恐怖。鄂东军委书记周为邦和一些县委、区委书记先后被捕牺牲，党的各级组织又一次遭到破坏。刚建立不久的游击队受到严重创伤，有的赤卫队被迫解散，蕲、黄、广地区的革命斗争进入了新的困难时期。党组织适时改变斗争方式，把游击队化整为零，分散活动，保存了革命火种。

1929年8月，由鄂东特委书记兼大冶中心县委书记吴铁汉主持，在广济郑公塔召开蕲、黄、广三县书记会议，决定大力发展党的组织，扩大革命武装，以"赤色恐怖"粉碎敌人的白色恐怖。会后，重建了鄂东游击队。9月底，在广济县委书记刘禹益和苏维埃政府主席解朗辉等同志领导下，广济县成立了游击大队，首先从抗修广（济）武（穴）公路斗争开始，随后在大金铺、草鞋岭组织了4000余人的起义，夺取民团武器40余支，武装了游击队。从12月开始，刘禹益等组织全县人民，在游击队和赤卫队的配合下，开展了声势浩大的年关斗争，取得辉煌战果。离我家很近的大金铺、郑公塔和花关桥的斗争是统一行动的，搞得热火朝天。我们花关桥的大地主陈同茂，在武汉、武穴都开有铺子，家里雇着不少长工，残酷盘剥劳动人民，年关逼债更是如狼似虎，民愤极大。在这次年关斗争中，我们缴了他团丁的武器，分了他家里的粮食，大杀了他的威风，吓得陈同茂躲到外地不敢回来，群众兴高采烈地过了个好年。到1930年春，鄂东游击队在赤卫队的配合下，先后打垮和消灭了各地的反动团防，多次打开地主的粮仓，接济贫苦农民，赢得了群众的拥护和支持。各级苏维埃政府也由秘密转为公开，积极领导人民打土豪、斗地主，将"三杀四抗"斗争推向新的高潮，使革命烈火燃遍鄂东大地。在斗争中，鄂东游击队也发展到200多人，成为一支颇有影响的武装力量。

1930年四五月间，彭德怀同志领导的红五军第五纵队，由纵队司令员李灿率领，由赣入鄂，从黄石、阳新一带过长江到鄂东地区活动。6月返回江南，攻下了保安和大冶县的下陆。接着，又在游击队的配合下，攻占了大冶刘仁八，消灭了国民党部队1个团，缴获大批枪支弹药。随后，根据党中央的指示，红五军第五纵队扩编为红八军，下辖3个纵队三四千余人。军长李灿，政治委员何长工。因李灿同志赴上海养伤，由何长工同志代理军长。红八军组建后不久，这3个纵队奉命随彭德怀同志领导的红三军团南下攻打长沙。7月初，原红五军、红八军留守人员和鄂东游击大队，合编为第四纵队，共600余人；赣西北九江中心县委从各县抽调500余名游击队员，组成了红八军第五纵队。红八军四、五纵队组建后，即渡江北上，在蕲、黄、广地区积极开展对敌斗争。红军过江后刚进至广济县大金铺、草鞋岭地区，敌郭汝栋1个营和200余名团防即向我发起进攻。我四、五纵队在鄂东游击队和赤卫队配合下，歼敌大部，俘敌200余名，缴枪150余支。接着，又攻打了周笃和六村的反动团防。

六村是广济县地主武装的一个顽固堡垒，号称"小金汤"。它地处城塘湖、连城湖、万丈湖之间，四面环水，与外界仅有一桥相通，易守难攻。盘踞在这里的反动团防首领董岳明及其儿子反动区长董玉珍，经常驱使民团，到处烧杀抢掠，无恶不作。群众对这一伙坏蛋恨之入骨，都希望早日拔掉这颗钉子。过去，广济县赤卫队虽攻打数次，但均因势单力薄，未能拔除。敌人反而越发嚣张，更加肆无忌惮。9月下旬，我们打完周笃就马不停蹄地赶到六村外围，旋即在县赤卫队的配合下，向这个反动据点发起猛攻。战斗从清晨开始，激战半天，便攻克了这一反动堡垒，全歼了地主反动武装100多人，活捉了反动团防首领董岳明等，还缴了七八十条枪。我们刚打扫完战场，正吃午饭，忽听侦察员报告说，从龙坪方向过来1个连的敌人，可能是来增援的。我们的指战员刚打了胜仗，劲头足得很，一个饿虎扑食，就把敌人这个连歼灭了。敌人的增援成了陪葬。六村的反动据点被拔掉以后，周围群众人心大快，喜气洋洋地欢庆胜利。许多青年农民纷纷要求参加红军，出现了不少父母送子、妻送郎的动人情景。当时，广济、黄梅各有两个游击中队编入四、五纵队，花关桥、大金铺等地有一批赤卫队员踊跃参加了红军。

六村战斗后，我四、五纵队又进行了童司牌、小溪、漕河、大河铺、石头咀、新屋咀等大小战斗,曾两克广济县城,一度收复英山。这给当地的反动势力以很大震动,使鄂东的工农武装割据日益巩固和发展。

  1930年9月底,为适应革命形势发展和对敌斗争需要,根据党中央的决定,在黄梅县考田镇和两河口成立了红十五军。它的基础是红五军、红八军一部和鄂东、赣北游击队。蔡申熙任军长,陈奇任政委。这两位领导同志都是黄埔军校一期的学生,参加过南昌起义、广州起义和湘南暴动,有卓越的指挥才能和丰富的斗争经验。全军编一、三两个团,每团辖一、三两个营,加上军部特务营,共2000来人。一团团长查子清、政委李溪石,三团团长黄刚、政委陈西,都是共产党员,打过许多仗,智勇双全。召开成立大会那天,全军上下欢欢喜喜,当地苏维埃政府和人民群众纷纷前来祝贺,送来了大米,抬来了杀好的肥猪,还有不少鸡鸭鱼蛋。蔡军长在大会上慷慨激昂地说:在中国,劳苦大众要翻身得解放,过好日子,必须靠共产党,靠武装斗争,建立人民军队。今天,我们红十五军正式成立了,它象征着我们党领导的武装力量又壮大了。别看我们都是些"煤黑子""泥腿子",也不要小看我们手中的大刀、土枪。我们是工农的队伍,人民的武装,是志同道合的阶级兄弟,只要一心跟着共产党,我们的力量能移山填海,我们的队伍会越战越强,大刀、土枪也一样打胜仗。他的话激励着每一个指战员,全场不时地报以热烈掌声。会后,全军会餐。晚上,群众还特意给我们演出了丰富多彩的家乡小戏,有《送郎当红军》《妇女歌》《长工歌》《庆祝苏维埃成立》等。

  红十五军创建以后,转战鄂豫皖边区,先后进行大小战斗数十次,歼灭和俘虏了大批敌人,缴获了许多枪支弹药,部队不断发展壮大。

  桐梓河第一仗,便干净利落地吃掉了军阀夏斗寅的1个连,使这个一向不把红军、游击队看在眼里的反动军阀,也不免有些惊恐起来,视红十五军为他的一块心病。没几天,夏斗寅便纠集徐源泉、陈调元等反动军队,从四面八方围攻上来。而我们则在蔡军长、陈政委的指挥下,巧妙地跳出了敌人的包围圈,挥师直指宿松县城。宿松,在泊湖北岸,是敌军和土豪劣绅的老窝。城墙高约三丈,一色青砖到顶。由于年长日久,墙上长满了青苔,光滑难攀。敌军1个团七八百人固守,防御十分严密。我军从拂晓攻打,几次爬城都没有成功。10点多,军指挥部重新研究了攻城方案,蔡军长决定用全军仅有的两挺花机关枪掩护攻城。冲锋号响了,部队分3路扑向城墙。我们班是中路的第一突击组，兰金元在前，我居中，小王在后。靠近墙根，梯子组把梯子往上一靠，我们3人依次爬了上去，高大的竹梯在脚下不住地忽闪。离城头还有丈把高，守城敌人忽然伸出两根长竹竿，把梯子撑开。眼看着我们3人要和梯子一齐倒下去，干着急使不上力气。恰当其时，军指挥所的花机关枪"哒哒……"地叫了起来，兰金元眼明手快，趁敌人一愣神，把手榴弹投进垛口，消灭了这两个敌人。随后迅速爬上了城头，我和小王也立即跟了上去。登城之后，我们端枪一冲，撂倒了几个敌人，又抓了两个俘虏。兰金元把敌人身上的枪和子弹往下一拽："拿过来吧，你留着这个没用了。"有两股敌人猛扑过来，妄想夺回突破口，但已经晚了，我们的部队已经源源不断地登上了城头。敌人一看无险可守，纷纷溃退，我军乘势追歼。这一仗消灭敌军500多人，俘虏300多人，缴获了大批武器弹药。

打下宿松，我们只住了两天，即返回蕲、黄、广地区，偷袭了张家塝。张家塝是蕲春县有名的大镇子，四面环山，蕲水河穿镇而过。这里是湖北陆路通往安徽的咽喉，驻守着敌军1个团。这一仗没有打好，就我们营来说还是有收获的。战前，部队派出侦察员，对地形、敌情、进出道路进行了详细侦察。午夜刚过，我们便神不知鬼不觉地摸到了张家塝附近。按战斗部署，我们营的任务是消灭守库敌人，拿下弹药库；一营负责掩护，阻击从团部方向增援的敌人。大约2点多钟，我们乘敌人熟睡之机，像狸猫一样悄悄接近敌人的仓库，巧妙地摸掉了敌人的巡逻哨，收拾了他的警卫排。只半个多小时就全歼了敌人1个连，拿下了敌人的弹药库。镇子里的敌人听到枪声，从梦中惊醒，哨子声、集合声、叫骂声混杂在一起，整个镇子一片混乱。乘着敌人的乱劲，我们很快收拾起缴获的武器和从仓库搬出的几十箱子弹，朝着马鞍尖方向，撤离了张家塝。

黎明时分，敌人企图夺回弹药，从后面紧追上来。由于大家一夜没有休息，还扛着沉重的弹药箱子，饥渴困乏一齐涌来，都感到浑身无力。但一想到打了胜仗，获了那么多枪支弹药，顿时增添了力量和勇气，互相掩护着向山里撤退。坚硬的石头碰伤了脚和腿，满山的荆棘划破了手和脸，大家全然不顾。一个共同的信念就是既要甩掉敌人，又不能丢下一个"彩号"；既要安全撤退，又要把缴来的枪弹全部带走。因为"彩号"是我们的阶级兄弟，枪弹是我们杀敌的武器。战士陈会文，身体瘦弱，打张家塝的前两天又闹肚子，撤退时他实在跑不动了，我们就轮换着架着他跑。他见敌人越追越近,子弹"嗖嗖"地在头上乱飞,怕连累大家,就对我说:"班长,放下我,你们先走,我来掩护!""放心吧,敌人追不上来,我们也不能丢下你。"我一边安慰和鼓励他,一边组织全班且战且走。敌军也真是熊包!我们跑,他追;我们一停,他也停。这样,跑跑,打打;打打,停停,周旋了十几里路,我们钻进了深山密林,敌人什么也没有捞着,只留下了几具尸体,多了几个伤兵。偷袭张家牓以后,蔡军长又率领部队攻克了太湖。太湖县没城墙,四周有些灌木丛,东边是一条沙河。县西南两里处的三岔路口驻守着敌军1个连。那天黄昏,我们乘着茫茫夜色向太湖进发,在离县城10多里的地方稍停了一下。蔡军长、陈政委赶到队伍的最前头,了解情况后,命令我们三团三营首先消灭敌人这个连,为全军打开通道,然后攻占太湖。

根据军首长的指示,营里迅速调整了部署,决定由我们七连担任正面主攻,八、九连从两翼迂回包围。接受任务后,全连同志个个摩拳擦掌,一心要打个漂亮仗。大家紧了紧腰带和绑腿,整理了一下武器弹药,就出发了。我们摸到距敌连部不远的地方,与敌人的前哨排遭遇了。敌哨兵听到动静,刚喊了声"谁,干什么的?"就被我们排的大个子侦察兵抱住双腿,向后一拉,往前一推,来了个嘴啃泥。我们全连乘势一冲,就将敌人的前哨排包了饺子,敌人还没弄清是怎么回事,就当了俘虏。接着,我们向敌连部发起猛攻,这时营主力也从两翼插上来,仅半个钟头就解决了战斗,给敌人来了个连窝端。这一仗,我们俘虏敌人90多人,缴枪60余支。

城外战斗一结束,我们就跑步向太湖进发。城里的敌人因为无险可守,已望风而逃,所以我们没费吹灰之力就攻占了县城。在太湖,部队休整了一天,即向英山、罗田进发,又接连打了几个胜仗。但是,我们这支以农民为主体的队伍毕竟年轻,缺乏经验,免不了有时也吃点亏。金寨一仗就碰到了一个钉子。

金寨濒史河而立,呈长蛇状,是水陆交通要冲,地理位置十分重要。国民党军阀陈调元的1个旅驻守在这个地区。但由于我军战前侦察不准,误以为这里驻的是1个营。加之保密不严,走漏了消息,使敌人有了准备。所以,当我们一、三两团刚摸进城的南北两头,与敌人一接火,数倍于我的敌人便从三面包围过来,顿时枪声大作,中了埋伏。为了避免与敌人死打硬拼,军部命令马上撤退。由于我们连攻城时冲在前头,所以撤退在后,担负掩护任务。正当我们完成掩护任务,准备转移的时候，敌人的一颗炸弹在我的前方爆炸了，一块弹片击中了我的前额，一阵眼花缭乱，我摔倒在地。兰金元、刘裁缝急忙把我扶起来，架着我追赶部队。忽然，从侧后又扑过来四五个敌人。兰金元端枪撂倒了两个，刘裁缝背起我就跑。这时我苏醒了过来，眼看3个敌人越追越近，就命令刘裁缝："快放下我！"敌人见我们人少，还有伤员，想扑上来抓活的。于是，我们3人与敌人扭打在一起。兰金元胳膊粗力气大，三下五除二揍死了一个敌人；当他发现刘裁缝被敌人压在身下时，一个箭步上去，用枪托朝着敌人的脑壳猛砸下去。这时，我忍着伤痛，死抱着最后的一个敌人，已经从两丈来高的田坎上，滚落到稻田的泥水里。兰金元和刘裁缝见此情景，一跃而下，用力掐住敌人的脖子，送他回"老家"去了。我们顺着田坎隐蔽撤退，终于甩掉了敌人，追上了部队。

为吸取金寨战斗失利的教训，部队在南溪召开了战评会，陈奇政委做了重要讲话。他说：胜败乃兵家常事，吃一堑长一智。败仗能教育人，可以使人变得聪明起来。金寨一仗，又一次使我们懂得了当前敌我力量悬殊，红军人少装备差，不能和敌人硬拼，必须多在巧字上动脑筋，做到知己知彼，避强击弱。就像做生意一样，本钱不大，可以多做小买卖，多了解行情，掌握市场变化。这样才能积小胜为大胜。会上，陈政委还传达了党中央的指示，为壮大红军力量，更有力地打击敌人，将红十五军与红一军合编为红四军，蕲、黄、广3县也划归鄂豫皖边区。大家听了很受鼓舞，心里有说不出的高兴，恨不得立即与红一军的同志们会师。会后，收编了一些地方独立团、游击队，把一、三团的二营组建了起来，部队发展到2800多人。

1930年12月初，红十五军离开南溪，逐渐向西转进，跟红一军靠拢。那时，正值国民党反动军队对鄂豫皖根据地进行第一次"围剿"。敌人以黄安、七里坪为中心进行合围。敌萧之楚的四十四师攻占了黄安，接着该师1个团占据了河口镇。而我红一军主力正在皖西作战，无暇西顾。为了粉碎敌人的"围剿"，集中打击深入孤立之敌，我们红十五军在蔡申熙、陈奇同志率领下，奉命由商南赶往黄麻地区，在地方武装配合下，攻击进占河口之敌。当时，部队虽经长途跋涉，艰苦转战，相当疲劳，但士气十分高昂。我们以迅雷不及掩耳之势，一举攻进河口镇，消灭了敌人的一部分有生力量。然后，又赶往七里坪，阻击向七里坪侵犯之敌，激战两昼夜，打退敌人数次猛攻，牵制了敌人大量兵力，配合了红一军的战略行动。

1931年1月初，红十五军完成了内线配合作战的任务，再袭麻城福田河之敌，缴获大批物资弹药之后，遂向外线转移，进抵商南。1月上旬，我们在商城县长竹园、麻城县福田河与红一军胜利会师，正式合编为红四军。之后，又扩编为红四方面军，开始了新的战斗历程。

从鄂东游击队到红十五军，斗争环境和生活都是非常艰苦的。那时，一无经费，二无后勤，三无工厂，战士连个背包都没有，身上背着条干粮袋，走到哪里吃到哪里。有时行军打仗很紧张，一天也吃不上一顿饭。十冬腊月风雪天，有时还穿着单衣，打着赤脚。为了不惊扰群众，宿营的时候，常常是往草垛里一钻。记得当时大家编了一段顺口溜："天作房，地作床，金丝被（稻草）盖身上，管它天寒风雪狂，照样睡得甜又香。"这充分反映了红军战士的革命乐观主义精神。部队的枪支弹药，全靠从敌人手里缴获。因为来之不易，也就看得特别金贵。记得第一次参加战斗，发给我1支小马枪和5发子弹，我高兴极了。一上阵，"呼、呼、呼"就干掉了3发，结果挨了班长一顿批评。从此，我打仗总是瞄准了再打，注意节约每一颗子弹。革命初期的岁月是艰苦的，然而同志间的关系非常密切。大家情同手足，肝胆相照，有苦同吃，有难同当，充满了革命友谊，谁也舍不得离开自己生活、战斗的集体。记得宿松战斗快结束的时候，我们突然发现小王不见了。同志们都为他担心。有的说："冲到街口还见过他。"有的说："看到他正撵着一个敌人追哩！"可现在他到哪儿去了呢？我们急忙四处去找，终于在一条街上找到了。他脸色苍白，怀里抱着3支枪靠墙坐着，一见我们走过来，就强打精神，笑了笑说："班长，我缴了两支枪。"原来我们爬上城墙时，他腹部负了伤。但他一声没吭，跟着大队冲杀，别人也没有发觉。冲到街里，他见两个敌人想顺着胡同溜掉，就追了上去，喊敌人缴枪。敌人回头一看是个小鬼，以为好对付，反而朝他扑来。这时小王伤口痛得厉害，他将身子靠着墙，端起枪就撂倒了一个，吓得另一个敌人扔下枪逃跑了。

我们将小王扶到担架上，他有气无力地对我说："班长，我不行了。"听到这话，我心里一阵难受。他是我们全班的小弟弟，平时不言不语，一说话就脸红，老实得像个姑娘。可打起仗来，出奇地勇敢。现在眼看着他的伤势严重，无法挽救了。我忍着悲痛，安慰说："小王，不要紧，慢慢会好的。""班长，不能好了……大家对我太好了，都像我亲哥一样，真舍不得离开你们。"他说到这，艰难地转动了一下脑袋,四处张望:"兰金元呢?""我在这儿,小王!"兰金元跑过来,蹲在他身旁。"金元哥,谢谢你给我打的两双草鞋,我只穿了一双,还有一双你拿走穿吧,我用不着了。"说完,他吃力地从身下抽出一双草鞋,没等递给兰金元,那只手就无力地垂了下来,草鞋落在地上。"小王……"兰金元趴在担架上痛哭起来。大家看着这位心地纯洁、年纪轻轻的战友静静地躺在那里,悲痛的泪水夺眶而出。指导员擦了擦眼泪,斩钉截铁地说:"反动派等着吧!这笔债要你们十倍、百倍地偿还我们,为小王报仇,像小王那样勇敢战斗!"大家举起拳头高喊。

光阴荏苒,转眼50多年过去了。然而,红十五军创建的那一段短暂历史,却始终清晰地留在我的记忆中。兰金元、刘裁缝、小王和许多已故战友的音容笑貌,仍时时闪现在我的脑海里。当年火热的斗争生活,犹如一幅珍贵的历史画卷,永远放射光芒。

原载《艰苦的历程(上)》,人民出版社,1985年,第158～169页。

第三次打新集

◎ 郑国仲

河南省新集（今新县县城）是大别山区的一座山城，地处湖北、河南两省交界，它南下湖北麻城、黄安直通武汉，东经商城进抵六安、合肥，北出淮河之滨，西近京汉铁路，是个重要的交通要道。在土地革命时期，曾一度是鄂豫皖革命根据地的首府。为了攻克新集，鄂豫皖红军曾先后打过三次。

1929年农历七月十九，豫南红三十二师在农民赤卫军配合下，首次攻打新集。"红军一到新集，地主豪绅战兢兢，叫枪会快闭城门，咦哟咳哟，叫枪会快闭城门……"这是当时流传下来的歌谣，描绘了地主豪绅惧怕红军进城的狼狈景象。1930年6月间，红一军又攻打了一次。这两次攻城，虽歼灭了一部分反动武装，但都没能攻克。1931年2月，鄂豫皖红军在粉碎国民党第一次大规模"围剿"、敌转为守势的情况下，以十师三十团和二十九团一部，在地方武装配合和人民群众支援下，对新集发起了第三次攻击。

早在宋代，就在这一片崇山峻岭中开辟了一条从湖广至开封的南来北往的驿道。新集就是从那时的一个不知名的小地方，逐步发展成为光山南部的一个重要集镇。多少年来，这里一直为反动封建势力所统治。当时，曾远卿、刘建甫两家地主豪绅，就霸占着近万亩良田、山林，对周围几十里的劳动人民进行残酷压迫和剥削。从北伐战争到土地革命，鄂豫皖地区在中国共产党领导下，掀起了轰轰烈烈的农民运动和武装起义。经过几起几落、艰苦曲折的斗争，才在广大农村推翻了地主恶霸的反动统治,建立了苏维埃政权。这时,新集更成了当地土豪劣绅的避难所和封建反动余孽的大本营,曾远卿便成了他们的统领。他誓与农民运动为敌,领头对抗和打击农民革命,纠集各地民团和红枪会等反动武装,依仗国民党军的支持,不断进攻、"清剿"我农民革命武装。当地人民群众无不切齿痛恨! 1930年,他被我打开光山县城的红军抓到柴山保公审镇压了。他侄子曾仲颜,更是和苏维埃政权势不两立,扬言要"雪耻复仇",他自己挂上了团总头衔,竭力招兵买枪,扩充反革命武装,勾结国民党的军队,四处下乡袭扰,抢掠财物,奸淫烧杀,无恶不作,反动气焰甚为嚣张。由于新集地处要道,他们凭险固守,阻隔我军事行动,拦截运往苏区的物资,成为我根据地的心腹大患。它像卡在我军咽喉中的一块骨头,插在根据地中间的一个钉子。不把它拔掉,人民不得安宁,根据地统一和发展受到阻碍。

要攻占新集,不是轻而易举的。它东濒潢河,西靠西大山,其他两面也是山峦起伏,地势险要。方圆不过数里的城寨,据说在清末民初就已筑成,以后又不断加固修缮,城墙全部用长方条石垒起,高六七米,宽2米多。城上架着土炮,密布枪眼;城外挖有护城水沟,环绕四周。敌处这样地势和厚城高墙中,所以我红军攻了两次,都未能奏效。守城的民团和红枪会,有1000多人,火力虽不强,也不是训练有素的正规部队,但它的骨干都是地主豪绅搜罗的兵痞、惯匪等亡命之徒。加上有地主恶霸督战,他们也不是一击就溃的。

1931年2月,攻打新集的命令传来,团长王树声立即带领我们三十团从麻城福田河一带出发。那时,我在团部当通信员。前些日子,我们团在皖西等地接连打了几个胜仗,现在又听团首长号召"打下新集过新年(春节)!"大家的战斗情绪更高了。眼下正是农历腊月,大雪纷飞,寒风凛冽。我们不畏风雪严寒,迅速北进。为了不让敌人觉察我军的攻击意图,我们不走麻城直通新集的大道,而是绕道黄安,攀登崎岖小路,从西侧迂回到新集城北。那时,新集的东、南、西三个城门,因离苏区很近,敌人早用土石把它们堵死,只剩下北门白昼通行,天黑就宵禁封闭。腊月十五(2月2日)夜晚,我们就把新集城团团围住。担任主攻的一营在城北,二营在右翼,三营在城东潢河对岸布设阵地,团指挥所就设在西北山脚下一座小庙里。配合作战的二十九团一部,部署在城南,切断通往麻城的通路。

我们包围城寨,敌人第二天天明才发觉。惊慌失措的民团,慌忙用土炮向我们轰击。北城门楼上的土炮，每隔几丈一门，有的炮还是清朝同治年间铸的，有500斤重，是曾家叫人从西大山梁上抬下来的。他们妄想用土炮抵御红军攻城破关。霎时间，只见城墙上冒起一股烟，听到闷沉沉"轰"一声响，就打过来一些圆溜溜的丸石。我们也不客气，团长指挥炮兵把几门迫击炮，架在城西北百米来远一处叫菩萨石头的山上，"咣！咣！"一连向城头打了几十发，狠狠回敬了他一下。可是，这些炮弹打在城墙上不多，不是落进城外护沟，就是掉进城内西北角菜地里，对敌杀伤威胁不大。看来，依靠这几门炮破城还不行。

从那以后，敌人白天紧闭城门不出，加强城头巡视，一到夜晚，就在城上点油灯，燃火把，每隔几垛一盏，几步一堆。他们还用很粗的棉捻子，浸润当地点灯用的木子油，点燃了不时往外扔，当照明弹用。而那些民团、红枪会徒手执长矛，守在暗处，时刻防备我们架梯爬墙。听说前两次，他们就是用这种长矛顶住梯子往外推的办法，阻挠我们攻城的。这次敌人再想搬用故技，阻我攻城，那只能是枉费心机。

围城后几天的一个晚上，团部交通队队长向我们传达说：团要组织爬城队，谁参加可以报名。队长刚说完，我们班熊班长带头报了名，紧接着，我也举了手，心想，平时党教育我们要冲锋在前，吃苦在先，现在正是我们党员发挥作用的时候。结果，熊班长、小张和我3人都被选上了。爬城队很快组成了，120多个队员，有从军部手枪营、交通队挑来的，也有从各连和团直接挑来的，他们都是身强力壮、打仗勇敢的战斗骨干，由一营副营长廖荣坤担任队长。他嘱咐大家说：我们是攻城的突击队，任务很艰巨，也很光荣，要牢记党和人民的重托，不怕牺牲，勇敢战斗，活捉曾仲颜，把红旗插到新集城头！于是，我们爬城队忙着砍伐毛竹，制作云梯，并在西山坡利用民房进行爬城训练。爬城队还作了细致分工和专门训练，架梯组操练如何使云梯架得快，搭得稳；突击组主要练快猛的爬梯跃城动作；火力组重点操练放排枪，既要快，又要准。大家冒着严寒，踏着残雪，一遍又一遍地操练，劲头都很足。休息的时候，有的同志唱起了打新集的歌谣"新集土豪并劣绅，刘建甫和曾远卿，四乡下压迫穷人，咦哟咳哟，四乡下压迫穷人。压迫穷人无处生，跑到南方投红军，那红军穷人救星，咦哟咳哟，那红军穷人救星……"大家一唱一和，越唱越有劲。有些同志你一言我一语地谈论起攻城的事来。有的说，我们把城团团围住，看曾仲颜那帮反动劣绅往哪里跑；也有的说，前两次架梯爬城没有成功，这次不知怎么个打法；

有的说，只要我们四面八方同时架上梯子，就可以打它个措手不及。不知是谁插嘴劝大家莫发愁说，我们总会想出攻城的好办法的。

事实也是如此，领导早就有好主意了。我们在进行爬城训练，团已组织部队挖掘地道，准备炸城。这对我们来说，是个新鲜事，训练空隙，我们就跑去看挖地道。地道口在北关离城墙五六十米的地方。北关两旁靠近城墙的街房，多半被民团烧毁了，挖地道的同志们就利用剩下的房屋和断垣残壁作掩护。地道内外一个接一个排成长蛇阵，日夜不停地轮番挖土、运土。……见到这紧张挖掘地道的情景，我们想，领导考虑得真周全，这次攻城作了两手准备：城墙炸开了，我们就从爆破口突进去；万一炸不开，我们就架梯攻城。想到这里，我们打下新集的信心更足了。

挖地道这些天，地面上没有什么激烈的战斗。有时，我们只以少数兵力佯攻爬城，以此迷惑敌人。不久后，敌人觉察到我们在挖地道，就用土炮、土枪向北关乱打一通。他们还以为我们从城下掏洞进城，所以，在贴近内城的地方还作了一些防范措施。殊不知，随着地道慢慢伸展到城墙脚底下，他离死期已不远了。

地道挖成了。一口装满几百斤炸药和大量碎铁的棺材，用铁箍箍得紧紧的，已经运进地道城墙底下。爆破准备工作，一切就绪，就等领导下命令了。围城后的第8天，腊月二十三这天下午，我们爬城队手提大刀、长矛，带上马枪、盒子枪，集结在离北门不远的隐蔽处。还有配合攻城的农民赤卫军和支前的运输、救护队，他们也背起大刀，扛着长矛，准备投入战斗。这时，我看见好几个首长走到地道口附近，现场指挥。徐向前参谋长原是我师师长，我送过几次信认识他。他在大家心目中，威望很高，都知道他是一位待人和蔼、打仗勇敢、足智多谋、沉着老练的指挥员。有次攻打六安，他来到我们团部，正和王树声团长交谈着，突然，敌人一颗炮弹打穿茅屋顶，直落屋内（幸好没爆炸），我们直为首长安全着急，可是，他若无其事地继续与王团长研究问题。我想，有像他这样的首长指挥我们作战，一定是坚无不摧、攻无不克。

攻城的时刻到了。我们匍匐在地上，凝视着前方的城墙，全神贯注地等待那爆破的时间。愈是在这样的时刻，愈觉得时间过得很慢很慢。下午5点多钟，一团粗大的浓黑烟柱在北城墙冲天升起"轰隆"一声闷雷般的巨响，震得地动山摇，刹那间，硝烟弥漫，沙石横飞，北门靠西的一段城墙，顿时被炸开一丈来宽的缺口，连架在城上的铁铸土炮也被炸飞了。"城墙炸开了！""城墙炸开了！"大家高兴地欢呼着。随着一阵响亮的冲锋号，我们爬城队在廖队长指挥下，一跃而起，乘爆破烟尘冲进爆破口，像一支支利剑插向敌人胸膛。城里的曾仲颜原以为有深沟高墙，易守难攻，料想红军跟前两次一样，围几天攻不上就撤了。他们做梦也没有想到，那么高大坚实的青石厚墙会被炸开。敌人惊恐万状，赶忙调集队伍，从爆破口东西两侧冲过来，妄想堵住口子。但是，他们怎么阻挡得住像猛虎般的红军战士。紧随着爬城队，后续部队和赤卫军源源不断地像潮水般涌进缺口。架在菩萨石头山上的几门迫击炮，也不断向敌人猛烈轰击。我们挥舞大刀、长矛，甩着手榴弹，打着枪，不停地向前冲杀。城南、城西的兄弟部队，乘敌人惊魂未定，也迅速架梯攻进了城，沿着南北向的三条小街和大西街向前推进，与敌展开了激烈的巷战。

熊班长带领我和小张，按事先规定的路线，沿着北街冲到街口，边打边向左拐进东门朝阳街，迅速向城墙推进。这时，我猛一回头，见徐参谋长也上来了。他是紧跟爬城队突进城内的。他装束整齐，左手拿着一根矛子，右手举着一支短枪，频频向顽抗的敌人射击。枪弹从他头上嗖嗖飞过，他毫不理睬。我心头不觉一热，心想，徐参谋长不但指挥部队作战，而且还和我们一起杀敌。首长这种身先士卒的精神，更激励我们奋勇冲向敌人。

那些民团、红枪会徒，一经我们从南、北、西三面猛攻冲杀，就溃不成军，很多乖乖地举起双手做了俘虏，一部分躲进屋子负隅顽抗，还有不少反动骨干溃逃到东城，打开城门，沿着木桥向东逃命。这时，徐参谋长带着部队来到我们前面，他威武地站在东城上，举枪连连射击，只见被打死的敌人倒于河中。徐参谋长这个举动，就是无声的命令，我们在城墙上，居高临下，也向拒不投降的敌人接连不断地射击，如同点名一样，一枪一个，打得真痛快！守在河对岸的三营同志们，也朝逃敌猛烈扫射，敌人被打得死的死，伤的伤。反动团总曾仲颜这个罪恶累累的刽子手，负伤后逃进河里也被我们击毙了。军民们听说除了此害，人人拍手称快。

到天黑，战斗结束了。不到两个钟头，城里1000多名反动武装，全部被我歼灭。敌人插在苏区中间的这个顽固堡垒，终于被我们英勇的红军拔除了。鄂东、豫南根据地连成一片，为鄂豫皖苏区的革命打开了新局面。

第二天天一亮，新集附近的群众，敲着锣鼓，抬着猪羊、糍粑，送到驻在曾家地主大院的三十团团部。邻近各县组织的慰问队,也络绎不绝赶来祝贺。城里到处张灯结彩,爆竹齐鸣,一片庆祝胜利的欢乐景象。我们在这里高高兴兴地过了新春佳节,休整了几天,又出发执行新的任务了。

新集解放不久,鄂豫皖根据地的党政军领导机关先后从七里坪迁来,这里很快就成了苏区政治、军事、经济、文化的中心。

原载《艰苦的历程(上)》,人民出版社,1985年,第170～177页。

澴水之战：回忆双桥镇战斗

◎ 徐深吉

蜿蜒曲折的澴水，像一条蜷曲的白绫飘带，沿湖北省大悟县西南流经孝感、黄陂汇入长江。就在大悟城北9公里处的澴水之畔，有座小集镇——双桥镇。1931年3月9日，鄂豫皖红军第四军，在双桥镇地区，仅用7个小时，即全歼国民党三十四师，活捉师长岳维峻。这是鄂豫皖苏区军民在粉碎第一次"围剿"后抓住敌人转入守势的有利时机，实施进攻作战所取得的巨大胜利，也是鄂豫皖红军创建以来在一次战斗中歼灭整师敌人，影响深远的一次空前大捷。整个根据地军民为之振奋，一片欢腾。

一、出击京汉线

2月中旬，红四军召开了第一次党代表大会，传达贯彻鄂豫皖边特委扩大会议精神。会后，鉴于敌人采取守势，根据特委决定，红四军军部率领十、十一两师的全部6个团出击京汉线，以"飘忽战略，乘敌人不备突击敌人，使敌人的军事部署处于被动的地位，诱敌出阵而消灭之"。

2月下旬，早春已来到大别山，温暖的阳光和徐徐的春风，为山区带来了新的生机。由红一军和红十五军合编的红四军在军长旷继勋、政委余笃三、参谋长徐向前、政治部主任曹大骏的率领下，在1个多月时间里接连取得了磨角楼和新集多次战斗的胜利，歼敌2000多人。勇士们怀着要打更大的歼灭战的信心，士气高昂地向京汉线挺进。京汉线信阳至广水段敌人兵力较薄弱，是我们这次袭击的目标。我们军部和师长蔡申熙、政委陈奇、副师长刘英带领的十师从新集出发，由师长许继慎、政委庞永俊带领的十一师为先头部队由泼陂河出发，沿着光山县南部峰峦重叠的山区，经过"九里十八寨"、罗山县南部，向信阳方向进逼。

3月1日，我们离铁路线已经不太远了。突然得悉敌人一旅乘坐火车自信阳向南开进。这是歼灭敌人难得的好机会。军部立即命令十一师三十三团迅速袭占李家寨车站，伏击敌兵车。

山区天气说变就变。下午3点多，阴云密布，呼啸的西北风夹杂着飞雪迎面而来。三十三团的指战员们，在副师长兼三十三团团长周维炯的率领下，冒着风雪，不管道路泥泞，以迅速突然的动作，袭占了李家寨车站。当即将车站人员和设备全部控制起来。严密封锁了消息。铁路工人出身的中国工农红军军事政治学校第四分校政治委员刘杞同志带领特务队30余名同志，动员了部分铁路工人将车站南面一段铁轨拆除了，使敌人兵车来了无法逃掉。我们部队按着部署在车站埋伏好，等待敌兵车进入伏击圈。

不久，车站调度室电话铃响了，拿起耳机，里面啊啦、啊啦叫喊："我是信阳车站，兵车现在从这里开出，7点钟到达你们那里。"好极了，敌人送肉上案板，我们1个团要吃掉敌人1个旅！各部队迅速做好一切准备，静静地等候敌人到来。时间一分钟一分钟过去了，好像比任何时候都过得缓慢，大家焦急得不得了。忽然，隐隐约约传来"叮叮当当"的火车声音，由远而近，一条乌黑的长蛇，驶进了车站。周维炯团长一声令下，所有埋伏在列车附近的机关枪、步枪一齐开火，子弹唰唰地穿进了车厢，敌人还未来得及还手，我们的冲锋号又响了，三十三团的勇士们像离弦之箭迅猛冲到了兵车跟前，经短短几十分钟的冲杀，全歼敌新编十二师第一旅，敌旅长侯镇华也被击毙。

战斗胜利了，我们随即撤离李家寨车站。打了就走，有了战机再来，这就是"飘忽战略"的最大特点。5日，我军又袭占了柳林车站和再次占领李家寨车站，歼灭守敌新编十二师1个营，击溃两个团。

二、诱敌来就范

不出所料，我军出击京汉线的"飘忽战略"行动，打得敌人手忙脚乱，惊恐万状，铁路沿线各地频频告急，使信阳、郑州和武汉的敌人大为震惊。敌郑州绥靖公署主任刘峙，急令赵观涛第六师主力迅速开赴信阳，并以该师之十旅和三十一师之九十一旅以及张钫二十路军之六十三旅等部，由信阳、罗山等地向南推进。敌武汉绥靖公署主任何成濬亦急令李定五新编第五旅固守广水，三十一师主力由广水沿铁路线向信阳推进，岳维峻三十四师由孝感出发，经花园沿铁路线东侧向北推进，妄图南北夹击我红军。但是，由于敌人十分害怕我红军的打击，行动很缓慢。

3月4日，岳维峻三十四师自孝感出发，经过4天时间，于8日才到达双桥镇地区。将其师部、两个旅部、炮兵营驻双桥镇；一〇〇旅两个团分驻双桥镇、水西南之罗家城、赵家河、尖鸡岗和西北之松岭山、杨家湾地区，并伸出一个前哨连在刘家湾；一〇一旅两个团分驻双桥镇东南之白马石岗、余家板和东北之刘家楼、后湾地区，并伸出一个前哨连在后湾以北。

与此同时，北路之敌畏于红军的打击，几天来一直在信阳以南徘徊，不敢冒进。南面之敌三十一师一路仍在广水以北。因此，进到双桥镇之敌三十四师比较孤立。

8日，我红四军军部进到双桥镇以北之三里城、大新店地区。发现敌三十四师已孤军深入到我游击根据地，作战对我十分有利。当即决定：留十一师三十二团在三里城地区监视北面之敌，集中十师全部、十一师主力和罗山县独立团等优势兵力，乘敌立足未稳实施奔袭，消灭敌三十四师。

三、深夜布罗网

8日这一天，为了消灭双桥镇之敌，徐向前参谋长从早忙碌到深夜。他忽而叫来查参谋询问情况，忽而打电话给师、团了解前面的情况并指示部队如何掌握敌情和作战斗准备；一会儿问张参谋信阳、罗山、武胜关和广水、花园以南铁路沿线敌情有什么新变化，一会儿又向参谋主任范陀同志交代起草作战计划和命令。忙得饭都顾不上吃，公务员肖永智多次拿饭去都没有吃。每当他打完一次电话或了解一个情况之后，都反复看着地图、默默地想着……经过一番周密的思考，他露出了轻松的微笑。常在徐参谋长身边工作的同志都知道，在这时看见他的笑容，说明消灭岳维峻三十四师他已经成竹在胸了。只见他一边指着地图一边向旷继勋军长和余笃三政委汇报敌人位置、动态和自己对敌人行动企图的分析、判断，旷军长边听边问边连连点头；接着徐参谋长又提出了消灭敌人的作战方案，旷军长表示完全赞同。最后一致决定：以王树声、封俊同志指挥的三十团和倪志亮、郑泽吾同志指挥的三十一团，分两路由北向南和由东向西担任正面突击任务；以查子清、李溪石同志指挥的二十九团向双桥镇西南迂回，实施包围任务；以高建斗、甘良发同志指挥的二十八团和周维炯、姜镜堂同志指挥的三十三团为总预备队；以罗山县独立团挺进到双桥镇东南，然后向西南配合二十九团断敌后路，包围敌人。此外，还有本地区武装和人民群众主动拿起红旗、刀矛、鱼叉、配合、支援红军作战。时针已指向下午5点了，肖永智同志见参谋长坐下抽烟，抓住机会，端了一小盆挂面来，他这才匆匆地吃了顿为时已晚的中午饭。

8日晚，夜幕沉沉，伸手不见掌。敌人阵地上，哨兵用手电筒四处照射，不时发出惊恐的"口令"声，时而还无目标地打几枪，真是风声鹤唳、草木皆兵。

我们的部队按照军部命令，乘夜南下，迅速敏捷地奔袭30余里，于9日晨5时左右完全进到指定地点，布下了天罗地网，灭顶之灾笼罩在敌人头上。

9日拂晓前，旷军长、徐参谋长带领军部指挥所进到双桥镇东北附近的一个高地上。徐参谋长立即对敌阵地进行仔细观察，只见敌阵地灯火晃动，炊烟升腾，未见异常动向。他转身对旷军长说："敌人尚未发觉我军行动。"旷军长同意他的判断。接着徐参谋长看了看表说："攻击时间到了。"旷军长果断地说："打！"随着攻击命令的发出，两颗红色信号弹划破夜空高高升起。实施正面攻击的部队像猛虎一样冲向敌人阵地，敌人惊慌地钻进临时工事里抵抗，我们的勇士们一阵手榴弹，把顽抗的敌人炸得血肉横飞，突破了敌外围阵地。很快地消灭了敌人的两个前哨连，夺占了部分高地，使设在镇内的敌师部、旅部受到威胁。岳维峻慌忙指挥敌军反扑，拼命争夺已被我军占领的阵地，战斗异常激烈。

天大亮了。周围山头、高地上到处是红旗，人山人海，喊声震天，人民群众为红军呐喊助威。红军勇士们受到极大鼓舞，士气更高，奋勇杀敌，机关枪、步枪一齐向蜂拥而来的敌人开火，手榴弹在敌群中炸开，敌人的反扑被打下去了。在官长的强迫下，敌兵又冲上来，又被我们打下去……就这样双方反复冲杀，阵地几次易手，情况十分紧张。9点钟左右，南面传来了"嗡嗡嗡"的声音，眼看到两个小黑点越来越大，敌人的飞机来了。敌人在双桥镇附近地面上摆出了联络标志。敌机在战区上空盘旋了两圈后，开始向我阵地上俯冲投弹。同时敌炮兵也疯狂地向我射击。顿时，我阵地附近山坡上硝烟弥漫，尘土飞扬。敌人在飞机和炮火掩护下，以两个团的兵力再次向我进行反扑。在遭到我猛烈火力大量杀伤和坚决有力的反突击后，敌人遗尸100多具，不得不退守到双桥镇附近高地负隅顽抗。至此，战斗已成相持局面。

四、生擒岳维峻

徐向前参谋长在军指挥所高地上，用望远镜把战场的情况看得清清楚楚。11时左右，他向旷继勋军长提出：时机已成熟，应该用预备队来结束战斗了。旷军长表示完全同意。徐参谋长立即命令二十八团沿澴水西岸、三十三团从长岭岗与白马石岗之间分别突破敌人的防御阵地后，向双桥镇敌人的核心防御阵地猛烈突击，歼灭敌人。顿时，这两支英雄部队，像两把利剑直插入敌人心脏。这一突然果断行动，把澴水东西两岸的敌人切成几块，打乱了敌人防御体系，使敌人的指挥系统完全陷于瘫痪，军心更加动摇，敌外围阵地松岭山、长岭岗、尖鸡岗和白马石岗等地之敌人大乱，纷纷后退。这时候，我们正面突击、迂回、包围的部队，乘势向敌人猛烈夹击，将何家湾、刘家祠、余家畈之敌分割包围，各个击破，歼敌过半，残敌向南逃跑。双桥镇内之敌，见败局已定，忙向南突围逃命。当逃窜至罗家城附近，又遭到我二十九团和三十三团截击，同时我三十团和三十一团也由东、北两面压下来，加上参战的地方武装和成千上万的群众，将敌人团团包围，四面夹击，使敌人走投无路。这时候，在敌人溃兵中有一个身穿豆绿色军装、头戴一顶大沿帽子的胖子，他动作笨拙，行走吃力，一步一喘狼狈地向南逃窜。当他逃到罗家城南稻场时，被我十一师周维炯团长率领的三十三团追上，英雄们大喝一声："站住！"那个大胖子就不敢再动了，乖乖地举起双手，口里连忙喊着："请不要开枪，我是岳维峻，请带我去见你们徐向前军长。"敌人三十四师师长岳维峻就这样被红军生擒了。时针指向下午1点，整个战斗胜利结束了。国民党三十四师2个旅、6个团、1个山炮连、2个迫击炮连，全部被歼灭。是役我俘敌师长以下官兵5000余人，缴枪6000余支，山炮4门，迫击炮10余门。弹药、军用物资等无数。

在战斗中，当地广大人民群众，冒着枪林弹雨，担着饭菜、茶水，送到阵地上给战士们吃喝，抬着伤员送往后方。在战斗还没有结束的时候，大批群众又来帮助红军押送俘虏、运送战利品。在后方，妇女们精心护理伤员、为伤员擦血迹、喂汤喂饭等。真正体现了军民鱼水情谊、人民战争的动人情景。下午2点时左右，十一师将岳维峻押送到军部。岳维峻一进门就摘下大檐帽，行了一个鞠躬礼。徐向前参谋长让他坐下，问岳维峻说："你还认识我吗？"

岳维峻摇摇头说，记不得了，

徐参谋长说："1925年你任国民军第二师师长时，我是第六混成旅的参谋、团副。"

岳维峻长叹一声说："蒙多多关照，蒙多多关照，只要不杀我，我答应你们提出的一切条件。"

徐参谋长说："你不要怕。"然后问了三十四师部队编制、装备、这次行动的任务和有关京汉路沿线直到郑州、武汉等地的敌情；并说："你别怕，以后的事情慢慢谈。"说完后，让通信员带岳维峻去吃饭。这时，岳维峻的恐惧心理已经解除了大半，神情显得自然些了。通信员端来一小盆米饭和一碗菜让他吃，岳维峻看了看未动。通信员说："你吃吧。"岳维峻说："有没有面汤？"查参谋便问："你是不是不习惯吃米饭？"岳维峻点了点头说："是，我想喝点面汤。"查参谋让通信员去告诉大师傅给煮些面条来。这个河南军阀从天没亮被惊醒，挨了7个小时的打，又惊又怕、又饿又渴又疲劳，等面条端来时，他的情绪也稳定些了，只见他"呼噜呼噜"几大口就把一大碗面条吃得干干净净。

春风吹皱了的潢水发出阵阵欢笑，报春的燕子在尽情歌唱。鄂豫皖苏区军民怀着胜利的喜悦，载歌载舞，欢庆全歼岳维峻三十四师这一重大胜利。根据地人民组织慰问团，携带糍粑、挂面、猪肉、鸡蛋、花生、军鞋等大批物品慰劳人民子弟兵，青年们踊跃参加红军，各地掀起了拥军参军的热潮。

红四军出击京汉线的胜利，特别是双桥镇大捷以后，使苏区扩大了，人口超过了200万。我们红四军也由改编时的12000人壮大到15000多人，武器装备得到大大改善，部队军事、政治素质有了很大提高，战略战术也有了发展。双桥镇大捷，标志着红四军已经成为一支能进行较大规模运动战的坚强红军。

原载《艰苦的历程（上）》，人民出版社，1985年，第178～188页。

夜袭宝安寨

◎ 潘　焱

1931年5月，我鄂豫皖苏区的广大军民，胜利粉碎了蒋介石发动的第二次"围剿"，群情振奋，士气高涨。中央鄂豫皖分局抓住有利时机，提出了扩大苏区、筹集粮食、准备粉碎敌人新的"围剿"的战斗任务。

这年秋天，我们光山县独立营根据这一任务和县委的具体指示，组织了夜袭宝安寨的战斗。歼灭了盘踞寨中的地主、民团武装，拔除了敌人借以据守的山寨，筹集到一批粮食，巩固扩大了革命根据地。

宝安寨位于晏家河西南，是"九里十八寨"靠东北面的一个寨子，坐落在山的半坡上。寨子的北面和东面，山石耸立，形成悬崖陡壁，极难攀登；寨子的南面，距丘湾、徐店不远，从徐店伸展过来一条蜿蜒曲折的山路，直通寨子的南门；寨子的西面和打银尖、大山寨相邻近。寨子内房屋零乱，最高处有一座山神庙，山神庙至南寨门是一条山梁。寨子四周筑有两三丈高的寨墙，寨墙上修有寨垛。从宝安寨所处的位置和整个情况看，难攻易守。盘踞在寨子里的地主民团、红枪会等反动武装，就是依仗寨子的坚固和地形的险要，横行乡里，配合蒋介石的"围剿"，袭扰我根据地边沿村庄，抢劫掠夺群众财产，是十八寨中反动气焰比较嚣张的一个寨。

县委和独立营领导研究了宝安寨的情况后，认为打下这个寨子，不仅能震慑其他寨子的敌人，使其不敢轻举妄动，扩大我军的政治影响，而且还可筹集到一批粮食，解放寨子里被欺骗的群众。因此，决定集中兵力，夜间袭击，速战速决，坚决拿下宝安寨。

决心一下，营领导一方面布置封锁消息，不让敌人察觉我作战意图；一方面立即派出侦察员对宝安寨的地形、道路和敌人的兵力布置进行详细周密的侦察。侦察结果，盘踞寨中的民团和红枪会武装共有200多人，有枪百十支；被欺骗来守寨的群众约数百人，大都是用土枪、土炮和大刀、梭镖等。民团团总和寨主都住在制高点山神庙内，民团武装除少数把守寨门外，其余守在寨内高地。红枪会武装守备寨墙垛，控制四周；被欺骗来的群众都住在大草棚子里，夜晚值更巡逻。宝安寨的南门，通山梁道路，由民团把守，寨门上有土炮数门；东南寨角，寨墙有3丈多高，敌人防守薄弱，寨墙杂草丛生，到处是树丛荆棘。根据这些情况，邱营长召集各连连长、指导员进行敌情分析，研究作战方案。当时，有的认为民团、土匪不堪一击，主张从南门强攻，有的提出夜间奇袭。经过一番争论，大家感到，采取强攻手段，敌人虽无战斗力，但凭借寨墙固守，也不易攻破。况且敌人人多地熟，一寨受攻，各寨出援，会增加攻寨的困难，不能迅速解决战斗。寨东南角的寨墙虽然又高又厚，但敌人设防守备松懈，寨外地形便于我隐蔽接近，如能趁黑夜从这里摸上去，便可以出其不意，攻其不备，打敌人个措手不及，一举取得成功。根据大家的意见，邱营长最后决定，夜间行动，奇袭宝安寨。确定三连担任主攻任务，从寨东南角突入，然后沿寨墙根向两侧发展；主力接应一连攻取南门，得手后向北快速突击，攻取敌民团团部。二连为营的二梯队，随一连跟进，关键时刻投入战斗，打敌人的反扑。

任务下达后，经过动员，部队的情绪非常高，一个个摩拳擦掌，决心要打个漂亮仗，活捉寨主，消灭民团、红枪会。有的说："民团、红枪会都是兔子胆，咱给他来个猛冲猛打，管叫他王八搬家——连滚带爬。"还有的说："红枪会吹牛，说他们有符法护身，刀枪不入，这次咱们非给他捅几个窟窿不可，看看他那个护身法灵不灵。"有的战士还提出比赛，看谁缴的枪多，打死的敌人多。看到战士们的情绪这样高，营领导非常高兴，要求大家做好充分准备。

当时，我就在担任主攻任务的三连。吃过午饭，王连长到各排检查准备情况。一排是攻寨突击排，他们扎了3架4丈多高的梯子，在排长的带领下，战士们正在上上下下地练习。王连长看了看，高兴地说："同志们辛苦了！你们绑的梯子又轻又结实，真是好样的！"练大刀、练投弹的战士们，个个精神抖擞，满身汗水。王连长问一个战士："你能投多远？""你放心吧连长，投到寨墙垛上不成问题！""好啊！今晚上要好好显示一下本领啰。"随后，王连长又转到伙房，见老炊事班长正在忙活，笑着说："老班长，今晚上可得弄点好吃的，行军打仗才有劲哩！""那是自然，连长你看，有猪肉，有鸡肉，连喝的开水都准备好了。""好啊！你这个老班长可真行哪！"

天渐渐黑了。虽说才9月份，可大别山夜晚的风吹在身上已觉凉飕飕的。队伍吃过晚饭就出发了。

我们的驻地王垮在宝安寨东南方向，离宝安寨五六十里，道路崎岖难行。开始，以伍顺大路向北走了一段，之后又调转头沿田埂、小河沟和山间小路向西走。一个战士小声问道："这是往哪里走？"一排长和他开玩笑说："一会儿往北，一会儿向西，这就叫作声东击西。"逗得那个战士咯咯直笑。

这天晚上，天黑得伸手不见五指。不少战士在行进中跌跤，有的脸上手上还被树枝荆棘划破了皮，但谁也顾不得这些。经过半夜的急行军，部队神不知鬼不觉地到达了预定位置。三连用树丛作掩护，已接近寨墙下。这时，时间就是胜利。王连长立即命令一排架梯登寨，梯刚刚竖起一半，就听寨墙垛上有人大喊："下面来了人啊！"随之扔下来几块石头。我们大吃一惊，以为敌人真的发觉了部队的行动，想冲上去。这时，只听连长低声命令："原地卧倒，不许有动静！"部队迅即卧倒隐蔽起来。敌人胡乱叫了一阵停息下来，原来并未发现我们的队伍，只不过是虚张声势，我们轻轻地嘘了一口气。等了一会儿，再没听到动静，王连长于是指挥一排竖起梯子，蹬上寨墙向敌人摸去。当我们的尖兵班进了炮楼敌人才发觉。战士们端着刺刀猛地冲上去，敌人没有来得及抵抗就狼狈逃窜，尖兵班打开了突破口。不一会儿，一排就迅速全部突入寨内。一时喊杀声四起，枪声大作，敌人弄不清我有多少兵力，仓促组织反击，一窝蜂地往上冲。

寨子里的民团、红枪会都是些乌合之众，平日欺压老百姓凶神恶煞，碰上跟红军打仗就稀松不堪了。他们的第一次反击，经我一阵猛打，撂倒了十来个，很快就溃败下去了。这时，三连全部攻入寨内，留一个班巩固突破口，其余向两侧发展。敌人不甘心，又组织第二次反扑，被我排子枪火力齐射又打倒了十几个，接着战士们端着刺刀像猛虎一样往前冲，敌人吓破了胆，喊着"好厉害呀！快退！快退！"掉头往回跑，敌人的第二次反扑又被我打退。

三连的突破，吸引和调动了敌人。乘敌混乱之际，一连以迅猛的动作攻克了南门，二连也相继加入了战斗，直取敌民团总部。一刹那，枪声、土炮声、手榴弹爆炸声、喊杀声、哭叫声响成一片，敌人乱成一团，纷纷夺路而逃。除了少数民团和红枪会首领乘机跑掉外，大部敌人已被我歼灭。接着，我们按照任务区分固守寨墙，分区清扫残余敌人。太阳出山，战斗全部结束。经过半夜的战斗我们歼敌200多人，宝安寨获得了解放。

当天，我们组织了宣传队，揭露敌人散布的"打开寨子都杀光"的谣言，宣传红军只打地主民团，不动群众一针一线，"穷苦农民是一家"，"打土豪，分田地"等道理。并且打开地主土豪的粮仓，给乡亲们分米分粮。经过宣传和实际行动的影响，一度蒙受欺骗宣传的群众都放了心，露出了笑脸，说："红军真是我们穷人的大救星。"他们还自动组织起来，欢迎红军队伍。营领导立即派人把这一胜利消息向县委做了汇报。

敌人不甘心失败。第二天，逃跑的残敌又会同大山寨、打银尖的地主民团武装和红枪会2000多人，兵分两路，一路从南门，一路从西门，呼喊号叫着，气势汹汹地向宝安寨冲来。根据敌人的来势，邱营长将主力置于南门，决定先击败这路主力，以另一部坚守西门。南门的敌人刚一接近，我们就以守寨的土炮猛烈轰击，手榴弹居高临下，在敌群中开花，打得敌人喘不过气来。接着，我们冲锋号一吹，打开寨门出击，毙敌几十人。其余敌人吓得各自保命，四散奔跑。西门这路敌人一见南门溃败，不战自乱，缩回老巢。

第三天，根据地运输队来了，肩挑马驮，浩浩荡荡，把缴获的物资和粮食运回根据地。乡亲们像过年一样，喜气洋洋地欢送我们。他们爱红军，颂红军，还编了一首民歌到处传唱："红军是穷人的大救星，打仗真英勇。攻破了宝安寨，打垮了民团兵，赶走了欺压咱的害人精，宝安寨今天得安宁，啦哈咦哟嗨。"

原载《艰苦的历程（上）》，人民出版社，1985年，第187～192页。

黄安大捷

◎ 秦基伟

红四方面军在第三次反"围剿"斗争中,出击黄安,首战告捷,距今已50多年了。但是,当年红军那一往直前、所向无敌的英勇气概,故乡人民踊跃向前、奋不顾身的感人情景,始终深深地留在我的记忆里。

湖北省黄安县,是抚育我成长的故乡,也是我投身革命的摇篮。那里山清水秀,土地肥沃,是个美丽富饶的地方。黄安县城,在大别山南麓的倒水河畔,是一座有400多年历史的古城。明嘉靖四十二年(1563年)三月建县,于康麻城县的姜家畈设县治,因春秋时属黄国辖地,为求"地方宁谧,生民安妥",定名为黄安。它地处鄂豫交界,战略位置重要,有着光荣的历史传统。元末农民起义军,明末李自成、张献忠的部将,清朝的太平天国,都在这里屯过兵,打过仗。1927年11月14日凌晨,黄安、麻城两县人民在中国共产党的领导下,举行了著名的黄麻起义。我清楚地记得,起义大军挥舞着大刀和梭镖,冲破县衙门,第一次攻克黄安县城、活捉反动县长贺守忠那振奋人心的场面,广大贫雇农办农会、打土豪、分田地的喜悦景象。敌人不甘心失败,立即搜罗了10000多兵力,疯狂进行反扑。在半年多的白色恐怖里,敌人杀害的共产党人和革命群众达数千人之多。但是,血腥的屠杀,压不倒共产党员,杀不尽黄安人民。大家怀着一个坚定的信念,新的革命高潮一定会到来。党在起义队伍农民自卫军的基础上,组建了红军,革命的力量更强大了。我们在党的直接哺育下,锻炼成长得更快了。经过艰苦曲折的斗争,终于建立起鄂豫皖革命根据地。

黄安人民在中国革命的历程中，为自己的历史又写下了新的光辉一页。中国共产党的创始人之一、老一辈无产阶级革命家董必武同志，曾经对黄麻起义作过高度的评价："廿二年间起伏多，黄麻革命涌洪波。""燎原烈火起星星，烧却江淮腐恶根。"

鄂豫皖红军的壮大和根据地的发展，引起了国民党反动派的恐慌。1930年冬至1931年夏，敌人先后对鄂豫皖苏区发动了第一、第二次"围剿"。红四军采取集中主要兵力、突击敌人弱点的方针，胜利粉碎了敌人的"围剿"，使红军发展到了30000人，作战形式由游击战开始向运动战过渡，能够歼灭成旅成师的敌人。游击战争也猛烈发展,独立营、团,赤卫军发展到20多万。为了统一指挥,加强红军建设,迎接更大规模的作战行动，党决定组建红四方面军。方面军下辖四军和二十五军共4个师，即十师、十一师、十二师和七十三师。原红四军军部改编为方面军总部。徐向前同志任总指挥，陈昌浩同志任政治委员，刘士奇同志任政治部主任。

清澈明亮的倒水河,映照着巍巍大别山。1931年11月7日,黄安七里坪的河滩上,红旗招展，欢声雷动，苏区军民热烈欢庆十月革命14周年，热烈欢庆中国工农红军第四方面军成立！那一天，除七十三师留在皖西活动外，方面军总部和各师部队都整整齐齐地排列在河滩上，四面挤满了围观的群众，这是苏区空前的一次盛会。我那时是总部手枪营二连连长，当我和同志们一起站在队列中接受徐向前总指挥的检阅时，心里有说不出的高兴。年仅30岁的徐总指挥，穿着洗得平平整整的灰布军装，骑在一匹高大的白马上，显得十分威武。徐总讲话指出：红四方面军的成立，是鄂豫皖苏区红军进一步发展壮大的标志，是党领导鄂豫皖苏区人民和广大红军指战员4年英勇斗争的胜利成果。徐总号召全体指战员，要团结一心，戒骄戒躁，为彻底粉碎敌人的"围剿"而努力奋斗。

就在这年8月，国民党反动派对我中央苏区实行的第三次"围剿"，遭到了惨败。敌人在江西吃了败仗，梦想到湖北来捞本。9月间，蒋介石亲自坐镇武汉，布置对鄂豫皖根据地的第三次"围剿"。他把嫡系刘峙的部队和南京警卫师都调了过来，拼凑了15个师的兵力，妄图一举消灭威胁着武汉和南京的、插在它心脏地区的我鄂豫皖红军。也正是这个时候，九一八事变爆发了，全国政治形势发生了新的变化。日本帝国主义的疯狂侵略和蒋介石的"不抵抗主义"，激起了全国人民的极大愤慨，抗日反蒋的气氛激荡全国。敌人内部不少地方派系，也表示同情抗日或借机反蒋。这使敌人新的"围剿"计划受到重大影响，迟迟没有采取行动。根据这一有利形势，方面军首长决心趁敌尚未部署就绪，主动出击，打乱敌人的"围剿"计划，巩固和扩大革命根据地。黄安战役，就是红四方面军成立后，我军基于这一战略目的而发起的一次重大战役。

"知彼知己，百战不殆。"红四方面军总部，在徐向前总指挥亲自主持下，认真仔细地分析了敌情。鄂豫皖苏区周围的敌人，皖西有6个师，豫南有5个师，鄂东有4个师。在我主力红军正面的是驻守黄安城的赵冠英六十九师，在该师后面有驻宋埠的敌三十师、驻麻城的三十一师、驻黄陂的三十三师，形成掎角之势。但是，从地形和交通情况来看，驻黄安的敌六十九师显然处于孤立突出的地位。方面军首长决心，以我十一、十二师、十师三十团以及黄安独立团，共8个团的兵力，发起黄安战役，歼灭赵冠英的六十九师。由于当时我军的装备较差，攻坚力量不强，估计一时难以拿下黄安，因此，决定采取"围城打援"的方针，吸引宋埠、黄陂和麻城等地的敌人来援，争取在运动中加以消灭，我们手枪营二连当时负责警卫总部首长。那些日子，我常常看到徐总指挥站在地图前，看了又看，量了又量，画上一个个红色的箭头，精心制定着作战计划。当时，运动战我们已打得不少，但对"围城打援"还比较生疏。但是大家听着总部首长的议论，感到这确实是一个大量歼灭敌人的好办法，胜利信心是很足的。

11月10日夜，也就是红四方面军成立后的第3天，黄安战役的枪声打响了。

盘踞在黄安县城的六十九师，有2个旅4个团（包括反动民团武装），共10000余人。敌二〇七旅1个团，分布在西城外的王家畈、陈家畈、潘家湾地区，其中1个营前出下徐家，建立外围独立据点；另一个团分布于北城外的课子山、长林唠、田湾铺地区，1个营和部分地方武装共700余人，前出东王家形成前哨据点，六十九师师部带二〇六旅驻黄安城内。此外，还有配属指挥的三十师二七〇团，分驻于城南桃花镇和城西南的高桥河，掩护黄安通往宋埠、黄陂的干道，保障其物资供应交通线，但经常遭到我赤卫军的袭扰，运输时断时续。敌人在城外修建了许多工事，真可谓碉堡林立，火力发射点星罗棋布，加上蛛网般的堑壕、交通沟，密密层层的鹿砦，构成了坚固的防御体系。

我军首先插向黄安城的外围地带，夺取要点，控制重镇，一面形成对守城之敌的战役包围，一面构筑阵地，阻击敌援兵。我十一师和黄安独立团在麻城赤卫军的配合下，向桃花镇、高桥河守敌发起进攻，并随时准备打击可能来自宋埠、黄陂和麻城等地敌人援兵。我十二师和十师三十团，在黄安赤卫军的配合下，进攻下徐家、东王家等外围独立据点，并在城东北之王家湾、马家岗和城西之吴家大湾、凉亭岗等地部署兵力，准备歼灭黄安城内外增援下徐家、东王家的敌人。

经过10多天的战斗，到24日止，全部肃清了城外围的8个据点，把县城紧紧围困起来，胜利完成了"围城打援"的第一步。

11月二十五方面军总指挥部进驻黄安城东南仅5公里的郭受九，加强了火线指挥。徐总分析了战场形势，确定对黄安城守敌用较长时间进行围困，引敌来接，逼敌就范。

黄安守敌多次寻机突围，都被围困部队狠狠打了回去；敌三十师两次增援，也被我十一师打援部队击退了。

敌两次增援失败后，仍不甘心，紧接着又开始了第三次规模更大的增援。12月20日拂晓，敌纠集其三十师大部和三十一师一部兵力疯狂扑来，并组织"敢死队"向我十一师三十一团之嶂山阵地进行夜袭。由于五连前卫排警戒一时疏忽，我阵地被敌人突破。敌人爬上嶂山顶峰，直逼我十一师指挥所。天亮以后，敌人又集中兵力，在强大炮火掩护下，拼命向我攻击。到下午3点多钟，敌人已进至离黄安城仅10余里的地方，逼近我打援部队固守的最后一个山头。情况十分危急，我十一师在王树声师长亲自指挥下，立即以师直手枪队、通信队协同三十一团，与敌人展开肉搏战。

这时，被围困在城内的赵冠英，也蠢蠢欲动，又开始拼命突围。到下午4点多钟，我们总指挥部所驻的地方，已经清楚地听到两面敌人的枪声，而且愈来愈近，愈来愈密集。很明显，如果让城内外的敌人会合到一起，整个战役就将濒于失败。

徐总闻讯后，亲自带领总部手枪营赶到嶂山。我们手枪营装备很好，每人一长一短两支枪，外加一把大马刀。干部战士大都是精明强干、打起仗来像猛虎一样勇敢的小伙子，而且绝大部分是黄安人，大家都想早一天解放自己的家乡。一接到命令，就恨不得能立即长出两只翅膀来，一下子扑上去，把敌人消灭掉。

我带领部队跑步离开村庄。刚出村，就远远看到徐总带着参谋和警卫人员，骑着马，向着枪声响得最密的一个山头飞奔。我们二连经常跟随徐总活动，大家都很熟悉总指挥，知道徐总自己有一条规矩：他的指挥位置总是在影响战役或战斗全局最关紧要的地方。在战斗中，哪里任务最艰巨，哪里情况最危险，哪里枪声最激烈，徐总指挥就出现在哪里。他亲临指挥后，战场上就会出现新的局面。因此，战士们一见总指挥跃马扬鞭，走在前面，便嚷开了："快跑，总指挥又出发了！""加油，赶到总指挥前面去！""坚持，冲上去就是胜利！"

我们一口气赶到打援部队的最后一个山头。这时，我十一师部队正在与敌人进行着激烈的战斗。我们跑到靠山顶的地方，徐总的一位参谋指挥我们隐蔽待命。我看到总指挥带的参谋和警卫人员都隐蔽在山坡上，唯有总指挥一人，站在山顶上的几棵松树下，举着望远镜向前瞭望。敌人的子弹，在他身边"嗖嗖"地叫，有的打在松枝上，有的落到他脚边，掀起一股股尘土。面对着枪林弹雨，险恶局面，徐总还是若无其事，冷静沉着地观察着。在激烈交战的火线上，徐总这样从容不迫地进行指挥的情景，我们看到过多次了。

我们隐蔽在山坡上，谁也不说一句话，但每个人的眼睛，都注视着徐总。从他身旁小松树上折下来的每一根树枝、飘落的每一撮松针，从他脚下冒起的每一股尘烟，都牵动着我们的心。我真想跑上去，一下子把徐总拽下山来。可是我也知道，徐总决不允许这样做。

枪弹越来越密，我悄悄转过徐总身边，爬上山顶看了看，不禁大吃一惊。敌人已攻到半山腰，正在拼命向上爬。烟火笼罩着整个山坡。我看了徐总一眼，他仍然全神贯注地观察着前方。我立即退回来，向各排长介绍了情况。战士们听说敌人攻到了半山腰，更为徐总的安全担心。正在这时，徐总放下望远镜，转回头来，严肃地对身后的参谋说："命令二十八团和手枪营冲锋！"说完，又转回头去继续观察。

战士们求战心切，早就等得心急火燎的了。按照徐总的命令，我把指挥旗猛力向前一挥，司号兵吹起了冲锋号，打旗兵抖开了红旗，战士们从后背上抽出了闪亮的马刀……刹那间，军号嘹亮，红旗漫卷，杀声震天，我们向敌人展开了猛烈反击。

当我从徐总身边冲过时，忽然看到他瘦高的身体向右一歪，右臂流出了鲜血。啊！徐总负伤了，可他毫不介意，更加坚定沉着地以左手向前方山下一压，发出有力的命令："同志们，坚决把敌人打下山去！"

听着徐总亲自下达的命令,看着他负伤的右肩流出的鲜血,更加激起了我们对敌人的无比仇恨。

我们手枪营从正面,二十八团从右侧,十一师从左侧,像决了堤的洪流,哗啦啦地冲向敌阵。顿时,军号声、冲杀声、枪声、炮声,震撼山谷,威慑敌胆。冲到离敌人二三十米远的地方,我们连100多支驳壳枪,像一把扇形的铁扫帚"哗"一扫,敌人立即倒下一片。红军战士冲进敌群中,跳进工事里,开枪打,举刀砍,与敌人混战在一起。一个隐蔽在工事里的敌人,正举枪瞄准,要向我打旗兵射击。堑壕里立即跳出一个胖墩墩的红小鬼,举起驳壳枪"啪"的一声把敌人打缩了头。他飞步蹿了过去,举起闪亮的马刀,猛劲一劈,把敌人砍死在工事里。在另一个地方,敌军官正用手枪逼着一个机枪射手向我射击。我们连的一位班长,又是"啪"的一枪,把敌军官打倒在机枪射手身上,吓得那家伙扔掉机枪,回头就跑,那位班长三步并作两步赶上去,端起敌人丢下的机枪"哒哒哒"地扫射起来。

敌人伤的伤,死的死,一个个号叫着溃逃了。我们乘胜追击,无数面红旗迎风招展,驳壳枪上的红穗子,军号、马刀上的红绸子,在空中飞舞着。敌人被打得丧魂落魄,抱头鼠窜。一个敌兵抱着头往松树林里钻,我们一个战士眼尖手快,伸手拎起他的衣领,缴了他的枪,然后向后指了指,让他到俘虏那边排队,自己又随即向前追去。还有一个狡猾的敌军官,跑着跑着,猛转身想向我战士射击,他刚刚举起枪,就被我另一个战士蹿上去,一马刀把他的枪砍落在地⋯⋯

打援战斗愈来愈激烈。我带领司号兵、打旗兵,冲在连队最前面。哪里敌人多,就向哪里冲;红旗指向哪里,连队就杀向哪里。有的同志负了伤,包扎一下伤口,又继续追击;有的同志子弹打光了,捡起敌人丢下的枪弹,继续向逃跑的敌人射击。有一股敌人企图凭借一个小高地进行顽抗,战士们像猛虎一样冲过去,敌人乖乖当了俘虏。就这样,我们一口气追击15里,收复了第一道防御阵地桃花镇。

在打援战斗中,王树声同志指挥的十一师和十师三十团,打得英勇顽强,多次与敌拼刺刀,白刃格斗。连续鏖战3昼夜,击溃援敌4个旅、8个团的反复冲击,胜利完成了打援阻击任务。

与此同时,担负围城任务的十二师和黄安独立团等部队,在陈赓师长指挥下,步步紧逼黄安城,一面缩小包围圈,一面修筑工事,切断敌与外界的联系,多次打退了敌人的突围。

敌人的多次增援,被我彻底击溃了。城内突围的敌人,也被打得不敢动弹了。赵冠英的六十九师,全部龟缩进城,成了瓮中之鳖,网底之鱼。

我们在军事进攻的同时,加强了政治攻势。方面军政治部印制了揭露国民党反动派罪行、宣传红军政治主张、俘虏政策的传单和标语,一面散发,一面进行火线喊话,还在阵地前立起标语牌,派俘虏送信,积极瓦解敌军。

黄安守敌,经过我军42天的打击和围困,已弹尽粮绝,突围无力,加之援军连连溃败,军心更加动摇。方面军总部认为,攻城条件已经成熟,遂决定向敌发起总攻,全歼黄安守敌。我十二师三十五团担负主攻,先由城西北隅突破,登城后向西门发展。三十六团为第二梯队,除以一个营兵力在西门佯攻外,主力随三十五团之后冲进城内,向北门进攻。三十四团以一个营向东门佯攻,以两个营夺取了敌城外溜坡山阵地。黄安独立团和赤卫军一部,攻下课子山,随后就配合主力攻城。我十一师三十二团,集结于城西山背李家村,是攻城预备队,并准备截击突围之敌。三十一团、三十三团和十师三十团,在城南洗手盆、蟑山地区集结待命。总部骑兵连随时准备追击逃跑之敌。尤其令人振奋的是,总部首长还安排了红军第一架飞机"列宁号"直接参战。

"列宁号"飞机参加黄安战役的消息传到部队,所有指战员情绪都沸腾起来了。我们连也正式接到通知:"列宁号"要来黄安城轰炸敌人,散发传单,各部队不要发生误会。战士们欢天喜地,奔走相告。有的高兴地逗乐说:"他娘的,过去敌人的飞机跟着我们瞎嗡嗡,现在也让他们尝尝红军的'鸡蛋是咸的还是淡的?'"有的笑骂敌人:"等着吧,不投降,就'慰劳'你们'鸡蛋'吃。"

关于"列宁号"飞机的来历,我们是听总部的一位参谋同志介绍的。1930年2月16日中午,敌一架双翼德国"容克"式高级教练机,因为油料烧光了,被迫在罗山县宣化店西南35里的陈家河附近河滩上降落,被一区十乡放哨的赤卫队员发现了。他立即吹起号角,赤卫队员很快包围了飞机,驾驶员龙文光当了俘虏。经过教育后,龙文光同意驾机为红军服务。飞机油饰一新,机翼两端漆上了两颗闪闪的红星,机身上写了"列宁"两个大字,并命名为"列宁号"飞机。

12月21日,天阴沉沉的,徐向前、陈昌浩等总部首长和飞机驾驶员龙文光一起,来到城南的一个高地上，勘察了黄安城的地形、敌六十九师司令部的位置，以及城内敌人的兵力部署。

12月22日，雪后初晴，阳光灿烂。上午10点钟"列宁号"飞临黄安城上空。同志们看到自己的飞机来了，心情无比激动。人们欢呼雀跃，有的把手帕、帽子抛上天空，有的跟着飞机奔跑、呼喊："同志，辛苦了，下来休息一会儿再下'蛋'，同志，要下准啊，让敌人也尝尝咱们红军'鸡蛋'的厉害！"过去，我们一听到飞机的嗡嗡声，就感到刺耳、钻心；今天，听着我们自己飞机的声音，却是那样的悦耳和舒心。

我们站在高坡上看着，"列宁号"飞机在黄安城上空盘旋了一圈，只见飞机左边翅膀一歪，投下了一排迫击炮弹，紧接着，飞机右边翅膀一歪，又投下了一排迫击炮弹。顿时，黄安城烟雾弥漫，传来一阵隆隆的爆炸声。敌人还没弄清是谁的飞机，就送了命。这时，敌人仍在做梦，以为他们的飞机找错了目标，忙着打信号、作标志，直到"列宁号"飞机第二圈转回来，撒下了雪片似的传单，敌人才如梦初醒，急忙躲藏。

赵冠英在长期被我围困，又遭我飞机轰炸后，彻底绝望了。为了作最后的挣扎，他以冲出去"官升一级、兵升一官"的欺骗手段，叫一部分军官和士兵组成了"敢死队"，在我23日晚10点发起总攻后，乘夜色从南门突围。敌人在城外与我围城部队展开了肉搏战，少部分敌人趁乱突出了包围，绝大部分又被我迎头打了回去。我围城部队尾随退兵，立即攻入城内与敌人展开了巷战。就在这个时候，我们手枪营奉命配合兄弟部队追歼逃出县城的残敌。

战士们听说敌师长赵冠英逃跑了，都绑紧鞋带，紧紧朝前追击。沿途的赤卫队员和人民群众，也自动拿起长矛、砍刀、铁铲、木棒，跟红军一起追击，边追边高喊着："活捉赵冠英！""绝不能让赵瞎子跑掉！"军民并肩，四面八方，一起向逃敌包围着、追击着。洪流滚滚，到处是追击敌人的人群，到处是举枪投降的俘虏。我们二连一直追到高桥，终于将逃敌全部歼灭。仅我们一个连就活捉了200多名俘虏。

在我们追歼逃敌的同时，黄安县城第二次解放了。敌六十九师师长赵冠英被活捉。在总部，我看到一个躺在担架上身穿大褂、负了伤的大烟鬼，一位乡亲掀掉盖布，指着他的一只死羊眼说："他就是赵瞎子——赵冠英！就是跑到天边，剥了皮，我也认识他。"赵冠英身子缩作一团，不断地眨巴着他那只死羊眼，结结巴巴地说："是，是，我是赵——瞎——子，我是赵——冠——英。"

原来，赵冠英在我军攻城时，见势不妙，让他的秘书穿上他的衣服，骑上他的高头大马，从南门突围，他化装后悄悄溜出了西门，在通往河口镇的路上，被我赤卫军活捉。

黄安战役，从11月10日开始，到12月23日胜利结束，历时43天。我军全歼敌六十九师，歼三十师、三十三师各1部，加上地方反动民团武装，共15000余人；生擒敌师长赵冠英、黄安县民团团总秦子卿、县长、商会会长、旅长、团长、参谋长、营长等反动头目1000余人；缴获迫击炮10余门，各种枪7000余支，无线电台1部。

黄安县城解放以后，黄安、麻城、黄陂、孝感、光山、罗山等县的红色区域，更紧密地连成一片，巩固扩大了鄂豫皖根据地。

黄安战役的胜利，是红四方面军成立后，徐向前总指挥英明果断、机智指挥的第一个大胜仗。鄂豫皖红军第一次运用"围城打援"的战术，取得了辉煌战果，在红军战史上写下了光辉的篇章。黄安战役的胜利，为这以后连续进行的商（城）潢（川）、苏家埠、潢（川）光（山）等战役的胜利，为全面打破敌人对鄂豫皖苏区的第三次"围剿"，奠定了基础。鄂豫皖红军的胜利和革命根据地的巩固、扩大，又有力地配合了中央苏区的反"围剿"斗争。因此，无论在军事上、政治上，黄安战役都起着重要而深远的意义。

黄安大捷，与地方苏维埃政府和人民群众的紧密配合、全力支援是分不开的。战役发起之前，鄂豫皖中央分局做出了决议，进一步号召苏区人民广泛发动游击战争，努力扩大红军和支援红军作战。苏区人民掀起了参军拥军热潮，有7460多名青年参加红军，筹集支援军粮4万余石，现金11万元，鞋袜4万多双。黄安战役发起后，黄安独立团、黄安赤卫军和麻城赤卫军一部，都直接参战。整个黄、麻地区，男女老少齐动员，支援红军，支援前线。男的运粮草，抬担架；妇女烧水煮饭，救护伤员；自卫队（民兵）看管坏人，押送俘虏；儿童团站岗放哨，宣传鼓动。人们激动地唱着："快来，兄弟姐妹们！排好队，呼口号，欢送我红军，攻下黄安城，活捉赵冠英。……"

黄安县工农民主政府，于12月5日向红四方面军指战员发出慰勉信。信中写道：

"盈千累万的革命群众，正在摩拳擦掌地准备配合你们的行动。希望你们更勇猛地杀敌、冲锋！扩大你们的东征和北上的胜利，运用攻下英山县城的经验，击破孤立于苏区中的黄安县城；拿出活捉岳维峻的手段，生擒赵冠英、夏斗寅、徐源泉、葛云龙等一切敌人。本政府正在用尽力量，动员所有的武装群众，做你们的后盾。"

黄安县的党、政府和人民，真是全力以赴，支援黄安战役；在人民生活艰难困苦的情况下，为黄安战役筹集了大批物资。据不完全统计，有棉衣、单衣2102件，草鞋、布鞋、袜子、袜底5564双，棉被152床，油1970斤，鱼、肉、蛋等副食品1221斤，银洋、银圆13万多元。

黄安人民，不愧为有革命觉悟的英雄人民，黄安战役的胜利，确实是人民的胜利。

为纪念黄安战役的胜利，苏区军民在县城召开了隆重的庆祝大会，并宣布将黄安县改为红安县。全国新中国成立后，经中央人民政府政务院批准，再次将"黄安"改名为"红安"。

每当回忆起这次战役，就觉得浑身增添了无穷的力量，我深深怀念在黄安战役中光荣献身的烈士们，怀念故乡的英雄儿女，在长期革命战争中所建树的不朽功勋。我衷心地祝愿故乡的人民，在党的十二大精神鼓舞下，继承和发扬革命的优良传统，把社会主义的新红安，建设得更富裕、更美好，让大别山红旗高高飘扬，永远飘扬！

原载《艰苦的历程（上）》，人民出版社，1985年，第224～237页。

苏家埠战役

◎ 徐深吉

提起苏家埠战役，鄂豫皖苏区和红四方面军的老战士都记忆犹新，这是徐向前同志亲自指挥"围点打援"、以少胜多的大歼灭战，一次歼敌35000人，在红军战史上写下了光辉的一页。

一、徐总定妙计

1932年年初，寒风凛冽，雪花飞舞，正是数九严冬。活跃在鄂豫皖根据地的红四方面军，却迎来了战斗的春天：红星闪闪，冲锋向前，红旗飘飘，捷报频传。从总指挥到每一个战士，个个精神振奋，斗志昂扬。红军已经取得了黄安战役、商潢战役的辉煌胜利。国民党反动派不甘心失败，蒋介石调兵遣将，准备从皖西向苏区发动新的"围剿"。当时，敌人在鄂豫皖根据地周围的兵力，已由10个师增加到15个师，约10万余人，而我红军只有4个师，近3万人。从兵员数量上看，敌众我寡；从武器装备上比，敌强我弱。面对强敌，张国焘动摇了，不同意向皖西发起新的进攻。徐向前总指挥认真总结了红四方面军成立两个月以来，在鄂东北、豫东南军事斗争的经验，坚持先打皖西之敌。陈昌浩政委看徐总胸有成竹，决心果断，就站在徐总一边。张国焘不得不收回了自己的错误主张，同意徐总率师东进，消灭盘踞在大别山东麓淠河东岸的敌人，为彻底粉碎敌人对鄂豫皖苏区新的"围剿"创造有利条件。

3月的大别山，花红柳绿，松青竹翠，春光明媚，鸟语花香。在独山镇，总指挥部召开了由师长、团长和地方独立团团长参加的军事会议。徐向前总指挥亲自主持了这次会议。他指出：苏家埠是敌人在皖西的前哨据点，岳盛瑄四十六师一三八旅全部和一三六旅旅部带1个团驻苏家埠。敌以苏家埠为枢纽，沿淠河东岸的韩摆渡、青山店、马家庵，北迄六安城，南至霍山，总共部署了6个旅12个团。我方面军总部的决心是：在地方武装和人民群众的支援掩护下，主力全部东渡淠河，从侧后包围苏家埠、韩摆渡和青山店，运用"围点打援"的战术原则，消灭敌人。徐总强调，有大气魄才能打大胜仗；下大决心，才能有大胜利。围点和打援，围点是手段，打援是目的，围点要打持久战，打援要打速决战、歼灭战。一定要将苏家埠的守敌，死死围困，防其突围，逼其投降。以"围点"为钓饵，把来自六安、霍山及合肥、蚌埠方向的援敌，引出来放在陡拔河以东的广大地区一举歼灭。参加会议的同志，都为徐总的妙计拍手叫好。

徐总的妙计，在各部队传达后，指战员们热烈拥护，大家都摩拳擦掌，准备杀敌立功。

二、人民的支援

徐向前总指挥率领红四方面军东进皖西，皖西人民热情欢迎。从皖西北道委和道苏维埃政府，到六安、霍山县区乡村各级党组织和苏维埃政府以及广大人民群众，都高度重视，全力支持。皖西北道苏维埃指挥部政治部，于3月21日专门下达了《为红军东下告群众书》，庄严号召：全安徽的工农群众要配合红军行动，打倒土豪劣绅、贪官污吏和国民党军阀！

六安县委成立了"红军招待处"，各区、乡分别成立了"招待站"，具体负责红军的物资供应和战斗支援。广大干部群众响亮地提出："要人有人，要粮有粮！"

皖西北道苏维埃第一任主席吴保才同志来到支前任务最重的五区，同五区苏维埃主席郝少卿同志共同研究，选派了17名对苏家埠周围地形、道路特别熟悉的共产党员，给红军当向导。吴保才同志有时还亲自带打粮队，到十里百里外的地方为红军筹粮。打粮队筹粮,还有钢枪队掩护,运输队运粮、运柴。据六安县有关资料统计,每天参加运粮队的就有千人以上。此外还有打柴队、担架队、洗衣队、慰问队、宣传队,为部队服务的民工等达万人以上。

为迎接红军主力围困苏家埠,六安县三区赤卫队、五区赤卫队,于3月20日夜间,打着灯笼火把,在两河口、老虎头,架起了9座毛竹浮桥,许多共产党员、共青团员争先下水,勇挑重担。

六安、霍山县的独立团、赤卫军配合红军作战取得了很大成绩。活跃在各地的农民协会、少先队、童子团、妇女会等群众组织,分别担任了担架、运输、向导、站岗、搭桥铺路、救护伤员、慰劳红军、瓦解敌军、看押俘虏、协同作战等任务。

自3月22日至5月8日,在苏家埠战役48天里,从苏家埠、青山店、韩摆渡前线,东起三尖铺、陡拔河、小华山,西至独山、麻埠、石婆店,南自霍山、两河口,北到六安、马头集、王新圩子,一排排红军,备战练兵忙;一队队赤卫军,杀声震山河;一群群童子团,站岗查路单;一组组妇女会,支前洗衣裳;一个个宣传员,喊话劝投降……红军和老百姓,一条心、一股劲:困死敌人,消灭援军,不获全胜,决不收兵!

夜幕降临,春风拂面,天气不冷不热,正是夜战的好时光。我方面军总部率十师、十一师、七十三师,以迅速、隐蔽、突然的动作,渡过淠河。按照徐总的妙计,把红军主力部署在青山店、苏家埠、韩摆渡、六安城郊一线,牢牢地卡住了敌人的咽喉。敌人做梦也不会想到,红军已经神兵天降、布下罗网了。

三、围困苏家埠

3月21日晚,我七十三师二一八团进至青山店附近与敌接火,经几十分钟战斗,扫除了青山店外围的敌人,将青山店之敌围住。22日上午,苏家埠之敌两个团增援青山店,被我十师击退,跟踪追击,将苏家埠包围起来。我十一师继续向北急进,韩摆渡和马家庵之敌害怕被围,仓皇逃进六安城内,我十一师直逼城郊。

苏家埠,西濒淠河,有10000多人口,水陆交通比较方便,是六安西南的大集镇,皖西敌人重点防守的一个据点。这个镇子四周有土寨墙,外高2丈、内高8尺,墙厚1丈5尺；墙外有水壕，深1丈、宽百尺；水壕外设有木城、竹围等副防御设施；环绕寨墙筑有3丈高的碉堡9个，可以鸟瞰全镇及其附近地域；还有5道寨门、5座吊桥。整个苏家埠，居高临下，易守难攻。守敌是2个旅部、3个步兵团、1个山炮团、1个手枪营、1个警卫营，约6000人。

23日，六安之敌两个团，经马家庵，沿淠河东岸大堤向苏家埠增援，企图解苏家埠守敌之围。当敌人刚刚进到苏家埠附近，被我十师、十一师各一部两面夹击，并突然勇猛地截断了敌人返回六安的通路，敌惊恐万状，拼命突围逃窜：一个团窜入韩摆渡，被我十一师三十二团和六安独立团围住；另一个团大部被歼灭，残部窜进苏家埠。

3月31日，敌四十六师师长岳盛瑄指挥六安4个团和霍山2个团，在飞机掩护下，分南北两路同时向韩摆渡、苏家埠和青山店方向进犯。敌师长岳盛瑄亲自到六安城南十里铺督战。徐向前总指挥闻讯后，来到前线指挥所。他左手拿着烟斗，右手拿着望远镜，站在前沿高地上，一面听情况汇报，一面观察敌人的动向。眼看着敌人浩浩荡荡已迫近我打援部队的阵地，枪声爆豆似的一阵紧似一阵。指挥所里空气似乎凝结起来，人们等待着徐总的命令。徐总对敌情了如指掌，不慌不忙却斩钉截铁地指挥战斗：命令担负围困任务的部队加强围困，防止敌人狗急跳墙，拼死突围；命令七十三师坚决消灭霍山来援之敌；命令十师二十九团和十一师打援部队，由南向北和由东向西，两面夹击消灭六安来犯的敌人。

反击开始了，首先是总部高个子司号官吹响冲锋号，接着是各部队号兵都吹起冲锋号，步枪、机关枪一齐开火，枪林弹雨，杀声震天，打得敌人晕头转向，有的一枪没放，就乖乖地当了俘虏。岳盛瑄见势不妙，立即逃回六安县城。六安之敌1个团被歼，生俘敌团长陈培根以下官兵数百人；1个团溃不成军，窜进韩摆渡；2个团逃回六安。霍山之敌，被我七十三师击溃，歼敌200余人，青山店守敌拼死突围，一部被我歼灭，一部绕淠河窜进苏家埠。

敌人一天不投降，围困一天不放松。担负"围点"的部队，在民工支援下，不断加修工事，把火力点、掩体和堑壕，都连接起来，四通八达，部队活动自如，苏家埠敌人全部在我控制之下。为了打敌人空投粮食的飞机，我十师三十团在苏家埠南门外，专门修了一个小土山，有十几米高，上面架着机枪，正对着苏家埠的南北长街,既可打飞机,又能打地面的敌人。它像一根钢钉,牢牢地钉在敌人的心尖上。

经过一个时期的围困,苏家埠的敌人获取粮食越来越困难,飞机空投的粮食和药品,大部分落在我阵地上,敌人饿得把刚刚出土的野菜、新绿的树叶、树皮都吃光了,镇里镇外成了两个天下:外面是青枝绿叶,里面是秃枝白条。经常有敌人悄悄跑到我阵地要饭吃,吃饱饭再溜回去。

有一天,在二十八团阵地上,炊事员送饭来了,战士们向白军士兵招手:"老乡,我们不打枪,过来吧,给你们饭吃。"话音刚落,一个人影在阵地前一滚,滚了过来。十师师长王宏坤同志一看,呵,好面熟呀,问道:"在独山一个连投降,里边有你吧?"那个白军士兵心里一惊,看了看王师长,连连点头回答:"是,是,长官,有我!"他接着说:"我缴过两回枪了,红军优待俘虏,已放过我两次。"他一边吃饭,一边讲了苏家埠据点内敌人的情况。

吃过饭,王宏坤把白军士兵带回师部,鉴于敌人将城内群众的粮食抢光,为不使群众挨饿,同政委甘元景商量后,决定写一封信通知敌人一三六旅旅长王藩庆,命令敌人在指定时间和地点,将据点内上万名群众全部放出来。否则,一切后果,由他负全部责任。

这个命令真有效,第二天下午4点钟敌在苏家埠镇北小桥放出了群众。我十师政治部会同地方政府,对群众作了妥善安置。

我军在加强军事围困的同时,组织了瓦解敌军的政治攻势。一天傍晚,吴保才亲自带领五区一乡的徐华仙等十几位宣传队员,在钢枪队和红军掩护下,登上苏家埠木城外的我方阵地,对敌喊话:

"老乡老乡,快快缴枪,

放下武器,红军有赏!"

"砰!砰!"敌人打来冷枪,我另一名队员接上去:

"老乡老乡,不要打枪,

本是穷人,理应反蒋。……"

接着,以地方小调演唱的《白军兄弟好可怜》又唱起来:

"白军兄弟好可怜,官长拿你不当人,

张口骂来动手打,饿死他乡无人问,

哎呀呀，好可怜，你何必为他来卖命?"

革命歌谣威力大。这以后，敌人携械投诚者，日渐增多。

苏家埠被我死死围困，已成孤岛。六安、霍山之敌，多次与红军较量，已损兵折将，只有招架之功而无还手之力。岳盛瑄率2个团在六安城内，如惊弓之鸟，害怕被围，于是留下1个团守六安，自己率1个团至六安城东30余里的金家桥，天天向陈调元告急。国民党安徽省主席陈调元技穷力竭，只好连连发电，向蒋介石告急求援。我方面军总指挥部判断，援敌可能从合肥方向来，于是决定，除留少数部队继续围困苏家埠、韩摆渡据点外，把红军主力调集在六安城南，苏家埠以东之樊通桥和戚家桥地区，加强准备，待机歼敌，为敌人援兵布下了天罗地网。

四、打援出奇兵

4月1日，我七十三师按照总部打援部署，全部开进戚家桥地区。4月2日上午，红二十五军军长兼七十三师师长旷继勋同志和军政治委员兼师政委刘士奇同志，在驻地召集连以上干部开会。许多基层干部还是头一回见到军首长。旷军长30多岁，瘦小的身材，一双炯炯有神的大眼睛，显得精明强干。他肩上挎着一条圆鼓鼓的米袋子，头戴一顶竹叶斗笠，手里拿着一根3尺来长的小木棍，讲话时，他习惯用这根小棍指指画画。

旷军长首先传达了徐总指挥对敌情的分析，他说：被围困在苏家埠、韩摆渡的敌人，不会马上缴械投降，他们还要垂死挣扎，岳盛瑄、陈调元天天求援，蒋介石也不会甘心失败还会派援兵来。敌人是善者不来，来者不善，我们要准备打大仗。旷军长对打援准备工作提出两点要求：第一，加修工事，搞好打援的战场准备。第二，利用备战间隙，抓紧战术、技术训练。特别是各级指挥员，要熟悉地形、道路，研究敌情、民情。刘士奇政委鼓励大家，树立必胜信心。他强调，围点是打持久战，打援则要求打速决战、歼灭战。散会后，旷军长亲自带领营以上干部，看了地形，研究了各种打敌援兵的战斗方案。并命令二一八团派出部队担负巡逻和侦察任务，遇敌大部队增援时，保持接触，一面报告，一面牵住敌人的鼻子，边打边退，诱敌深入，掩护我主力部队展开。

二一七团洪美田团长分配各连土工作业任务。同志们为了把工事修在敌人进攻之前,一个个累得汗流浃背,也不休息,有的手上磨起了血泡,还风趣地说:"这回打援兵有了新武器。"逗得大伙捂着肚子笑。

这天上午,风和日丽,一群大雁排成"人"字形,嘎嘎叫着,翩翩飞过。洪美田团长来到我们营阵地上检查工事,洪团长对工事进度和质量都很满意,他以满口浓重的鄂东麻城方言,对同志们说:"伙计,辛苦了,你们的工事做得很快、很好,大家出了几身汗,可是敌人来了,我们就可以少流血,用小的代价,取得大的胜利,这叫划得来嘛!"说着他让战士伸出手来看,洪团长又心疼地说:"注意点,如果血泡破了,要用烧酒擦一擦,防止感染。"洪团长越说越激动,最后握着拳头在空中一挥,像朗诵诗一般,大声说:"我们要兵强马壮,准备打大胜仗!"这句话,是决心,也是誓言,说出了当时我们全团指战员的心里话。

4月下旬,蒋介石任命其嫡系第七师师长厉式鼎,为皖西"剿共"总指挥,拼凑了15个团的兵力20000余人,分两路由合肥向苏家埠地区进犯。

春夜,静谧凉爽。总指挥部里的灯光格外明亮。透过纸糊的窗棂,可以看见徐总高大的身影。

张国焘见敌人的兵力比较大,又产生了动摇,提出要撤苏家埠、韩摆渡之围,放弃快要到手的胜利。

徐总指挥认为敌人虽然有15个团的援兵,但其建制复杂,内部矛盾很多,除厉式鼎的第七师以外,各部都遭受过我军的严重打击,士气低落,又是远道而来的疲惫之师。我军已经取得打岳盛瑄援兵的胜利,士气高昂,又有坚固的野战工事,以逸待劳,等敌来攻,在运动中歼敌的主动权完全掌握在我们手中。因此,不能撤出,必须坚决地打下去。只要把敌人先头部队的锐气打掉,我军就能出奇制胜,夺取整个战役的胜利。

陈昌浩同志支持徐总的正确意见,同意打,反对撤。张国焘才勉强收回了撤兵的错误意见。徐总的战斗决心和兵力部署被通过了。

5月1日,正逢梅雨季节,天空阴云密布,细雨蒙蒙,道路很泥泞。早晨一起床,我们部队就全副武装,系好"脚码子",戴上斗笠,进入阵地待命。一会儿,就隐隐约约地听到枪声,我二一八团派出的巡逻部队,已与敌人援兵接触。敌先头部队是第七师十九旅,因道路泥泞,进展迟缓。我军则紧紧"咬"住敌人,边打边退。

打到黄昏的时候，二一八团部队安然撤退到陡拔河以西。敌人当晚未敢过河。

5月2日拂晓，雨下大了，河水猛涨。敌十九旅冒雨渡过陡拔河，向我七十三师阵地疯狂进攻，当即遭到我军猛烈出击。敌人前进受挫，又见后续部队未到，处于孤军背水作战的不利境地，仓皇后撤。但是，后面的敌人不知前面的情况，仍向西疾进。霎时，前退后拥，造成互相拥挤，人踩马踏，阵势大乱。我军乘势猛烈冲杀，敌人只顾逃命，溃不成军，中弹落水者很多。敌十九旅大部被歼灭。河东的敌人见先头部队失利，慌忙抢占附近的高地顽抗，妄图稳住阵脚。我七十三师部队乘胜渡过陡拔河，展开猛烈攻击。徐总亲自指挥十一师主力和六安独立团，由六安城南向敌人右侧后包抄过来；十师主力由戚家桥向东敌人的左侧包围过去。敌人已陷入我包围之中。战斗异常激烈，枪声、炮声，震天动地。我们二一七团渡过陡拔河后向敌纵深插入。第三营冲到一个有水围子的村边，距离村西出入口30余米的地方，看到有几百敌人和几十匹军马，马上备着崭新的皮鞍子，油光锃亮。敌人人马混杂，吵吵嚷嚷，看样子像准备逃跑。那时，我当营长，左手拿一杆指挥旗，右手提一支驳壳枪，轻装跑得快，只有号兵、打旗兵、通信班长和一个通信员跟着我，部队还在200米之外。如果我们几个人冲上去，肯定会吃亏，要等部队赶到再打，又会贻误战机。怎么办？我们急中生智，凭借着水围塘坝，敌人看不见我们有多少人，与敌人唱开了"空城计"。我指挥打旗兵将营旗插在塘坝上，命令号兵吹起了第三营的冲锋号，几乎在这同一时刻内，我举起驳壳枪"啪！啪！""啪！啪！啪！"连打了5发子弹，通信班长、通信员和打旗兵一面对敌人喊话，一面高呼："冲啊！"这时雨下小了，部队听见冲锋号，各连也吹起了冲锋号，部队很快冲进村口，敌人乱成一团，纷纷放下了武器。就这样歼敌500人，缴各种枪400余支，军马40余匹，子弹、军用物资一堆。据俘虏供称：这股敌人是第七师直属队的一部分。我想敌人师长不会很远，立即命令八连指导员带1个排负责打扫战场，清查敌师长，命令各连向敌人纵深猛追。我团和师的主力也都上来，把敌人的指挥机构打乱了。这时，在我们的东北至东南纵横20来里地的广大地区，到处都是枪声、炮声、杀声和手榴弹爆炸声，我们的部队，横冲直撞，犹如虎踏羊群，敌人像没头的苍蝇东奔西跑，丢盔卸甲。枪支、弹药、军用物资一堆一堆的，少数战士看管着，一队队的俘虏官兵被押送到后方去，一匹匹备着新皮鞍子的军马、骡子驮着迫击炮、弹药等向后送。到下午 5 点钟，枪声渐渐稀落下来。战斗结束了，雨也不下了。这场漂亮的打援歼灭战，前前后后花了 10 多个小时！

五、活捉厉式鼎

阴雨初晴，东方出现了彩虹，空气格外清新湿润。5 月 3 日上午，军部大院门前的空地上坐满了人，大家高高兴兴地前来参加打援战斗的总结大会。我刚进会场，就听军首长问各团领导："在俘虏中好好查一查，有没有抓到厉式鼎？"我们团洪美田团长问我："老徐，你们营冲在最前头，打乱了敌人指挥部，先查查你们那里有没有吧？"团长这一问，提醒了我，我想起九连抓住一个来历不明的"买卖人"。我把九连指导员张振才同志叫到跟前，他汇报了捉"买卖人"的经过：

那是昨天追击敌人的时候，九连截获了敌人的一个"滑竿"，问俘虏兵："这是谁坐的？说实话！"俘虏兵回答："总指挥坐的。""人呢？""不知道。"战士们继续向前追，发现一个穿便衣的人正沿着田间小路向东走。战士们喝问：

"干什么的？站住！"

"做买卖的。"

"这里在打仗，你和谁做买卖？"

穿便衣的"买卖人"被问住了，他支支吾吾说不清楚，指导员赶到了，仔细一看："买卖人"有 30 多岁，留着两撇八字胡，头上戴一顶黑缎子瓜皮帽，穿着一件深灰色"爱国"布的长大褂，脚上穿一双沾满了黄土泥巴的便鞋，是个富商的打扮，他满脸的汗水，胡子上都沾着水珠，一副十分惊恐的狼狈相。张振才想：这人不是厉式鼎，也是个大官化装的。现在还要追逃敌，没有工夫细考问，先派个班押送到后方看起来再说。张指导员说："昨天晚上忙于调整组织，总结经验，今天一大早又急着来开会，那个'买卖人'我们还关着哩。"

听了张振才同志的汇报，洪团长很高兴，他马上派政治处敌工股股长骑马去查问。半个多小时以后，敌工股股长回来了，他说："我一去就问他叫什么名字？"

他说："叫李×清。"

"不要胡说！你是厉式鼎！"

"买卖人"的脸色变了,他低下头说:"是,是,我有罪!"

敌工股股长说:"我给他交代了政策,让他不要害怕,红军宽待俘虏。"

洪团长听了喜笑颜开,对九连指导员说:"伙计,你们连打得好,处理得好,应该受表扬。"说完后即去报告了刘士奇政委,刘政委立即宣布:"报告大家一个好消息,敌皖西'剿共'总指挥厉式鼎被我二一七团三营九连活捉了!"

会场爆发出一阵热烈的掌声。

说着,刘政委又拿起电话机向徐向前总指挥和陈昌浩政委报告了这一喜讯,并表扬了九连指导员张振才同志警惕性高,处理得好。

"活捉厉式鼎"的喜讯,通过电话、电报传向四面八方……打援战斗的彻底胜利,对被围困在苏家埠、韩摆渡的敌人来说,又是一次沉痛的打击,他们盼望已久的一星之火被彻底地吹灭了。

六、欢庆大胜利

经过48天围困,苏家埠内的敌人终于投降了。

5月8日下午2点多钟,敌一三六旅旅长王藩庆带领团以上军官,排着整齐的队伍,来到我十师指挥所驻地——一座祠堂里。王宏坤师长代表红四方面军总指挥部,接受了敌人的投降,宣布了四项规定:一、不准破坏一切武器弹药;二、枪支要捆绑好,按部队序列依次交出;三、军官全部集合,交枪事宜由特务长办理;四、部队按规定地点集结,不要乱动。敌旅长表示完全接受,并派出团长一人回去传达命令。

胜利的锣鼓敲起来,欢庆的歌儿唱起来。受降仪式下午4点钟在小飞机场举行:一队队白军士兵由特务长领着,扛着10支一捆的枪支进入会场,挨次摆得整整齐齐,营以上军官排着队到祠堂门前集合,交过军官的花名册、人员、马匹和武器弹药统计表,同时7000余人按照原来的建制,排列成阅兵队形,其军官另行排队,然后移交给我们的受降人员。这红军史上受降的壮举,在两个小时内圆满地完成。在苏家埠的敌人投降的同时,被围困在韩摆渡的敌军2000余人,也缴械投降了。围点打援的苏家埠战役,取得了完全胜利。这个胜利的消息传出以后,由赤卫军、少先队、地方干部组织的慰劳队，抬着猪肉，挑着鸡和鸡蛋，推着挂面、红糖、糍粑、大红枣、核桃，以皖西最隆重的仪式——上面覆盖着大红纸，慰劳红军指战员。宣传队跳起了欢乐的歌舞。围观的妇女、儿童，拍手叫好，苏家埠沸腾了。

谁也没有想到，正当人们欢庆胜利的时候，有一个瘦长的家伙，浑水摸鱼，溜出了苏家埠的东栅门，躲进了马家庵西边的玉米地里。太阳落山时，他贼头贼脑地向外探望，被五区赤卫军的一名女队员发现了，她一眼就认出，这个人是国民党六安县独立团团长程清，外号叫"小和尚"，是残杀共产党、红军和革命群众的刽子手。女队员大喝一声："不许动！"说着把枪栓拉了一下，这时放哨的赤卫军、少先队举着钢叉、拿着大刀赶到地头，匪徒程清乖乖地举起了双手。"活捉小和尚程清"，又为胜利大会增添了新的光彩。苏家埠战役为鄂豫皖红军，谱写了一曲胜利凯歌：我军以不足20000人的兵力，在地方赤卫军和游击队的配合下，在一次战役中，经过48天的连续战斗，共计歼灭敌人35000余人。其中俘虏敌总指挥厉式鼎和五十五师代理师长兼一七〇旅旅长梁鸿恩、十九旅旅长李式龙、二十一旅旅长李文斌、一三六旅旅长王藩庆、一三七旅旅长刘玉琳等5个旅长，11个团长以下官兵20000余人，缴获步枪20000余支、机枪171挺、各种炮43门、电台4部，击落敌飞机1架，解放了淠河以东的广大地区。这是鄂豫皖红军建军以来，规模最大、缴获最多、代价最小、战果最好的一次空前的大胜利。这次战役是继黄安、商潢战役后，又一次"围点打援"、以少胜多的范例，开创了近万名敌人列队缴械投降的壮举。

5月23日，中央工农民主政府来电祝贺红四方面军苏家埠大捷。电报指出：苏家埠战役的胜利，"给予全国反帝国主义、反国民党的革命运动以无限兴奋"。

今天，回忆苏家埠战役，我们更加深深地怀念为这次战役英勇献身的战友们。同志们，先烈们的光辉业绩，像大别山的苍松翠柏，万古长青，先烈们的名字永远铭记在人民的心里。

原载《艰苦的历程（上）》，人民出版社，1985年，第238～252页。

苏家埠战役散记

◎ 詹才芳

一

1932年的春天,在苏家埠战役中,我们红十师三十团主要担负围困苏家埠的任务。

3月23日,我们遵照徐向前总指挥"围点打援"的战术原则,把敌人紧紧地围困在苏家埠。我们在苏家埠村外开始挖工事。敌人一天数次组织突围,以山炮、飞机袭扰我们。战士们冒着枪林弹雨,一边阻击敌人,一边赶挖工事。为了减少伤亡,战士们想出个办法:用篾条、稻草扎成把,以水浸湿,在交通沟前堆成垛子,挖一段,向前推一段,挡住敌人的枪弹。在人民群众的支援下,工事修筑得很顺利,仅用一周时间,便挖成一人多深、3米多宽,里三层外三层足有二三十里长的工事。每一层环形工事上,用土皮垒起的碉堡与敌人的碉堡相对峙,壕沟很宽,挖有盖沟、掩体、猫耳洞。在交通壕里,可以自如行动,站岗放哨有炮楼,监视敌人有瞭望口,敌人飞机低飞怕挨打,高飞打不准,八二炮、机关炮更是无可奈何。

3月31日,敌人调集六安、霍山之敌,在飞机掩护下一起出动,企图南北夹击来解青山、苏家埠之围,敌人气势汹汹,打枪打炮,被围困之敌乘机冒死突围。我围点部队与打援部队紧密配合,奋勇冲杀,把敌人打得落花流水。敌四十六师师长岳盛瑄见先头失利，率一六三旅逃回六安。青山之敌突围，大部被歼，一部溃逃，一部窜入苏家埠。

我们围困苏家埠不到20天，敌人已外无接济、内吃一空了。站在高处，或通过瞭望哨，可以看到敌人据点里，树叶撸净，树皮剥光，原来绿油油的麻苗地也露出一片黄土，像被火燎过似的。敌人开始吃树叶、麻苗、草根了，吃得寸草不留。敌机偶尔从上空投放一些食物，由于技术不高，再加上我军对空射击的威胁，大部投落在我军阵地上。有罐头、香肠、大米、白面，还有枪支弹药。战士们嘲笑陈调元这个"运输大队长"当得不赖，供应挺周全哩。

在敌人那里已是日无炊烟、夜无灯亮、官兵饥疲、士气低落之时，我军阵地上却是另外一番景象：麻苗绿油油，菜花黄灿灿，草深林密，一派明媚春色。战士们利用战斗间隙，学文化、学政治、练军事、做游戏，还经常助民劳动。人民群众支援红军的物资也源源不断地送到阵地上。鱼、肉、蛋、菜，应有尽有。开饭时，战士们举着饭碗，故意冲着敌人高声大嗓地喊："开饭啰！"

敌人前哨距我阵地只有50米远，说话听得清清楚楚，甚至连饭菜的香味都能闻到。

为了不失时机地瓦解敌人，我们开展了强大的政治攻势，其中有效的一招是叫炊事班多做些饭菜送到阵地前，招呼白军士兵过来讨食。

战士们开始皱起眉头表示异议："怎么，不打他们就算好的，还给他们饭吃？"有的则反对："我想不通，让我们养着他们来打我们？"……遇到这种情况，我们就耐心地说明瓦解敌人的重要意义。

战士们思想通了，也主动地向阵地那边喊话："白军弟兄们，欢迎你们过来吃饭。""过来吃吧，红军优待你们。为国民党反动派饿死了划不来，留条命好回家跟老小团聚啊！"

那时连队有宣传组，三五个人，由党支部宣传委员负责。他们以民歌小调编成歌儿宣传：

"大别山上茶花开，穷哥儿们肚子饿了快过来。"白军开始不敢过来，他们一怕长官从背后给他们一枪，二怕中了红军的计谋。有些胆大一点的，或对红军有所了解的，饿急了，趁夜黑无人时，爬过来饱餐一顿。讨过几次之后，见红军是真心真意的，便三两结伙过来讨食。后来，大白天也敢过来了。

我们边招待他们吃喝，边宣传红军的政策，说明当白军没有出路，动员他们弃暗投明。他们边吃边点头称是，还向我们介绍据点里的情况。

从讨食的白军口中我们了解到敌人已到了山穷水尽的地步：没有吃的就抢，长官抢士兵的口粮，士兵抢老百姓的。镇子里驻有一个骑兵连，都是些高头大马，此刻也全杀光吃净，连马皮、马鞍甚至皮鞋底子也都成了他们的盘中餐。

红军战士问："你们的飞机不是给你们投送吃的吗？"讨食的白军说："老天爷，它不投还倒好，每次扔下一点吃的，大家去抢，动拳动枪，哪一次都得死不少人，最后谁也别想吃到，全都落到长官嘴里了。"

我们的战士很会抓时机，马上开展有针对性的宣传，白军士兵听后潸然泪下，掩面哭诉他们当白军的种种苦状，说得可伤心了，有的还会哼出当时在苏区比较流行的小曲："去年春上得家信，老娘饿死妻子在害病，8岁小儿去帮人……哎呀呀，当兵多苦情。"这是红军用来宣传瓦解敌人唱的，他们听多了，也会唱了。

这些白军士兵吃饱饭，听了红军的宣传，临走时还带一些传单回去替红军当义务宣传员。此后，在我红军前沿阵地上，不但有白军来讨食的，还有拖枪来投诚的，表示不愿为国民党当炮灰卖命，要跟红军一块谋求自身的解放。也有用枪支子弹来换饭吃的。怕他们回去不好交代，子弹我们大多留下，枪支则让他们带回去。红军战士还风趣地嘱咐说："先替我们保存着，等投降时一块带过来。"他们很感谢红军战士的体谅，后来两军交锋时，他们不是朝天打枪，就是缴械投降。

由于讨食跟红军战士来往多，看到红军官兵一致，军民一家，战士除了打仗军训，还学文化、学政治、做游戏，白军士兵十分羡慕，私下里还编了一首歌儿在白军中流传："红军里边亮堂堂，去了心里真舒畅；白军里边黑漆漆，待着就像蹲地狱。"事后，敌警备旅一个团副刘耀民就战地讨食向记者发表谈话说："该团自被围达20余日，外无援军，内缺粮秣，马匹杀尽，皮装之马革皮鞋等，亦被视为珍品，共军则白饭大肉，隔壕举碗相呼……"敌军讨食之风，也吹进了长官的饭碗。一天晚饭后，敌人从吊桥上放过几个人。

"干什么的？"红军警戒哨拦住喊问。

"来讨食的。"几个白军应声举起双手，在头顶上拍着巴掌回答着。这动作是红军规定他们前来讨食时必做的信号。

红军见是几个来讨食的,刚想放行,有个人手提着一个水桶,"咔嚓"一声,拉开了枪栓。"桶里装的是什么?"

一个白军慌忙喊:"红军兄弟,别误会,莫开枪。"

那个提桶的白军把水桶底朝上一翻说:"是空的。"

我红军战士不解地问:"提个桶干什么?"

"我们那些当官的,也饿得不行,他们也想到红军这边来讨食,但怕杀他们,所以今天叫我们兄弟几个吃饱后给他们带点回去。"

"给他们一点吧,不然,就不准我们出来了。"

结果,这几个白军吃饱喝足之后,还给他们的长官装满一桶饭捎了回去。

"告诉你们那些当官的,饿了自己来讨。别当官做老爷摆臭架子,红军不杀他们。"

二

苏家埠守敌饿的饿,病的病、死的死,拖枪逃走、聚伙投降的事件不断发生。眼见饥疲沮丧之师大有土崩瓦解之势,陈调元、岳盛瑄也惊慌失措,不断发出"万急""特急""十万火急"的密电,向国民政府参谋本部和军政部频频呼救。蒋介石百般无奈,临时拼凑了15个团约20000余人的兵力,任命第七师师长厉式鼎为皖西"剿共"总指挥,于4月下旬,分两路进击前来解救。

敌人仗着人多枪多,气焰十分嚣张。于5月1日、2日先后在陡拔河一带进犯。这时,在我们团阵地上不时可以听到闷雷般的枪炮声,逐渐连机枪的响声也清晰可辨。显然敌人援兵越来越近了,我们也加强了防范。据点里的敌人听到炮声亦活动频繁,大有蠢蠢欲动之势。当戚家桥一带枪声大作时,镇内之敌,顿时像打了气的皮球,一时豕突狼奔,冒死出击。

在苏家埠东北方向,有块布满水池和粪坑的低洼地,是敌我双方前沿阵地的间隙处,约有300米。敌人便选择这个间隙做突破口,我们早已有了准备。只见敌人集中1个团的兵力,从正面突击,在我火力还击下,呼啦啦地倒下一大片。敌兵怯战了,不敢往前冲,敌官持枪督战,赶羊似的撵出一大批,又被我杀伤,接着又是一大批,敌人兵多火力猛，终于突破了我第一道防线，于是战斗便推进到我方战壕里展开了。

梅雨季节，天阴多雨，我们战壕里积满了水，战士们在没膝深的积水中与敌人拼杀，血水和着雨水、汗水，我们调预备队前去增援，指战员们英勇拼杀，终于将众多敌人堵击回去，我军阵地坚如磐石。这时，几天阴雨后，突然晴了天，夕阳血红，战旗飘扬，战士们迎着夕阳追击敌人，通过洼地，跃过水池粪坑，有的跌倒爬起来继续追击敌人。许多白军对红军有所了解，见红军追来，就把枪一扔，自动地当了俘虏，战士无暇顾及他们，说一声"到后面集合去！"他们乖乖地到指定地点去集中，等待处理。

在苏家埠有一条北街，那里有1营敌人把守，他们见自己人溃不成军，慌忙后退，镇子里的敌人见我红军勇猛追来，为了堵我们前进，顾不得自家300多名兄弟要退回据点，便泼浇煤油烧了吊桥。于是上了吊桥的敌人掉在水里或淹或伤，被隔在外边的敌人全部当了红军的俘虏。

与此同时，在苏家埠正东方向，敌人以并排6挺机枪开路，想突破我防区。敌人以6挺机枪平扫，我红军战士隐蔽在交通壕里，全都上好刺刀，准备好手榴弹。待敌人靠近了，便以突然出击方式，先是一顿手榴弹猛炸，接着如猛虎般跃出堑壕，与敌人进行白刃格斗。不到一刻钟工夫，就将这股突围之敌歼灭了。从此，敌人已再无力突围，只好龟缩在镇里。

5月3日，团部的电话铃欢快地响起来了。师首长在电话里说：敌人15个团的援兵，全被我吃掉了，那个"剿共"总指挥厉式鼎也当了俘虏。这真是大快人心的捷报。

"喂，要把这消息传达给每一个人！"师首长最后嘱咐说。胜利消息迅速传遍围点部队，给大家以极大鼓舞。前沿阵地又展开了政治攻势，不断向敌人喊话："投降吧，你们的援兵全被我们消灭了。"

"没指望了，你们的总指挥都当了俘虏了。"

我们一边宣传瓦解敌人，一边加强戒备，以防敌人垂死挣扎。这天夜深人静之时，我守围在苏家埠城北河东边的一营一连战士，站在河边放哨，突然听到河里有划水的声响，寻声看去，发现有一黑物顺流而下。

哨兵立刻发问："干什么的？"

无人回话。

我哨兵提高警惕，拉开枪栓，立刻鸣枪警告。对方见我开枪，便说是老百姓。哨兵叫他划过来，对方口里答应，却要逃跑。这时，我水上巡逻队听到枪响赶上去，把他捉住。

这个人乘坐的是用门板毛竹拼成的筏子，显然，他是想顺流北逃。战士从他身上搜出一尺见方的一捆安徽流通券巨款和一支崭新的德国小手枪。这是一种高级军官用以防身的小巧玲珑的手枪。因为它放在手心里，手一握就看不见了，我们通常叫它"手掌手枪"。

在团部我们审问了这个俘虏，他是王藩庆旅的一个团长。

审问清楚之后，我们便把这个团长送到师部去。后来，师领导说服了这个团长，又派他回据点去劝降。他欣然同意，表示要立功赎罪，便又通过我们前沿阵地，把他送回苏家埠。我们利用他向敌人提出最后通牒，要敌人无条件投降。

三

从油菜苗绿到菜花撒金，从麻苗铺地到麻果成林，已度过了40多个战斗的日日夜夜。而今胜利在望，令人欣喜若狂。在给敌人下达无条件投降的最后通牒之后，我们静观动态，等待敌人的回话。

这天晚上，天气晴朗，月明星稀，前沿哨兵在警惕地四处巡逻，大约在10点多钟，突然从敌阵地闪出一道亮光，接着走出3个人来，慢慢向我阵地前走来。

"站住！"我哨兵炸雷般的一声喊，吓得敌人站在那里直打哆嗦。

一敌人马上报告说："我们是来投降的。"

另一个补充："我们长官要见你们长官，有话商量。"

于是，我哨兵就把他们送到了团部。他们都饿得不行，一过来先要吃的。我们便叫炊事班给他们做了炒饭、炒蛋，还有油炸豆腐。我问他们："有什么事？"一个当官模样的人，一边吃一边打量我，大概见我太年轻不像个负责人吧，便带几分轻蔑的语气说："我要找你们负责人，有要事相谈。"我说："有事你就说吧，我是团政委。"他有点意外，便从头到脚扫了我一眼，又问："你们团长呢？"看样子他不想与我打交道。为压敌人气焰,我说:"团长、政委暂时都由我负责。"

他马上挺直了身子,恭恭敬敬地说:"这么说你是一身兼二职了。"接着急忙自我介绍说:"我是个副官。"

这人40多岁,个头不高,脸盘不大,两撇八字胡像墨描的一样,胖墩墩的身材,穿戴挺讲究。一看就知道,他绝不是一个副官的角色。为了了解他出来的目的,我一时不想揭穿他。

他说是上司叫他出来问问,要是投降了,红军杀不杀当官的。显然他是出来探风的。我告诉他,红军的政策是,只要缴枪投降,当兵的不杀,当官的也不杀,就是蒋介石来投降我们也欢迎。他听了很高兴,表示回去后,跟上司商量。

我们趁热打铁警告他说:"你们大势已去,失败大局已定。要投降宜早不宜晚,拖下去只有死路一条。"并告诉他,外来援兵全被我们消灭,总指挥已被我们俘虏了,问他知道不知道。

他连连点头说:"知道,知道。"并说上司已有指示,关于如何应付目前局势,让他们各自据情见机行事。

刚送走那个来谈降的"副官",团交通队一个战士,一头扎了进来:"政委,好消息,敌人一个手提式机枪排来投降了。"我问:"在哪里?"

他说:"已经送到团部,就在外边。"

我们三十团团部驻守在苏家埠东边偏北方向一个大庙里,这儿离敌前锋约有3里路,中间隔一个村子,村子前边有我一个机枪连防守。

我走出团部一看,几十个白军,呆呆地望着我。他们拿着一色手提式机枪,弹匣全拿下来了。

敌人排长一见我,便自报身份:"我们是五旅旅部交通队的。我早想率领弟兄们弃旧图新,只是没有机会,今天——"他觉得投降有功,嬉皮笑脸地说,"我给你们带来这些好枪,都是新装备的美国货。听说贵军对投降有功之人,能据功给予优厚待遇。"

我告诉他:"凡是投诚过来的,不管是早还是晚,我们全都欢迎。"

5月7日10点,约定敌人回话的时间到了,但敌人没有按时到,直到下午2点许,那个团长才带几个人出来,先是道歉,后是报功,说是在他劝说下,刘、王两旅长都同意无条件投降了。接着又为他们的王旅长吹喇叭抬轿子，说王是国民党炮校毕业的，对炮兵很有研究，本人打炮也是能手，可以五炮打成一个梅花点，最后那一炮能不偏不歪，正好打在中间……

我笑了。心想，你们旅长既然炮打得那么好，为啥不打炮而来投降当俘虏呢？

他好像看出我的想法，马上解释说："里边没有炮弹了。"哈！逗得我们欣然大笑。敌人终于无条件投降了。5月8日清早，敌兵知道要投降了，就三五成群，无所顾忌地出来要东西吃。

受降地点规定在苏家埠镇东南"新安会馆"前一个广场上。受降开始，敌人先把枪支按指定地点分类放好，接着把山炮、电台抬出来了。而后，按连、营、团的建制进行受降。

两个旅的参谋长在前边带路，刘、王两旅长一胖一瘦，保持着一定的距离，后面则是团以上军官，再后才是营、连军官列队前来。两个旅长都带着雪白的手套，迈着同一步伐，走到我们师长王宏坤同志面前，又同时举手敬礼，表示他们职务一般高低。确实，他们都是少将级，领章上是满金一个豆，刘玉琳是个高身材、大方脸、白净面皮，倒有几分文人气质。王藩庆则是个矮个子，黑乎乎的脸庞，是个鲁莽汉。听说王家兄弟5人全都在国民党里当官，故有"五虎"之称，而今不管是文也好武也好，全是我红军手下的残兵败将。

与此同时，韩摆渡的守敌也全部向我十一师投降。苏家埠战役历时48天，歼敌30000余人，取得了"围点打援"、以少胜多的辉煌胜利。

原载《艰苦的历程（上）》，人民出版社，1985年，第253～263页。

潢光战役片段

◎ 董 宏

潢光战役时,我在机枪连当指导员。那时候的机枪是水机关枪,枪管套在枪筒里,枪筒中间装水,用以散热。机枪射击后,打一、二带沪弹后,水就热了,要及时换水,不然的话就会减少射程;水干了,还会发生炸膛事故。尽管这样,水机关枪,在当时的红军连队,还是不可多得的火力比较强的武器。战士们是多么喜爱它那一张口就"哒哒哒哒"响个不停的火爆脾气啊。每当我想起红军时期峥嵘的战争岁月,我的耳畔就仿佛响起了清脆悦耳的水机关枪的欢叫声。

俗话说"吃一堑,长一智"。在潢光战役中,我们连在椿树店首战敌郜子举部时,在遭受了挫折,掌握了对付敌人迫击炮的本领后,才使水机关枪更畅快地欢叫起来。

1932年6月初,红军在苏家埠战役胜利后,沿淮河进至豫东南根据地的商城地区,发起了潢光战役,收复为敌侵占的潢川、光山南部地区。当时敌二十路军有七十五、七十六两个师,共6个旅。其中两个旅担任潢川城及外围的守备,一个旅位于潢川、固始间的桃林铺,一个旅驻仁和集,一个旅驻双柳树。郜子举新编二十师分布于光山城及其以南之椿树店等地。我所在的三十三团二营机枪连和全团一起,奉命到潢川以南的璞塔集、彭店地区,歼灭可能由潢川来援之敌。

郜子举部队,盘踞在椿树店一带,烧杀抢掠无恶不作,老百姓恨之入骨。我们到椿树店北边一驻下,乡亲们便纷纷前来控诉郜子举部队的种种罪恶行径。战士们听着听着,都流出了悲愤的眼泪,有的把牙齿咬得"咯咯"作响。我们满怀仇恨的怒火，等待着进攻命令的下达。

进攻的命令终于下达了。团长吴云山命令一、三营从东西两面一起出击，二营从西北突入，占领村西北一些房屋。我们机枪连是主要火力，团长令我连配属各营行动。二排由副连长率领到一营，一排由连长率领到三营，我和三排一起留在二营。各排按照配属，迅速占领了射击位置。

上午，战斗打到街北头时，有的机枪射手，由于光注意了发挥火力，一个劲地喊着"狠狠地打呀！"却忽视了火力点的隐蔽和适时的转移，敌人就连续向那些暴露的机枪阵地打迫击炮。只听"轰隆"一声，四班机枪阵地上冒起了一股浓烟，正在欢叫的水机关枪，一下子沉默了。当时战斗正激烈，我也一个劲地指挥机枪向敌人猛打猛扫，当知道四班出现全班伤亡的情况时，心情很沉重。

下午1时，全团投入战斗。我们选择隐蔽地形，将4挺机枪在一个山坡上架好，掩护二、三营向敌人工事冲击。机枪声、手榴弹爆炸声震动大地。至3时，战斗胜利结束，敌人全部被歼。

傍晚，我们连集结在杨家集附近休息。开晚饭时，大家都去吃饭了，唯有四班长陈绍元不去吃饭，在那里落泪。我知道他为全班伤亡而伤心，便劝他说："绍元同志，人是铁，饭是钢，不吃饭咋行？"他说："指导员，我实在吃不下去。你看我们班12个人，今天只剩下我和马侠芳两个人了，枪也没有了，叫我怎么吃得下饭呀！"我又劝他说："为革命牺牲是光荣的，枪没有了以后还可以从敌人手中夺嘛！"经过我的劝解，四班长的情绪才好了些。

我们这时才知道迫击炮的厉害。为了在以后的作战中能巧妙地对付它，减少伤亡，我们组织各班、排研究了它的特点、功能和防范的办法，经过归纳，编成了顺口溜："迫击炮，隔山到，炮声响，打来了；迫击炮，真不照（大别山区土话，不怎样的意思），太近了，打不到；迫击炮，天上叫，呼呼响，快爆了；迫击炮，天上撺，看炸点，转移好。"

打了郭子举，我们部队即由杨集出发，向北面潢川方向前进，打璞塔集之敌。璞塔集是一个比较繁华的集镇，东、南、北面筑有高高的围墙，墙外有很深的水沟，西边是一条河，夏季河水较深。国民党七十六师，让参谋长李亚光率1个加强团进驻了这个集镇，加修了防御工事。李亚光以为凭借这有利的地形就可以太平无事了，但是，他没有料到末日即将来临。

我们团长十分注意对机枪连的使用。在璞塔集战斗中，他亲自指挥机枪连，布置每挺机枪的发射孔和工事。当我们二营前进到璞塔集的南土岗上时，敌人的枪弹"嗖嗖"呼叫着，打得地上沙土飞扬。团长用望远镜观察了一下后，命令机枪连掩护二营攻下桥头。我们的水机关枪响开了，"哒哒哒哒"子弹连贯着倾泻而去，打得石桥那边的敌人倒下一大片，死的死，伤的伤，一片哀号声。我二营营长刘树木率两个连一个冲锋过去，敌人吃不住了，往围子里逃跑，二营尾追到石桥，给了敌人一顿手榴弹，占领了石桥以南的房屋。

正当我连机枪猛烈射击时，敌人又打来多发迫击炮弹，想压制我们的机枪火力。但是，这回敌人的算盘打错了，我们吸取了打郜子举战斗的教训，已有制服"胡吊炮"的办法啦：早已选择好了机动转移的位置，我们的水机关枪的枪声是压制不住的。敌人的炮一响，我们的机枪就转移到离敌迫击炮只有百米左右的地方，使敌人的迫击炮失去了作用。它如果再射击，炮弹就要扔到自己脑袋上。而我们的机枪却钻到敌人的鼻子底下。依托着屋墙，以强大火力杀伤敌人。

我们这个团已打了两个小时了。师首长观察后对部队作了新的调整：三十一团从围子东面、三十二团从围子北面对璞塔集之敌实行大包围。下午2点，倪志亮师长命令总攻。这时，敌我双方枪声大作，炮声隆隆，整个璞塔集硝烟腾空，弹雨纷飞。这又是一场激烈的恶战。

在这场激战中，我们连的战士越打越英勇，越打越灵活，使机枪的火力得以充分的发挥。当听到总攻的号声一响，我们全连机枪一齐开火，以猛烈而集中的火力，掩护步兵连队冲锋。战士们猛虎般扑向敌人，抢占了围子南门口，团长吴云山大喊："打进围子了，快上啊，活捉李亚光！"一、三营蜂拥而上，占领了围子南门口，我们连也跟着三十二团从北面打进围子。三十一团也占领了围子东面。敌人乱作一团，除少数从西面过河逃跑外，其余全部被歼灭，敌师参谋长李亚光被活捉，缴步枪几百支，机枪几挺，迫击炮4门。

战斗于下午4点胜利结束后，接到团首长的命令，要我们去领机枪和子弹。我们领了40多箱子弹和1挺机枪。当夜团部又从各连抽调10名身强体壮的战士，将四班重新补充了起来。

经过添兵补枪，我们这个水机关枪连又齐装满员了，大家情绪饱满，斗志高昂，接着又挺进潢川十里头，和兄弟连队紧密配合，打了一个漂亮的阻击战。

原载《艰苦的历程（上）》，人民出版社，1985年，第264～268页。

电台工作的日日夜夜

◎ 宋侃夫

每逢从无线电里听到"嘀嘀嗒嗒"的电波讯号,我就感到特别悦耳,分外亲切,脑海里,思绪扬帆,忆浪飞花,仿佛又回到了第二次国内革命战争时期,在红四方面军电台工作的日日夜夜。那是多么平凡而又不寻常的日日夜夜啊!

一、筹建第一部电台

1931年10月初,我和徐以新同志结束了在党中央特科的无线电学习生活,熟记了与党中央、江西中央苏区、赣东北苏区、湘鄂西苏区联系的4个密码本,从上海搭火车,经南京、徐州、开封、信阳、罗山,进入鄂豫皖苏区。一路上,受到地下交通站同志们的保护和接送。于11月20日傍晚,到达新集。中央鄂豫皖分局和军委会机关驻在这里。我与徐以新同志住在军委会。

第二天,我们见到了蔡威和王子纲同志,他们是走南京、经蚌埠,从皖西六安进入苏区的,比我们先到一天,中央分局的蔡秘书长接待了我们,并介绍了鄂豫皖苏区的形势和电台器材的筹备情况。

在新集住了几天,我深深地爱上了苏区紧张而愉快的战斗生活。与在上海国民党统治区的地下党生活,完全变了个样子,人与人之间是同志式、兄弟般的关系,真切诚挚得很。在上海,同志间谈话虽然也很亲切,但因环境不同,总觉得有点距离。

来到苏区后，党、政、军、民、学之间，没有隔阂，没有拘束，每一个人都融化在一股热气腾腾的革命洪流中。

我们到达鄂豫皖苏区后，正是红四方面军刚刚组建不久，黄安战役还在打，电台还在筹建中。我与蔡威同志一起，临时分配在军委参谋部工作。我分管谍报和机要，同时还负责《军事通讯》（军委出版的油印小报）的消息报道和评论的编写，参谋主任李昂茨同志直接领导我们。

1932年2月，商（城）潢（川）战役歼灭敌张钫部1个骑兵旅，缴获1部电台，还有1部手摇发电机。听到这个喜讯，我们很高兴，我立即骑马赶到前线指挥部。徐向前总指挥、陈昌浩政委，还有参谋主任舒玉章同志，3个人住一间房子，稻草地铺，两张小桌子，1部电话机，墙上挂着地图。徐向前同志十分关心电台的建设，问长问短，让我把电台检查一下，还缺什么就提出来。最后，徐总指挥亲自交代舒玉章："再给电台同志选两匹好马。"话虽不多，听起来却亲切感人。

电台运回来，我们就在新集城外大沙河南面的钟家畈，收拾好一间房子，把电台架设起来。还有两架收音机，既听广播，又收新闻。领导决定由我负责电台工作，还有蔡威、王子纲、徐以新3个干部和几个青年同志。

红四方面军第一部电台开设后，首先与中央苏区（江西）沟通联络，又与赣东北、湘鄂西苏区取得联系。我记得我们发的第一份电报，是向中央报告了红四方面军的部队建制情况。第二份电报，报告了黄安战役、商潢战役的胜利。中央给我们的第一份电报，是祝贺胜利，并通报了全国各个苏区的一些情况。后来，陆续收到中央苏区发来的文件式的电报，有工商业政策，土地政策，对待地主、富农的政策，城市政策……远隔千里，全国一家，政策一致。

3月22日至5月8日，徐向前同志亲自指挥，在六安苏家埠打了一个漂亮仗，歼敌30000余人，缴获了几部电台和大批无线电器材，我们的电台设备得到改善。不久便扩建为两个台。第一台是我和王子纲同志，跟随红四方面军总指挥部、军委；第二台是蔡威同志，先跟七十三师，后跟红二十五军。我们与蔡威同志那个电台通报，一直不顺利，呼叫不通就派骑兵送信。这时，电台工作面临着一些新的困难：主要是人手少，技术力量薄弱，培养的青年同志一时不能独立工作。我们4个干部，不分白天黑夜、行军打仗，都围着电台转。报务技术最熟练的是王子纲同志，他发报又快、又明，中央苏区电台的老康（曾三同志），一听电波讯号，就知道是王子纲在发报。

电台建立以后，除对上、对各苏区互相通报外，还收听敌台广播，向领导提供敌情情报。

张国焘开始对使用电台有顾虑，他曾问过我："收到的情况靠得住吗？会不会受骗？我们的电报会不会被敌人搞去？"

我说："有把握。特别是密电码，不易被敌人识破。"

这样，张国焘对我们电台工作也表示一点关心。他亲自交代保卫局局长周纯全同志，让特务队到敌占区通过关系，为我们买电子管、电池等器材，以保证电台能顺利工作。周纯全同志在生活上也经常照顾我们。

1932年8月至10月，国民党调集了30万部队，发动对鄂豫皖苏区的第四次"围剿"。蒋介石亲自到武汉、九江坐镇指挥。张国焘先是轻敌，后来几个仗没打好，他又慌了。通过电台向中央连续告急，要求紧急动员各区红军及工农群众急起策应。毛泽东、周恩来、朱德等同志来电指示：要采取诱敌深入、待机破敌的方针。让我们跳到敌人的外线，在运动中与敌人兜圈子，寻找敌人弱点，集中兵力消灭之。当时，河口地区战斗后，红四方面军在鄂豫皖苏区的回旋余地已经不大，只有到京汉路以西，把敌人引到外线，再找敌人的弱点打，才是出路。

10月10日，鄂豫皖分局和红四方面军总部，在黄柴畈召开会议，张国焘主持。会议决定：红军主力过京汉路西，消灭敌人后，再打回苏区，留沈泽民、吴焕先、徐海东、徐宝珊、高敬亭、成仿吾诸同志，以及皖西收容的同志，红七十五和红二十七师及全部地方武装，坚持苏区斗争。

二、突破空中防线

1932年10月12日夜间，红四方面军总部率领十师、十一师、十二师和七十三师，还有1个少共国际团，共20000余人，在广水车站与卫家店之间，越过京汉路西进。敌人1个师堵截，插断了七十三师的行军纵队，把蔡威同志那部电台和总部行李给截住了，经七十三师二一八团的徐深吉同志率部打了一仗，才追了回来。蔡威同志的电台,又和我台合在一起。我们的电台就架在野外收发电报,敌人的子弹"嗖嗖"地从作报的桌台上或耳边掠过。

过了铁路,把情况报告中央,中央回电同意我们的行动。可是后来敌情又变化了:敌人害怕我们再回鄂豫皖苏区,沿京汉线派了几个师;同时,为防止我们与湘鄂西苏区红军会合,在鄂西也部署了几个师。当我们冲破敌人的堵截来到鄂西时,湘鄂西的红军已离开那里了。这样又是大兵压境,我们不得不再往西北走。这些情况是事先没有预料到的。

大军西进,经随县、枣阳、淅川、南化塘,还过豫西南阳绕了个小圈子,进入漫川关山区,又陷入敌人的包围圈。部队没有粮食,没有水喝,没有盐吃,生活十分艰苦。

面对强敌,张国焘主张化整为零,分散突围。徐向前同志认真分析了敌情,认为"化整为零",正中敌人的圈套,"分散突围",会被敌人各个击破。坚持集中兵力,突破一点。张国焘自知自己打仗不如徐向前同志,就收起了错误主张。方面军总部决定,翻山越岭,轻装突围。

漫川关,山峰陡峭,羊肠小道只能一个人爬。山炮上不了山,就地毁掉埋好。我们电台有一架充电机也埋掉了。徐向前、陈昌浩同志走在部队前头,并交代我们下决心爬过高山,不能掉队,要想方设法不让牲口叫。

从漫川关突围下了山,到陕西商州,进入有名的"八百里秦川",这里的群众生活较富,走了3天,到达西安附近。11月的一天中午到王曲镇,在那里打了一仗,歼灭敌人杨虎城西北军的一个旅,缴了些枪。又走了几天路程,在子午镇又打了一仗。向南进入秦岭山区。大山、小山,山连山,最高峰海拔4000多米,地形非常险要。

在秦岭,当年汉高祖刘邦"明修栈道,暗度陈仓"。我们走的就是"暗度陈仓"的小道:当中是河,水流很急,两边是狭窄的小路。有时骑马涉水,有时过独木桥,走了5天,住茅棚,吃整粒的苞谷,生活很艰苦。我们电台到了宿营地,第一件事就是与中央苏区电台通报。这时,与湘鄂西苏区、赣东北苏区都呼叫不通了。

12月中旬,我们出秦岭、涉汉水到洋县。从报纸上和敌人广播中,得知四川的军阀在混战,才想到去川北建立根据地。

12月下旬,过巴山,经两河口、苦草坝,进入通(江)、南(江)、巴(中)地区。粉碎了敌人的三路围攻,建立了川陕苏区,红军有了较大的发展,由原来的4个师,扩编为4个军。

在通江的毛浴镇,我们电台开办了训练班,由20余人增加到30余人。后来,总部成立了电务处,我当处长,既管电台、机务,又管机要。电台扩大为3个台,一台台长王子纲,二台台长蔡威,三台台长由我兼任。时间不长,又扩大了2个台,四台台长游正刚,五台台长徐明德。一般是一个军配一部电台,跟总指挥部一起行动的军,与总部合用,不再单独带电台。那时突出的困难,是人手不够,一台、三台经常在一块。王子纲同志的报务技术好,在红军电台中也是高手。蔡威同志精通机务。我搞译电多。后来,徐以新同志调走了。我和蔡威、王子纲3个人亲如一个人,工作互相支持,有意见就推心置腹地谈一谈,生活虽然艰苦,但很愉快。我们与学员青年同志同吃、同住,关系也是亲密无间的。

破译敌人电报,是突破空中防线的特殊战斗。有一次,王子纲同志从收音机里听到敌人通过电台问话、答话,发现了敌人的地址、番号和长官姓名。从这里开始,蔡威、王子纲和我3个人都参加了破译敌人电报的工作。两个电台,几乎是同时进行工作,谁先找到一点窍门,就在电话或书信中交流,使破译工作进展得更快。

敌人以英语符号互相通报,我们先收下来,再对照敌人部队番号、驻地、领导人,一个字一个字地想,一句话一句话地猜。

经过一段时间的摸索和努力,破译工作有了新的突破。最初搞出来的叫"通密",这是最普通的密码,它的底本就是明码。只要敌人电台以"通密"发报,我拿起电话就可向领导念出电报内容。"通密"是田颂尧用的。刘湘用的是一种,蒋介石用的是另一种。真是像变戏法一样,各有各的高招。但只要有一个密码本子作基础,怎么变化都能猜得出来。这期间,我们每一次收到敌人重要密电,就打电话向张国焘、徐向前同志报告。特别是通江第一次收紧阵地后,我们破译了敌人兵力部署的电报,就及时向总指挥部报告。开始张国焘半信半疑,后来把现地侦察的情况,与通过电台侦听到的情况相对照,两方面的情况完全一致,他才信服了。

一天,深夜2点多钟,张国焘带着警卫员步行四五里路,悄悄地到我们电台来了,看到我们正紧张地工作,有的收报,有的译报,有的发报,他的怀疑才有所消除,说了一句:"你们辛苦了!"这以后,张国焘见到我们电台的同志就比较客气了。

对敌斗争形势不断发展,我们的"战斗"也愈来愈紧张。敌人的密码改得很频繁,几乎是一个星期就改换一次,越改越乱了,我们把它叫作"烂码",破译起来比较麻烦,但我们认真花两三天,集中精力干,也就解决了。

1934年年底,中央红军在贵州被敌人堵截、追击,每天行军都很紧张,没有时间收听敌台广播,我们就跟踪敌人电台,逐步查清了中央红军前后左右的敌情,整理后,先送总部领导看,然后再发给中央红军电台。会师后,见到中央红军电台的同志,他们说:红四方面军电台提供的情报很快、很准,对一方面军摆脱敌人的围追堵截起了一定作用。

为了胜利,我们每天都在昏暗的小油灯下坚持战斗。有一天晚上,蔡威、王子纲和我,3个人都患了疟疾,我发烧体温升到三十九度、四十度,总部突然打电话询问敌情,我打开收音机,坚持收听敌台广播,及时向总部报告了重要敌情。

徐海东、程子华同志率领红二十五军长征过陕南,我们专门组织一架收音机,收听敌台广播,掌握他们的活动情况,报告总部和中央。

红二方面军长征入川,我们也是通过敌人电台,了解到他们少粮缺衣,生活艰难。

宣(汉)达(县)战役打刘存厚,就是破译了敌人兵力部署的电报,红军先敌一步占领蒲家场、宣汉,直插绥定(达县)城,歼敌6个团,俘敌旅长以下4000人,缴枪8000余支及大批弹药,还有敌人经营多年的兵工厂、被服厂、造币厂等全套设备。

反六路围攻时,在万源南面、宣汉西边的笔架山,这是个很险要的山峰。敌第五路王陵基部企图强攻,我们从敌人电台获悉情报,立即报告总指挥部。我军迂回包围了敌人,使强攻笔架山之敌,受到我主力左、右两路包抄的夹击。敌人在电台呼救:"笔架山红军火力很强……左面发现红军,右面发现红军,火速派人援救!"敌人用的是英文讯号直接通话,我们及时收听翻译,报告总部领导。总部领导情况明、决心大,徐向前同志亲临前线指挥,打了一场歼灭战。同志们高兴地说这次战斗的胜利,也有电台的一份功劳。

三、电报中的斗争

1935年3月,过嘉陵江后,我们进入松(潘)、理(化)、茂(州)地区。蔡威同志带一个电台跟总指挥部到前面去了,我带一个电台到黑水、芦花。在山区,电台用得少了,张国焘让我负责九军、三十军和总经理部传电话。

6月,在夹金山南麓,四方面军与一方面军会合。会合前,为迎接中央红军,我们做了充分准备:一个是物质方面的准备,一方面军经过长征,很艰苦、很疲劳,各部队都要筹粮、筹衣,准备各种物资;一个是精神方面的准备,进行思想动员,两军会合后要热情、亲切,搞好团结。会合时,欢迎、联欢,盛况空前。

会合后,我们电务处变成红军总司令部的三局,电台由我们统管,一下子扩大到十二个台。一至五台,由四方面军电台组成;六至十二台,由一方面军电台组成。蔡威同志那部电台,扩编为二局。我们三局还兼管一些敌台的收报业务,有几部收音机专收敌台广播。三局与二局联系紧密,业务上可以互相补充,及时交流。

在卓克基住时,有一天张国焘给我打电话说:"现在同一方面军会合后,要调整红军总司令部的机构,朱总司令要过来,刘伯承参谋长也过来。我当总政委了。总部的一、二、三、四局有所调整,你们这一摊归总部管了。"他还说:"原来三局局长是俘虏过来的,我觉得这个人不可信。因此,他到一方面军司令部三局去了。决定让你当三局局长,伍云甫当三局副局长兼政委,王子纲到三局来先当一科科长。"这一次,张国焘在电话里散布了许多消极的和攻击中央领导同志的言论。

8月,党中央决定:组织左、右路军北上。左路军是朱德总司令,张国焘总政委,刘伯承参谋长;右路军是徐向前总指挥,陈昌浩总政委,叶剑英参谋长。我们电台分工:蔡威同志在右路军,跟徐向前和陈昌浩同志;我和王子纲同志在左路军,跟朱总司令和张国焘。过了几天,在一个小喇嘛庙里,朱总司令骑着马,带两个警卫员来了。张国焘带着我们到大门口迎接。又过了几天,刘伯承参谋长也来了,带了刘绍文、周子坤同志。总司令和参谋长带的人很少,证明他们对张国焘是信任的。会见时在场的有王子纲、曾传六、郑义斋等同志和我。第一顿饭也是我们陪着吃的。我第一次见到朱总司令的印象是:艰苦朴素,平易近人,和蔼热情。对刘伯承同志的印象是:精明强干,严肃认真。

吃过饭,总司令和参谋长休息后,张国焘来到我和王子纲住的房子里,还有曾传六、郑义斋。张国焘说:"总司令没有什么用,是空头司令,不会打仗。"我听了感到有些奇怪。他又说:"一方面军人不多了,生病掉队的多,不能打仗了。"同时,张国焘也讲了几句堂而皇之的表面话："要关心他们的生活，注意搞好团结。"上头有斗争，下面不安宁。我们是红军总司令部的三局，有事应当请示参谋长，可是每一次去找刘伯承同志，他都摇摇头说："不好办，不好办，你们去找总政委吧。"按说一局、二局、三局的工作，都应归参谋长管，可是张国焘却要大小权独揽。他大言不惭地说："我管，找我！"

过岷山的时候，总司令部新建立了五局。这是因人设事，实际上是张国焘不要王维舟同志当三十三军的军长，为安排适当职务，才设了这么一个局，调王维舟同志当局长，魏传统同志到五局当了一名科长。

我们三局管12部电台。第十台专门负责收新闻、发新闻，是作为新华社对外广播的一个台。英语代号是：CSR。有时在代号后面再加上一个阿拉伯数字：CSR-4。"4"即代表红四方面军。新闻广播的主要内容包括：发战斗捷报、《八一宣言》，以及抗日统一战线的文告，还发过"波巴依得瓦"政府成立的通告。

左路军从阿坝出发。我们出发之前，开干部会、发电报、动员，都是讲的北上，准备到甘南打仗。一到嘎曲河就发生了问题。嘎曲河涨水不能徒涉，张国焘就给中央发了电报，中央来电让我们想尽办法过河，可找木料搭浮桥。

张国焘回电说，搭浮桥木料困难，到阿坝运来回要几天。因此，搭浮桥已不可能。

中央又电示：上游、下游都找一找，尽量找到徒涉点。张国焘回电：找不到，不能渡河，提出了"我们要南下"的口号。

中央又来电：无论如何要北上，不能南下，要想尽一切办法渡河，你们有困难，我们策应。

张国焘还是坚持：不能过河，要南下。

后来，张国焘给右路军的徐向前、陈昌浩同志发了一份指人译的电报：你们不能北上，我们坚决南下，不仅河不能过，北上敌情对我们也不利，希望你们力争同中央一起南下。

徐向前、陈昌浩同志回电：南下已经不可能，是否还是北上为好，希望不要为这些事内部闹分裂。这份电报也是指人译的。

接着，张国焘又发一电报：南下建立川康根据地，将来向青海方面行动；北上敌情不利，甘、陕地区很穷，局面不易打开。

徐向前、陈昌浩同志又来电表示：不同意南下，还是要北上。张国焘发了一份让徐向前、陈昌浩同志亲译的电报：如果中央一定要北上，你们必须带四方面军部队南下。语气很坚决。

张国焘有野心、闹分裂、搞阴谋，还有一件事可以证明。一天，我正在译一份坚决南下的电报，张国焘匆匆跑来，把电报稿一拿，说："这个报不发了。"我还没弄清怎么回事，张国焘又补充一句："朱老总要来。"张国焘走后，朱总司令真的来了。总司令对我们电台工作很关心，经常来跑一跑，问一问。朱总司令离开后，张国焘又派警卫员，把那份要发的电报送回来了……张国焘还交代说："今后有电报直接交给我，不送参谋长，也不要给别人。"

在丹巴，我们电台工作的最大困难，是电源不足，没有B电池，铅笔、纸张也很缺乏。我们根据当地群众利用流水落差当动力碾米的原理，自己画图，自己试验，搞了个水磨发电。

在甘孜、炉霍时，朱总司令常到我们电台来看一看，聊一聊。总司令在会议上、在其他任何场合，都是讲党的民主集中制，讲团结，从正面教育干部提高觉悟。

这期间，骨干培训工作有较大发展。总部成立了通信训练大队（后改为红军通信学校），共有学员300多人。校长由伍云甫同志兼任，协理员李庭全。下辖无线电、有线电、旗语各1个队，司号兵2个连。参加教学的有王子纲、蔡威、伍云甫、刘光甫、马文波、徐明德、游正刚、刘英、荆振昌、王明政、孙英武等同志和我。

1936年6月，红四方面军与红二方面军在甘孜绒坝岔会合。我在红二方面军司令部，见到了贺龙、任弼时、萧克等领导同志。协助他们整建了电台，建立了新的密码本。在这以前的6月6日，张国焘宣布撤销第二中央，改称西南局。中央指定张国焘为书记，任弼时同志为副书记。

8月，第二次过草地北上。我们从炉霍出发，经阿坝，过嘎曲河，到达甘南的峨州、洮州和漳州地区。张国焘住在岷州附近的村子里，与任弼时同志合住3间堂屋。一天，张国焘把我找去谈话。他说，蔡威同志病故了，让我到二局当局长，我考虑到二局不如三局的人事关系熟，没有去。又调伍云甫同志去二局当副局长兼政委，罗舜初同志当副局长。

蔡威同志是患伤寒病死的，病重时我去看过，死后埋葬在岷州附近的朱尔坪。

7月27日,中央来电:希望建立陕南、甘南根据地。为配合陕北红军建立根据地,原西南局改称中央西北局。书记张国焘,副书记任弼时。

9月,四方面军进至甘肃陇西、渭源一带,二方面军进至通渭。西北局在岷州三十里铺召开会议,决定一、二、四方面军在会宁大会师。同时,也研究了西渡黄河,执行宁夏战役计划。

四、怀念与信念

回忆红四方面军的电台工作,从无到有、由少到多,经历了极其艰难曲折的历程。我们永远不会忘记,党中央在上海为各个苏区培养了一大批无线电通信骨干;不会忘记鄂豫皖苏区、川陕苏区和青(海)、陕(西)、甘(肃)地区各级党组织和广大人民群众及地方武装,对红军电台工作的关怀、支持与支援。我们能够日日夜夜地守候在电报机旁,完成各个时期的工作任务,特别是侦听敌人电台、破译敌人电报、搜集敌人情报的特殊任务,与交通队同志冒着生命危险到敌占区去购买零配件、电池,运输队同志在行军路上背送沉重的机器,以及机务人员精心维修,都是分不开的。这里特别值得提出的是,红军电台的创业者陈寿昌、伍云甫、乐少华、蔡威、吴永康、荆振昌、曾希圣、曹祥仁、王铮等同志,还有王子纲、徐以新、游正刚、徐明德、冯志禄、陶万荣、耿协祥等同志,松柏常青,木花红。还有许许多多无名英雄,为红四方面军电台的创建与发展,奉献了青春和生命。我们深深地怀念他们。

从大别山到大巴山、夹金山,对电台工作积极支持的领导者,有蔡申熙、沈泽民、舒玉章、李昂茨、李春林、李特、郑位三、吴先保、王树声、曾中生、余天云、苏井观、张琴秋等同志。

岁月的流逝,抹不掉美好的记忆。我永远不会忘记,朱总司令在炉霍对我坚定信念的一次谈话,至今言犹在耳,语重心长。朱总司令对我说:"宋局长,你还记得吧?四方面军撤离鄂豫皖苏区以后,敌人包围着你们,你们日夜行军,很少通报,我们就利用一切机会搜集敌情,及时把敌人的兵力部署和行动方向告诉你们。"

"记得,记得,"我回答,"我们一过京汉路,就遇到敌人的围追堵截,在枣阳新集打了一仗,就多亏了一方面军电台,准确、及时地通报敌情。"

"我也记得清清楚楚,"朱总司令继续说,"我们离开中央苏区,进入湘(湖南)、滇(云南)、黔(贵州)、川(四川)地区,以及四渡赤水时,对周围的敌情搞不清楚,是你们四方面军电台的同志们,也包括你宋侃夫同志,经常在深夜,把破译敌人电报的情况整理后电告我们。这深刻体现了一、四方面军之间的战斗情谊,天下红军是一家嘛!"

朱总司令越说兴致越高:"我们红军都是党的队伍,工人、农民的队伍。过去,我们不分彼此,相互支援;现在,也要不分彼此,团结一致;今后,更要不分彼此,并肩战斗!我希望四方面军和一方面军,永远在一起。将来也可能不在一个地方,但我们的心是相通的,目标是一致的。红军都是一个思想、一个思想体系锻造出来的。"

朱总司令的谈话,像春风化雨,点滴入心,鼓舞我们更加热爱本职工作,为北上抗日而努力奋斗。

原载《艰苦的历程(上)》,人民出版社,1983年,第269～283页。

血战柳林河

◎ 汪乃贵

前不久,我回乡探亲时,特意到大别山南麓的湖北省红安县七里坪,重返英雄战地——柳林河。当年,红四方面军在第四次反"围剿"的斗争中,曾在这里和敌人进行过一场殊死的战斗。这里的一山一水,一草一木,都使我流连忘返、依依难舍。而那残存在村前墙壁上的弹洞和山头岩石上被炮火硝烟熏黑的痕迹,更使我想起那如火如荼、流血拼杀的战斗情景。

1932年春,蒋介石第三次"围剿"被我粉碎后,于5月份又亲任鄂豫皖三省"剿匪"总司令,部署30余万兵力,向我苏区发动第四次"围剿"。8月初,正当我四方面军主力围攻麻城之际,敌第二纵队陈继承4个师占禹王城后向七里坪扑来,敌第六纵队卫立煌以八十九师也向黄安猛犯,战局突趋紧张。

这时,我在红七十三师二一九团二营任副营长兼六连连长。我们连在围困麻城时,曾乘夜暗机智勇敢地从城墙脚下的阴沟钻到城里,向城墙上的守敌开火,敌人不明情况,晕头转向,在黑暗中自己互相乱打起来,从夜里12点打到天亮,我们又安全地从阴沟撤了出来。夜袭麻城,给了敌人一个很大杀伤,受到了上级表扬。当接到驰援黄安的任务后,我们个个斗志昂扬,人人摩拳擦掌。

当地人说:"麻城到黄安,九十里当一百三,会走走一天半,不会走走两天。"部队在西转途中,插小路、越山岭,马不停蹄,跑步前进。时值酷暑,骄阳似火,战士们个个汗水淋漓。虽然沿途有群众递茶送水,减轻了干渴,但终因天气太热,加上连续行军，疲劳过度，跑下100多里路，到达黄安附近时，我连热死了6名战士。

当我们赶到七里坪一带时，兄弟部队已在冯寿二地区同敌李默庵的第十师打过一场恶仗，黄安已被敌所占。总部已将主力转向七里坪打敌陈继承纵队。于是，我们随即奉命投入攻打侵入七里坪的敌人。

七里坪之役，打得最激烈的是敌我相持于柳林河一线的时候。柳林河是倒水河左岸一个较大的村庄。村前河水不深，滩地开阔，两岸山峰峙立，地形起伏，可攻可守。敌陈继承纵队的两个先头师，已占领柳林河以西的笔架山一线，红军乃于柳林河东至酒醉山、悟仙山、古风岭一带占领阵地。当地群众见红军主力到来，兴奋异常，立即全力支援。这时新谷尚未登场，粮食极为困难，群众就将麦种自动拿出来供部队食用；还从田间选择早熟稻谷，现收现打，争先恐后地送往各部队，指战员们深受感动和鼓舞，纷纷表示，"吃群众一粒米，就要消灭一个敌人"。

8月15日晨，敌第二师黄杰部由周田、双轲口渡过柳林河向古风岭、悟仙山进攻，方面军以黄安独立师坚守阵地，集中十、十一、十二、七十三等4个师及少共国际团，反击进攻之敌。

这天下午，我带领六连一排，刚从七里坪侦察回来，便远远看到我们阵地的山头上，总部一位中等身材的首长和我们的军长旷继勋（那时我们还不知道他已被张国焘撤职）、师长王树声、师政委张广才，正在商量研讨着什么。当我走近营长问这位首长是谁时，营长徐世魁轻声地对我说："他就是徐向前总指挥！""徐总指挥来了！"大家心情激动，几乎喊出了声。徐总指挥亲临我们阵地指挥，使我们更加感到我们所面临的任务艰巨而重要。而每当徐总指挥亲自来指挥我们战斗时，我们就感到心里踏实，就有胜利的把握。这种对于指挥员的信任和敬仰，是在长期的战斗实践中形成的。我连忙让连队在河边加强了岗哨，注意观察敌人动静，保卫好首长的安全。这是我第一次见到徐总指挥。只见他穿着普通的灰布衣，戴一个大斗笠，穿戴是那样朴素。他和大家走在一起，你简直认不出他就是我们的总指挥。他说话和气，语调慢而有力，同我们说话时，总是带着询问的口气，而且问得那样细致、那样周到。他问我们团长："你们哪个连是前卫？哪个是侦察地形的？"于是团长把我喊了去。他一见我，就风趣地说："你就是'傻子连长'啊？你这个营打前卫好啊，你看怎么打？"接着他一个问题一个问题地问：敌人是从哪边来的？来了多少？那里地形如何？哪里河水深？哪里河水浅？浅的地方能不能涉水过河？河面有多宽？能同时展开多少部队？等等，我就把我们隐蔽在河滩的瓜棚里及沿路侦察到的情形，一一向徐总指挥做了汇报，他很认真地听着，用望远镜向我讲到的地方瞭望，和师首长们交换着意见，还不时地在地图上画着、指着什么。

不久，敌人向我发起了进攻。山谷里炮声隆隆，枪声大作。敌人的飞机也出动了，呜呜地响着，在头顶上盘旋，寻找着袭击的目标。我们一方面为徐总指挥的安全捏一把汗，一方面都以急切的心情等待着徐总指挥发出反击的命令。

此时只见徐总指挥异常沉着冷静。敌人的子弹，在他身旁"扑扑"地响着，溅起的灰尘，打落的松树枝叶，掉落在他的灰布军装上，他仍然从容地站在那里沉思、筹划。徐总这种在紧急的情形下指挥若定的情景，我虽然第一次看到，但曾多次听说过。

突然，我发现对面山头上的敌人向山下冲来，我大声向徐总报告说："敌人从山头上冲下来了！""冲下来好啊！"徐总把手一挥，"冲过河去，拿下小山头，占领制高点，歼灭敌人！"冲锋号响了，红旗展开了，满山遍野响起了喊杀声。我们冒着猛烈的炮火和敌机的轰炸，涉过柳林河，一举突破敌前沿阵地。打旗兵把战旗插上制高点。战士们端枪抵近射击，敌人便倒下一大片。我们乘势冲入敌阵，左砍右杀，拼起了刺刀。经过一阵激烈的拼杀，我们很快夺取了正面的几个小山包。当我率领六连冲到一个山包的古塔底下时，突然，"嗖"一声，敌人一颗子弹从我背后打进，于右腰前面穿出，顿时，右手像被抽了筋一样，没一点劲儿，驳壳枪掉落地上。"副营长，你快下去！"徐营长见我负伤，命令我下火线。我咬咬牙忍痛指挥部队继续向山上冲去。全连战士见我带伤指挥，斗志愈加旺盛。打旗兵高举红旗，哪里敌人多，就往哪里冲，顿时杀开一条血路。突然红旗晃动了几下，终于栽了下去。打旗兵腿被打断了。另一个战士抓过红旗继续往上冲。

当我们占领了河西岸古塔右侧的山头，用火力把另一股敌人压制在河滩地里时，却出现了一个出人意料的情景："嗡嗡嗡……"，敌人的飞机又来了，在空中盘旋了一阵子，突然，对准河滩扔开了炸弹，炸得蜷伏在河滩瓜地里、土坎下的敌人狂奔乱跑，哭爹骂娘。开始，我们也不明白是怎么回事。后来，朝下仔细一看，原来是，被我们压制在河滩里的敌人，连让飞机识别自己阵地的十字白布标志也没顾得展开，只是伏在地里一面啃西瓜，一面眼巴巴地等待着飞机支援。飞机是等来了，可是敌机见没有十字白布标志，又误将满地的西瓜当作红军密集的人头，便把炸弹一股脑地倾泻下来，炸得他们自己的人和西瓜四处横飞。我们在山上见此情景，都拍手称快，有的战士风趣地说："蒋介石疯狂'围剿'苏区，天地不容，连西瓜也显灵，来助我们一臂之力。"

此时，其他部队也在河西岸和敌展开拉锯战，与敌反复肉搏，喊杀声震动河谷，硝烟遮没了阳光，这样激烈的战斗，是我加入红军以来第一次遇到。许多战士连连手刃敌人，血染战衣。上下湾河水都染红了。打到这个时候，我的伤势越加严重，担架队员要抬我下去。我看担架少伤员多，好些又都是重伤员，就由别人扶着走下山去。每走一步，伤口的疼痛如同刀割一样。好不容易才一步一步挪到战地包扎所。恰巧徐总指挥也走到这里，见我在别人搀扶下走来，关切地问："怎么不搞个抬子呀？""彩号多不多？"我说："多呀，光我们营就不少。打第二个山包时，伤亡最大，重伤号也最多。"徐总指挥说："你们打得很英勇、很顽强。第二个山包打下来以后，第三、第四个就好打了。"徐总指挥叮嘱包扎所的同志要细心地包扎好每个伤员的伤口，要组织好担架队，以便及时抢救。说完又向另一个阵地走去。

在柳林河与敌肉搏数小时之久，敌第二师全线溃退。守河的八师、十一师两个团大部被歼。红军前进8里许，直插白马嘶河，占敌师指挥所，陈继承急令第三师李玉堂向南延伸，并以后续八十师李思朔部增援，第二师残部则据笔架山顽抗。红军乘胜追击，但敌恃强顽抗，战斗又成相持。17日，敌卫立煌纵队由县城向北进逼，企图与陈纵队夹击红军，方面军见继续与敌战斗不利，乃撤出战斗，向檀树岗方向转移，另寻战机。

七里坪柳林河这一仗，给敌人一个沉重的打击，敌第二师一军官事后给其友人的信中，谈到七里坪之役时，曾悲哀地说："本师潢川惨败之后……经委座（指蒋介石）大力补充，军容复振，不料此次又遭惨败，6名团长悉数伤亡，重演潢川惨剧，曷胜浩叹！"

这次战斗虽然没有击破敌之一路，未能引起整个战局发生有利于红军的重大变化，但是红军指战员这种惊天地、泣鬼神浴血奋战的战斗业绩，是使我永远难以忘怀的。

原载《艰苦的历程（上）》，人民出版社，1985年，第284～289页。

我参加红十五军的一段战斗生活

◎ 陈 康[①]

1930年下半年，红十五军建立时，我是个战士，是个新兵，了解的情况很少，只能讲自己的一些经历。

我家在广济县现在的丰收公社。大革命时期，我还是个小伙子，什么也不懂，是当时革命发展的浪潮，把我卷进了这个洪流里面。所以，迫切要求参加革命，开始参加的是赤卫队。赤卫队是群众自己组织起来的武装，赤卫队员的标志就是挂个绿挎包，扛支梭镖，每天出操、放哨。梭镖是各人自备的。出操喊一、二、三、四，别的不会。这是1929年冬的事。到了1930年初，我当红军的愿望就更加迫切了。我们家乡是苏区，青年人都希望参加红军，能够背条钢枪，对梭镖不怎么感兴趣了。另一个原因是，当时白区的童司牌与苏区的赤卫队对立很厉害，为了自卫和对敌人的报复，也迫切要求当红军。

记得是1930年6月间，听说红军到花桥北了，我们村子4个青年：我一个，还有洪子、细女、狗儿，没有经过家里同意，也没有跟任何人商量，便跑到花桥北面一个地方，要求当红军，加入了红八军四、五纵队。这支红军部队实际是红五军过江北的部分武装，当时都这么叫。当兵很简单，党代表找我谈话，问了问家里情况，

[①] 陈康同志，原兰州军区副司令员。此文根据陈康同志1983年5月20日在蕲春漕河红十五军军史座谈会的同志谈话记录整理。

为什么要当红军，接着编到班。当兵什么也没有发，还是穿着自己那一身粗布衣裳。记得是在谷子快黄还未开镰的时候，我们练了几天兵。怎么练呢？除了走步，就是借别人的枪练习瞄准。莫看举枪练瞄准很简单，开始，手老往下掉。大概练了两三天，就开始打仗了。我当时扛的枪是一条俄国造，连子弹都没有，枪又很重。要想换枪，只有等打仗时从敌人那里缴获。

记得打第一仗，可能是在黄梅排子山，子弹在头顶上呼呼叫，头一回上战场，吓得要命，两腿打战，跑也跑不动。后来横了心，拼命冲到山头上。这次战斗，我们班牺牲了一位同志，是江西人。这一仗打的是什么敌人，敌人有多少，也搞不清。但是，我们新兵都得到了锻炼。

再一仗是打广济县城（现在的梅川）。这次就有经验了，子弹在头上响，我也无所谓了。那时，我年轻力壮，会跑。县城附近有段起伏地，有很宽的河，河里有沙子，眼看着敌人往甘蔗地里跑了，我跟着跑上去，缴了敌人的汉阳造。我的俄国造换成了汉阳造。以后，我一直背这支枪，直到当了排长。当时，缴一支枪奖5块钢洋，拿两块钱给班里改善生活，所谓改善生活，就是买上两只老母鸡，大家一起吃；另外3块钱归自己，缴一支驳壳枪奖10块。

关于打宿松县，我们是从西门和北门攻进去的。攻进去后，敌人跑了。记得是吃月饼的时候，我们排抬了一箩筐月饼让大家吃，月饼又厚又大，我们饱吃了一顿。打完宿松接着打六村。六村是广济县的一个村，四面楚水，很反动，又难攻。打进六村后也吃了月饼，这个月饼吓人，有斗笠那么大，芝麻的，我还是第一次见到这么大的月饼。打这两仗的时间相隔不远。接连打几仗后，部队伤亡很大，我们村里一块当红军的20个人，后来只剩下两个人：一个是我，一个是我弟弟（原在广东省民政厅工作）。

当时部队的生活是很艰苦的，常常是饱一顿，饿一顿。白天行军打仗，天黑宿营。一到宿营地，班长就出去买几只鸡，挑在枪上挑回来，烫的烫，煮的煮，一会儿就熟了。当时兴分伙食尾子，每人每月可分块把钢洋，钱很顶用，毛把钱就买到一只鸡。打土豪，分东西，每连都平均分。我们都不愿在苏区活动，愿到白区去，白区有仗打，有想头。分得的猪，由各班派人杀，猪肝、猪肺、猪腰花归杀猪的吃，你不怕累就去杀猪，杀猪累点有吃的。

我当兵时别的倒不想，想得最迫切的是三样极平常但又极难得的东西：第一是吃饭的洋瓷缸子。别看碗这东西不咋地，是农家常用之物，但在部队却是个大问题。部队天天行军打仗，不可能将那些一碰就碎的瓷器带上，只能是走一路借一路。老兵有个洋瓷缸子，小绳子一拴，吊在裤带上，走到哪儿随手一拿，不用着急，不用求人。新兵就不行，一到宿营地，就得慌着去东家、跑西家找老百姓借碗。说实话，当时老百姓家的碗也很少、很贵重，遇到心肠好的随借随给，还挑好的。遇到小气人有时也得碰一鼻子灰。所以，我很想能有一个像老兵那样的洋瓷缸子。第二是双胶鞋。我们叫它"马克思鞋"。在那时，胶鞋是很少见的，只有有钱人才穿得起。部队里也只有老兵才有资格享受，因为老兵打得仗多，一分东西，首先照顾老兵。这"马克思鞋"，很轻便，马口，不系鞋带，老兵们天阴落雨穿着它，我们新兵只有双草鞋。草鞋有优点，也有缺点，优点是就地取材，穿起来合脚、随便，缺点是三两天要动手打一双，不然就要打赤脚。我很想得到双"马克思鞋"。第三就是电棒。城里人叫手电筒。当兵前，我连见都未见过这东西，农村人摸黑摸惯了，也没见谁用这东西。当兵后，才晓得这电棒的用处大，特别是宿营时，它的作用很明显。每当天黑宿营，就得派人四处借门板，天晴有月亮不着急，落雨天黑，要找老百姓借东西连门都摸不着。老兵有电棒，办起事来很方便，新兵只有拿着火把照明。打漕家河时，我没有弄到洋瓷碗和电棒，但捡到一顶大盖帽，我将红布在边边上一卷，戴在头上挺威武的，成老兵了。

从蕲、黄、广到黄麻苏区的那段生活，是十五军的艰苦时期。第一次从商城过封锁线真够苦的，什么都没有发，天下雪，衣服又单薄，冷得不行，身上就披条床单，像个叫花子。没有棉鞋，用破布包脚，穿上草鞋行军。落雪天，山路又滑，就拄根棍子。部队不能白天走，全是晚上行动。晚上走路也不准咳嗽，为这，党代表还跑前跑后检查哩！不咳嗽行吗？冬天穿件单衣，天气那么冷，你要咳嗽就得趴在地上。每天宿营后第一件事，就是搬柴草烤火。睡觉又没有被子，就靠烤火，身子这边烤烫了，就翻过去烤那边。那年过春节，我们在金寨宿营，住在一个地主家里，屋里什么也没有。怎么睡觉呢？先睡下将被单一蒙，然后，请战友将稻草往身上堆，用稻草当被，回想起这段艰苦的日子，革命真不容易呀！

那时部队的政治工作，我了解不多，因为在连队。我记得党代表的思想政治工作有两点是经常抓的。一是教唱国际歌，他唱一句我们跟着唱一句，"起来，饥寒交迫的奴隶……"，南腔北调地唱。第二是发展党员，我入党的介绍人是我们排的张排长，个子不高，总是笑眯眯的。一天，他问我的家庭情况和我个人的一些情况。后来，我才知道他是打算介绍我入党。排长之所以看中我，是因为我这个人什么也不怕，打起仗来比谁都跑得快。我当时又没有背包，光扛支枪，对我来说跟扛扁担一样。枪一响，只要不怕就跑得快，谁跑得快谁就能缴枪。张排长对我的印象很好。1931年春，他介绍我入党。记得是在平汉线上，活捉敌师长岳维峻那个战斗后。他告诉我为什么要入党。我当时很奇怪，我以为我那个苏区的人搞革命就是共产党。我说："我是共产党，还入什么党。"闹了个笑话。和我同时入党的，还有连长、一排长，是在一个树林宣的誓。

回顾从红十五军到编为红四军的这段时间，的确太艰苦了。我们到黄麻苏区找红一军，要经过商城县境内的一道封锁线，这道封锁线的土匪头子叫顾青芝。当时我们红十五军只有5个营，约2000人，武器弹药又不足，过封锁线很困难，找红一军又找不到。地方党看到我们红十五军来了，先提出要打河口，我们一打，未打开，地方干部有意见，我们又过封锁线转战商城。这时，地方干部又提出要求打金寨，还是未攻下，还差点报销了。这两次过封锁线，两次战斗都失败了，我们的威信也差了，部队的战斗情绪也低落下来。正在这时，许继慎、徐向前同志率领的红一军赶来了，在商城的长竹园会合，奉命和红一军改编为红四军。

（李金宝　记录）

原载中共黄冈地委党史资料征编委员会办公室：《鄂东革命史资料1》，1983年，第64～69页。

红军的第一架飞机

◎ 韩英民

一、意外的收获

鄂豫皖苏区，在接连粉碎国民党军的一、二次"围剿"，并活捉大军阀豫陕总督兼三十四师师长岳维峻之后，苏区军民大为振奋，土地革命运动蓬勃开展。1931年初，红军第四军部队，已经发展到六七千人。

恼羞成怒的敌人，在地面作战遭受严重失败之后，就经常派飞机到边区骚扰，大肆轰炸扫射。那时候，红军没有对空作战的武器，根据地军民受到不少损失。

4月间的一天中午，一架敌人的双翼军用飞机，从河南罗山方面越过武胜关后，缓慢无力地擦着山峦盘旋，机翼不平衡地上下摇晃，活像一只筋疲力尽的山鸡。飞机飞到敌我交界地区的宣化店东南35公里的陈家河的时候，驾驶员不断在空中挥舞白色的手帕。经过一阵激烈动荡的地面滑行，飞机终于降落下来。

飞机低空飞行时的轰鸣声，惊动了附近山区里的群众。在山头上警戒的赤卫队员首先吹起了号角，一大队扛着红缨枪和大刀的赤卫队员，立即奔赴停着飞机的地方。他们打退了从白区边缘闻声赶来、企图抢回这架飞机的一团反动民团，把这架涂有国民党徽记的飞机团团围住了。

敌机刚着陆的时候，驾驶员还以为这里是白区。他坐在驾驶舱中一动不动，向围拢来的人群吆喝着赶快去报告当官的，想办法快送些汽油来。等苏区赤卫队员赶到，把民团给赶跑了，他才发觉自己和飞机都成了红军的俘虏，逃不脱了。

在乡苏维埃政府里，进行了简短的讯问。敌机驾驶员用颤抖的四川口音，回答自己的名字叫龙文光，这天是从汉口飞往开封执行通信任务，返航途中因汽油烧尽被迫降落的。

赤卫队员一面派人保护这架崭新的德国容克式高级教练机，同时立即用电话向驻新集（现名新县）的鄂豫皖苏维埃政府军事委员会报告。军委会听到这个消息，随即指示地方武装部队协同地方苏维埃政府，切实保护飞机和驾驶员的安全，并通知沿途苏维埃政府，协助军委会用一切办法，将飞机运来新集。

从宣化店到新集，虽只有50公里的路程，但在山河交错的豫南地区，依靠人力来搬运这个庞大的机体，却是一件十分困难的事。

为了便于搬运，把4只机翼从机身上拆卸下来。沿途群众组织了一队又一队的搬运队，逢山开路，遇河搭桥，连推带拉一步步推着机身前进。经过陡峻的山岗和满是泥浆的沟壑泥沼，机轮实在不能滚动了，上百的群众和红军战士，就用尽一切力气把机身抬起来逐步挪动，很多人因为连压带累而吐了血。

经过4000多人半个月的艰苦努力，飞机终于被安全地运到新集。受尽敌机轰炸之苦的苏区群众，看到红军也有了飞机，莫不喜出望外。大家都异口同声地说："现在红军也有了自己的'母鸡'，一定要给白军下几个'蛋'尝尝！"

二、列宁号

飞机一运到新集，红四军总部便决定立即将它装配起来，并争取驾驶员龙文光为红军继续驾驶这架飞机。这时，恰好有一位刚从莫斯科学习领航回来的钱钧同志，正愁着无用武之地。组织便决定由他负责设法使这架飞机恢复飞行，并筹建鄂豫皖苏区航空局。

鄂豫皖军委会领导人徐向前同志等，接见了这个黄埔军校第四期的学生龙文光，同时给他以奖励。接见之后，即派人将钱钧找来，商量建立航空局的事情。原来他们二人是莫斯科航空学校的同学。经钱钧的说服，龙文光答应留在红军里服务。

在龙文光、钱钧和其他几个懂得机械的同志的共同努力下，飞机又被迅速恢复了原来的形状。遍身也被涂上一层灰色的油漆，在阳光下闪闪发光。机翼的两端漆上了两颗耀眼的红星，使人一看就知道它是红军的飞机。

中国工农红军的第一架飞机，就这样诞生了。为了表示对伟大革命导师列宁的敬意，特区苏维埃政府把它命名为"列宁号"。

在新集旁边，有一条沙河，它的一侧是一块平坦的沙地。未来的飞机场就决定在这里修建，航空局办公处也设在机场的附近。在一座三间瓦房的门旁，挂上了一块"鄂豫皖特区苏维埃政府航空局"门牌。在这里工作的只有新任命的局长龙文光（他这时改名为龙赤光），政委钱钧，还有几个服务人员，以及一连武装警卫部队。

修建机场的工作在紧张地进行着。红军战士、赤卫队员和农民群众，大家热火朝天地一起动手，有的伐树，有的平地，有的打夯，有的用石磙碾地，没几天的工夫，就修成了占地百多亩的机场。与此同时，特区苏维埃政府又在黄安、麻城交界的紫云区和皖西的金永寨两地，先后修了两处机场。

这架高级教练机每小时要消耗25听汽油（每听5加仑），在敌人层层封锁包围的苏区里，哪里去弄呢？可巧，这时被关押的大军阀岳维峻，他的女婿经常来看他。红四军司令部通过他，先后几次从汉口运来200多听汽油。这样，飞机才获得了为中国工农红军服务的新生命。

三、第一次出航

1931年7月初，红四军政委陈昌浩同志，要去鄂豫皖苏区东南部的英山洗马畈一带四军主力部队所在地执行一项重要任务。可是这时鄂豫皖苏区，被敌人分割成东西两部，在隘门关附近，反动民团顾敬之的队伍，像根楔子卡在中间，致使两区联络非常困难。为了争取时间，陈昌浩同志决定先乘"列宁号"飞机飞到皖西金寨，然后转赴英山。

初夏的豫南遍地是茁壮的麦稞；雨后，更显得一片苍翠。虽然试飞的结果良好，但在第一次正式出航之前，龙文光和钱钧还是一次又一次地检查了每一个机件。"列宁号"即将出航的消息，像春雷一样惊动了新集的群众。起飞的那天早晨，密集的人群挤满了机场四周。他们怀着好奇和敬意欢送红军的铁鹰飞上天空。

上午9时整,"列宁号"飞机带着它那鲜明的银翼上的红星,滑出机场的跑道。在隆隆的马达声中,欢送的群众尽情地挥动着双手和草帽,目送着这只骄傲的铁鹰徐徐腾起地面,像一根银箭迅速地射向远方的天际。

这架高级教练机没有密闭的机舱,从地面上老远就可以望见3个人头影的轮廓。龙文光在前舱里驾驶,后面座位上坐着陈昌浩和钱钧两位同志。钱钧手里也紧握着操纵杆,眼睛时刻紧盯着仪表上的指针,随时校正和控制着飞行的方向。在螺旋桨的转动声中,高矗山巅的松树和稀疏散布的农舍都被迅速地闪在后面。

从新集到金寨大约200里的航程,只消19分钟便到达了目的地的上空。从空中下望,不少人早已聚集在机场四周。飞机在机场上空转了几个圈子,但仍不作着陆滑行。忽然,驾驶员龙文光从专供空中通话用的联络板上,写出了"不能着陆"的信号,并甩手指了指机场。陈昌浩同志仔细望了望地面,果然是遍地泥泞,飞机在这样的情况下降落,就会陷进泥里难以起飞,因此决定立即返航。飞机的垂直尾翼向左一歪,机身便调转方向向西北前进了。

不一会儿,前方出现了一座县城的轮廓。按照地图的指示,这是固始县城。城里的敌人原先以为是自己的飞机,都伫立街头观望;但当飞机飞临县城上空,红五星徽记清楚可见的时候,敌军都立即争相逃窜。"列宁号"完成侦查任务之后,投下了大批传单。传单是几百张松松地缚成一捆,快接近地面时,传单自动散开,正好都落到街巷庭院里边。

接着,"列宁号"又飞往潢川和光山,先后投下了四五十捆传单。敌军士兵看到是红军的飞机,都龟缩在工事掩体里,谁也不敢进行抵抗。"列宁号"在敌区上空连续飞行3刻钟以后,安全返回新集机场。

首次出航的成功,鼓舞了红军的驾驶员。8月9日傍晚,"列宁号"又从新集机场起飞,迎着西方橙黄色的晚霞,远征华中敌人的心脏——汉口,进行侦察和示威飞行。这次虽然只到达汉口附近就迅速返航了,但使整个武汉的敌人都陷入慌乱之中。某些重要目标区域,敌人开始实行灯光管制。甚至在反动报纸《扫荡报》上,也以显著位置刊登了这样的消息:"共军'列宁号'飞机近日曾连续骚扰潢川、汉口等地,我方幸无死伤。现在有关军方,已通令各地严加防范。"

四、把炸弹投向敌人心脏

  1931年11月7日,红四方面军在鄂东北的七里坪宣布成立之后,旋即挥师南下,攻打黄安城。城里守敌六十九师赵冠英部有10000多人,有坚固的防御工事作依托,还配属一个炮兵营。那时,四方面军不仅没有炮兵,部队也还不懂得进行爆破,因此就决定采用围困打援的战术。黄安被围困月余,敌人援兵几次都被打退,县城还是打不开。最后,决定用红军当时唯一的飞机进行轰炸,以威胁和动摇敌人军心。

  红军兵工厂的工人们,从敌机丢下的"臭炸弹"里,挑选了两个120磅的,修好了撞针和雷管;又往机翼下安装了两个挂弹架。这样,就使高级教练机变成了轰炸机。

  红军飞机即将轰炸黄安的消息,很快传遍了红军所有的参战部队。轰炸的前一天,四方面军徐向前等首长和飞行员,一起到黄安城南的高地上,观察了敌军的阵地;并从群众口中,了解到敌军司令部的位置。红军战士们愉快地察觉到:一个有历史意义的日子,就要来到了。

  第二天拂晓,司令部发出了对黄安守敌攻击的命令。敌军仍旧顽强地进行防御。上午9时整,从东北方隐约传来了嗡嗡声;接着,在蔚蓝色的晴空里,出现了一个移动的黑点。这是我们的"列宁号"来参战了。

  这只无畏的铁鹰飞越红军的阵地后,逼近黄安城上空。它的翅膀那样平稳,像一朵浮萍荡漾在平静的水面上;它飞得那样矫健,像战胜了暴风雨的一只雄鹰。黄安城的敌人,一看到飞机翅膀上的两个大红字"列宁",都纷纷丢弃阵地争相逃匿。万余敌人盘踞的黄安城,这时听不到一声枪响。

  随着引擎的长啸声,"列宁号"俯冲到赵冠英指挥部的上空。两枚炸弹同时落了下去,接着,地面上连续传出了两响沉闷的爆炸声,硝烟与沙土交混的尘埃立即腾空而起。在空中飘荡的一面暗蓝色的国民党旗帜,伴随着二十几具敌军官的尸体,一起被埋葬在敌人的指挥部里。

  这是中国工农红军战史上第一次对敌军阵地的空袭。红军的铁鹰胜利完成任务,在我军指挥部上空盘旋一周后,飞返自己的基地。这时,黄安四周我军阵地里,到处响起了震耳的欢呼声。几十面红旗迎风招展,向英雄的"列宁号"飞机致意。

黄安守敌在遭受轰炸后惊惧万分,害怕红军飞机再次袭击,加之城内即将弹尽粮绝,因此在第4天傍晚,赵冠英率领全部敌军,弃城向南逃遁。四方面军总政委陈昌浩同志,率领红军乘胜尾追,在长轩岭终将逃敌全歼,赵冠英本人也被活捉。

"列宁号"飞机的英勇空袭,配合四方面军创造了首战大捷的光荣战绩。

1932年7月,蒋介石调集了50万兵力,以鄂豫皖革命根据地为中心,疯狂地发动了第四次"围剿"。四方面军主力在进行多次反击之后,作了暂时的战略转移。"列宁号"飞机跟随四方面军转移了几个地方,终因环境日趋恶劣,不得不将它拆卸开来,分散埋葬在大别山的一个偏僻山沟里。

为中国人民革命事业服务的第一架飞机"列宁号",就这样在中国工农红军的光辉历史上,写下了永志难忘的一页。

(原载1957年9月《解放军文艺》)

原载华中师院历史系中国近现代史教研室编:《鄂豫皖苏区革命史资料选编1》,1951年,第323~330页。

鄂豫皖苏区红军历史

◎ 戴季英

一、共产党在鄂豫皖的产生与活动

〔当时的环境与革命的发生〕 在辛亥革命、五四运动、二七罢工运动、广东国民革命、俄国十月革命、中国共产党的产生等影响下，一些学生知识分子在鄂豫皖内的反帝反封建宣传和马克思主义学说的介绍、进步刊物书籍的流传、新文化运动的启发，更刺激着鄂豫皖社会内部阶级的民族的矛盾激化，反帝反封建的革命言论与要求发生更多，人民迫切希望革命，在各界在城市乡村常常可耳闻目见这些情况。

当时鄂豫皖人民处在封建军阀连年战争（直奉鲁豫皖的战争）的生活环境中，租课、税、债、捐奇速加重（公债券、大加一、月月红、当青苗），百物涨价（谷子由2串至10串一石），日用品昂贵，洋货剧烈地倾注农村，自然经济（农业、手工业）破产，年岁歉收饥荒频起（旱灾连年），匪患严重，瘟疫流行（发人瘟），广大农民急转直下地破产，无衣无食，与豪绅地主斗争，纠葛问题（租案、债案、人命案……）时时发生，豪绅地主与军阀官僚勾结，争相扩张统治，操纵行政，收买土地；群众觉悟提高，社会内部矛盾发展，使得社会制度动荡。这种客观环境正促使共产党与革命在鄂豫皖发生和发展。

〔黄麻共产党的产生与活动，革命的兴起〕 1924年年底至1925年，鄂豫皖区的黄安、麻城，几个先进青年学生参加共产党，如徐希烈、董贤珏、王秀松、余文治、戴季伦、蔡济璜、王宏文等。他们是在董必武、萧楚女的思想影响下研究社会主义革命学说。他们自加入共产党后，在黄、麻扩大党的影响，宣传共产主义，并在黄、麻内地发展共产党与青年团的组织。

1925年五卅运动时，党利用暑假回乡学生，宣传号召群众举行反帝反封建军阀运动，罢课、罢市、成立五卅惨案后援会，办乡村平民夜校，化装演讲，散发传单，动员群众救国家救自己，共产党与无产阶级影响更深入群众；同时出版《黄安青年》刊物，指示青年与工农大众的道路，抨击反动政治，转载革命消息，号召新文化运动；又成立黄安青年协进会，团结进步青年学生到党的周围，同时在党领导下协助国民党工作。

……到农村去，打倒帝国主义封建军阀，推翻压迫阶级，改变民不聊生的黑暗政治，实行民主政治，改善人民生活，取消捐税，减轻租债，实行国民革命，拥护苏联，拥护共产党，工农联合……是党当时的口号与在群众行动中的纲领，他们时常公开谈论要把这旧社会"造爆"（即造乱之意）。1925年冬，成立黄安、麻城的共产党与青年团特支，同年冬，主张夺取黄安、麻城教育局，于是从清算教育经费开始发动斗争。当时黄、麻教育局局长为代表旧势力的王楚材、余敬芳，这斗争到1927年春即实现了。以刘任舟为黄安教育局局长，王宏文为麻城教育局局长，党利用教育系统发展与活动，是黄、麻革命一个好的成就。

发动群众首先重视打倒有权威的豪绅地主首领，如吴惠存、李介人、程瑞麟、王芝廷等。在1926年（北伐军进到湖北时），党领导群众举行反豪绅地主的斗争，打死最有才能的吴惠存，这事件对统治阶级、对广大群众是霹雷般的震动，鼓动了广大群众，也促起地主反动派的挣扎活动。继续逼迫黄安县政府逮捕李介人等12个大地主豪绅，于1926年腊月公审枪毙，这仍然鼓动了广大群众与促起豪绅地主反动派的挣扎活动，阶级矛盾与阶级斗争日益尖锐和扩大。当时对于反豪绅地主的斗争策略是：首先对付有权威的、容易发动群众的，有擒贼先擒王的作用，豪绅地主反动派在黄安曾欺骗群众，组织红枪会反对革命（西砦会事件）。

1926年九十月，北伐军攻占武汉时，黄、麻党团员学生如徐希烈、戴季伦、王宏文、蔡济璜、戴克敏、刘象民（均湖北第一师范）、曹学楷（中华大学）、王秀松、王鉴、刘建安、汪奠川、桂步蟾、徐子青、李培文（武汉中学）、余文治（启黄中学）、王文魁、戴季英（第六中学）、刘文蔚、王树声、徐其虚、吴焕先（麻城农业学校）等，在党指示下，进行组织各地工农会，发动群众，以工农会代替乡村政府，推翻旧统治，发展党团。此时，黄、麻的革命运动，在全国革命胜利形势影响下蓬勃发展着。

〔反河南豪绅地主统治的红枪会，广大农民战争〕1926年，河南之光山、罗山豪绅地主在"防匪防党"口号下，组织红枪会反对革命，防守边境，不准黄、麻革命影响进入河南，致引起广大群众反对，发展成为从卡房至福田河100多里的革命农民武装战争。这战争完全是群众性的，在党领导影响下发生和发展；这战争相互残杀，破坏很厉害，表现农民战争原始情形，表现农民的破坏性；这广大群众战争给黄、麻共产党以武装群众和群众武装斗争的兴趣与经验；这战争表现群众反豪绅地主斗争的坚持性，到1928年春，光山、罗山红枪会瓦解，才使这战争形势变动了。这战争中，暴露了党对于农民的弱点认识与克服不够、领导力仍不强、军事上亦无经验等弱点。

〔大革命时代的工作概况〕黄安党在大革命时期，完全取得了党部和工会、农会的领导权，支配了全县政治，农会实际成为乡村政权。群众组织普遍，工农会权威很高，纪律较好，农民事归农会办，工人事归工会办，民主决议。减租减息，取消苛杂，没收大地主土地财产与公产；工人实行8小时工作制与增加工资，优待童工；解放妇女；审判土劣，都实行着。教育的改造与建立，党亦很注意，建立小学1000余所，学生5万余人，平民夜校普遍设立。成立农民自卫军武装，党亦完全取得了领导权。汪精卫在武汉分家，曾骂"赤色的黄安，小莫斯科的黄梅"。黄梅在大革命失败后，被豪绅地主反动势力反攻致完全失败了。在大革命时，黄安共产党登上了全县政治舞台。麻城则在其西北乡工作较深入，建立了基础。

黄安县委于1927年春成立，由余文治、徐希烈、戴季伦、郑位三等组成。麻城县委亦同时成立，由蔡济璜、王宏文、刘文蔚等组成。

河南之商城与安徽之六安，在大革命时有共产党的组织与活动，其工作发展则次于黄、麻。这两地后来成为豫东南、皖西北革命中心基础。黄、麻成为鄂东北中心基础。

这一时期党在鄂豫皖的经验主要有：

1. 共产党必须真正面向群众，真正站在群众利益与真正发动群众运动基础上，才能发展自己。
2. 在统一战线中取得领导权，才能发展自己。
3. 知识分子学生与工农群众结合在一起，真正为工农群众服务，才能发展自己。
4. 有干部人才，才能发展自己。

二、大革命失败后的黄、麻情况

〔武汉国共分家与黄、麻党团内的分化〕 武汉国共分家，国民党全面反革命政策压迫解散工农会，停止工农运动，解除工农革命武装，屠杀共产党。在白色恐怖环境下，黄、麻形势起了基本变动，黄、麻党团内部开始了动摇与分化，大部分消极退却与妥协，一部分同志继续原地工作，主张继续革命，继续巩固工农运动，发展组织，联合左派，把持党部，把持农民自卫军武装，逮捕正在回来与正在抬头的豪绅地主反动分子，反对妥协叛变动摇。到10月，只剩下一小部分活动分子在原地工作，照党的主张继续革命，如曹学楷、徐朋人、戴季伦、戴克敏、王志仁、陈定侯、汪奠川、戴季英、程昭续、郑大开、吴焕先、阮德臣、熊殿勋、高建斗、郑友梅、戴雪舫、江竹溪、詹学道、蔡济璜、刘文蔚、王树声、桂步蟾（武汉军分校学生，参加广州暴动，在海陆丰红军第四师任过连党代表，后与徐向前一块又回鄂东，任第四队党代表，在反徐源泉、夏斗寅"围剿"时，于铁子岗作战中牺牲）、徐其虚、徐子清等。

〔八七会议后的9月暴动〕 由于黄、麻党在领导上的动摇与分化，八七会议后9月暴动计划未实现。这是因为党在领导机关没有坚决采取将刚刚发动起来的斗争扩大与继续革命的进攻，没有提出土地革命的纲领，并且领导机关解体了。9月暴动计划未完成，豪绅地主反动派积极活动，企图摧毁党与革命，这是一个斗争的关键。

一部分党团同志仍继续坚持工作，继续执行党的主张，巩固工农运动，反对豪绅地主和国民党，把持农民自卫武装，不听政府命令，扩大农民义勇队武装，发展组织，逮捕豪绅地主反动分子，计划以黄、麻北部为继续革命（当时党提出"以革命继续革命,以革命发展革命"的口号)的大本营,以黄安七里坪为活动中心,依靠群众力量。因无领导机关,日常过问党团县委者为曹学楷、戴季英等(在七里坪)。

这一时期党在黄、麻经验主要是：

1. 在失败中党采取了革命的主张,坚持与继续革命,应付失败中的事变,保持了革命,保持了党。

2. 以黄、麻北部为革命大本营,领导群众,把握武装,打击正在活动的一大批豪绅地主反动派,提高了群众阶级斗争勇气,争取了失败中的出路,替以后暴动准备条件。

3. 幼嫩的党与同志只要有适合于主客观情况的主张,完全可能发展党与革命,而经验知识的缺乏则又影响党与革命,经验知识亦只有在工作实践过程中去增长,在错误中去体会。

4. 不怕失败与打击,只怕对党对革命前途没有信念,只怕不敢为,即全是简单的形态,也有意义。

三、黄麻秋收暴动

〔中共中央与省委指令〕 中共少共中央派符向一、刘镇一两代表与吴光浩、潘忠汝两军事干部于农历十月初到黄安七里坪,带来中央指令,黄、麻仍要组织秋收暴动,配合两湖秋暴。10月10日左右,召集黄、麻党团活动分子会议,地点在七里坪文昌宫第二高级小学。

会议讨论认为黄、麻举行暴动是可能的,只有暴动才能打开黄、麻革命局面,把革命继续与进一步向前发展,配合两湖秋暴是当前紧急任务。由于客观条件成熟与同志们在思想行动上有斗争准备,经一天多的会议,完全接受了党的指令,后来称这次会议为"暴动会议"。

〔暴动会议的具体决定〕 大致决定了巩固工农运动,发展组织,改造黄、麻党团,组织自卫军(人枪共百余)为主力,并加紧训练,以黄安之潘家河、阮家店、箭厂河、程卜畈等地义队和麻城之乘马、顺河集的农民为主要依靠,加紧反豪绅地主,没收财产,加强义勇队办事处的工作,动员第二高小的学生到农村去。党团机关设在七里坪，仍由曹学楷、戴季英等负责，中央代表留七里坪，麻城工作归黄安领导，计划打成一片，暴动日期再定。

〔第二次暴动会议〕 10月20日又在原地召集会议，讨论认为已准备好，遂决定暴动攻占黄安县城，消灭国民党保安队，扩大自己武装，后来称这次会议为"第二次暴动会议"。

〔暴动的行动情况〕 10月25日夜9时行动，鸡鸣时开始打城，拂晓攻入，消灭敌人武装，占领县政府。动员起的群众约20万，配合自卫军攻城的武装群众约2万，行动总指挥为吴光浩，副指挥为刘镇一，率领群众武装的为曹学楷、戴季英、吴焕先，口令是"暴动，夺取县城"。攻击时的枪声、炸弹爆炸声、士兵和群众的厮杀声、打"呵嗬"声交织在一起呈现翻天覆地、势不可遏的群众革命暴力，山河像被人群耸动了似的。人们在这斗争中尝试、学习、寻味。

暴动是群众的、革命的进攻，是革命者进步的阶梯，是被压迫阶级的崛起。

吴光浩，黄陂三合店人，黄陂中学与黄埔学生，北伐时攻武昌城有功，升营长，蒋介石曾注意他有才能，准备升团长，后发觉为共产党，得逮捕消息跑走。

〔黄安农民政府的成立与宣布的纲领〕 攻占黄安县城后，本是说成立革命委员会，又说切合农民暴动意义，遂称为"黄安农民政府"，主席曹学楷。

纲领内容大致为：实行土地革命，工农武装起来推翻豪绅地主统治，建立工农政权，实行民主自由，改善劳苦群众生活，实行8小时工作制，增加工资，保护商业贸易，保护中小商人，拥护苏联社会主义，反对帝国主义侵占中国，打倒国民党蒋介石。

〔组织工作情况〕 黄安县委组织为王志仁（书记）、戴克敏、戴季伦、曹学楷、汪奠川、潘忠汝、吴光浩、戴季英、詹道曾、田开寿（工人）、程昭续（农民）等（党团合为一个县委）。

农民自卫军改编为中国工农革命军鄂东军，共约2000支枪，由潘忠汝、吴光浩为总、副指挥，戴克敏为党代表。

黄安农民义勇队有4万人，戴季英、吴焕先、郑友梅分3个区域（七、紫、城）指挥。麻城农民武装为徐其虚、王树声、桂步蟾等指挥（乘、顺）。

暴动胜利后，工作中心是武装群众。十一月初（农历）在黄安城、七里坪、长冲、麻城、顺河集各地举行"武装检阅大会",同时为"讨伐蒋介石大会"。

军事上采取首先打击北面光山豪绅地主反动集团,防止鄂豫两省将来夹攻。当我军进到陈德祖时,敌望风而逃,未能实现歼敌计划。其次是打击西面黄陂土匪与东面福田河的红枪会,这都是为了保卫暴动区,是在孔庙总指挥部军事会议上的决定。因时间紧与经验缺乏,未能消除这各方敌人。

〔党内同志的思想认识〕 在种种情况下,当时不暴动是没有更好办法,不举行暴动是没有出路的。暴动思想与方针是对的,而思想认识上有主观主义错误,缺乏经验。以为大革命虽然失败了,但中国革命的发展形势仍存在,两湖暴动可以取得两湖,成为再次掀起大革命的大本营;以为贺叶军到两广,其力量不比广东1925年时代的小,可以占领两广或广东,成为再次掀起大革命的大本营;两湖、两广胜利可以逼使蒋介石偏安于南京或东南;两湖、两广党的影响与群众基础均利于我们扩大革命势力;黄、麻如在两湖、两广取得胜利是有保障的。这是对形势估计的主观主义错误,小资产阶级的幻想。

另外也曾认为国共分家后,国民党是全局性的反动,蒋介石在经济、政治、军事上占绝对优势,两湖、两广革命恐不能如我们意想的胜利,但我们在黄、麻,当时情况亦只有暴动才能继续革命,不然不能长久下去。暴动后,反革命来压迫必不可免,而总可想办法斗争,革命总不致完全垮台;对于前途困难波折的认识是有的,但不清楚,也不很顾虑。从暴动中替我们找出路这是对的。

这些是当时黄、麻同志中的思想认识概况,中央、省委除八七会议决定外,也没有详细具体指示。

〔党在黄麻暴动中的政策问题〕 党的基本政策是站在劳苦群众的利益方面,领导群众顽强地反地主阶级,使其在斗争中得到果实(经济的、政治的)。这样方能争取、团结和发动广大群众,然而是不可能的。又由于党内小资产阶级意识的存在,反映了农民报复主义的错误,对于豪绅地主反动派不知运用可能争取的政策,与对于豪绅地主反动派的捕杀惩罚有一些过"左"的错误,如提"杀尽豪绅地主反动派"的口号。

〔群众情绪〕 暴动胜利后,群众革命情绪澎湃,到处赶制武器、军装、红带、火药,到处听着"拥护共产党""是黑脚杆子的天下了""穷人伸腰了""什么时候打武汉……"每个乡村市镇，日夜都在紧张地开会、工作，到处可看到男女老少喜形于色、熙来攘往。

〔国民党进攻与农民政府失败〕11月14与15两日，在河口击溃了黄陂土匪进攻（豪绅地主勾结的），日夜，驻在宋埠的国民党十二军任应岐教导师向黄安农民政府进攻。打土匪回来正在休息的工农革命军，起而守城应战。初还以为是土匪来犯，对于任应岐估计不足，当时侦察工作不够，军事上缺乏经验，有疏忽的错误。后愈战愈烈，弹药殆尽了，敌硬攻北门而入，激烈巷战一阵，我伤亡惨重，不能支持，残兵败将数十人跃城墙而出。群众武装奔援于城外，与敌作战，亦有伤亡。县委书记王志仁、总指挥潘忠汝牺牲。农民政府仅存在21天。

失败，是惨败状况。我们退集七里坪，敌人速从河南、湖北包围进攻，有不消灭我们不止之势，农民义勇队被打得散乱。我们党与政府及工农革命军共数十人在黄、麻北部开展游击，仍不能立足，遂在木城寨下商讨，决定新方针——保持这一点力量，出境游击为上策，待机卷土重来。于是经香炉山脱离原地，出境到黄陂之木兰山。

党在这一时期经验主要有：

1. 共产党的任务、方针同群众的要求结合，才有这次暴动的胜利，这即是"党的主张被群众接受才发生物质力量"。

2. 暴动后，积极为群众谋利益与武装群众，摧毁反动统治势力，深入党的影响，这奠下了以后第二次暴动基础。

3. 发挥与组织了干部党员群众的创造，锻炼培植干部，反对妥协退却，保障了党的领导。

4. 客观上反动势力比我们占绝对优势，中国革命胜利的形势在当时已过去，黄、麻是处于失败形势中，以及缺乏经验和失败的准备，招致更大损失。

5. 坚持到最后，为着继续革命与对革命前途展望和信念，保持活力，出境与敢于进境，这在当时是有意义的决定。

6. 工作上有某些盲动主义的错误（八七会议精神）和主观主义的错误，而接受与保障党的领导，为革命找出路是对的。

四、木兰山的游击战争与工农革命军第七军

〔到达木兰山后的情况〕 腊月初六到木兰山。共72人，42支步枪，9架盒子枪，2支手枪。第3日决定改番号为中国工农革命军第七军，吴光浩为军长，戴克敏为党代表。出布告宣布本军主张，号召黄陂群众起来推翻豪绅地主和国民党的统治，同时扬言"……我们这是打前站的，大队数万人还在黄麻……"，群众表示相信，豪绅地主反动派也将信将疑。而这种扬言，实际是内心申诉我们力量太小的苦衷，这即是"……革命钟敲江海寺，英雄败困木兰山……"的赠言。

第七军在领导上是委员会，由吴光浩、戴克敏、曹学楷、戴季英、汪奠川5人组成。部队编成3个分队，一切均报告中央与省委批准（中央郭亮、贺昌谈话指示）。

木兰山有宽宏庙宇，有百多个和尚，地形好，居黄陂城北，山脚下人烟稠密，物产好，文化发达，站在山之祈嗣顶上，在日光下可遥遥望见武汉大江兴风作浪。

1928年1月国民党报载："……黄麻共祸大股肃清，残余窜黄陂木兰山观音沟，称工农第七军，妖言惑众……"

中央指示我们在腊月二十五日夜攻横店车站，切断京汉铁路，配合该日夜汉口暴动，知横店驻敌1个团或1营，认为不能冒险，遂改于该日大破坏长轩岭电话交通，打罗家岗反动地主武装，号召黄陂群众暴动。二十五日夜曾在木兰山观望汉口的行动，以后得知，汉口暴动未成。

〔罗家岗的行动〕 农历年夜，攻下了罗家岗，缴敌枪19支，号召了黄陂万余群众进行没收斗争。罗家岗的行动，使党在黄陂扩大了影响，群众更认识工农第七军是解放劳苦群众的军队。这行动亦震撼武汉，影响黄、麻，黄、麻群众说："又发了……"，作有歌谣："……木兰山上共产党，红旗高挂在天空……"反动派说："没有好多人""蜂螫有毒……"

〔中共省委指示〕 1928年1月初，因木兰山形势日渐紧张，向省委请示，省委指示大意是：如能返回黄、麻活动即返回去，如不能则由你们自己看情形决定，不要被敌人消灭；在黄陂活动得很好，以后还是这样干，省委现无人可派。同时在省委处得知广州暴动与全国各地暴动失败。

在木兰山讨论，认为中国共产党与革命处于低落失败，而革命条件不可消灭，并在增加，愈压迫群众愈要革命，共产党杀不完，地方大，敌人空子多，政治形势总在变化，社会总在向前进化，谁也不能阻止住革命的存在与发展；虽然敌人力量比我们大，到处压迫我们，但巴掌打跳蚤是容易落空的，我们照党的主张，自己多想办法奋斗，总有一天可搞个名堂出来；木兰山如不能立足，到黄冈去游击，现在还不能返黄、麻；为恐被敌围困于木兰山，决定到山下准备应付环境。

〔敌人进攻木兰山与到黄冈大崎山〕 5月15日，敌一团来打，我们脱出包围，敌追击未逞。16日与17日敌仍来包围，我们同样脱离。群众对我们好，地形条件好，我们熟悉情况，敌人有弱点错误，领导上机断与大家一致，敌人总不能消灭我们。但情况告诉我们，黄陂不可久留，应相机而作，遂决定到黄冈游击，一日夜超越了黄、麻两县的南境，到达黄冈大崎山。

大崎山地区亦好，对我们游击有利，文化不如黄陂发达。在大崎山时，由于主观客观种种原因，告诉我们要苦心踏实地准备，谨慎细心，估计敌人不久又要来打。

〔敌人进攻大崎山与到罗田游击〕 一天清早，夏斗寅部约两营人打来了，我们利用地形与崎岖道路摆脱了敌人，敌占据大崎山。于是决定到罗田，有意从罗田再向麻城东北部游击，依靠着崇山峻岭，向东游击，沿途有很好的地形田园村落。到罗田三里畈，除想立足游击一时外，并计划联系上下巴河，因巴河条件好，准备为可能游击的地区,到三里畈发动群众，没收方本仁的亲戚（的财产），破坏电报电话局，驱逐了少数民团，召集民众宣传我们的主张。

〔敌人进攻罗田与到黄冈磨盘山〕（磨盘山系回龙山之误——编者）罗田夏凤池部打来了，打了一仗，形势不利，遂决定再到黄冈磨盘山。

〔到黄冈磨盘山与决定再到木兰山〕 坚忍地走难走的崎岖道路，到达黄冈磨盘山，的确是从来未受过的疲劳饥饿，到此70余人共吃一升米两个南瓜的稀饭，聊以充饥。

磨盘山地区好，而地形不大好，少森林借作活动的隐蔽，并接近三店、柳子港，讨论后认为不宜在此久留，不能等敌人来打再走。

认为黄冈、罗田不容许我们游击，黄、麻现不可返，还是在黄陂、孝感与接连黄安的这几县活动可能好些，时间上可能有办法拖久些，于是决定再到木兰山。

〔游击战争中的生活与决定生存发展的条件〕 党在鄂东这几县游击战争中，感觉到最苦的是每处不能久停，如环境准许时，仍进行党与群众工作，支部小组有活动，调查事项亦经常进行，注意时间和能对敌警觉；对同志爱护，而对同志缺点不多批评是不对的，领导有讨论与计划，准备对付困难，生活还是不够健全的，工作行动有缺点错误，同志们没有发生动摇悲观，对前途抱希望。

由于数月以来日夜的游击战争与各地辗转，觉得游击战争要八会：会跑（跑路与跑脱敌人）、会打（不打无益之仗）、会散（散开）、会集（集合）、会进（进攻）、会退（退走）、会知（知敌）、会疑（怀疑敌人反动派）。这是当时闲谈"要八会"，是在环境与实际生活中产生的主观感觉，还没有形成文字。

后来到1928年冬中央指示说（中央巡视员曹壮夫来）："失败后的方针与方向是对的，努力完成了党的使命，游击战争很好，大有成绩……"

我们应认识由于革命客观条件给其联系，党给其主张，群众给其援助，这是三个决定其生存与发展的条件，否则，是不可想象的。

〔再到木兰山与改变策略〕 离磨盘山，出三店，渡紫潭河，绕太平桥，插过黄安南境，到达木兰山旧地。到木兰山地区不多日，又得知敌人计划要进一步来消灭我们，于是在陈秀冲召开会议讨论，决定改变策略，为保存现有力量与便于发展，决定埋藏长枪，持短枪，穿便服，分成数小队，积极扩大游击，争取红枪会、仁义会群众，加强地方工作，军队党组织兼黄陂县委。

为适应便衣队的游击战争，在战术上决定：昼伏夜动、远袭近止、声东击西、绕南进北。这几句成文的简单术语，在以后的实际中运用着。

此后，为向黄、麻北部行动做准备而采取先出黄、麻南部，王树声等向麻城南部白杲出击，汪奠川等向黄安南部杨子山出击，江竹溪等向长江北岸游击，戴道谱、徐其虚分向黄、麻北部秘密侦察，军部在黄陂木兰山地区。解决了白杲、杨子山民团，缴枪20余支，打死黄安公安局局长曹屠夫（因杀群众多，群众称为曹屠夫）。在交通要道、僻壤乡村时时可出没，敌人难以捉摸、跟踪，打破了敌人的消灭企图。数十人联系着群众，分布几县活动，工作形势有进展（党与群众工作及军事胜利），觉得比以前舒服，党的影响扩大，反动派惶恐不安，跑反。所到之处贴标语，宣传党的主张。

这一时期行动的主要优点是有明确的党的主张，较好的群众纪律，联系与号召群众起来革命，而错误是有某些军事冒险，烧了几处大反动派的房子与游击主义。

党在这一时期的经验主要有：

1. 保存力量与争取发展的方针是适合于敌我形势的，在党领导下坚持游击战争，没有被敌人消灭反而打击了敌人，在困难中没有堕落妥协，反而加油奋斗挣扎，党在那种种情况里，的确是煞费了苦心，这对于共产党有意义，只有共产党才能如此。

2. 共产党、党员干部、群众、武装，如能结合在一起，即便是一支枪，即便是一个党员，也能有把握的活动发展，但必须要有信心。

3. 在失败中不灰心，不意志颓废，创造锻炼，测验党员的品性气节，修养革命事业责任心比平时更重要。

4. 照当时党在木兰山的知识经验，只能做到那样，不能过高要求。如果政治上有更强领导，其成就必然更强，缺乏强的领导是党在木兰山的弱点。

5. 革命的客观条件，党的主张，群众的援助，这是决定在木兰山存在与发展的可能。共产党在木兰山对于黄、麻与鄂豫皖革命有承先启后的意义。

6. 回忆那些光荣牺牲的同志，精明强干，胜不骄败不馁，威武不屈，跟党前进，没有个人富贵打算，是很好的共产党员，照当时社会条件有许多人是容易找到个人富贵的，但没有如此。

五、黄、麻第二次暴动与红十一军成立，商城、六安暴动至鄂豫边区成立

〔第二次暴动的决定与暴动〕 蒋、桂战争后，黄、麻形势有新变动，驻敌退走，豪绅地主怕我们返回而起惊慌，群众情绪有变动，我们认为卷土重来再发暴动时机已成熟。陈秀冲会议决定，"返黄、麻再组织暴动""以原暴动区为基础""用游击战争方式号召群众""首先消灭反共民团和大打反动分子""不打城市""建立党团组织""寻找避难的同志""宣传地主国民党罪恶""实行土地革命，土地归农民，宣传我们再不退走"……

清明之夜（1928年）向黄、麻北部奔袭，解决了檀树岗、袁英河、乘马岗等地

反动民团，群众在残酷压迫下更积累与激起了阶级斗争的烈火，相继暴动了起来，先后参加的群众约20万以上。

在行动中，党与群众都有报复主义和烧杀政策的错误（烧了一些大反动派的房子与敌人要点）。阶级斗争是很激烈的，豪绅地主反动派用许多办法反扑，都失败了，于是，我们占着斗争优势，行动日益发展。

〔清水塘会议〕5月清水塘会议，庆祝胜利，计划扩大与发展胜利，将部队改编为3个中队，每中队有一定地区，发动群众，打击敌人，建立工作基础，准备与地主国民党进行更激烈的斗争，主观上仍存在不少困难，如干部少，武装不足，找不着中央关系……

这次会议又决定以黄、麻、光的木城寨、光裕山、羚羊山、摩云山、乘马岗这5个山脉（即大别山）为立足根据地，作为活动依托，而当时根据地思想是简单的，不成理论的。

改编后两日，长冲敌人进攻，在河南湾之战，击溃敌人1个营和1个民团，共产党和工农革命军第七军的影响进一步扩大。

〔尹家嘴会议与决定〕7月在尹家嘴开军部会议，认为斗争在发展进步，工作需要进一步布置：组织赤卫军、少先队群众武装，并成立精干赤卫队作为核心；建立各地党团组织，设立指导机关，一般群众组织统一为农委会，再过渡到正式成立苏维埃；第七军改编为红军第十一军。以曹学楷为光山南区区委（准备成立县委）书记兼红枪会副指挥；尹良太（原红枪会的）为光山红枪会总指挥，并为光山农委主席。石生财为光山东区区委书记，向商城联系；徐朋人为光山西区区委书记。以戴季英为黄、麻党团合组的县委书记兼黄安武装总指挥（后专担任黄安）；程昭续为黄安农委会主席，王宏学为麻城农委会主席兼麻城武装总指挥；以郑新民为罗南工委书记……红枪会总指挥调戴季伦开辟白区城市工作，为黄陂县委书记；焦复兴为黄陂革委会主席；以辜志新为孝感汪洋店工委书记；吴行忠为黄冈特支书记（李家集）。

工农革命第七军改编为红军第十一军第三十一师，吴光浩为军长兼师长，戴克敏为党代表，王树声、江竹溪、徐其虚、廖荣坤、吴先筹、詹学道、詹才芳等分任队长、党代表，红军主力本身数量还小，但精干坚强。

对于党团发展注意质量，斗争不坚决的不可入党团，富农入党团需经县委批准，支部生活与群众工作提出"一切同志为支部，一切工作为支部"，但支部工作有烦琐的情形发生。

扩大武装除缴自敌人外，并设法自制武器，设兵工厂于陈家冲，制造"撇子枪"（使用步枪子弹的），并向外买枪，在黄安、黄陂南部建立购买枪支的地方普遍实行五抗（抗租、课、税、债、捐）与没收地主反动派的土地财产。

会议后，即照党的这些决定实行。尹家嘴会议有较进一步建立根据地的工作方针之收获而缺乏对于许多政策问题的研究。

〔成立鄂东特委〕 相继成立鄂东特委，因工作之需要促成的。中共鄂东特委由徐朋人、吴光浩、戴克敏、曹学楷、戴季伦、焦复兴、戴季英、辜志新、徐其虚、王树声、余泽涵、詹才芳、熊帮山、丁茂富等组成，徐朋人为书记，因徐在这一班人中较老练些（据历史档案材料记载书记为王秀松——编者）。同时成立少共鄂东特委，以戴季英暂兼书记，后为张心灼任少共特委书记（张在1930年派往鄂西参加鄂西省委）。

〔主张上的争论〕 在成立鄂东特委扩大会上，余泽涵提出特委应设在白区，便于加强白区城市工作，机关应设在城市，根据地应建立在陂、安南部，不宜保守在北部，土地问题在南方不属主要，因商人多群众不要土地，主要着重于发展组织，先有了组织才好办事，这些意见均被反对。天明时敌人把这会议冲散了。

〔土地问题〕 在1928年8月，已到收谷子时节，根据群众情绪，决定"谁种的田归谁收去"，这主要为适合佃农要求，这一年的秋收就这样解决了。同时在松树岗会议决定土地分配办法；豪绅地主反动派的土地财产，照人口分配贫农、雇农，自耕农不分土地进去也不拿出来，富农的好土地也没收，小地主不反动的分以坏土地，但无所有权。

虽然有这决定，但由于游击战争与敌人时来进攻，环境不稳定，影响土地的实施分配，只有部分地方进行了分配。到1929年，方以村为单位成立土地委员会，进行分配，中心区在1929年秋季大致分配完了，冬季又重新调查分配。

分土地中，农民为阶级划分、为（土地）好坏、为界限、为附产（山林、竹园、池塘、菜园、稻场、油子树、厕所），有很多争执和意见。农民在分配土地时，注意所有权,要我们给他"凭据";也有的打埋伏,为着得到好与多一些。在分配完结的公布会议上,男女老幼到得特别整齐,聚精会神地听公布的报告,穷人们的亲戚互相恭贺。没有土地的果实,是不能发动群众的。

破坏旧社会的经济、政治、文化习惯,建设新的社会,是很艰难的,比如一个村庄的土地重新建设,也是很不简单的,没有群众的支持与力量就无法下手,没有群众的力量则社会制度不可能改造,学生的知识,还不如"种田佬"。

〔红军问题〕 红军干部必须是坚决的党、团员,战士成分不要土匪流氓分子;经济公开,对贪污有严格纪律;官兵生活同样;严守群众纪律服从命令,接受党的领导;英勇牺牲,不开小差;爱护武器,爱护伤病员;但游击主义习气存在,有个别打骂现象,亦有战术教育与整理军事经验不够注意。

十八军某团之第十一连,同情分子温排长率领士兵打死连长,哗变投共产党,此兵变对于党与红军的助力很有意义,这就是"莫打鼓儿莫打锣,听我唱个兵变歌……"

红军和赤卫队积极作战,有计划地解决了云雾山、高桥河、姚家集等8个民团,这对反动势力是个严重打击,并表现出红军的英勇与机智,这些胜利对苏区发展很有意义。

〔政策上的问题〕 当时党在领导上坚决采取反地主阶级的土地革命的政策,对这政策的运用上基本上是正确的,不然则不可能争取广大农民群众继续革命,不能对付反革命的进攻,不能发展党与红军,更不能在失败中存在。

反地主阶级的土地革命,是当时鄂豫皖广大群众的要求,党坚决地执行这政策,以及其他适合群众要求的政策,于是能与群众结合而创立了中国革命的一部分——鄂豫皖革命。

我们在工作中亦曾违反过群众情绪,脱离了群众而招致损失。

在任何工作任何时候要防止不注意群众情绪,不解决群众情绪,脱离群众的倾向,这是最有害的。

从木兰山陈秀冲会议(返黄、麻之会议)至清水塘、尹家嘴会议,红十一军成立与鄂东特委成立,这一时期是第二次暴动的时期,客观形势有利。党在这一时期的总政策是创造以黄、麻为中心的鄂豫边革命根据地,以后亦提出"稳定这根据地"

的斗争任务，当时称稳定即巩固之意，在工作与行动上是围绕着这政策的。

在政策上的缺点与原则上的错误，主要如在彻底消灭地主反动派的斗争中，将经济上的摧毁、政治上的斗争、武装上的战争和肉体上的消灭并重，这是错误的，在这过"左"偏向上即放弃了对于有些小反动分子争取的可能（如油榨塆问题）。

在争取分化工作上，对红枪会、仁义会做得较好，除福田河、黄土尚、八呈垮外，其余一般的瓦解了（为）豪绅地主（利用的）这种集团。对于地主绅士的阵线如争取朱芗洲，孤立了陈德祖的吴文潞；争取了郭小五爷，孤立了郭道畅；争取了江席亭，孤立了袁永足。但对于政策认识不够，放弃了很多可能争取的机会，是错误的。

〔阶级斗争的激烈与残酷〕 黄、麻在第二次暴动后，阶级斗争情况很激烈残酷，豪绅地主国民党的反革命，也确实很厉害，如对捕去的党员和革命群众用油烧死，如在李家河，一次用机枪打死93个农民，如彻底烧毁干部的家室与屠杀其亲属……党坚定地站在广大群众尖锐激烈的阶级斗争的前线，把握着这斗争的激烈性、残酷性而领导与组织展开了斗争，这是完全对的，否则一定要失败。

不懂阶级、不懂群众也必然不能懂得斗争的激烈性与残酷性，也必不能站在斗争的前线指挥群众斗争，但如没有完备的正确政策也必然要造成在斗争中的缺点和错误。

〔游击战争情况〕 从第二次暴动后，党领导广大群众卷入游击战争，实行了"以游击战争组织暴动"。游击战争情况是很多的，其大致是：敌人打进去又退走，我们打进去又退回，或争取立足而不退回，敌人东来我西去，与敌人兜圈子；敌人深沟高垒、坚壁清野，步步为营，稳扎稳打，我们则在其野外活动，孤立与打击他们的出发地，尤注意打击远出的单个敌人（单独部队），逼使敌人怕出阵地，并在夜间袭击敌人阵地的前沿，消灭敌人哨棚，阻截敌人交通；敌人不出来则引诱他，敌人不动则骚动他，敌人分进合击，我们找空子钻出去，如钻不出去则分散再集中；敌人从大道挺进，我们则从小道与没有路的地方周旋迂回；后来敌人找小道分进，我们则从小道出来；敌人有包围某山脉某地带的"清乡"动向，我们则男男女女，老老小小、锅盆碗盖、猪牛鸡羊，向另山脉另地带安全地方行动；在数十里外，布置一层层的赤卫军、赤卫队警戒与打击之，红军主力则相机作战；田园、村庄、山林、河流、民情、道路，我们很熟悉，而敌人则生疏；敌人追击时如不能反击，则"溜鸡跑兔"，溜之大吉；敌人开差，我们则缴尾子，打乱他的行李挑子，纠缠他的掩护部队；敌人夜宿，我们再在其周围或一方打断续的冷枪，照着敌人门窗灯火光瞄准打，照着他的手电光打；敌人薄弱与空虚的地方，我们大肆活动，有时动员全县于某日夜把敌人电线电杆一起砍掉，一起张贴新标语宣言，一起向敌人驻地佯攻，造成敌人严重不安……这样进行游击战，构成相当广大活跃的"游击火线"。群众创造了许多游击经验，产生了许多游击战的军事家，愈打愈进步，武装组织亦愈打愈扩大。

敌人不断失败与地区缩小和退出驻点，我们不断胜利与地区扩大和建立据点，1929年农历正月十九日，敌人大举包围柴山保完全失败了，战争中敌我形势日趋改变。

〔群众创造的歌曲〕 群众中自己创造了很多歌曲，如：

十二月歌："正月是新年，穷人真可怜，衣衫褴褛无衣换。二月是花朝，富人真正好，珍馐美味白炭火烤。……十二月梅花开，红旗飘起来，工农专政，无产独裁。"是贫农曾海洲作的，曾在上海党的《红旗报》上登载过。

雇农歌："清早起来好凉风，肩驮犁耙进田冲，一脚踏着奴柘刺，怨来怨去打长工。豪绅地主真可恨，压迫穷人个个穷，幸而有了共产党，一心一意救工农。"

妇女歌："正月里相思艳阳儿天，百草萌遍地鲜，柳如烟，我郎革命常常在外边。妆台无心上，绫花懒照颜，奴郎、夫君，你本是革命人，不灭敌人不要回还。"

〔黄安农民政府周年纪念〕 黄安农民政府第一周年纪念日，是群众很注意的日子，党写了《一年来黄安农民暴动概况》以资纪念，在黄安县委刊物《群众》上发表。群众喜欢共产党反映他们斗争的真实情况，叫多散发。

〔我的中央关系〕 1928年1月后至10月这时期，找不着上级党的关系，在渴望中央指示与派人来领导的情况下，派石健民到武汉去找，找到了省，派何玉琳来巡视。同时中央也派曹壮父来巡视，曹腊月到，带来六次大会决议，在郭家庄开会由曹传达。

六次大会决议是有缺陷错误的，而当时对鄂豫皖苏维埃运动、土地革命斗争、游击战争则有帮助作用。

留曹、何在鄂豫皖领导，他们均要回去，此时期徐宝珊从中央到孝感，经孝感县委来参加特委，同时与信阳、潢川白区党亦发生了关系，倪志亮从信阳来参加红军工作。1929年与安徽寿州白区党亦发生了关系。

〔商城与六安暴动〕 1929年3月18日，商城举行了暴动，这暴动是商城党领导下的群众与民团起义（南溪、丁家埠），产生了红十一军三十二师，这暴动局面和力量比黄、麻小，而意义与行动则同样。商城党员干部、群众是很好的，因其领导人中有个别流氓不正派分子，打死党代表，反对党领导，企图变成个人势力，但终于被克服了。暴动后，土地革命继续深入扩大，创造了党、红军、苏区，成为鄂豫皖之豫东南之中心根据地，是鄂豫皖革命力量的主要组成部分。

相继的是六安暴动（独山），同样是六安党领导下的群众起义，局面力量不大，而意义行动与黄、麻、商城同样。暴动后，深入扩大了土地革命，创造了红十一军三十三师与党和苏区，成为皖西北中心根据地，同是鄂豫皖革命力量的主要组成部分。

中国无产阶级的先锋队共产党在鄂豫皖之黄麻、商城、六安领导的暴动，是广大群众反对反革命的阶级战争，继承中国革命失败后的革命传统，破坏了当时湖北、河南、安徽3省的白色统治，在中国的中部掀起土地革命浪潮，对于全国革命有重大意义。

〔历史的成果〕 黄（安）、麻（城）、商城、六安这几个地方是鄂豫皖红军与今天八路军、新四军之部的三个源泉。

〔吴光浩牺牲与徐向前到鄂豫皖〕 1929年4月，军长吴光浩牺牲于罗田，徐其虚牺牲于商城，他们是有功的优秀党员。

1929年秋，中央派徐向前到鄂豫皖，代理吴光浩职，当时环境是徐源泉、夏斗寅的"围剿"，从鄂豫两面夹攻，而在党与群众、红军团结一致的力量以及徐向前的指挥下、党的领导下，经数月战争，打破了这次"围剿"，徐、夏均退却。红军在积极扩张行动与机动下，突向杨平口、花园消灭郭汝栋、钱大钧（二十军教导师）两个团，占领云梦，战争与苏区的形势均有发展，红军本身团结、整理、训练、扩大有进步。徐向前继吴光浩帮助党在鄂豫皖建设红军工作上和指挥战争的扩大上起了作用，在党与群众培养下形成徐向前的名声。后党派李荣桂为红军政治委员，原政治委员戴克敏为团政委。

〔鄂豫边区的形成〕 1928年、1929年两年，党在鄂豫皖的群众武装与游击战争有较好的发展，地方武装建立与扩大（黄、麻已有20多万群众武装），苏区、红军发展，党、团组织建立与扩大，干部大批产生，土地革命深入与政权的建立，统治阶级削弱。

在地域上发展到13个县——黄安、麻城、光山、罗山、黄陂、孝感、黄冈、商城、六安、霍邱、霍山、固始、英山。党团员黄安6000人，麻城3000多人，光山2000多人，商城、六安、黄陂发展亦较好，各县均有各级组织与机关。这两年党在鄂豫皖的苦斗中付了很大代价，建立了基础。

因鄂豫边局面已形成，中央指示成立鄂豫边区（特委）与成立"鄂豫边区"。1929年冬月，举行边区八县代表大会，地点在胡子氏（石），开10余天，产生边区特委。这是鄂豫皖历史上第一个代表大会。

〔边区党代表大会决议起草委员会〕 决议草案有"政治形势与任务"，内容大致是帝国主义国民党统治危机与边区发展形势，反帝反封建，巩固扩大苏区，发展红军与游击战争的任务。

"组织问题"（徐朋人），内容大致是巩固与发展边区党，提高领导作用，加强党铁的纪律，创造更多干部，统一边区领导，反对地方观念。"农民土地问题"（郑位三），调查与深入分配土地，巩固贫农已得利益。"武装问题"（戴季英），大致是有系统整编赤少队，各区设赤卫军团部（每区一团）、少先队大队部（每区一大队），加强党的领导，充实武器，建立操场活动，加强军训，轮流调遣打游击，配合红军行动，动员参加红军，赤卫军中另成立支部，与地方支部分开。"红军问题"（徐向前），大致是加强工农红军中党的领导作用，建立政治委员制度，扩大红军主力，责成地方党多送党团员干部到红军，积极作战，提高战术，严守群众纪律，废除肉刑，经济公开，官兵待遇一致等。"城市工作"（徐宝珊），大致是建立苏区周围白区与城市秘密工作，首先建立平汉路工的工作，派人到白区播种，特委办秘密工作训练班，每期一月。"土匪枪会问题"（雷绍全），大致是争取群众，孤立首领，打击最反动的集团，打入进去发展党，"青年团问题"（张心灼），以青工小组、少年先锋队、农村小学为团的工作中心。还有工会问题、妇女运动问题、大会告边区党员书。

大会主席团——徐朋人、徐宝三、曹学楷、郑新民、戴季英、雷绍全、李梯云、陈定侯、王宏学等。

边区特委除以前鄂东特委个别改掉外,再增补了一些,郑新民、李梯云、张德山、郑位三等。

大会决议均经信阳特委送中央。

继续举行边区青年团代表大会,地点黄谷畈,特委决定戴季英帮助这次大会的举行。

〔鄂豫边区工农兵代表大会〕 同年腊月举行鄂豫边区工农兵代表大会,开了7天,地点在细吴家。先已在春夏季正式成立了黄安、麻城、光山等县苏维埃。

宣传运动周后,即进行选举代表运动,由群众普选,每50名公民选1位代表,各县又集合这些代表选举出席大会的代表。

这次大会的议程——土地问题、武装问题、扩红拥红问题、苏维埃组织问题、文化教育问题、婚姻问题、救济问题……各种问题均有决定,用一条条的方式写成,并印发于群众中。

有告边区群众书、告全国同胞书、告红军书、慰问红军家属书、慰问伤兵代表团。

开大会这几天,各县举行群众大会"庆祝鄂豫边区成立",很热闹。

大会主席团——曹学楷、徐向前、郑行瑞、李梯云、王宏学、郑新民、戴季英、焦复兴、李思禄、闵丹桂(女)、魏祖圣等。

大会党团书记吴焕先。

产生边区革命委员会(中央指示成立边区革委会),选举曹学楷、徐向前、郑行瑞、吴焕先、戴季伦、李梯云、魏祖圣、戴季英、王宏学、尹良太、郑新民等为委员,曹学楷为主席,徐向前为军委主席,吴焕先为土委主席,戴季伦为文委主席、郑行瑞为财委主席、李梯云为内务主席,魏祖圣为裁委主席。

这些人选与分工,均是先由特委决定。

这几个大会结束了,边区成立,不很详细地总结了两年来的工作、斗争经历,决定了今后的大政方针与一些具体事项。

边区局面是数百万群众数年斗争得到的,许多曲折的斗争和当时的发展趋势,表现了群众力量如吐不完的蛛丝一样。

〔党内思想与作风问题〕"他们从来没有葬送革命的机会主义思想和行动",这可认为是党在鄂豫皖那几年领导上的基本特点。因此,党能以无产阶级的坚持性、斗争性、创造性,发动广大群众实行土地革命,从群众中建立起党、政权、红军。由于在斗争中产生的党,而有真诚朴实、刻苦踏实、不空洞、少条文、注意群众问题、联系群众的工作作风。

但党内仍存在非无产阶级的思想:如地方工作上,在某些工作某些地方有保守本位主义的狭隘错误,在人力物力和工作进行中打埋伏与只注意作自己范围的计划打算,忽视整体,抵触组织;如地方与红军、红军与游击队、游击队与赤卫军亦有发生为人力物力、工作上行动上注意自己的范围之本位主义;如工作中的经验主义,狭隘于经验中认识问题,亦发生缺点和错误;如党内思想斗争和思想教育上的自由主义,重视同志好的方面,不抓紧对缺点错误的批评,在纪律上有惩办主义,如军事问题上有单纯游击主义,习惯斗争中有单纯阶级观点,致影响于政策上的错误……

半殖民地、半封建、广大农民小资产阶级是中国社会与中国革命中的特点,产生了广大小资产阶级的人要革命、要加入共产党,跟随着无产阶级,这又是中国共产党在发展上的特点,而同时反映了非无产阶级的思想到党内来成为优点中的弱点,加强无产阶级的领导,破坏与改造小资产阶级的属性,是很重要的。

党在鄂豫皖这一时期的经验主要有:

1. 利用时机与条件,领导了第二次暴动以至商城、六安的暴动,这些暴动的方针与计划是对的,所以成功了。有木兰山时期的失败与退却,并准备卷土重来的思想,所以才有第二次暴动进攻胜利。

2. 第二次暴动有坚决不退与建立根据地的中心方针,故未退而建立了根据地。这是由第一次暴动与木兰山时期的经验,以及当时客观形势与革命条件产生的党的主张,促进了这主张的实现和进步。

3. 党、武装、群众结合,依靠了群众、依靠了阶级,不然数十支枪是很容易在敌人反扑下被消灭的。

4. 在斗争中建立起广大群众武装与发展了游击战争,群众武装斗争与游击战争适合于中国革命的特点(当时并不能清楚懂得这特点)。

5. 在斗争中培植干部人才,信任与器重干部,发扬了干部的创造,团结了干部,而对于干部教育与缺点的克服则（注意）不够。

6. 党内阶级教育、面向群众教育、武装军事战争教育，这几种在鄂豫皖是有收获的，最大缺陷是理论教育不够。如1928年冬在南胡家党训班的课程有"什么是共产党与共产主义""斗争与暴动""游击战争""群众武装组织和领导""怎样分土地"，没有专讲理论的课题，这影响理论水平的提高。

7. 革命的阶级，要能真正实行革命的群众运动，才能提高群众积极性、创造性，才能使广大农民走到无产阶级领导下面来。革命的群众运动主要标志是严厉地打击与推翻旧统治，"对敌人宽容，就是对自己寻死"。

8. 小资产阶级的人，改变与提升到无产阶级地位，经过胜利和失败的身心折磨，经过炮火战争，经过在真正群众中生活，经过党内外斗争，是极重大的条件。

9. 革命历史是群众斗争的结晶，是群众的，是群众所重视的，与现实有密切关系。鄂豫皖后来发生有违背历史的情形，抗战后亦发生有这种情形。

（本文只选用1927年至1930年春这一部分，1930年以后的未选用——编者）

原载郭家齐主编：《黄麻起义》，武汉大学出版社，1987年，第91～116页。转自《中国工农红军第四方面军战史资料选编》，原文写于1944年7月14日。

回忆鄂豫皖红军的产生

◎ 詹以锦

我年已七十,入党23年,在鄂豫皖苏区曾做过贫农团主席,乡、区、县、特区苏维埃主席。我虽年老,不能为党为革命做很多工作,但我很高兴在晚年看见中国革命胜利了。在建军节来临之际,我仅将中国工农红军在鄂豫皖的建军历史谈一谈,作为我衷心的纪念。

"树从根脚起,水从源处流。"这虽是老百姓的两句老话,但足以说明建军节的重要了。

鄂豫皖地区在辛亥革命至五四运动时,就有许多反帝反封建的政治经济斗争和文化革新运动。在中国共产党创始人董必武、陈潭秋、萧楚女等同志的革命影响与领导下,于1924年即在鄂豫皖边区的黄安、麻城、信阳、潢川、光山、商城等地建立了共产党的组织,主要是在黄、麻,并在这些地方发动了广大的农民运动,响应了北伐军占领武汉。

鄂豫皖红军的产生是在大革命失败后从黄、麻农民暴动开始的。大革命失败后,豪绅地主反动势力兴起,在广大的乡村逼迫农民解散农会,严厉镇压革命势力,乌烟瘴气,环境大变;党内发生极大的分化,广大群众要求继续革命而找不到方向。在此严重形势下的转折关头,仍有一部分共产党员坚持了工作,继续领导了革命。在党的领导下于1927年11月5日在黄、麻地区举行了农民武装起义。起义的规模很大,有30万群众直接参加。我是亲身参加起义的农民,起义是由广大农民武装、战斗力很强的农民义勇队与有 30 支步枪的农民自卫军组成的巨大的武装暴动，在"暴动夺取黄安县城""暴动推翻劣绅地主国民党的统治"的号召下，排山倒海打进了黄安城，消灭了不满 200 武装的反动警备队。占领黄安城后即成立"中国工农革命军鄂东军第三路"。至木兰山时，称为"中国工农革命军第七军"。从此中国共产党在黄、麻，在大别山，在鄂豫皖即创立了自己的武装，并在鄂豫皖广大地区开辟了以武装的革命反对武装的反革命斗争的广阔道路。

这一起义是在当时广大人民要求以武装斗争继续革命的形势下发动的，起义之前进行了许多政治与组织的准备工作。起义以七里坪为大本营，并在七里坪举行了两次"暴动会议"。会议为戴季英同志召集，到会人有戴季英、吴光浩、曹学楷、刘文蔚、吴焕先、程昭续、戴季伦、叶耐青、明汉华、戴雪舫、石健民、高建斗、吴立行、汪奠川、郑友梅、程绪富、邱绪珍、秦练如、徐其虚，王树声因工作在乘马岗未到，并有中共湖北省委之巡视员符向一、刘镇一参加。在暴动会议中，指出了严峻形势（得知国民党反动派要派反动军队进占七里坪镇压革命）和群众条件成熟，根据当时形势与群众条件，认为有必要与可能坚决采取发动武装暴动的方针，以继续革命，否则就会被敌人消灭。在暴动会议中严厉指斥了消极退党自首叛变分子，对于党与革命的严重危害，提出了"分清真革命、假革命、不革命、反革命"，这亦是大革命失败后广大群众中的流言。并指出要以革命的实际斗争挽救当时党与革命的严重危机，要以革命的实际斗争宣传与组织群众，发动群众，以革命继续革命，以革命发展革命。暴动会议的结果是完满的，发动了武装暴动。并在暴动会议中产生了"暴动指挥部"，由戴季英、曹学楷、刘文蔚、吴光浩、吴焕先 5 人组成。

起义中以一批农民党员和农民积极分子为骨干，如程昭续、程绪富、李思禄、曾传六、吴永达、张心灼、吴先筹、詹以锦、詹以明、吴信行、詹道湖、郑维孝、吴世安、戴本心、戴道普、戴道贵、吴先恩、方思达、周业成、吴先元、戴家兴、石生勇、李天忠、戴本世、王绪六、曾海舟、熊邦山、詹才芳、高崇德、郑遵敏、田开寿、来承松、吴行忠、吴为荣、石天华、傅绍友等。

起义胜利后，亦恐在黄安城不能长久立足，决定仍以七里坪为大本营，并决定迅速整理与动员农民义勇队，遂在七里坪举行了人山人海的农民义勇队大检阅。在检阅大会上有农民义勇队总指挥戴季英、湖北省委代表符向一与国民党左派分子詹道曾等讲话。动员的中心口号是"农民武装起来""打倒豪绅地主国民党""没收豪绅地主财产""分配土地"。群众对武装斗争甚为积极，群众反豪绅地主、国民党反动派的斗争甚为尖锐，并在各地惩办了一批豪绅恶霸反动分子。

起义胜利后，成立了黄安与七里坪农民政府，以曹学楷、戴季英分任主席。而暴动在21天内，至11月26日，蒋介石即从汉口派遣其"教导师"大举进攻，黄安与七里坪相继失守，敌人四面进攻与搜索，义勇队被冲散，情况严重。吴光浩、戴季英、曹学楷、戴克敏、汪奠川等同志，遂决定为保持一部分力量，召集了72人42支枪，转到外线木兰山游击。11月26日夜，敌人进攻黄安城之激战中，从湖北省委刚派来的军事指挥员潘忠汝在东门楼阵亡，党委书记王志仁在南门外殉难，黄安城遭敌人袭击，损失很大。

到木兰山地区后，工农革命军仅以很小的武装力量坚持游击战争。因依靠了群众，发展群众运动与建立党的工作，开展了游击战争，取得了生存与发展，党在木兰山时期的坚持武装斗争是很有价值的。至1928年春，蒋、桂军阀混战发生，暴动区的敌军撤退与减少，党领导工农革命军即从木兰山迅速地转回了黄、麻原暴动区（3月2日夜），连续消灭了檀树岗、袁英河等地很多豪绅地主联保办公处及其民团，号召广大农民揭竿而起，又发动了广大农民第二次暴动。当时决定以发动群众、依靠群众，开展农民游击战争。依靠广大乡村，以黄安为中心建立根据地，向各县发展为工作的方针（遂以戴季英同志为书记组成黄麻党委及黄安党委的领导机关），积极地开展党、武装、政治群众工作，组织赤卫军与分配土地。党领导广大群众与游击队、赤卫队对敌人的"进剿"、破坏与"清乡"进行了许多斗争，打了许多游击战，在艰苦坚持斗争中克服了很多困难，战胜了敌人，开辟了工作，遂建立起鄂豫皖苏区的中心基地与红军基础——中国工农红军第十一军。1929年军长吴光浩同志牺牲后，徐向前同志从中央来接替工作。

在群众斗争中，红军游击队一天天地产生与扩大，特别是农民赤卫军的发展甚快，游击战争充分开展，党的组织在群众斗争中亦有较好的创立，党与红军的影响日益扩大，黄安整个乡村与麻城西部乘马、顺河两区和光山南区已形成苏区的中心根据地，已形成敌我斗争迅速发展的形势，并影响了商城南溪地区与六安、独山地区。两地于1929年春夏亦相继发动了暴动，成立了红军。光山、罗田及黄陂、孝感各地的工作亦日益发展。因战争胜利与红军日益扩大，1930年4月在箭厂河染房照中央指示改编为中国工农红军第一军。红军因不断的战争胜利，在苏区工作的发展与群众的热烈参军中逐渐壮大了，后即成为中国工农红军第四军。至1931年11月7日即改为中国工农红军第四方面军，鄂豫皖人民为红军产生和发展源源不绝地贡献了自己的力量。

由于有人民群众的力量，由于有党在许多紧要关头为完成革命任务领导了群众前进，由于有群众领袖联系了群众在困难中创造党与革命，由于有党和群众的艰苦奋斗与牺牲不断粉碎了敌人的破坏和进攻，由于有革命的形势和武装斗争的明确道路，鄂豫皖红军才得以产生和发展。鄂豫皖的革命，经过了许多曲折的斗争道路，每一时期都是依靠群众而坚持了斗争。

值此建军节，我谨以"饮水不忘挖井人"的心情，向共产党致敬，向毛主席致敬，向先烈致敬，向红军家属、烈士家属、革命家属致敬，向在前线在后方、在城市在乡村一切英雄模范人物致敬，并高呼"建军节万岁！"

原载《黄麻起义》，武汉大学出版社，1987年，第117～120页。原载1950年8月1日《长江日报》。

从黄麻起义到鄂豫边割据

◎ 王树声　陈再道　詹才芳

1927年11月，鄂东北黄安、麻城两县的工农群众，在中国共产党的领导下举行了武装起义。起义武装经过艰苦曲折的斗争，终于走上了"工农武装割据"的道路，在鄂豫两省黄、麻、光（山）三县边界，建立起鄂豫皖边区最初的一块革命根据地，为以后革命斗争的发展奠定了基础。

一

毛泽东同志指出："中国红色政权首先发生和能够长期地存在的地方……是在1926年和1927年两年资产阶级民主革命过程中工农兵士群众曾经大大地起来过的地方。"黄麻起义正是在这样的基础上发动起来的。

在半封建半殖民地的旧中国，黄、麻人民和全国人民一样，在帝国主义、封建主义两座大山的压迫下，过着极端悲惨的生活。广大人民群众和反动统治阶级的矛盾日益尖锐，酝酿着一触即发的革命风暴。

中国共产党成立之后，黄安、麻城两县即逐渐有了共产党的影响和活动。最初传播革命思想的是在武汉读书的一些进步青年，其中有些在董必武、陈潭秋等同志的教育和影响下加入了中国共产党。1925年以后，他们的活动逐渐加强，深入工农群众，宣传反帝反封建思想，传播马克思列宁主义，并发展了一些先进的工农分子和知识分子入党。是年秋冬，两县在分别建立了中共特别支部之后，更大力地组织秘密农民协会，开办贫民夜校，宣传革命思想，加强了组织和发动群众的工作。

1926年秋，北伐军攻占武汉的胜利，有力地推动了黄、麻两县革命运动的发展，党组织和农民协会均由秘密转为公开，并且猛烈地发展起来。"打倒帝国主义""打倒封建军阀""打倒土豪劣绅""打倒贪官污吏""一切权力归农会""劳农神圣"等口号，响遍了城镇和乡村。

农民运动兴起之后，首先就以暴风骤雨之势，向直接压在农民头上无恶不作的土豪劣绅，展开了面对面的斗争。1926年冬和1927年春，两县先后逮捕惩办了吴惠存、李介仁、丁枕鱼、王子历等罪大恶极的土豪劣绅数十名，麻城的革命群众，还粉碎了反动县长刘芳、商会会长李舜卿等组织反革命政变的阴谋。在这些激烈的阶级斗争中，广大农民表现了大无畏的革命精神，他们怀着千百年的深仇大恨，拿起了锄头、扁担、刀矛、土铳，在共产党的领导下，紧紧地团结在一起，向封建地主和一切反动势力进行猛烈冲击。斗争最激烈的有黄安的高桥、七里、紫云等区，麻城的乘马、顺河等区。地主的权力都被打倒，农民协会成了唯一的权力机关。农民们的革命情绪更加高涨，他们兴奋地说："盖子揭开了，革命就要革到底！""共产党是真正领导穷人革命的，一定要跟着共产党干到底！"

在镇压土豪劣绅的同时，两县农民还与地主阶级掌握的反动武装进行了激烈的斗争。早在1926年冬，黄安县的共产党员吴焕先等，即在箭厂河一带，利用红枪会的旧形式组成了3支群众性的武装，进行革命斗争。1927年蒋介石发动"四一二"反革命政变之后，黄、麻两县的地主阶级，为了抗拒农民运动，纷纷扩大反动武装，向革命人民发动进攻。黄安西南部的高桥等区的革命运动遭到反动势力的残酷镇压，党的组织被迫转入了隐蔽斗争。正在这个时候，部分外逃的土豪劣绅，以光山新集（现河南新县）为中心，勾结附近各县反动红枪会数万人，向黄、麻北乡的革命人民发动了疯狂进攻，侵入七里、紫云、乘马、顺河等区，大肆烧杀抢掠，并于4月底包围了麻城县城。在此紧急情况下，两县党组织领导人民群众进行了坚决抵抗，麻城党组织派人到武汉搬兵。当时中共湖北省委委员董必武同志是湖北省政府的负责人，在他的主持下，湖北省各界曾组成"麻城惨案委员会"，会同毛泽东同志在武昌主办的"中央农民运动讲习所"武装学生300余人驰援解围。并令原在黄安"剿匪"

的部队一个营，火速前往，协同作战。这一有力支持，灭了敌人的威风，长了农民的志气。当学生军接近麻城城郊时，反动红枪会仓皇北撤。革命武装在广大群众的配合下乘胜反击，一直追到新集附近，沿途摧毁了方家坳等反动据点，给了敌人以严重打击，取得了很大胜利。农民运动讲习所的学生军，在这次行动中，作战勇敢，纪律良好，积极帮助当地党组织做了许多宣传工作，在人民群众中留下了深刻影响。此后，两县在"中央农民运动讲习所"学习的一些共产党员戴克敏、汪奠川、刘文蔚、桂步蟾等又先后返回黄、麻工作，在领导发展地方农民运动和武装斗争中，发挥了很大的作用。

通过与地主反动武装的斗争，黄、麻两县党组织深深体会到掌握武装的重要，同时也大大激励和锻炼了农民群众的革命意志。在斗争中，两县先后建立了脱离生产的农民自卫军，并在七里、紫云、乘马、顺河等区的群众中，普遍组织起农民义勇队，在黄、麻两县与光山交界地区，东西200多里的高山上，形成了一条人民群众的革命防线，每当敌人进攻时，成千上万的农民群众，便从四面八方涌来参战，英勇地配合农民自卫军，打退敌人的进攻。5月间，黄安北乡3000余武装农民，在木城寨抗击反动红枪会达7昼夜之久，最后党动员广大群众配合农民自卫军大举反攻，将敌击溃。6月20日，麻城北乡又遭反动红枪会疯狂进犯，当地群众在杨泗寨、癞痢寨、破寨岗等地与敌激战3日，打退了敌人的进攻。其中破寨岗一战，守寨农民自卫军100余人，在6000余群众的配合下，击败万余会匪的进攻，追杀40余里，毙俘反动会首10余名。群众为纪念这次胜利，将破寨岗改名"得胜寨"。

正当黄、麻人民欢欣鼓舞，庆祝惩办土豪劣绅和抗击会匪的胜利，进一步巩固、扩大革命力量的时候，汪精卫又继蒋介石之后，于"七一五"政变后叛变了革命。曾一度成为革命中心的武汉，变为反革命的营垒。国民党下令清党，到处解散农民协会，收缴农民自卫军的武器，大肆捕杀共产党人和革命群众，而且宣布"宁可枉杀三千，不使一人漏网"。黄、麻两县潜伏和外逃的豪绅地主，更乘机而起，勾结光山的反动红枪会，从四面八方向革命基础较好的区、乡大举进攻，妄想扼杀这个地区的革命运动。

在此紧急关头，黄、麻两县的党组织和基本群众经受了一次严峻的考验。过去混入党内的一些阶级异己分子和投机分子，变成了可耻的叛徒，但是，经过斗争锻炼并与群众有着密切联系的大多数共产党员,则更坚定地和群众一起投入火热的斗争。受过革命洗礼的基本群众是毫不动摇的,特别是那些经过激烈阶级斗争和武装斗争锻炼的人民,更是紧紧地抓住枪杆子不放手,他们说"农民协会还是要!""不打不能安身!"两县党组织经过整顿之后,形成了新的领导核心,继续领导着以农民自卫军为骨干、以农民义勇队为基础的农民武装和广大群众,抵制了陈独秀投降主义的错误路线,粉碎了国民党的收编诱降和麻城农民自卫军内奸分子的叛变阴谋,打退了反动红枪会的多次进攻。其中8月17日的北界河战斗,麻城农民自卫军在黄安农民武装一部和麻城的上万群众的配合下,打垮恶霸头子王芝庭率领的反动民团数十人和红枪会数千人的进攻,毙敌百余名,活捉了王芝庭,缴枪15支、马6匹、刀矛无数,有力地打击了反革命的气焰。

在第一次国内革命战争时期,我们党在对待农民问题上,曾有两种截然不同的路线。一条是以陈独秀为代表的,跟在资产阶级后面,对农民运动横加指责和限制的右倾机会主义路钱。一条是以毛泽东同志为代表的,坚决相信和依靠农民,放手发动和武装农民的正确路线。毛泽东同志在《湖南农民运动考察报告》中有力地批驳了地主豪绅、国民党右派和右倾机会主义分子关于农民运动"糟得很"的谬论,热情地歌颂农民运动"好得很",强调指出要放手发动群众,建立农民政府和农民武装,坚决镇压土豪劣绅。现在回忆当时黄、麻地区的农民运动,基本上是符合毛泽东同志的正确路线的。两县党的组织,大力地发动和武装了群众,并领导这些革命的武装农民,和封建地主阶级及其掌握的反动武装,进行了你死我活的激烈斗争,粉碎了敌人多次的阴谋破坏和武装进攻。就是在第一次国内革命战争失败后的险恶形势下,绝大多数的共产党员仍然坚定地站在惊涛骇浪里,坚守着自己的岗位,领导革命群众和敌人作坚决的斗争。尽管当时两县党组织对革命斗争下一步的发展方向和策略路线还没有明确的认识,但是他们的坚持奋斗,却为以后黄、麻武装起义,保存了一支武装力量和一块发动起义的革命基地。

二

1927年,党的八七会议确定的土地革命和武装反抗国民党反动派屠杀政策的总方针及举行秋收起义的号召,9月间传达到黄、麻两县,给正在坚持斗争的革命人民照亮了前进的道路。同时,"八一"南昌起义和湖南秋收起义的胜利,亦给当地党组织和广大人民以极大的鼓舞。两县党组织迅速制定了贯彻八七会议决议的计划,积极领导广大群众举行秋收起义,自9月23日起,便到处集合、示威,高呼"打倒国民党反动派""实行土地革命"的口号,不分昼夜地搜捕土豪劣绅,没收地主财产,打击反动势力,形成了农民革命运动的新高潮。

但是,由于两县党组织缺乏领导起义的经验,没有及时在农民协会的基础上建立起革命政权,没有及时在农民自卫军的基础上建立起革命军队,因而未能把这时的农民运动推进到武装夺取政权的新阶段。然而,这次起义的意义是很大的,它向当地农民揭出了党的土地革命的旗帜,进一步发动了群众,组织了群众,武装了群众,严厉打击了土豪劣绅的复辟活动,基本上肃清黄、麻北乡七、紫、乘、顺等地区的反动势力,为更大规模的起义行动准备了条件。

10月间,湖北省委鉴于黄、麻两县当时尚有相当数量的武装和很好的群众运动基础,遂派吴光浩、王志仁等到黄、麻地区,建立了鄂东特委,统一领导黄、麻等县的武装起义。特委要求黄、麻两县党组织更加广泛深入发动群众,进一步整顿农民自卫军和加强群众武装,继续发动起义,并于11月初,在七里坪召开了党的活动分子会议,做出武装夺取黄安县城、建立革命政权和革命军队的决定。这时,两县农民自卫军共有枪300余支,以刀矛土枪武装起来的农民义勇队及其他形式的农民武装达3万人以上。

1927年11月13日,声势浩大的起义壮举开始了。鄂东特委调集黄安农民自卫军全部、麻城农民自卫军一部,及七里、紫云等区千余精悍农民义勇队,组成攻城部队,于当天夜间时浩浩荡荡向黄安县城进发。黄安七里、紫云、高桥、二程、桃花、城关等区成千上万的群众,积极响应,配合作战。14日4时,攻城部队在城内人民配合下,一举攻入城内,全部消灭了反动警察武装,摧毁了反动县政府,活捉伪县长贺守忠等贪官污吏、土豪劣绅数十人,把土地革命的红旗胜利地插上了黄安县城头。

黄安县城的解放振奋了广大人民,成千上万的农民涌入城内庆祝胜利。全城张灯结彩,鞭炮齐鸣,到处贴满鄂东革命委员会的布告和鼓舞革命斗志的标语。18日,黄安城内举行了万人大会,庄严宣告黄安历史上第一个工农民主政权诞生。大会选出曹学楷等9人组成农民政府委员会，曹学楷任主席。农民政府宣布了以实行土地革命、推翻地主阶级统治、反对帝国主义、打倒蒋介石等为内容的施政纲领。并发出通电和告民众书。曹学楷在大会上慷慨激昂地说："过去我们种田佬，每年除交完粮饷送钱给大老爷，或是被土豪劣绅贪官污吏抓来打屁股、关监牢和砍脑壳以外，再不敢进大老爷的衙门。但是，今日我们种田佬、担粪的，公然自己组织政府，自己做起委员来了。这证明了我们革命力量的强大，同时也证明了现在是劳苦人民的世界，是无产阶级的世界了。"他的话激励着每个到会的群众，全场掌声雷动，欢呼四起，充满了起义胜利的喜悦。

农民政府成立后，黄、麻两县农民自卫军也举行了隆重的检阅仪式，宣布组成中国工农革命军鄂东军。黄安农民自卫军编为第一路，麻城农民自卫军编为第二路，潘忠汝为总指挥兼第一路司令，吴光浩为副总指挥兼第二路司令，戴克敏为鄂东军党代表。在检阅仪式上，潘忠汝响亮地号召大家："一定要在中国共产党的领导下坚决奋斗，直到打出我们的大路，打出我们的江山。"

黄、麻起义在鄂豫皖边区革命斗争史上具有重大意义。它以有力的行动，回击了反革命的屠杀和进攻，大大鼓舞了当地广大群众的斗争。它在鄂豫皖边建立了第一个工农兵政权，用实际行动向当地人民指明，要获得土地和解放，不但必须而且能够自己起来夺取和掌握政权；并且在农民自卫军的基础上组成了工农革命军鄂东军，成为这个地区以后开展革命战争的一支骨干力量。这次起义的胜利证明：党的八七会议所确定的武装革命的总方针是完全正确的。正如毛泽东同志指出的："在中国，离开了武装斗争，就没有无产阶级和共产党的地位，就不能完成任何的革命任务。"黄、麻党组织在鄂东特委的直接领导下，由于坚决执行了党的武装革命的总方针，且组织严密，动员深入，行动快速，斗争坚决，因而保证了起义的迅速胜利，把当地的革命斗争推进到一个新的阶段。

三

黄、麻起义的胜利，震撼了武汉等地的敌人。当时，敌中央社惊呼："黄安县被农军盘踞，其势比前更加蔓延，……组织工农政府，大倡土地革命，贫苦工农附从者已达万人。"国民党反动派为了扼杀这个初生的红色政权,立即调动军队向起义的人民进攻。12月5日夜,敌十二军一个师突袭黄安县城。起义军与敌人进行了英勇壮烈的搏斗,但终因众寡悬殊,被敌攻陷。部队虽然最后突出重围,但却遭受严重伤亡。黄安县委书记王志仁、鄂东军总指挥潘忠汝和许多优秀的革命志士光荣牺牲。刚刚解放21天的黄安县城复陷敌手。接着,该敌即对黄、麻起义地区疯狂进行"清剿"。中共麻城县委书记蔡济璜、委员刘文蔚等,亦相继被捕,英勇就义。起义地区陷入严重的白色恐怖中。

黄安失利的教训说明,要取得革命胜利,不仅要敢于斗争,而且要善于斗争。当时总的形势是敌人强大,我们弱小;起义虽然取得胜利,但敌人的反扑必定跟着到来。在这种形势下,起义武装的中心任务,不在于长期保有城市,而在于依靠农村,发动群众,开展游击战争,深入土地革命,建立根据地,和敌人进行长期斗争。可是当时起义,领导上由于缺乏经验,对敌人反扑的严重情况估计不足,同时还不懂得红色政权可以而且应以首先建立在农村,因而没有及时主动地把领导中心和起义武装的主力转移到农村,以游击战对付敌人的反扑。结果敌人的大举进攻一到,便使领导机关和新建立的革命武装遭到重大损失。但是,黄、麻党组织和人民,并没有被这次严重挫折吓倒。他们掩埋好同伴的尸体,吸取了黄安失利的教训,在艰难险恶的环境中,探索着坚持武装斗争的正确道路,继续挺胸向前。

12月下旬,当地党组织和工农革命军的一些领导人吴光浩、戴克敏、曹学楷等在黄安北乡之木城寨举行会议,为了保存力量,坚持斗争,决定留少数人枪就地坚持斗争,将大部分人枪转移到敌后游击。接着即在黄安北乡闵家祠堂集合了72人,长短枪53支,通过敌人层层封锁,胜利地转移到木兰山一带开展游击活动。

木兰山位于黄陂北部,当时那里没有敌正规军,仅有少数地方反动武装。党在当地有一定的工作基础,还有一些社会关系可以利用。同时与它靠近的黄安高桥、二程等区,党有着很大的力量,可以随时得到支援和掩护。工农革命军在强大敌人的围攻下,暂避敌锋,向这一地区转移是个正确的抉择,也是开始农村游击战争、探索坚持长期武装斗争正确道路的起点。

工农革命军鄂东军到木兰山后即改称工农革命军第七军。吴光浩为军长,戴克敏为党代表,汪奠川为参谋长。经过短暂休整,便在木兰山周围开展了积极活动,到处宣传,发动群众,破坏敌人交通,打击反动武装。1928年1月23日（农历元旦），攻克封建堡垒罗家岗,当即发动群众,开仓分粮,没收当铺,号召群众无偿取当。一连三天,前来分粮取当的人群络绎不绝。革命军的声誉大振。

敌人发现工农革命军在木兰山活动后,即调动部队前来围攻。第七军机智地冲出了敌人的包围,东进黄冈、罗田游击,但是这些地区的革命力量遭到敌人严重破坏,第七军到处受到敌人追击"堵剿",活动异常困难,遂于3月初重返木兰山。在这一个多月中,第七军日夜与驿敌周旋,风餐露宿,历尽艰辛,但是大家坚忍地克服着各种困难,紧握武器继续坚持斗争。吴光浩同志不断地教育大家："我们的枪丢不得！有了枪,才能打倒地主阶级,才有工农的出路；丢了枪,就不能胜利,不能生存！"

第七军返回木兰山后,为了便于活动,以4个便衣队分头游串。戴克敏、徐其虚率一个队北返黄安,廖荣年率一个队东进麻城,他们的主要任务是：联系群众,了解情况,打击反动势力,准备接应部队重返黄、麻老区。其他两个队分别由吴光浩、汪奠川率领在黄陂活动。这4支部队,采取昼伏夜动、远袭近止、声东击西、绕南进北的方式,灵活机动地打击敌人。在短短20天的时间内,先后在去武汉的路上镇压了麻城福田河的反动团总彭汝林、黄安公安局局长"曹屠夫"等。4月初,敌十八军与十二军发生冲突,黄、麻地区的十二军部队撤回河东,戴克敏、徐其虚率领的一个队于4月7日（清明节）消灭了紫云区上戴家的民团,缴枪10余支。随后,第七军按预定计划乘机全部返回黄、麻老区。

在工农革命军转战木兰山期间,黄、麻两县的土豪劣绅纷纷建立"清乡团"和国民党匪军一起,对革命人民进行血腥镇压,不少村庄被血洗,无数的革命战士和群众遭到剖腹剜心、剁手活埋等惨无人性的屠杀,甚至老弱妇幼亦难幸免。但是,经过激烈斗争锻炼的黄、麻人民,依然采取各种方式顽强地坚持斗争。群众日夜盼望着工农革命军打回来报仇雪恨,他们坚信："共产党是不会失败的。"到处传说着"工农革命军就要打回来了"。当第七军返回时,群众一见就热泪盈眶地向战士们控诉敌人的罪行,要求讨还血债。群众的控诉,激起了部队指战员的复仇怒火。第七军随即向土豪劣绅"清乡团"展开猛烈反击；广大群众亦揭竿而起,闻声响应,每逢作战,人群就像潮水般地从四面八方涌来配合。数日之间,消灭和驱逐了七里、紫云、乘马、顺河等区一些地主武装。农民们高兴地把这次胜利称为"二次暴动",

并且编出歌谣，到处唱着："党员游击转回还，先打清乡团；铲土豪，除劣绅，一心要共产。谁敢来抵抗，叫它狗命完；只急得土豪劣绅两眼朝上翻。"

工农革命军返回黄、麻不久，敌十八军又加紧了对革命人民的进攻，到处安设据点，实行严密的控制和"清剿"。虽然当时形势十分险恶，但第七军在广大群众的热情支持和掩护下，顽强地坚持着斗争。为了摆脱强敌的跟追，部队经常活动于鄂豫边界，利用省军阀行动不尽一致的空隙和矛盾，跳来跳去，辗转游击。在斗争中逐渐认识到光山南部的柴山保地区条件很好，该地处于两省三县边界，当时无敌正规军驻扎，湖北的反动军队越界活动，一般是朝发夕归，不常驻留；而且这个地区与黄、麻两县的七里、紫云、乘马等区毗连，崇山峻岭，地势险要；当地贫苦群众在黄麻起义胜利的影响下，积极要求革命，他们说："七里坪、乘马岗打了土豪，不交租，又分田！""我们为什么替土豪劣绅拼命？"工农革命军到这里活动，既可以利用敌人的空隙得到较好的休整，发动群众，开辟新区工作，又可以保持与黄、麻老区的联系，支持老区人民的斗争。于是5月间，当地党组织和第七军领导人决定在恢复老区工作的同时，发展柴山保地区的工作，以便在黄、麻、光三县交界的摩云山、羚羊山、木城寨、光裕山之间，创造一个比较稳定的立足点，作为对敌斗争的依托。这个决定，实际上是创建农村革命根据地思想的萌芽，是第七军发展里程上的关键。

从黄安突围，经过以木兰山为中心的游击活动，到返回黄、麻农村开展游击战争，是当地党组织和工农革命军所经历的又一次严峻的考验和锻炼。强大的敌人在占领黄安城后，企图以更残酷、更大规模的屠杀来扑灭革命的火焰。当时第七军虽仅有数十人枪，却怀着革命必胜的雄心壮志，发扬了敢于斗争、敢于胜利的革命精神，在党的领导下，继续坚持了武装斗争的正确方针，因而保存了革命力量，鼓舞了群众斗志，扩大了革命影响，积累了斗争经验，挽救了当地革命的危局，并在经过近半年的游击活动之后，重返黄、麻老区，提出了开辟柴山保的计划，向着边界武装割据的正确道路，跨出了重要的一步。

四

工农革命军第七军进柴山保之后，根据以往的斗争经验和当地的实际情况，在对敌斗争和群众工作方面采取了许多正确的措施。

这支革命武装进入柴山保不久,即在河南湾击溃了紫云区"清乡团"和国民党军1个营的进攻,俘敌两名,缴驳壳枪3支。这一仗虽然缴获不多,但政治意义很大。它树立了革命军的声威,震慑了反动势力,鼓舞了广大人民群众,对开展边界地区的工作有着重要的作用。此外,红七军,一方面在老区群众的支援下开辟新区工作,一方面又利用新区的有利条件支持老区人民的斗争。部队时聚时散,往返跳跃,南北配合,取得不少胜利。同时每当战斗空隙,即全力进行群众工作,到处宣传革命主张,组织发动群众;而且纪律严明,公买公卖,借物送还,损物赔偿,派级给钱,给了群众以深刻的影响。群众感动地说:"从来没有见过这样的好队伍!"

为了在柴山保地区站稳脚跟,打开局面,党组织决定派曹学楷等负责地方工作。首先深入群众,扎根串联,建立党的组织和秘密农会,发动抗租抗债等斗争。对上层分子,除少数反动豪绅必须严办以外,争取一些较开明的分子保持中立。对红枪会则派人打入内部,争取会众,进行改造。对当地以吴文路为首的一股土著武装,则利用他们和军阀部队的矛盾争取他不与革命为敌。这些措施都是符合当时情况的。因而经过几个月的艰苦工作以后,党和工农革命军获得了当地广大群众的热烈拥护;群众生活得到了一些改善,并且初步地组织起来,上层分子逐渐分化;红枪会变成了革命的红枪会;柴山保变成了一块红色区域。同时,还争取了驻紫云区来家河之敌十八军1个连73人携枪75支哗变来归,其中多数参加了工农革命军,余则发给路费遣送回乡。

随着工作的开展,党和军队的力量也发展了。为了适应新的形势和任务的需要,7月间第七军改编为中国工农红军第十一军三十一师,下设4个大队,吴光浩为军长兼师长,戴克敏为党代表,曹学楷任参谋长(原第七军参谋长汪奠川在木兰山时牺牲),陈定侯为政治部主任。10月间又重组鄂东特委,王秀松任书记。鄂东特委建立后,进一步加强了党对群众工作的领导。这时,柴山保地区的工作更加深入,整个光山南区,以及与其邻近的东区、西区的工作也逐渐开展;七里、紫云、乘马、顺河等区的工作也有很大恢复和发展。与此同时,许多被迫离乡的共产党员和革命群众,纷纷返回黄、麻老区加强了革命力量。这样,红军和当地党组织、革命群众成一股巨流,使新老区的工作迅速恢复和发展起来。党和红军在黄、麻、光3县边界开始站稳了脚跟。

这时,毛泽东同志亲自领导创建的井冈山革命根据地,正在蓬勃发展,成为照耀各地革命斗争前进的灯塔。鄂东特委从黄、麻地区一年多来的斗争经验中,深深地体会到:弱小的革命武装,只有走井冈山的道路,在敌人统治薄弱和群众、地理条件有利的边界地区实行固定区域的武装割据,才能胜利发展。同时,邻近的豫东南和皖西党组织又都在积极准备发动武装起义。因此鄂东特委提出"学习井冈山的办法",并通过中央巡视员于12月15日向党中央提出建议,要求把黄安、麻城、光山、商城、六安等县划为鄂豫皖特区,以创造整个大别山脉的武装割据。这个具有战略意义的建议,说明鄂豫边的党和红军对于利用边界地区实行武装割据已经有了更加明确的认识。

1929年,鄂豫边的武装割据地区日益巩固和发展。三四月间红三十一师乘蒋桂军阀混战之机,向外扩大游击,消灭了黄安县的禹王城、高桥河,麻城的西张店等地多股反动民团,缴枪140余支。随着军事上的胜利,割据地区也进一步扩大,黄安、麻城、罗山、孝感、黄陂的部分地区,建立了区一级的工农政府和游击队、赤卫队。中心区域已初步分配了土地。红三十一师也迅速扩大,发展到400多人。部队党政工作有了加强,此外还创办起小型医院、修械所和被服厂。

5月,鄂东北特委(原鄂东特委改称)又召开了各县县委和红军师委的联席会议,改选徐朋人为书记;并根据党的"六大"决议通过了"临时土地政纲"、形势与任务、扩大游击战争、政权建设等8个决议案。在党的这些决议指导下,鄂豫边的武装斗争、土地革命和政权建设,也已紧密结合起来,初步形成了鄂豫边工农武装割据的局面。

在鄂豫边革命根据地日益巩固和发展的同时,豫南、皖西的党组织亦先后在商城南部和六安、霍山地区领导起义。建立了红三十二师、三十三师和豫东南、皖西两块革命根据地,并于1930年3月,根据党中央指示,建立了鄂豫皖特委和红一军,实现了三支红军和三块革命根据地的统一领导,胜利地实现了创造鄂豫皖三省边界大别山脉的武装割据的夙愿,使这一地区的革命斗争进入了更大发展的新时期。

第一次国内革命战争失败之后,发展中国革命的唯一正确道路,是毛泽东同志所开创的以武装革命的农村包围并最后夺取反革命占领城市的道路,即以农村为根据地,实行工农武装割据的道路。毛泽东同志指出:"如果革命的队伍不愿意和帝国主义及其走狗妥协，而要坚持地奋斗下去，如果革命的队伍要准备积极和锻炼自己的力量，并避免在力量不够的时候和强大的敌人作决定胜负的战斗，那就必须把落后的农村造成先进的巩固的根据地，……借以在长期战斗中逐步地争取革命的全部胜利。"黄麻起义中组成的工农革命军，在走上边界武装割据的道路之前，曾经遭受过严重挫折，陷于极端困难的境地。在它经过艰苦曲折的探索过程，走上这条道路之后，便打开了一个日益蓬勃发展的局面。今天回顾这段艰苦曲折的革命斗争，我们更加深刻地体会到：毛泽东思想是指导革命斗争不断胜利的唯一真理，跟着毛泽东同志前进就一定胜利！

原载《黄麻起义》，武汉大学出版社，1987年，第121～134页。原载中国人民解放军出版社《星火燎原》编辑部编：《〈星火燎原〉选编之一》，原文写于1957年。

麻城的火焰

◎ 王树声

一

1926年，北伐军攻克武汉以后，麻城农民运动在大革命的风暴席卷下，疾风骤雨般地发展起来。农民们热烈拥护我党反帝反封建的纲领，并纷纷要求成立农民协会。

这时，在乘马岗区工作的共产党员，和其他区一样，在上级党的指示下，领导当地农民打开了一些祠堂和庙宇的大门，清除了多年积聚的尘土，粘贴上"打倒土豪劣绅！""打倒贪官污吏！""劳农神圣""一切权利归劳动人民"等红绿色的标语，摆上桌椅和笔墨纸砚，建立起了农民自己的组织——农民协会。被贱视了几千年的"黑脚杆子""黄泥巴腿"团结起来了。农民们喜在眉头，笑在心，抬起头，挺起胸，向吮吸他们血汗的寄生虫——土豪劣绅们，展开了减租减息的斗争。

土豪劣绅们对待这一切，当然不会甘心情愿，他们千方百计进行阻挠、破坏和对抗。

罗家河有个丁枕鱼，是麻城乘马岗区的大恶霸。当农民协会开始发展时，他就四处造谣破坏，并搜罗了一批流氓、狗腿子，请来了"教师"，秘密组织红枪会，企图以此来破坏与打击农民运动。

农历冬月十六日，这个大恶霸果然动手了，他指使他的狗腿子们把大河铺乡农协罗家河分组的办公室捣毁了，标语也撕掉了。乘马岗区农协听到这一消息，气愤异常，区农协胡静山、徐子清等领导同志，立即召开了会议，讨论对策，到会的同志一致主张，立刻行动起来，逮捕丁枕鱼，扑灭反动势力的嚣张气焰。

会议结束时，已是半夜时分，共产党员们冒着刺骨的寒风，摸着黑路，分头到各个村庄，招呼农会会员集合。会员们一听到丁枕鱼破坏农会的消息后，都扛起刀、矛、鸟铳、锄头、扁担，奔向罗家河村。没多久，丁枕鱼的住宅就被上千人包围得水泄不通。罗家河分组的廖荣坤等同志，带着数十个身背大刀的青壮年，首先翻墙而入，闯到楼上，把丁枕鱼从屋里拖出来，丁枕鱼那用农民的血汗和眼泪修建起来的安乐窝的高大、坚固的大门被打开了，农民群众潮水般地涌进了丁家的深宅大院。丁家的狗腿子因农民声势浩大，抵抗不住。丁枕鱼赤脚单衣地跪在地上，连连叩头求饶。农民们指着丁枕鱼说："过去头顶你的天、脚踩你的地，你逼死了我们多少人！现在这个天这个地是我们的了。"曾被丁枕鱼霸占了未婚妻的吴某，上去把丁枕鱼揍了一顿，咬牙切齿地骂道："你害得我结不了婚，成不了家，现在该我报仇了！"

农民们拿起一根拴羊的绳子，把丁枕鱼那双剥削人民的血手捆了起来，押往乘马岗区农协。临走时，丁枕鱼苦苦哀求让他添件衣、穿双鞋。农民们坚决不给，说："也让你尝尝我们穷人没衣没鞋穿的苦处吧。"

丁枕鱼被押到县里关起来后，斗争的烈火更旺盛地燃烧起来了。拿起了原始武器的农民，紧接着又捕捉了方家塆王子历等10余个土豪劣绅，并把他们的粮仓打开，把被搜刮去的积谷陈粮，一袋袋，一筐筐，喜笑颜开地背回家去。

反封建剥削运动，如火如荼地进行着，农会实际上成了乡村的民主政权。在锐不可当的农民运动面前，有的土豪劣绅吓跑了；有的躲在城里勾结国民党右派，拼命叫嚷"农民运动过火"，咒骂农民协会和共产党人。正当这个时候，县代理商会会长大劣绅李舜卿和县长、县承审官等互相勾结，阴谋破坏农民协会，搞反革命政变。县城里的风声顿时紧张起来。

中共麻城县特别支部，决定动员乘马岗等区的农民来扑灭这一反革命阴谋。

1927年农历正月一个寒冷的早晨，乘马岗等区两三千农民背着大刀，扛着长矛，像巨龙一样，浩浩荡荡地向县城拥去。下午，县城里的大街小巷，顿时人山人海，刀矛林立。农民武装配合县城内的店员和贫民,将李舜卿逮捕,关入监牢。县长刘芳和承审官徐某由于顽固地反对农民的革命行动,也被停职了。

以后,在群众的积极要求下,李舜卿和丁枕鱼、王子历等被公审枪毙了。

二

1927年的夏天来临了。农民群众第一次怀着无比喜悦的心情,在田地里忙碌着。人们都希望一个丰收的年景,让全家吃饱、穿暖。

可是,就在这个时候,一些逃在外乡的土豪劣绅,却以河南光山县新集为中心,勾结了当地的民团、红枪会上万人,在丁枕鱼的儿子丁岳屏、王子历的哥哥"王九聋子"、反动区长王既之的儿子王仲槐等反动头子带领下,向乘马岗、顺河集等区发起进攻。他们沿途抢东西、拉耕牛、毁青苗、屠杀革命群众……最后将县城包围。这时我们党和县农协,立即组织县城附近的和乘、顺两区跑反的农民、县自卫军、县警备队、工人、店员固守县城,抗击来犯的敌人。

被围的第二天中午,一股股头缠白布的红枪会会徒,在念念有词的"老师"带领下,拿着刀、矛,抬着梯子,噪叫着向城墙接近。尽管我们力量薄弱,但是万众一心,斗志高昂。敌人一接近城墙,守城群众立刻用步枪、飞镖、石块、石灰罐打击敌人。不少红枪会会徒有的当即被我们打死,有的被打得头破血流。带头围攻西门的"王九聋子",也被击毙了。头子被打死了,原来迷信刀枪不入的红枪会会徒,立刻害怕起来,后退了好几里路。

为击退红枪会的进攻,党派我到武汉请求援兵。我到武汉,找到中共省委负责人之一董必武同志,他非常关心麻城的情况,便在当时的湖北省国民党省党部召开了省政府、省农协联席会议,决定组织"麻城惨案调查委员会",并抽调当时在武汉的农民运动讲习所300学生,武装起来去麻城。同时,还调遣了在黄安打进攻黄安的红枪会的一个营,先后赶往麻城。

消息传得比我们走路还快,当我们正向麻城疾进途中,反动武装已风传着"武汉的军队来了""神兵学生军来了",便慌慌张张地向北撤退。

麻城解围后,革命武装即分兵数路,乘胜反击。先后打垮了罗家河、丁家岗、朱家冲的反动武装。沿途解救了无数被反动派关押、吊打的革命群众、革命干部及干部家属。当我们打开罗家墕时,看到好多革命群众和干部的家属有的被吊死了,有的手脚被吊断了,解下来时,只剩一口气。敌人的暴行,更激起了革命群众的愤怒。越来越多的人,带着干粮,扛起刀、矛,参加到队伍中来,跟着去打方家墕。

方家墕是个封建堡垒。王既之的兄弟"大老板"等反动透顶的土豪劣绅,盘踞在这里。他们强迫当地农民参加红枪会,并从河南搬来一些带有少数枪支的流氓作为帮凶,与我为敌。他们败退到这里时,即关闭大门,炮楼上架起土炮、土枪,固守顽抗。

一两千农民武装及农民运动讲习所的学生,把方家墕团团包围起来。攻击方家墕的战斗开始后,从民团改编的自卫军队长、原民团头子郑其玉,私通敌人,阳奉阴违,按兵不动(以后公开成为反动武装)。农民运动讲习所的学生,虽然热情很高,却缺乏战斗经验。武装农民,复仇心切,奋勇作战,但也缺乏战斗经验,几次攻击都被敌人的火力压了回来。几个同志,召开了一个"战地会议",重新布置了战斗。

天黑下来了,附近群众送来了数百担干柴和很多破棉絮,新的攻击开始了。"学生军"的快枪向敌人的炮楼、枪眼一阵猛烈射击,敌人的火力便被压住了。紧接着,农民群众有的头上缠着湿棉絮,顶着桌子,有的挟着柴草,有的提着刀、矛、锄头,在"学生军"的掩护下,匍匐着向围墙逼近。靠近围墙以后,大家便燃起柴草,往房子里扔。火借风势,风助火威,霎时,烈火滚滚,浓焰腾空,方家墕成了一片火海。趁此机会,农民群众爬过围墙砸开大门,涌了进去。反动分子,有的被当场打死了,有的在混战中溜跑了。这一仗,缴获了很多土炮和土枪。

打开了方家墕以后,农民群众的战斗意志更加高昂。接着又继续挥戈北上,直打到新集的东南地区。

在"麻城惨案调查委员会"和援兵的帮助下,镇压了一批反动派,击退了反动武装的进攻,使麻城的革命运动得以继续顺利发展。

在这次反击战中,党更认识到掌握武装的重要,农民群众武装的要求更加强烈。农民群众积极响应党的号召,报名参加农民敢死队;农民敢死队及农民群众的武器也大大增多了,不仅拥有土枪、土炮,而且还有了3支半步枪(原是4支步枪,反击途中,打坏了一支,因此大家都称为"三支半"),这"三支半"便是当时麻城农民武装的最新武器。

正当我们进一步巩固和扩大革命力量的时候,"七一五"汪精卫继蒋介石后叛变了,在这之前不久,"麻城惨案调查委员会"、农民运动讲习所的学生和一个营武装都已被一一召回。封建反动势力又猖狂起来,民团、红枪会不断地向乘马岗、顺河集地区进攻。

虽然大革命已经失败,但是麻城县和乘、顺两区的一部分领导同志仍继续组织领导农民坚持武装斗争,并在乘马岗区农民敢死队的基础上,重新组成农民自卫军,一面训练,一面战斗。

一天,我们得到消息,原西张店民团团总、大恶霸王芝庭纠合了新集的民团、红枪会三四千人,企图返回他的老家西张店,恢复乘马岗区的反动统治。县防务委员会,一面集合农民自卫军和农民群众做战斗准备,一面派人到黄安县商请黄安农民武装配合作战。

阴历七月二十日,我们在鄂、豫交界的北界河东边起伏的山岗上,布下了三道战线:农民自卫军配备在第一线,钢枪队又在最前面;第二线是带有梭镖、土炮的农民义勇队;第三线是成千上万的农民武装。黄安的农民武装则配备在西山武昌庙脚下和大坳口等处。

中午时分,传来了"嘀嘀嗒嗒"的声音。阳光下,清楚地看到一列长长的队伍,吹着喇叭向我们走来。队伍的中间有一乘大轿,显然,王芝庭亲自出马了。待敌人走近时,三声令炮一响,我们的钢枪队开火了,埋伏在山沟里、丛林里的自卫军和农民义勇队,猛虎般向敌人扑去。农民群众也立即呐喊助战,满山遍野,红旗招展,刀矛挥舞,雷鸣般的喊杀声震动着山谷。自卫军猛扑上去,把敌人的先头部队打乱了,当即缴了步枪12支、驳壳枪3支、马6匹。敌人先头部队一乱,后面也就自相践踏,狼奔豕突般纷纷溃退。农民自卫军和农民群众满山遍野追逐敌人,缴枪、捉俘虏。

一个农民自卫军队员,冲到田坎下,忽然发现一个家伙躲在那里发抖,便照着他戳了一矛子,那家伙痛得直喊,"饶命!饶命!"原来他就是无恶不作的王芝庭。队员们立刻把他四肢捆绑起来,抬到王家楼南街,在广大群众的要求下打死了。并在西张店召开了庆祝胜利大会。

北界河一战,还打死了王仲槐等反动头子,大大地打击了反动势力的嚣张气焰,并且缴获了许多武器，使农民自卫军得到了很大的补充和锻炼，鼓舞了群众斗争情绪。

三

反革命的进攻仍在继续着，白色恐怖仍在蔓延着。矗立在乘马岗区边沿上的几个形势险要的高峰，像杨泗寨、癞痢寨、破寨岗等，就成了麻城农民自卫军和广大农民武装防御反动武装进攻的天然屏障。在这里，农民自卫军和农民群众，给了敌人多次严重的打击，创造了许多可歌可泣的英雄事迹。仅在破寨岗，农民自卫军和当地农民武装，就打退了无数次敌人的进攻，因而，当地的人民不再叫它破寨岗，给它取了一个光荣的名字——得胜寨。

有一次，上万民团和红枪会徒，在100多条步枪掩护下，分两路向杨泗寨进攻。当时，坚守在杨泗寨上的农民自卫军，只有96人，使用的武器除少数几支步枪外，大部分是1.2丈长的竹矛、土枪和土炮。人数虽少，武器虽差，但战士们却勇敢机智地守住了山寨，一天打退了敌人数次进攻，把指挥红枪会进攻的"老师"也打死了。

封建反动武装对杨泗寨的无数次进攻，每次都以失败而结束。后来乘马岗地区的人民，编了这样一首歌谣歌颂杨泗寨战斗的胜利：

高高山岗如铜墙，

杨泗大寨在中央，

革命战士保山寨，

英雄事迹传四方。

经过无数次战斗的锻炼和考验，农民自卫军已成为农民武装斗争的主力。这时，麻城农民自卫军已有3个建制排，共百余人。武器除刀矛之外，还有长短枪50余支（除缴获的外，还买了一部分）。他们分驻在鄂豫交界的北界河、杨泗寨、破寨岗一线上，一面练兵，一面防御着新集和麻城福田河、黄土岗等地反动势力的进攻。

虽然麻城的党组织对农民自卫军的建设始终是十分关心的、重视的，但是由于缺乏掌握与领导武装的经验，农民自卫军逐渐被旧军官出身的教练官熊正翼操纵起来。恶霸地主反动区长王既之，利用其留在家里的女儿勾引了熊正翼，并唆使熊正翼拖枪叛变，企图扑灭中共麻城县、区机关，将自卫军改编为民团。熊正翼为了实现这一阴谋，便和一排长余佩芳勾结起来，将多数较好的枪支编在第一排，以便利他掌握利用。这一阴谋活动被一排的共产党员发觉后，立即秘密报告了我们。得到这一消息，感到情况十分严重，党决定由我去找黄安县委，请求派兵援助扑灭这一叛乱阴谋。黄安县委即决定由戴克敏同志带领黄安自卫军15人枪，吴先筹同志带领革命的红枪会百余人，连夜出发。

出发前我们已经商议好，到一排驻地后，部队在附近潜伏起来，先由我借谈工作名义，把门叫开，然后出其不备，部队冲进屋子，解除他们的武装，逮捕熊正翼、余佩芳。不巧，那天晚上很黑，走错了路。走了一整夜，等走到一排驻地北界河附近的东岳庙时，已红日东升。一排的队员发觉了我们，以为是新集的红枪会进攻他们，就噼噼啪啪开起枪来。黄安农民自卫军被迫只好还击，各亡一人，相持不下。经过和戴克敏、吴先筹等同志商量后，即由我向自卫军喊话，揭穿熊正翼叛变阴谋。我喊了一阵话，在一排的共产党员带头鼓动说服下，队员们都不顾余佩芳的威胁，自动停止了射击。我们马上进入东岳庙，逮捕了余佩芳。但搜索了半天，却找不到熊正翼。原来在前天晚上，他化装成做生意的到新集城与反动头子密商叛变事情去了。没有捕到这个坏蛋，我们都感到遗憾，但是不几天，传来消息说，当新集的反动头子听到我们扑灭了这一叛变阴谋后，知道如意算盘已经落空，熊正翼对他们已无用处，就把他杀了。这个叛徒的下场，真是大快人心。

黄安农民自卫军的援助，对巩固这支革命武装，起了很大作用。接受这一教训后，为了加强对麻城革命武装的领导，在我们积极要求之下，上级党派遣了黄埔学生、曾参加过北伐军的吴光浩同志来麻城县任农民自卫军大队长。

不久，黄安、麻城两县密访会合，举行了大规模的秋收暴动，反帝反封建的烈火，更炽烈地燃烧起来……

原载红安县委党史资料征编委员会：《黄麻起义》，1987年，第144～152页。
原载《星火燎原》第一集（下），原文写于1953年8月，人民文学出版社，1958年。

黄麻起义前后

◎ 戴季英

1927年大革命失败后,中国共产党独立地领导人民,向反革命进行了武装斗争,在全国许多地方爆发了大规模的武装起义,打破了白色恐怖。黄麻起义就是在这种情况下进行的。

黄麻起义最大的特点,是没有任何正规军队参加,参加者都是农民,叫作"揭竿而起"。从黄麻起义到坚持木兰山的斗争,从木兰山斗争到开辟柴山保革命根据地,到商南、六霍暴动,到鄂东区、鄂豫边区、鄂豫皖苏区的形成、发展、壮大,从经济斗争到武装暴动,从抢粮、抗租、抗捐到普遍地深入土地革命,从少数党员到普遍建立党团组织,从没有苏区到有300万人口的苏区,从72人的小游击队到几万人的强大红军,从乡村农民协会到鄂豫皖的省、区苏维埃政府,从打小仗消灭敌人几个人到一次战役歼灭敌人几万人的大规模的正规战,从山区游动到占领城市,都是从胜利失败与失败胜利的不断斗争中发展起来的。鄂豫皖苏区、中国工农红军第四方面军,所走过的道路是曲折的、艰苦的,所取得的胜利,是来之不易的,是用血的代价换来的。

我参与了黄麻起义的组织领导工作,黄麻起义前后的一些主要活动,我都是亲自参加的,虽然时隔50多年,但事情的主要过程,许多先烈英勇斗争的形象,都深刻地印在我的脑子里,每当念及往事,心情总是不能平静。

一

20世纪20年代的黄麻地区是：封建军阀连年战争（直奉鲁豫皖的战争）、租课税债奇重（公债券、大加一、月月红、当青苗）、旱灾连年、饥荒频起、百物涨价、匪盗不断发生、瘟疫到处流行。广大农民无衣无食，与豪绅地主斗争纠葛问题（租案、债案、人命案……）时时发生。而豪绅地主与军阀官僚勾结争相扩大统治，操纵行政，收买土地，阶级矛盾激化，社会动荡，人们迫切要求变革现状。黄麻地区孕育着一场巨大的革命风暴，共产党及时组织与领导了这场革命风暴。

1924年至1925年，董必武同志和陈潭秋同志以他们原来创办的武汉中学为基地，为黄麻两县培养了一批共产党员，如徐希烈、王秀松、戴季伦、蔡济璜、王宏文等。他们是在董必武、陈潭秋的思想影响下研究社会主义革命学说的。他们自加入共产党后，就在黄麻扩大党的影响，宣传革命，传播共产主义，并在黄麻两地发展共产党与共青团的组织。

1925年五卅运动后，党利用暑期学生回乡，在群众中进行宣传，号召群众举行反帝反封建军阀运动，罢课罢市，成立五卅惨案后援会，办乡村平民夜校，化装演讲，散发传单，动员群众救国家救自己。同时出版《黄安青年》刊物，指出青年与工农大众结合的道路，抨击反动政治，转载革命消息，开展新文化运动，成立黄安青年协进会，团结进步青年学生到党的周围。同时在党领导下组织了有共产党人参加的国民党。1925年冬，黄安、麻城两县分别成立了中共特别支部。党当时的口号和在群众中的纲领是：到农村去，打倒帝国主义、封建军阀，推翻压迫阶级，改变民不聊生的黑暗政治，实行民主政治，改善人民生活，取消捐税减轻租税，实行国民革命，拥护苏联，拥护共产党，工农联合……

1926年，北伐军进到湖北时，党领导群众反豪绅地主的斗争，首先要重视斗争那些地主首领。如黄安县紫云区箭厂河乡的农民群众，惩办了大恶霸吴惠存。吴惠存是箭厂河地区的大土豪、大恶霸和大讼棍，担任着红枪会会首、民团团总等反动职务。长期以来，横行乡里，鱼肉百姓，高利重租，盘剥工农，网罗土匪，打家劫舍；私设关卡，敲诈勒索，谋财害民，拦劫花轿，强占民女，罪恶累累。打死吴惠存这件事，对统治阶级，对广大群众，是霹雳般的震动，鼓舞了广大人民群众。接着黄麻农民又逮捕了李介人等12个大地主豪绅，并公审枪毙了，这又大大鼓舞了人民群众。豪绅地主反动派的挣扎活动增加了，阶级矛盾与阶级斗争日益尖锐和扩大。

这一时期，黄麻的党团员学生如徐希烈、戴季伦、王文焕、蔡济璜、戴克敏、刘象民（湖北第一师范）、曹学楷（中华大学）、王秀松、王鉴、刘建安、汪奠川、桂步蟾、徐子清、李培文（武汉中学）、余文治（启黄中学）、王文魁、戴季英（第六中学）、刘文蔚、王树声、徐其虚、吴焕先（麻城农业学校）等在党的指示下，组织工会、农会，发动群众，以工会、农会代替乡村政权，推翻旧统治，发展党团组织。此时期，黄（安）麻（城）在全国革命胜利形势下，蓬勃发展，成为全省农民运动最发达的县份。

大革命时期，在黄安县，共产党完全取得了国民党党部和工会、农会的领导权，支配了全县政治。农会实际成为乡村政权，群众组织普遍，工会、农会威信很高，纪律较好，农民事归农会办，工人事归工会办，民主决议，减租减息，取消苛杂，没收大地主的土地、财产与公产，8小时工作与增加工资，优待童工，解放妇女，审判土豪劣绅。教育的改造与发展，党也很注意，建立小学1000余所，学生5万余人，平民夜校普遍建立。成立农民自卫军武装，党也完全争得了领导权。黄安共产党在大革命时登上了全县的政治舞台，在麻城西北乡工作比较深入，建立了基础。

中共黄安县委于1927年春成立，余文治、徐希烈、戴季伦、郑位三等担任县委委员。麻城亦成立县委，蔡济璜、王宏文、刘文蔚等担任县委委员。

在1926年，河南光山、罗山的豪绅地主组织反动的红枪会反对革命，不准黄麻革命影响河南，以致引起广大群众反对，发展成为卡房至福田河100多里的革命农民武装战争，建立了一条人民群众的革命防线，筑起了一道保卫七里、紫云、乘马、顺河等地区的坚强屏障，保卫着黄麻农民运动的蓬勃发展。这战争完全是群众性的，是在党的领导和影响下发生和发展的。这种广大民众自发的战争，给党的武装群众的工作提供了经验教训，使黄麻党组织和人民群众更加看清了武装斗争的力量，并在斗争中建立了农民自卫军，为后来的黄麻起义准备了群众基础和武装骨干力量。这战争表现了群众反豪绅地主斗争的坚决性与持久性。到1928年春，光山、罗山红枪会瓦解了。在与红枪会的斗争中,暴露了党对于农民的弱点认识不足与克服困难不够、领导力不强、军事上也无经验的弱点。

二

正当农民运动风起云涌的时候,地主、资产阶级的政治代表蒋介石和汪精卫叛变了革命。在国民党全面反革命,压迫解散工会、农会,镇压工农群众运动,解除工农革命武装,屠杀共产党人的白色恐怖环境下,党在黄麻地区的活动,被迫转入地下,整个革命形势起了变化,暂时进入了低潮。黄麻党团内部也开始了分化,一部分同志仍继续坚持原地工作,如曹学楷、徐朋人、戴季伦、戴克敏、王志仁、陈定侯、汪奠川、程昭续、郑大开、吴焕先、高建斗、郑友梅、戴雪舫、江竹青、蔡济璜、刘文蔚、王树声、桂步蟾、徐其虚、徐子清等。这些同志主张武装革命、继续巩固工农运动,发展组织,联合左派,掌握国民党党部和农民自卫军武装,逮捕正在回来与正在抬头的豪绅地主反动分子,反对妥协叛变动摇。另一部分人却消极退却或与敌人妥协了。

1927年7月7日,郭亮、贺昌、刘镇一派我回黄安工作。我原在启黄中学读书,后转入湖北省立第六中学读书,1926年2月由王志仁介绍入党。在我离武汉到黄安之前,郭亮找我谈话,向我介绍了时局。他说,现在资产阶级叛变了革命,小资产阶级动摇了,共产国际早在5月份就有指示:中国共产党要独立领导中国革命,不能同国民党合作,要掌握武装,独立登上政治舞台。郭亮还对我回黄安如何开展工作作了指示,说积极分子在武汉的作用不大,要到乡下去,依靠农村,依靠农民,依靠大多数,把已经解散的农会重新恢复起来,准备武装,把农民组织起来。

谈话后,我就起程回黄安。同回的还有戴克敏,他当时是省农协会干事。我回到黄安的公开身份是七里坪国民第二高等小学堂教员,同校的教员还有陈继南、李子芬、尹成章,校长是戴雪舫,教务主任方谦寿。

我回到黄安时,黄安县委已不存在了,一部分党团员仍然继续坚持工作。我们以黄麻北部为革命大本营,以七里坪为活动中心,当时提出这样的口号,"以革命继续革命,以革命发展革命",依靠群众力量,领导群众,把握武装,打击正在活动的一大批豪绅地主反动派，提高群众阶级斗争勇气。

8月中旬，郭亮派刘镇一到黄安七里坪传达贯彻党的八七会议精神。参加会议的人员有熊殿勋（店员）、郑行瑞、高建斗（农民自卫军大队长）、汪奠川（农民自卫军指导员）、邹绪广（农民）、吴永达（农民）、叶耐青、曾海州、戴雪舫、方谦寿、戴季英、曹学楷、吴焕先（红学堂长）、程昭续、张行炳（高小学生）等人。

会议是在文昌宫丙班教室里举行的，从上午一直开到晚上。刘镇一首先宣读了八七会议决议摘抄。这是刘镇一在离汉口前，将八七会议决议主要内容记录在一张纸上，约400字。接着传达郭亮的指示，他说，根据共产国际的指示，中央决定举行两湖（湖南、湖北）秋收起义。这里以黄安、麻城、黄陂为基础，黄安为中心，组织农民揭竿而起，武装暴动。郭亮还提出将黄安、麻城联名为黄麻。到会同志对"暴动能否成功"的问题，展开了讨论取得了一致意见，认为只要工作抓得紧，是可能的，也是能够成功的。只有暴动才能打开黄麻革命局面，推动革命进一步发展，配合两湖秋收暴动是当前的紧急任务。由于客观条件成熟，同志们在思想上、行动上有斗争准备，仅一天多的时间，完全接受了党的指令。后来称这次会议为暴动会议。

在这次会议上，大致决定了巩固工农运动，发展组织，改造黄麻党团，把握自卫军（人枪共百余）为主力并加紧训练，以黄安之潘家河、阮家店、箭厂河、程卜畈等地义勇队和麻城之乘马岗、顺河集的农民为主要依靠，加紧反豪绅地主，没收财产，加强义勇队办事处的工作，动员第二高小的学生到农村去，党团机关设在七里坪。

在这次会议上，还决定首先在程卜畈、长冲、灯龙山、下村庄、古峰岭、太平寨至紫云寨一带村庄搞暴动，然后接着大干。会上，程卜畈农民协会主席程昭续性子很急，要求马上动手，大家考虑到那里的统治势力很大，如程子鹏（律师）、程瑞林（劣绅）、程月香（劣绅），都有一套办法，因此不同意马上就动手，要他回去先做好准备工作。

大约过了几天时间，我们到程卜畈的百子堂召集会议，吴焕先同志也到了，了解情况，布置工作。会议商定，9月2日举行熊家咀农民暴动，由程昭续领导。程昭续是个很有魄力的农民，既积极又能干。

9月2日，熊家咀农民起义按期举行。在共产党员程昭续等同志的领导下，程卜畈的农民们，高举红旗，扛着土枪、土炮、锄头、梭镖、甲鱼叉等武器，齐集在熊家咀，举行了暴动。暴动的群众用铁锤砸开了大恶霸地主程瑞林的包有铁皮的大门，冲了进去，捉拿了程瑞林，罚款1000元，并召开大会，将程瑞林处决。

熊家咀义旗一举，附近的农民闻讯响应。紧接着长冲又有万余人举行暴动，共产党员徐朋人在会上讲话，号召人民团结起来，打倒国民党反动派。暴动后，起义农民四处捕捉土豪劣绅，根据罪恶大小，罚款500到1000元，并用罚来的款子，请来铁匠，架起红炉，打刀造枪，武装自己。紧连着，大斛乡暴动了！王潭河暴动了！城区北乡暴动了！暴动的农民把捉到的豪绅地主，统统押送到十丈山的大庙里，交县防务会处理。

同一时期，麻城县的农民暴动也闹得有声有色。蔡济璜、王幼安、刘文蔚、郑天文、王树声等同志，分别深入到各乡各村，宣传党的八七会议精神，发动群众组织武装暴动。林家山的数千农民，兵分两路，一路奔杜家洼，一路奔李斯文村，分别捕捉土豪劣绅。乘马岗、傅家河、大河铺的农民也纷纷起来了。

这些暴动发生在9月份，所以后来就称为"九月暴动"。

"九月暴动"，使土豪劣绅吓破了胆，当地逃亡的土豪劣绅秘密捐款请兵，由程卜畈的劣绅程子鹏出面，花了1000块钱，买来了国民党三十军魏益三部1个连，进驻黄安城，他们到处声张，放出消息，说后面还有大部队要来，要把共产党消灭掉，疯狂地向黄麻两县人民进行反扑。

根据当时的形势，可以把革命烈火引向深入，组织更大的暴动，夺取更大的胜利。但是由于两县党组织缺乏领导农民起义的经验，缺乏周密的部署，致使暴动失败了。但是，"九月暴动"的意义是很大的，揭开了黄麻起义的序幕。

"九月暴动"以后，郑位三同志和我去武汉请示省委。到武汉找到了朱国君，她是刘镇一的爱人，省委秘书。经过她向郭亮做了汇报，郭亮叫我们回黄麻，如果三十军打进来，就看情况定，不打进来就继续起义。

我们回来后不久，郭亮第二次派刘镇一到黄安来，多次提议组成一个党务委员会。他走后不久，符向一又持省委书记罗亦农的介绍信，到七里坪来，要召开黄麻两县联席会议，传达中央驻武汉代表团和湖北省委的指示。我们立即派七里坪高小学生张行炳等二人送信到麻城，通知徐其虚、刘文蔚、王树声、余柏平、廖荣坤。

他们接到通知，除王树声因事未到外，其余同志均按时到达。在黄安参加会议的有汪奠川、高建斗、郑行瑞、熊殿勋、吴焕先、程昭续。在此之前，省委派潘忠汝、吴光浩分别到黄安、麻城做军事工作，潘忠汝因事未赶到，吴光浩参加了会议。

会议于11月3日在七里坪文昌宫第二高级小学召开，符向一传达了郭亮和罗亦农同志的指示，即成立中国黄麻农民起义总指挥部，同时组织中共黄麻党务委员会，作为党领导农民起义的组织机关。党务委员会由吴光浩、曹学楷、戴季英、程昭续、刘文蔚、徐其虚等组成。总指挥部由潘忠汝、吴光浩、曹学楷、戴克敏、汪奠川、刘文蔚、吴焕先、戴季英等组成。潘忠汝任总指挥，指挥部设在黄安七里坪。

会议研究决定，黄麻两县联合举行起义，武装攻打县城，消灭国民党保安队，扩大自卫武装。在会上讨论时，到会同志几乎全都赞成，吴光浩、曹学楷、汪奠川同志特别积极，只有个别人有不同意见，担心不能攻下，攻下后站不住脚又怎么办。

11月9日，中国黄麻农民起义总指挥部宣誓大会，在七里坪北门外河滩上举行。会场搭了台，台上贴有标语口号，参加大会的是七里坪附近的农民群众，有好几万人。宣誓大会，从午饭后开到天黑。宣布了中国黄麻农民起义总指挥部正式成立，总指挥部成员就职。宣誓结束后，先后有工人代表熊殿勋、农民代表张行灼、学生代表李继先（七里坪高小学生，很能干，1929年随吴光浩到商南开展工作，在途中不幸牺牲）讲话。国民党左派、原黄安县党部委员詹道尊也在大会上讲了话。原安排有妇女代表、七里坪女子小学教员黄冠英讲话，黄见人多有点害怕未讲。各界代表讲话，一致赞成党的主张，赞成举行黄麻起义。

宣誓大会后，符向一起草了宣言，提出"以革命继续革命，以革命发展革命""打到武汉去""打到南京去""耕者有其田""一切被压迫被剥削的人联合起来"等主张，并在邮政局七里坪代营所发快邮代电，将宣言寄送省城。符办完这些事就走了。

七里坪文昌宫会议后，许多党员、干部和第二高小的学生，根据会议决定，分赴黄麻两县农村，利用多种形式，把黄麻起义的决定，秘密而又迅速地传到了两县穷苦农民中。进一步向贫苦农民宣传发动武装起义、实行土地革命的意义，鼓励群众起来打倒国民党反动派，打倒土豪劣绅，进行土地革命，建立革命政权，自己解放自己。

为了组织和领导这次起义，党组织配备了一批勇敢坚定的党团员到各区各乡，领导农民打击土豪劣绅,组织和准备发动武装起义。由于各地工作进一步加紧进行,义勇队(又叫义勇军)纷纷组织起来。几个小的村庄联合组成一个,较大的村庄单独成立一个,人数不等,在义勇队中,采取自愿报名的方法,组成了若干个敢死队,约二三百人。在各义勇队成立的同时,熊殿勋同志组织七里坪店员工会的工人,请来一帮铁匠,买火药制硝,买洋钉制造来复枪,准备起义的武器弹药。

黄麻起义的各项准备工作大体就绪,总指挥部决定13日晚行动,攻打县城。调集七里、紫云两区数万农民义勇队,抽调了黄麻两县农民自卫军各2个班共32人枪,黄安两班由指导员汪奠川率领,麻城两班由排长廖荣坤率领。未抽调的自卫军仍驻原地,防御光山方向来的敌人。紫云区箭厂河三堂红学由吴焕先率领,参加攻城战斗。

事先,起义总指挥部通知各地义勇队带红旗、武器到七里坪、古峰岭、打鼓岭、三里岗等指定地点会合,没有说去打县城。义勇队在准备红旗时,克服了市面上买不着红布的困难,动员妇女捐献红衬衣、红裤子,拼接成旗帜。

13日上午,总指挥部在驻地七里坪文昌宫拟定了黄麻起义的口令为"暴动,夺取县城!"规定参加起义的人左面衣袖上缠白布带,作为标记。

三

11月13日,在中国黄麻农民起义总指挥部的指挥下,黄麻工农武装攻城起义的壮举开始了。动员起来的群众约20万,配合自卫军攻城的武装群众约2万,实际上黄麻两县当时所有的人都动员起来了,男的、女的、老的、少的,都出动了,呈现出天翻地覆势不可遏的群众革命暴力。这次攻城行动的总指挥为吴光浩,副指挥刘镇一。

浩浩荡荡的起义队伍向黄安县城进发了,自卫军战士走在最前头,腰扎皮带,肩扛长枪,雄赳赳,气昂昂,义勇队员和武装农民紧跟其后,也都装束得干净、利索,同男将一道前进的女将们,手里拿着剪刀、菜刀和削尖了的竹竿等当武器。整个起义队伍,前望不到头,后看不到尾,只见那来复枪、红缨枪、甲鱼叉、三节棍、锄头、扁担、鸟铳、木棒竖立如林,无数面红旗猎猎飘扬。

午夜时分，起义队伍到达城北三里岗，停了10多分钟作短暂的休息，找来了一些木梯，队伍又急速前进，很快就抵达黄安城北门外，随后，按照总指挥部的部署，包围了黄安县城。

黄安县城有两道城墙，城墙足有两丈多高，4个城门，敌人备有8门土炮，10条抬枪。一到天黑，胆小如鼠的反动派，就把城门关得严严实实。

几声枪声后，登城战斗开始了。搭梯爬城的战士是由吴光浩指挥的。因城墙很高，搭上一架木梯还差一截。敢死队队员吴立行第一个奋不顾身，攀梯而上。吴立行是箭厂河人，共产党员，很勇敢，他刚踏上城墙，被敌人一枪打中摔了下来。他是这次攻城战斗中唯一牺牲的一位同志，永远值得我们怀念。为了迅速攻下北门，敢死队队员继续上梯爬城，队员吴先恩、吴世安等许多同志都非常勇敢，经过紧张战斗，我们终于攻下了北门。

从北门进城的大队，经过大街小巷，直向东门冲去，由于人多势众，里应外合，东门马上被打开了，起义队伍像潮水般涌了进去。自卫军战士们站在城墙上大声呼喊着："我们是农民起义军，是共产党领导的队伍！""杀贪官，诛污吏，打倒土豪劣绅，实行土地革命！"一呼百应，成千上万的农民弟兄，也跟着呼喊了起来。

进城后，起义军用大刀、梭镖、来复枪等武器与敌拼杀，全歼了警备队60余人，缴枪180支。

起义胜利了！暴动成功了！14日清晨，革命的红旗，第一次在黄安城头高高飘扬！

黄麻起义胜利后，省委、中央驻汉代表团即派戴克敏、王志仁同志到黄安重建县委，书记王志仁，委员有曹学楷、戴克敏、戴季伦、汪奠川、潘忠汝、吴光浩、戴季英、田开寿（工人）、程昭续（农民）。党团合为一个县委。

11月18日，庆祝黄麻起义胜利大会，在黄安城南的校场岗隆重举行，由曹学楷主持。会上，黄安县农民政府、中国工农革命军鄂东军正式宣告成立。当宣布黄麻第一个红色政权成立时，广场上欢声雷动，鞭炮轰鸣。在雷鸣般的掌声中，农民政府主席曹学楷和王秀松、吴先筹、陈定侯、戴季伦、田开寿等9名委员，登上主席台，正式就职。

会上散发了黄安县农民政府成立宣言，是曹学楷起草在县高小油印的。宣言提出了"武装夺取政权""反对封建势力""取消一切剥削制度""耕者有其田""庙产公积归农会""打倒武汉政府""打倒汪精卫、蒋介石"等主张。曹学楷同志还宣读了大会《通电》和《告民众书》，以及《黄安县农民政府施政纲领》。这个纲领的主要内容是：实行土地革命，工农武装起来，推翻豪绅地主的统治，建立工农政权；实行民主自由，改善劳苦群众生活；实行8小时工作制，增加工资；保护商业贸易，保护中小商人；拥护苏联社会主义，反对帝国主义侵略中国，打倒国民党蒋介石。

紧接着，举行庆祝中国工农革命军鄂东军成立大会，并举行了隆重的阅兵式。

根据中共湖北省委的指示，将黄安县农民自卫军改编为工农革命军鄂东军第一路，将麻城县农民自卫军改编为工农革命军鄂东军第二路。任命潘忠汝为鄂东军总指挥兼第一路司令，吴光浩为鄂东军副总指挥兼第二路司令，汪奠川为鄂东军参谋长，戴克敏为鄂东军党代表兼第一路党代表，刘文蔚为第二路党代表。

黄安县农民政府的建立和中国工农革命军鄂东军诞生的喜讯，像春风一样吹遍了黄麻地区的山山岭岭，温暖着百万农友的心。一连数日，黄麻到处杀猪宰羊，户户张灯结彩，广泛地举行各种庆祝活动。七里、紫云、桃花、高桥、乘马、顺河等地，分别召开了武装检阅大会，举行声讨蒋介石的游行示威。群众革命情绪澎湃，到处赶制武器、军装、红带、火药，到处能听着"拥护共产党""是黑脚杆子的天下了""穷人伸腰了"等话语。每个乡村市镇，日夜都在紧张地开会工作，到处可以看到男女老少喜形于色，熙来攘往。

黄麻起义，是在党的八七会议精神指引下进行的。这次起义，有力地打击了反动地主与国民党的统治，配合了全国革命运动；这次起义，建立了鄂豫皖边区第一个红色政权，扩大了党在群众中的影响，使土地革命的口号更加深入到广大群众中去，成为鄂豫皖土地革命、武装斗争和革命政权建立的先声；这次起义，创建了鄂豫皖边区的第一支革命军队，向这个地区的广大群众宣传了武装夺取政权的思想，起义后建立的工农鄂东军，成为后来鄂豫皖工农红军的最初来源和骨干力量；这次起义发生的地区，成为以后鄂豫皖革命根据地的最早策源地和中心区域。

在黄麻暴动中，党的基本政策是站在劳苦群众一边的，领导群众顽强地反对地主阶级，在斗争中使群众得到经济的、政治的果实。党的方针任务同群众利益结合，才取得了这次暴动的胜利。

但是由于党内理论水平低，又缺乏经验，工作上有盲动主义的错误，对于地主阶级不加区别，曾提出"杀尽豪绅地主反动派"的错误口号。

四

当时，由于党还不成熟，经验不够，对反革命缺乏警惕，占领县城以后，就在城里住下来，没有明确以乡村为根据地的思想，没有大力地、普遍地发动群众、武装农民。因此，1927年12月5日夜间，驻在宋埠的国民党十二军教导师突然向黄安城奔袭，路经桃花村时找了一些木梯，随后，集中300多支手枪攻打南门，我鄂东军同志因刚从河口打土匪回城，睡得很晚，非常疲劳，对敌人的进攻毫无准备，战斗打响后，我军起而守城应战，与敌激战4个多小时，打退了强敌的多次进攻，终因敌众我寡，被敌突破城门。

为了保存革命力量，党组织决定鄂东军立即突围出城，转移到农村去。潘忠汝总指挥在战斗中带领战士英勇冲杀，身负重伤后，强忍着剧烈的疼痛，继续指挥战斗，最后终因流血过多，用担架把他抬到潭畈河时，壮烈牺牲了。中共黄安县委书记王志仁同志，在南门楼上指挥作战时，中弹当场牺牲。

黄安城失陷了，很多同志献出了宝贵的生命。农民政府仅存在21天。敌人攻占黄安县城后，在城内洗劫了两天两夜，杀害了成百上千的共产党员、革命干部和工农群众，烧毁了大批房屋。接着，敌人又一路烧杀抢掠，进占了县北的七里坪。

从县城突围出来的鄂东军一部，刚退到七里坪，敌人便迅速从河南、湖北包围进攻，情况严重，有不消灭我们不止之势。农民义勇队被打得散乱，我们把部队集中起来以后，到了太平寨，想看看麻城的情况，麻城的情况也不好，不能去，就到了木城寨。在木城寨召开了一次领导人会议。吴光浩、曹学楷、戴克敏、戴季英、汪奠川、廖荣坤、徐其虚、江竹青都参加了，符向一也到了会。会议认为，鄂东军不能老停留在中心区，要打出圈圈，把敌人撵走，减少中心区的损失。当即，吴光浩提出到木兰山去活动，大家一致赞成，确定在木兰山活动3个月再回来，不脱离黄麻。会后，符向一取道麻城返汉。

在我们领导确定去木兰山时，部队内部思想很乱，有的人公开讲没有前途，再打下去就要被消灭，不想再干了。我们做了大量的宣传解释工作，才维持了局面，腊月初六到了木兰山，清点一下，共72人，42支长枪（其中有9支九子联、2条马蹄斜）、9支驳壳枪、2支手枪。

去木兰山的72人，和以后又上木兰山的人，现在活着的不多了，时隔55年，我总是怀念这些一起战斗过的同志，他们大多数是无名英雄，有的人连姓名也没有留下，想起来心里实在难过。现在我能想起的有下列同志：吴光浩、戴克敏、曹学楷、汪奠川、江竹青、徐其虚、王树声、廖荣坤、林柱中、丁茂富、郑福东、张忠国、李继先、张心灼、陈再道、程启光、邱江甫、江波、陈福润、郑亚楼、戴道普、曹学道、方思法、郑老四、郑行敏、郑植璜、戴本魁、王景、吴行忠、俞士明、董纯齐、石盛勇、叶耐青、吴永达、潘遐龄、刘成遏、李绍起、刘大如、刘本华、詹学道、阎常如、刘天华、王家彦、来显焱、方思德、黄家寿、郑芽绿、董孝玉、吴先筹、戴先汉、王××（诨名豌豆）、×保纯、晏仲平、张忠顺、徐朋人、戴季伦、戴先城、戴学诗。

符向一走后，我们在香炉山又召开了一次会议，提出游击战争要与农民运动打成一片，不依靠农民光依靠几支枪是不行的。

木兰山位于黄陂县北部，山高坡陡，方圆六七十里，东西两面有高山为屏，山势巍峨，群峰矗立，地势十分险要。山上有宽宏的庙宇，住着100多个和尚、道人。山周围有1000多户人家，并有长轩岭、塔耳岗、柿子树店等集镇，人烟稠密，物产丰富，文化发达。党在这里有一定的工作基础，还有一些社会关系可以利用，东北与革命基础较好的黄安的高桥相接，联系比较便利。从各方面看，可暂作积蓄革命力量的一个基地。

我们上木兰山后的第三日，根据中央的指示，改番号为中国工农革命军第七军，军长吴光浩，党代表戴克敏，参谋长汪奠川。部队编成3个分队。七军是在党的领导下，为实现党的纲领、路线、政策而奋斗的。队伍建立了党代表制，在组织领导上为一个委员会，由党的负责同志吴光浩、曹学楷、戴克敏、戴季英、汪奠川5人组成，一切重要的组织活动都请示中央及省委批准。

1928年1月23日（农历正月初一），第七军勇猛地攻克了木兰山外围的封建堡垒罗家岗，消灭了反动民团，打开罗保元的当铺，把财物发还和分配给原来的当主和穷人。农民欢天喜地庆贺罗家岗土霸王的覆灭。这次战斗，工农革命军不仅无一伤亡,而且获得长枪 19 支。罗家岗的行动,给党扩大了影响,使群众更加认识到工农第七军是解放穷苦群众的军队,这次行动震撼武汉、黄陂,也影响了黄麻。黄麻群众说:"又发了。"并作歌谣:"木兰山上共产党,红旗高挂在天空……"

1928 年农历正月初,木兰山形势吃紧,我们请示省委,省委指示如能返回黄麻便返,否则自行决定。经过大家讨论,认为中国革命形势虽然处于低潮,但革命条件没有消灭并在增加。群众越被压迫越要革命,共产党是杀不完的,地方大,敌人空子多,政治形势总在变化,社会总在向前发展,谁也不能阻止住革命者的生存与发展。我们照党的主张自己多想办法奋斗,总有一天可搞个名堂出来。木兰山如不能立足,到黄冈去游击。现在还不能返黄麻。因恐被敌围困于木兰山,便决定到山下准备应付环境。正月十五日,工农革命军突破敌一团人的包围,转战至黄冈大崎山、回龙山、罗田三里畈、黄冈磨盘山一带。斗争非常艰苦,崎岖的道路非常难走,疲劳饥饿异常,70 多人共吃一升米两个南瓜的稀饭,聊以充饥,还边战边跑。在得知敌人从木兰山撤走的情报后,便迅速离开磨盘山,出三店,渡紫潭河,绕太平桥,插过黄安南部,回到木兰山。

由于数月以来日夜的游击战争与各地辗转,我们总结了游击战争要八会——会跑(跑路与跑脱敌人)、会打(不打无益之仗)、会散(散开)、会集(集合)、会进(进攻)、会退(退走)、会知(知敌)、会疑(疑惑敌人反动派)。

回到木兰山不多日,得知敌人又要来消灭我们。根据种种情况,我们决定改变策略,埋藏长枪,携短枪化装成便衣,分成数小队,积极扩大活动。为适应便衣队的游击战争,在战术上采取昼伏夜动、远袭近止、声东击西、绕南进北的办法。

1928 年 4 月初,驻黄麻地区的敌十八军和十二军发生内讧,敌十二军撤回了河南。陈秀冲会议,便决定全军离木兰山重返黄麻。

五

正当黄麻地区革命斗争再次兴起的时候,桂系军阀又很快地加紧了对革命力量的疯狂进攻。4 月中旬,敌十八军的一个团,又相继控制了七里坪、古峰岭、箭厂河一带的大小集镇,并帮助豪绅地主组织大量"清乡团"等反动武装,到处安设据点,实行严密的控制和不断的"清剿"。在这种极其艰苦的情况下，工农革命军第七军在群众的帮助下，又能被迫同优势的敌人周旋。为了摆脱敌人的"追剿"，第七军经常利用两省军阀行动不一致的矛盾和一切空隙，机动灵活地出没在两省边界，辗转游击，趁机打击敌人。但是，部队仍处在流动游击之中，往往一天一夜要转移好几个地方，得不到休整，给养也非常困难，兵员也难以得到相应的补充。

在游击斗争中，党组织和部队逐步感到：要对付强大的敌人，使革命力量不断发展壮大，就必须在敌人统治薄弱的地方，找一个稳固的立足点，作为对敌斗争的依托。我们在辗转游击的过程中，逐渐发现光山县的柴山保一带，是敌人反动统治比较薄弱的地区，地处两省三县的边界，无敌人的正规军驻守。这里与黄安的七里、紫云，麻城的乘马、顺河等区毗连，到处是崇山峻岭，地势十分险要。当地的群众又受黄麻起义的影响，积极要求革命。曹学楷与柴家垸有关系，他的岳父是那里人，而且还有一定的势力。于是，清水塘会议便决定开辟柴山保根据地。第七军在柴山保工作开展得很好，各种组织恢复了活动，成立了黄麻县委。戴季英任书记，委员有王树声、余柏平、张行炳、徐其虚、程昭续等。下辖11个区委。7月间，随着革命力量的发展，第七军改编为中国工农红军第十一军三十一师。10月，红军与地方党组织的负责人重新组成中共鄂东特委，王秀松任书记，吴光浩、曹学楷、徐朋人、戴克敏、徐其虚、詹才芳、戴季英、王树声等为委员，进一步加强了党对武装斗争和柴山保地区工作的领导。到1929年5月，鄂豫边的革命根据地，以柴山保为中心，向南扩大到黄安县的八里、桃花一带，向东扩大到麻城县的黄土岗附近，向西扩大到孝感县的汪洋店。在横130里、纵100里的地区，打倒了反动的封建统治，普遍建立了红色政权。七里、紫云、乘马、顺河等地区，已开始分配土地。黄麻起义到了这个时候成了大气候了。

原载红安县委党史资料征编委员会：《黄麻起义》，1987年，第161～177页。

访问黄麻起义参加者谈话摘录

周业成（湖北省军区离休老红军）：

我们只知道潘忠汝是黄麻起义总指挥，吴光浩是副总指挥，1927年11月13日晚上，起义军由七里坪出发去攻打黄安县城。起义军首先攻北门，用四乘梯子接起来爬城。开始我们扔了几颗炸弹，见没人抵抗便一拥而进。进城后，潘指挥说："敌人住在火王庙。你们打下火王庙后，红枪、矛子换快枪，缴两支的人自己留一支。"我们听说红枪、矛子能换快枪，非常有劲，拼命往火王庙冲。冲进火王庙不见一人，原来进驻县城的敌军尚未到达。潘指挥说："去，我们去攻打公安局，攻打县政府。"我们冲进县政府里，第一个就抓住了红笔师爷。他指着旁边两个人说："这是贺知事，那是曹太太（贺守忠的老婆）。"我们把贺守忠等反动派抓起来枪毙了。原来的县长李墨林因为对群众、对革命做了些好事，将他放了。

起义军占领县城后，在南门外校场岗阅兵，附近乡村的农民都来了，有好几万人，场上站不下。阅兵后编队，我们黄安农民自卫军编入中国工农革命军鄂东军第一路，麻城农民自卫军编入鄂东军第二路，潘忠汝任鄂东军总指挥兼第一路军司令，吴光浩任鄂东军副总指挥兼第二路军司令，戴克敏任党代表，汪奠川任参谋长。

（访问人董玉山、张际春，1979年7月12日）

吴世安（武汉军区副司令员）：

戴季英是个老同志，黄麻起义不讲他不行，他是起义的领导人之一，但不是总指挥。我只知道潘忠汝是起义总指挥，吴光浩是副总指挥。

（访问人董玉山，1979年7月12日）

程启光（全国政协委员）：

黄麻起义领导人，我知道的是潘忠汝、吴光浩、王志仁、曹学楷、戴克敏等。

在七里坪成立了黄麻起义指挥部，潘忠汝是黄麻起义的军事指挥。攻城首先攻北门，因那里地势好，比较好攻。打开县城后，活捉了县长贺守忠，并把他枪决了。过了几天成立黄安农民政府，曹学楷任主席，同时成立工农革命军鄂东军，潘忠汝任总指挥兼一路司令，吴光浩任副总指挥兼二路司令，戴克敏任党代表，汪奠川任参谋长。

县城失守后，鄂东军上木兰山，只有72人，42支枪。在木兰山期间，还成立过工农革命军第八军，徐朋人是领导人。我当时是第八军的。第八军成立不久，第七军从黄冈回到木兰山，两军合并，第八军的番号即撤销了。

（访问人孟小慧、阮炳莲，1979年7月27日）

曾传六（全国政协常委、原商业部顾问）书面回答有关黄麻起义问题：

问：是否成立过"中国黄麻农民起义总指挥部"？谁是总指挥？

答：成立过黄麻农民起义总指挥部。戴季英不是总指挥。当时有湖北省委的代表在七里坪领导。

问：黄麻起义前，是否成立过党务委员会？书记是谁？有哪些成员？

答：起义前，成立过革命行动委员会，有戴季英、吴光浩、曹学楷、程昭续、刘文蔚、徐其虚等人。是否有党务委员会，谁是书记，谁是委员，谁不是委员，我不知道。

问：戴季英在黄麻起义时任什么职务？

答：他确实参加了起义，是领导人之一，但不是总指挥。

（曾传六口述，儿媳小林记录，1979年7月26日）

吴先恩（北京军区顾问）：

黄安是黄麻起义的发源地。尤其是七里、紫云两区的党组织和人民对革命贡献大。这两个区是鄂豫皖革命根据地中心的中心，是摇篮的摇篮。把黄麻起义的历史搞清楚，是件大好事。戴季英对黄麻起义和鄂豫皖根据地的创建的确有贡献。他是黄麻起义领导人之一，也是鄂豫边根据地创建人之一，但不是主要领导人。黄麻起义的主要领导人是潘忠汝、吴光浩、曹学楷、戴克敏等。我们应该尊重历史，从实际出发讲黄麻起义和起义的领导人。宣传革命前辈的历史功绩应该全面，不能只讲那几个人，不讲其他的人。

下面这些历史事实我看可以定下来。

九月暴动中，仅紫云区就有二十几个村子行动起来了。

吴焕先领导的三堂红学是黄麻起义的一支重要武装力量。我就是红学的学员，随红学一起参加起义的。

农民起义时，每个人佩戴有赤化带、红袖章，也有人用白布缠在手臂上，作为记号，以便夜间辨认。

黄麻起义的时间是1927年11月13日。这天晚上，起义军从七里坪出发去攻打黄安县城。起义军是从北门和西门攻进城内的。

这次攻城，起义军伤亡很小，只牺牲了吴立行同志。我在攻城时负了伤，至今留有一个伤疤。

我参加过红四方面军战史和烈士资料汇编工作。那是在徐帅领导下，经过3年多调查研究，翻阅了许多档案资料，又经过当事人讨论后编成的，比较准确、可靠。你们调查研究黄麻起义的历史可以参考。

（访问人孟小慧、阮炳莲，1979年7月25日）

詹才芳（广州军区副司令员）给红安县委的复信：

7月10日来信收悉。戴季英不是黄麻起义总指挥。起义总指挥是潘忠汝。黄麻起义的历史应以徐向前、王树声同志主持编写的红四方面军战史为依据，戴季英同志的回忆材料可做参考。

1979年8月3日

戴季英（河南省委离休老干部）：

关于黄麻起义的领导人，有我、吴光浩、曹学楷、刘文蔚、吴焕先。到达木兰山后，由我和吴光浩、曹学楷、戴克敏、汪奠川组成党委会，我任书记。

（访问人郭家齐、彭希林、肖仁，1982年6月26日）

詹才芳：（詹才芳同志在广州，因病不宜多讲话，采用提问形式访问）

问：黄麻起义到底谁是总指挥，是潘忠汝，是吴光浩，还是其他人？

答：起义开始总指挥是潘忠汝。县城失守后到木兰山，总指挥是吴光浩。

（访问人郭家齐，1982年12月15日）

梁业忠（安徽省粮食厅离休老干部）：

黄麻起义总指挥是潘忠汝，副总指挥是吴光浩。起义胜利后在县城南门外校场岗阅兵时，总指挥潘忠汝检阅了起义军后还讲了话，鼓励我们去夺取更大的胜利。

（访问人郭家齐，1982年12月20日）

戴季英：

黄麻起义爆发后，黄安北乡参加起义的农民有2万多人。麻城动员了1万多人，但没有赶去。只有顺河区北风嘴、林家山和黄安谭畈河附近的麻城农友去了一部分。麻城农民自卫军留下一个排（排长晏仲平）在黄安七里坪以北的北界河布防，防御光山红枪会进攻，其他两个排参加了攻城战斗。陈再道也去了。这两个排的领导人有徐其虚、廖荣坤、林柱中、丁茂富。

（访问人雷世贵，1983年12月1日）

陈再道（全国政协副主席）：

黄麻起义攻打黄安县城时，麻城农民自卫军留下一个排在黄安箭厂河一带防备光山红枪会进攻，另两个排配合攻城。

（麻城县革命博物馆访问）

汪立波（离休老干部，副省长级）：

对于历史问题应该实事求是。九月暴动后到黄麻起义前，黄安县委代理书记郑位三因病休息，由戴季英过问县委日常工作。后来省委派王志仁任县委书记。王志仁牺牲后，由戴季英代理县委书记。建国初期，郑位三同我谈到黄麻起义也是这样讲的。因此，戴季英是黄麻起义的领导人之一，但不是主要领导人。黄麻起义的主要领导人是潘忠汝。

（访问人郭家齐，1984年）

原载红安县委党史资料征编委员会：《黄麻起义》，1987年，第178～182页。

大别山上的"被服厂"

◎ 庞炳瑞

1931年，冬天来到了大别山，严寒威胁着我们，是该穿棉衣的时候。可是敌人切断了我们的供应线，重重包围着我们，想尽一切方法要把我们赶出大别山。为了保卫苏维埃政权，为了保卫胜利成果，彻底推翻蒋介石的独裁反动政权，我们必须在这块新开辟的根据地上坚持斗争。因此棉衣问题就得靠部队自己设法解决。

一个晚上，友邻部队攻进团风，在敌人仓库里缴获了大批布匹和棉花。大家听到这个消息都很高兴，感到棉衣问题算是有着落了。可是第二天领回布以后，大家都惊奇了，因为尽是些红布、蓝布、白布，还有一大部分花花绿绿的印花布。这些五颜六色的布，叫咱们怎么穿得出去呢？战士们都在发愁。全连只有小鬼一个人高兴地说："好啊！穿上白棉袄，过年演戏就用不着化装了！"有几个班长跑来向我说："指导员，是弄错了吧？"我说："没有错。"他们又说："都是些花布呀！"我说："就是花布。"于是人家纷纷在议论着：

"当兵的穿花衣服像啥样呀？"

"这么大岁数了，叫咱们穿花衣服！"

"我情愿挨冻也不穿！"

我马上叫值勤排长集合好队伍，说明了情况，要大家动脑筋想办法。会后，大家高高兴兴地讨论如何染色，如何剪裁，如何制作。就这样"被服厂"很快建立起来了，大家又分了工，各个组又替自己起了名字，什么洗染部啦，剪裁部啦，加工部啦，吵吵嚷嚷地干得热火朝天。

第一个遇到困难的是洗染部，没有染料怎么染布呢？于是有的同志建议用煤灰，有的同志又说用锅烟比煤灰好，可是到哪儿去找这么多锅灰或煤灰呢？没有办法，最后只好决定用稻草灰代替染料。搓啊揉啊，弄得洗染部的同志一个个脸上都是乌漆墨黑的，总算把各色布都统一染成了不黑不黄的颜色，洗净晒干后送到剪裁部。剪裁部更是外行，大家都不会剪裁，有的便脱下衣服来照样儿画，画了又改，改了又涂。你说这样合适，他说那样合适，争争吵吵谁也不敢下剪刀，都怕一剪子下去剪坏了要造成浪费。后来有几个老乡自动来帮忙，像带徒弟似的带着大家，精打细算量体裁衣，工作才算有了头绪。把剪裁好的衣服送到了加工部。加工部是三班担任的，他们把门板搞下来，搭成工作台，大家围在那里像大姑娘绣花似的长一针短一针地缝着。剪裁部送料子来时，总要关照一声："缝扎实些啊！"加工部的同志们也总是说："这还用说吗！"同时也关照他们说："你们也要把样子剪裁好一些！"大家虽然都是外行，但是总想把衣服缝得合身些。剪裁部和加工部就这样互相督促，使工作更细心。

要说洗染部、剪裁部困难，那加工部就更困难了。同志们拿针比拿枪杆还吃力，手直发抖，好像越留神针就越不听话似的，大家心平气静地在工作着，一会儿这里尖叫一声说刺破了手指，一会儿那里又说针断了，有的怨自己不中用，有的怨针不听使唤，后来归根结底都骂到反动派的头上了。忽然有一个战士气呼呼地站起来要去剪裁部提意见，说是把衣服剪裁坏了。大家过去一看，两块布缝到头差一寸多长，三班长就怪缝衣服的同志太粗心，为什么不事先比一比，可是他却理直气壮地说："我比了的呀！是一样长嘛！"大家才哄堂大笑地说："那只能怪你手艺太差，怎么能怪人家裁剪部呢？"所以只好拆了又缝。工作进行得很慢。其中只有王二和同志一个人缝得比较快些，大家这才想起来他参军前是学过几天裁缝的，虽然只是"半瓶醋"，但却比大家要强得多。结果请他示范，大家慢慢地才摸到了窍门。

为了应付战斗情况，必须要尽快地完成缝衣工作，因此，晚上还得加夜班，没有灯就借着火光缝，一不小心把针丢掉就得把所有的灰扫成一堆，用手一把一把地捏着找，因为针在当时是很缺乏的。就这样克服了重重困难，4天以后，我们全连战士都穿上了自制的新棉衣。大家心里感到格外舒服，有的同志笑着说："这下子我又学会了一套本领。"

远处传来了枪炮声,敌人开始进攻了,我们立刻又投入了新的战斗。

原载华中师院历史系中国近代史教研室:《鄂豫皖苏区革命史资料选编(一)》,1951年,第335～337页。

白区打粮

◎ 李申恒

1932年8月，我红四方面军西征后，蒋介石纠集了国民党匪军十一路军、二十五路军、四十七师、一〇八师等10多万兵力，加上地方反动武装周湘波、郑其玉等数十股民团，对我大别山苏区，发动疯狂进攻。敌人恶毒地提出"驻尽山头，宰尽猪牛，见黑就打，鸡犬不留"的口号，妄想血洗苏区，摧毁我红色政权。白色恐怖笼罩着英雄的大别山。

在这艰苦的岁月里，苏区军民，生死同心，坚如铁石。他们忍饥受冻出没山林，与敌人展开了游击斗争。

到1933年，敌人又采取了更为残酷的移民并村、烧山倒林、封锁苏区等政策，企图把苏区群众赶下山来，制造"无人区"，割断人民群众与红军游击队的血肉联系，把我游击队和群众困死在山上。但苏区人民并没有被敌人这些骇人听闻的血腥残害所吓倒，他们在党的领导下仍和游击队紧紧在一起，出生入死，辗转山林，坚持对敌斗争，捍卫鄂豫皖苏区。

赤南县境内的胭脂、麦园、漆家店一带，有我红军第一路游击师师长林英鉴和政委高克文同志率领的300余人，领导苏区上千群众反击敌人的移民封锁政策，保卫着这块红色土地。我们在山上坚持了一段时间，吃粮的问题越来越严重地威胁着我们。藏在山上的粮食吃光了，只好在山林里采些野果、野菜来充饥。秋去冬来，山上能吃的野果子也吃光了。为了1000多个坚贞不屈的苏区群众和红军的生存，为了保卫这块红色的土地不被敌人夺去,游击师政委高克文同志和县区苏维埃干部反复研究,决定闯过敌人层层封锁,到白区去打粮。

1933年冬,我们跟游击队在一起,形影不离,辗转于漆家店的老虎山、黄毛尖、猪石岩一带深山密林里。过罢春节,我们从商城黄百山大庙打来的粮食,又快吃完,眼看又要粮尽没吃的了。高政委和县区苏维埃的领导人,都为这个严重的问题着急。

正月初二的晚上,师部派出的便衣小组,突然兴冲冲地回到山上来报告。他们侦察到离漆家店40多里的湖北东义州的祠堂铺有个大恶霸、民团头子李庆芳和姓郑的一家大地主,藏有200石粮食。但是寨子里面驻扎的有民团郑其玉和李庆芳匪部200余人,昼夜不离地看守寨子。高克文同志听罢便衣小组的汇报,立即和师长林英鉴边用树枝在地上画着地形边研究。

祠堂铺位于漆家店西南,从大路去必经湖北与我赤南交界的长岭关,要是率领群众经长岭关,前去硬打,确实是有困难的。可是眼下山上即将断粮,不管如何困难,也要设法从敌人嘴里把粮打回来。他俩聚精会神地研究了好半天,最后高政委站起身来,流露出满怀信心的神情挥舞着拳头果断地说道:"老林,就这样干,来个调虎离山。"林师长同意地点了一下头。他俩随即找来四营营长吴国侦和五营教导员李德寿同志,说出刚才研究好的打粮计划。吴、李二人听了齐声称赞高政委这个办法想得巧妙。于是便决定两个营各抽一个班,开赴长岭关,担负诱敌出笼的任务。

正月初三下午2点钟,两个班的战士,已经集合在山林里一块较平坦的草坪上。出发前,政委高克文同志亲自交代了任务,命令他们从漆家店顺大路直插长岭关,越过关后,即向祠堂铺逼近,务必在晚上10点钟前打响,把团匪引出窝来。他最后严肃而认真地说:"你们要背着敌人跑,只准打败,不准打胜,把敌人引出寨子,诱到长岭关,就是你们的胜利。"说着,他昂头看了看天色,又说道:"好了,就是这些,完成任务后,会合地点是倒马河上源右边猪石岩大山。"战士们个个斗志昂扬,齐声回答:"保证完成任务。"说完,便立即奔下山林,绕上大路,开向长岭关。

隐藏在山林里的700多个群众,按照县区苏维埃的指示,天一擦黑,便都带着扁担箩筐从四面八方悄无声息地往漆家店上面的闰家畈集结。

凛冽的寒风,刺入肌肤,天黑得像锅底,伸手不见掌。1000多个苏区军民,艰难地急行在坎坷不平的山间小道上。敏捷勇敢的战士们,巧妙而机智地引导我们绕开白匪到处密布的岗哨,越过敌人层层封锁,翻越过高耸入云的香炉观大山。下半夜鸡还没叫,我们便走完了50里崎岖难行的路程,顺利地到达祠堂铺。

寂静的寒夜里,从长岭关方向不断传来冷落的枪声。高克文同志高大魁伟的身影,突然出现在我们面前。他叫我们一个个小声地向后传:"蹲下,不要动。"我们轻轻把挑粮工具放下,蹲在地上。高政委站在前面,正在观察祠堂铺的动静,四营的尖兵排回来了,向他报告侦察情况:寨子里大部分团匪已被我诱敌部队引向长岭关上了,只剩少数匪徒看家。高政委立即命令四营长吴国侦,率领战士向敌寨运动,给守敌来一个突然袭击。

寨子里的团匪,已是惊弓之鸟,他们正在提心吊胆地窥视外面的动静,被这猛然发起的枪声,吓得晕头转向,也闹不清我们红军到底有多少人,个个吓得屁滚尿流,一枪未发,便弃寨而逃。我四营战士杀声震天趁机冲进寨去。高政委站在小土岗上,指挥我们打粮群众,迅速跟随战士们进寨。

来到小街上,战士们已把李、郑两家大地主的粮仓砸开。在县区苏维埃干部的安排下,我们有条不紊地把大米装进箩筐、口袋,不到3个钟头,700多副挑子都已装齐。我们挑着三四万斤雪白的大米,还有地主家过年吃的糍粑、挂面、腊肉、粉条,安然离开了祠堂铺,满载而归。我们一鼓作气登上香炉观,天才破晓,打粮队伍浩浩荡荡,像条长龙似的行走在山林里。刚翻过太平山,走近一条小河边,突然从右侧半山坡上响起枪声,人群里立时慌乱起来。不料驻吴家店敌二十五路军一个团的千余人,偷偷地顺柳林河斜插过来,埋伏在这里,拦住我们的去路。

这时,前卫四营已跨过小河爬上对面山坳,五营还没有上来。正在这危急的时刻,高政委那魁梧的身躯又出现在河边,他紧握手枪,话音响亮而有力地一边命令特务排立即投入战斗,阻击敌人,掩护群众过河,一边沉着地招呼我们挑粮群众不要慌乱,急速过河,向右边山嘴转移。特务排的10多个战士,勇猛顽强,奋不顾身地冲向山坡,反击敌人的封锁。翻过山坳的四营和后卫五营,听到激烈的枪声,急速赶来,三处火力集中回击,终于把敌人火力压住了。我们在游击师战士强大猛烈火力的掩护下,安全跨过小河,转进山嘴,奔向漆家店。

高政委看到群众已经安全转移,便站在山嘴上,指挥部队撤出战斗。正在这时,突然飞来一颗子弹,政委不幸负伤。

我们到了漆家店，想到战士们还是昨晚吃的饭，他们为了我们，饿着肚子和敌人战斗，太辛苦了，便都忙着烧饭做菜，等战士们回来，好给他们饱吃一餐，以表心意。一个钟头后，英勇的战士们，安全地撤下火线，开回漆家店。我们正要准备开饭，万恶的白匪竟又跟踪追来。部队在林师长指挥下，又立即投入战斗，阻击来敌。我们只好把煎熟的饭菜收起，向漆家店上面的倒马河深山里转移。

我游击队战士以密集的火力打得敌人抬不起头来，不能前进一步。直打到天黑，白匪不敢再追撵了，白白地丢下200多具尸体，像被打的狗一样，夹起尾巴溜回吴家店去了。

林师长随即率领部队，赶到倒马河的猪石岩山林里，和我们挑粮群众顺利会合了。这时前往长岭关"调虎离山"的两班战士们也完成任务安全返回。我们把早做好的热气腾腾的饭菜，端了出来，有糯米饭、糍粑、挂面，还有猪肉、豆腐，军民在一起，来了个大会餐，祝贺反封锁的大胜利，又过了一个肥年。

原载华中师院历史系中国近代史教研室：《鄂豫皖苏区革命史资料选编（一）》，1951年，第335～337页。

盐

◎ 胡 征

一

红军时代,鄂豫皖地区的斗争特别残酷而且复杂。盐,说起来是件小事,可是给我的印象很深,因为在革命最艰苦的年头里,我们曾经为它流过血。

大别山是山清水秀、五谷丰登的地方,就只不出盐,全靠外边朝进运。1930年到1932年,白匪对我们四次"围剿"都失败后,就封锁了革命根据地周围的运输线,不让我们吃盐。老百姓便说:饭是铁,盐是钢,人不吃盐牙巴骨就要松,舌头要往下掉,腿就慢慢软下来……

这些说法当然有些过分,可是,人要长久断了盐,确实难受。没有盐,连鱼肉都尝不出味道,饿得心慌也咽不下饭。没法子,尽找些刺激胃口的东西吃,葱蒜吃厌了,吃辣椒,端起碗来老是辣椒,辣椒,嘴都烧起了泡,还是咽不下饭。那时候,多想吃一块咸菜呵!哪怕舔一滴盐水也是好的。我们队上的号兵小张,睡到半夜嘴里总是嚼得"吧唧"响,第二天一早就笑嘻嘻地对人说:"哈,昨夜又梦见一缸盐豇豆,还有咸萝卜哩!……"

应该介绍一下,这小张是我的好朋友,名叫铁蛋,家住八垒岭下豹子冲,6岁上死了父亲,随母下堂到杜家。他的养父是个烧窑的,待他还不错,指望把他教养成一个好窑匠；可铁蛋性子烈,养父喊他姓"杜",他不愿,硬要姓他自己的"张",为这事和他养父顶了一回嘴,"开了小差",跑到外面给人放牛,赶鸭子。红军一到,他当了儿童团团长,第一次反"围剿"以前,我和他一起参军的。

当时我们都编在警卫二分队里。反"围剿"时候,主力去前方打仗,警卫队留在后方警卫各机关,我们这个分队跟着医务所行动。那个医务所不大,工作人员和彩号总共三四十人。原先住在一个祠堂里,后来情况严重,只好转移到大山里面。转来转去,转到小张的家乡八垒岭上了。这岭20里路高,40里路长,老松林密密层层,10步以外看不清里面的动静,真是个很好的隐蔽地方。

我们算是找到一个相当满意的家了,大家用树叶树枝搭起棚子住。可是这棚子白天露太阳,黑夜露星星,大家又都没得被子,铺的是稻草,盖的也是稻草。赶上那时正是秋天,连阴雨一下就是半个月,人人都在草里爬泥里滚坚持斗争。但这不过是一般的困难,更严重的是,那时候医务所没有药品,专靠一点盐水来给彩号洗伤口。

是的,那时候我们的斗争环境是非常恶劣的!我们所需要的东西太多了,需要吃的、穿的、住的,需要一些普通的药,但是顶重要的,最起码最迫切的,还是盐!

二

盐对我们是这样重要,对于老百姓也同样重要。真是一两金子买不到一粒盐。偶尔在地主家里弄到一点盐的时候,谁也舍不得吃,首先分给彩号和群众;群众呢,自己留一丁点儿,大部分都硬送给医务所。有一次前方捎回来一个酒瓶子,外面用绑带缠得紧紧的,打开一看,是盐!哈哈,这么多盐,可是件大事!一条冲都轰动了,医务所马上召开会议,还请当地的乡政府派代表参加,慎重地讨论分配问题。那是没有转移以前的事,现在来到八垒岭,离前方远了,大家都不作这种指望了。而且这一带经过白匪几次的烧杀,人民死的死逃的逃,完全变成了无人区。所以,要盐,就得自己主动去搞。我们头一次搞盐的经过是这样——

那一天,太阳将压山,我正在棚门口打草鞋,小张喘呼呼跑来喊:"二班长,了不得,了不得,快去集合!"他说完就跑,我跳起来一把拉住他:"集合就集合,什么了不得？"

他瞪起一对圆眼睛，摆起抬杠的架势说："什么了不得，跟你说，今晚夕出发去搞盐！"

"啊？盐？……"我大吃一惊，脑子里马上转不过来弯，"是真的？……"

"一点不含糊，就是盐，盐，盐！"

你不知道"盐"字那时候对我们产生多大力量啊！老松树底下围一大堆人，除了看护和重彩号，全体人员都到了。大家的脸色跟平常不一样，像喝喜酒似的兴奋，你一言他一语，尽抢着呱嗒。

一会儿，队长和所长从林子里并排走出来。队长是个年轻小伙子，打铁出身，圆圆脸，个子矮粗结实，讲话老爱动胳膊；所长呢，高个儿，念过几句书，办事很细心，稳稳当当会看病，也会打仗。他们来到树底下，所长上前一步，站在粗树根上，比众人高出一头。他讲了讲前方的战况和根据地目前的困难，上级党委指示我们主动去搞盐，一方面为了自己迫切需要，一方面尽力救济群众。队长随后站起来说："所长刚才讲得很清楚，现在敌我双方的主力都在北面和东面打仗，我们乘这机会到麻城和宗埠一带去赶一趟集！……"

赶集？真稀奇！——大家的眼睛忽闪忽闪，谁都知道麻城和宗埠是敌人的后方，离这儿是九岭十八坡，200多里远，路上还有敌人的民团、碉堡、封锁线哩！

"大家莫担心！"队长扬起胳膊说，"我们出发的路线，党已经给我们计划好了，人民已给我们侦察好了。敌人的后方，也有党，也有人民，什么都布置好了。我们的任务就是：化装成老百姓，扛上扁担、布袋，带上短枪，把盐挑回来。大家能不能完成？"

"能！"

小张连忙从人堆里挤出来，到队长面前仰起脸说："报告队长，带不带号？"

队长对他笑了笑，摇摇头，马上又对大家说："好啦，时间不早，我们傍黑就要出发。我现在把出发的名单念一下，念到的，赶紧回去准备，没念到的，下次再去。"

他从口袋里掏出个破本子，向大家扫一眼，咳嗽了两声，然后开始念。那阵势好紧张啊，人人都怕念不到自己的名字。

他念一声，人跑一个，念着念着，人快跑走了一半了，还没轮到我和小张。我两人往前换一步，并排站在他跟前，紧盯着他眼睛。我想：只要他往下瞅一眼，就有门儿了。这时候，我心跳得扑通扑通，我瞅了瞅小张，他的眼睛瞪得好大，鼻尖上冒出几颗小汗珠……真急人啊，该走的人快走完了，只剩下稀稀拉拉不下20个轻伤员。

嗬，可盼到了：队长的眼光落在我脸上了。他喊："二班长！"我转身就跑。"别跑！"他叫起来，"你留在家里！"脚像钉了钉子似的，我站在那儿不能动。

小张沉不住气，上前扯住队长的袖子问："队长，我呢？"

"你也留下。"

"不，不，我要去！"小张噘起嘴，急得跺脚。

"报告队长！"一个轻彩号跛着腿跑来，敬了个礼说，"我的伤口快结疤了，让我去吧！"

"报告！……"

"我也要去！……"。

人都围拢来了，各说各的理由，嚷成一窝蜂。队长非常严肃地叫了一声："这是命令！"

嚷声突然停止，大家立正站着不动。随后他又非常和气地笑了笑，扬着胳膊说："请稍息！同志们这种热情很可贵，不过大家要知道，去的任务光荣，不去的任务也光荣。现在是这样，能参加工作的轻彩号和各班留下的少数同志，统由二班长负责带领，警卫这个家。小张同志因为是本地人，山熟路熟，准备应付情况。你们说这对不对？"

"对！"

"好，家里的具体工作，所长马上跟你们讲。再见，同志们，耐心等着吧！三五天之后就给你们担回盐来！"

3天过去了，队长没有回来。5天过去了，队长还没回来。已经是第6天了。天将露明，松林里雾气腾腾，百灵鸟和小画眉在头顶上连声叫唤。我们的看护姑娘们起得好早哇，一个一个提着自己编的小藤篮，去找蘑菇和野菜，准备了一天的粮食。她们见我就问："队长怎么还没回来？"

我满不在乎地回答:"快了快了!"

我查了哨回来,顺路到重彩号棚里去看看,他们都睁着眼问我:"队长还没回来?"

我又回答:"快了快了!"

我拐过一座石岩,正往自己的棚子走,迎面碰见小张从林子里出来。他眼泡有点肿,白眼珠上牵了一层血丝,一看就知道和我一样整夜没睡。我们互相都了解对方心里急得慌,所以不提队长的事。我拉着他坐在松树底下,随便逗逗他说:"小张,看你的眼睛,像哭了似的,是不是想娘?你家离这儿很近,等队长他们担盐回了,请个假,我陪你去看望好吧?"

"队长?……"他的眼越发红了,鼻子一鼓一鼓的,像有很多话憋在喉咙里,一下说不出来,光用指头使劲地挖着松树皮……

糟糕糟糕,碰着他心上的伤口了!我当时非常恨自己,本来不想提这事的,怎么嘴就当不了家呢?唉,真是个笨熊!

"盐,……不让我们吃盐啦!"他忽地站起来,咬牙切齿地骂,"日你反动派的祖宗!要是队长有个好歹,跑到天边老子也非找你算账不可!"

"别着急伙计,你放心,队长一定会回来的!用不着替队长操心,他对付敌人的板眼可多哩!你记得那回搞枪的事吧?他装个担面的老百姓,担着石灰,特意担到碉堡门口让敌人检查。碉堡里有3个敌人,他捧一把石灰说:老总,你们瞧,这面真不错,多白呀……敌人伸出头来,他照脸就是一家伙,弄得敌人哇哇鬼叫,我们几个人一跳进去抢出枪来打了几响,就跑了。这次去担盐还能回不来吗?"

"就是就是!"小张拍着巴掌说,"说不定今天就能到家哩!"他高兴地捉住我的手:"队长一回来,盐就有了,彩号也不叫了,我们想法子多腌些盐菜,晒些盐鱼,行军打仗带在身上,上阵时候,饱饱吃一顿,我一个冲锋号上去,保管一个敌人也跑不掉,你看多好啊!"

他笑得那么甜,一脸孩子气,把红星帽推到脑后,头发在前额上一飞一飞的。

"走吧,伙计!"我拉着他胳膊,"挖野菜去,看护姑娘们早去了哩。你看雾已散了,太阳上山了,这好的天气,我们加点油,搞它3天的粮食,好吧?"

"走!"我们回到棚子里,提上篮子,走下南坡。南坡有几块向阳地,那里的树稀野菜多。可还没走到，便听见老远一声枪响。

"情况，情况！"小张叫。

"别慌，再听听！"

听，连"啪啪"又是两枪。我们赶紧回头往山上跑。到家，棚里的人都出来了，所长提一条"湖北条子"往石岩上走，我们都跟在他后面。

他跑到石岩顶上，枪抱在怀里，用两个空心拳头当望远镜，四下盼望。一会儿，哨兵从前坡跑来报告，说枪声是从西坡底下出来的。所长回头问小张："西坡底下不是何家畈吗？"

"是。"

"就是豹子冲那个何家畈？"

"就是。"

"啊，是的，是的，"所长拍了一下大腿，跳下来说，"何家畈有一条小路通罗田县，可能是县里的地主民团出来扰乱，没关系，大家……"

话没完，枪又响了，越响越紧，谁都听得出是手枪夹着步枪。所长想了一下对我说："二班长，我们家里还有十几条长枪？"

"17条。"

"好吧，"他又想了下说，"拨给我15条，我带下去把杂种们引到对面山沟揍他一顿，弄点装备回来，家里的事你负责招呼招呼。小张，带上你的号，快叫轻伤员集合，走！"

"是！"小张高兴得不行，对我使了个鬼脸就跑了。

队伍临走时候，所长又告诉我："你注意听着号声，冲锋号调动号什么你都别管，如果是出发号，你就往后山转移。记着！"

"记着，二班长，出发号是：底——哒……底——"小张说。

"走吧，小鬼，人家知道！"所长拍着他的头，弄歪了他的红星帽，那乱头发又披在前额上，他跳出队伍站在路边，举起铜号向我告别："再见，二班长，我们很快就给你带好消息回来！"

他摆了摆铜号，转身蹿过队伍，蹿进松林，像小鸟似的一闪就不见了。可是他那红号穗子和乱头发，一直到现在还时常在我眼前飞一飞的……

三

他们一走，家里的人更少了。我简单地交代了一下工作，叫看护姑娘和轻彩号把东西收拾好，做行动准备。那时医务所的家当很少，只是几副担架和几个红十字挂包，包裹都塞满了野菜，一说走，一盏茶的工夫就能出发。这些都用不着操心的，人人操心的还是队长，现在又加上所长和小张的号声。

看护姑娘喊开饭，我望了望太阳，已过晌午了。我们那时的生活非常简单，夜里烧锅（白天冒烟容易暴露），煮几脸盆野菜，白天吃凉的。这几天大家的饭量都减少了，现在，心里又增加了一个新的盼头，新的挂念，所以更不觉得饿；但姑娘们命令我一定要吃，我勉强拿了一个野菜粑粑走着叫着，先把转移的路线看了看，再到西坡去打听情况。

我找了个很满意的地方，大悬崖边上。挨边爬满了野藤，背后是黑松林，面前是很宽的天空，脚下是望不见底的陡壁，下面一条很长的山沟，越往前越宽，这就是豹子冲。很远很远的冲口上，一片竹林围着一堆房子，看不太清，非常小，像展览会沙盘上的模型，那就是何家畈。

天晴得万里无云，风也不大，可是松林有个特点，无风也是满山哗哗响，有人说松涛像海涛，真不假。这时候枪声还在响，紧一阵松一阵，但老听不见号声。

枪声越来越密，炒豆子似的，连续好大一阵，这是敌人的机枪。有一个地方响得特别凶，响着响着，"嗒嘀、嗒嘀嗒嘀嗒嘀……"冲锋号叫起来了，那声音非常响亮，非常急，压倒了所有的枪声，这就是小张的号音！我马上想到他那瞪着眼，鼓着嘴，头发乱飞的样子……接着一片喊杀声，机枪突然停止了，好，好！我真恨不得一翅膀飞到阵地上和同志们一道端起刺刀照敌人的肚子捅过去！……

不大一会儿，别处的机枪又响了，接着又是一阵冲锋号，机枪马上变成了哑巴。

突然，何家畈的南头黑烟冲天，起了火，怎么回事？是敌人放的还是打着的呢？……我还没猜出个头绪，又听见枪声，一会儿又是号声，不过这次是调动号；再一会儿，有些枪声响到何家畈对面南山上去了。隔些时，起火的地方又是一阵机枪，这以后，机枪、号声都没了，只是零星的冷枪打几下停住，打几下停住，声音很脆，"啪儿啪儿"的。

战后，冷枪也远了，小了，稀了，绝了，只是那大火还在烧，越烧越大。

这时候我才发现两手掌心都是汗；一转脸，看见我附近岩边上坐着3个看护姑娘，不知她们是什么时候来的，大家互相看一眼，没说话，都专心望着起火的地方……

很久很久，火小了，烟淡了，忽然望见远远的冲口有一群人上山，大家同时松了一口气，同时拍了一下巴掌。

"去吧，二班长，去接他们！"看护姑娘们喊了一声，爬起来，一出溜，钻进松林不见了。这些丫头都是野里野气的，头发剪得齐眉毛，腰里束根皮带，绑腿缠得上下一般粗，大脚板两天能蹬烂一双草鞋。她们前面跑，我在后面紧着追……

赶到半坡，听见她们在下面林子里叫起来："哎呀，回来啦！二班长，快快快！……""盐回来啦！盐回来了！……盐，盐，盐，真是盐啦，盐回来了！……""同志哥，辛苦啦，辛苦啦！……"

我赶到一看，真的是盐回来了！大家都是老百姓打扮，有的穿着旧蓝衫，腰里束条绳子，有的穿件破汗褂，裤腿挽多高，……每人担一担布袋，袋子鼓鼓的，满满的，结结实实的，都是盐。几个小姑娘疯了似的，强迫大家把担子放下，跑去把这个袋子摸摸，那个袋子拍拍，她们在盐堆里乱跳乱嚷……

"丫头们，别嚷！"这是一班长的声音，他平常最爱跟姑娘们闹着玩，"你们瞧，我给你们捎回来好东西！"他把尖顶草帽往树上一挂，弯腰解开布袋，伸手拿出一个像鞋那么大的长方形饭盒子，故意不让别人抢，打开一看，是个银亮亮的白铜玩意儿。

"啊呀，酒精灯啦！哪儿来的？"姑娘们都围上去。

"我看看！……""我瞧瞧！……"

"别，别，别！"一班长拦着，把酒精灯举得高高地叫，"别慌，还有好东西哩！酒精、药、纱布、棉花……全套都有！同志妹妹，知道这是哪儿来的？这是白区的地下党送给我们的！可也是我们队长的功劳哇！……"

"喂，我们队长呢？"我在旁边叫着。

"队长呢？队长呢？"姑娘们也叫着。

"啊，队长……"一班长马上脸色严肃起来，轻轻地说，"他负伤了！"

"重不重？""回来没有？"我们争着问。

"回来了，就在后面，伤不重，左腿膝盖下面。"他的脸色更严肃，眉毛皱起，眼圈红了；但看得出来他在尽力地忍耐着，咬紧牙巴骨，咽了几口唾沫，慢吞吞地说，"队长没什么，可是我们的小张……"

我忍不住，跳过去抓住他胳膊："小张他怎么了？快说！"姑娘们也抓住他叫着："快说快说，小张怎么回事？……"

"别急，同志们，听我从头说起！……"他擦了擦眼睛，长长地出了一口气，大家围拢来，眼睛瞪着他。

他说，这次"赶集"，党早布置好了，一路都很顺利，因为到处都有群众掩护；可是进入这一带大山沟的无人区，找不到老百姓，情况不明，走到何家畈碰上了罗田县的地主民团，打了一阵儿，敌人人多枪好，子弹充足，队长看这形势严重，怕盐受损失，就提出口号："坚决不丢掉一粒盐！"命令大家快跑，他一个人在后头掩护。那会儿情况紧急，他扛的一袋盐没来得及交给别人，就扛着盐袋一面打一面撤，撤到何家畈南头挂了彩，钻进一间独立房子里抵抗。敌人硬攻不成，软劝也无效，就搬来柴草围起来，喊叫他交出盐来，不然马上烧房子，他回答："老子和盐一起烧成灰也不交！"说话间，所长带的队伍赶到，接连几个冲锋，从街北打到街心。敌人看势不对，果真把队长那个房子点着了。

当时小张把自己的任务完成以后，一个人顺熟路绕到街南头。他发现队长在着了火的房子里抵抗，火势正烈，又有敌人的机枪封锁，他急得不行，吹起冲锋号，一个箭步跳进大火里，帮助队长一同抵抗，就在这时，敌人一梭子打中了他。紧接着所长他们打到，连打死3个敌人，救出队长，救出小张的尸首，也救出盐，并得到了那挺机枪。

听到这里，谁也不再问什么，都立正站着，轻轻取下了帽子，低下了头。松涛声，在哗哗地吼着。

"不要难过，同志们！……"一班长握紧拳头讲，"我们的小张虽然是为抢盐牺牲了，可是我们搞到这么多的盐，这么多的药品，今天又打垮了敌人一个中队，缴了十几支长枪、一挺机枪、几百发子弹，还有一匹骡子。我们有了盐，有了药和枪支子弹，一定要消灭无数的敌人给小张报仇！"

这时候，坡下林子里响起脚步声，大家扬头一看我们的同志全部回来了。一匹青骡子走在最前，上面骑着队长，旁边一个同志扶着。队长穿一件白汗衫，什么都没带，胸前挂了一个铜号，那深红的号穗在一飞一飞的。他后面是所长、扛机枪的、挂双枪的、背子弹袋的，再后面，都被松林遮住看不清了。

我每当吃到存盐味的东西，就常常想起我们的小张。

原载《解放军文艺》1952年8月号。选自华中师院历史系中国近代史教研室：《鄂豫皖苏区革命史资料选编（一）》，1951年，第360～372页。

千家饭

◎ 吴先恩

过去在农村里,常常有些慈心的父母,向左邻右舍要些"千家饭"给孩子吃。据说这样可以使孩子长命百岁。可是,很多已不是孩子的红军战士,也曾吃过"千家饭"。

那是1931年的初夏。黄安独立一师奉命调到长江北岸宋埠一带,打击向苏区侵犯的敌人,保卫群众麦收。战斗很激烈。我们打得也很顺利。不想几天之后,部队的粮食发生了严重的困难。

前方指挥所不断给师经理部(即后勤部)打来电话:"部长同志,赶快想办法,战士没东西吃了!这样下去怎么打仗呀!"

情况相当严重。经理部立刻召集团经理主任和连事务长前来开紧急会议。

人们来齐了,经理部长带着沉重的心情对大家说:"同志们都知道部队断粮了。前方同志没吃的,就不能保证战斗的胜利。怎么办呢?到白区去搞,仗打得很紧,抽不出部队;向群众去筹吧,目前正是青黄不接,群众也没有余粮。大家出出主意吧!"有些同志原来还以为叫他们到师部是来领粮的,这下听了经理部长的话,便悄悄把米袋藏在身后。你看看我,我看看你,默默无言了。静了片刻,经理部长又催促大家:"谁先说?不要怕意见不成熟,提出来大家研究嘛!"

"不知道这个办法行不行?"又沉默了一会儿,一团三营事务长王奇华站起来慢吞吞地说:"咱们驻地附近村庄很多,是不是可以等老乡吃饭的时候,咱挨家去匀点饭。这样，一来不会使老乡负担太重，影响生活；二来我们积少成多，也能解决点问题。"他刚说完，马上有几个人表示同意。

经理部长想了好久，才点点头说："行，可以试试。不过有一个原则大家要遵守，那就是不许让群众挨饿。"

王奇华由师部赶回来，天已经黑了。他倒在一棵大树下，翻过来覆过去，无论如何也睡不着。眼望着满天星斗，心里想：明天见老乡们怎么开口呢？他们会不会有意见？……一连串的问号在他脑子里转。

东方刚蒙蒙亮，他就爬起来，唤醒炊事员老李和另外两个同志，挑起木桶就出发了。走了十几里路，望见龙头寺村的屋顶上升起缕缕的炊烟，这正是早炊时分。

村子里一片紧张战斗的气氛：两个手持红缨枪的少先队员正在村头放哨；几个青壮年正在忙忙碌碌地捆绑担架；一群老乡蹲在一家门口，神色紧张地在研究什么。他们看到王奇华走进村来，便围拢过来问：

"同志，从前边来的吗？打得怎么样？"

"我们麦收保得住吗？"

"……"

你一言，我一语，提出一堆问题，目不转睛地看着他们4个人，等着回答。

王奇华擦了一把汗说："打得很好。光前天一晚上就消灭敌人1个营。"

老乡们听说前边来人了，都放下手里的活跑来听消息。人越来越多，把他们4个里三层外三层地围在当中。一个十几岁的小姑娘费了很大劲，才从人缝中挤到前面来，睁圆两只大眼睛，屏气凝神地听着。

王奇华接着说："只要咱们军民齐心，保卫麦收没问题。"快说到正题，他有点不好意思，嘴忽然笨起来，半吞半吐地说："不过前方部队……"

人们脸上被胜利激起的笑容，立刻消失了。不知出了什么不幸的事情。

一个老汉急得跺脚，他说："同志，只管说吧，再坏的情况苏区人民也经历过，能够想办法顶住。"

王奇华看着老乡们着急了，就赶忙解释："放心吧！倒不是什么了不起的事情，部队断粮了。可你们也拿不出许多粮来。我们想，向你们匀点饭给前方送去。"

"闹了半天就是这事啊。怎么不早说，我们就是再困难也不能让咱们部队饿着肚子打仗……"一个老大爷还没说完,一位白发稀落、手拄拐杖的老婆婆把话头接过去:"原来就为这个呀!各位别再耽误时间啦,快回家拿饭吧!"话音刚落,人们像阵风似的散去,边走边喊:

"乡亲们,饭熟了少吃点,给红军留一些。"

这意想不到的顺利,使几个同志非常感动。老李说:"要是保卫不住麦收,怎能对得起这些老乡?别看我没有枪,就凭这菜刀和扁担也要拼死几个敌人。"

过了半袋烟的工夫,人们端着盛满各式各样饭的锅碗瓢盆回来了。看着群众这股热情劲,王奇华不知说什么才好,只是不住地向老乡们敬礼。

"你们闪闪,让我进去。"刚才那个挤在人群空缝里听话的小姑娘端着一个大碗,小心翼翼地从人缝中挤进来了。王奇华刚伸手去接,一看,是一大碗面条,便把手缩回来。心想:日子这样苦,平常谁家能吃面呢?他连忙问道:

"小姑娘,你家今天吃面呀?"

"不,妈妈病了,外婆从外边买来点面。妈说病好了,让我把面送给红军叔叔吃。哎呀!妈还说,不让我告诉你们她有病。"

王奇华听了心里一阵热,忙说:"拿回去给你妈妈吃吧,粮再缺,也不在乎一碗面。"

"那不行,妈不让我端回去。"她急了,一翻手把面倒在桶里。像完成一件大事似的,带着得意的笑容说:"看你要不要!"

王奇华又感动又难过。把小姑娘搂在怀里,抚摸她的头发,喉咙像有东西堵塞着,断断续续地说:"好孩子,回去告诉妈妈……我们一定把白狗打退,请她放心养病吧!"

小姑娘刚走,那位老婆婆又拄着拐杖回来了,提着一篮子鸡蛋,硬叫老李收下。老李说:"我们要的是饭,鸡蛋可不要,您留着自己吃吧!"老婆婆生气似的说:"下蛋的这只鸡是你们从白狗手里夺回来的,吃几个蛋还不是应该的!"说完放下篮子转身就走了。老李见老婆婆有些不满意,忙说:"别生气,老婆婆,我们收下了。"老婆婆这才回转身,扑哧一笑,说:"我说你不能让老人生气嘛!"

不一会儿,六个大木桶都装满了。王奇华便告别了老乡,急返前线。

"同志们!事务长送饭来了。"他们走上阵地,最先发现的战士便大声喊起来。

随着喊声，阵地上一阵骚动，一下子围了不少人。有的说："你可来啦，可把我们想坏了！"

也有的说："几天没来，是不是做好吃的耽误了时间？"

王奇华说："是啊，这顿饭真不容易，请上千个厨师做的。"

大家一听莫名其妙，揭开桶一看，有个战士不满地嘟囔开了："怎么都是些剩饭？"

指导员是知道粮食困难的，连忙说："不要讲啦，我看有剩饭吃就不错了。快点来吃吧！"

王奇华默默地站了一会儿，说："同志，这不是剩饭。是群众东家一碗，西家一瓣凑来的。"接着他把小姑娘送面条和老婆婆送鸡蛋的事情说了一遍。

大家都抬起头看着事务长激动的脸，端着饭再也吃不下去了。刚才不满意的那个战士忽然大声说："事务长，我对不起你，也对不起老乡们。"说着转过脸去，用手背擦了擦潮润的眼睛。

这时，指导员把手里的饭碗高高举起，大声地说："同志们！咱手里端的是'千家饭'，是千百个人民的心意；吃了这饭，不要忘了人民对我们的希望，我们要坚决消灭白匪，保卫麦收。"话刚说完，阵地上响起一片激动的吼声。

饭还没吃完，敌人又向我们进攻了。战士们立即拿起枪、刀，奋不顾身地反冲下去，喊着震撼天地的口号："消灭白匪！""保卫麦收！"

经过激烈的战斗，打退了敌人的进攻。在打扫战场的时候，发现有一个牺牲的战士和敌人的身体扭抱在一起，旁边有一把沾满血迹的菜刀和两个被刀砍死的敌人。这壮烈牺牲的战士就是炊事员老李同志。大家怀着崇敬而沉重的心情，把他抬到后边。

战斗胜利结束了。保卫麦收的任务完成了。但"千家饭"却永远铭刻在战士们脑海里，永远鼓舞我们勇敢战斗。

原载华中师院历史系中国近代史教研室：《鄂豫皖苏区革命史资料选编（一）》，1951年，第293～298页。

回忆苏区的土改斗争

◎ 华昌圣　操和福　余良荣

在霍山县革命烈士事迹展览室里，陈列着一方褐色的米心石的高大石碑，中间镌刻着"红军公田"四个大字。它朴实无华，甚至有些简陋粗糙，但它却忠实地记载着第二次国内革命战争时期苏区土地改革的斗争史实，铭刻着苏区人民热爱红军、支援红军的深情厚谊。它像一把钥匙，一下子打开了记忆的大门，把我们引回到30年代初期霍山人民在党的领导下进行的一场伟大革命斗争的峥嵘岁月。

诸佛庵是霍山县的县府所在地，位于大别山北麓，周围山峦起伏，土质肥沃，气候适宜，是一个盛产稻、麦、黎、豆、竹、木、茶、桐和茯苓的富饶之乡。从1925年起，马克思主义就开始在这里传播。1929年诸佛庵兵变、西镇暴动、桃源河暴动等一连串斗争胜利后，革命形势发展很快，穷苦农民在党的领导下，开展了减租减息、抗粮抗捐等斗争，灭了地主阶级的威风，长了贫苦农民的志气，农民生活也有了一定程度的改善。但是，由于政局不稳，农民盼望多年的"土地回老家"的愿望总是没有实现。

1930年冬，红一军军长许继慎同志挥师东征，在地方武装和革命人民的配合、支持下，连战连捷，把国民党的四十六师、新编第五旅及各地反动民团打得落花流水，闻风而逃。红军乘胜前进，一度包围六安威逼霍山，使国民党安徽省主席陈调元等大小头目手忙脚乱，一筹莫展，胜利地粉碎了国民党对皖西地区的第一、二次反革命"围剿"。至此，由于贯彻第二次"左"倾路线而陷落的皖西苏区又得到恢复和发展，逐步形成了以淠河为界，河东白区、河西赤区隔河对峙的局面。

红军东征的胜利，苏区的巩固和扩大，苏维埃政权的建立，为在苏区进行土地改革创造了必要的条件。一场彻底推翻几千年封建土地制度的革命风暴，迅猛地席卷了皖西大地。

1931年5月21日，霍山县第二届苏维埃政府在诸佛庵成立，确立了此后一个时期的中心任务：领导苏区人民开展土地改革，没收一切地主阶级的土地，分配给无地和少地的农民，把最广大最贫苦的农民们从封建土地制度的重压下解放出来。7月23日，在县苏维埃政府的主持下，召开了全县土地改革工作会议，出席的有全县各区乡苏维埃政府的土地委员，计50余人。他们带着广大贫苦农民的心愿和要求集聚一起，商讨如何贯彻土地改革法令。中共皖西北特委负责同志亲自赶来参加会议，并做了重要讲话。指出：封建土地制度是中国农民长期陷于贫困和中国社会长期停滞不前的基本原因。农民问题的中心问题就是一个土地问题……他还简述了皖西地区土地占有情况，阐述了正确完成土改的重大意义。皖西地区（包括霍山）的土地占有情况是：占总人口百分之十的地主、富农拥有土地总面积的百分之七十，而百分之八十的贫雇中农却只占土地总数的百分之十，去掉中农占有的土地，贫雇农的土地就更少得可怜了。地主阶级正是利用这种对土地的垄断，对农民进行敲骨吸髓的剥削，使广大农民多少年多少代以来，一直生活在水深火热之中，迫切要求砸碎颈上的枷锁。因此，党的八七会议把土地革命看作现阶段中国革命的基本内容；苏区农民得到了土地，必将真诚地拥护革命，以至成功。

参加会议的土地委员们根据上级颁布的《土地政纲实施细则》《土地问答》等文件，结合霍山县部分地区前次土改的实际情况，展开了热烈的讨论。大家批判了某些地方曾经发生过的反富农路线和侵犯中农利益以及组织不纯，阻碍土改政策正确贯彻等不良倾向，决定放手发动群众，贯彻党的阶级路线，加强调查研究，迅速而稳妥地搞好土改。

散会以后，各区乡土地委员们都连夜赶了回去。他们要把这个特大的喜讯以最快的速度传遍山冲岭坳，唤起农民的觉悟，点燃革命的烈火，彻底烧毁万恶的旧世界，让世世代代受苦受累的农民成为土地的主人！

土地改革运动在霍山县广大苏区全面展开了。这场热火朝天的群众运动，使地主豪绅威风扫地，贫苦农民扬眉吐气。有点头面的土劣，有的溜走了，有的死乞白赖地跟在贫苦农民后面磕头求情，有的被戴上高帽子游斗。"打倒土豪劣绅！""没收一切地主的土地，分配给无地少地的农民！""打土豪分田地"的口号声和《赤色苏维埃歌》《土地革命歌》等歌声，响彻大小山冲，平静的山村沸腾起来了。

"分田啰！""快去参加分田大会！"七区（诸佛庵区）三乡四村的贫雇农们互相邀约，三三两两地从各条山冲里走向苏家大院。这苏家大院以前是恶霸地主、保董苏谷成的庄院，暴动后，苏谷成吓得跑到霍山县城去了，村苏维埃就设在这里。这时，在庄门口的稻场上挤满了来开会的人群；会场正面墙上贴满了红红绿绿的标语，儿童团、妇女会、少先队、赤卫队整整齐齐地坐在场地上，互相拉着歌子。妇女会里的大姐姐小妹妹们，大都是宣传队员，会唱歌会演戏，一逢开会，就数她们活跃。这一天，由于格外高兴，唱的歌也最多最响，《穷人歌》《土地革命歌》刚一落音，又唱起《十二月大改变》来：

　　正月是新年，
　　世界大改变，
　　打土豪分田地，
　　耕者有其田。
　　…………
　　五月是端阳，
　　穷人把家当，
　　分了田和地，
　　住上好楼房！
　　…………

农协会员和赤卫队员唱不过妇女们，便一个劲地高呼口号："中国共产党万岁！""拥护苏维埃！拥护红军！"就在大家兴高采烈的时候，村苏维埃主席田兴德同志从屋里走出来，摆摆手说："大家安静一下，现在开会了，先请乡苏维埃土地委员张道良同志讲话。"他的话一落音，人们腾地齐声笑起来，热烈地拍起巴掌嚷着说："欢迎本方土地爷讲话！"被叫作本方土地爷的张道良，40多岁年纪，胖胖的身体，由于连日带领贫农团划分阶级成分，估田亩，做方案，未能得到休息，眼睛有些红肿。

他很会讲话，三言两语就把分田的道理、阶级的标准讲清楚了。他站在桌子前面比着手势问道：

"我们农民一年忙到头，为什么还是穷？"

"因为——"有人答了半句就没词了。

"地主为什么一年到头不动弹还有吃有穿？"

"因为——他们有田产！"

"对！"张道良接着问，"他们的田产从哪里来的？"

"……"没有人回答上来。

"田产不是天上掉下来的，更不是从娘胎里带出来的，"张道良说，"那是农民们世世代代一锹一锄开出来的，被地主们剥削霸占去的。"他用手指了指山冲脚下一块四斗大小的田块说，"这块田原来是华家的，母子俩靠它过日子。有年母亲害病，儿子向苏家地主借几块印子钱给母亲治病。结果，病没治好，驴打滚的利却还不清了，就这样左滚右滚，一两年工夫，这块地就姓苏了。你们说，这地主田产不是靠剥削穷人来的吗？"

一提起地主剥削农民，场子上的成年人都难过得低下头。是啊，哪一家没有一本被剥削被压迫的辛酸史！那个蹲在会场角落的青年农民正在抹眼泪。他叫张善明，佃了地主苏谷成家的几亩田，这个租那个课呀，压得他怎么也伸不直腰。有年冬天，地主逼着他交柴草课，划了一块山场让他砍柴。苏谷成的妈妈怕他偷，就在大袄襟子里揣了个小火篮，跟到山场上东瞅瞅西望望。张善明一肚子火不好发作，家里还等他去给人杠木头挣点工钱哩。柴火越砍越多，垛越垛越高，地主婆子还在旁边直打转，一不小心，碰倒了柴火堆子，她自己也被砸倒了，怀里的小火篮子翻了一身火，吓得直叫唤。事后，苏谷成反过来说张善明使坏心眼要谋害他妈，打了他一顿不说，还罚他磕头、赔医药费和营养费。张善明狠狠心，把家里的一头小猪卖了，花了40多块钱，才算把事情平息下去。他自己为什么穷，苏谷成为什么富？现在他明白过来了。他忽地一下站了起来，高呼口号："打倒土豪劣绅！""苏维埃政权万岁！"

接着，本方土地爷交代了分田的办法：按人口和土地瘦肥搭配，一等田为红军公田，二等田分给贫雇农，三等田分给其他人，四等田分给地主劣绅，中农土地不动。大片森林、竹园、茶园收归苏维埃所有，交农民分管使用；零星小片的分给农民自管自用。然后宣布分配方案，征求大家意见。这时村苏维埃主席也站起来宣布政府规定：凡是农民欠地主、豪绅的钱，本利一律免予偿还。他一边说着，一边把没收地主的部分田契、借约拿出来向群众宣读，然后点着了火。人们看到这些田契和借约——农民的穷根，今天被刨掉了！会场顿时轰动起来，一片欢腾！

这边会一结束，那边就开始分田了。有人拉着度量的绳子，有人抱起一捆写好人名、土地面积的竹牌子，簇拥着嬉笑着由这块山冲走向那块平畈。老头子老奶奶们也拉着孩子跟着看，真比正月十五玩花灯还热闹。分到土地的老年人一边拭去激动喜悦的泪水，一边偷偷地用手量量杉木、毛竹的粗细，高兴得直点头；还有的老年人双手捧起田里的泥土，摸着写有自己名字的竹牌，抬起迷惘的眼睛，仿佛在问：这是真的吗？村苏维埃土地委员刘天锡像是猜透了老人家的心思，笑着说："大爷，是真的！您老人家多少年不是做梦都想有一块田吗？这下该称心如意了。"

有几户地主人跑了，把田契也带跑了。分到他家田地的人不放心，找苏维埃干部说："田契不在，怎么办？"村苏主席田兴德说："田契不要紧，要紧的是这个！"他指了指镶有镰刀斧头的红旗说，"有这面红旗在，地主抱着田契也不管用；红旗倒了，地主还乡团回来了，没有田契，他照样向你要租要课，国民党政府是地主们的后台嘛！"

这几句话说明了一条最朴实的真理，照亮了农民的心窝：红旗在，土地就在，穷人的好日子就能天长地久！要保住红旗，保住苏区，保住才到手的胜利果实——土地！

土改后，山乡很快掀起了参加红军的热潮。三乡六村贫农操和庆家分得了土地后，他的两个小兄弟——十五六岁的操和志和小冬子对大哥说："你在家种田侍候奶奶，我俩去打白狗子。"说完转身就跑到乡苏维埃报名参军。乡苏维埃主席华昌艮拍着光膀子的小冬子问道："你们为啥要参军？"愣里愣气的小冬子抢着回答："为啥？为的是不让狗地主苏谷成回来抢我们的饭碗！"说得在场的人都哈哈大笑起来。华昌艮把自己的褂子脱下，轻轻地披在小冬子的光脊梁上，深情地说："好，去吧！为了苏维埃，为了穷苦人的好日子，狠狠地打白匪吧！"就是这个小冬子，步步紧跟红军，爬雪山过草地，把自己年轻的生命献给了人民，自己却连个大号也没留下！像这样踊跃参军的动人事例到处都是。土改后参军的仅大干涧一个村就有60多人，其中有12名成为光荣的烈士。他们永远活在人们的心中!

为了保卫苏区,保卫土改斗争的果实,成年农民一面积极从事生产劳动,多打粮食支援红军;一面参加赤卫队,轮流到一二十里外的淠河边守卫河堤,时刻警惕敌人对苏区的侵犯。各地的妇女会员、宣传队员们,用最热烈的行动,最真挚的情感,掀起了拥护红军的热潮。她们做军鞋打草鞋,搜集慰问品,到红军驻地,到后方医院,开展慰问活动。还帮助红军战士洗衣被,为红军战士和伤病员演戏、唱歌,鼓励红军战士英勇杀敌,保卫苏区!

在"保卫红旗,保卫苏区"这个口号的鼓舞下,从漫水河到流波河,纵横百余里的霍山广大苏区,出现了从未有过的热烈火红景象,使苏区更加兴旺发达!

"吃水不忘打井人!"根据《土地政纲实施细则》的规定和广大贫雇农的共同心愿,各乡在土改过程中,都留下一块上等好田作为"红军公田",并竖碑刻文,以做标志和纪念。红军公田由代耕队代种,收获的粮食主要用于红军公粮和解决烈军属的困难。

八乡的贫雇农们对红军公田极为重视,他们经过反复挑选,把烂泥坳东街头下面一块五石种的好田划为红军田,田的上面是一口山塘,无论就土质、阳光和水利条件,在这大山区里都是上等的。为了表示对红军的热爱,贫雇农们决定刻一块石碑立在公田旁边,既能让大家都爱护公田的庄稼,又能千古流传,让子孙后代永远记住红军的丰功伟绩和恩情。

乡苏维埃把刻碑的任务交给了列宁小学的教师们。几个年轻教师肩负重任,起早摸黑地干起来。首先把旧的石碑磨平,然后在石碑中间刻上"红军公田"4个大字,右上方刻上霍山县七区第八乡苏维埃……左下方刻上日期:一九三一年。

竖碑这天,乡苏维埃下了通知:农协、赤卫队、妇女会、少先队、儿童团以及4个村的群众都集合到列宁小学的操场上开大会。东方刚破晓,人们就敲着锣鼓,从四面八方涌向会场。会场正中放着那块石碑,上面披了一块红绸子,在阳光的映照下,红闪闪的,格外光彩夺目。妇女会员、少先队员、儿童团员们围着石碑翩翩起舞,尽情欢呼。一些老年人抚今思昔,心潮难平!千百年来,天是地主老财的天,地是地主老财的地,穷苦农民面朝黄土背朝天,拼死拼活,做牛做马,还是在死亡线上挣扎。为了推翻吃人的社会,为了取得一块土地,祖辈们起来斗争、造反,到头来却都成了新的统治阶级改朝换代的工具，农民们的根本问题——土地，并没得到解决。只有在今天，有了共产党，有了红军，才能推翻地主老财的宝座，让土地回到农民的手里，饮水思源，翻身农民怎么能忘掉红军的恩情呢!

在一片锣鼓、欢呼声中，在群众的簇拥下，几个年轻力壮的小伙子，把红军公田碑抬到公田旁边竖了起来。红军公田碑迎着朝阳，屹立在山下路旁，它像一个卫士，守卫着千万农民经过斗争而得来的胜利果实——土地；它像一把利剑，指向腐朽的旧世界，预示着封建统治阶级的必然灭亡；它更像一把火炬闪射着红色的光芒，照亮了千千万万贫苦农民胜利前进的方向!

1932年10月，张国焘带着红四方面军向西去了。刚刚成为大地主人的广大革命人民被扔进了火坑。国民党匪军、还乡团、铲共队气势汹汹地回来了，又夺走了农民分得的土地，开始了灭绝人性、惨绝人寰的大屠杀。白匪军侵占烂泥坳之后，勾结当地反动势力，见到红军用过的东西就烧就砸，他们恶狠狠地把这块红军公田碑推倒在路旁。几个有心计的老农民怕白匪军再来砸，就在旁边挖了个坑，把碑文朝下埋在里面。就这样，这块记载着当年苏区土改斗争史实、记载着人民情谊的公田碑被保存下来了。今天，它洗刷掉身上的泥土，作为教育后代的革命传家宝而永放光彩。

原载华中师院历史系中国近代史教研室：《鄂豫皖苏区革命史资料选编（二）》，1951年，第131～140页。

苏区的经济合作社

◎ 肖福田　陈法锐　何聚成

皖西根据地的创立，革命人民的胜利，引起了国民党反动派的极度恐慌和不安。敌人在不断派兵进行军事"围剿"的同时，对我根据地采取了经济封锁，妄想把我新生的红色政权淹没在血泊中。

敌人的这一招是非常毒辣的。我们根据地是在山区，交通闭塞，又没有工业，敌人将交通要道一堵死，山区的土特产运不出，工业用品和其他物资进不来，人民的生活就越发困难了。特别是食盐，对红军和群众的日常生活都是不可缺少的。开始，我们还有少许的食盐，群众把它送给红军，红军又把它送给群众，都舍不得吃，渐渐连一粒盐也没有了，就用辣椒咽饭吃，不几天，人就脸发黄、身发软，浑身不带劲。其他如棉布、药品，也是人们生活中不可缺少的。这些问题，如果不解决，必定会影响群众的情绪和部队的战斗力。

1930年春末的一天，我们几个县、区苏维埃政府的工作人员，到六安中心县委开会。那时，中心县委设在闻家店的灵岩寺内。那天会议，是舒传贤同志给我们讲的话。当他讲到关心群众生活问题时，这位在敌人进攻面前从不皱眉的指挥员，不禁紧紧地皱起了眉头。他说："党领导人民群众举行武装起义，实行土地革命，使苏区人民获得翻身解放。但这还不够，我们必须改善群众生活，活跃苏区经济。眼下，敌人封锁苏区，人民生活困难，我们每一个共产党员、革命干部都要关心群众生活，要办好经济合作社，为革命学会做生意，冲破敌人的封锁……"

做生意！猛一听这个词，我们都很惊讶。几个斗大的字不识一箩的人，能学会做生意吗？

在县、区领导的帮助下，我们终于接受了办经济合作社的任务。这是为革命做生意，只要热心为群众办事，边干边学，是没有学不会的。我们参加革命就是为人民谋利益啊！不几天，我们就在燕子河小街上办起了县经济合作社，并在道士冲、清铺沟等地办了区经济合作社。

例如清铺沟区经济合作社，借用的是商人的铺房和柜台；商品呢？如棉线、土造纸烟、土染子等，是没收恶霸、土豪家的。虽然商品很少，不像样子，但很受群众的欢迎。

经济合作社在区苏维埃政府的领导下，成立了管理委员会，由群众自己参与管理，真正体现了人民自己当家做主。所以，经济合作社一开张，群众就送来了"苏维埃繁荣昌盛，合作社生意兴隆"的对联，表示祝贺。

经济合作社办是办起来了，但货源很缺，必须设法冲破敌人的封锁。我们利用晚间，走小道去白区采购物资，然后悄悄运回来。可是这个办法很危险。在运货途中，我们曾有4位同志牺牲，而且也解决不了大问题。后来，改用武装接运的办法：我们去白区办了货，先运到敌我交界地区，再由武装部队接运，回到苏区。几次接运以后，敌人采取了重兵封锁路口，我们刚刚打开的路子又被切断了。

正当我们为货源一筹莫展的时候，县委领导同志指出：以封锁对封锁，不准外来商人进入苏区，以及连小商小贩都取缔的政策，是一种为渊驱鱼、为丛驱雀的办法，是一种自杀政策。接着，苏维埃政府调整了经济政策，提出保护工商业，并允许外地商人进入苏区经商。根据政策，我们积极开展"外交"活动，争取白区的商人同我们合作。甚至还利用敌人贪财的特点及其内部的矛盾，让敌人为我们把货运进输出，发展苏区的经济。

深入白区，与商人打交道，对我们来说真是一项特殊的战斗任务。在当地的商人陪同下，我们几人装扮成商人，到安庆、济南等城市，同那里的商人挂钩。当时市面上山货很缺，城里的商人见有利可图，很想进山办货捞一把，这样我们就很顺利地达成协议。按照指定的路线，一批批客商来到苏区，我们以商贩的身份出面接待，帮助他们收购山货和运货出山。

商人唯利是图。同他们打交道，需要事事处处考虑群众的利益，绝不能让群众吃亏。比如城里出售茶叶的价格，近百块银圆一担，他们进山收购一担只给10元至20元；而群众急需的食盐，由于敌人禁运，他们偷运进山的数量很少，价格也很高。我们采取了新的对策，由经济合作社以高出客商两倍甚至数倍的价格，收购群众自产的茶叶、茯苓等土特产，又按高于收购的价格，出售给客商。并要他们用食盐和其他工业品卖给我们，以货兑货。开始，客商们有点犹豫，想卡我们，经过一番工作，他们心有点动了；更主要的是由于城里缺山货，能够从中牟取高额利润，这笔买卖很快也就做成了。这些客商神通也真广大，他们竟用钱买通国民党的官员，搞到出入苏区的通行证，物资运输畅通无阻。

由于正确贯彻了团结、利用商人的政策，我们在各个方面工作起来，左右逢源。经济合作社还以"贫兴""正和"等商号名称，与城市的大商号挂钩，搞到所需要的商品，甚至还搞到了军用物资。

有一次，一个开明人士给我们送来安庆一个官僚资本家的名片和书信，要我们去济南做生意。经济合作社的老王同志身穿纺绸大褂，头戴礼帽，手摇白纸扇，端坐在轿子里，在我们一群"挑夫""仆人"的簇拥下，前往济南"裕昌"号。我们递上名片，老板热情地迎客入室，问起茶叶、茯苓的生意。老王告诉他：山里很不太平，只是由于家兄兵马在手，才弄到一批山货，特来奉献。那老板听了高兴极了，客气了一番。接着老王悄声地说：眼下国共两方交兵，如能搞到枪支弹药，真是一笔好生意。

这个老板贪财爱利，一批短枪和子弹的买卖就成交了。老板的小舅子，是国民党的一个师长，特地派兵将这批武器送到蚌埠，蚌埠的商人又帮我们运回到苏区。我们也学习外地商人的做法，用钱买通把守路口的国民党官兵，好多山口，我们这些红色商人也能进出自如了。

我们几个从未进过城市的庄稼汉，对什么"冷打热卖"呀，"见风挂牌"呀这一套生意经，原是一窍不通的。但经过努力，采用种种巧妙的办法，搞回了大量的物资，不仅满足了群众的需要，支援了红军部队，而且每月都要盈余几百块银圆，为苏维埃政府积累了资金。我们工作人员的工资分文不取，并且自带伙食，更不沾集体的一星一点东西。店员王德如同志一次病了，几天不能吃饭。店里有白糖，有人劝他喝一点糖水,他拒绝说:眼下白糖缺少,要留给群众。那时商品很缺,都有政府配给,我们不多要一斤一两。

苏区地盘小,领导指示一定不能让金钱外流,我们就积极发展生产,组织"外汇"。每次进城,总是千方百计地推销土特产,看到城里需要什么,就和他们订好产销合同,回来立即组织群众生产或上山采集。群众对某种产品无生产习惯的,就帮助群众生产;群众有了产品,我们就扩大收购。在当时那种敌我拉锯、战斗频繁的情况下,经济合作社所经营的购和销基本平衡,对外贸易还大有出超。贸易带动了生产的发展,生产的发展又促进了贸易的繁荣。到了1932年年初,我们县经济合作社就有了2万多元的资金;办起了茶叶加工厂和夜茶加工厂,并用经济合作社的资金,帮助苏维埃政府办起了赤光药社和被服厂。

我们的经济合作社不仅苏区群众欢迎,不少的白区群众也悄悄进入苏区买货。那时,白区经济发生危机,商品奇缺;而苏区经济合作社,各色货物一应俱全,根据群众的需要和喜爱,利用有限的资金,购进对路货。群众反映我们的经济合作社是高山打鼓——名(鸣)声在外。小小商店终日顾客盈门,忙得不可开交。后来,那些反共头子听说苏区经济合作社生意兴隆,还大骂部下封锁不严,不久他们针对经济合作社进行"围剿",妄图扼杀苏区的经济命脉。

对付敌人的"围剿",我们经济合作社也是有一套办法的。敌人来了,我们把大批货物隐蔽起来,把日销的货物装进几个挑子,担起就走;敌人走了,我们又卖,往往一天要转移一个地方。夜间收货入挑,白天摆摊售货,同志们很少睡过安稳觉。我们还常常打破敌人的"围剿",把急需的物资运进苏区。

1932年春天,敌人调来大批兵力发动"围剿",将苏区围得水泄不通。我们原先对外联系的线索断了,有的货物,特别是食盐又断绝了。这时,我们又化装成商人到外地采购大批棉布和毛巾,然后把棉布、毛巾放在盐水里泡,泡了又晒干,面上再用布包好运回苏区。一匹布能带回三四斤食盐。一次,我们挑了两担带盐的布,走到毛坦厂被敌人发现了。共产党员老张一面低声命令我们快跑,一面勇敢地挺身而出,与敌人纠缠。我们趁街上人多跑掉了,而老张同志却被敌人杀害了。老张的牺牲,更激励了我们为人民服务的精神,大家又想了许多巧妙的办法,运回很多食盐,满足人民生活的需要,挫败了敌人的"围剿"。

经济合作社，就这样在敌人的封锁和"围剿"下，千方百计地活跃了苏区的经济生活，保证了人民群众的需要，有效地支援了革命战争。它在皖西根据地的光辉的革命斗争史上，放射出灿烂的光彩。

原载华中师院历史系中国近代史教研室：《鄂豫皖苏区革命史资料选编（二）》，1951年，第140～145页。

30年代初期在安庆一中的学习生活片段

◎ 戴哲人

1931年安庆洪水泛滥，是多年一遇的大水灾。这年夏天我由安庆高级中学附属小学（校址在司下坡旧藩署，现在的军分区）毕业，报考安徽省立第一中学初中部。当时小学考初中，初中考高中，都是各校自行招生，一般是先公立后私立，好的先招，筛下来的再考二类学校，初中收男生的顺序一般是：安庆一中、六邑中学、怀宁中学，以后是私立中学。女生则是先安庆女中，以后培德女中、女职……因之报考安庆一中的人数近千人，仅录取200人左右。我侥幸被录取。

安庆一中1927年到1931年称为"安徽省立第一中学"，校址在安庆龙门口。1931年起改名为安徽省立安庆高级中学，初中部于1933年划出成立"安庆初级中学"。一中校长是张素（新中国成立后去香港，现已逝世），训育主任是王贯武。刚入学不久，九一八事件发生，由于国民党采取不抵抗政策，我们只能从报纸上知道有这件事。以后安徽大学学生开始行动起来，宣传抗日，抵制日货，到商店检查日货，查封日货。到12月份，抗日的热潮，才弥漫到各个中学。我们学校也宣布罢课，组织宣传队，上街宣传抗日，查封日货。国民党政府为了防止事态扩大，宣布提前放假，以平时成绩作为期终成绩。在这一学期，我还能想起来的教师：算术黄孟开，英语吴希之，生物汪榕生，体育徐宗洛（兼童子军教练）。

春节以后，如期开学，不过学校领导已经大改组，校长换了王德均，教务主任陈沪生，训育主任李庆嵩。现在回忆起来，我们进入初中以后，就没有人管我们，好像没有什么班主任、导师,不过学校及班级都有学生自治组织。全校有学生自治会,每班有班会,还有童子军团的组织。班会所做的工作也只是收收本子,派值日人员打扫教室卫生。一年级下学期,我在我们班上与张南寿等办了一个墙报,组织同学投稿,自己抄写,我们负责编排张贴。以后别的班也搞起来了,不过不普遍。

到二年级时,王德均校长仿效法国的学监制,以二(甲)班做实验,学生在家吃饭,在校集中住宿,上自修。他亲自陪着我们,早上在校园里读英语,晚上在教室里自习,睡觉以前,他就教我们英语中的生活用语。他和学生们能打成一片,早上打扫寝室,抬尿桶,这一年学生的集体生活,给我留下了美好的回忆。

1933年暑假,安徽省教育厅规定,高、初中毕业生,都要举行会考。王德均校长反对会考,带毕业班同学到私立圣保罗中学(会考考场)去闯考场。王校长这种行动和安庆高中是一致的,当时安庆高中校长是吴亮夫。我们因为与王校长相处一年,感情很好,他带毕业班闯考场时,我们年级有些人也去了,记得也有高中学生,他们比我们先去。

第二天,听说我校教师曹觉生和一些安大学生,到教育厅宿舍去找当时教育厅厅长杨廉,因杨廉吓跑了,没找着。教师曹觉生、王西元办了一个刊物叫《观察》,这个刊物专门揭露当时教育界的黑暗及弊端。

当时在同学中认为是进步的老师有邹一平、柴德赓、王西元、曹觉生。在他们的教育下,有些进步的同学,从事着一些抗日救国的活动。曹觉生在同学中被认为是激进派,教学上为学生所崇拜。除以上几位语文教师以外,数学有夏季培,教小学代数,教材很熟,讲解精练;徐慧娟,教几何,讲解清楚,教法灵活。其他还有语文老师谢养和、生物教师汪榕生、地理教师万次夏、体育教师李世澄、美术教师张文炳,也都受到一些学生的爱戴。

1933年暑假是一个不平常的暑假,王德均校长带学生闯会考考场以后,就离开了学校。以后听说他与吴亮夫校长,一同到庐山蒋介石那里去告杨廉的状。我们留在安庆的同学,为了支援他这种行动,组成了暑期留宜同学会,负责人是张南寿,我担任交际股股长。不久报纸上公布王德均、吴亮夫两位校长在庐山被蒋介石扣押起来了。在这种情况下,学校面临的问题,是哪个来当校长。传说训育主任李某是省府委员李应生的侄儿,有后台,很有可能当校长。同时又传出女中校长将由曹明焕担任，安庆高中校长将由孙闻园担任。孙闻园是老校长，终身从事教育工作，没有人反对。但听说曹是国民党的党棍子，我们暑期留宜同学会，开了一次会，准备联络女中同学一同起来反对。那时安庆的女同学多数还不敢公开到社会上活动，只有少数敢出来，虽有些家长愿意支持我们，但力量很小，不敢动。李某知道我们反对他，他利用同乡关系拉拢一些合肥籍的同学来支持他。以后听说李当不上一中校长，就要与女中曹明焕对调。我们学生会又商量了一次，觉得王德均是不会回来当校长了，若换曹还不如让李干。于是我们就与李谈判，提出三个条件：①不准开除我们；②不准贪污；③要民主。李也完全接受了。但张南寿怕他说话不算话，约我一道跳班去考圣保罗中学高一，我没干，他一个人去了。

开学了，除李当校长外，教务主任是陈沪生，训育主任是赵养丰，教师换的不多。

这里要插一段邹一平老师被捕的事。那是1933年上半年，有一天早晨，我到学校，就有同学对我讲："邹师母在门房等你。"我一见到邹师母，她就哭了，我知道事情糟了。她说：

"昨天吃晚饭时，邹老师被逮捕了，衣服、被子都没有人送去，我也拿不动。"我说我们一道送去。记得是送到东门的模范监狱。我回来就和几位同学把这件事告知曹觉生、王西元、柴德赓等几位老师，请老师们设法营救。曹觉生老师说：先要摸清他们拿到了一些什么证据，为什么事逮捕？下午课外活动时，曹老师找到我们，说邹老师是以共产党嫌疑犯被捕的，不过在他家里什么证据都没有搜到，听说要送南京，老师方面我们来联络，同学方面你们去联络，不过事情没有搞清楚，不要乱动。下午我又到邹老师家去，邹师母又叫我送几本书去。这件事就搁下来了，以后听说邹老师已被押解到南京，邹师母也去了。

曹老师（觉生）写了一个报告，某一天下午在他房里，王西元、柴德赓等几位老师和一些同学，共同研究大家签名。以后他把它送到哪里去了，我就不清楚了。过了几个月，在课外活动时间，门房来找我，说有人在传达室等我。我去了一看，是邹师母，她告诉我，邹老师已经被押回来了，现在要保外就医，已找到了七家铺保。我记得有洛阳楼纸店，还差三家，她叫我去找。我就和同学周国宏商量，他家在国货街开纸店，他顾虑他父亲怕事，我们就一同去说服他父亲。我又找我哥哥，他在安庆西门外"新人和泰药店"我二姑父家做朝奉（营业员）。他讲："这事不能和二姑父讲，我偷偷地盖章，不过要来对保的，这几天我不出去，在我手上对保就没有问题了。"此外又找了哪一家，我已记不得了。过一天邹老师出狱了，他身体很坏，不过精神很好。

邹老师是我在初二（下）时来到我们学校的，他教历史，第一堂课就讲鸦片战争打开了中国的大门，把中国沦为半封建半殖民地社会。这时由于反动政府不准同学抗日，这些青少年正在思考探索救国的道理，爱国的热情被压抑着。邹老师这些话，正符合当时青少年的心理，我们抗日救国的激流的水闸一下子就被打开了。我们下课后，就纷纷跑到他的房间去听他讲，提问题，请他回答，顿时，他成了我们一些怀有救国救民思想、谋求救国道路的青少年的知心人。

我们在邹老师指导下，与王镇平、周国宏等同学，组织了惊蛰学术研究社，请邹老师为我们讲演，读鲁迅的书及一些进步刊物。王西元、柴德赓、曹觉生，都参加过我们读书报告会。邹先生还叫我们办一个刊物，把一些读书心得在刊物上发表。我们就约集了一些爱好文学的同学如王富春等，在王富春同学家开了一次筹备会，取名叫"春雷文学研究会"，以后由于邹老师被捕，就没有继续下去了。

当时邹一平老师是我们心中的偶像，我们崇拜他，尊敬他，热爱他，也在言谈举止服饰等方面模仿他。他喜欢穿蓝士林布的长衫，梳一个西装偏头，我们也学他这样的装束，有的同学说我像他，就叫我"小邹一平"。还有初一新来的同学向我行礼，喊我邹老师呢！

时间已经过去了半个世纪，邹老师当时的音容笑貌，始终刻在我的心中。他激励着我倾向革命，与反动势力做斗争；他激励着我努力学习，做一个真正的人。现在回忆起当时我们师生的情谊，还使我热泪盈眶。虽然我没有为革命做出什么贡献，但是，我始终是循着邹老师指引的道路前进的，这一点或许还可告慰邹老师的在天之灵。

再回忆一下在安庆第一中学最后一年的学习生活吧！

说老实话，李某担任校长以后，是想把学校办好的，一中在全省是举足轻重的，他想保住这个饭碗，不办好也是不行的。

这一年，是与李某斗争的一年，斗争是从要他履行三项诺言开始的。

他做的第一件事，是要我们做周记，周记还要送给他看，我们反对；认为这是他打着提高我们作文水平的幌子，来检查我们的思想，限制我们言论自由。反对不了，我和王镇平、周国宏几个同学，就利用周记这个武器来与他斗争。

看到了学校中不好的情况，就在周记上抨击，那时每个星期一都要举行总理纪念周，在纪念周上，校长就要讲话，我们就把他的讲话进行分析批判，抨击锋芒最露的是王镇平。

那一学期，学校举行展览会，学生各科作业全部展出，我们周记当然也要展出。但是第二天发现我们的周记被拿走了，我们找李，他讲："你们提的意见我都接受，但家丑不可外扬！"当然以后我们周记又围绕这个问题，作了不少文章。

他做的第二件事，是要我们做童子军制服。当时我们提出两个意见：第一，初三不做，因为我们就要毕业，高中要换穿军服。第二，学校规定式样、颜色，我们自己找地方做。他不同意，要由学校包做。这个斗争，是以我们少做一件结束。不过我们要他公布账目，他只公布了总账，那时我们也不懂，认为是斗争胜利了，也没管这件事了。

上学期结束，李看我们对他的压力太大了，在校务会议上，提出要开除我们，老师们都不同意，支持我们的有语文老师柴德赓、王西元，还有训育主任赵养丰。开了三次校务会议，都没有通过。他看通过校务会议开除我们已不可能，就想不通过校务会议，偷偷把我们几个人的入学通知书扣下不发。此事被赵养丰老师看见了，赵责问李："你想干什么！你想偷偷地干？"当即逼着他把校印拿出来，把我们的入学通知书盖上了章。赵对李说："你这个人太卑鄙，我不干了，你另请高明吧！"赵老师就连夜去了南京。别的同学都接到通知书，我们没有接到，到学校去问，也得不到要领，问老师，都说校务会议上没有通过开除；找李，他又不在学校。正在着急时，赵养丰老师从南京把我们的入学通知书用挂号寄来了。当时吓了我们一跳，因那时规定只有开除的通知书才是用挂号寄的，拆开一看，是入学通知书。这件事是以后才从其他老师那里听到的。

赵养丰老师此后我再没有见过面。新中国成立后我来合肥，因为我不知道他是合肥人，也没有去找他。到了60年代，我才听说他是合肥人，家住在大西门外，我去找他时，他已去世了。他保护我们，我们没有报答，已悔之晚矣。

这时我们学校举行了一次论文竞赛。我们这一些人，在同学中都被认为是搞文学的。但是我在这次竞赛中，榜上无名，第一名是王富春，听老师说他写的是白话文，写得很好，在老师评定时，都沉吟起来了，在那时看确是一篇好文章。王富春同学学习努力，很文静，沉默寡言，在同学中绰号"王老好"，以后就改称为"文学家"了。他在1938年参加革命，18岁时就当上了全椒县县长，新中国成立后在上海市公安局，后来听说任上海市公安局局长，已改名为王凌青。可见一个人一生的变化，是无法预料的。这也告诉我们，我们当教师的，对于学生不能有固定的观点；我们的家长，更不能以自己的模式来教育孩子，孩子有他自己的特点，应把他放在复杂的社会环境中去成长。

三年级下学期了，面临着会考，对于学校的事，我们过问就少了。同时，李校长对于我们这一班人，也是百依百顺。就是这样，我们对他的一些措施，总是提出一些针锋相对的口号。如他提出举行"抽考"，我们赞成，但我们提出要废除期中、期终考试。当时有一种口号叫"大考大忙，小考小忙，不考不忙"，我们反过来提出"大考大玩，小考小玩，不考不玩"。期中考试后，我们要上操场打球，那时一遇考试，体育用具保管室是不开门的。借不到球，我们就去找李，要体育用品保管室开门。现在回想起来，这也是少年时期的一些近乎荒唐的举动。

我们这一届之后，安庆第一中学的初中部要改名为安庆初级中学。李校长就对我们说，我们要留一个纪念，主张由毕业班同学集资建一座纪念塔。纪念塔要做一篇碑文。这件事发生了一些争议，有的人要用白话文写，有的人要用文言文写，共写了几篇，李自己也写了一篇。他不敢在这个碑文上吹自己，我们看还可以，加上我们也正忙于准备会考，便没有去过问了。这个纪念塔，我们毕业后才竖起，上面刻了我们这一届毕业生的姓名。抗战胜利后，我还去看过，虽有破损，但碑文及姓名还在。新中国成立后，大概是建中医院时毁了。我虽数次寻找，已无踪迹。

我们这一届毕业典礼是隆重的，李校长也是花了钱的。毕业会考时，送了很多东西慰劳我们。会考以后，在学生饭厅举行几十桌酒席的大会餐，我们向李敬酒时，还挖苦了他一下："你这酒是送瘟神，还是祝贺我们胜利？"他马上点头哈腰："哪里，哪里，祝贺你们前程无量。"

初中三年，是不平凡的三年，从我们一生的道路来看，也是奠定基础的三年。我怀念这三年的生活，更怀念在这三年里对我培养与教育的老师与朝夕相处的同学。

离校后我所知道老师的一些情况：

王德均，现在上海社会科学院任政治经济学研究员，八十高龄，身体健旺，前年我到上海还见到了他。

柴德赓，新中国成立后曾担任江苏语文专科学校教师，后为江苏师范学院文学系主任，现已去世。

曹觉生，新中国成立后在上海长江路小学教书，后在华东师大资料室，党籍已恢复，改了名字，1969年去世，去世后我才知道。

王西元，新中国成立后曾在合肥省历史研究室，常见面，有来往，"文革"后不知下落。

黄孟开，新中国成立后在巢县柘皋办私立黄山中学，我曾去看他，但未见到面，现已去世。

徐慧娟，中共党员，现为南京师范大学数学系教授，已退休，终身未婚。

万次夏，新中国成立后在合肥七中教书，现已去世。

李世澄，现在合肥四中当教师，年逾古稀，但身体健旺。

邹一平，又名同礽，六安人，1926年参加中国共产党，1929年脱党，1932年至安庆第一中学教书，1934年被捕，后保释出狱，仍回安庆第一中学。1934年在安庆，同当时在省总工会工作的地下党吴鼎一同志取得联络，进行地下工作。1936年下半年，就聘安庆女中。1937年3月，离开安庆到合肥。抗日战争发生后，1937年12月我到六安，他在省动员委员会当指导员。1938年在流波䃥，遭日机轰炸受伤，抢救无效，壮烈牺牲，终年36岁。中共六安县委党史办公室出版的《中共六安县党史人物传》第一辑，有邹同礽烈士传略。该文关于这一阶段的记载略有失误。

原载政协安庆市文史资料研究委员会、安庆文史资料编辑部：《安庆文史资料》总第16辑，1987年，第78～86页。

红军小学

◎ 查瑞林　李金凤

在3年游击战争艰苦的日子里，英山、岳西交界的磨刀坪有一所红军小学。这所学校的创办人是红二十八军便衣队一分队队长陈彩林和指导员宋青云。

磨刀坪地处深山老林，居住在这里的20多户人家100多个穷人，世世代代以垦荒、烧炭、窨茯苓、剜瓢为生。住的是泥巴糊的茅草屋，吃的是玉米拌野菜，20多个孩子，因无学校念书，整天在家里玩。

红军便衣一分队来这里后，陈彩林和宋青云二人看在眼里，急在心里。他俩商量，决定在这里办一所小学，让世世代代吃尽文盲苦头的穷人学点文化。于是，通知红军商店的查永安办些笔墨纸砚，发给这些穷孩子。

1936年春，宋青云聘请略有文化的查瑞林任红军小学教师，择定3月8日（即丙子年花朝日）正式开学，校址设在余凤美的堂屋里。

3月8日，查老师来到学校，余凤美一家人热情接待了他。老余笑哈哈地说："我是三代睁眼的瞎子，要不是红军，哪有先生到我家？"他的老伴端着热腾腾的鸡蛋生姜茶请查先生喝。查老师接过香喷喷的热茶，心中有说不出的兴奋。

接着查老师就布置教室，将旧课桌摆得整整齐齐，然后将便衣队买来的孙中山画像贴在堂屋正面，大门口贴着"读书须用意，做事要当心"的对联。

这天是磨刀坪人民的大喜日子。上午，在通向磨刀坪的山间小道上，查永成、查正安领着查瑞华等12个小孩，蹦蹦跳跳地来到学校。陈队长、宋指导员、赵秘书也尾随着孩子来到学校。

在开学典礼上,陈队长首先讲话:"别看你们现在是娃娃,将来就是国家的主人。革命是长期的,将来的枪是你们扛,将来的家是你们当,不识字怎么行呢?我是个不识字的人,只能拿枪不能拿笔,困难真大啊!这所学校是红军办的,希望你们要听先生的话,多识字,多懂道理……"宋指导员在讲话时说:"今天开学了,这个学校就叫'红军小学',没有课本,暂时就读《三字经》《百家姓》和《四言杂字》。"红军医院的伤员听说办了红军小学,就自制了许多小木手枪、木手榴弹送给学生。便衣队的张队长在战事之余,来校教学生射击、掷弹,还特制几个稻草人,让学生们用弓箭射击。

不久,便衣队秘书赵竹松和查老师合编了题为《先苦后甜》的新三字经作课本,并教唱《十恨》和《来救星》等歌曲。清明节这天,宋指导员来到学校带领师生祭扫烈士墓并如泣如诉地吟诵着:"时维丙子年清明节,战友宋青云率红军小学师生拜祭于烈士墓前。革命烈士为国家、为人民流血牺牲,我们活着的人非常沉痛,决心继承烈士的遗志,打倒国民党反动派,为烈士报仇!"

1937年4月,蒋介石对鄂豫皖根据地发动了为期3个月的"清剿"。6月20日,红军小学教师查瑞林被捕,关进岳西县监狱,红军小学因而停办了。

(储淡如　整理)

附:《先苦后甜》新三字经:

老百姓,真痛心。眼前苦,说不清。反动派,欺压人。

抽长故,抓壮丁。修碉堡,夹木城。挖战壕,做苦工。

乡保长,似阎君。摊派费,照人丁。钱和粮,把不清。

若未有,逼命根。去生借,又无门。等设法,万不能。

抗伕费,不留情。稍不是,就打人。青壮年,罪又增。

签号到,要应征。不在家,找亲邻。抓五户,封大门。

拉牲畜,捉家禽。衣和物,一扫清。把户主,当罪人。

接打骂,是常情。好凄惨,不作声。若反抗,死得成。

那富人,好狠心。见穷人,把眼瞪。放高利,剥削人。

要账的,走上门。没钱还,就压人。财主佬,心肠恶。

吃美味，不干活。住高楼，穿纱罗。租田种，真为难。
东家佬，狠心肠。小门客，手段强。要批礼，交系庄。
没有钱，把猪羊。不交清，就退庄。风雨里，终年忙。
秋天到，谷登场。小门客，手段弦。喝课酒，好癫狂。
收租稻，大斗量。交完租，是空仓。大八月，家无粮。
吃的是，菜和糠。油不煎，盐未尝。受痛苦，饿肚肠。
茅草屋，破衣裳。卖长工，活难夯。借了债，利难还。
没办法，去逃荒。走外村，到他乡。夫离妻，儿别娘。
小儿女，泪汪汪。老双亲，哭断肠。挨冻饿，受凄凉。
苦命人，寿难长。

红太阳，出东方。大救星，共产党。好消息，到村庄。
便衣队，打团防。除凶恶，安善良。受苦人，喜洋洋。
入红军，参加党。打土豪，分田地。才能够，把福享。
老穷人，办学堂。学俸钱，党补助。小儿童，把书读。
听党话，跟党走。苦在前，甜在后。革除旧，建立新。
学道理，讲卫生。不信神，不信鬼。莫卜卦，莫算命。
办医院，在山林。有了病，请医生。养病号，抗伤兵。
须保密，莫通风。要注意，防坏人。身体健，造英雄。
军与民，互相亲。工和农，齐参军。打土匪，保穷人。
反动派，齐肃清。民作主，党关心。立政策，定方针。
订法律，议章程。权到手，把田分。当了家，有田兴。
女人织，男人耕。衣服足，粮食丰。民安乐，国太平。
共产党，万万春。

1937年春编于岳西大岗岭

原载政协安庆市文史资料委员会：《安庆文史资料》第二十八辑，2000年，第49～52页。

红军浇灌黄梅花

——记请水寨暴动时期岳西的黄梅戏活动

◎ 王湛[①]

黄梅戏进入安庆市大约是1926年,正值第一次国内革命战争时期。人们常把黄梅戏进入安庆作为由草台走向剧场的分野。也许,走上旧中国的城市戏剧舞台,只能标志它艺术发展的一个里程碑,而内容上的革命却必须有党的领导才能实现。这里介绍的是黄梅戏在其发展过程中一段不寻常的经历。

1930年农历正月初六,潜山县的后北乡(即今岳西县城)爆发了著名的请水寨农民武装暴动。大别山腹地的响肠河、沙村、胡响、衙前、汤池畈等地的农民协会会员和革命群众,分几路涌上号称四十八寨之一的请水寨,第一次把绣有镰刀斧头标志的红旗插上了海拔956米的高峰,建立了苏维埃政权——潜山县革命委员会,并成立了中国工农红军第三十四师。当时的群众唱道:

> 正月里,正月正,
> 红军师长王效亭[②]。
> 工农来把革命办,
> 不干革命活不成。

[①] 王兆乾,笔名王湛,曾任《黄梅戏艺术》编辑。
[②] 王效亭,岳西汤池中屋人,1924年由王步文介绍入党。曾任潜山县委书记,中国工农红军三十四师师长,红四方面军十二师师委书记,中共英潜工作委员会书记。1931年10牺牲于河南光山白雀园。

二月里，杏花开，

红军扎在请水寨。

周围四转糊标语，

活捉土豪反动派。

……

组织这次暴动的党政军领导人有王步文①、王效亭、凌霄（化名严宽）②、陈履谦③、王焰才（化名卫赤）④、刘中一⑤、王进⑥等同志，他们都以对革命无比忠诚，献出了毕生精力和宝贵生命。

斗争是残酷的。国民党反动派纠集地主武装残酷镇压，加之党内"左"倾路线的干扰，使这次起义付出了巨大的代价，没能建立起巩固的革命根据地。尽管如此，这次有名的暴动却震撼了敌人，唤醒了群众，也培养了一支革命骨干力量。在十分艰苦的条件下，当时的领导提出了"从斗争中争取群众"的口号，十分注意利用文艺形式宣传革命。至今，在大别山的深山中，仍流传着用黄梅调演革命戏的佳话。1930年，在沙村、衙前街（今岳西县城所在地）的大河滩上，在金家祠堂，在请水寨大白果树下，都演过反映当时革命斗争的新型黄梅调。这是黄梅戏史上第一次演出革命的现代戏。

据当时看过演出的妇女金湘容回忆说，有一次她跑了25里路，从裴家山到衙前街的大河滩上看戏。那是暴动后成立革命委员会时举办的，河滩上看戏的有几千人，这种盛况在山高人稀的大别山是罕见的。红军三十四师师长王效亭和革命委员会主席卫赤（王焰才）等领导人都亲自扮演过黄梅调《土劣自叹》里的大恶霸陈晓初。这个戏是根据无愁乡恶霸地主陈晓初的真人真事编写的。对于作恶多端的陈晓

---

①王步文，岳西资福村人，时任安徽省临委书记，1931年5月牺牲。

②凌霄，贵池人，黄埔军校四期毕业，1930年任红军三十四师副师长，1935年1月牺牲于贵池。

③陈履谦，岳西无愁乡人，1930年任红军三十四师党代表、政委，同年10月牺牲于潜山五庙。

④王焰才，岳西请水寨人，1930年任潜山县革命委员会主席，同年10月牺牲于潜山梅城。

⑤刘中一，岳西沙村人，1930年任潜山县革命委员会文化委员会委员，1931年任宣城特委书记，1937年冬牺牲于皖南。

⑥王进，岳西请水寨人，1930年任潜山县革命委员会裁肃委员会主任，同年12月牺牲于潜山县。

初,群众是深知其人的,因此,演出时气氛十分热烈。当他唱到"有谁知共产党二次革命,打土豪和劣绅(我)性命难存"时,台下一阵阵哄笑,说"演绝了"。在金家祠堂里,还演出过《金老三逼租》等戏。当时的妇女会主任刘惠英也参加过多次演出,她还是第一个带头剪发的。

这些革命的黄梅戏,不少是出自红军三十四师党代表陈履谦的手笔。《土劣自叹》就是他所创作。他还根据汤池殷家河农民王为纯要求当红军的真实故事,编写了黄梅调《送夫当红军》,以及宣传革命道理的《新三字经》《十二月》等。《送夫当红军》的故事梗概是:贫农王为纯深感"一切不平等,难得度营生",听说共产党干革命是为了穷人,决心去当红军,回家与妻子商量,起初妻子还有顾虑,觉得穷家难舍,后来在丈夫的劝说下,觉悟到不去当红军,也只有被土豪劣绅逼死,于是愉快地送丈夫当红军去了。《十二月》是个小演唱,运用了黄梅调传统戏《讨学俸》的形式,分12月,每月均穿插上《千字文》《三字经》《百家姓》等群众熟悉的语言,诙谐地反映出穷富的阶级对比,歌颂群众心向共产党。如其中的一段唱道:

> 二月里,是花朝,
>
> 穷人受了富人敲。
>
> 借他是零碎,
>
> 还他是好宝,
>
> 贫而毋谄,富而毋骄,
>
> 有本有利还他也不好,那么呀。

陈履谦,岳西无愁乡小花屋人。性格爽朗,乐观而富于坚韧精神。因为他有兔唇,虽已缝合,却为自己起了个梁兔如的革命化名,群众则亲切称他为"陈缺"。足见其诙谐和善于联系群众。他写了不少戏,多半是配合当时政治斗争的。可惜由于演员大都牺牲了,没能保存下来。唯《土劣自叹》等一组小演唱,1930年由潜山县革命委员会文化委员会所刊刻,据说是一位刘姓谱师刻版。刻本原由红军三十四师师长王效亭烈士亲属珍存,于1951年献给了中央老革命根据地访问团。(原件现存安徽省博物馆)这些戏,由于运用了黄梅调的演唱形式,所以,一经演出很快就在群众中传唱开来。至今群众还能记得些片段,可以想象,当时是何等深入人心。

这些剧本作者大多数担任繁重的领导工作,是在率领群众进行殊死斗争的时刻写下的。那时还没有明确文艺为人民服务的指导思想,也没有专业文艺工作者,但作者和演员们作为群众斗争中一员,出于对人民、对革命的忠诚,把耳濡目染的生活真实和崇高的革命理想相结合,写下了也演出了这些爱憎分明、具有一定思想性的作品。

半个世纪过去了。曾经以黄梅戏为革命武器,为人民留下宝贵精神财富的一代先烈虽已埋骨青山,然而,由他们亲手播下并以鲜血浇灌的黄梅之花,已经盛开在社会主义旗帜飘扬着的大别山和祖国大地上。这对于九泉之下的先烈也许是一种慰藉吧。

原载政协岳西县委员会文史工作委员会编:《岳西文史》第一辑,1987年,第16~21页。原载1983年10月安徽黄梅戏学校、安庆黄梅戏剧院合编《黄梅戏艺术》第五期。本刊选用时略有删节。

放牛娃当医官

◎ 王恩厚

"咱们的红色医官!"每当我回忆起红四方面军的医疗卫生工作时,我的耳畔仿佛又响起了这亲切而热情的称呼,这里面包含着红军战士对我们医疗卫生人员的信任、鼓舞和赞扬,我们是工农红军自己培养的"医官"啊!

事情还得从1931年春天讲起,那时我们红四军在双桥镇一举歼灭敌三十四师,部队得到了补充,不断发展壮大。可是我们团连个卫生组织都没有,很不适应战争需要。当时,上级也不可能给我们派来现成的医生。根据这种情况,王树声团长和封俊政委召集了团干部会议,决定自力更生,组织团医务所。所里设立看护班和担架排。

团医务所建立起来了,医务人员从哪里来呢?首先,从俘虏中查找,终于发现了一个姓陶的医官。经过动员教育,他同意留了下来。团首长就让他当了医务主任。陶医官表示一定要好好为红军服务。其次,发现支前的群众中有懂中西医的就动员参军。如周吉安同志就是打曹家河时,我们动员群众抬担架送伤员时参军的。那天送伤员的担架都飞快地朝前跑,唯独周吉安拖在后头。我们问他为什么这么大个儿抬不动担架,他这才说,他是在惠春医院学医的,很少干体力活,身上没劲。我们听说他是学医的,就对他说,我们红军是解放穷人的军队,你就参加红军给我们当医官吧。经过一番动员教育,他参加了红军,成了一名医官。不久当了师医务主任。医务所的大部分人员主要还是从部队中挑选。从每个连队抽调两名炊事员组成担架排，抽调了11名优秀的少共团员组成看护班。团长和政委还率先把自己身边的勤务员潘阳、韩加调去了。我那时在机枪连当勤务员，也调到了看护班。第二天，我们怀着对一项陌生工作的新奇心情，背着背包，到团部集合去了。这11个人，都是十三四岁，最大的也不过16岁。听说调出连队，到团医务所工作，有的还噘着嘴满不高兴的，有的感到丈二和尚摸不着头脑。"咳，咱们这些放牛娃出身的，摸摸枪把还差不离，干医务可不咋地！"年岁最小但很活泼的杜天同志却故作正经地说："说不定我们这些人，将来有的还会当上军医呢！"东明同志说："去你的吧，揪牛尾巴的料，还想当'医官'？"杜天却认真地说："谁也不是生出来就会的，不懂医务，就好好学嘛，我就不信学不会。"一群小鬼七嘴八舌地议论着，谁也没有说服谁。

下午，召开看护班成立大会，会上王团长首先给我们介绍了陶主任和甘良指导员。接着就给我们讲了话。他勉励我们好好学习，好好工作，将来当一个"红色医官"。团首长的讲话，使大家增强了信心。我们这些小伙子还有股说干就干的劲头，当即给团首长写了决心书，提出，为了前线的胜利，为了指战员的健康，努力学习和掌握好救治和护理伤病员的本领。就这样，我们这些红小鬼迈上了医疗卫生工作的道路。

在红军时期，医疗条件很差，战斗中的伤员，多数是指战员自行包扎救护的。自从成立了团医务所，有了看护班和担架排，伤病员就得到了及时的抢救、治疗。我们在频繁的战斗实践中逐步学会对伤员的包扎抢救，在行军、作战间隙中抓紧技术训练，交流总结经验，边干边学，学了就用。

1931年夏，我们行军到麻埠一带休息几天，准备南下，陶医官就组织我们看护班进行战场包扎技术训练。如：消毒法，敷料制作法，各种绷带、三角巾在各个部位的敷法，止血法，骨折固定，木夹板及树枝树皮代夹板使用法。还学习了碘酒、石炭酸、硼酸、亚铅华、樟脑酒等外用药的配制法等。看护班分成几个组，根据负伤部位、伤势轻重，互相练习包扎。与此同时，担架排的同志，也在排长和老担架员杨如明的带领下，进行火线伤员抢救训练。学怎样利用地形地物，采取拖、背、扶、抬等不同方法及低姿跃进或匍匐前进等各种姿势，把伤员隐蔽、迅速地转移到安全地带。排长对3个担架班严格训练，严格要求。他一遍又一遍地讲解示范，并假设情况，组织各班一次又一次地反复演练。大家在乱石坡上爬来爬去，胳膊都磨出了血，还坚持练。就这样，经过短短几天时间的苦练，看护班和担架排的战场救护本领有了很大提高。

就在我们休整和演练一段时间后，部队南下英山。到英山的路很不好走，需要翻几个大山。为了保证部队的战斗力，尽量避免非战斗减员，我们看护班的同志作了具体分工：刘友和司务长打前站，沿途组织群众烧开水供部队喝；韩加、肖志、杜天等同志随部队前卫出发，在半山腰上设立医疗站，以便给扭了脚、打了泡、临时发病的同志治疗，并进行宣传鼓动。参军不久的战士和刚解放过来的新兵，还不习惯红军的长途奔袭。每当他们气喘吁吁地爬到半山腰，一听到我们这些还带有童音的看护班战士，唱起清脆悦耳的《红军三大任务》和《八月桂花遍地开》等红军歌曲时，都受到鼓舞，一鼓作气就登上了山顶。看护班的其余同志和担架排随团后卫，组织收容队。有病号就收容起来，一边行军一边治疗。这样，虽然日行百十里，但全团始终没有掉队的。部队情绪高涨。团首长高兴地说："小鬼班办大事！有了看护班，我们当团长政委的有了左膀右臂啦！"团首长的表扬、鼓励，使我们的劲头更足了。每当战斗打响时，我们看护班更是争先恐后地奔向火线，奋勇抢救伤员。

当时行军作战是很经常的，部队很少休息。轻伤员和轻病号都随着团医务所行动治病，只有不能走的重伤号才转送后方医院。可是团医务所治疗也需要克服很多困难。开刀没有条件，药品、器材奇缺。麻药很少，有时根本就没有，更没有好的器械。我们当看护员的，每人背一个十字挂包。包里也无非是裹伤敷料、消毒纱布棉花、绷带、三角巾、夹板及一些碘酒、黄碘、樟脑液、十滴水等常用药品。没有酒精用烧酒代替。有时连凡士林都没有，就用猪油代替。所用的药品和敷料的来源都是缴获敌人的。但是数量也有限，大部分还是用代用品，纱布用漂白洋布代替，脱脂棉是土棉经过煮沸代替，绷带、三角巾都是用粗布做的。最困难时用纸烤烤、消消毒代替贴布。一条绷带、三角巾也都是洗了用，用了洗，不知用过多少次。虽然如此，由于我们消毒比较严格，工作责任心强，平时观察细，因而很少发生伤口感染的。治外伤的药也极少，硼酸、灰锰氧、雷夫奴尔一类药品很难弄到。我们有时就采集中草药治疗。在鄂豫皖转战和西征途中，不少战士发生烂脚现象。由于缺乏药物治疗，疮口糜烂很快。在这种情况下，我们非常着急，就采用盐水、茶叶水、泉水洗伤口，用南瓜瓢糊伤口，把不少人的脚治好了。我们团的医务所就是在这样的困难条件下，使许多伤病员恢复了健康。

　　由于党的教育，各级首长的关怀，加之国民党反动派的罪恶行径所给予的反面教育，看护班都提高了阶级觉悟。把伤病员看作亲人，对他们关心体贴，精心治疗、护理。在生活上千方百计地照料，行军每到一地，先把伤病员的住处安顿好。即使我们医务人员露营，也要让伤病员住上条件稍好的房子。一住下来，我们看护班先给伤员换药，设法烧些开水，给伤病员洗脚、擦身、挑脚泡，用酒精擦肿，用油脂擦皮肤燥裂。行军虽然经常转换地方，但每到一地，就在那里发动连队搞起环境卫生，打扫院落、清理水沟、挖厕所。住哪里哪里换个样儿。为了防止感冒，部队宿营后，就想法弄些生姜、辣椒、大葱熬成大锅汤，让大家喝，起到很好的预防作用。部队或群众送来了吃的东西，我们总是先送给伤病员吃。在粮食困难的情况下，伤病员吃干饭，我们工作人员吃稀饭或野菜汤。遇到紧急情况时，总是先把伤病员转移、安置好。不管多么困难、多么紧急，也决不能把伤病员丢下！有的卫生人员为了抢救伤员而牺牲了自己。至今我还清楚地记得，我们担架排长为了抢救负伤的二连长桂干生同志牺牲了。另一个同志勇敢地爬上去，把他抢下来，担架队的同志把桂连长从河南一直抬到陕西。担架员的肩膀磨破出血，衣服和血肉粘在一起。为了不惊动担架上的伤员，谁也不哼一声。后来被詹才芳政委发现了，才把桂连长唤去骑马。那时的卫生人员，既是医生，又是看护，又是勤务员，又是炊事员，哪里需要到哪里去。前卫部队冲到哪里，担架排、看护班、医务人员就跟到哪里；哪里有伤员，哪里就有卫生人员。因此，指战员们都亲切地称赞我们是"红色医官"。

　　我们这些放牛娃出身的战士成了"医官"啦！当这个称呼第一次从浴血奋战的战士口中叫出时，我们听了是多么高兴、多么受鼓舞啊，特别是那个曾预言我们将来可以当"医官"的杜天，更是乐得手舞足蹈。是的，我们在战斗中成长起来了！随着工作能力和医疗技术的提高，根据革命工作的需要，这个红小鬼看护班的成员，也一个个先后成了军医或走上了医疗卫生的领导岗位，我也由看护长成了"医官"。

　　1933年夏，红四方面军扩编，原十师三十团改编为八十八师二六三团，我又被提为医务主任。不久任八十八师医务主任。我们的身份虽然变了，但"红色医官"的那股劲始终没有变。一打起仗来，哪里打得最恶，就奔向哪里。这年冬天，我们团奉命参加了打绥定府（即达县）的战斗。绥定府坐落在高耸的凤凰山脚下。敌刘存厚依托山势，据险顽抗。这是一场激烈的攻坚战。战斗打响后，我带领看护班大部分同志和两个担架排，随同团政委率领的第一营主攻凤凰山。在战斗中，我和大家一起，抬伤员、包扎伤员、组织抢救，不仅使伤员减少了痛苦，得到了及时救治，而且也鼓舞了士气。在一天一夜的激战中，看护班和担架排的同志还俘虏了十几个打散了的敌人，缴获了十几支枪。紧接着在草桥、火峰山战斗中，由于战斗激烈，伤亡较大，团政委和二营营长也负伤了，担架不够用，我就和担架排队员一起抬着伤员，转移到团医务所。通信队队长赵正洪头部负伤，我就在没有麻药的情况下，为他取出了弹片。赵队长咬牙忍痛配合手术，他的坚强意志和毅力也使我深受感动。为了照顾方便，我同赵正洪睡在一个铺上，常常深夜起来换药、服药，陪伴了十几天，直到他伤愈出所。

每当伤病员经过我们的精心治疗，恢复健康重返连队前，高兴地称赞我们是"红色医官"时，我们的心里就有一种说不出的欣慰感和幸福感。同时也不断增强了我们与指战员同生死共患难的深厚感情，特别是在西路军弹尽援绝、殊死鏖战的极端险恶处境里，我们的医务工作者救死扶伤的革命精神得到了最高度的发扬。在四十里铺战斗中，为抢救负伤的团长邹丰明同志，"红色医官"易良荣身负重伤；在倪家营子战斗中，为了抢救团长杨秀同志，"红色医官"赵子恒壮烈牺牲。在那些烽火连天的战争岁月里，有多少"红色医官"为了前线的胜利，为了抢救伤病员而流尽自己最后一滴鲜血。他们这种舍己救人的革命精神，永远值得我们怀念和学习！

原载中国工农红军第四方面军革命回忆录选辑：《艰苦的历程（上）》，1985年，第299～305页。

歌声显威力

◎ 徐光友　徐兴华

我们俩都是放牛娃出身,在鄂豫皖苏区参加红军。当时由于年纪小,领导就让我们当宣传员。宣传工作的形式很多,如刷写标语、开会演讲、演文明戏、讲革命故事等,但群众接受得最快、传播最广的还要算歌曲歌谣。别小看唱支歌,威力可不小呢!

那时候,红军队伍里群众性的文艺活动开展得非常活跃。不管是战士,还是连长、团长、师长、政委,都喜欢唱歌。枪声一停,又说又唱,打一仗下来歌声嘹亮,唱出了红军指战员的革命情绪和高昂士气。尽管战斗频繁、生活艰苦,可同志们整天乐呵呵的,看不到哪个战士闹情绪。歌子一拉起来,劲头就来了,什么苦呀累呀都忘掉了。

我们编唱的歌子,好多都是用山歌、田歌的曲子填的新词,乡土味很浓,一听就耳熟,唱起来也上口,学得快。歌词都是些亲身有体会的大实话,唱起来很朴实,能打动人心。

就拿我们俩来说,最先学会的是《放牛歌》:

穷人的孩儿不自由,八岁帮人家放老牛,父母们昼夜焦愁,父母们昼夜焦愁。

帮工帮到恶东家,鸡叫头遍叫哈哈,放牛伢起来了吧,放牛伢起来了吧。

放牛听见东家叫,浑身吓得抖又跳,穿衣裳颠颠倒倒,穿衣裳颠颠倒倒。

骑着老牛找好草,找不到好草放不饱,回家中呀怎么得了? 回家中呀怎么得了?

因为这是唱我们放牛娃的歌子,所以我们这些放牛娃唱起来感到格外亲切。歌中唱的放牛娃的苦,都是我们亲身经历的。边唱边想,渐渐地懂得了革命道理:我们放牛娃也是受地主豪绅的剥削和压迫,要翻身求解放,就要起来革命。我们要打倒剥削阶级,让天下穷苦人都过上好日子,我们放牛娃才能再也不受欺压。

为了发动劳苦大众起来革命,就编出《工农兵和妇女解放歌》到处唱,启发他们的阶级觉悟,揭露封建地主阶级的残酷剥削和压迫。这些歌子唱着唱着,就把穷人渐渐唱觉悟了。

红军是人民的军队。鄂豫皖苏区人民怀着对红军的无限深情和热爱,编了许多歌唱红军的歌曲。有许多是抒情歌曲和爱情歌曲。《探郎歌》就是一首优美的爱情歌曲,歌里唱道:"正月里探郎正月正,我爱我郎当红军。现在革命高潮起,小郎哥,你快去当红军哪儿哟……"

每当这首歌曲一唱起来,红军战士听着感到非常亲切,深受感动和鼓舞。指战员们把苏区人民对子弟兵的无限深情的爱,化作勇猛顽强的战斗精神。为保卫苏区,保卫苏区人民的生命财产,不怕流血牺牲,英勇战斗。

在部队中,唱得更多的是战斗歌曲。这些歌子唱起来很鼓劲。我们结合形势和部队任务编歌唱歌。比如,为了攻打敌人占领的城池,我们就把战术要领和注意事项归纳起来,编成《攻城歌》;为了对付敌人的骑兵,我们就编唱《打骑兵歌》;为了强调爱护武器,我们就编个《爱护武器歌》教大家唱;补充新战士多了,我们就教他们唱《射击军纪歌》,这是一首政治军事相结合的队列歌曲;根据红军当时担负的打倒帝国主义、铲除封建势力、实行土地革命的任务,我们就编唱《红军三大任务歌》;我们还结合青年特点,编了《青年战士之歌》。这样宣传既提高了同志们的军事素质,又活跃了部队的文化生活。红军走到哪里,歌声就响到哪里。唱着这些歌子,红军战士忘记了生活的艰苦,忘记了行军的疲劳,忘记了战斗的残酷。他们以饱满的精神、旺盛的斗志,冲锋陷阵,消灭敌人。

文艺宣传工作是瓦解敌军的重要手段。早在楚汉之争时,刘邦就曾指使他的部下唱楚歌。四面楚歌,引起了楚军的思乡厌战情绪,使其丧失战斗意志,很快瓦解了楚霸王项羽的军队。最后,曾经不可一世的项羽被迫在乌江边上自刎。我们红军中也有不少这样的成功战例。在我军的军事打击下，配合文艺宣传来瓦解敌军是很奏效的。国民党军队的士兵大部分是穷苦人，不得已才当兵的，在战场上，没有多少人真心实意地给反动派卖命。于是，我们通过了解俘虏兵掌握了一些素材。然后大家再往一块凑，编出了《瓦解敌军歌》、《致白军士兵歌》、《穷人调》、《兵变歌》和活报剧《反动派和白色士兵吵嘴》，这些歌子和剧目，在瓦解敌军方面起到了枪杆子所起不到的作用。

有这样一件事，给我俩印象很深。那是1932年，红四方面军十二师一个营在八里滩石头牛，同国民党杂牌部队的一个团打响了。战斗相持了小半天，红军切断了敌人的退路，把他们包围在一个低矮的山岭上。由于没有重武器，我们攻不过去，敌人也打不过来。傍晚时分，枪声渐渐稀落下来，双方陷入僵持局面。据我们掌握的可靠情报：这个团是蒋介石从陕西一带收编来的杂牌军。前不久，因上司扣发了粮饷，队伍曾要闹哗变，后来抓走了几个为首闹事的，才算压下去。这一次是国民党督令他们戴罪立功，派他们来攻打苏区的。在这种情况下展开政治攻势，收到的效果会更好。营长就把6个宣传员调到前线，开展火线对敌宣传。6个宣传员来到战场上，先观了半天战，劲头早就憋足了。只见宣传队长把手一挥，宣传员们就趁着黄昏日暗，顺着一条干涸的河沟朝白军盘踞的土岭运动。直至几乎能听到对面敌人的谈话声了，大家才隐蔽在一块大石头的后面。大家刚停下来还没准备好，一个姓李的男队员性子急，用手卷成个喇叭筒，朝着敌人就喊开了："喂！老乡们，你和我们都是穷人出身，不要自己打自己，快放下武器，这是你们唯一的出路。""你们被包围了，快投降吧，不缴枪小心我们过去要你们的命！"他喊的时候，敌人阵地上一点反响也没有，沉静了片刻，突然响起密集的枪声。顿时，我们藏身的大石头上火花闪闪，石屑乱飞。大家趴在石头下面，气得把牙咬得格格响。我们身后的部队马上集中火力，把敌人的火力压了下去。枪声一停，队长清了清嗓子，冲着敌军阵地用泗洲调唱了一支《致白军士兵歌》：

  人间痛苦数白军，受的痛苦说不尽，士兵呀你可伤心？伤心！伤心！我说来眼泪纷纷。

  在家土豪多凶狠，缺吃少穿活不成，只逼得无处安身。安身！安身！无奈何当了壮丁。

开始，敌人还向我们打枪，渐渐地枪声停了，只有队长那悲愤低沉的歌声在暮色笼罩的阵地上空回荡。队长唱完《致白军士兵歌》，又和一个队员对唱了一首《穷人调》。唱完这两支歌，天就完全黑了。天边升起一轮明月，照得阵地上非常清楚。营长派人给宣传员们送来了开水和肉包子。大家刚要吃饭，忽然不远处传来一阵呻吟，时高时低，伴着弥漫着火药味的晚风，听得十分清楚。队长马上放下手中的包子，招呼一个男队员说："走！咱俩先去看看。"两个人猫着腰，从大石头的右侧顺着声音搜索过去。当他们拨开乱蓬蓬的刺棵子时，看见在狗尾巴蒿里蜷缩着一个衣衫破烂的白军士兵，趴在地上呻吟着。队长上前借着月光仔细一瞧，只见这个白军士兵满脸血污，神志不清，看样子像个伤兵。因为这里暴露在敌人火力之下，他俩赶紧抬胳膊抬腿，把这个白军士兵抬到大石头后面，准备先替他包扎一下伤口。可是，脱掉他那身破烂不堪的军衣一看，瘦得像干柴棒一样的身上，除了一道又一道的鞭痕外，并没有枪伤。看见眼前的情形，联系我们掌握的情况，队长心里明白了。他什么也没说，把这个白军士兵的身子斜靠着，先喂了他半碗温开水。

不一会儿，昏迷的白军士兵慢慢地睁开眼。队长又把肉包子掰成小块喂他，边喂边向他讲解红军优待俘虏的政策，安慰他不要害怕。那个白军士兵听了队长的话，非常感激地点点头，失神的目光由恐惧疑虑变为信任。他告诉我们：他叫上官宗田，他们团十有八九的弟兄都是受苦人。因为家乡遭了旱灾没吃没穿，被迫出来当兵，混碗饭吃，混几块钱的饷。哪承想，国民党军队里挨打挨骂还不算，有时连饭都吃不上。前几天，上司又克扣军饷，他带头去找当官的。结果被吊起来，一顿鞭子打得遍体鳞伤，还3天没给饭吃。连打带饿本来就支持不住了，今天又被当官的用枪顶着上了战场。他刚才听了我们的歌声，引起心中的痛苦和不平，才偷偷地爬了过来。队长问他："既然你们在白军里受尽压迫，你愿意叫弟兄们哗变过来吗？愿意留下的我们欢迎，不愿意留下的发给路费让你们回家。"上官宗田忙说："是你们救了我，只要先生看得起我，我一定尽力效劳。"吃过包子，他略休息一会儿，趁着月色朦胧便又爬了回去。

时间不长，敌人阵地上传来叽叽喳喳的低语声，是上官宗田爬回到白军阵地了。队长抓住时机说："来，咱们再唱个《兵变歌》。"《兵变歌》又叫作《打料棚卖柴》，是一边道白一边唱的，瓦解敌军的效果很强。这首歌是对唱，大意是说：一个红军

侦察员化装成农友,以谈家常的形式揭露国民党黑暗,争取国民党士兵起义投诚的故事。由队长扮农友,一个宣传员扮白军对唱起来:

  叫声农友拢面来,你来听我说个开怀,替富人来卖命,我们实在划不来。哎咳哟,哎咳唉啊哟,我们实在划不来。

  临走老娘哭得双泪流,妻子拉住不松手。我的农友呀!小孩急得直撞头……

这时,在明亮的月光下可以清楚地看见,敌人阵地上,白军士兵都一齐伸着头朝这边听,还有的探出半截身子向我们这边张望。这时队长又问道:"你这当兵的一个月关多少饷呢?"扮白军的宣传员接着唱道:

  去年春发了两块钱,今年还是干打干。我的农友啊,买鞋袜子都赊欠……

宣传员刚唱完这一段,就听见敌人那边阵地上乱嚷嚷地叫起来。由于顺风,距离又近,我们听得十分清楚:"妈呀,这好像就是在说咱们。"

"奶奶个×的,这个熊兵有啥干头!"

白军士兵在阵地上正乱嚷嚷呢,一个当官的从远处走来,哑着嗓子喊着:"你们都他妈的聚在一块干什么?啊!想找死吗?啊!"一听敌人当官的来了,队长便趁机问道:"你们在前面卖命,你们的官长干什么事呢?"扮白军的宣传员长叹一口气,提高了嗓音唱道:

  官长白天饮酒带划拳,夜里妻子一头眠。我的农友呀,外带抽大烟……

敌人那个当官的一听,扯着嗓子吼起来:"别听……别听共匪的宣传,快……快开枪!"敌人阵地上只传来两声枪响,可能是那个当官的自己打的。当官的见士兵谁也不开枪,就火了,解下皮带,没头没脑地朝当兵的身上乱抽。边打还边骂:"他妈的,你们还想造反?想哗变?……"随着皮带的抽打声,挨了皮带的士兵"哎哟,哎哟"的叫声,我们听得一清二楚。宣传员马上唱道:

  官长压迫真野蛮,不打仗说你通共产。我的农友啊,不枪毙也要挨皮鞭……

宣传员的歌声刚落,就听见敌人阵地上,士兵们冲着当官的嚷叫起来。乱了一阵子,又听到一声枪响。这时,听见上官宗田在喊:"都是娘生的,凭啥让人欺负呀。"一听就知道白军士兵同当官的闹翻了。

我们来了个趁热打铁,又一齐唱道:

  弃暗投明当红军,拖枪过来受欢迎,农友一家人……

歌唱完了，我们齐声高喊："穷人不打穷人！欢迎你们到红军来！蒋介石扣你们的军饷，你们不要替他卖命！"口号喊过以后，敌人阵地上出现片刻死一样的沉静，紧接着爆发起一片掌声。后来又听到他们乱糟糟地嚷开了："铁打的营盘流水的兵，在哪儿干不是一个样！""走！咱们不能再受这份窝囊气！"

一会儿，在月光照射的树影下，真有一个白军士兵帽檐朝后，提着枪朝红军阵地跑过来，缴枪反水了。一跑进红军阵地，那个白军士兵就喘着粗气问："你们真的要我们吗？"我们说："都是中国人，都是穷人，本来就不应该打嘛。红军优待俘虏，啥时说话没算数。"那个白军士兵接着说："上官宗田回去说，你们不但没打他，还喂他水，喂他饭，待他比亲兄弟还亲。嘿嘿……有的弟兄不信，让我先过来看看，真是这样，我还回去叫他们来。弟兄们早都想趁这个机会逃出虎口。"果然，当天夜里又陆陆续续投诚过来20多个白军，只是那个叫上官宗田的士兵却没见到影。

次日黎明，红军又准备向敌人阵地发起一次进攻，消灭残余守敌。可是，进攻还没开始，敌人的阵地上却先乱了起来。一阵激烈的枪声响过后，一个白军士兵站在堑壕上向我们招手，他们哗变了！我们定神一看，这个士兵不是别人，正是上官宗田。原来，他昨晚特意留了下来，临阵干掉了派来监视他们的中央军的一个副连长，带着其余的士兵哗变了。

原载中国工农红军第四方面军革命回忆录选辑：《艰苦的历程（上）》，1985年，第308～313页。

我们的红色医院

◎ 林之翰

1929年5月初,我们在黄安县刘家园成立了一个红军医院,其实还不如个医务所,既没有整洁的病房,又没有医疗设备,医生只有戴淑先同志和我两个。戴淑先同志是中医。我们在国民党部队当过两年看护,但没有进过正式的医科学校,对内科、外科的诊断、治疗也能做部分工作,但理论经验都很不够。可是,党既然把这副担子交给了我们,也就只好硬着头皮把它挑起来。

医院成立后不久,便动员了4个年轻活泼的农村姑娘来当看护,同时派"交通"化装去汉口买来些纱布、药棉和一部分药品与医疗器具,我们的医院才初具规模。

随着革命形势的发展,随着医院的逐步建设,我们的任务也越来越繁重。到了这年的7月间,我们接收的伤病员,已由开始建立时期的7名增加到70多名。伤病员分散住老百姓家里,我们总共只有6个工作人员,一天到晚不是忙着到老乡家里给伤病员治病,就是忙着洗纱布、卷绷带、到山上去采草药。我们的工作几乎没有什么分工,说采草药一块上山,说洗纱布一起动手,说摘棉花也不分医生和看护;精神上很愉快,工作中很合作,大家都是全心全意为伤病员服务。

4个女看护,开始只是洗纱布、卷绷带,由于她们年轻,上进心强,不断地刻苦钻研,渐渐地就能洗洗伤口、换换药,作冷敷、热敷了,而且还懂得了怎样用南瓜瓤子给伤员敷伤口了,怎样用碘酒、碳酸防止伤口浮肿等一些简单的医学常识。不久,她们就能独立工作了。

那时候，我们不仅要照顾部队的伤病员，而且还给附近的苏区老百姓看病。以往这一带的老百姓看病，都要到几十里地以外去求医，自从有了红军医院，他们再也用不着担心无法求医了。医院的影响逐渐扩大了，黄安、麻城、光山一带的老百姓，都知道刘家园有个红军医院，也时常来医院治病。

首长们非常重视我们的工作，时刻关心这个医院的建设。曹学楷、郑位三、戴克敏、徐宝珊等同志，都经常来医院和我们谈话。他们告诉我们前线的胜利消息、根据地的巩固与扩大，以及整个革命形势的发展和建设红军医院的重要等。这些话给我们莫大的鼓舞，成为我们工作中的力量和信心。

他们每次来时，都要亲自看看伤病员，很关心伤病员的生活，我们有什么困难，首长们总是热心地帮助解决。有一次，我们向首长提出缺少医药书籍的问题，过了没几天，他们就送来了两本书：一本是《实用药物学》，一本是《外科解剖学》。我们如获珍宝，尽管我们还不能全看懂，甚至连外国字都认不了多少，但是，我们还是手不离卷，翻来覆去地啃它。

在建院过程中，我们也存在着两种工作方法的斗争：一种是从实际出发，想办法克服困难，挽救伤员的性命；一种是不看时间、地点、条件，硬要求讲"正规"，讲"科学"。

1929年8月间，我们医院来了一位从南洋医科大学毕业的孟医生。在他没来之前，当领导告诉我们，要来一位真才实学的医生时，我们都欢喜若狂。心想：能来帮助我们建设医院，把他的医学知识教给我们，我们再也不愁没技术了，再也不愁伤病员多没法治疗了。可是，他给我们带来的不是希望，而是失望。

有一次战斗中，因为后方医院离战场较远，我们就在离战场不远的野外设了一个临时包扎所，进行急救，免得伤员在路上因流血过多而牺牲。这本来是可行的办法。可是，这个孟医生百般反对，说在包扎所取子弹、弹片不"卫生"，不"科学"，坚持把伤员抬到后方，进行严格的消毒、打麻药（那时根本做不到），按着"正规"的医疗程序开刀。记得，有几个伤员没有及时取出子弹和弹片，就被孟医生送往后方医院，结果抬到半路上，因流血过多而牺牲了。

经过这次事件，党对孟医生进行了批评。同志们也对他进行了耐心的帮助。可是，他并没有接受教训，并没有改变这种错误思想，对我们"山沟"的一套做法还是看不惯。有次戴淑先同志用南瓜瓢子给伤员敷伤口被他发现了，他立刻大发雷霆，说这是骗人，草药根本治不了战伤，说南瓜瓢子、陈皮这些乱东西，只会把伤口治坏，说这是封建、落后，违反"科学"。

最沉痛的教训是：我们二队队长廖容坤，三队党代表吴先筹同志负伤后，由于这个孟医生工作不负责任，在静脉注射时，用陈腐的蒸馏水，结果，使药性变质，打完针之后，两位首长的伤口肿胀、发炎中毒。经我们急救，吴先筹同志没有急救过来牺牲了。这个医生不肯虚心接受党的教育，后来又经不起艰苦环境的考验，在敌人进攻我们时逃跑了。

到1930年1月间，医院又发展、扩大了，苏静观同志来担任了院长。我们总预备队政委曹学楷的弟弟曹学珍学西医也出师了，另外又从皖西调来一个外号叫周胡子的医生（他专门负责战伤开刀）和一个负责外科的洪明玉同志。4个最早的女看护也成长起来了，有的当了司药，有的当了看护长。虽说医院日趋正规化了，但还不能分工太细，遇到忙时，大家仍是一起动手。

最紧张、最艰苦的还是这年的四五月。这一时期红军打的仗最多，我们共接收了好几百伤员（其中有许多是敌人的）。担架一个接一个来到了总医院，开刀、换药、安置伤员的住处，忙得大家日夜不得休息。医院的工作人员，有的累昏过去，有的两眼肿得像桃子似的，但是，同志们都精神百倍，没有一丝倦容。

黄安姜家岗附近的七八个村子里都住满了伤员。我们人太少，实在忙不过来啦。可是，我们依靠苏区群众克服了这一困难。邻近各村都组织了担架队和妇女洗衣队。担架队帮助我们转送伤员，洗衣队替伤员洗血衣，做些缝缝补补的零活。伤员住在哪家，哪家的老乡就自动地照料他们。汤汤水水全都不用我们操心。没有住上伤员的村子，很觉得过意不去，就自动地组织慰问队，什么"军属慰问队""政府慰问队"，名称繁多，反正总想多来看望几次自己的亲人。一个月最少要来两三次。带的东西也花样翻新，有花生、鸡蛋、肉、鱼、鞋、袜等。

回忆那时的生活挺有趣的。同志们都叫我们"游击医生"，其实这是一种尊贵的称呼。因为我们做医生的是不分黑天白夜的，什么时候来任务什么时候就要立刻出发。遇上任务多，我们就左口袋放干粮，右口袋放药品，一村又一村，一山又一山地跑着给伤员治疗，有时太晚了，赶不回医院，就在老乡家借宿。吃饭嘛，也就只好边走边吃点干粮。赶上药品不够用,还要上山采草药,有时跑上一天,也采不了几种。

开药方也挺有意思,药方子上从来不兴写外国字,除了开药方,还要开一个营养单子,根据伤的轻重和需要,给总务科写个条子:"请给×××同志鸡蛋3个,花生半斤……"有的还批给鞋、袜、衣服等物品。总之,凡是伤员需要,医生都有权开条子。

对伤员的精神治疗也很重视。我们医院的工作人员都会兼任业余宣传员的职务,配合伤病员中的"红色战委会"(类似现在部队的俱乐部)进行文化娱乐活动。宣传的内容不外乎讲当前形势,战斗故事,表扬英雄好汉。形式不拘,有说,有唱,有表演,有聊闲天。"红色战委会"还有一项重要任务:动员和号召伤病员服从医生治疗,安心休养,早日返回前线。当时提的口号是"战场牺牲,革命成功;负伤休养,也很光荣"。这些工作不仅在医疗方面收到了很好的效果,而且进一步密切了医务人员与伤病员之间的感情,他们伤病出院时,总是拉着我们的手挥泪而别。

到了1932年,我们鄂豫皖苏区的红军医院,除随部队行动的和后方皖西鄂东两个总院外,还陆续在潘家河、黄谷畈、新集、大塘湾、浒湾、娄家山、七里坪附近建立了7个分院。每个分院都有两三个医生,看护1至7人不等,还有专门的采买。

我们鄂豫皖苏区的红军医院,就是这样随着红军的发展和苏区的扩大,从无到有,从小到大发展起来的,在苏区党和政府的关怀、人民的大力支持下而日趋完善的。

原载华中师院历史系中国近代史教研室:《鄂豫皖苏区革命史资料选编(一)》,1951年,第330~335页。

大别山上的红日印刷厂

◎ 黄泽夫

1930年的春天,大别山区野草生长,野花盛开,大地披上了浓绿色的春装,到处是一片诱人的明媚景色。在这样大好季节里,赤城县苏维埃政权正式成立了。革命的红旗在这里高高地竖了起来。

红军第一次攻克商城,是在1930年12月间。那次战斗我们缴获了国民党反动派政府的一个印刷厂。这个所谓印刷厂,实际上只不过有两部破旧的石印机和一个稍懂一点技术的工人。当时,就以这些简陋的设备为基础,在商城东南大别山区的汤家汇建立了一个印刷厂,定名为"红日印刷厂"。

如何利用这个印刷厂来为红军和县苏维埃政权服务,来加强党的宣传工作呢？赤城县委会决定办一个党的报纸。尽管国民党反动派对苏区实行了"围剿",采取了经济封锁,纸张和印油等印刷材料的来源都很困难,技术力量又相当缺乏。但是,就在这样极端困难的条件下,县委的机关报——《红日报》不久仍然顺利地诞生了。从此,苏区人民有了自己的报纸。它成了贯彻党的方针、政策,对群众进行宣传教育的有力工具,它给人们以极大的鼓舞力量。我和其他7个同志,就开始在这个印刷厂里一边学习,一边工作。

为了唤醒与团结白区的广大群众,展开对白匪军的政治攻势,除出版报纸以外,红军和苏维埃还有很多东西要印。这样,两部石印机就显得不能满足需要了。于是县苏维埃就想法到处收集印刷工具,结果在民间找到了一副专门刻印家谱的木印机子，充实了我们的印刷厂。印出了很多的各种各样的标语、传单、布告，还有《告白区人民书》《告白军书》等等。源源不断散发到六安、苏家埠、商城等敌人的巢穴里，使人民欢欣，使敌人胆寒。这个印刷厂，还配合苏维埃教育事业的发展，印刷中、小学的课本。

一年多的时间过去了。1932年元月，我军再次攻克了商城。红日印刷厂也随着县苏维埃迁到商城城里，继续执行着它的宣传使命。然而，就在同年的初秋，战争的乌云又严重笼罩着整个苏区。一直持续着的对敌斗争，进入更加残酷、更加艰难的阶段。敌人的几个矛头，从西北方向指向商城，蒋介石匪帮向苏区发动了第四次"围剿"。局势恶劣地发展着。为了彻底粉碎白匪的"围剿"，保卫苏维埃政权，整个苏区都动员起来了。红日印刷厂从商城城里转移到汤家汇。除留下少数人外，我们都离开了心爱的工厂，一块参加了红军。在这次激烈的艰苦的反"围剿"斗争中，万恶的白匪军摧毁了和平的田园，破坏了人民幸福的生活，残害了我们的同志，我们的红日印刷厂也同样遭到了彻底的破坏。敌人打碎了石板，破坏了木印。但是，革命的红旗，党和人民的鱼水关系，群众的坚强信念——红军一定会胜利，却是任何敌人永远砍不倒、割不断、摧不毁的。就在这样艰难的岁月里，群众仍然不顾生命的危险，将残存的一些木印字丁子收藏了起来。

27年后的今天，我们胜利了。多少人为它献出了自己宝贵的生命和鲜血啊！我找到了旧红日印刷厂的老工人蔡恒松同志，他无代价地献出了具有历史意义的木印字丁子和在泥塘里捞起来的一块被敌人打碎的石印石。

原载华中师院历史系中国近代史教研室：《鄂豫皖苏区革命史资料选编（一）》，1951年，第338～340页。

列宁小学

◎ 芦万和　朱树权

"春季里来艳阳天,桃花红,李花白,百鸟闹声喧;青的山,绿的水,美景真可羡;百般红,万般艳,日暖柳含烟,共产暴动处处红旗现,直打得土豪劣绅,逃到天外边。共产党,齐努力,大家团结紧,推翻统治的政权,重把天地安。"这是当时列宁小学学生们唱的一首歌谣。今天听到人们唱着这首歌谣,不由得想起了当时的列宁小学。

一、念书不要钱,老师不打人

太阳出来,霞光四射,照得高耸入云的金刚台山上山下一片通红,显得格外的雄伟壮丽。桃花红艳,松柏翠绿,从山腰向四周望去,真是一片无限美好的春色!就在瓦屋基的山脚下,有二十几间排得整整齐齐的青脊瓦房,白白的粉墙。这便是列宁小学了。

列宁小学是苏维埃政府根据群众的迫切要求,依靠群众办起来的。当时的一位列宁小学教师对我们说:这个学校刚办起来的时候,学生只有80来个,每天上完了课,老师、学生就你打锣我敲鼓地下乡宣传:"嗨!嗨!乡亲们!听我言,穷人受苦受压迫,共产党领导把身翻,打土豪,斗地主,今天重把乾坤换。从今俺们做主人,分土地,挺腰杆,难道还当睁眼瞎?来!来!来!来上学,共产党,爱穷人,老师不打人,念书不要钱。"你想多少年来受苦受难的农民兄弟们,现在听到有这样一个读书的好机会,心里可真乐开了花。当时一个60多岁的孙老头,起先还有点不相信,拉一下站在旁边的雷老头说:"念书真不要钱吗?"雷老头笑眯眯地一手扶着烟管,一手拍拍孙老头的肩膀说:"你真是老糊涂了!今天是共产党领导咱们哪!你看俺湾子几个小孩不都去了吗?"还未等孙老头开口,胸前飘着红飘带的小黑子,跳跳蹦蹦地跑到孙老头面前,抢着便问:"你怎么不叫小贵子、小安子都来呀?你知道这里多好啊!"这时孙老头喜欢得连嘴都合不上,就问小黑子:"3个都念行不行?"小黑子说:"10个要念都行呢。"孙老头听了蛮高兴的,拍拍小黑子的头说:"好!俺都念。"又看看学生都是邻家的孩子,再听听又是"老师,我报一个名""老师,我也报一个名",孙老头连忙挤进人群竖起3个指头叫着:"老师,我报3个名。"就这样,200多个学生报了名。真是"列宁小学大门开,工农子女齐进来!"

说起这个学校的设备可好得很呢。满教室都是红彤彤的桌椅,还有阅报室、图书馆、游艺室,游艺室还有风琴。运动场上照样也有秋千,有浪桥,有滑梯,有皮球……列宁小学的设备为什么这样好呢?这是农民们听说苏维埃政府要办列宁小学,那股劲儿就像丰收年替儿子娶亲或送闺女出嫁一样,只用两天时间,就把他们斗地主分到的家具送来了。学校没有黑板,他们把地主祠堂里的8块大匾抬来钉钉敲敲地钉成几块大黑板。

民主制度是革命学校的特色之一。在列宁小学里,学生自己组织了学生公社,学生公社里设有总务股,总务股的权可大呢!比方要有哪个学生对老师不够尊敬,总务股就毫不客气地提出批评或劝告。列宁小学的老师个个也都是只工作不要钱的人。在艰苦的革命岁月里,他们除每月的粒食由苏维埃供给以外,吃菜和穿衣都靠自己生产。他们在工作中,从来不请假。有一次王老师用吊罐煮饭,一失手一罐开水泼在身上,烫得腿上皮开肉绽,但是他还是拄着一根拐杖去上课,村苏维埃主席连忙赶来劝他休息,他仍然那样风趣地说:"没有什么,你听我的嘴说话还流利得很呢!"他们就是这样的人,生活越艰苦,工作越起劲。他们对革命是那样地忠心耿耿。整个学校里,学生敬老师,老师爱学生,师生心连心,一心为革命。

红色的学校!广大工农群众多么热爱它!村苏维埃主席常到学校里来给老师们做报告。要是苏维埃开会,学校的师生也都去参加会议。群众家里办喜事,列宁小学的老师，总被拉在首席，看作上宾。

二、教育结合斗争，理论联系实际

列宁小学有语文、算术两门基础课程和美术、体育、音乐3门必修课程。就拿语文来说，一上来就是应用文，学写介绍信，学写路条。应用文之外，便是诗和散文，有热情歌颂共产党的文章，写出了有了共产党，穷人才有吃有穿的道理；也有控诉国民党反动派丑恶面目的文章，写出旧社会劳动人民受苦受难的根本原因。村苏维埃主席和文化委员，经常到学校来问长问短，听课，给学生作指示，有时也给学生讲革命故事听。列宁小学的体育课也与当时一般小学不同。旧社会一般小学里的体育课，教来教去只是立正，稍息！向右转，向后转！……一堂课，几十个向右转、向后转把学生弄得头晕眼花，分不清东西南北。列宁小学的体育课，除教学生体育知识外，还教军事知识。所以列宁小学的学生会放哨，会侦察，会露营……

穷人的子弟受过苦，上学肯用功，从来不缺课，进步很快。拿学习文化来说，他们学两年的工夫，比旧社会高小毕业生还要强呢。他们会写信，会写文章，会读报，会编报，他们讲起革命道理来，那真是又生动又通俗。农民们亲眼看到自己的子女，在共产党教导下，一天比一天有知识，怎能不笑眯着眼睛呢。

革命的教育，武装了学生的头脑，他们热爱共产党，因为伟大的党哺育他们成人。他们热爱父母，因为他们的父母都是创造历史的劳动人民。他们学习到了很多的革命道理，并把自己所懂得的一些革命道理，到处向群众宣传。他们宣传的形式是各种各样的，而且效果也很好。就拿演戏来说吧，有一次在乡里演出"仇恨"这幕话剧，演到地主周扒皮逼得农民程里珍全家抱头痛哭、妻离子散的时候，台下一片喊打声，一片哭泣声。直到戏演完，台下还是一片"打倒地主土豪！""坚决拥护共产党！"的呼声。

他们还常常一面帮助群众劳动，一面进行宣传。有一天几个童子团团员挑的挑，刨的刨，忙着帮助老李家收麦子。他们干着干着就和老李叙起家常来。他们问："李大哥，过去你在地主家打长工，做牛做马，一年到头种的稻子、麦子自己吃得到吗？"你想，旧社会里，哪有自己种自己吃的好事呀！于是老李就回答说："过去穷人过的真不是日子，做的是畜生活，受的苦比大海深，种的粮食全叫那些地主当官的狗东西讹去了！俺们连葛藤根、树皮都吃不上。只有共产党来了才有俺们吃白面馍的好日子！"

"那些狗东西要回来，我们怎么办呢？"他们就这样地又问了一句。

"那还了得！狗东西真要回来，把他们打得狗叫鳖爬。""那些狗东西有民团给他'保驾'啊！"这些孩子睁着圆圆的小眼睛一股劲地问到底。"有民团'保驾'，"老李停顿了一下，想来想去，"只有和这些狗东西拼！别的是没有办法。"他们咬牙切齿齐声说："对！那些狗东西真要敢回来的话，我们就能打断他们的狗腿，要他们的狗命！"接着他们又唱起了"起来！饥寒交迫的奴隶……"当时老李的心真跳动起来。

就在那天晚上，村苏维埃开大会，村主席在大会上号召大家拿起武器，保卫苏区，老李就第一个在大会上报了名。从此他就拿起红缨枪参加了赤卫队。

离列宁小学老远，你就能听到这个学校学生们的歌声了，有雄壮嘹亮的军歌、战歌，也有婉转动听的民歌小调，这种歌声唱出了农民对地主官僚的仇恨，唱出了受苦受难的兄弟们对黑暗社会的控诉。

这歌子每个人都听了又想听，学了又想学。学校周围的老乡们，也都学着唱起来了。这是革命的歌声，是永远不会消失的歌声。

每当我们红军来了，学生们就以嘹亮、亲切的歌声来迎接他们。每当我们红军出发作战，学生们就唱起雄壮的凯歌："好儿女，向前冲，消灭敌人立大功，保卫苏区最光荣！……"欢送他们。

三、童子团

苏区人民每次开什么大会，会场的周围都站着不少手拿红棍的纠察，这些纠察从布置会场，维持秩序，一直忙到会议结束，并且还负责收拾会场。这些纠察就是列宁小学的童子团。

每天晚上，童子团在村头、在学校门口放哨。认真检查路条，盘问情况，如没有问题的人，他们就客客气气地叫你走过。有一天晚上，快半夜了，忽然传来一阵沙沙的声音，是那样轻微。仔细一看，有一个贼头贼脑的家伙蹑手蹑脚地想溜过去。童子团一齐喝声："站住!"马上就吹起哨子来，那个坏蛋没命地想逃，两个童子团跟上就追，前面岗哨上两个童子团也出来截头，这时我们的赤卫队赶来，你想这个坏家伙哪能逃出我们的手心。经过仔细一盘问，原来是逃亡地主周扒皮的"小狗熊"。

他们不但遵守纪律，而且还很讲礼貌，不管在哪里看见我们红军和当地干部，总是招招手行个礼，说声："叔叔你们好!"遇见了老年人总是先让路。村上哪个不夸奖童子团真好!

军事训练是童子团日常生活的主要课题之一。老师天天都带着童子团到野外进行军事训练，摸营呀，防守呀，刺杀呀，什么都学。

每当朝霞笼罩着田野，太阳透出了一线红光的时候，"嘟！嘟！嘟!"集合的号角响了，一队队戴着红领巾的童子团爬上了山冈。一边是主攻，一边是防御，红旗一动就"擦！擦!"地一阵松果子打来，双方战斗就这样开始了。他们真跟上战场和敌人打仗一样。一个松果子碰到身上便算是"负伤"，碰上要害地方就算"牺牲"了。一方想占另一方阵地，蠕虫般爬上山来，但是另一方战士是那样镇静、沉着，守在那里动都不动，只要指挥员一声命令"打!"急雨般的松果子撒落下来；接着"冲呀！杀呀！""逮活的呀！"的声音响彻山谷，直到把对方阵地占领为止。

31年以后的今天，大别山区早已是一片无限美好的春色。31年前的列宁小学现在仍然是一所小学——瓦基小学。100多个天真活泼的孩子，就在这春天的花园里愉快地学习、劳动，跳着唱着。

原载华中师院历史系中国近代史教研室：《鄂豫皖苏区革命史资料选编（一）》，1951年，第344～350页。